Digitaltechnik für Dummies
Schummelseite

GRUNDVERKNÜPFUNGEN UND DEREN GRAFISCHEN SYMBOLE

BENENNUNGEN	WAHRHEITS-TABELLE	SCHALT-FUNKTION y	SCHALTSYMBOL DIN EN 60617-12:1999-04; ANSI/IEEE Std 91a-1991	Darstellung alt nach DIN 40700	ANSI/IEEE Std 91-1984; ANSI/IEEE Std 91a-1991
UND-Verknüpfung (Konjunktion)/ AND	$b\ a\ \|\ y$ 0 0 | 0 0 1 | 0 1 0 | 0 1 1 | 1	$a \wedge b$	a—[&]—y	a—)—y	a—)—y
ODER-Verknüpfung (Disjunktion)/ OR	$b\ a\ \|\ y$ 0 0 | 0 0 1 | 1 1 0 | 1 1 1 | 1	$a \vee b$	a—[≥1]—y	a—)—y	a—)—y
Negation/ NOT	$a\ \|\ y$ 0 | 1 1 | 0	$\bar{a}$	a—[1]o—y	a—)—y	a—▷o—y
NAND-Verknüpfung/ NAND	$b\ a\ \|\ y$ 0 0 | 1 0 1 | 1 1 0 | 1 1 1 | 0	$\overline{a \wedge b}$	a—[&]o—y	a—)—y	a—)o—y
NOR-Verknüpfung/ NOR	$b\ a\ \|\ y$ 0 0 | 1 0 1 | 0 1 0 | 0 1 1 | 0	$\overline{a \vee b}$	a—[≥1]o—y	a—)—y	a—)o—y
Antivalenz (XOR-Verknüpfung)/ XOR	$b\ a\ \|\ y$ 0 0 | 0 0 1 | 1 1 0 | 1 1 1 | 0	$a \leftrightarrow b$	a—[=1]—y	a—)≢—y oder a—)⊕—y	a—)—y
Äquivalenz (XNOR-Verknüpfung)/ XNOR	$b\ a\ \|\ y$ 0 0 | 1 0 1 | 0 1 0 | 0 1 1 | 1	$a \leftrightarrow b$	a—[=]—y	a—)≡—y oder a—)⊕—y	a—)o—y

Digitaltechnik für Dummies

Schummelseite

RECHENREGELN DER SCHALTALGEBRA

REGEL-NR.	LOGISCHE VERKNÜPFUNG	SPRECHWEISE
1	$0 \wedge 0 = 0$	0 und 0
2	$0 \wedge 1 = 0$	0 und 1
3	$1 \wedge 0 = 0$	1 und 0
4	$1 \wedge 1 = 1$	1 und 1
5	$0 \vee 0 = 0$	0 oder 0
6	$0 \vee 1 = 1$	0 oder 1
7	$1 \vee 0 = 1$	1 oder 0
8	$1 \vee 1 = 1$	1 oder 1
9	$\bar{0} = 1$	nicht 0
10	$\bar{1} = 0$	nicht 1
11	$\bar{\bar{0}} = 0$	nicht nicht 0
12	$\bar{\bar{1}} = 1$	nicht nicht 1
13	$0 \wedge a = 0$	0 und a
14	$1 \wedge a = a$	1 und a
15	$a \wedge a = a$	a und a
16	$\bar{a} \wedge a = 0$	nicht a und a
17	$0 \vee a = a$	0 oder a
18	$1 \vee a = 1$	1 oder a
19	$a \vee a = a$	a oder a
20	$\bar{a} \vee a = 1$	nicht a oder a
21	$\bar{\bar{a}} = a$	nicht nicht a

R-NR.	LOGISCHE VERKNÜPFUNG	BENENNUNG
Kommutativgesetz (Vertauschungsgesetz)		
22	$a \wedge b = b \wedge a$	Konjunktion
23	$a \vee b = b \vee a$	Disjunktion
Assoziativgesetz (Verbindungs- oder Zuordnungsgesetz)		
24	$(a \wedge b) \wedge c = a \wedge (b \wedge c)$ $= a \wedge b \wedge c$	Konjunktion
25	$(a \vee b) \vee c = a \vee (b \vee c)$ $= a \vee b \vee c$	Disjunktion
Distributivgesetz (Verteilungsgesetz)		
26	$a \wedge (b \vee c)$ $= (a \wedge b) \vee (a \wedge c)$	Konjunktion
27	$a \vee (b \wedge c)$ $= (a \vee b) \wedge (a \vee c)$	Disjunktion
Absorptionsgesetz		
28	$a \wedge (a \vee b) = a$	Konjunktion
29	$a \vee (a \wedge b) = a$	Disjunktion
De Morgan'sches Theorem		
32	$\overline{f(a, \bar{b}, c, ..., \wedge, \vee)} = f(\bar{a}, b, \bar{c}, ..., \vee, \wedge)$	

KV-TAFELN FÜR 2 BIS 4 VARIABLEN

Wahrheitstabelle:

Feld-Nr.	d	c	b	a
0	0	0	0	0
1	0	0	0	1
2	0	0	1	0
3	0	0	1	1
4	0	1	0	0
5	0	1	0	1
6	0	1	1	0
7	0	1	1	1
8	1	0	0	0
9	1	0	0	1
10	1	0	1	0
11	1	0	1	1
12	1	1	0	0
13	1	1	0	1
14	1	1	1	0
15	1	1	1	1

KV-Tafel für 2-stelligen Code (Felder 0–3):

	$\bar{a}$	a	
	0	1	$\bar{b}$
	2	3	b

KV-Tafel für 3-stelligen Code (Felder 0–7):

	$\bar{a}$	a		
	0	4	5	1	$\bar{b}$
	2	6	7	3	b
	$\bar{c}$	c	$\bar{c}$	

KV-Tafel für 4-stelligen Code (Felder 0–15):

	$\bar{a}$		a		
$\bar{d}$	0	4	5	1	$\bar{b}$
d	8	12	13	9	
d	10	14	15	11	b
$\bar{d}$	2	6	7	3	
	$\bar{c}$	c	$\bar{c}$		

Codetabelle für einen 2-stelligen Code
Codetabelle für einen 3-stelligen Code
Codetabelle für einen 4-stelligen Code

Digitaltechnik für Dummies
Schummelseite

ZUSTANDSDIAGRAMM/-FOLGETABELLE - SYNTHESE VON AUTOMATEN UND ZÄHLERN

Grundprinzip Zustandsdiagramm:

Legende:
- ○ : Zustand
- → : Gerichtete Kante
- E: Ereignis/Übergangsbedingung
- A: Aktion/Ausgabefunktion
- Z: Momentanzustand
- Z^+: Folgezustand
- 0 ... n: Fortlaufende Nummerierung

Beispiel Zustandsdiagramm Automat:

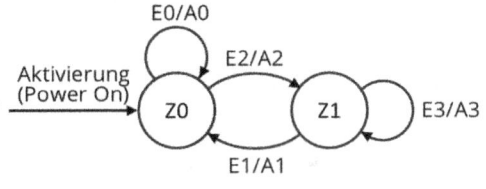

Zustandsfolgetabelle Automat:

Momentan-zustand Z	Ereignis E	Aktion A	Folgezu-stand Z^+
Z0	E0	A0	Z0
Z1	E1	A1	Z0
Z0	E2	A2	Z1
Z1	E3	A3	Z1

Beispiel Zustandsdiagramm Modulo-4-Zähler:

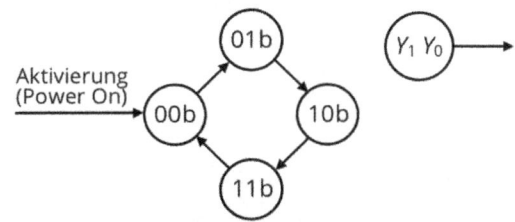

Zustandsfolgetabelle Modulo-4-Zähler:

Dezimal-Nr.	Momentanzustand		Folgezustand	
	Y_1	Y_0	Y_1^+	Y_0^+
0	0	0	0	1
1	0	1	1	0
2	1	0	1	1
3	1	1	0	0

Vorgehensweise bei der Synthese endlicher Zustandsautomaten:
1. Formulierung der Aufgabenstellung
2. Auswahl des Speichers (RS-, JK- oder D-Flipflop)
3. Definition der Zustände, Ereignisse/Übergangsbedingungen für die Überführungsfunktion und Aktionen/Ausgabefunktion
4. Aufstellen des Zustandsdiagramms
5. Codierung der Zustände, Ereignisse und Aktionen
6. Aufstellen der Zustandsfolgetabelle
7. Entwurf des Schaltnetzes der Überführungsfunktion
8. Entwurf des Schaltnetzes der Ausgabefunktion
9. Erstellung der Schaltung des Automaten

Vorgehensweise bei der Synthese von Zählern:
1. Formulierung der Aufgabenstellung inkl. Zustandsdiagramm
2. Auswahl des Speichers (RS-, JK- oder D-Flipflop)
3. Entwurf des Schaltnetzes der Überführungsfunktion
4. Entwurf des Schaltnetzes der Ausgabefunktion (Übertragsfunktion)
5. Untersuchung der Pseudozustände bei einem fehlerhaften Verhalten des Zählers
6. Erstellung der Schaltung des Zählers

Digitaltechnik für Dummies
Schummelseite

ÜBERSICHT DER FLIPFLOPS (BISTABILE KIPPSTUFEN)

Betriebsart	RS-Flipflops	JK-Flipflops	D-Flipflops	T-Flipflops
Einzustandsgesteuert	(Symbol S,R → Q,Q̄)	Oszillationen für J = K = 1!	Direkte Verbindung von D und Q!	Oszillationen für T = 1!
	(Symbol 1S, C1, 1R)	Oszillationen beim aktiven Taktzustand für J = K = 1!	(Symbol 1D, C1)	Oszillationen beim aktiven Taktzustand für T = 1!
Zweizustandsgesteuert	(Symbol 1S, C1, 1R, mit ¬)	(Symbol 1J, C1, 1K, mit ¬)	(Symbol 1D, C1, mit ¬)	(Symbol 1T, C1, mit ¬)
Einflankengesteuert	(Symbol 1S, >C1, 1R)	(Symbol 1J, >C1, 1K)	(Symbol 1D, >C1)	(Symbol 1T, >C1)
Zweiflankengesteuert	(Symbol 1S, >C1, 1R, mit ¬)	(Symbol 1J, >C1, 1K, mit ¬)	(Symbol 1D, >C1, mit ¬)	(Symbol 1T, >C1, mit ¬)

ZUSTANDSFOLGE- UND SYNTHESETABELLE DER FLIPFLOPS

Bezeichnung	RS-Flipflops	JK-Flipflops	D-Flipflops	T-Flipflops
Symbol	S,R → Q,Q̄	1J, >C1, 1K → Q,Q̄	1D, >C1 → Q,Q̄	1T, >C1 → Q,Q̄

Zustandsfolgetabelle (Kurzform)

RS-Flipflop:

S	R	Q⁺
0	0	Q
0	1	0
1	0	1
1	1	X

JK-Flipflop:

J	K	Q⁺
0	0	Q
0	1	0
1	0	1
1	1	$\bar{Q}$

D-Flipflop:

D	Q⁺
0	0
1	1

T-Flipflop:

T	Q⁺
0	Q
1	$\bar{Q}$

Charakteristische Gleichung

- RS: $Q^+ = S \vee (\bar{R} \wedge Q)$ mit $R \wedge S = 0$
- JK: $Q^+ = (J \wedge \bar{Q}) \vee (\bar{K} \wedge Q)$
- D: $Q^+ = D$
- T: $Q^+ = T \leftrightarrow Q$

Synthesetabelle (Kurzform)

RS-Flipflop:

Q	Q⁺	S	R
0	0	0	X
0	1	1	0
1	0	0	1
1	1	X	0

JK-Flipflop:

Q	Q⁺	J	K
0	0	0	X
0	1	1	X
1	0	X	1
1	1	X	0

D-Flipflop:

Q	Q⁺	D
0	0	0
0	1	1
1	0	0
1	1	1

T-Flipflop:

Q	Q⁺	T
0	0	0
0	1	1
1	0	1
1	1	0

Digitaltechnik für Dummies
Schummelseite

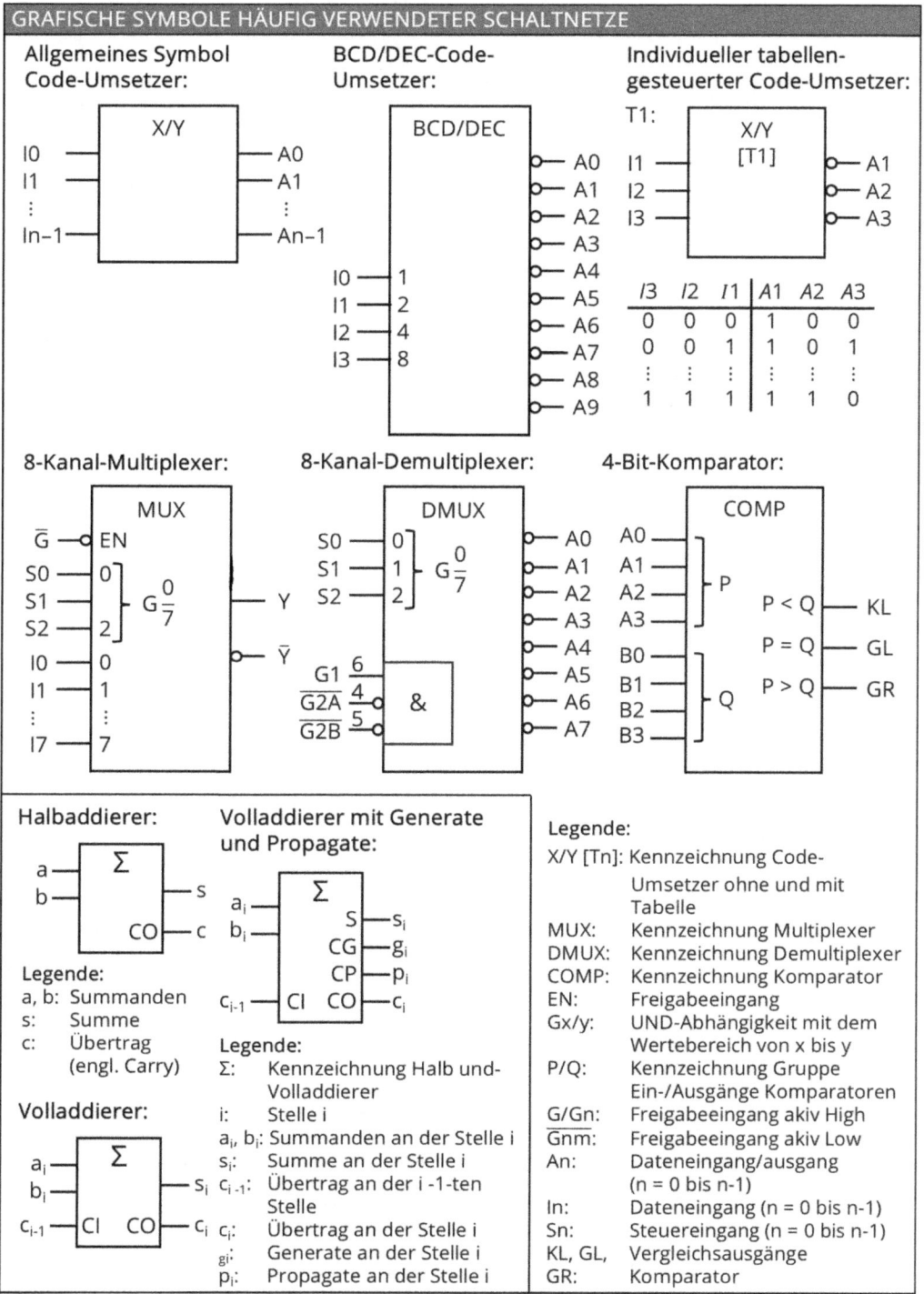

Digitaltechnik für Dummies
Schummelseite

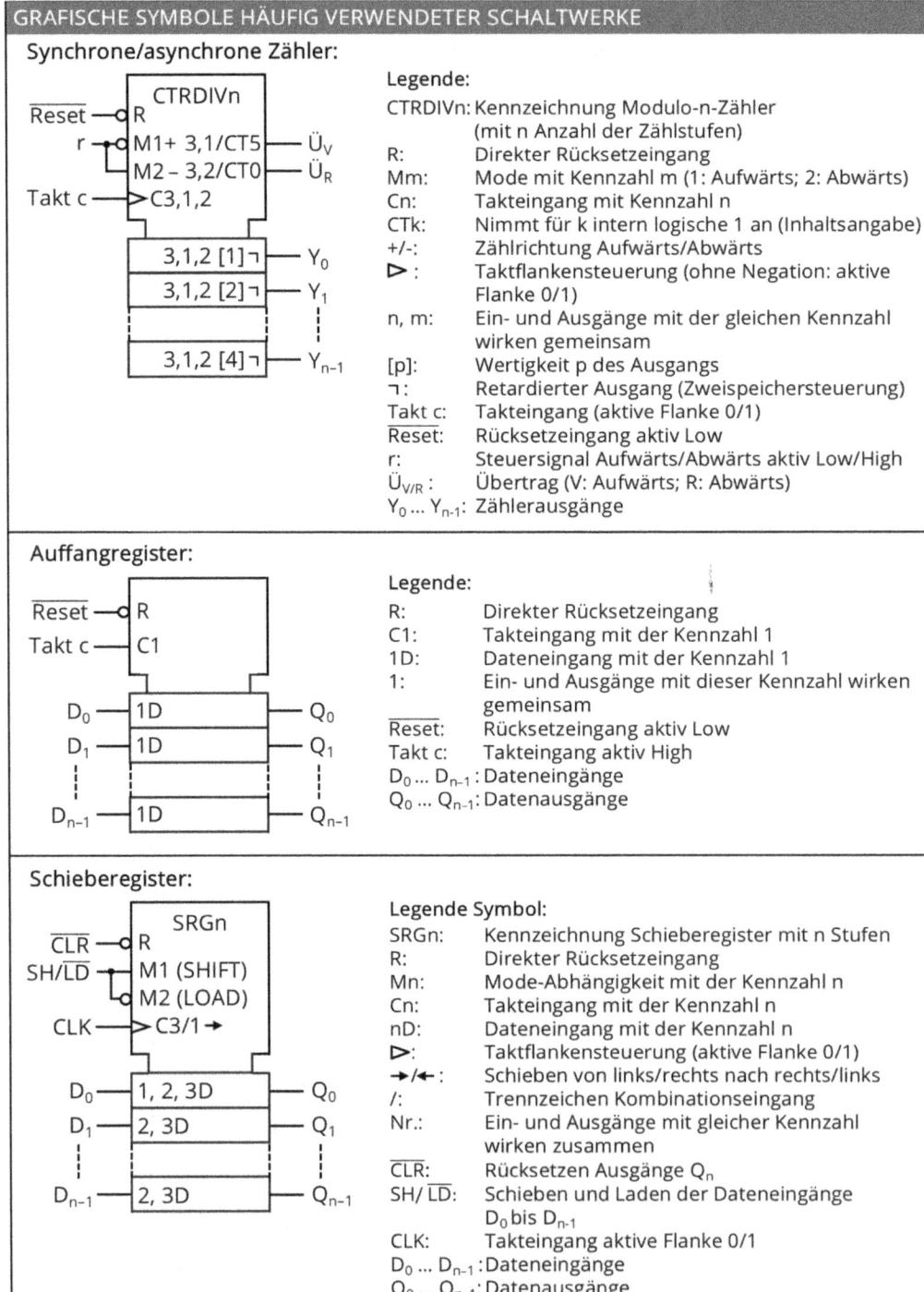

Digitaltechnik für Dummies

Bernd Büchau
Digitaltechnik für dummies®

Fachkorrektur von
Prof. Dr.-Ing. habil.
Klaus-Peter Döge

WILEY-VCH GmbH

Digitaltechnik für Dummies

Bibliografische Informationder Deutschen Nationalbibliothek

Die Deutsche Nationalbibliothek verzeichnet diese Publikation in der Deutschen Nationalbibliografie; detaillierte bibliografische Daten sind im Internet über http://dnb.d-nb.de abrufbar.

1. Auflage 2026

© 2026 Wiley-VCH GmbH, Boschstraße 12, 69469 Weinheim, Germany

All rights reserved including the right of reproduction in whole or in part in any form. This book is published by arrangement with John Wiley and Sons, Inc.

Alle Rechte vorbehalten inklusive des Rechtes auf Reproduktion im Ganzen oder in Teilen und in jeglicher Form. Diese Übersetzung wird mit Genehmigung von John Wiley and Sons, Inc. publiziert.

Wiley, the Wiley logo, Für Dummies, the Dummies Man logo, and related trademarks and trade dress are trademarks or registered trademarks of John Wiley & Sons, Inc. and/or its affiliates, in the United States and other countries. Used by permission.

Wiley, die Bezeichnung »Für Dummies«, das Dummies-Mann-Logo und darauf bezogene Gestaltungen sind Marken oder eingetragene Marken von John Wiley & Sons, Inc., USA, Deutschland und in anderen Ländern.

Bevollmächtigte des Herstellers gemäß EU-Produktsicherheitsverordnung ist die Wiley-VCH GmbH, Boschstr. 12, 69469 Weinheim, Deutschland, E-Mail: Product_Safety@wiley.com.

Alle Rechte bezüglich Text und Data Mining sowie Training von künstlicher Intelligenz oder ähnlichen Technologien bleiben vorbehalten. Kein Teil dieses Buches darf ohne die schriftliche Genehmigung des Verlages in irgendeiner Form – durch Photokopie, Mikroverfilmung oder irgendein anderes Verfahren –in eine von Maschinen, insbesondere von Datenverarbeitungsmaschinen, verwendbare Sprache übertragen oder übersetzt werden.

Das vorliegende Werk wurde sorgfältig erarbeitet. Dennoch übernehmen Autoren und Verlag für die Richtigkeit von Angaben, Hinweisen und Ratschlägen sowie eventuelle Druckfehler keine Haftung.

Coverfoto: Alexey Novikov- stock.adobe.com
Korrektur: Petra Heubach-Erdmann
Satz: Straive, Chennai, India
Druck und Bindung: CPI Group (UK) Ltd, Croydon, CR0 4YY

Print ISBN: 978-3-527-71866-5
ePub ISBN: 978-3-527-83410-5

Über den Autor

Prof. Dr.-Ing. Bernd Büchau ist für Prozessrechentechnik an die Fakultät Elektrotechnik und Informatik der Hochschule Stralsund berufen und am 1. September 2023 nach einer 30-jährigen Tätigkeit als Hochschullehrer in den Ruhestand getreten. Er ist weiterhin Angehöriger der Hochschule Stralsund.

Nach einer zweistufigen Berufsausbildung von 1973 bis 1977 zum Elektrogerätemechaniker und Energiegeräteelektroniker hat er von 1979 bis 1983 ein Studium der Elektrotechnik mit dem Schwerpunkt Regelungstechnik/Nachrichtentechnik an der FH Hamburg absolviert. Von 1984 bis 1988 war er als Entwicklungsingenieur bei den Firmen P+R Automation GmbH und C.H.F. Müller Unternehmensbereich der Philips GmbH in Hamburg tätig. Von 1987 bis 1990 absolvierte er ein Studium der Elektrotechnik mit dem Schwerpunkt Automatisierungstechnik an der Universität Bremen. Von 1990 bis 1993 war er wissenschaftlicher Mitarbeiter am Institut für Mikroelektronik und Bauelemente der Elektrotechnik der Universität Bremen bei Prof. Dr. D. Silber. Seit 1993 hat er die Professur für Prozessrechentechnik an der Hochschule Stralsund inne. 1994 erfolgte die Promotion an der Universität Bremen mit dem Thema »Modellbildung der bipolaren Leistungsbauelemente Diode und Transistor«.

Zuletzt angebotene Kurse: Automatisierungssysteme, Digitale Schaltungen, Industrielle Kommunikationssysteme sowie Software-Engineering in Bachelor- und Master-Studiengängen sowie Leitung des zugehörigen Labors Automatisierungstechnik.

Schwerpunkte in Forschung und Entwicklung: Automatisierungssysteme, E-Learning, Industrielle Kommunikationssysteme sowie Modellbildung und Simulation.

Tätigkeit in der Hochschulselbstverwaltung: von 2007 bis 2017 wechselnd Prodekan und Dekan der Fakultät Elektrotechnik und Informatik der Hochschule Stralsund.

Gutachtertätigkeit in Förderprogrammen des Bundes und der Länder wie beispielsweise Deutsche Forschungsgemeinschaft e.V. (DFG) und AiF Arbeitsgemeinschaft industrieller Forschungsvereinigungen Otto von Guericke e.V. Des Weiteren Gutachtertätigkeit in diversen Akkreditierungsverfahren für Studiengänge verschiedener Hochschulen.

Ehrenamtliche Tätigkeiten: von 1995 bis 2005 Vorstandsvorsitzender der Innovationsagentur Mecklenburg-Vorpommern e.V. Seit 1996 Mitglied in den Gremien K111 und K111.0.6 der DKE (Deutsche Kommission Elektrotechnik Elektronik Informationstechnik in DIN und VDE). Seit 2007 Mitglied des wissenschaftlichen Beirats des VFAALE e.V. (Verein für Angewandte Automatisierungstechnik in Lehre und Entwicklung an Hochschulen e.V.) und von 2012 bis 2024 dessen Sprecher und federführend in der Ausrichtung der im Regelfall jährlichen Fachkonferenz AALE (Angewandte Automatisierungstechnik in Lehre und Entwicklung) und Mitausrichter des im Regelfall jährlichen Student Awards zur Nachwuchsförderung.

Seit 2021 als Fachbuchautor tätig.

Danksagung

Das Schreiben eines Buches ist eine Herausforderung und bedingt das notwendige Know-how, den Ehrgeiz, das Wissen und die eigenen Erfahrungen für ein interessantes Gebiet auf verständliche Weise dem Leser näher zu bringen, sodass dieser Schritt für Schritt einen Erkenntnisgewinn erzielt und somit auch jene Erfolgserlebnisse hat, die ihn motivieren, sich durch ein gesamtes Gebiet zu kämpfen und am Ende sagen zu können, ich habe das meiste verstanden und kann es auch auf relevante Aufgabenstellungen anwenden. Wenn es dann dazu führt, dass am Ende als Ergebnis eine bestandene Fachprüfung in einem Studium, in einer beruflichen Qualifikation oder einer weiterführenden beruflichen Ausbildung steht, ist das doppelt erfreulich. Wenn dies so ist, erfreut es den Autor, dass sein Buch sein Ziel erreicht hat, und wiegt all die Mühe auf, die er bei der Erstellung des Buches aufgebracht hat. Um das auf sich zu nehmen, sind zwei Dinge erforderlich. Dies ist zum einen die Unterstützung durch den Verlag samt den Lektoren und vielen kleinen Helfern und zum anderen viel Verständnis seitens der Familie für das Unterfangen.

Ich möchte hiermit ausdrücklich dem Wiley Verlag für die Möglichkeit der Anfertigung dieses Buches und die Unterstützung durch die Lektorin Petra Heubach-Erdmann, den Lektor Marcel Ferner vom Wiley Verlag und dem Fachlektor Prof. Dr.-Ing. habil. Klaus-Peter Döge von der Ernst-Abbe-Hochschule Jena für die reibungslose Unterstützung bei der Anfertigung dieses Buches danken. Zu den vielen kleinen Helfern sind neben anderen insbesondere Prof. Dr. Erik Jacobson bei der Durchsicht der Definitionen zu den Normen und Dipl.-Ing. (FH) Gerald Gröbe, der mich beim Kontrollieren diverser Abbildungen und Übungsaufgaben tatkräftig unterstützt hat, zu nennen. Nicht zuletzt, sondern an erster Stelle danke ich meiner Frau Heidi wegen des unbändigen Verständnisses während der Erstellung dieses Buches.

Für Fragen, Anregungen und Diskussionen können Sie sich gerne per E-Mail unter bernd.buechau@hochschule-stralsund.de an mich wenden.

Auf einen Blick

Einführung **25**

Teil I: Einordnung der Digitaltechnik – Wo bin ich? **37**
- **Kapitel 1:** Basis der Digitaltechnik und Abgrenzung zur Analogtechnik – Zwischen den Fronten? 39

Teil II: Mathematische Grundlagen – Nur ein bisschen **49**
- **Kapitel 2:** Zahlensysteme – Jetzt gibt's Zahlen 51
- **Kapitel 3:** Arithmetik in den polyadischen Zahlensystemen – Aus den Klassen 1 bis 4 65
- **Kapitel 4:** Darstellung negativer Zahlen – Warum negativ, ich bin positiv eingestellt? 71

Teil III: Codes und Codesicherung – Wie sage ich es meinem Kinde? **79**
- **Kapitel 5:** Codes und deren Eigenschaften – Die Sprache der Digitaltechnik! 81
- **Kapitel 6:** Binärcodes in der Digitaltechnik – Wofür sind die gut? 87
- **Kapitel 7:** Codesicherung – Fehler macht der Mensch 105

Teil IV: Schaltalgebra als Basis der Digitaltechnik – Herr Boole und Herr Shannon lassen grüßen **117**
- **Kapitel 8:** Historisches und wichtige Festlegungen – So fing es an 119
- **Kapitel 9:** Schaltalgebra – Aufgepasst! 125
- **Kapitel 10:** Logische Grundverknüpfungen und deren grafische Symbole – Warum das denn? 135
- **Kapitel 11:** Normalformen, Min- und Maxterme – Gute Umgangsformen 145

Teil V: Analyse von Schaltnetzen – Schauen wir mal **151**
- **Kapitel 12:** Methoden für die Analyse von Schaltnetzen – Wie geht das? 153

Teil VI: Synthese von Schaltnetzen – Wie soll es denn werden? **159**
- **Kapitel 13:** Methoden und Synthese mittels Regeln der Schaltalgebra – Einfach oder schwer? 161
- **Kapitel 14:** Synthese mittels Minimierung der Schaltfunktionen mit den Karnaugh-Veitch-Tafeln – Kann man darauf schreiben? 169
- **Kapitel 15:** Synthese mittels Minimierung der Schaltfunktionen mit dem Verfahren nach Quine und McCluskey – Ist das ein Pärchen? ... 193

Teil VII: Verwendete grafische Symbole und deren Systematik – Zum Nachschlagen **201**
- **Kapitel 16:** Grafische Symbole der Digitaltechnik – Strichzeichnungen, oder was? ... 203
- **Kapitel 17:** Weitere verwendete grafische Symbole – Was denn noch? 255

Teil VIII: Logische und physikalische Beziehungen in der Digitaltechnik, Technologien und Kenndaten der Logikfamilien 261

Kapitel 18: Zusammenhänge der logischen und physikalischen Eigenschaften in der Digitaltechnik – Logik trifft Physik 263
Kapitel 19: Halbleitertechnologien, Eigenschaften und Kennzeichnungen der Logik-Elemente – Kurz und gut 281
Kapitel 20: Kenndaten der Logik-Elemente – Schnell und sicher 295

Teil IX: Standardschaltnetze, die immer wieder benötigt werden – Man nutze möglichst vorhandene Dinge 319

Kapitel 21: Code-Umsetzer – Zum besseren Verständnis 321
Kapitel 22: Multiplexer und Demultiplexer – Mal rein, mal raus 331
Kapitel 23: Komparatoren (Vergleicher) – Jetzt wird verglichen 347
Kapitel 24: Arithmetische Logik-Elemente – Jetzt wird abgerechnet 357

Teil X: Schaltwerke und deren Grundstrukturen – Takt für Takt geht es weiter 369

Kapitel 25: Beschreibungsmittel für Schaltwerke, deren Grundstrukturen und Betriebsarten – Wie geht das? 371

Teil XI: Bistabile, monostabile und astabile Elemente für spezielle Funktionen – Speicher braucht der Mensch, was sonst? 381

Kapitel 26: Flipflops (bistabile Kippglieder) – Stabiler geht es nicht 383
Kapitel 27: Monostabile und astabile Elemente/Kippglieder – Mal so und mal so 419

Teil XII: Synthese von endlichen Zustandsautomaten – Es läuft und läuft im Takt 431

Kapitel 28: Synthese von Automaten – Ablaufsteuerung oder Zähler? 433

Teil XIII: Zähler und Schieberegister – Alles im Takt 449

Kapitel 29: Asynchrone und synchrone Zähler – Jetzt geht es auf und ab 451
Kapitel 30: Auffang- und Schieberegister – Jetzt wird gefangen und geschoben, ja bitte 487

Teil XIV: Der Top-Ten-Teil 509

Abbildungsverzeichnis 515

Stichwortverzeichnis 525

Inhaltsverzeichnis

Einführung **25**
    Über dieses Buch 26
    Konventionen in diesem Buch 27
    Was Sie nicht lesen müssen 29
    Annahmen über Sie, die Leserin beziehungsweise den Leser 29
    Wie dieses Buch aufgebaut ist 29
        Teil I: Einordnung der Digitaltechnik – Wo bin ich? 30
        Teil II: Mathematische Grundlagen – Nur ein bisschen 30
        Teil III: Codes und Codesicherung – Wie sage ich es meinem Kinde 30
        Teil IV: Schaltalgebra als Basis der Digitaltechnik – Herr Boole
        und Herr Shannon lassen grüßen 31
        Teil V: Analyse von Schaltnetzen – Schauen wir mal 31
        Teil VI: Synthese von Schaltnetzen – Wie soll es denn werden? 32
        Teil VII: Verwendete grafische Symbole und deren Systematik –
        Zum Nachschlagen 32
        Teil VIII: Logische und physikalische Beziehungen in der
        Digitaltechnik, Technologien und Kenndaten der Logikfamilien –
        Hardware, nein danke? 32
        Teil IX: Standardschaltnetze, die immer wieder benötigt werden –
        Man nutze möglichst vorhandene Dinge 33
        Teil X: Schaltwerke und deren Grundstrukturen – Takt für Takt geht
        es weiter 33
        Teil XI: Bistabile, monostabile und astabile Elemente für spezielle
        Funktionen – Speicher braucht der Mensch, was sonst? 34
        Teil XII: Synthese von endlichen Zustandsautomaten – Es läuft und
        läuft im Takt 34
        Teil: XIII: Zähler und Schieberegister – Alles im Takt 34
        Teil XIV: Der Top-Ten-Teil 35
        Lösungen zu den Übungsaufgaben 35
    Symbole in diesem Buch 35
    Wie es weitergeht 36

TEIL I
EINORDNUNG DER DIGITALTECHNIK – WO BIN ICH? 37

Kapitel 1
Basis der Digitaltechnik und Abgrenzung zur Analogtechnik – Zwischen den Fronten? **39**
    Definitionen zur Digitaltechnik 39
    Analoge, digitale und binäre Signale 40
    Digitaltechnik versus Analogtechnik 44

TEIL II
MATHEMATISCHE GRUNDLAGEN – NUR EIN BISSCHEN 49

Kapitel 2
Zahlensysteme – Jetzt gibt's Zahlen 51
Polyadische, Positions- und Stellenwertsysteme 51
Umwandlung von Zahlen bei unterschiedlichen Basen 54
    Umwandlung einer Dezimalzahl in ein Zahlensystem anderer Basis 55
    Umwandlung einer Zahl anderer Basis in eine Dezimalzahl 58
    Sonderfälle für eine Umwandlung einer Zahl eines Zahlensystems in ein anderes Zahlensystem 62
Übungen: Zahlensysteme 63

Kapitel 3
Arithmetik in den polyadischen Zahlensystemen – Aus den Klassen 1 bis 4 65
Addition 65
Subtraktion 66
Multiplikation 67
Division 68
Übungen: Arithmetik Zahlensysteme 69

Kapitel 4
Darstellung negativer Zahlen – Warum negativ, ich bin positiv eingestellt? 71
Darstellung nach Betrag und Vorzeichen 72
Einerkomplement 72
Zweierkomplement 73
    Fallunterscheidung bei der Arithmetik mit dem Zweierkomplement 75
Übungen: Negative Zahlen 77

TEIL III
CODES UND CODESICHERUNG – WIE SAGE ICH ES MEINEM KINDE? 79

Kapitel 5
Codes und deren Eigenschaften – Die Sprache der Digitaltechnik! 81
Bewertungskriterien für Codes 82
Übungen: Codes 86

Kapitel 6
Binärcodes in der Digitaltechnik – Wofür sind die gut? 87
Numerische Codes 88
    Wortcodes 88
    Zifferncodes 93

Alphanumerische Codes 98
    ASCII-Code (7-Bit-Code nach DIN 66003) 99
    8-Bit-Code nach DIN 66303 101
    Unicode 101
Übungen: Binärcodes 104

Kapitel 7
Codesicherung – Fehler macht der Mensch 105
Fehlererkennung und -korrektur von Bit-Fehlern 106
Entwurf einfacher Codes zur Fehlererkennung und -korrektur 110
Das Paritätsbit als einfachste Maßnahme zur Codesicherung 114
Übungen: Codesicherung 116

TEIL IV
SCHALTALGEBRA ALS BASIS DER DIGITALTECHNIK – HERR BOOLE UND HERR SHANNON LASSEN GRÜßEN 117

Kapitel 8
Historisches und wichtige Festlegungen – So fing es an 119
Ein kleiner Rückblick – Back to the roots 119
Konstante, Variable (Schaltvariable) und Schaltfunktion – Drei Dinge braucht man 120
Die Wahrheitstabelle – Sag mir die Wahrheit 121
Mathematische Zeichen und Symbole der Schaltalgebra – Formalien, Formalien 122

Kapitel 9
Schaltalgebra – Aufgepasst! 125
Rechenregeln der Schaltalgebra – Sind die kniffelig? 125
    Beispiele für die Vereinfachung von Schaltfunktionen mittels der Rechenregeln 129
Benennungen der logischen Verknüpfungen – Wie heißen die denn? 131
Vorrangregeln der Schaltalgebra – wer kommt zuerst? 133
Übungen: Schaltalgebra 134

Kapitel 10
Logische Grundverknüpfungen und deren grafische Symbole – Warum das denn? 135
Allgemeines zu Benennungen der logischen Funktionen – Wie heißen die? 135
Die Grundverknüpfungen – im Grunde gut 136
    UND-Verknüpfung (Konjunktion) 136
    ODER-Verknüpfung (Disjunktion) 136
    Negation (NOT) 137
    NAND-Verknüpfung 137
    NOR-Verknüpfung 137

Antivalenz (XOR-Verknüpfung) 138
Äquivalenz (XNOR-Verknüpfung) 138
Umformung der NAND- und NOR-Verknüpfungen in die Grundverknüpfungen – Zweckmäßig? 139
Realisierung der Negation mit einer NAND-Verknüpfung 139
Realisierung der UND-Verknüpfung mit NAND-Verknüpfungen 140
Realisierung der ODER-Verknüpfung mit NAND-Verknüpfungen 140
Realisierung der Negation mit einer NOR-Verknüpfung 141
Realisierung der UND-Verknüpfung mit NOR-Verknüpfungen 141
Realisierung der ODER-Verknüpfung mit NOR-Verknüpfungen 142
Gegenüberstellung der grafischen Symbole für Schaltpläne
nach aktuellen und alten Standards - Aus alt wird neu 142
Übungen: Logische Grundverknüpfungen 144

Kapitel 11
Normalformen, Min- und Maxterme – Gute
Umgangsformen 145

Disjunktive und konjunktive Normalformen, Min- und
Maxterme – Welche denn? 145
Umwandlung der Normalformen – hin und her 148
Umwandlung der disjunktiven Normalform in die konjunktive
Normalform 148
Umwandlung der konjunktiven Normalform in die disjunktive
Normalform 149
Übungen: Normalformen 150

TEIL V
ANALYSE VON SCHALTNETZEN – SCHAUEN WIR MAL 151

Kapitel 12
Methoden für die Analyse von Schaltnetzen –
Wie geht das? 153

Ziele und Vorgehensweisen 153
Analyse mittels Vorgabe von Konstanten für die Variablen –
Vorgaben machen Sie 154
Analyse mittels Einführung von Teilfunktionen – Ich will nicht teilen 156
Übungen: Analyse von Schaltnetzen 158

TEIL VI
SYNTHESE VON SCHALTNETZEN – WIE SOLL
ES DENN WERDEN? 159

Kapitel 13
Methoden und Synthese mittels Regeln der
Schaltalgebra – Einfach oder schwer? 161

Vorgehensweise und Methoden – Die richtige Strategie? 161
Synthese durch Anwendung der Schaltalgebra 162
Übungen: Synthese von Schaltnetzen 168

Kapitel 14
Synthese mittels Minimierung der Schaltfunktionen mit den Karnaugh-Veitch-Tafeln – Kann man darauf schreiben?.. **169**
    Ein Rückblick.. 169
    Konstruktion einer KV-Tafel... 170
    KV-Tafel für zwei Variablen.. 171
    KV-Tafel für drei Variablen... 173
    KV-Tafel für vier Variablen... 175
    KV-Tafel für fünf Variablen... 178
    KV-Tafel für sechs Variablen.. 180
    Redundanzen... 181
    Konjunktive Minimalform (KMF).. 183
    Schaltnetze mit Mehrfachausgängen.. 184
    Konforme Terme zur Vereinfachung von Schaltnetzen............................ 186
    Zusammenfassung der Vorgehensweise bei der Minimierung mit den KV-Tafeln... 188
    Übungen: Minimierung von Schaltfunktionen... 189

Kapitel 15
Synthese mittels Minimierung der Schaltfunktionen mit dem Verfahren nach Quine und McCluskey – Ist das ein Pärchen?.. **193**
    Ein Rückblick.. 193
    Das Verfahren nach Quine und McCluskey.. 194
    Durchführung des Verfahrens nach Quine und McCluskey...................... 195
    Übungen: Minimierung nach Quine und McCluskey................................ 199

TEIL VII
VERWENDETE GRAFISCHE SYMBOLE UND DEREN SYSTEMATIK – ZUM NACHSCHLAGEN.. **201**

Kapitel 16
Grafische Symbole der Digitaltechnik – Strichzeichnungen, oder was?... **203**
    Allgemeines zu den grafischen Symbolen der Digitaltechnik.......................... 203
    Anwendungsbereich und verwendete Begriffe für die grafischen Symbole... 204
    Aufbau der grafischen Symbole 205
        Konturen der grafischen Symbole... 206
        Kennzeichnungen außerhalb der Kontur... 209
        Kennzeichnungen innerhalb der Kontur.. 212

Kapitel 17
Weitere verwendete grafische Symbole – Was denn noch? 255
    Masseanschlüsse 255
    Verbindungen und Anschlüsse 256
    Passive Bauelemente 257
    Halbleiter 257
    Schalter 257

TEIL VIII
LOGISCHE UND PHYSIKALISCHE BEZIEHUNGEN IN DER DIGITALTECHNIK, TECHNOLOGIEN UND KENNDATEN DER LOGIKFAMILIEN 261

Kapitel 18
Zusammenhänge der logischen und physikalischen Eigenschaften in der Digitaltechnik – Logik trifft Physik 263
    Logische Zustände und Logikpegel der Logik-Elemente bei positiver und negativer Logik 264
    Polaritätsindikator (Logik-Polarität) 268
    Ausgangsschaltungen 270
    Wired-/verdrahtete Verknüpfungen 273
    Übungen: Logische und physikalische Beziehungen 278

Kapitel 19
Halbleitertechnologien, Eigenschaften und Kennzeichnungen der Logik-Elemente – Kurz und gut 281
    Halbleitertechnologien und deren Eigenschaften 282
    Anforderungen an die Logik-Elemente und deren Entwurf 283
    Interne Struktur der Logik-Elemente 285
        Bipolares Logik-Element 286
        CMOS-Logik-Element 287
        BICMOS-Logik-Element 287
    Überblick über die Logikfamilien und deren Kennzeichnungen 289

Kapitel 20
Kenndaten der Logik-Elemente – Schnell und sicher 295
    Stationäre Kenndaten 297
        Versorgungsspannung, Ein- und Ausgangsspannungen sowie Ströme 297
        Übertragungskennlinie 300
        Fan-Out und Fan-In 302
        Leistungsaufnahme (Verlustleistung) 304
        Umgebungs- und Lagertemperatur 304
    Dynamische Kenndaten 306
        Maximale Taktfrequenz, Verzögerungs- und Übergangszeiten 306
        Vorbereitungs- und Haltezeit der Flipflops 309

Störsicherheit	310
Stationäre Störsicherheit	311
Dynamische Störsicherheit	312
Kompatibilität der Logikfamilien	313
Kompatibilität der Spannungen	313
Kompatibilität der Aus- und Eingangsströme	314
Vorgehensweise bei der Kopplung verschiedenartiger Logik-Elemente	315
Auswahl geeigneter Logikfamilien	316

TEIL IX
STANDARDSCHALTNETZE, DIE IMMER WIEDER BENÖTIGT WERDEN – MAN NUTZE MÖGLICHST VORHANDENE DINGE ... 319

Kapitel 21
Code-Umsetzer – Zum besseren Verständnis ... 321

Was sind Standardschaltnetze?	321
Definition Code-Umsetzer	322
Beispiele für Code-Umsetzer	322
Entwurf eines Code-Umsetzers	323
Beispiel Code-Umsetzer SN74LS138	324
Anwendungsbeispiel des Code-Umsetzers SN74ACT138	326
Übersicht einer Auswahl verfügbarer Code-Umsetzer	327
Übungen: Code-Umsetzer	329

Kapitel 22
Multiplexer und Demultiplexer – Mal rein, mal raus ... 331

Multiplexer und Demultiplexer im Zusammenspiel	331
Multiplexer	333
Entwurf von Multiplexern	333
Beispiel für einen 8-Kanal-Multiplexer SN74LS151	334
Übersicht einer Auswahl verfügbarer Multiplexer	334
Entwurf von Schaltnetzen mit Multiplexern	337
Demultiplexer	341
Entwurf von Demultiplexern	341
Beispiel für einen 8-Kanal-Demultiplexer SN74LS138	342
Übersicht einer Auswahl verfügbarer Demultiplexer	344
Weitere Anwendungsfälle für Demultiplexer	345
Übungen: Multiplexer und Demultiplexer	346

Kapitel 23
Komparatoren (Vergleicher) – Jetzt wird verglichen ... 347

Aufgabe und Arbeitsweise eines Komparators	347
Entwurf von Komparatoren	348
Beispiel für einen 4-Bit-Komparator SN74LS85	350
Erweiterung der Komparatoren durch Kaskadierung	350
Serienerweiterung	350
Parallelerweiterung	352

Übersicht einer Auswahl verfügbarer Komparatoren.................................. 353
Weitere Anwendung für Komparatoren 354
Übungen: Komparatoren 355

Kapitel 24
Arithmetische Logik-Elemente – Jetzt wird abgerechnet 357
Funktionen der arithmetischen Logik-Elemente... 357
Halbaddierer 358
Volladdierer 359
    Erweiterung von Volladdierern mit Serienübertrag (Carry Ripple)............. 360
    Übertragsgenerator für Volladdierer 361
    Erweiterung von Volladdierern mit Parallelübertrag................................. 361
Übersicht einer Auswahl arithmetischer Logik-Elemente 363
4-Bit-Volladdierer (Vollsubtrahierer) SN74LS283.. 364
4-Bit-Übertragsgenerator SN54S182.. 365
4-Bit-Arithmetisch-Logische-Einheit (ALU) SN54LS181 365
Übungen: Arithmetische Logik-Elemente 367

TEIL X
SCHALTWERKE UND DEREN GRUNDSTRUKTUREN – TAKT FÜR TAKT GEHT ES WEITER.. 369

Kapitel 25
Beschreibungsmittel für Schaltwerke, deren Grundstrukturen und Betriebsarten – Wie geht das?............. 371
Zustandsdiagramm und Zustandsfolgetabelle als Beschreibungsmittel
für zustandsabhängige Schaltsysteme.. 371
    Zustandsfolgetabelle und Zustandsdiagramm als Beschreibungsmittel
    für endliche Zustandsautomaten.. 373
    Zustandsfolgetabelle und Zustandsdiagramm als Beschreibungsmittel
    für Zähler (Automaten)... 374
Grundstruktur der Schaltnetze versus Schaltwerke 374
Endliche Zustandsautomaten 376
Struktur eines Mealy-Automaten 377
Struktur eines Moore-Automaten... 378
Asynchroner und synchroner Betrieb von Automaten 378

TEIL XI
BISTABILE, MONOSTABILE UND ASTABILE ELEMENTE FÜR SPEZIELLE FUNKTIONEN – SPEICHER BRAUCHT DER MENSCH, WAS SONST?... 381

Kapitel 26
Flipflops (bistabile Kippglieder) – Stabiler geht es nicht 383
Unterschiede der bistabilen, monostabilen und astabilen Elemente 383
Klassifizierung der Flipflops (bistabile Kippglieder).. 385
Zustandsgesteuerte Flipflops... 387
    Einzustandsgesteuerte Flipflops 387

Zweizustandsgesteuerte Flipflops	399
Flankengesteuerte Flipflops	404
Einflankengesteuerte Flipflops	405
Zweiflankengesteuerte Flipflops	409
Ausführungsformen der Flipflops (bistabiler Kippglieder)	412
Zustandsfolge- und Synthesetabellen der Flipflops	413
Konvertierung von Flipflop-Typen	414
Übersicht einer Auswahl verfügbarer Flipflops	415
Übungen: Flipflops (Kippglieder)	417

Kapitel 27
Monostabile und astabile Elemente/Kippglieder – Mal so und mal so 419

Monostabile Elemente	419
Der Präzisionstimer xx555 als Basis für mono- und astabile Elemente	420
Beispiel für ein nicht nachtriggerbares monostabiles Element mit dem Präzisionstimer xx555	422
Übersicht einer Auswahl verfügbarer monostabiler Elemente	424
Astabile Elemente	426
Beispiel für ein astabiles Element mit dem Präzisionstimer xx555	427
Übersicht einer Auswahl verfügbarer astabiler Elemente	430

TEIL XII
SYNTHESE VON ENDLICHEN ZUSTANDSAUTOMATEN – ES LÄUFT UND LÄUFT IM TAKT 431

Kapitel 28
Synthese von Automaten – Ablaufsteuerung oder Zähler? 433

Entwurf von Automaten	433
Übungen: Synthese von Automaten	442

TEIL XIII
ZÄHLER UND SCHIEBEREGISTER – ALLES IM TAKT 449

Kapitel 29
Asynchrone und synchrone Zähler – Jetzt geht es auf und ab 451

Anwendungsgebiete und Betriebsarten der Zähler	451
Asynchrone Zähler – Entwurf und Funktion	453
Beispiel für einen asynchronen binären 4-Bit-Zähler durch (Modulo-16-Zähler) SN74LS393	455
Beispiel für einen asynchronen 8-Bit-Binärzähler durch Serienerweiterung (Modulo-256-Zähler) eines SN74LS393	457
Synchrone Zähler – Synthese und Funktion	457
Entwurf eines Modulo-5-Zählers mit RS-Flipflops im Dualcode	458
Entwurf eines Modulo-5-Zählers mit JK-Flipflops im Dualcode	464

Entwurf eines Modulo-5-Zählers mit D-Flipflops im Dualcode 467
Entwurf eines Modulo-8-Abwärtszählers mit JK-Flipflops im Dualcode 470
Entwurf eines Modulo-6-Auf-/Abwärtszählers mit D-Flipflops im
Dualcode 473
Beispiel für einen synchronen 4-Bit-Binärzähler
(Modulo-16-Zähler) SN54ALS163 478
Beispiel für einen synchronen 8-Bit-Binärzähler mit
Serienerweiterung (Modulo-256-Zähler) des SN54ALS163 480
Übersicht einer Auswahl verfügbarer asynchroner und synchroner Zähler 481
Übungen: Zähler 483

Kapitel 30
Auffang- und Schieberegister – Jetzt wird gefangen und geschoben, ja bitte **487**

Betriebsart und Anwendungsgebiete der Auffang- oder Schieberegister 487
Aufbau und Entwurf der Auffangregister 489
   Beispiel für ein 8-Bit-Auffangregister SN74ALS573C 490
   Übersicht einer Auswahl verfügbarer Auffangregister 492
Aufbau und Entwurf der Schieberegister 493
   Parallel-/Serienumsetzer 495
   Serien-/Parallelumsetzer 496
   Entwurf einfacher Schaltwerke 498
   Beispiel für ein 4-Bit-Schieberegister SN54LS195A 503
Übersicht einer Auswahl verfügbarer Schieberegister 504
Übungen: Register 507

TEIL XIV
DER TOP-TEN-TEIL **509**

Top 1: Wichtige Grundlagen, die Sie verinnerlichen sollten 510
Top 2: Wichtige grundlegende Arbeiten der Väter der Digitaltechnik 511
Top 3: Besonders zu empfehlende Literatur zur Digitaltechnik –
meine Lieblingsbücher 511
Top 4: Weiterführende Literatur 512
Top 5: Ein kostenfreies Simulationswerkzeug 512
Top 6: Ein Simulationswerkzeug für Profis 513
Top 7: Die wohl beste Internetquelle für Logik-Elemente 513
Top 8: Die wichtigste Norm für grafische Symbole der Digitaltechnik 513
Top 9: Weitere wichtige Normen 514
Top 10: Definitionen zur Digitaltechnik 514

Abbildungsverzeichnis **515**

Stichwortverzeichnis **525**

Einführung

Es freut mich als Autor, dass Sie sich für mein Lehr- und Übungsbuch zum Fachgebiet der Digitaltechnik entschieden haben, und es möge Ihnen ein ständiger Begleiter auf dem Weg zum Entwurf digitaler Schaltungen sein. Sei dies nun aus Eigeninteresse oder als flankierende Literatur zu einer Vorlesung, einem Kurs oder dem Unterricht, oder um Ihnen eine etwas andere Sichtweise zu erschließen, um eine Prüfung für eine weiterbildende berufliche Ausbildung oder das Studium erfolgreich abzuschließen.

Alle reden heute von Digitalisierung, setzen täglich digitale Geräte ein, ohne es zu wissen, viele Menschen verstehen darunter sehr unterschiedliche Dinge – am Anfang stand aber die Digitaltechnik und noch früher die Mathematik, die das alles heute erst möglich macht. Ich möchte Sie mit auf eine Reise in die Digitalisierung nehmen, doch zuvor etwas zur Entstehungsgeschichte der Digitaltechnik.

Am Anfang stand die Mathematik – mal wieder. Als George Boole (1815 bis 1864) ab dem Jahr 1847 versuchte, einen algebraischen Weg zu finden, um logische Problemstellungen zu lösen, entwickelte er eine komplett neue algebraische Struktur – die Boole'sche Algebra. Einen nicht unerheblichen Anteil daran hatte Augustus De Morgan, ein englischer Mathematiker des 19. Jahrhunderts (1806 bis 1871), der die sehr wichtigen De Morgan'schen Theoreme beisteuerte.

Damals konnte noch niemand ahnen, dass diese Entdeckung einmal ein Meilenstein für ein komplett neues technisches Gebiet – die Digitaltechnik – sein würde. Und dass sich aus der Boole'schen Algebra die wohl für unseren Alltag bedeutendste Errungenschaft – die Erfindung des Computers – entwickeln könnte, war damals noch undenkbar. Möglich wurde dies, als der junge Student Claude Elwood Shannon (1916 bis 2001) 1937 im Rahmen der Bearbeitung seiner Master-Thesis die Analogie der Boole'schen Algebra zu realen Schaltkreisen erkannte und somit ein neues Anwendungsgebiet für die Boole'sche Algebra erschloss.

Mit dieser Grundlage entstand auch die erste voll funktionsfähige programmgesteuerte und frei programmierbare Rechenmaschine der Welt, bestehend aus einer großen Zahl von Relais, die Zuse Z3, die Konrad Zuse im Jahr 1941 vorstellte. Diese Z3 konnte eine mathematische Grundoperation in einer Sekunde ausführen.

Bis in die 50er-Jahre wurden in digitalen Systemen in erster Linie Elektronenröhren eingesetzt, die eine Vervielfachung der Arbeitsgeschwindigkeiten gegenüber den bisher verwendeten Relais ermöglichten. Die ersten digital arbeitenden Messgeräte waren Frequenz- und Ereigniszähler.

Bedingt durch die mangelnde Fertigungsgenauigkeit der mechanischen Systeme und die sehr begrenzte Lebensdauer der Elektronenröhren waren diese digitalen Systeme nicht sehr zuverlässig – sie fielen sehr häufig aus.

In den 50er-Jahren erhielt dann auch die Halbleiterelektronik Einzug in digitale Systeme. Zunächst als diskret aufgebaute und in den 60er- und 70er-Jahren als monolithisch integrierte Schaltung (monolithisch – auf einem Substrat). Erste elektronische digitale

Schaltungen entstanden auf der Basis von Germaniumdioden und später auch auf der Basis von Germanium- und Silizium-Transistoren. Neben verschiedenen proprietären digitalen Schaltungen entstand die RTL-Schaltkreisfamilie als erste Form digitaler elektronischer Schaltkreise, die in den 50er-Jahren von Texas Instruments entwickelt wurde. Der Meilenstein in der Entwicklung von Schaltkreisfamilien ist die Erfindung und Patentierung der TTL-Technik im Jahr 1961 von James L. Buie bei der Firma TRW.

In den 60er, 70er und den folgenden Jahrzehnten ging es dann rasant mit der Weiterentwicklung der Halbleitertechnologien weiter – und dieser Prozess dauert immer noch an. Es entstanden immer kompaktere Halbleitertechnologien, die immer komplexere Strukturen zuließen. Die Basis stellt nach wie vor die TTL-Schaltkreisfamilie und deren Abkömmlinge dar, die bis heute den gesamten Bereich der Digitaltechnik prägen. Aktuell sind über 30 Schaltkreisfamilien verfügbar – ein Ende ist nicht absehbar. Unabhängig von dieser Vielfalt ändert das nichts an der Theorie und den Entwurfsmethoden der Digitaltechnik, lediglich die Implementation der Entwürfe bedarf einer fortlaufenden Anpassung an die jeweils eingesetzte Technologie der jeweiligen Schaltkreisfamilie.

Auf diese Reise möchte ich Sie jetzt ohne große Umwege mitnehmen. Die Theorie so weit wie notwendig und wenn Sie Interesse daran haben, die daraus abgeleiteten Entwurfsmethoden und Vorgehensweisen werden an anschaulichen Beispielen angewendet. Zur Übung gibt es zu fast jedem Kapitel ausführliche Übungsaufgaben, zu denen im Anhang die Lösungen detailliert beschrieben werden.

Der Anhang mit ausführlich kommentierten Lösungswegen im Umfang von cirka 170 Seiten ist nicht diesem Buch beigefügt, sondern steht ausschließlich vom Wiley Verlag kostenfrei per download unter der URL http://wiley-vch.de/ISBN9783527718665 zur Verfügung.

Über dieses Buch

Dieses Buch lässt sich von der Grundidee der gesamten Digitaltechnik leiten, denn es werden kleine Detailprobleme in möglichst allgemeingültiger Form gelöst. Diese werden dann wiederum durch geeignete Kombinationen genutzt, um komplexere Problemstellungen zu lösen, so dass mit recht einfachen Mitteln, aufbauend auf vorhandenem Wissen, komplexe Sachverhalte bearbeitet werden können.

Dieses Buch führt in die grundlegenden Zusammenhänge der Digitaltechnik ein. Dabei wird darauf Wert gelegt, das nicht nur auf »das ist so«, sondern explizit auch darauf »warum das so ist« eingegangen wird. Sie können sich aber auch gerne nur auf das Faktenwissen konzentrieren. Falls Sie sich aber auch für die Hintergründe interessieren, so empfehle ich Ihnen auch die Herleitungen der einzelnen Methoden und Verfahren zu lesen und zu erarbeiten – hierzu werden Hinweise gegeben. Sie vermitteln ein tiefgründiges Basiswissen, welches logisch aufgebaut dargestellt ist, wobei nicht unbedingt notwendiges nicht behandelt, aber durchaus als Ausblick genannt wird.

Den Anhang mit den Lösungen zu sämtlichen Übungen im Umfang von mehr als 170 Seiten können Sie per download vom Wiley Verlag unter der URL http://wiley-vch.de/ISBN9783527718665 beziehen.

Nicht enthalten sind in diesem Lehr- und Übungsbuch ganz bewusst die Themen Speicher, Programmierbare Logik sowie Sprachen zur Modellierung und Simulation digitaler Schaltungen wie VHDL.

Der inhaltliche Umfang des Buches entspricht ungefähr einer dreistündigen Vorlesung inklusive einem Laborpraktikum, welches allerdings nicht in diesem Buch in der Tiefe behandelt wird. Ein Laborpraktikum kann man nicht im Rahmen eines Buches behandeln, die Themen dafür wurden aber aus dem Inhalt des Buches abgeleitet und stellen quasi neben den umfangreichen Übungen eine weitere Vertiefung des behandelten Stoffes dar – es geht Ihnen also nicht unbedingt etwas verloren.

Ein besonderes Anliegen war es mir, dass das Buch logisch aufgebaut und leicht verständlich und nachvollziehbar lesbar ist, damit Sie Schritt für Schritt Erfolgserlebnisse haben. Auf allzu ausschweifende Formulierungen wurde deshalb verzichtet. Wichtige Aspekte werden anschaulich anhand vieler Beispiele und Abbildungen erläutert beziehungsweise zusammengefasst und können sehr gut zum Nachschlagen und zum Anwenden genutzt werden, so dass Sie nicht erst etliche Seiten lesen müssen, um zum gewünschten Ziel zu kommen.

Für das Verständnis des Inhalts ist es nicht notwendig, die höhere Mathematik zu beherrschen – Sie kommen tatsächlich mit den Grundrechenarten aus, allerdings in bisher nicht vertrauten Zahlensystemen wie dem dualen Zahlensystem, das in der Digitaltechnik unbedingt erforderlich ist, um die Theorie und Praxis zu verstehen – das Wissen dazu wird Ihnen aber vermittelt.

Das Hauptziel des Buches beziehungsweise einzelner Teile und Kapitel besteht darin, dass Sie die Theorie auf eine Vielzahl von Fällen – von einer einfachen digitalen Schaltung bis zu einem endlichen Zustandsautomaten mittlerer Komplexität – anwenden und üben können.

Konventionen in diesem Buch

In diesem Buch werden einige Konventionen verwendet:

- ✔ Variablen in Formeln, Gleichungen, Wahrheitstabellen und KV-Tafeln werden kursiv gestellt. Benennungen in Arbeitstabellen, Schaltsymbolen, Schaltungen und so weiter werden senkrecht, Vektoren kursiv und fett dargestellt.

- ✔ Bei fast allen Darstellungen dualer Zahlen wird als Trennzeichen für 4-Bit-Gruppen, die auch als Nibble (alternativ Tetrade) bezeichnet werden, ein Punkt verwendet – ein Komma ist immer ein Komma zur Trennung der Vorkommastellen von den Nachkommastellen einer Zahl.

- ✔ Grundsätzlich werden alle Definitionen, soweit vorhanden, entsprechend der Deutschen Ausgabe des Internationalen Elektrotechnischen Wörterbuchs (DA-IEV) verwendet. Sie sind für die angemeldete limitierte Auflage wiedergegeben mit Genehmigung 402.023 des DIN Deutsches Institut für Normung e.V. und des VDE Verband der Elektrotechnik Elektronik Informationstechnik e.V.

Die Originaldatenbank des Internationalen Elektrotechnischen Wörterbuchs ist kostenfrei nutzbar über www.dke.de beziehungsweise direkt unter https://www2.dke.de/de/Online-Service/DKE-IEV/Seiten/IEV-Woerterbuch.aspx (letzter Zugriff am 30.04.2025).

✔ Allgemeine mathematische Zeichen und Begriffe werden nach »DIN 1302:1999-12, Allgemeine mathematische Zeichen und Begriffe« verwendet.

✔ Mathematische Zeichen und Symbole der Schaltalgebra werden nach »DIN 66000:1985-11, Mathematische Zeichen und Symbole der Schaltalgebra« verwendet.

✔ Die Darstellung von grafischen Symbolen für Symbolelemente, Kennzeichen und andere Schaltzeichen für allgemeine Anwendungen in Schaltplänen entspricht »DIN EN 60617 Teil 2:1997-08, Graphische Symbole für Schaltpläne Teil 2: Symbolelemente, Kennzeichen und andere Schaltzeichen für allgemeine Anwendungen (IEC 60617-2:1996)«.

✔ Die Darstellung von grafischen Symbolen für passive Bauelemente in Schaltplänen entspricht »DIN EN 60617 Teil 4:1997-08, Graphische Symbole für Schaltpläne Teil 4: Schaltzeichen für passive Bauelemente (IEC 60617-4:1996)«.

✔ Die Darstellung von grafischen Symbolen für Halbleiter in Schaltplänen entspricht »DIN EN 60617 Teil 5:1997-08, Graphische Symbole für Schaltpläne Teil 5: Schaltzeichen für Halbleiter und Elektronenröhren (IEC 60617-5:1996)«.

✔ Die Darstellung von grafischen Symbolen der binären Elemente in Schaltplänen entspricht »DIN EN 60617 Teil 12:1999-04, Graphische Symbole für Schaltpläne Teil 12: Binäre Elemente (IEC 60617-12:1997)«.

✔ Die Darstellung von grafischen Symbolen der analogen Elemente in Schaltungsunterlagen entspricht »DIN EN 60617 Teil 13:1994-01, Graphische Symbole für Schaltpläne Teil 13: Analoge Elemente (IEC 60617-13:1997)«.

Für weiterführende Informationen und insbesondere für eine Vielzahl von Beispielen wird auf die Datenbücher und die URL https://www.ti.com (letzter Zugriff am 30.04.2025) des Halbleiterherstellers Texas Instruments verwiesen:

✔ Über die Halbleitertechnologien und Bauformen der Gehäusung der digitalen Schaltkreise gibt es eine sehr umfassende Darstellung im »Logic Guide 2017 (SDYU001AB), Texas Instruments«.

✔ Eine nahezu vollständige Ausgabe aller Datenblätter zu sämtlichen digitalen Schaltkreisen in sämtlichen Halbleitertechnologien ist im »Digital Logic Pocket Data Book 2007 (SCYD013B), Texas Instruments« zu finden.

✔ In Ergänzung der zuvor genannten Quelle bietet sich das »The TTL Data Book Volume1 1984 (SDYD001), Texas Instruments« an, wo auch die grafischen Symbole der digitalen Schaltkreise angegeben sind.

Was Sie nicht lesen müssen

Die Teile dieses Buches sind so formuliert, dass Sie diese nicht hintereinander, sondern unabhängig voneinander lesen können. Die Herleitungen zu den Lösungen der gestellten Übungen sollten Sie nachvollziehen und verinnerlichen, falls Sie sich gerade auf eine Prüfung im Fach Digitaltechnik vorbereiten. Für die Prüfungsvorbereitung sind alle in den Kapiteln aufgeführten Übungen wichtig. Die detaillierten Lösungswege finden Sie stets im Anhang. Versuchen Sie bitte zunächst, die Übungen mithilfe der Theorie des zugehörigen Kapitels zu lösen, ohne den Lösungsweg im Anhang anzuschauen! Die detailliert kommentierten Lösungen sollten Sie erst dann nutzen, wenn Sie das im Anhang angegebene Ergebnis nicht herausbekommen, oder zur Kontrolle Ihres eigenen Lösungswegs. Die Übungen sind so angeordnet, dass Sie schrittweise von den einfachen zu den komplexeren Anforderungen geführt werden.

Annahmen über Sie, die Leserin beziehungsweise den Leser

Beim Schreiben dieses Buches bin ich von folgenden Annahmen über Sie, die Leserin beziehungsweise den Leser dieses Buches, ausgegangen:

- ✔ Sie haben Interesse an Zusammenhängen und Erklärungen zur Theorie und praktischen Umsetzung der Methoden und Verfahren der Digitaltechnik.
- ✔ Sie wollen etwas Neues lernen oder bekanntes Wissen festigen.
- ✔ Sie beherrschen die Grundrechenarten der Mathematik.

Wie dieses Buch aufgebaut ist

Dieses Buch besteht aus 14 Teilen mit insgesamt 30 Kapiteln, wobei die Kapitel wiederum in Abschnitte unterteilt sind. Es enthält 631 Abbildungen, 38 Tabellen und 74 Übungsaufgaben mit 235 Teilaufgaben. Der Teil XIV ist der Top-Ten-Teil, der 10 wichtige Dinge wie Tipps, Regeln oder zu beachtende Aspekte, weiterführende Literatur, Quellen und Werkzeuge benennt, auf die Sie besonders achten sollten.

Grundsätzlich werden zu Beginn der Kapitel beziehungsweise Abschnitte, Definitionen zum jeweiligen Thema vorgenommen und soweit vorhanden, die internationalen Definitionen entsprechend dem Internationalen Elektrotechnischen Wörterbuchs (DA-IEV) angegeben. Wenn erforderlich, werden die Definitionen näher erläutert.

Sämtliche verwendeten Symbole entsprechen den aktuell gültigen Normen entsprechend der europäischen Norm DIN EN 60617 beziehungsweise internationalen Norm IEC 60617.

In der Folge fasse ich die Teile und Kapitel kurz zusammen, damit Sie eine Vorauswahl entsprechend Ihren Interessen vornehmen können.

Teil I: Einordnung der Digitaltechnik – Wo bin ich?

In Teil I werden zunächst die verschiedenen Signalarten beschrieben und darauf aufbauend eine Einordnung des Gebiets der Digitaltechnik an einem prägnanten Beispiel vorgenommen.

- ✔ In Kapitel 1 »Basis der Digitaltechnik und Abgrenzung zur Analogtechnik« werden zunächst die verschiedenen Signalarten bis hin zu den analogen und digitalen Signalen mit deren Eigenschaften behandelt. Digitale Signale stellen dabei die Basis digitaler Systeme dar. Des Weiteren wird an einem prägnanten Beispiel einer Temperaturmessung die Schnittstelle zwischen der Analog- und Digitaltechnik herausgearbeitet.

Teil II: Mathematische Grundlagen – Nur ein bisschen

In Teil II werden die mathematischen Grundlagen für die Schaltalgebra gelegt. Dies beginnt mit den Zahlensystemen und geht über die Arithmetik in den Zahlensystemen bis hin zu der speziellen Behandlung negativer Zahlen.

- ✔ In Kapitel 2 »Zahlensysteme« wird eine Einführung in die relevanten polyadischen Zahlensysteme der Digitaltechnik vorgenommen. Diese sind das duale, das dezimale und das sedezimale Zahlensystem. Insbesondere die Umwandlung von Zahlen der Zahlensysteme untereinander stellt einen Schwerpunkt dar.

- ✔ In Kapitel 3 »Arithmetik in den polyadischen Zahlensystemen« wird die Arithmetik im dualen Zahlensystem mit ihren Besonderheiten behandelt.

- ✔ In Kapitel 4 »Darstellung negativer Zahlen« wird das Zweierkomplement zur Darstellung negativer Zahlen behandelt, um die Subtraktion auf die Addition zurückzuführen.

Teil III: Codes und Codesicherung – Wie sage ich es meinem Kinde

In Teil III wird die Notwendigkeit von Codes als Sprache digitaler Systeme für die Übertragung von Information aufgezeigt. Hierzu werden die unterschiedlichen Eigenschaften von Codes angesprochen und die wichtigsten Codes behandelt. Da grundsätzlich davon ausgegangen werden muss, dass die Übertragung von Information fehlerbehaftet sein kann, werden einfache Methoden und Vorgehensweisen zur Codesicherung beschrieben.

- ✔ In Kapitel 5 »Codes und deren Eigenschaften« werden die typischen Eigenschaften von Codes wie beispielsweise die Hamming-Distanz und die Stetigkeit sowie typische Vertreter wie der Dualcode, der BCD-Code, der Gray-Code und der ASCII-Code behandelt.

- ✔ In Kapitel 6 »Binärcodes« werden relevante numerische und alphanumerische Codes vorgestellt, bewertet und deren mögliche Einsatzgebiete aufgezeigt.

✔ In Kapitel 7 »Codesicherung« werden Möglichkeiten der Erkennbarkeit und Korrigierbarkeit von Bit-Fehlern bei der Übertragung von Information aufgezeigt und wie mit einfachen Mitteln im Rahmen der Möglichkeiten Bit-Fehler erkannt und korrigiert werden können. Hierzu wird die einfachste Maßnahme, das Paritätsbit behandelt.

Teil IV: Schaltalgebra als Basis der Digitaltechnik – Herr Boole und Herr Shannon lassen grüßen

In Teil IV werden die Rechenregeln der Schaltalgebra behandelt, die die Basis für die Analyse und Synthese von Schaltnetzen und Schaltwerken darstellt. Es werden die grundlegenden logischen Funktionen und deren grafische Symbole behandelt. Des Weiteren wird eine Einführung in bestimmte Normalformen für den optimierten Entwurf von Schaltnetzen und -werken vorgenommen.

✔ In Kapitel 8 »Historisches und wichtige Festlegungen« wird kurz auf die Entstehungsgeschichte der Schaltalgebra und deren Väter eingegangen. Es werden die Festlegungen Schaltvariable, Schaltfunktion vorgenommen und deren Darstellung in einer Wahrheitstabelle gezeigt. Abschließend werden die standardisierten mathematischen Zeichen und Symbole der Schaltalgebra vorgestellt.

✔ In Kapitel 9 »Schaltalgebra« werden die Rechen- und Vorrangregeln der Boole'schen Algebra behandelt, die die Basis für die Analyse und Synthese von Schaltnetzen und Schaltwerken darstellen. Abschließend wird in die Benennung der logischen Verknüpfungen eingeführt.

✔ In Kapitel 10 »Logische Grundverknüpfungen und deren grafische Symbole« werden die logischen Grundverknüpfungen und deren standardisierte grafische Symbole für Schaltpläne vorgestellt. Hierbei werden die aktuelle internationale, die alte nationale sowie die amerikanische Norm vorgestellt, da insbesondere Letztere noch sehr häufig zum Einsatz kommt.

✔ In Kapitel 11 »Normalformen, Min- und Maxterme« werden aus der Wahrheitstabelle die disjunktive und konjunktive Normalform sowie die Min- und Maxterme abgeleitet, um eine standardisierte Formulierung der Schaltfunktionen für die Synthese von Schaltnetzen und -werken zu erhalten.

Teil V: Analyse von Schaltnetzen – Schauen wir mal

In Teil V werden die Ziele der Analyse eines Schaltnetzes formuliert und darauf aufbauend werden Vorgehensweisen zur Analyse von Schaltnetzen behandelt.

✔ In Kapitel 12 »Methoden für die Analyse von Schaltnetzen« werden die Ziele bei der Analyse eines Schaltnetzes benannt und zwei konkrete Methoden für die Analyse vorgestellt.

Teil VI: Synthese von Schaltnetzen – Wie soll es denn werden?

In Teil VI wird eine Einführung zur Synthese von Schaltnetzen vorgenommen und es werden drei Methoden anhand von prägnanten Beispielen vorgestellt.

- ✔ In Kapitel 13 »Vorgehensweise bei der Synthese von Schaltnetzen« wird die grundsätzliche Vorgehensweise bei der Synthese mittels der Schaltalgebra behandelt und es werden die damit verbundenen Probleme aufgezeigt.

- ✔ In Kapitel 14 »Minimierung der Schaltfunktionen mittels Karnaugh-Veitch-Tafeln« wird die Synthese für bis zu sechs Variablen beschrieben.

- ✔ In Kapitel 15 »Minimierung der Schaltfunktionen mittels des Verfahrens nach Quine und McCluskey« wird die Synthese für eine beliebige Anzahl an Variablen beschrieben.

Teil VII: Verwendete grafische Symbole und deren Systematik – Zum Nachschlagen

- ✔ In Kapitel 16 »Grafische Symbole der Digitaltechnik« werden die in diesem Buch verwendeten genormten grafischen Symbole mit Beispielen erläutert.

- ✔ In Kapitel 17 »Weitere verwendete grafische Symbole« werden die grafischen Symbole, die sonst noch in den angegebenen Schaltungen des Buches Verwendung finden, zusammengestellt und erläutert.

Teil VIII: Logische und physikalische Beziehungen in der Digitaltechnik, Technologien und Kenndaten der Logikfamilien – Hardware, nein danke?

In Teil VIII werden die logischen und physikalischen Eigenschaften in der Digitaltechnik behandelt. Des Weiteren die eingesetzten Technologien in digitalen Schaltkreisen, wichtige charakteristische Kenndaten mit einer kleinen Übersicht wichtiger Schaltkreisfamilien.

- ✔ In Kapitel 18 »Zusammenhänge der logischen und physikalischen Eigenschaften in der Digitaltechnik« wird auf Zusammenhänge der logischen und physikalischen Eigenschaften in der Digitaltechnik eingegangen. Nach einer Definition der positiven und negativen Logik wird der Polaritätsindikator eingeführt, um Beziehungen zwischen internen und externen logischen Zuständen beziehungsweise Logikpegeln anzugeben. Des Weiteren erfolgt die Behandlung der möglichen Ausgangsschaltungen in ihrer Funktion und was bei deren Einsatz zu berücksichtigen ist. Hierbei werden auch sogenannte Wired-/Verdrahtete logische Verknüpfungen, die sich durch die Verschaltung von Ausgängen ergeben, berücksichtigt.

✔ In Kapitel 19 »Halbleitertechnologien, Eigenschaften und Kennzeichnungen der Logik-Elemente« werden die zum Einsatz kommenden grundlegenden Halbleitertechnologien wie die Bipolar-, MOS- und BICMOS-Technologie mit ihren Vor- und Nachteilen mit Beispielen behandelt. Abschließend wird eine Übersicht der Logikfamilien und deren Kennzeichnung gegeben.

✔ In Kapitel 20 »Kenndaten der Logik-Elemente« werden die wichtigsten stationären und dynamischen Kenndaten der Logikfamilien sowie deren Störsicherheit und deren Kompatibilität untereinander behandelt. Abschließend wird eine Übersicht zur Auswahl geeigneter Logikfamilien für die jeweilige Anwendung gegeben.

Teil IX: Standardschaltnetze, die immer wieder benötigt werden – Man nutze möglichst vorhandene Dinge

In Teil IX werden Schaltnetze (kombinatorische Elemente) behandelt, die immer wieder benötigt werden und in praktisch keinem digitalen System fehlen. Dies sind Code-Umsetzer, Multiplexer, Vergleicher (Komparatoren) und Rechenschaltungen in Form von Halb- und Volladdierern. Es wird gezeigt, wie diese eingesetzt werden können, um komplexere Aufgabenstellungen zu lösen. Zusätzlich werden auch Übersichten zu verfügbaren Logik-Elementen angegeben.

✔ In Kapitel 21 »Code-Umsetzer« werden klassische Code-Umsetzer entwickelt und verfügbare Code-Umsetzer mit vorgestellt.

✔ In Kapitel 22 »Multiplexer und Demultiplexer« werden diese beispielhaft entwickelt sowie typische verfügbare Vertreter behandelt.

✔ In Kapitel 23 »Komparatoren (Vergleicher)« wird ein Komparator entwickelt sowie die Erweiterung mittels Serienerweiterung und Kaskadierung für verschiedene Anwendungen aufgezeigt. Abschließend wird eine Übersicht verfügbarer Komparatoren vorgestellt.

✔ In Kapitel 24 »Arithmetische Logik-Elemente« wird ausgehend von einem Halbaddierer ein Volladdierer entwickelt und gezeigt, wie hiermit die Addition mehrerer binärer Stellen mittels Serien- und Parallelübertrag mit einem Übertragsgenerator realisiert werden kann. Abschließend wird die Übersicht einer Auswahl arithmetischer Logik-Elemente mit Beispielen angegeben.

Teil X: Schaltwerke und deren Grundstrukturen – Takt für Takt geht es weiter

In Teil X wird eine Einführung in die Grundstrukturen von endlichen Zustandsautomaten, deren Beschreibungsmitteln und deren Anwendung vorgenommen.

✔ In Kapitel 25 »Beschreibungsmittel für Schaltwerke, deren Grundstrukturen und Betriebsarten« wird eine Einführung in die Beschreibungsmittel für zustandsabhängige

Systeme vorgenommen. Es werden die Eigenschaften endlicher Zustandsautomaten und die Grundstrukturen von Mealy- und Moore-Automaten behandelt und die Vor- und Nachteile der asynchronen und synchronen Betriebsarten.

Teil XI: Bistabile, monostabile und astabile Elemente für spezielle Funktionen – Speicher braucht der Mensch, was sonst?

✓ In Kapitel 26 »Bistabile Elemente (Flipflops)« wird eine Einführung und Kategorisierung der Flipflop-Typen vorgenommen. Auf dem bistabilen Basis-Flipflop basierend werden die RS-, JK-, D- und T-Flipflops in den verschiedenen Ausführungsformen ein- und zweizustandsgesteuert, einflanken- und zweiflankengesteuert mit typischen Anwendungsfällen eingeführt. Abschließend wird das Übergangsverhalten aller Flipflop-Typen für die Synthese endlicher Zustandsautomaten zusammengestellt sowie eine Zusammenstellung der möglichen Flipflop-Typen sowie eine Übersicht verfügbarer Flipflops angegeben.

✓ In Kapitel 27 »Monostabile und astabile Elemente« werden deren Funktion und Anwendung anhand von typischen Beispielen aufgezeigt, auch wenn sie nicht direkt dem Gebiet der Digitaltechnik zuzuordnen sind – sie werden dort aber häufig eingesetzt. Abschließend wird eine Übersicht verfügbarer mono- und astabiler Elemente angegeben.

Teil XII: Synthese von endlichen Zustandsautomaten – Es läuft und läuft im Takt

✓ In Kapitel 28 »Synthese von Automaten« wird die grundsätzliche Vorgehensweise bei dem Entwurf von endlichen Zustandsautomaten beschrieben. Hierfür wurde ein einfaches und prägnantes Beispiel, ein Bonbonautomat, ausgewählt. Dieses Kapitel schließt mit typischen Übungen zur Synthese von Automaten.

Teil: XIII: Zähler und Schieberegister – Alles im Takt

In Teil XIII wird unter dem Einsatz von bistabilen Elementen die Struktur und die Funktion von asynchronen und synchronen Zählern mit deren Vor- und Nachteilen beschrieben. Es wird deren Entwurf und insbesondere der von synchronen Zählern erläutert, wobei die grundsätzliche Vorgehensweise identisch mit dem Entwurf von Automaten ist, wie dies in Teil XII Kapitel 28 beschrieben ist. Abschließend werden typische Beispiele für verfügbare Logik-Elemente angeführt.

Des Weiteren werden die verschiedenen Register in Form der Auffang- und Schieberegister behandelt. Dazu wird deren Funktion und der Entwurf für verschiedene Anwendungen mit Beispielen und Übersichten verfügbarer Logik-Elemente, beschrieben.

Abschließend werden jeweils mehrere Übungen bereitgestellt, um die Synthese entsprechender Zähler und Register zu vertiefen.

✔ In Kapitel 29 »Asynchrone und synchrone Zähler« werden die Betriebsarten, die Anwendungsgebiete und deren Entwurf mit Beispielen und Übersichten verfügbarer Logik-Elemente aufgezeigt. Abschließend werden Übungen zu den Zählern angeboten.

✔ In Kapitel 30 »Auffang- und Schieberegister« werden die Betriebsarten und deren typischen Anwendungsgebiete behandelt. Ebenso wird deren Entwurf für etliche typische Anwendungen durchgeführt. Zusätzlich sind hier Beispiele und Übersichten verfügbarer Logik-Elemente zusammengestellt. Abgeschlossen wird dieses Themengebiet mit Übungen zum Thema Register.

Teil XIV: Der Top-Ten-Teil

Teil XIV stellt zehn wichtige Dinge wie Tipps, Regeln oder zu beachtende Aspekte, weiterführende Literatur, Quellen und Werkzeuge vor, auf die Sie besonders achten sollten.

Lösungen zu den Übungsaufgaben

Den Anhang mit den Lösungen zu sämtlichen Übungen finden Sie unter der URL http://wiley-vch.de/ISBN9783527718665.

Symbole in diesem Buch

Das Beispiel-Symbol kennzeichnet ein Beispiel. Dies kann beispielsweise ein entsprechender Sachverhalt, ein Berechnungsbeispiel, Entwurfsbeispiel oder eine Schaltung sein.

Da Definitions-Symbol weist Sie darauf hin, dass es sich hier um eine wichtige Definition handelt, die für das weitere Verständnis wichtig ist. Dies kann eine Definition aus einem vorhandenen Standard oder wo nicht verfügbar eine eigene oder allgemein übliche Definition sein.

Das Erinnerungs-Symbol kennzeichnet einen Aspekt oder eine Regel, die Sie bereits kennen oder sich merken sollten.

Das Tipp-Symbol kennzeichnet Empfehlungen, wie etwas besonders effizient bearbeitet werden kann oder was Sie auch lesen sollten, falls Sie mehr Hintergründe interessieren.

Das Vorsicht-Symbol kennzeichnet einen Sachverhalt oder auch eine Vorgehensweise, bei der Sie besonders aufpassen müssen, da dies Fehler zur Folge haben kann.

Das Web-Symbol wird dazu verwendet, um wichtige Quellen im Web zu bestimmten Themen mit weiterführenden Informationen anzugeben.

Wie es weitergeht

So jetzt haben Sie alles Wichtige erfahren, um sich endlich der Digitaltechnik widmen zu können. In der Hoffnung, dass dies nicht nur Pflicht, sondern auch Kür für Sie ist, wünsche ich Ihnen dabei viel Kurzweile.

Lesen Sie aufmerksam die Sie interessierenden Teile und versuchen Sie diese auch zu verstehen und dann sollten Sie üben, üben und nochmals üben. Damit sollten Sie gut auf eine eventuell anstehende Prüfung vorbereitet sein. Aber achten Sie darauf, dass die Inhalte von Veranstaltungen, Kursen oder Vorlesungen anderer Personen durchaus eine andere Schwerpunktsetzung haben können. Wenn das so ist, dann picken Sie sich das heraus, was Ihren Anforderungen entspricht. Es kann natürlich durch andere Schwerpunktsetzungen in Ihren Veranstaltungen zu manchen Aspekte geben, die ich in diesem Buch nicht berücksichtigt habe - Sorry.

Ich wünsche Ihnen viel Erfolg und auch Spaß bei der Arbeit mit diesem Buch.

Teil I
Einordnung der Digitaltechnik – Wo bin ich?

IN DIESEM TEIL ...

Wird eine leicht verständliche Einführung in die Welt der Digitaltechnik gegeben, sodass das Fachgebiet eindeutig zuordenbar ist.

Hierzu wird zunächst die Definition des Fachgebiets Digitaltechnik vorgenommen und dann gibt es ausgehend von den Definitionen für die analogen und digitalen Signale eine Konkretisierung des Begriffs binäres Signal. Dies stellt das elementare Signal dar, auf dem die gesamte Theorie der Digitaltechnik basiert.

Des Weiteren wird an einem Beispiel für eine Temperaturmessung die Abgrenzung der Analogtechnik von der Digitaltechnik aufgezeigt und eine Konkretisierung des Fachgebiets Digitaltechnik anhand eines digitalen Systems vorgenommen.

> **IN DIESEM KAPITEL**
>
> Definitionen zur Digitaltechnik
>
> Digitale Systeme – Schaltnetze und -werke
>
> Analoge, digitale und binäre Signale
>
> Abgrenzung der Digitaltechnik von der Analogtechnik

Kapitel 1
Basis der Digitaltechnik und Abgrenzung zur Analogtechnik – Zwischen den Fronten?

Definitionen zur Digitaltechnik

Die Digitaltechnik ist ein sehr umfassendes Gebiet, weswegen zunächst geklärt werden muss, was die Digitaltechnik eigentlich ist. Ausgehend von nachfolgenden, grundlegenden, internationalen Definitionen sollte dies dann verständlicher werden.

Definition nach IEV 171-01-16: *Digitaltechnik* ist eine Technik, die eine digitale Darstellung von Information verwendet.

Der darin vorkommende Begriff *Information* ist recht abstrakt, aber allgemeingültig und ist für alle relevanten Sachverhalte anwendbar, wie dies aus der nachfolgenden Definition zu entnehmen ist.

Definition nach IEV 171-01-01: *Information* ist die Kenntnis über Objekte wie Sachverhalte, Ereignisse, Gegenstände, Vorgänge oder Vorstellungen (einschließlich Begriffen), die in einem gegebenen Zusammenhang eine bestimmte Bedeutung haben.

Systeme der Digitaltechnik sind als *digitale Schaltungen* ausgeführt, die sowohl aus Hardwarekomponenten wie auch aus Softwarekomponenten bestehen können. Die Systeme der Digitaltechnik und insbesondere die digitalen Schaltungen unterteilen sich in die Kategorien

✔ *Schaltnetze* und

✔ *Schaltwerke*.

Diese unterscheiden sich grundlegend voneinander, auch wenn beide Kategorien grundsätzlich mit den gleichen logischen Grundverknüpfungen realisierbar sind, weswegen hier eine Definition erforderlich ist.

Definition nach IEV 351-52-03: Ein *Schaltnetz* (kombinatorisches Schaltsystem) ist ein Schaltsystem, bei dem der Wert der Ausgangsgröße zu jedem Zeitpunkt nur von den Werten der Eingangsgrößen zu diesem Zeitpunkt abhängt.

Für eine digitale Schaltung (kombinatorisches Schaltsystem) folgt damit: Ein *Schaltnetz* ist eine digitale Schaltung, die ein digitales Ausgangssignal erzeugt, das nur von den Werten der digitalen Eingangssignale zum gleichen Zeitpunkt abhängt.

Definition nach IEV 351-52-04: Ein *Schaltwerk* (sequenzielles Schaltsystem) ist ein Schaltsystem, bei dem die Werte der Ausgangsgrößen zu einem festgelegten Zeitpunkt von den Werten der Eingangsgrößen und den Werten der Zustandsgrößen zu diesem Zeitpunkt abhängen, wobei die Werte der Zustandsgrößen zum folgenden Zeitpunkt von den Werten der Zustandsgrößen und den Werten der Eingangsgrößen zum festgelegten Zeitpunkt abhängen.

Für eine digitale Schaltung (sequenzielles Schaltsystem) folgt damit: Ein *Schaltwerk* ist eine digitale Schaltung, die ein digitales Ausgangssignal erzeugt, das von den Werten der digitalen Eingangssignale zum gleichen Zeitpunkt und vorangegangener Zeitpunkte abhängt.

Ein Schaltwerk ist im Gegensatz zu einem Schaltnetz, das nur direkte Veränderungen der Eingangssignale zum gleichen Zeitpunkt verarbeitet, in der Regel ein endlicher Zustandsautomat, der mindestens einen Speicher besitzt, um sich vorangegangene Systemzustände zu merken, wie beispielsweise ein Bezahlautomat für unterschiedlichste Güter (beispielsweise ein Getränkeautomat, Fahrkartenautomat) oder auch andere Anwendungen wie beispielsweise zur Steuerung der Programme einer Waschmaschine.

Analoge, digitale und binäre Signale

Systeme der Digitaltechnik verarbeiten digitale Eingangssignale und erzeugen digitale Ausgangssignale. Hierbei können die Eingangssignale von einem digitalen Eingabegerät oder einem Sensor stammen. Bei der Verarbeitung hat zunächst die Konvertierung der Zeichen des digitalen Eingabegeräts in einen zuvor verabredeten Code zu erfolgen und die Messwerte eines Sensors müssen zunächst verstärkt und danach entsprechend codiert werden, damit sie verarbeitet werden können. Die digitalen Ausgangssignale können dann Aktoren wie beispielsweise Ventile ansteuern und über ein digitales Ausgabegerät zur Anzeige gebracht werden.

Die Basis für ein System der Digitaltechnik stellen also die digitalen Signale dar – was sind nun digitale Signale?

Um diese Frage zu beantworten, ist zunächst eine Unterteilung der verschiedenen Signalarten erforderlich. Die Unterteilung der Signale erfolgt bezüglich der

✔ *Signalwert-* und

✔ *Zeitabhängigkeit.*

Diese können jeweils

✔ *kontinuierlich* oder

✔ *diskret*

sein, wobei diese Eigenschaften immer in Kombination mit einem Signal und der Zeitabhängigkeit dessen Verwendung finden. Danach gelten folgende Definitionen:

Definition nach IEV 171-01-09: Ein *wertkontinuierliches Signal* ist ein Signal, bei dem der Informationsparameter jeden beliebigen Wert in einem kontinuierlichen Wertebereich annehmen kann.

ANMERKUNG: Ein wertkontinuierliches Signal kann ein zeitkontinuierliches Signal und damit ein analoges Signal oder auch ein zeitdiskretes Signal sein.

Definition nach IEV 351-41-18: Ein *Informationsparameter* ist ein Parameter eines Signals, der die Information nach einer Vorschrift abbildet.

ANMERKUNG: Für viele Signale ist der Wert der physikalischen Größe zugleich deren Informationsparameter. In diesem Falle ist es üblich, zur Vereinfachung vom »Wert eines Signals« zu sprechen.

Definition nach IEV 171-01-11: Ein *wertdiskretes Signal* ist ein Signal, bei dem der Informationsparameter nur diskrete Werte annehmen kann, im Allgemeinen einen Wert innerhalb jedes Intervalls aus seiner Reihe von benachbarten Werteintervallen.

ANMERKUNG 1: Die benachbarten Intervalle schließen aneinander lückenlos an, überlappen einander nicht und brauchen nicht die gleiche Größe zu haben.

ANMERKUNG 2: Ein wertdiskretes Signal kann ein zeitkontinuierliches Signal sein, wie ein quantisiertes Signal, oder ein zeitdiskretes Signal, dann ist es ein digitales Signal.

Definition nach IEV 171-01-10: Ein *zeitkontinuierliches Signal* ist ein Signal, bei dem der Informationsparameter zu jedem Zeitpunkt in einem Zeitintervall definiert ist.

ANMERKUNG: Ein zeitkontinuierliches Signal kann ein wertkontinuierliches Signal sein, und damit ein analoges Signal, oder ein wertdiskretes Signal, also ein quantisiertes Signal.

Definition nach IEV 171-01-12: Ein *zeitdiskretes Signal* ist ein Signal, bei dem der Wert des Informationsparameters nur zu diskreten aufeinanderfolgenden Zeitpunkten definiert ist.

ANMERKUNG 1: Ein zeitdiskretes Signal ist aus zeitlich aufeinanderfolgenden Elementen zusammengesetzt, wobei jedes Element einen oder mehrere Informationsparameter besitzt, zum Beispiel seine Dauer, seine zeitliche Lage, seinen Beitrag zur Signalform, seine Stärke.

ANMERKUNG 2: Ein zeitdiskretes Signal kann ein wertkontinuierliches Signal sein, wie ein Abtastsignal, oder ein wertdiskretes Signal, und damit ein digitales Signal.

Aus den Definitionen für ein wertkontinuierliches und wertdiskretes Signal beziehungsweise zeitkontinuierliches und zeitdiskretes Signal folgen die Definitionen für ein analoges und digitales Signal, wie sie nachfolgend angegeben sind.

Definition nach IEV 171-01-14: Ein *analoges Signal* ist ein Signal, das sowohl ein wertkontinuierliches Signal als auch ein zeitkontinuierliches Signal ist.

ANMERKUNG: Der Informationsparameter kann zu jedem Zeitpunkt jeden Wert innerhalb eines kontinuierlichen Bereichs annehmen. Zum Beispiel kann ein analoges Signal kontinuierlich den Werten einer anderen physikalischen Größe folgen, die Information darstellt.

Definition nach IEV 171-01-13: Ein *digitales Signal* ist ein Signal, das sowohl ein wertdiskretes Signal als auch ein zeitdiskretes Signal ist.

ANMERKUNG: Der Informationsparameter ist im Allgemeinen als Zeichen eines Zeichensatzes codiert und die Zeichen können als Zahlen interpretiert werden.

Zur Veranschaulichung sind in Abbildung 1.1 ein analoges und ein digitales Signal dargestellt.

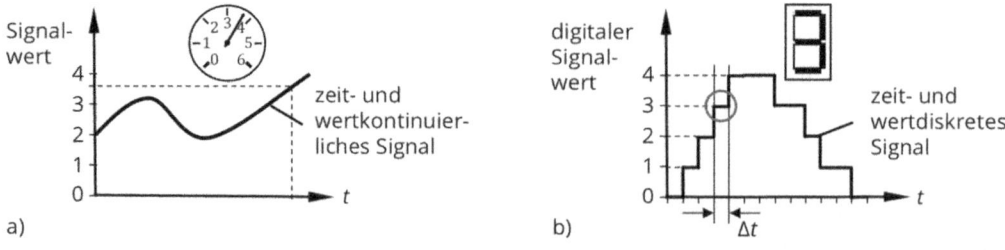

Abbildung 1.1: Darstellung eines analogen (a) und digitalen Signals (b)

KAPITEL 1 Basis der Digitaltechnik und Abgrenzung zur Analogtechnik

In Abbildung 1.1a ist ein analoges Signal dargestellt, bei dem zu jedem Zeitpunkt ein Signalwert aus dem gegebenen Intervall zugeordnet beziehungsweise gemessen werden kann. Dies ist durch die analoge Anzeige symbolisiert.

Im Gegenzug dazu ist in Abbildung 1.1b ein digitales Signal dargestellt, das aus vier gleich großen Intervallen besteht, die den *Quantisierungswerten* 1 bis 4 zugeordnet sind. Dies ist durch die digitale Anzeige symbolisiert.

In den meisten Fällen sind die Zeitintervalle *äquidistant*, dies bedeutet in diesem Zusammenhang, dass immer gleich große Zeitintervalle zugrunde gelegt werden. Dies muss nicht zwingend so sein, aber im Allgemeinen ist die mathematische Beschreibung diskreter Systeme, die auf der Basis äquidistanter Zeitintervalle im Gegensatz zur mathematischen Beschreibung nicht äquidistanter Zeitintervalle vorgenommen wird, deutlich einfacher.

Die Unterteilung der Signalwerte in mehrere Intervalle gleicher Größe wird auch als *Quantisierung* bezeichnet, wie Sie es der folgenden Definition entnehmen können.

Definition nach IEV 702-04-07: *Quantisierung* ist ein Vorgang, bei dem der kontinuierliche Bereich von Werten, die eine Größe annehmen können, in eine Anzahl von vorbestimmten aneinander angrenzenden Intervallen aufgeteilt und jeder Wert innerhalb eines gegebenen Intervalls durch einen einzigen vorbestimmten Wert innerhalb des Intervalls dargestellt wird.

Diese Intervalle werden auch *Quantisierungsintervalle* genannt.

Definition nach IEV 704-24-02: Ein *Quantisierungsintervall* ist eines der benachbarten Intervalle, die bei der Quantisierung verwendet werden.

Durch die Quantisierung entsteht, wie in Abbildung 1.1 b) zu erkennen ist, ein prinzipieller Fehler, denn die Genauigkeit der Anzeige ist hier nur mit einer Stelle beziehungsweise einem Intervall von 1 gegeben. Dies kann prinzipiell durch die Wahl sehr viel kleinerer Intervalle des Signalwerts verbessert werden, sodass eine vorgegebene Fehlertoleranz eingehalten wird.

Dies bedeutet auch, dass bei einer weiteren Verarbeitung in einem digitalen System, beispielsweise in einer digitalen Schaltung, die gewünschte Genauigkeit eingehalten werden kann. Allerdings ist dies dann mit einem höheren schaltungstechnischen Aufwand der digitalen Schaltung verbunden.

In der Digitaltechnik wird aber fast ausschließlich mit binären Signalen gearbeitet, weswegen dieser Signalart eine besondere Bedeutung zukommt. Die binären Signale stellen eine Untermenge der digitalen Signale dar, wobei der Informationsparameter nur einen von zwei diskreten Werten annehmen kann. Dies können 0 und 1, Low und High, falsch und wahr, auf und zu oder auch Spannungswerte wie 0 und 5 V sein. Nachfolgend ist die Definition eines binären Signals angegeben.

Definition nach IEV 704-16-03: Ein *binäres Signal* ist ein digitales Signal, dessen Informationsparameter einen von zwei diskreten Werten annehmen kann.

In Abbildung 1.2 ist im Unterschied zu einem digitalen Signal mit mehreren diskreten Quantisierungswerten ein binäres Signal mit nur zwei diskreten Quantisierungswerten dargestellt. Hier werden die diskreten Werte 0 und 1 zugewiesen, die auch im weiteren Verlauf des Buches immer wieder Verwendung finden.

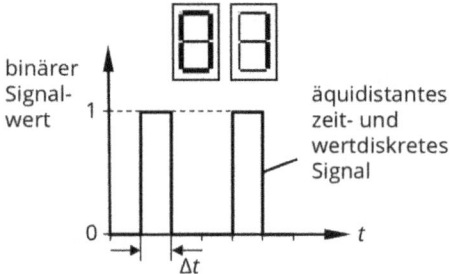

Abbildung 1.2: Darstellung eines binären Signals

Digitaltechnik versus Analogtechnik

Die Welt der verschiedenen Schaltungstechniken ist grob in zwei Gebiete zu unterteilen. Dies sind einerseits die wesentlich ältere Analogtechnik und andererseits die Digitaltechnik, die mit sehr wenigen Ausnahmen immer dominanter bei allen Produktentwicklungen wird.

Vorteile der Digitaltechnik im Vergleich zur Analogtechnik:

- ✔ Der Entwurf digitaler Systeme ist recht einfach, da sie mittels der Boole'schen Algebra einfach beschrieben werden können.
- ✔ Digitale Systeme unterliegen keiner Fehlerfortpflanzung.
  - Es können fast beliebig komplexe Systeme realisiert werden wie beispielsweise Mikroprozessorsysteme.
  - Des Weiteren können beliebig viele Bearbeitungsschritte nacheinander ausgeführt werden, da keine systematischen Fehler auftreten.
  - Die fehlende Fehlerfortpflanzung begünstigt auch die Übertragung von Information über große Entfernungen.
- ✔ Durch Parallelisierung digitaler Systeme kann eine hohe Verarbeitungsgeschwindigkeit erzielt werden.

✔ Die Entwicklung von komplexen digitalen Systemen ist heute durch die programmierbare Logik und entsprechender unterstützender Werkzeuge weitestgehend automatisierbar.

✔ Der Test digitaler Systeme ist relativ einfach.

Nachteil der Digitaltechnik im Vergleich zur Analogtechnik:

✔ Digitale Systeme sind viel langsamer als analoge Systeme – aus diesem Grund ist die Analogtechnik im Hochfrequenzbereich dominant.

Um jetzt das Gebiet der Digitaltechnik genau zu umreißen und zu verdeutlichen, wie es sich von der Analogtechnik abgrenzt beziehungsweise wo die Schnittstelle zwischen beiden Techniken ist, folgt nun ein typisches Beispiel – ein einfaches Temperaturmessgerät. Im Blockschaltbild in Abbildung 1.3 ist dieses vom Sensor bis zur digitalen Anzeige mit allen auftretenden Signalen dargestellt.

Das *Temperaturmessgerät* besteht von links nach rechts aus folgenden sieben Teilsystemen:

1. *Sensor (Thermoelement)* (1) zur Erfassung der Messgröße und zur Umwandlung in ein analoges elektrisches Signal.

2. *Abtasthalteglied* (Sample-and-Hold-Verstärker) (2) zur Erfassung des elektrischen Signals zu äquidistanten Zeitpunkten und Bereitstellung des zeitdiskreten und wertkontinuierlichen Signals für die weitere Verarbeitung.

3. *Analog-Digital-Wandler* (3) für die Umwandlung des zeitdiskreten und wertkontinuierlichen Signals in ein digitales Signal für die Verarbeitung in der digitalen Schaltung.

4. *Taster (Schließer) als digitales Eingabegerät* (4) für die digitale Schaltung (5) zur Kalibrierung des Temperatursensors.

5. *Digitale Schaltung* (digitales System) (5) zur Verarbeitung des digitalen Signals des Analog-Digital-Wandlers (3), hier 10-Bit mit $2^{10} = 1024$ Quantisierungsintervallen, und des digitalen Eingabegeräts (4). Intern wird für die weitere Verarbeitung der Messwerte der Dualcode eingesetzt.

6. *Code-Umsetzer* (6), der den von der digitalen Schaltung bereitgestellten BCD-Code in den 7-Segment-Code zur Ansteuerung der dreistelligen 7-Segment-Anzeige (7) umwandelt.

7. 3-stellige *7-Segment-Anzeige als digitales Ausgabegerät* (7) zur Anzeige der gemessenen Temperatur.

Die Schnittstelle zwischen der Analogtechnik und der Digitaltechnik ist der Analog-Digital-Wandler (3). Dieser wird in der Regel der Analogtechnik zugeordnet, sodass die Digitaltechnik die digitale Schaltung (5) mit der Verarbeitung des gewandelten Messwerts inklusive des digitalen Eingabegeräts (4), hier dem Taster als Schließer zur Kalibrierung der Temperaturanzeige, den erforderlichen Code-Umsetzer (6) und das digitale Ausgabegerät (7) in Form der 3-stelligen 7-Segment-Anzeige umfasst.

46 TEIL I Einordnung der Digitaltechnik

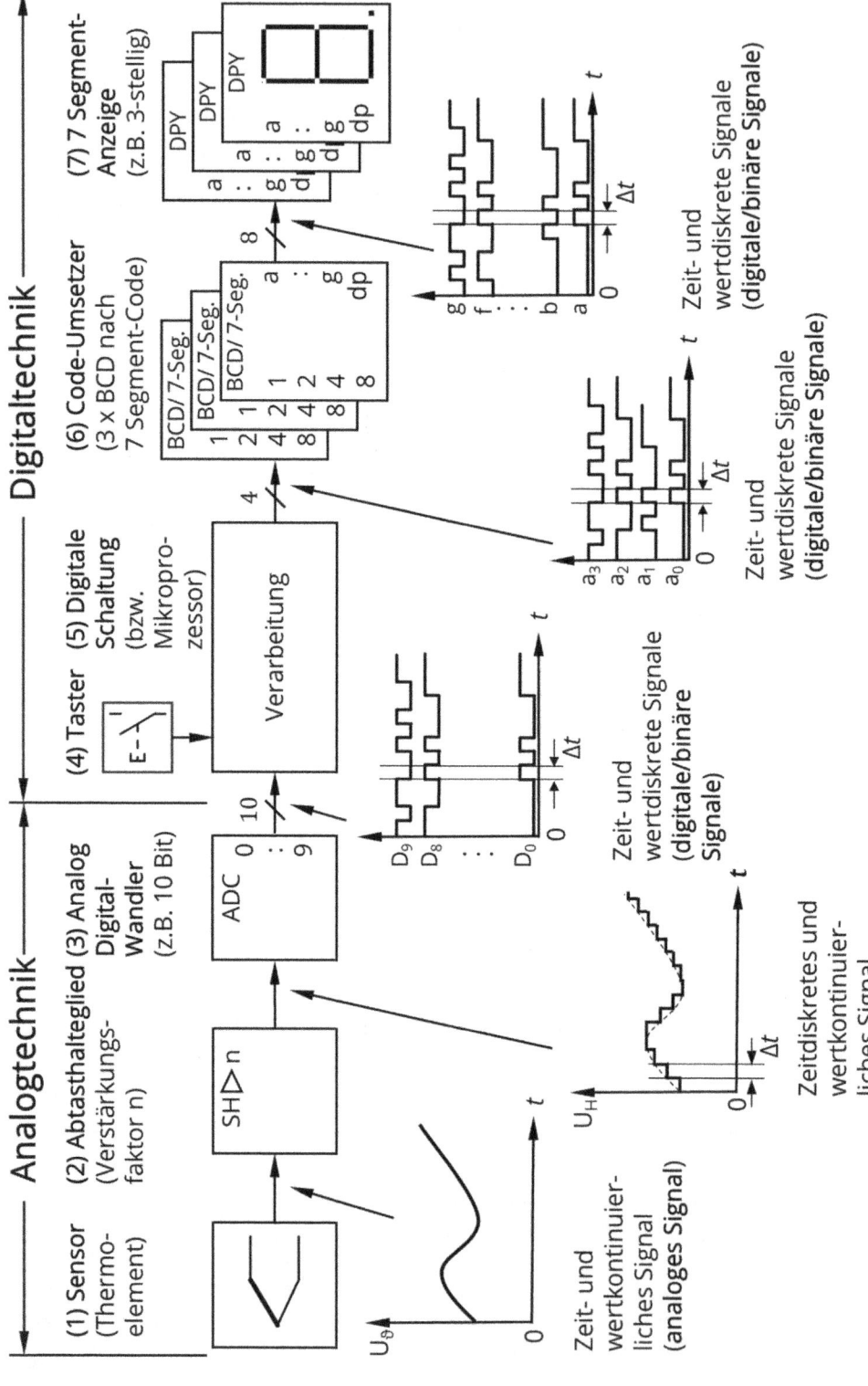

Abbildung 1.3: Abgrenzung des Fachgebiets Digitaltechnik von der Analogtechnik

Aus diesem Grund befasst sich dieses Buch mit den zuvor genannten Teilsystemen, der Theorie, dem Entwurf und die Umsetzung entsprechender digitaler Systeme.

Die Temperaturmessung im Detail

Für das Verständnis des gesamten Buches sind die zuvor gemachten Ausführungen ausreichend, falls Sie aber Interesse an weiteren Details zu der Temperaturmessung haben, empfehle ich Ihnen, die hier folgende detailliertere Beschreibung des Messgeräts zu lesen.

Das Temperaturmessgerät soll einen Messbereich von 0 bis 500 °C haben, über einen Taster bei 100 °C (kochendes Wasser) kalibrierbar sein und die Temperatur auf 1 °C genau auf einer 3-stelligen 7-Segment-Anzeige zur Anzeige gebracht werden, unabhängig von sonstigen Messfehlern.

Das Temperaturmessgerät beginnt mit einem Sensor (1), um die Messgröße Temperatur zu erfassen. Hier wird ein Thermoelement eingesetzt, das für den geforderten Temperaturbereich von 0 bis 500 °C eingesetzt werden kann. Die Genauigkeit der Temperaturmessung soll 1 K betragen. Die Spannung U_ϑ, die das Thermoelement abgibt, ist ein analoges Signal (zeit- und wertkontinuierlich) und wird auch Thermospannung genannt. Sie liegt bei allen Thermopaaren im Bereich wesentlich kleiner 1 mV/K. Sie sind deshalb auch nur für die Messung höherer Temperaturen gut geeignet. Als Thermopaar wird hier Fe-CuNi eingesetzt. Im Bereich 0 bis 500 °C ist der Verlauf näherungsweise linear und liefert eine Spannung von ungefähr 0,055 mV/K. Bei Vollausschlag, also 500 °C soll das nachgeschaltete Abtasthalteglied (2) eine Spannung von 10 V für den nachfolgenden AD-Wandler (3) ausgeben. Daraus folgt eine erforderliche Verstärkung von ca. 364 für das Abtasthalteglied (2).

Das Abtasthalteglied (2) dient dazu, die gemessene Thermospannung für die äquidistante Dauer Δt konstant zu halten – der analoge Spannungswert wird für die Dauer Δt gespeichert und am Ausgang auf dem Wert zu Beginn von Δt konstant gehalten. Als Zeitintervall ist hier $\Delta t = 1$ s ausreichend. Mit dem gleichen Zeitintervall wird auch die gemessene Temperatur auf den 7-Segment-Anzeigen (6) ausgegeben.

Ein ausreichend großes Zeitintervall ist auch erforderlich, weil der nachfolgende Analog-Digital-Wandler (3) eine bestimmte Zeit für die Wandlung benötigt. Das Zeitintervall Δt muss also größer als die Wandlungszeit des Analog-Digital-Wandlers (3) sein.

Als Analog-Digital-Wandler (3) wird hier ein Analog-Digital-Wandler mit einer Auflösung von 10 Bit eingesetzt, wodurch sich $2^{10} = 1024$ Quantisierungsintervalle ergeben; bei einem Temperaturbereich von 0 bis 500 °C bedeutet dies, dass die Auflösung $< 0,5$ K beträgt, also ausreichend genaue Ergebnisse liefert.

Der am Eingang des Analog-Digital-Wandlers (3) anliegende Spannungswert muss für die gesamte Wandlungszeit konstant anliegen, weil nur so der Spannungswert zum vorgegebenen Zeitpunkt gewandelt wird, ansonsten würde das analoge Signal während der Wandlungszeit am Eingang des Analog-Digital-Wandlers dem Wert zu irgendeinem Zeitpunkt innerhalb des Zeitintervalls Δt entsprechen und somit zu entsprechenden Fehlern führen.

Die digitale Schaltung (5) übernimmt vom Analog-Digital-Wandler (3) und dem digitalen Eingabegerät (4), einem Taster (Schließer), die digitalen Eingangsgrößen jeweils zu äquidistanten Zeitpunkten. Dies sind einerseits der gewandelte 10 Bit breite Wert als digitales Signal und andererseits der Zustand des Tasters (4) als binäres Signal für die weitere Verarbeitung.

Nach der Verarbeitung der digitalen Signale durch die digitale Schaltung (5) erfolgt die Umsetzung der internen digitalen Signale der digitalen Schaltung über den Code-Umsetzer (6) von einem BCD-Code in den 7-Segment-Code für die Ansteuerung der 7-Segment-Anzeigen (7), um die Temperatur anzuzeigen.

Hiermit wäre die Beschreibung der Teilsysteme des Temperaturmessgeräts abgeschlossen und Sie können jetzt mit den mathematischen Grundlagen beginnen.

Teil II
Mathematische Grundlagen – Nur ein bisschen

IN DIESEM TEIL ...

Werden die notwendigen mathematischen Grundlagen für die Digitaltechnik gelegt.

Hierzu zählt in Kapitel 2 eine Einführung in die polyadischen Zahlensysteme, Positions- und Stellenwertsysteme, die für die Digitaltechnik unabdingbar sind. Dazu werden die Bildungsgesetze behandelt und so formuliert, dass eine Umrechnung der Zahlensysteme untereinander möglich ist. Behandelt werden dabei das dezimale, das sedezimale und insbesondere das duale Zahlensystem, das die Basis für die Digitaltechnik darstellt.

Darauf aufbauend wird in Kapitel 3 die Arithmetik in polyadischen Zahlensystemen und insbesondere im dualen Zahlensystem behandelt.

In Kapitel 4 wird die Darstellung negativer Zahlen im dualen Zahlensystem behandelt, um die Subtraktion auf die Addition zurückzuführen.

> **IN DIESEM KAPITEL**
>
> Bildungsgesetz polyadischer Zahlensysteme, Positions- und Stellenwertsysteme
>
> Umwandlung der polyadischen Zahlensysteme bei unterschiedlichen Basen
>
> Sonderfälle für die Umwandlung in polyadischen Zahlensystemen
>
> Übungen zu den polyadischen Zahlensystemen

Kapitel 2
Zahlensysteme – Jetzt gibt's Zahlen

Zahlensysteme stellen eine wichtige Basis der Digitaltechnik dar. Sie bestehen aus Zahlen, aber was ist jetzt genau eine Zahl und was zeichnet ein Zahlensystem aus? Dies soll zunächst mit folgender Definition geklärt werden.

Eine *Zahl* wird durch Symbole dargestellt, die nach bestimmten Regeln aneinandergereiht werden. Die Gesamtheit der Symbole und der dazugehörigen Regeln bilden ein *Zahlensystem*.

Diese Definition trifft auf alle Zahlensysteme zu, allerdings sind die meisten nicht besonders gut für mathematische Operationen geeignet wie beispielsweise das römische Zahlensystem, ein *Additionssystem*, sodass nur sogenannte *polyadische Zahlensysteme, Positions- und Stellenwertsysteme* in der Digitaltechnik zum Einsatz kommen, die im folgenden Abschnitt näher behandelt werden.

Polyadische, Positions- und Stellenwertsysteme

Im folgenden Abschnitt werden nur Zahlensysteme in Stellenschreibweise behandelt, da ausschließlich diese in der Digitaltechnik zum Einsatz kommen. Am Beispiel des Ihnen bekannten dezimalen Zahlensystems wird das exponentielle Bildungsgesetz hergeleitet und es werden die in der Digitaltechnik zum Einsatz kommenden Zahlensysteme behandelt.

Diese werden *polyadische Zahlensysteme*, *Positionssysteme* oder *Stellenwertsysteme* genannt, wobei im Folgenden vorrangig die Benennung polyadisches Zahlensystem verwendet wird. Im Vergleich zu Additionssystemen werden mit wenigen Symbolen, meist Ziffern, große Zahlen dargestellt. Jeder einzelnen Stelle wird hier ein Stellenwert zugewiesen. Auf diese möchte ich mich hier auch beschränken.

Das Ihnen bekannte dezimale Zahlensystem ist ein solches polyadisches Zahlensystem. Bei diesem Zahlensystem wird eine Zahl durch Aneinanderreihung der Ziffern 0 bis 9 an der jeweiligen Stelle gebildet. Die Bildung einer Zahl beginnt dabei rechts mit dem niederwertigsten Stellenwert, der Einerstelle, gefolgt von der Zehnerstelle, der Hunderterstelle und so weiter. Des Weiteren wird dann durch Addition dieser Stellenwerte multipliziert mit dem Zahlenwert der Ziffer an der jeweiligen Stelle der Wert an der jeweiligen Stelle (Wertigkeit) gebildet. Die Summe aller Werte ergibt dann die Zahl. Das hört sich kompliziert an – ist es aber gar nicht.

Im Folgenden ein Beispiel für eine vierstellige Dezimalzahl, aus der dann das Bildungsgesetz für polyadische Zahlensysteme abgeleitet wird.

Als Beispiel für die *Darstellung der Dezimalzahl 1957 in Stellen- und Potenzschreibweise* ergibt sich Folgendes:

Stellenschreibweise: $1957 = 1 \cdot 1000 + 9 \cdot 100 + 5 \cdot 10 + 7 \cdot 1$

Potenzschreibweise: $1957 = 1 \cdot 10^3 + 9 \cdot 10^2 + 5 \cdot 10^1 + 7 \cdot 10^0$

Sie wissen, dass die Basis des dezimalen Zahlensystems $B = 10$ ist. Ersetzen wir jetzt in der Potenzschreibweise die Basis durch die Variable B, so folgt für die Potenzschreibweise mit der höchstwertigen Stelle m in allgemeiner Form für die natürlichen Zahlen ($\mathbb{N} = \{0; 1; 2; 3; \ldots\}$)

$$N = a_m \cdot B^m + a_{m-1} \cdot B^{m-1} + \cdots + a_2 \cdot B^2 + a_1 \cdot B^1 + a_0 \cdot B^0 \qquad (2.1)$$

mit

N der Dezimalzahl in Potenzschreibweise,
m der höchstwertigen Stelle der natürlichen Zahl,
B der Basis des Zahlensystems und
a_k dem Wert an der Stelle k.

Ausgedrückt als Summe folgt für eine natürliche Zahl das *exponentielle Bildungsgesetz*:

$$N = \sum_{k=0}^{m} a_k \cdot B^k \qquad (2.2)$$

Mit dem in Formel 2.2 angegebenen Bildungsgesetz können jetzt die in der Digitaltechnik relevanten Zahlensysteme der natürlichen Zahlen angegeben werden. Diese sind

✔ das *duale Zahlensystem* mit der Basis $B = 2$,

✔ das *oktale Zahlensystem* mit der Basis $B = 8$,

✔ das *dezimale Zahlensystem* mit der Basis $B = 10$ und

✔ das *sedezimale Zahlensystem* mit der Basis $B = 16$.

Der *Name des Zahlensystems* enthält immer die jeweilige Basis als Namensbestandteil. Spätestens bei der weitverbreiteten Benennung des Zahlensystems zur Basis 16 sollte man stutzig werden, da sich dort die Benennung »hexadezimales Zahlensystem« eingebürgert hat. Diese Benennung stammt aus dem griechischen »hexa«, was gleich sechs bedeutet, und aus dem lateinischen »decem«, was gleich zehn bedeutet. In der Konsequenz müsste es sich also um die Basis 60 handeln, was nicht der Fall ist. Aus diesem Grund sollte diese Benennung nicht verwendet werden. Korrekt ist nach der Nomenklatur für die Benennung der Zahlensysteme *Sedezimalsystem*, was aus dem lateinischen »sedecim« stammt, was sechzehn bedeutet. Aus diesem Grund wird auch im gesamten Buch die Benennung *sedezimales Zahlensystem* vorrangig verwendet.

Warum diese verschiedenen Zahlensysteme? Das ist an sich ganz einfach. Das binäre Zahlensystem ist, obwohl für die Boole'sche Algebra unbedingt erforderlich, für die Anwendung in Mikroprozessorsystemen recht unübersichtlich. Daher wurde ein deutlich kompakteres Zahlformat benötigt, das auch leicht in das sedezimale Zahlensystem umgeschrieben werden kann. Dies ist gegeben, da immer 4-Bit-Gruppen (ein Nibble oder eine Tetrade) direkt in ein sedezimales Symbol konvertiert werden können.

Das oktale Zahlensystem stammt noch aus den Anfängen der Mikroprozessortechnik, als ein 8-Bit-Mikroprozessor noch ein Novum war – dieses Zahlensystem spielt heute keine Rolle mehr.

In Abbildung 2.1 sind die gängigen Zahlensysteme und deren Schreibweisen in absteigender Reihenfolge der Basis angegeben.

Für das sedezimale Zahlensystem werden entsprechend der Basis 16 Symbole benötigt. Da es aber inklusive der Null nur zehn Ziffern gibt, werden die fehlenden sechs durch die Buchstaben A bis F abgebildet. Es werden entweder die Groß- oder Kleinbuchstaben verwendet.

Für das dezimale Zahlensystem ist es einfach, es werden zehn Symbole benötigt und es werden dementsprechend die Ziffern 0 bis 9 verwendet.

Im oktalen Zahlensystem werden acht Symbole benötigt, sodass die Ziffern 0 bis 7 Verwendung finden.

Im dualen Zahlensystem werden zwei Symbole für die Darstellung benötigt, sodass hier die Ziffern 0 und 1 verwendet werden.

Um bei einer Zahl anzugeben, um welches Zahlensystem es sich handelt, wird entweder die Basis als Index der jeweiligen Zahl nachgestellt oder der Anfangsbuchstabe des jeweiligen Zahlensystems als Klein- oder Großbuchstabe nachgestellt, wie dies in Abbildung 2.1 angegeben ist. Somit ist eine eindeutige Kennzeichnung der jeweiligen Zahl gegeben.

Nr.	Sedezimal Basis = 16	Dezimal Basis = 10	Oktal Basis = 8	Dual Basis = 2
0	0	0	0	0
1	1	1	1	1
2	2	2	2	10
3	3	3	3	11
4	4	4	4	100
5	5	5	5	101
6	6	6	6	110
7	7	7	7	111
8	8	8	10	1000
9	9	9	11	1001
10	A	10	12	1010
11	B	11	13	1011
12	C	12	14	1100
13	D	13	15	1101
14	E	14	16	1110
15	F	15	17	1111
16	10	16	20	10000
17	11	17	21	10001
⋮	⋮	⋮	⋮	⋮

Schreibweisen:

Sedezimal
$1F_{16}$ = 1Fh = 1FH

Dezimal
9_{10} = 9d = 9D

Oktal
7_8 = 7o = 7O

Dual
101_2 = 101b = 101B

Abbildung 2.1: Übersicht der gebräuchlichsten polyadischen Zahlensysteme und deren Schreibweisen

Umwandlung von Zahlen bei unterschiedlichen Basen

Wird Formel 2.2 jetzt noch um die gebrochenen Zahlen ergänzt ($\mathbb{N} \subset \mathbb{Q}^+$), folgt daraus für die Zahl in Stellenschreibweise mit *Vorkomma-* und *Nachkommastellen* folgendes *exponentielle Bildungsgesetz*:

$$N = \sum_{k=-l}^{m} a_k \cdot B^k = \underbrace{\sum_{k=0}^{m} a_k \cdot B^k}_{\text{Vorkomma-stellen } N_V} + \underbrace{\sum_{k=-l}^{-1} a_k \cdot B^k}_{\text{Nachkomma-stellen } N_N} \tag{2.3}$$

mit

N_V Vorkommastellen der Zahl in Potenzschreibweise,
N_N Nachkommastellen der Zahl in Potenzschreibweise,
k der Stelle,
l niederwertigste Stelle der Nachkommastellen,
m höchstwertige Stelle der Vorkommastellen,
B der Basis des Zahlensystems und
a_k dem Wert des Symbols an der Stelle k.

Somit ergibt sich durch Bildung der Summe und Ausklammern von B in Formel 2.3 für die *Zahl der Vorkommastellen*

$$N_V = ((\ldots((a_m \cdot B) + a_{m-1}) \cdot B + \ldots a_2) \cdot B + a_1) \cdot B + a_0 \qquad (2.4)$$

und für die *Zahl der Nachkommastellen*

$$N_N = ((\ldots(a_{-l} \cdot B^{-1} + a_{-l+1}) \cdot B^{-1} \ldots + a_{-2}) \cdot B^{-1} + a_{-1}) \cdot B^{-1}. \qquad (2.5)$$

Unter Anwendung des modifizierten Horner-Schemas können jetzt mit Formel 2.4 und Formel 2.5 die Werte an den jeweiligen Stellen a_k bestimmt werden.

Umwandlung einer Dezimalzahl in ein Zahlensystem anderer Basis

In Abbildung 2.2 ist der Algorithmus zur Bestimmung der Werte a_k an den Stellen k als Nassi-Shneiderman-Diagramm angegebenen. Die Vorgehensweise geht einher mit der nachfolgenden Beschreibung unter Anwendung der Formel 2.4 und der Formel 2.5.

Für die *Umwandlung einer Dezimalzahl in eine Zahl mit unterschiedlicher Basis* sind jetzt vier Schritte notwendig:

1. **Schritt:** Trennen der Dezimalzahl N_{10} in Vorkomma- und Nachkommastellen N_{V10} und N_{N10}

$$N_{10} = N_{V10} + N_{N10}$$

2. **Schritt:** Umwandlung der Vorkommastellen N_{V10} in die Vorkommastellen der Zahl N_{VB} mit der Zielbasis B

Hierzu müssen Sie die Zahl der Vorkommastellen N_{V10} durch die Basis des Zielzahlsystems B dividieren. Der Rest der Division stellt dann den Wert an der jeweiligen Stelle $a_0, a_1 \ldots a_m$ (siehe Formel 2.4) dar. Der ganzzahlige Anteil ist Teil des Umwandlungsergebnisses und muss erneut durch die Basis des Zielzahlensystems dividiert werden, und zwar so lange, bis der ganzzahlige Anteil null ist.

3. **Schritt:** Umwandlung der Nachkommastellen N_{N10} in die Nachkommastellen der Zahl N_{NB} mit der Zielbasis B

Um die Umwandlung der Nachkommastellen vorzunehmen, müssen Sie die Zahl der Nachkommastellen N_{N10} mit der Basis B des Zielzahlensystems multiplizieren. Der ganzzahlige Anteil stellt dann die Werte an der jeweiligen Stelle $a_{-1}, a_{-2} \ldots a_{-l+1}, a_{-l}$ (siehe Formel 2.5) dar und der Rest ist Teil des Umwandlungsergebnisses und wird wieder mit der Basis des Zielzahlensystems B multipliziert, und zwar so lange, bis der Rest null wird oder eine gewünschte Genauigkeit erreicht ist.

56 TEIL II Mathematische Grundlagen

Umwandlung einer Dezimalzahl in Zahlen anderer Stellensysteme zur Basis B
1. Schritt: Trennen der Dezimalzahl N_{10} in Vorkomma- N_{V10} und Nachkommastellen N_{N10}
2. Schritt: Berechnung der Vorkommastellen N_{VB} im Zielzahlensystem
Stelle $k = 0$; $N_{VG} = N_{V10}$
Division von N_{VG} durch die Basis B des Zielzahlensystems
Der Rest der Division stellt dann den Wert a_k, an der Stelle k dar
N_{VG} = ganzzahliger Anteil der Division
Stelle $k = k + 1$
$N_{VG} \neq 0$
3. Schritt: Berechnung der Nachkommastellen N_{NB} im Zielzahlensystem
Stelle $k = 0$; $N_{NR} = N_{N10}$
Stelle $k = k - 1$
Multiplikation von N_{NR} mit der Basis B des Zielzahlensystems
Der ganzzahlige Anteil stellt dann den Wert a_k, an der Stelle k dar
N_{NR} = Rest der Multiplikation
$N_{NR} \neq 0$ oder $|a_k \cdot B^k| \geq$ max. Fehler
4. Schritt: Zusammenführung der Teilergebnisse der Vor- und Nachkommastellen $N_B = N_{VB} + N_{NB}$

Abbildung 2.2: Algorithmus zur Zahlenumwandlung einer Dezimalzahl bei unterschiedlichen Basen

4. Schritt: Zusammenführen der Teilergebnisse für die Vor- und Nachkommastellen des Zielzahlensystems

$$N_B = N_{VB} + N_{NB}$$

Als Beispiel für die *Umwandlung einer Dezimalzahl in eine Dual- und Sedezimalzahl* sei hier die Dezimalzahl $N_{10} = 195{,}96875$ gegeben, die in die Dualzahl N_2 und in die sedezimale Zahl N_{16} gewandelt werden soll. Folgende vier Schritte sind notwendig, um eine Zahl umzuwandeln:

1. Schritt: Trennen der Vorkomma- und Nachkommastellen

Hierzu müssen Sie zunächst die Vorkomma- und Nachkommastellen voneinander trennen, da sie jeweils für sich umgewandelt werden.

$N_{V10} = 195$; $N_{N10} = 0{,}96875$

2. Schritt: Berechnung der Vorkommastellen

Um die Vorkommastellen mit den Basen 2 und 16 bestimmen zu können, ist es erforderlich, dass Sie die dezimalen Vorkommastellen zunächst durch die Basis des Zielzahlensystems dividieren. Der Rest ist dann a_0, a_1, a_2 und so weiter. Der ganzzahlige Teil ist dann Teil des Umwandlungsergebnisses und wird dann wieder durch B dividiert, und zwar so lange, bis der ganzzahlige Anteil 0 ist. In Abbildung 2.3 wird die schrittweise Berechnung der Vorkommastellen durchgeführt.

$B = 2$: $N_{V10} = 195_{10}$

$$\begin{aligned}
195 \div 2 &= 97 \text{ Rest } 1 = a_0 \\
97 \div 2 &= 48 \text{ Rest } 1 = a_1 \\
48 \div 2 &= 24 \text{ Rest } 0 = a_2 \\
24 \div 2 &= 12 \text{ Rest } 0 = a_3 \\
12 \div 2 &= 6 \text{ Rest } 0 = a_4 \\
6 \div 2 &= 3 \text{ Rest } 0 = a_5 \\
3 \div 2 &= 1 \text{ Rest } 1 = a_6 \\
1 \div 2 &= 0 \text{ Rest } 1 = a_7 \downarrow
\end{aligned}$$

$N_{V2} = \overleftarrow{1100.0011}_2$

$B = 16$: $N_{V10} = 195_{10}$

$$\begin{aligned}
195 \div 16 &= 12 \text{ Rest } 3 = a_0 \\
12 \div 16 &= 0 \text{ Rest } C = a_1 \downarrow
\end{aligned}$$

$N_{V16} = \overleftarrow{C3}_{16}$

Abbildung 2.3: Umwandlung der Vorkommastellen einer Dezimalzahl in eine Dual- und Sedezimalzahl

3. Schritt: Berechnung der Nachkommastellen

Um die Nachkommastellen mit den Basen 2 und 16 bestimmen zu können, ist es erforderlich, dass Sie die dezimalen Nachkommastellen zunächst mit der Basis des Zielzahlensystems multiplizieren. Der ganzzahlige Anteil ist dann a_{-1}, a_{-2}, a_{-3} und so weiter. Der Rest ist dann Teil des Umwandlungsergebnisses und wird dann wieder mit B multipliziert, und zwar so lange, bis der Rest 0 ist oder ein maximal zulässiger Fehler unterschritten ist. In Abbildung 2.4 wird die schrittweise Berechnung der Nachkommastellen durchgeführt.

$B = 2$: $N_{N10} = 0{,}96875_{10}$

$$\begin{aligned}
0{,}96875 \cdot 2 &= 0{,}9375 + 1; & a_{-1} &= 1 \uparrow \\
0{,}93750 \cdot 2 &= 0{,}8750 + 1; & a_{-2} &= 1 \\
0{,}87500 \cdot 2 &= 0{,}7500 + 1; & a_{-3} &= 1 \\
0{,}75000 \cdot 2 &= 0{,}5000 + 1; & a_{-4} &= 1 \\
0{,}50000 \cdot 2 &= 0 + 1; & a_{-5} &= 1
\end{aligned}$$

$N_{N2} = \overleftarrow{0{,}11111}_2$

$B = 16$: $N_{N10} = 0{,}96875$

$$\begin{aligned}
0{,}96875 \cdot 16 &= 0{,}5 + F_{16}; & a_{-1} &= F_{16} \uparrow \\
0{,}50000 \cdot 16 &= 0 + 8_{16}; & a_{-2} &= 8_{16}
\end{aligned}$$

$N_{N16} = \overleftarrow{0{,}F8}_{16}$

Abbildung 2.4: Umwandlung der Nachkommastellen einer Dezimalzahl in eine Dual- und Sedezimalzahl

4. Schritt: Zusammenführung der Teilergebnisse aus den Schritten 2 und 3

Hier müssen jetzt nur die Vorkommastellen und die Nachkommstellen addiert werden, sodass Sie die jeweilige Zahl des gewünschten Zahlensystems erhalten:

$$N_2 = N_{V2} + N_{N2} = 11000011_2 + 0{,}11111_2 = \underline{11000011{,}11111_2}$$

$$N_{16} = N_{V16} + N_{N16} = C3_{16} + 0{,}F8_{16} = \underline{C3{,}F8_{16}}$$

Umwandlung einer Zahl anderer Basis in eine Dezimalzahl

Im vorangegangenen Beispiel wurde die Umwandlung einer Zahl aus dem dezimalen Zahlensystem in das duale und sedezimale Zahlensystem behandelt. Aber wie können Sie die Rückwandlung aus dem dualen und sedezimalen Zahlensystem in das dezimale Zahlensystem vornehmen? Hier gibt es jetzt zwei mögliche Lösungswege:

1. Der Weg ist genau umgekehrt wie zuvor unter Anwendung der Formel 2.4 und Formel 2.5

2. Direkte Berechnung der Dezimalzahl mit der Formel 2.3

1. Lösungsweg

Zunächst wird der *1. Lösungsweg* aufgezeigt. Dabei ist die nachfolgend beschriebene Vorgehensweise erforderlich.

Beim *1. Lösungsweg* für die Umwandlung einer Zahl mit der Basis B in eine Dezimalzahl müssen Sie vier Schritte durchführen, um zum Ergebnis zu kommen:

1. Schritt: Trennen der Vorkomma- und Nachkommstellen

Hierzu müssen Sie zunächst die Vorkomma- und Nachkommstellen voneinander trennen, da sie jeweils für sich umgewandelt werden.

$$N_B = N_{VB} + N_{NB}$$

2. Schritt: Umwandlung der Vorkommastellen N_{VB} in N_{V10}

Ausgehend von der Formel 2.4 können Sie durch Multiplikation der Basis des ursprünglichen Zahlensystems mit dem Wert der höchstwertigen Stelle und Addition des Wertes der nachfolgenden Stelle die Zwischensumme an dieser Stelle berechnen. Diese wird dann erneut mit der Basis des ausgehenden Zahlensystems multipliziert und durch Addition des Wertes an dieser Stelle die neue Zwischensumme an dieser Stelle gebildet. Dies wird so lange fortgeführt, bis die Summe mit der niederwertigsten Stelle berechnet ist. Die Endsumme ist dann auch gleich das Ergebnis der Umwandlung.

3. Schritt: Umwandlung der Nachkommastellen N_{NB} in N_{N10}

Ausgehend von der Formel 2.5 erhalten Sie beginnend mit der niederwertigsten Stelle und Division durch die Basis des ursprünglichen Zahlensystems an dieser Stelle das Zwischenergebnis der niederwertigsten Stelle. Durch Addition des Wertes an der nächsthöheren Stelle mit dem Zwischenergebnis der vorangegangenen Stelle und erneute Division durch die Basis des Zielzahlensystems erhalten Sie das Zwischenergebnis der aktuellen Stelle. Dies wird jetzt so lange fortgesetzt, bis das Ergebnis der höchstwertigen Stelle vorliegt, das dann die gewandelte Dezimalzahl ist.

4. Schritt: Zusammenführung der Teilergebnisse der Vorkomma- und Nachkommastellen N_{V10} und N_{N10}

$$N_{10} = N_{V10} + N_{N10}$$

Im Folgenden wird das vorangegangene Beispiel zur Rückumwandlung einer Dual- und einer Sedezimalzahl in eine Dezimalzahl verwendet.

Als Beispiel für eine *Rückumwandlung einer Dual- und einer Sedezimalzahl in eine Dezimalzahl* sollen die Dualzahl $N_2 = 11000011{,}11111_2$ und die Sedezimalzahl $N_{16} = C3{,}F8_{16}$ umgewandelt werden.

1. Schritt: Trennen der Vorkomma- und Nachkommstellen

Hierzu müssen Sie zunächst die Vorkomma- und Nachkommastellen voneinander trennen, da sie jeweils für sich getrennt umgewandelt werden:

$N_2 = N_{V2} + N_{N2}$ mit $N_{V2} = 11000011_2$ und $N_{N2} = 0{,}11111_2$

$N_{16} = N_{V16} + N_{N16}$ mit $N_{V16} = C3_{16}$ und $N_{N16} = F8_{16}$

2. Schritt: Umwandlung der Vorkommastellen N_{V2} in N_{V16}

Ausgehend von der Formel 2.4 können jetzt die einzelnen Berechnungsschritte durchgeführt werden, wie sie in Abbildung 2.5 dargestellt sind.

```
B = 10:  N_V2 = 1100.0011_2                    B = 16:  N_V16 = C3_16

         1 1 0 0 0 0 1 1                                    C 3
2 ·      1+1                       =  3         16 ·       C+3    = 195
2 ·      3+  0                     =  6
2 ·      6+    0                   = 12
2 ·     12+      0                 = 24
2 ·     24+        0               = 48
2 ·     48+          1             = 97
2 ·     97+              1         = 195

N_V10 = 195_10                                  N_V10 = 195_10
```

Abbildung 2.5: Umwandlung der Vorkommastellen einer Dual- und einer Sedezimalzahl in eine Dezimalzahl

3. Schritt: Umwandlung der Nachkommastellen N_{N2} in N_{N16}

Ausgehend von der Formel 2.5 können jetzt die einzelnen Berechnungsschritte durchgeführt werden, wie sie in Abbildung 2.6 dargestellt sind.

$B = 2$: $N_{N2} = 0{,}11111_2$

```
0 , 1 1 1 1 1
            ( 1 +         ) ÷ 2 = 0,50000
          ( 1  +  0,5000 ) ÷ 2 = 0,75000
        ( 1    +  0,7500 ) ÷ 2 = 0,87500
      ( 1      +  0,8750 ) ÷ 2 = 0,93750
    ( 1        +  0,9375 ) ÷ 2 = 0,96875
```

$N_{N10} = 0{,}96875_{10}$

$B = 16$: $N_{V16} = 0{,}F8_{16}$

```
0 , F 8
    ( 8 +         ) ÷ 16 = 0,50000
    ( F + 0,5000 ) ÷ 16 = 0,96875
```

$N_{N10} = 0{,}96875_{10}$

Abbildung 2.6: Umwandlung der Nachkommastellen einer Dual- und einer Sedezimalzahl in eine Dezimalzahl

4. Schritt: Zusammenführung der Teilergebnisse der Vorkomma- und Nachkommastellen N_{V10} und N_{N10}

$$B = 2 : \quad N_{10} = N_{V10} + N_{N10} = 195_{10} + 0{,}96875_{10} = \underline{195{,}96875_{10}}$$

$$B = 16 : \quad N_{10} = N_{V10} + N_{N10} = 195_{10} + 0{,}96875_{10} = \underline{195{,}96875_{10}}$$

In beiden Fällen hat die Umwandlung das gleiche Ergebnis ergeben, das auch identisch mit der Dezimalzahl aus dem vorangegangenen Beispiel ist.

2. Lösungsweg

Dieser *1. Lösungsweg* ist doch recht aufwendig. Der *2. Lösungsweg* führt auf etwas einfachere Weise zum gleichen Ziel, der im Folgenden erläutert werden soll.

Der *2. Lösungsweg* basiert auf dem exponentiellen Bildungsgesetz entsprechend Formel 2.3. Hierzu sind die folgenden drei Schritte erforderlich:

1. Schritt: Bestimmung der Parameter anhand der gegebenen Zahl für das exponentielle Bildungsgesetz entsprechend Formel 2.3

Für die Berechnung der Dezimalzahl sind die Zahl des Ausgangszahlensystems N_B, die Basis des Ausgangszahlensystems B, die höchstwertige Stelle der Vorkommastellen m und die niederwertigste Stelle der Nachkommastellen l erforderlich. Des Weiteren müssen die Werte der Symbole a_k an den Stellen k ermittelt werden.

2. Schritt: Aufstellen des exponentiellen Bildungsgesetzes entsprechend Formel 2.3 zur Berechnung der Dezimalzahl

$$N_{10} = \sum_{k=-l}^{m} a_k \cdot B^k = a_{-l} \cdot B^{-l} + a_{-l+1} \cdot B^{-l+1} + \ldots + a_0 \cdot B^0 + \ldots + a_m \cdot B^m$$

3. Schritt: Berechnung der Dezimalzahl N_{10}

Umrechnung der Werte der Symbole a_k an den Stellen k des Ausgangzahlensystems entsprechend Abbildung 2.1 in das dezimale Zahlensystem und Berechnung der Dezimalzahl.

Als Beispiel wird hier die Sedezimalzahl des ersten Lösungsweges verwendet, um den direkten Vergleich zu ermöglichen.

Als Beispiel zur *Umwandlung einer Sedezimalzahl in eine Dezimalzahl* soll die Sedezimalzahl $N_{16} = \text{C3,F8}_{16}$ in eine Dezimalzahl umgewandelt werden.

1. Schritt: Bestimmung der Parameter anhand der gegebenen Zahl für das exponentielle Bildungsgesetz

$N_{16} = \text{C3,F8}_{16}; B = 16; m = 1; l = 2; a_{-2} = 8\text{h}; a_{-1} = \text{Fh}; a_0 = 3\text{h}; a_1 = \text{Ch}$

2. Schritt: Aufstellen des exponentiellen Bildungsgesetzes

Hierzu wird das exponentielle Bildungsgesetz mit den im 1. Schritt ermittelten Parametern aufgestellt.

$$N_{10} = \sum_{k=-l}^{m} a_k \cdot B^k = 8\text{h} \cdot 16^{-2} + \text{Fh} \cdot 16^{-1} + 3\text{h} \cdot 16^0 + \text{Ch} \cdot 16^1$$

3. Schritt: Berechnung der Dezimalzahl N_{10}

Hierzu werden jetzt die in das dezimale Zahlensystem gewandelten Stellenwerte in die Gleichung aus dem 2. Schritt eingesetzt und die Dezimalzahl berechnet.

$$N_{10} = \sum_{k=-l}^{m} a_k \cdot B^k = 8_{10} \cdot 16^{-2} + 15_{10} \cdot 16^{-1} + 3_{10} \cdot 16^0 + 12_{10} \cdot 16^1 = \underline{195{,}96875_{10}}$$

Das Ergebnis des Beispiels bei Anwendung des 2. Lösungswegs ist identisch mit dem Beispiel des 1. Lösungswegs. Der 2. Lösungsweg ist einfacher und Sie kommen schneller zum Ziel.

Der *2. Lösungsweg zur Umwandlung einer Zahl anderer Basis in eine Dezimalzahl* führt deutlich schneller zu der gesuchten Lösung, weswegen Sie diesen Lösungsweg bevorzugen sollten.

Sonderfälle für eine Umwandlung einer Zahl eines Zahlensystems in ein anderes Zahlensystem

Für den Fall, dass die Basen zweier polyadischer Zahlensysteme B_1 und B_2 folgender Beziehung genügen

$$B_1^n = B_2 \text{ mit } n = 1,2,3 \text{ usw.} , \tag{2.6}$$

können Sie die Umwandlung auf einfache Weise vornehmen, da die Umwandlung und auch die Rückumwandlung immer bitgruppenweise erfolgen kann. Dies würde immer für das duale Zahlensystem mit den korrespondierenden oktalen und sedezimalen Zahlensystemen möglich sein, da in beiden Fällen die Randbedingung erfüllt ist, wie dies aus Tabelle 2.1 zu entnehmen ist.

B_1	n	B_2
2 (duales Zahlensystem)	3	$B_1^n = 2^3 = B_2 = 8$ (oktales Zahlensystem)
2 (duales Zahlensystem)	4	$B_1^n = 2^4 = B_2 = 16$ (sedezimales Zahlensystem)

Tabelle 2.1: Sonderfälle der Umwandlung für Zahlensysteme

Die Umwandlung kann also beim dualen Zahlensystem in 3- beziehungsweise 4-Bit-Gruppen mithilfe von Abbildung 2.1 in das oktale beziehungsweise sedezimale Zahlensystem und umgekehrt erfolgen. Die folgenden Beispiele veranschaulichen die Vorgehensweise.

Zur bitgruppenweisen Umwandlung der Zahlensysteme Dual nach Oktal und umgekehrt soll das in Abbildung 2.7 angegebene Beispiel dienen, bei der die Umwandlung jeweils für 3-Bit-Gruppen erfolgt.

$B_1 = 2; B_2 = 8; n = 3$

N_2 = 101. 110. 111. 000. 001. 010 b   Dualzahl
N_8 = 5   6   7   0   1   2 o   Oktalzahl

Abbildung 2.7: Beispiel zur Umwandlung der Zahlensysteme Dual nach Oktal und umgekehrt

Zur bitgruppenweisen Umwandlung der Zahlensysteme Dual nach Sedezimal und umgekehrt soll das in Abbildung 2.8 angegebene Beispiel dienen, bei dem die Umwandlung jeweils für 4-Bit-Gruppen erfolgt.

$B_1 = 2; B_2 = 16; n = 4$

N_2 = 1011. 1100. 1111. 0001. 0011. 0101 b   Dualzahl
N_{16} = B   C   F   1   3   5 h   Sedezimalzahl

Abbildung 2.8: Beispiel zur Umwandlung der Zahlensysteme Dual nach Sedezimal und umgekehrt

Übungen: Zahlensysteme

Übung 2.1:

Wandeln Sie folgende Zahlen in das dezimale Zahlensystem um.

a) 0100b   b) 0ABh   c) 010.1010b
d) $107F_{16}$ e) $011,011_2$ f) 03A,123h

Übung 2.2:

Wandeln Sie folgende Zahlen in das duale Zahlensystem um.

a) 123d   b) $0AD_{16}$ c) $45,078125_{10}$
d) 7F,12h   e) $12,23_8$ f) $1A,56_{16}$

Übung 2.3:

Wandeln Sie folgende Zahlen in das sedezimale (hexadezimale) Zahlensystem um.

a) 13531_{10} b) 5246_8 c) 1011.0111.0001b
d) 12,27d   e) $3,47_8$ f) $0110.0001,0100.1100_2$

> **IN DIESEM KAPITEL**
>
> Grundrechenarten im dualen Zahlensystem
>
> Beispiele im dualen Zahlensystem im Vergleich zum dezimalen Zahlensystem
>
> Übungen zu den polyadischen Zahlensystemen

Kapitel 3
Arithmetik in den polyadischen Zahlensystemen – Aus den Klassen 1 bis 4

Die Grundrechenarten in dem dualen Zahlensystem stellen die Basis für die gesamte Arithmetik in der Digitaltechnik dar, so dass dieser eine besondere Bedeutung zukommt. Die Arithmetik wird dazu im Folgenden anhand prägnanter Beispiele veranschaulicht.

Die grundlegenden Gesetze wie Assoziativgesetz, Kommutativgesetz und so weiter werden hier nicht noch einmal behandelt, sondern vorausgesetzt. Die Regeln für die Arithmetik im dualen Zahlensystem sind sehr einfach, da sie sich auf die Ziffern 0 und 1 beschränken.

Addition

Für die *Addition im dualen Zahlensystem* gelten die folgenden Regeln:

$$0 + 0 = 0$$
$$0 + 1 = 1$$
$$1 + 0 = 1$$
$$1 + 1 = 0 + 1 \text{ Übertrag (Carry)}$$

Die Besonderheit stellt hier die Addition von 1 + 1 dar, da das Ergebnis nicht mehr mit einer Stelle dargestellt werden kann, weswegen beim Überschreiten des Wertebereichs für eine Stelle ein Übertrag (Carry) auf die nächst höhere Binärstelle erfolgen muss. Im bekannten dezimalen Zahlensystem ist dies der Fall, wenn die Summe einer Stelle die 9 überschreitet.

In den nachfolgenden Beispielen ist die *Addition* jeweils für die gleiche Zahl im dezimalen und dualen Zahlensystem für natürliche und gebrochene Zahlen vorgenommen worden.

In Abbildung 3.1 ist ein Beispiel für die *Addition natürlicher und gebrochener Zahlen im dezimalen und dualen Zahlensystem* angegeben.

a)

```
     6d                         110b
+    7d                    +    111b
     1     Übertrag             11      Übertrag
    13d                        1101b
```

b)

```
    6,5d                       110,1b
+   7,5d                   +   111,1b
    11     Übertrag            1111     Übertrag
   14,0d                      1110,0b
```

Abbildung 3.1: Addition natürlicher (a) und gebrochener Zahlen (b) im dezimalen und dualen Zahlensystem

Subtraktion

Für die *Subtraktion im dualen Zahlensystem* gelten die folgenden Regeln:

$$0 - 0 = 0$$
$$0 - 1 = 1 + 1 \text{ Borgen (Borrow)}$$
$$1 - 0 = 1$$
$$1 - 1 = 0$$

Bei der Subtraktion $0 - 1$ ist von der nächsthöherwertigen Binärstelle eine 1 zu borgen (Borrow). Im bekannten dualen wie im dezimalen Zahlensystem ist dies der Fall, wenn der Subtrahend größer ist als der Minuend.

Die Subtraktion wird allerdings nicht explizit durchgeführt, sondern auf die Addition zurückgeführt, weil die Subtraktion inklusive des Borgens recht aufwendig als digitale Schaltung zu implementieren ist. Hierzu wird eine positive Zahl über die Zweierkomplementbildung (siehe nächstes Kapitel) in eine negative Zahl umgewandelt und dann durch Addition dieser so gewonnenen Zahl die Subtraktion auf die Addition zurückgeführt. Dadurch vereinfacht sich auch der Aufwand für eine entsprechende Rechenschaltung, da nur eine Schaltung für die Addition benötigt wird.

In den nachfolgenden Beispielen ist die *Subtraktion* jeweils für die gleiche Zahl im dezimalen und dualen Zahlensystem für natürliche und gebrochene Zahlen vorgenommen worden.

 In Abbildung 3.2 ist ein Beispiel für die *Subtraktion natürlicher und gebrochener Zahlen im dezimalen und dualen Zahlensystem* angegeben.

a)
```
   13d                    1101b
 -  7d                  -  111b
 -   1   Borgen         -   11   Borgen
    6d                     110b
```

b)
```
   14,25d                 1110,01b
 -  6,50d               -  110,10b
 -    11   Borgen       -    1111   Borgen
    7,75d                  111,11b
```

Abbildung 3.2: Subtraktion natürlicher (a) und gebrochener Zahlen (b) im dezimalen und dualen Zahlensystem

Multiplikation

Für die *Multiplikation im dualen Zahlensystem* gelten die folgenden Regeln:

$$0 \cdot 0 = 0$$
$$0 \cdot 1 = 0$$
$$1 \cdot 0 = 0$$
$$1 \cdot 1 = 1$$

In den nachfolgenden Beispielen ist die *Multiplikation* jeweils für die gleiche Zahl im dezimalen und dualen Zahlensystem für natürliche und gebrochene Zahlen vorgenommen worden.

 In Abbildung 3.3 ist ein Beispiel für die *Multiplikation natürlicher und gebrochener Zahlen im dezimalen und dualen Zahlensystem* angegeben.

a)
```
6d · 7d = 42d           110b · 111b
                        110
                        110
                        110
                        111        Übertrag
                        101010 b
```

b)
```
  6,5d · 7,5d           110,1b · 111,1b
   45 5                  110 1
    3 25                  11 01
   48,75 d                 1 10 1
                            11 01
                         1111 1
                          111        Übertrag
                         1100 00,11 b
```

Abbildung 3.3: Multiplikation natürlicher (a) und gebrochener Zahlen (b) im dezimalen und dualen Zahlensystem

Division

Die *Division im dualen Zahlensystem* wird wie im dezimalen Zahlensystem auf eine Reihe von Vergleichen und Subtraktionen zurückgeführt.

In den nachfolgenden Beispielen ist die *Division* jeweils für die gleiche Zahl im dezimalen und dualen Zahlensystem für natürliche und gebrochene Zahlen vorgenommen worden. Bei der schriftlichen Division ist darauf zu achten, dass der Divisor, wenn es sich um eine gebrochene Zahl handelt, in eine natürliche Zahl umgewandelt wird. Dazu muss das Komma des Dividenden und des Divisors so weit nach rechts verschoben werden, dass es sich bei dem Divisor um eine natürliche Zahl handelt bzw. beim Divisor müssen entsprechend Nullen angefügt werden.

In Abbildung 3.4 ist ein Beispiel für die *Division natürlicher und gebrochener Zahlen im dezimalen und dualen Zahlensystem* angegeben.

a)

```
42d ÷ 7d = 6d              101010b ÷ 111b = 110b
                          -  111
                           ─────
                             111   Borgen
                             111
                           - 111
                           ─────
                             000
                           - 000
                           ─────
                               0
```

b)

```
 48,75d ÷ 7,5d =           110000,11b ÷ 111,1b =
487,5d ÷ 75d = 6,5d        1100001,1b ÷ 1111b = 110,1b
-450                       -  1111
 ───                        ─────
 37 5                         1111   Borgen
-37 5                        10010
 ───                       -  1111
   0                        ─────
                             00111
                           -  0000
                            ─────
                             0111 1
                           -  111 1
                            ─────
                                 0
```

Abbildung 3.4: Division natürlicher (a) und gebrochener Zahlen (b) im dezimalen und dualen Zahlensystem

Übungen: Arithmetik Zahlensysteme

Übung 3.1:

Addieren Sie die Summanden 0001.0111b und 0110.1000b im dualen Zahlensystem.

Übung 3.2:

Addieren Sie die Zahlen der Summanden $a_0 = 0111,0111b$, $a_1 = 1101,1100b$ und $a_2 = 0011,1101b$ im dualen Zahlensystem.

Übung 3.3:

Berechnen Sie die Differenz aus dem Minuenden 0100.0011b und dem Subtrahenden 0010.0110b im dualen Zahlensystem.

Übung 3.4:

Berechnen Sie die Differenz des Minuenden 0111,1001b und des Subtrahenden 0100,0110b im dualen Zahlensystem.

Übung 3.5:

Berechnen Sie das Produkt der Faktoren 0110.1000b und 1100b im dualen Zahlensystem.

Übung 3.6:

Berechnen Sie das Produkt der Faktoren 0011,0101b und 0,0111b im dualen Zahlensystem.

Übung 3.7:

Berechnen Sie den Wert des Quotienten Q aus dem Dividenden $D = 0110.0011B$ und dem Divisor $T = 0011b$ im dualen Zahlensystem.

Übung 3.8:

Berechnen Sie den Wert des Quotienten der gebrochenen Zahlen mit dem Dividenden $D = 1011,01b$ und dem Divisor $T = 1001b$ im dualen Zahlensystem.

> **IN DIESEM KAPITEL**
>
> Rückführung der Subtraktion auf die Addition
>
> Darstellungsformen negativer Zahlen
>
> Zweierkomplement zur Realisierung der Subtraktion
>
> Übungen zum Zweierkomplement

Kapitel 4
Darstellung negativer Zahlen – Warum negativ, ich bin positiv eingestellt?

Die Grundidee besteht darin, dass die Subtraktion auf die Addition zurückgeführt wird, um den schaltungstechnischen Aufwand in Rechensystemen minimal zu halten, weil dann keine Schaltung für die Subtraktion benötigt wird. Dies macht aber nur dann Sinn, wenn für die Umrechnung einer positiven Zahl in eine negative Zahl der schaltungstechnische Aufwand geringer ist. Also wird ein derartiges Verfahren gesucht.

Hierzu gibt es mehrere Möglichkeiten, wie dies in Abbildung 4.1 dargestellt ist:

- ✔ Darstellung nach Betrag und Vorzeichen
- ✔ Einerkomplement
- ✔ Zweierkomplement

In den nachfolgenden Abschnitten werden die verschiedenen Möglichkeiten zur Darstellung negativer Zahlen erläutert und bewertet.

4-stelliger Dualcode	Dezimaler Zahlenwert			
	nur positiver Dualzahlen	positiver und negativer Dualzahlen		
Stelle 3 2 1 0		Betrag und Vorzeichen	Einer-komplement	Zweier-komplement
0 0 0 0	0	+0	+0	+0
0 0 0 1	1	+1	+1	+1
0 0 1 0	2	+2	+2	+2
0 0 1 1	3	+3	+3	+3
0 1 0 0	4	+4	+4	+4
0 1 0 1	5	+5	+5	+5
0 1 1 0	6	+6	+6	+6
0 1 1 1	7	+7	+7	+7
1 0 0 0	8	−0	−7	−8
1 0 0 1	9	−1	−6	−7
1 0 1 0	10	−2	−5	−6
1 0 1 1	11	−3	−4	−5
1 1 0 0	12	−4	−3	−4
1 1 0 1	13	−5	−2	−3
1 1 1 0	14	−6	−1	−2
1 1 1 1	15	−7	−0	−1

Abbildung 4.1: Darstellungsmöglichkeiten für negative Zahlen

Darstellung nach Betrag und Vorzeichen

Bei der Darstellung einer negativen Zahl nach *Betrag und Vorzeichen* in Abbildung 4.1 wird eine negative Zahl durch eine 1 an der führenden Binärstelle gekennzeichnet. Eine positive Zahl hat an dieser Stelle eine 0.

Die Darstellung einer negativen Zahl nach Betrag und Vorzeichen liefert bei der Arithmetik, bei der eine Bereichsüberschreitung stattfindet, fehlerhafte Ergebnisse und ebenso bei der Addition negativer Zahlen. Des Weiteren ist die Null nicht eindeutig, da es eine $+0_{10}$ und eine -0_{10} gibt. Diese Form der Darstellung negativer Zahlen ist deshalb nicht geeignet, um die Subtraktion durch die Addition zu ersetzen.

Einerkomplement

Das *Einerkomplement* in Abbildung 4.1 wird durch eine stellenweise Invertierung der entsprechenden Dualzahl gebildet (hier das erste mathematische Zeichen für die Boole'sche Algebra, die Negation ¬):

$$K_E(Z) = \neg Z \qquad (4.1)$$

mit

> $K_E(Z)$ dem Einerkomplement von Z und
> Z der Dualzahl in Stellenschreibweise.

 Es soll die *Einerkomplementbildung* für die 8-stellige Dualzahl $Z = 0110.0101\text{b}$ vorgenommen werden. Das Einerkomplement lautet dann entsprechend Formel 4.1 $K_E(Z) = 1001.1010\text{b}$.

Aus der Summe des Einerkomplements $K_E(Z)$ und der Dualzahl Z folgt immer

$$K_E(Z) + Z = 2^n - 1 \tag{4.2}$$

mit

> $K_E(Z)$ dem Einerkomplement von Z,
> Z der Dualzahl in Stellenschreibweise und
> n der Anzahl der Stellen des dualen Zahlensystems,

womit für die Bildung des *Einerkomplements eines beliebigen polyadischen Zahlensystems* folgende Rechenvorschrift gilt:

$$K_E(Z) = B^n - 1 - Z \tag{4.3}$$

mit

> $K_E(Z)$ dem Einerkomplement von Z,
> Z der Zahl n in Stellenschreibweise,
> B der Basis des Zahlensystems und
> n der Anzahl der Stellen des dualen Zahlensystems.

Der Nachteil des *Einerkomplements* besteht darin, dass einerseits bei der Arithmetik Überläufe (Overflow) auftreten, weswegen in speziellen Fällen eine Korrektur des Ergebnisses vorgenommen werden muss, und andererseits die Null nicht eindeutig ist, da es eine $+0_{10}$ und eine -0_{10} gibt. Aus diesen Gründen ist das Einerkomplement nicht das bevorzugte Verfahren zur Darstellung negativer Zahlen.

Zweierkomplement

Im Folgenden soll das Zweierkomplement in Abbildung 4.1 näher betrachtet werden. Einerseits, wie es gebildet wird, und andererseits soll es bezüglich seiner Eignung für die Darstellung negativer Zahlen für den Einsatz in arithmetischen Operationen untersucht werden.

Das *Zweierkomplement* basiert auf dem Einerkomplement und es wird lediglich zum Einerkomplement eine 1 addiert. Somit folgt aus Formel 4.1 mit Formel 4.3 für das *Zweierkomplement*:

$$K_{2K}(Z) = K_E(Z) + 1 = \neg Z + 1 = B^n - 1 - Z + 1 \qquad (4.4)$$

mit

$K_{2K}(Z)$ dem Zweierkomplement von Z,
$K_E(Z)$ dem Einerkomplement von Z,
Z der Zahl in Stellenschreibweise,
B der Basis des Zahlensystems und
n der Anzahl der Stellen des dualen Zahlensystems.

Es soll die *Zweierkomplementbildung* für die 8-stellige Dualzahl $Z = 0110.0101b$ vorgenommen werden. Das Zweierkomplement lautet dann entsprechend Formel 4.4 $K_{2K}(Z) = K_E(Z) + 1 = 1001.1010b + 1 = 1001.1011b$.

Das *Zweierkomplement* einer Dualzahl erhält man, indem die Dualzahl Stelle für Stelle invertiert und eine 1 addiert wird.

Bei einer *negativen Dualzahl im Zweierkomplement* ist die höchstwertige Binärstelle immer mit einer 1 besetzt.

Die *größte Zahl* Z_{max} und die *kleinste Zahl* Z_{min}, die in einem n-stelligen Zahlensystem der Basis B darstellbar sind, ergeben sich zu

$$Z_{max} = B^{n-1} - 1 \qquad (4.5)$$

und

$$Z_{min} = -B^{n-1}. \qquad (4.6)$$

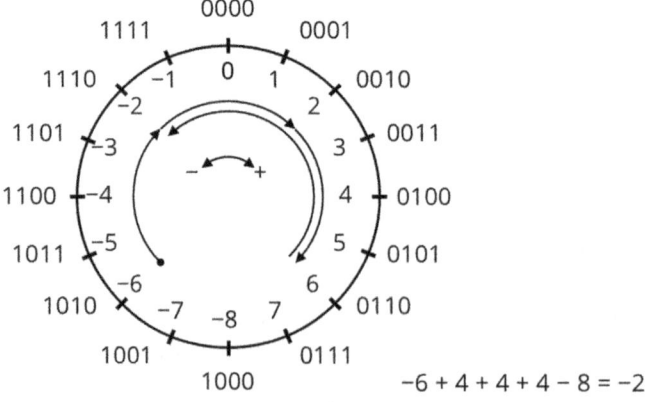

Abbildung 4.2: Arithmetik im Zweierkomplement am Zahlenring eines vierstelligen dualen Zahlensystems

Eine andere Darstellung des Zweierkomplements in Abbildung 4.1 stellt ein Zahlenring dar. Am Beispiel des Zahlenrings in Abbildung 4.2 für eine vierstellige Dualzahl können Sie sehen, inwieweit die Arithmetik im Zweierkomplement innerhalb des zur Verfügung stehenden Zahlenbereichs entsprechend Formel 4.6 mit $Z_{min} = -2^3 = -8$ und mit Formel 4.5 mit $Z_{max} = 2^3 - 1 = +7$ möglich ist, ohne dass ein fehlerhaftes Ergebnis auftritt. Hierzu ist ein einfaches Beispiel in Abbildung 4.2 für die Addition und Subtraktion eingetragen.

Fallunterscheidung bei der Arithmetik mit dem Zweierkomplement

Da bei der Arithmetik im Zweierkomplement auch falsche Ergebnisse und Überläufe auftreten können, ist eine Fallunterscheidung erforderlich, um die Richtigkeit des Ergebnisses zu ermitteln, damit eine entsprechende digitale Schaltung immer richtige Ergebnisse liefert. Mögliche Überträge und ein Überlauf bei der Addition können allgemein wie in Abbildung 4.3 dargestellt auftreten – diese müssen Sie berücksichtigen.

$X + Y = Z$

$$
\begin{array}{r}
x_{n-1} \ \ldots \ x_1 \ x_0 = X \\
+ \ z_{n-1} \ \ldots \ z_1 \ z_0 = Y \\
\hline
c_n \ c_{n-1} \ \ldots \ c_1 \ c_0 \\
\hline
z_n \ z_{n-1} \ \ldots \ z_1 \ z_0 = Z
\end{array}
$$

c_n: Übertrag an der Stelle n
z_n: Überlauf an der Stelle n

Abbildung 4.3: Überträge und Überlauf bei der Addition n-stelliger Dualzahlen

Exemplarisch sind in dem Berechnungsbeispiel in Abbildung 4.4 die beiden Fälle angegeben, für die sich in einem vierstelligen dualen Zahlensystem ein Überlauf ergibt.

$X + Y = 4 + 4 = 8$

```
   0100   + 4
 + 0100   + 4
   1
  ─────
   1000  = 8    Überlauf
               c_n = 0, c_{n-1} = 1
```

$-X - Y = -2 - 7 = -9$

```
   1110   - 2
 + 1001   - 7
   1
  ─────
  10111  = - 9  Überlauf
               c_n = 1, c_{n-1} = 0
```

Abbildung 4.4: Überlauf bei der Addition vierstelliger Dualzahlen

Der Wertebereich eines vierstelligen dualen Zahlensystems liegt im Bereich -8 und $+7$ (siehe Abbildung 4.1). Die Beispiele sind so gewählt, dass einmal der positive und einmal der negative Bereich überschritten wird und demzufolge auch ein Überlauf stattfindet. Die regulären Fälle, für die es ein korrektes Ergebnis gibt, sind in dem vorangegangenen Berechnungsbeispiel nicht explizit dargestellt.

Aus den vorangegangenen beiden Berechnungsbeispielen und der allgemeinen Darstellung zur Bildung der Überträge und des Überlaufs ist durch Vergleich ersichtlich, dass für

$c_n \neq c_{n-1}$ ein Überlauf stattfindet, weil der Wertebereich der Zahlen für eine vierstellige Dualzahl überschritten wird.

Für die Gesamtheit aller möglichen Kombinationen bei der Arithmetik mit dem Zweierkomplement ergeben sich in Abhängigkeit der Überträge c_n und c_{n-1} die in Tabelle 4.1 zusammengestellten Fälle.

Fall	Operation	Korrektes Ergebnis	Überlauf
1	$X + Y$	$c_n = 0, c_{n-1} = 0$	$c_n = 0, c_{n-1} = 1$
2	$X - Y$	$c_n = c_{n-1}$	nicht möglich
3	$-X - Y$	$c_n = 1, c_{n-1} = 1$	$c_n = 1, c_{n-1} = 0$

Tabelle 4.1: Fallunterscheidung bei der Arithmetik zweier Variablen mit n-stelligen Dualzahlen im Zweierkomplement

Durch die Auswertung der Überträge bei der Arithmetik in Tabelle 4.1 kann dementsprechend durch eine Fallunterscheidung der Überträge auf die Richtigkeit des Ergebnisses geschlossen werden.

Ein *korrektes Berechnungsergebnis* liegt bei der Addition im Zweierkomplement vor, wenn die Überträge der beiden höchsten Binärstellen gleich sind ($c_n = c_{n-1}$), und ein fehlerhaftes Ergebnis, wenn die Überträge der beiden höchsten Binärstellen ungleich sind ($c_n \neq c_{n-1}$), mit n der Anzahl der Stellen des dualen Zahlensystems.

Grundsätzlich werden die Multiplikation und Division mit negativen Zahlen wie in Kapitel 4 auf die Multiplikation und Division natürlicher und gebrochener Zahlen zurückgeführt unter Berücksichtigung der Vorzeichenregeln mit anschließender Zweierkomplementbildung.

Das Zweierkomplement ist trotz der erforderlichen Fallunterscheidung uneingeschränkt geeignet zur Darstellung negativer Zahlen und Anwendung in der Arithmetik, da auch eine eindeutige 0 existiert, und deshalb wird es auch zur Rückführung der Subtraktion auf die Addition eingesetzt.

Übungen: Negative Zahlen

Übung 4.1:

Bilden Sie das Zweierkomplement der 8-stelligen Dualzahl 1011.0011b.

Übung 4.2:

Subtrahieren Sie die dezimale Zahl 3 von 5 mittels der Zweierkomplementbildung in einem achtstelligen dualen Zahlensystem und bewerten Sie das Ergebnis bezüglich der Richtigkeit anhand der Überträge c_n und c_{n-1}.

Übung 4.3:

Subtrahieren Sie die dezimale Zahl 5 von 3 mittels der Zweierkomplementbildung in einem vierstelligen dualen Zahlensystem.

Übung 4.4:

Addieren Sie die negativen 4-stelligen im Zweierkomplement vorliegenden Beträge der Dualzahlen $Z_1 = Z_2 = 0011b$ und bewerten Sie das Ergebnis bezüglich der Richtigkeit anhand der Überträge c_n und c_{n-1}.

Übung 4.5:

a) Handelt es sich bei der gegebenen 8-stelligen Dualzahl 10101110b um eine positive oder negative Zahl?

b) Bilden Sie den Betrag der Dualzahl.

Übung 4.6:

Bilden Sie das Zweierkomplement der dezimalen Zahl 9 in einem zweistelligen dezimalen Zahlensystem.

Übung 4.7:

Addieren Sie die Zweierkomplemente der Dezimalzahlen 6 und 5 in einem vierstelligen dualen Zahlensystem und bewerten Sie das Ergebnis bezüglich der Richtigkeit anhand der Überträge c_n und c_{n-1}.

Übung 4.8:

Bilden Sie das Zweierkomplement der sedezimalen Zahl 01ADh in einem vierstelligen sedezimalen Zahlensystem.

Übung 4.9:

Bilden Sie den Quotienten aus dem Dividenden −6d und dem Divisor 2d mit dem Zweierkomplement in einem vierstelligen dualen Zahlensystem.

Übung 4.10:

Bilden Sie das Quadrat der im Zweierkomplement vorliegenden negativen Zahl 1110b in einem vierstelligen dualen Zahlensystem.

Teil III
Codes und Codesicherung – Wie sage ich es meinem Kinde?

IN DIESEM TEIL …

Wird die Notwendigkeit von Codes als Sprache digitaler Systeme für die Übertragung von Information aufgezeigt.

Hierzu werden die unterschiedlichen Eigenschaften von Codes angesprochen und einige typische Vertreter der Codes vorgestellt, bezüglich ihrer Eigenschaften bewertet und Anwendungsgebiete aufgezeigt.

Da grundsätzlich davon ausgegangen werden muss, dass die Übertragung von Information fehlerbehaftet sein kann, werden Möglichkeiten der Fehlerkennung und -korrektur anhand der Codeeigenschaften behandelt und einfache Methoden und Vorgehensweisen zur Codesicherung beschrieben, wie zum Beispiel das Paritätsbit.

Abschließend zu den einzelnen Kapiteln werden zur Vertiefung einige typische Übungsaufgaben zu den Codes angegeben.

> **IN DIESEM KAPITEL**
>
> Was ist ein Code?
>
> Bewertungskriterien für Codes
>
> Unterscheidung zwischen numerischen und alphanumerischen Codes
>
> Unterteilung der numerischen Codes in Wort- und Zifferncodes
>
> Behandlung einer Auswahl numerischer und alphanumerischer Codes
>
> Übungen zu den Codes

Kapitel 5
Codes und deren Eigenschaften – Die Sprache der Digitaltechnik!

Zunächst muss geklärt werden, was ein Code ist, weswegen zunächst eine Definition angegeben wird.

 Definition nach IEV 171-01-15: Ein *Code* ist ein System von Regeln, die eine umkehrbar eindeutige Zuordnung zwischen Information und ihrer Darstellung durch Zeichen, Symbole oder Signalelemente festlegen.

Anders ausgedrückt bedeutet dies, dass ein Code eine Vorschrift zur umkehrbar eindeutigen Zuordnung der Zeichen eines Zeichenvorrats zu denjenigen Zeichen eines anderen Zeichenvorrats ist (Bildmenge). Die Zeichen werden dabei auch als *Codewörter* bezeichnet. Bei einem *Binärcode* bestehen die Codewörter aus einer Kombination der Binärzeichen 0 und 1.

Bewertungskriterien für Codes

Es sollte jetzt klar sein, dass mit einem Code eine Information übermittelt werden soll. Der Code soll natürlich einerseits so kompakt wie möglich sein und somit eine geringe Redundanz aufweisen, andererseits sollen aber auch Fehler in seiner Übertragung zur Übermittlung der Information ausgeschlossen werden. Hierzu ist mindestens die Erkennung der Fehler und noch besser eine Korrektur notwendig. Dafür sind allerdings Mechanismen erforderlich, die eine Fehlererkennung oder -korrektur ermöglichen. Daher sind Bewertungskriterien für einen Code notwendig, die einerseits eine Aussage über die Effizienz und andererseits über die Unversehrtheit eines Codes zulassen.

Die wichtigsten Kriterien zur Bewertung von Codes werden im Folgenden erläutert:

- Die *Stellenzahl* eines Codes gibt an, wie viele Binärstellen für seine Darstellung benötigt werden.
- Ein Code ist *bewertbar*, wenn jeder Stelle eines Binärcodes ein Stellenwert zuordenbar ist.
- Das *Gewicht* eines Codes gibt an, wie viele Binärstellen der Codewörter eines Codes mit einer logischen 1 belegt sind.
- Die *Minimaldistanz* eines Codes gibt an, wie viele Binärstellen sich zwischen allen gültigen Codewörtern eines Codes minimal ändern.
- Die *Maximaldistanz* eines Codes gibt an, wie viele Binärstellen sich zwischen allen gültigen Codewörtern eines Codes maximal ändern.

- Die *Hamming-Distanz HD zweier benachbarter Codewörter* gibt an, um wie viele Binärstellen sie sich unterscheiden.

  ANMERKUNG 1: Die *Hamming-Distanz HD*, benannt nach dem amerikanischen Mathematiker Richard Wesley Hamming (1915–1998), wird alternativ auch *Hamming-Abstand* oder *Hamming-Gewicht* genannt.

  ANMERKUNG 2: Die Benennung Hamming-Distanz wird aber in der Regel in Bezug auf einen Code und nicht in Bezug auf zwei benachbarte Codewörter verwendet, insbesondere auch bei Kommunikationssystemen. In diesem Fall gibt die Hamming-Distanz an, um wie viele Binärstellen sich alle Codewörter untereinander minimal unterscheiden. Sie ist damit identisch mit der minimalen Distanz eines Codes. Diese Angabe ist besonders wichtig, da sie Rückschlüsse auf die Anzahl erkennbarer und korrigierbarer Bit-Fehler zulässt. Im Folgenden wird immer die Hamming-Distanz eines Codes verwendet, da nur sie eine Aussage zur Erkennung und Korrektur von Bit-Fehlern eines Binärcodes zulässt – die Verwendung der Hamming-Distanz nur in Bezug auf zwei benachbarte Codewörter kann dies nicht leisten.

✔ Ein Code ist *stetig*, wenn sich alle seine benachbarten Codewörter immer um die gleiche Anzahl von Binärstellen unterscheiden.

✔ Die *Redundanz R* eines Codes gibt an, wie viele seiner Binärstellen nicht benötigt werden, und berechnet sich mit N_{max} der maximalen Anzahl seiner Codewörter und N der Anzahl der genutzten Codewörter folgendermaßen:

$$R = \log_2 \frac{N_{max}}{N} = 3{,}32 \cdot \log_{10} \frac{N_{max}}{N} \tag{5.1}$$

ANMERKUNG: Die *Redundanz* eines Codes lässt Rückschlüsse auf seine Effizienz zu. Dieses ergibt sich daraus, dass die Effizienz eines Codes umso größer ist, je weniger Binärstellen für einen Code bei maximaler Anzahl an Codewörtern benötigt werden. Dies lässt sich aus der Tatsache ableiten, dass die Anzahl der Binärstellen eines Codes um den ganzzahligen Anteil der Redundanz für $R \geq n$ mit $n = 1, 2, 3$ *usw.* reduziert werden kann, ohne dass ein Verlust an Information eintritt.

Wie berechnen Sie die Redundanz? Damit Sie nicht nur auswendig Gelerntes abspulen, sondern die zugrunde liegenden Vorgehensweisen tatsächlich verstehen, möchte ich Ihnen im Folgenden erklären, wie die *Berechnung der Redundanz* hergeleitet wird.

Die *Redundanz R* ergibt sich aus der Differenz der *Anzahl der Binärstellen des gegebenen Codes* n_{max} und der *Anzahl der genutzten Binärstellen des Codes n* zu

$$R = n_{max} - n. \tag{5.2}$$

Mit der *Anzahl der Codewörter* N_{max}, der *Anzahl der genutzten Codewörter N* des gegebenen Codes und der *Basis B* = 2 folgen dann

$$N_{max} = B^{n_{max}} = 2^{n_{max}} \tag{5.3}$$

und

$$N = B^n = 2^n. \tag{5.4}$$

Bilden Sie den Logarithmus zur Basis 2 von Formel 5.3 und Formel 5.4, so folgt für die *Anzahl der Binärstellen* des gegebenen Codes

$$\log_2 N_{max} = \log_2 2^{n_{max}} = n_{max} \tag{5.5}$$

und für die *Anzahl der genutzten Binärstellen*

$$\log_2 N = \log_2 2^n = n. \tag{5.6}$$

Werden jetzt Formel 5.5 und Formel 5.6 in Formel 5.2 eingesetzt, ergibt sich für die *Redundanz*

$$R = \log_2 N_{max} - \log_2 N = \log_2 \frac{N_{max}}{N} = 3{,}32 \cdot \log_{10} \frac{N_{max}}{N}. \tag{5.7}$$

Vierstelliger Dualcode						
	Wertigkeit					
Dezimalzahl	8	4	2	1	Bewertungskriterien	
0	0	0	0	0	Stellenzahl:	4
1	0	0	0	1	Bewertbar:	ja
2	0	0	1	0	Gewicht:	0 … 4
3	0	0	1	1	Minimaldistanz:	1
4	0	1	0	0	Maximaldistanz:	4
5	0	1	0	1	HD des Codes:	1
6	0	1	1	0	Stetig:	Nein
7	0	1	1	1	Redundanz:	0
8	1	0	0	0	$R = 0$, da $N_{max} = N = 16$	
9	1	0	0	1		
10	1	0	1	0		
11	1	0	1	1		
12	1	1	0	0		
13	1	1	0	1		
14	1	1	1	0		
15	1	1	1	1		

Abbildung 5.1: Darstellung eines vierstelligen Dualcodes mit Bewertungskriterien

Im Folgenden sollen nun anhand eines ausgewählten Codes sämtliche Bewertungskriterien angewendet werden. Dafür habe ich einen vierstelligen Dualcode, den wohl wichtigsten Code der Digitaltechnik ausgesucht. Werfen Sie also nun einen Blick auf Abbildung 5.1. Zunächst möchte ich Ihnen aber erläutern, wie ein Dualcode konstruiert wird.

Bei dem Dualcode in Abbildung 5.1 handelt es sich um eine binär codierte Dezimalzahl, wobei die jeweilige Dezimalzahl auf einfache Weise durch Addition der jeweiligen Wertigkeiten der mit einer 1 belegten Stelle in der Codetabelle entsteht. Umgekehrt bedeutet dies, dass Sie bei Vorgabe der Dezimalzahl die Stellen des Codes mit einer 1 belegen, für die sich als Summe der Wertigkeiten die Dezimalzahl ergibt.

Eine detailliertere Beschreibung der Konstruktion von Binärcodes finden Sie in Kapitel 7 bei der Beschreibung im Abschnitt »Entwurf einfacher Codes zur Fehlererkennung und -korrektur«.

Als Beispiel ergibt sich für die *Dezimalzahl 9 des vierstelligen Dualcodes* in Abbildung 5.1 folgender Zusammenhang:

$N_{10} = 8 + 1 = \underline{9}$

Dies bedeutet, dass die höchstwertige und niederwertigste Stelle des Codes mit einer 1 belegt werden müssen, die anderen Stellen mit einer 0.

Erläuterung der *Bewertungskriterien für den vierstelligen Dualcode* in Abbildung 5.1:

✔ **Stellenzahl: 4**

Der Dualcode besitzt vier Binärstellen.

✔ **Bewertbar: ja**

Der Dualcode ist bewertbar, da jeder Stelle ein *Stellenwert* beziehungsweise eine *Wertigkeit* zuordenbar ist. Der 0-ten Stelle der Wert 1, der ersten Stelle der Wert 2, der dritten Stelle der Wert 4 und der vierten Stelle der Wert 8.

✔ **Gewicht: 0 ... 4**

Im Dualcode sind von keiner Stelle bis zu vier Stellen mit einer 1 belegt, weswegen das Gewicht des Codes im Bereich 0 ... 4 liegt.

✔ **Minimaldistanz: 1**

Diese gibt die minimale Anzahl an Binärstellen an, um die sich alle Codewörter voneinander unterscheiden, womit schon beim Vergleich der ersten beiden Codewörter die Anzahl an Binärstellen, um die sie sich unterscheiden, eins beträgt.

✔ **Maximaldistanz: 4**

Diese gibt die maximale Anzahl an Binärstellen an, um die sich alle Codewörter voneinander unterscheiden, womit schon beim Vergleich des ersten und letzten Codewortes die Anzahl der unterschiedlichen Binärstellen vier beträgt.

✔ **Hamming-Distanz des Dualcodes: 1**

Die Hamming-Distanz ist gleich der Minimaldistanz und somit eins.

✔ **Stetig: nein**

Der Vergleich der benachbarten Codewörter des Dualcodes ergibt, dass die Anzahl der Binärstellen, um die sich benachbarte Codewörter unterscheiden, nicht konstant ist, weswegen der Dualcode nicht stetig ist.

✔ **Redundanz: 0**

Mit Formel 5.1 ergibt sich mit $N_{max} = N = 16$ die Redundanz zu

$$R = \log_2 \frac{N_{max}}{N} = \log_2 1 = \underline{0}.$$

Übungen: Codes

Übung 5.1:

Es gibt unterschiedliche Bewertungskriterien für Codes. Untersuchen Sie den nachfolgenden angegebenen fünfstelligen Binärcode.

Nr.	e	d	c	b	a
0	0	1	0	1	1
1	1	1	1	0	0
2	1	1	0	1	0
3	1	1	0	0	1
4	1	0	1	1	0
5	1	0	1	0	1
6	1	0	0	1	1
7	0	0	1	1	1
8	0	1	1	1	0
9	0	1	1	0	1

a) Was ist die Bewertbarkeit eines Codes und ist der angegebene Code bewertbar?

b) Was ist die Redundanz eines Codes, und wie groß ist die Redundanz des angegebenen Codes?

c) Was ist die Hamming-Distanz eines Codes, welche minimale/maximale Distanz weist der angegebene Code auf?

d) Was ist die Stetigkeit eines Codes, und ist der angegebene Code stetig?

Übung 5.2:

In der nachfolgenden Tabelle ist ein bewertbarer fünfstelliger Code angegeben, der die Dezimalzahlen 0 bis 5 codiert. Untersuchen Sie den gegebenen Code.

Dezimal- zahl	e	d	c	b	a
	\multicolumn{5}{c}{Wertigkeit}
	1	1	1	1	1
0	0	0	0	0	0
1	0	0	0	0	1
2	0	0	0	1	1
3	0	0	1	1	1
4	0	1	1	1	1
5	1	1	1	1	1

a) Ist der angegebene Code stetig?

b) Wie groß ist die Hamming-Distanz des Codes?

c) Wie groß ist die Redundanz des Codes?

> **IN DIESEM KAPITEL**
>
> Übersicht über typische Vertreter der Codes
>
> Unterscheidung zwischen numerischen und alphanumerischen Codes
>
> Behandlung einer Auswahl typischer numerischer Codes
>
> Vorstellung relevanter alphanumerischer Codes
>
> Übungen zu den Binärcodes

Kapitel 6
Binärcodes in der Digitaltechnik – Wofür sind die gut?

In der Digitaltechnik kommen ausschließlich *Binärcodes* zum Einsatz, die ich im Weiteren nur als Codes bezeichnen möchte. Allerdings haben die Codes je nach Verwendungszweck unterschiedliche Eigenschaften. Dadurch ergibt sich ihre in Abbildung 6.1 dargestellte Unterteilung, wobei nur einige typische Vertreter aufgeführt sind und behandelt werden, da es eine unüberschaubare Menge an Codes gibt.

Codes werden in zwei Hauptgruppen eingeteilt, nämlich

- *numerische Codes* und
- *alphanumerische Codes*.

Numerische Codes bestehen aus Ziffern und Zahlen, dagegen bestehen *alphanumerische Codes* zusätzlich zu den Ziffern und Zahlen aus Buchstaben, Trennzeichen und Steuerzeichen.

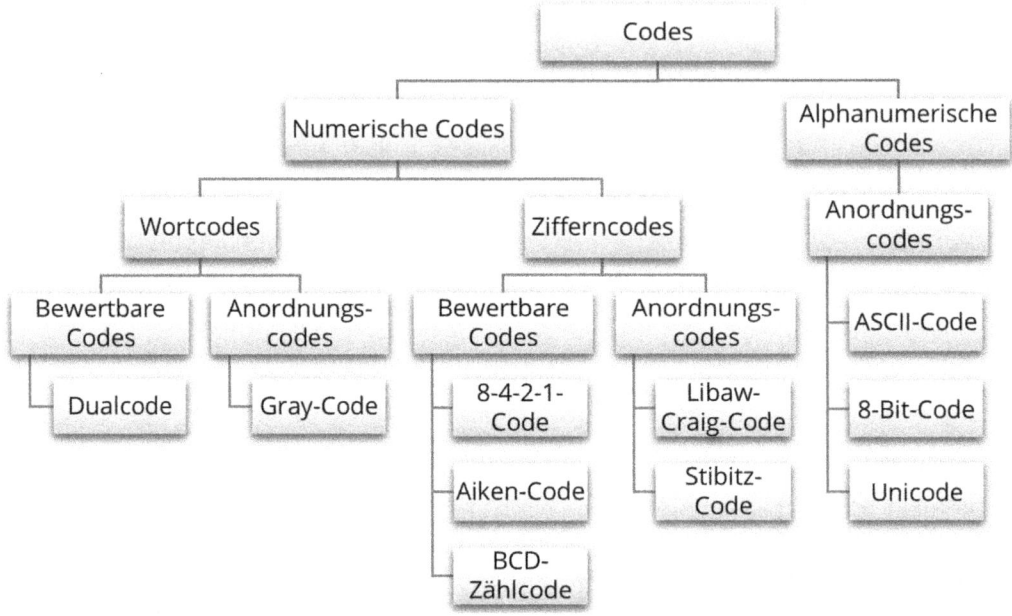

Abbildung 6.1: Übersicht zur Unterteilung der Binärcodes mit Beispielen

Numerische Codes

Die *numerischen Codes* unterteilen sich einerseits in die *Wortcodes* und andererseits in die *Zifferncodes*.

Wortcodes

Die Wortcodes werden dadurch charakterisiert, dass eine Zahl als Ganzes codiert wird und nicht etwa ziffernweise. Des Weiteren unterteilen sich die Wortcodes in bewertbare und sogenannte Anordnungscodes.

Bewertbare Wortcodes

Bei einem bewertbaren Wortcode wird jeder Stelle des Codes ein Stellenwert zugeordnet. Hier zunächst ein Beispiel eines *bewertbaren Wortcodes*.

 Ein Beispiel für einen *bewertbaren 3-stelligen Wortcode* zur Codierung der Dezimalzahlen 0 bis 5 mit der Wertigkeit der niederwertigsten Stelle von 1, der nächsthöheren Stelle von ebenfalls 1 und der höchstwertigen Stelle von 3 ist in nachfolgender Codetabelle dargestellt.

Die jeweilige Dezimalzahl ergibt sich aus der Summe der Wertigkeiten der Stellen des 3-stelligen Codes, die mit einer 1 belegt sind. Dieser Code hat eine Stellenzahl von 3, ist

Dezimalzahl	c	b	a
	Wertigkeit		
	3	1	1
0	0	0	0
1	0	0	1
2	0	1	1
3	1	0	0
4	1	0	1
5	1	1	1

Abbildung 6.2: Beispiel für einen bewertbaren Wortcode

bewertbar, hat ein Gewicht von 1 bis 3, eine minimale Distanz von 1, eine maximale Distanz von 3 und eine Hamming-Distanz von 1. Die Redundanz ist mit $R = 3{,}32 \cdot \log_{10} \frac{N_{max}}{N} = 3{,}32 \cdot \log_{10} \frac{2^3}{6} = 0{,}41$ recht gering und es könnten ohne einen Informationsverlust keine Stellen eingespart werden.

Dualcode

Beim Dualcode, wie er bisher schon verwendet worden und in Abbildung 6.3 als n-stelliger Dualcode dargestellt ist, handelt es sich um einen bewertbaren Wortcode. Er hat allgemein eine Stellenzahl von n und ist somit beliebig erweiterbar.

Dezimalzahl	n-stelliger Dualcode	Bewertungskriterien	
	Wertigkeit 2^{n-1} ... 8 4 2 1		
0	0 ... 0 0 0 0	Stellenzahl:	n
1	0 ... 0 0 0 1	Bewertbar:	ja
2	0 ... 0 0 1 0	Gewicht:	$0 ... n$
3	0 ... 0 0 1 1	Minimaldistanz:	1
4	0 ... 0 1 0 0	Maximaldistanz:	n
5	0 ... 0 1 0 1	HD des Codes:	1
6	0 ... 0 1 1 0	Stetig:	Nein
7	0 ... 0 1 1 1	Redundanz:	0
8	0 ... 1 0 0 0	$R = 0$, da $N_{max} = N = 2^n$	
9	0 ... 1 0 0 1		
10	0 ... 1 0 1 0		
11	0 ... 1 0 1 1		
12	0 ... 1 1 0 0		
13	0 ... 1 1 0 1		
14	0 ... 1 1 1 0		
15	0 ... 1 1 1 1		
⋮	⋮ ⋮ ⋮ ⋮ ⋮		
2^n-1	1 ... 1 1 1 1		

Abbildung 6.3: Darstellung des n-stelligen Dualcodes mit Bewertungskriterien

Wie wird der Dualcode konstruiert? Damit Sie sich nicht nur auswendig gelerntes Wissen aneignen, wird hier zur Vermittlung des Verständnisses für grundsätzliche Konzepte die Beschreibung der Konstruktion des Dualcodes detailliert aufgeführt.

Bei dem Dualcode in Abbildung 6.3 handelt es sich um eine binär codierte Dezimalzahl, wobei sich die Dezimalzahl N_{10} aus dem *exponentiellen Bildungsgesetz* (siehe Kapitel 2, Formel 2.1 und 2.2) ergibt:

$$N_{10} = \sum_{k=0}^{m} a_k \cdot B^k \tag{6.1}$$

mit

N_{10} der Dezimalzahl in Potenzschreibweise,

m der höchstwertigen Stelle der natürlichen Zahl,

B der Basis des Zahlensystems und

a_k dem Wert an der Stelle k

Für den *n-stelligen Dualcode* mit $m = n - 1$ und $B = 2$ sowie $a_k = \in \{01\}$ und $k = 0, 1, \ldots, n - 1$ folgt dann aus Formel 6.1:

$$N_{10} = a_{n-1} \cdot 2^{n-1} + \ldots + a_3 \cdot 2^3 + a_2 \cdot 2^2 + a_1 \cdot 2^1 + a_0 \cdot 2^0 \tag{6.2}$$

Der Faktor B^k in Formel 6.1 wird auch als *Wertigkeit* oder *Stellenwert* bezeichnet. Die Wertigkeit ist auch in der zweiten Spalte der Codetabelle in Abbildung 6.3 angegeben und wird auch in den folgenden Kapiteln bei bewertbaren Codes angegeben.

 Bei *jedem bewertbaren Wortcode* kann die jeweilige Dezimalzahl auf einfache Weise durch Addition der jeweiligen Wertigkeiten der mit einer 1 belegten Stellen in der Codetabelle erfolgen.

Der Code ist bewertbar, hat ein Gewicht von 0 bis n, eine Minimaldistanz von 1, eine Maximaldistanz von n, eine HD des Codes von 1, ist nicht stetig und besitzt bei Nutzung aller Codewörter eine Redundanz von 0.

Dieser Code ist einfach aufgebaut, beliebig erweiterbar, universell einsetzbar und kommt deswegen in allen Anwendungen der Digitaltechnik zum Einsatz.

Anordnungswortcodes

Bei einem Anordnungswortcode wird jede Zahl einem Codewort zugeordnet und den einzelnen Stellen des Codes sind keine Stellenwerte zugeordnet.

Darstellung eines *5-stelligen Anordnungswortcodes* für die Zahlen 5, 133 und 200. Es wird die Codierung für jede Dezimalzahl als Ganzes mit folgender 5-stelliger Codierung vorgenommen:

Dezimalzahl	e	d	c	b	a
5	1	0	0	0	0
133	1	1	0	0	0
200	1	1	1	1	1

Abbildung 6.4: Beispiel für einen Anordnungscode

Den drei Dezimalzahlen sind hier die drei Codewörter willkürlich zugeordnet. Dieser Code hat eine Stellenzahl von 5, ist nicht bewertbar, hat ein Gewicht von 1 bis 5, eine minimale Distanz von 1, eine maximale Distanz von 4 und eine Hamming-Distanz von 1. Die Redundanz ist mit $R = 3{,}32 \cdot \log_{10} \frac{N_{max}}{N} = 3{,}32 \cdot \log_{10} \frac{2^5}{3} = 3{,}41$ sehr hoch und es könnten ohne einen Informationsverlust 3 Stellen eingespart werden.

Gray-Code

Neben dem wohl wichtigsten Wortcode, dem Dualcode kommt dem in Abbildung 6.5 gezeigten Gray-Code als Anordnungscode eine besondere Bedeutung zu.

Dezimal-zahl	Dualcode Wertigkeit 16 8 4 2 1	Gray-Code Wertigkeit - - - - -	Konstruktionsschritte	Bewertungskriterien	
0	0 0 0 0 0	0		Stellenzahl:	1 ... n
1	0 0 0 0 1	1		Bewertbar:	nein
2	0 0 0 1 0	1 1		Gewicht:	1 ... n
3	0 0 0 1 1	1 0		Minimaldistanz:	1
4	0 0 1 0 0	1 1 0		Maximaldistanz:	n
5	0 0 1 0 1	1 1 1		HD des Codes:	1
6	0 0 1 1 0	1 0 1		Stetig:	ja
7	0 0 1 1 1	1 0 0		Redundanz:	0
8	0 1 0 0 0	1 1 0 0		$R = 0$, da	
9	0 1 0 0 1	1 1 0 1		$N_{max} = N = 2^n$	
10	0 1 0 1 0	1 1 1 1			
11	0 1 0 1 1	1 1 1 0			
12	0 1 1 0 0	1 0 1 0			
13	0 1 1 0 1	1 0 1 1			
14	0 1 1 1 0	1 0 0 1			
15	0 1 1 1 1	1 0 0 0			
16	1 0 0 0 0	1 1 0 0 0			
17	1 0 0 0 1	1 1 0 0 1			
18	1 0 0 1 0	1 1 0 1 1			
⋮	⋮	⋮			

Abbildung 6.5: Konstruktion und Bewertungskriterien des Gray-Codes

Der Gray-Code lässt sich einfach konstruieren, indem er unabhängig von der Stellenzahl mit 0 beginnt, dann folgt für das nächste Codewort die 1. Dann kommt die nächste Stelle mit einer 1 hinzu und die vorangegangenen Codewörter werden in umgekehrter Reihenfolge der 1 nachgestellt. So geht es dann immer weiter, bis die gewünschte Stellenzahl erreicht ist. In Abbildung 6.5 ist der Gray-Code bis zum Beginn der fünften Stelle fortgeführt.

Der Gray Code kann bis zu einer beliebigen Anzahl von Stellen n entwickelt werden. Der Code ist nicht bewertbar und hat ein Gewicht von 1 bis n. Die Minimaldistanz beträgt 1 und die Maximaldistanz ist gleich der Anzahl der Stellen n des Codes. Die Hamming-Distanz HD des Codes ist gleich der Minimaldistanz und somit 1. Der Gray-Code ist stetig, weil sich jeweils eine Binärstelle zwischen den benachbarten Codewörtern ändert. Da alle Codewörter eines n-stelligen Gray-Codes genutzt werden, ist demzufolge die Anzahl der Codewörter N_{max} des Codes identisch mit der Anzahl der genutzten Codewörter N. Somit ist die Redundanz $R = 0$.

Die Besonderheit des Codes besteht darin, dass der Gray-Code eine Hamming-Distanz von 1 besitzt und stetig ist, womit sich zwischen benachbarten Codewörtern immer genau eine Binärstelle ändert. Codes mit dieser Eigenschaft bezeichnet man auch als einschrittige Codes.

Der Gray-Code wird für die absolute Wegmessung beziehungsweise für die absolute Winkelmessung eingesetzt. Jedem Codewort ist dazu genau eine Position beziehungsweise ein Winkel zugeordnet. Dies geschieht mittels eines Codelineals beziehungsweise einer Codierscheibe, auf denen der Code auf einem durchsichtigen Träger (beispielsweise Glas) aufgebracht ist, wie dies in Abbildung 6.6 dargestellt ist. Die Hilfslinien dienen nur zur Kennzeichnung der einzelnen Segmente und sind bei einem realen Codelineal beziehungsweise einer realen Codierscheibe nicht vorhanden. Die genaue Position beziehungsweise der genaue Winkel werden beispielsweise nach dem Prinzip einer Lichtschranke mittels eines Fotosenders und -empfängers ermittelt. Die schwarzen Segmente in Abbildung 6.6 entsprechen dabei beispielsweise einer 1 an der entsprechenden Stelle in der Codetabelle in Abbildung 6.5.

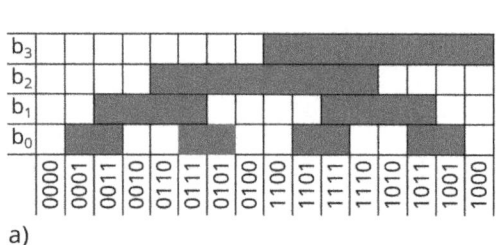
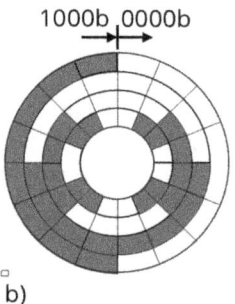

Abbildung 6.6: Prinzip eines Codelineals (a) und einer Codierscheibe (b) am Beispiel eines 4-Bit-Gray-Codes

Worin besteht jetzt der Vorteil beim Einsatz des Gray-Codes für diese Anwendungen? Betrachten Sie im Vergleich dazu den Dualcode in Abbildung 6.5, so stellen Sie fest, dass sich zwischen den benachbarten Codewörtern ein bis vier Binärstellen ändern. Aufgrund von Laufzeiteffekten und Fertigungstoleranzen werden niemals alle Binärstellen eines Codeworts gleichzeitig detektiert, sodass bei den Übergängen von einem Segmentbereich zum nächsten undefinierte Zwischenzustände entstehen, die nicht die reale Position widerspiegeln und so zu Fehlmessungen führen. Da sich beim Gray-Code nur jeweils eine Binärstelle ändert, kann dies nicht passieren.

Zifferncodes

Bei einem Zifferncode wird die Codierung für jede Ziffer getrennt vorgenommen. Es werden die zehn Ziffern 0 bis 9 jeweils separat codiert. Je nach Anwendungsgebiet gibt es verschiedene Zifferncodes. Unterschieden werden die Codes nach bewertbaren Zifferncodes und Anordnungscodes. Im Folgenden wird, um das Prinzip aufzuzeigen, nur eine Auswahl typischer Vertreter behandelt, die eine praktische Relevanz besitzen.

Bewertbare Zifferncodes

Bei einem bewertbaren Zifferncode wird jeder Stelle ein Stellenwert zugeordnet.

Als Beispiel sollen dreistellige Dezimalzahlen mittels eines bewertbaren Zifferncodes dargestellt werden. Dabei ist die niederwertigste Stelle die Einerstelle (1. Ziffer), die nächsthöherwertige Stelle die Zehnerstelle (2. Ziffer) und die höchstwertige Stelle die Hunderterstelle (3. Ziffer). Jede Ziffer wird getrennt mit dem gleichen bewertbaren Code codiert, wie dies in der nachfolgenden Codetabelle dargestellt ist.

3. Ziffer					2. Ziffer					1. Ziffer				
Ziffer	Wertigkeit				Ziffer	Wertigkeit				Ziffer	Wertigkeit			
	8	4	2	1		8	4	2	1		8	4	2	1
0	0	0	0	0	0	0	0	0	0	0	0	0	0	0
1	0	0	0	1	1	0	0	0	1	1	0	0	0	1
2	0	0	1	0	2	0	0	1	0	2	0	0	1	0
3	0	0	1	1	3	0	0	1	1	3	0	0	1	1
4	0	1	0	0	4	0	1	0	0	4	0	1	0	0
5	0	1	0	1	5	0	1	0	1	5	0	1	0	1
6	0	1	1	0	6	0	1	1	0	6	0	1	1	0
7	0	1	1	1	7	0	1	1	1	7	0	1	1	1
8	1	0	0	0	8	1	0	0	0	8	1	0	0	0
9	1	0	0	1	9	1	0	0	1	9	1	0	0	1

Abbildung 6.7: Beispiel für einen bewertbaren Zifferncode

Für die Dezimalzahl 123d ergibt sich somit folgender Binärcode, in dem die drei Ziffern aneinandergereiht werden:

123d = 0001.0010.0011

8-4-2-1-Code (BCD-Code)

Einer der am häufigsten eingesetzten bewertbaren Zifferncodes ist der sogenannte 8-4-2-1-Code oder auch BCD-Code genannt, wie er in Abbildung 6.8 dargestellt ist. Die Benennung folgt aus der Wertigkeit der vier Binärstellen des Codes und BCD steht dabei für *B*inär *C*odierte *D*ezimalziffer.

Ziffer	Wertigkeit 8 4 2 1	Bewertungskriterien	
0	0 0 0 0	Stellenzahl:	4
1	0 0 0 1	Bewertbar:	ja
2	0 0 1 0	Gewicht:	0 ... 3
3	0 0 1 1	Minimaldistanz:	1
4	0 1 0 0	Maximaldistanz:	4
5	0 1 0 1	HD des Codes:	1
6	0 1 1 0	Stetig:	nein
7	0 1 1 1	Redundanz:	0,68
8	1 0 0 0	$N_{max} = 16$; $N = 10$	
9	1 0 0 1		
	1 0 1 0		
	1 0 1 1		
	1 1 0 0		
	1 1 0 1		
	1 1 1 0		
	1 1 1 1		

▓ : Nicht genutzte Tetraden

Abbildung 6.8: Darstellung des 8-4-2-1-Codes (BCD-Code) mit Bewertungskriterien

Der 8-4-2-1-Code besitzt vier Stellen, ist bewertbar, hat ein Gewicht von 0 bis 3, eine Minimaldistanz von 1, eine Maximaldistanz von 4, eine HD des Codes von 1, ist nicht stetig und besitzt eine Redundanz von 0,68. Das sind keine besonderen Eigenschaften, die aber auch für das Anwendungsgebiet nicht benötigt werden.

Eines der Haupteinsatzgebiete ist die Anzeige von Ziffern in allen Anwendungsgebieten digitaler Anzeigen. Hierfür gibt es spezielle BCD/7-Segment-Code-Umsetzer zur Ansteuerung von 7-Segment-Anzeigen.

Aiken-Code

Der Code wurde von Howard Hathaway Aiken entwickelt und ist ein bewertbarer Zifferncode. Den Dezimalziffern von 0 bis 9 wird entsprechend Abbildung 6.9 jeweils eine Tetrade zugeordnet. Der Aiken-Code ist ein komplementärer Code, da die Ziffern 0 bis 4 komplementär zu den Ziffern 9 bis 5 sind. Der Aiken-Code unterscheidet sich vom 8-4-2-1-Code insoweit, dass bei ihm die 4. Stelle die Wertigkeit 2 besitzt.

Aiken-Code						
Ziffer	Wertigkeit				Bewertungskriterien	
	2	4	2	1		
0	0	0	0	0	Stellenzahl:	4
1	0	0	0	1	Bewertbar:	ja
2	0	0	1	0	Gewicht:	0 ... 3
3	0	0	1	1	Minimaldistanz:	1
4	0	1	0	0	Maximaldistanz:	4
	0	1	0	1	HD des Codes:	1
	0	1	1	0	Stetig:	nein
	0	1	1	1	Redundanz:	0,68
	1	0	0	0	$N_{max} = 16; N = 10$	
	1	0	0	1		
	1	0	1	0		
5	1	0	1	1		
6	1	1	0	0		
7	1	1	0	1		
8	1	1	1	0		
9	1	1	1	1		

▓ : Pseudotetraden

Abbildung 6.9: Darstellung des Aiken-Codes mit Bewertungskriterien

Der Aiken-Code besteht aus vier Stellen, ist bewertbar, hat ein Gewicht zwischen 0 und 3, die Minimaldistanz beträgt 1, die Maximaldistanz 4, die Hamming-Distanz ist 1, er ist stetig und hat eine Redundanz von 0,68, womit keine Stelle eingespart werden kann, da $R < 1$.

Er wird auch heute noch in Digitaluhren, Taschenrechnern und ähnlichen Geräten eingesetzt.

BCD-Zählcode

Der BCD-Zählcode in Abbildung 6.10 ist ein bewertbarer Zifferncode und codiert eine Ziffer in eine binäre Darstellung. Im Gegensatz zum 8-4-2-1-Code hat jede Stelle die Wertigkeit 1. Da es sich um einen einschrittigen Code handelt, treten wie beim Gray-Code keine undefinierten Zwischenzustände auf. Die sehr große Redundanz von 6,67 wird aufgrund dieser Eigenschaft in Kauf genommen.

Das Haupteinsatzgebiet des BCD-Zählcodes ist im Bereich von Maschinensteuerungen zu finden.

BCD-Zählcode

Ziffer	Wertigkeit 1 1 1 1 1 1 1 1 1	Bewertungskriterien	
1	0 0 0 0 0 0 0 0 1	Stellenzahl:	10
2	0 0 0 0 0 0 0 1 1	Bewertbar:	ja
3	0 0 0 0 0 0 1 1 1	Gewicht:	1 ... 10
4	0 0 0 0 0 1 1 1 1	Minimaldistanz:	1
5	0 0 0 0 1 1 1 1 1	Maximaldistanz:	9
6	0 0 0 1 1 1 1 1 1	HD des Codes:	1
7	0 0 1 1 1 1 1 1 1	Stetig:	ja
8	0 1 1 1 1 1 1 1 1	Redundanz:	6,67
9	1 1 1 1 1 1 1 1 1	$N_{max} = 2^{10}$; $N = 10$	
0			

Abbildung 6.10: Darstellung des BCD-Zählcodes mit Bewertungskriterien

Ziffernanordnungscodes

Bei einem Ziffernanordnungscode wird wie bei einem bewertbaren Ziffercode jede Ziffer für sich codiert, nur dass der Code nicht bewertbar ist und jeder Ziffer ein Codewort zugewiesen wird.

Als Beispiel sollen dreistellige Dezimalzahlen mittels eines *Anordnungsziffercodes* (nicht bewertbarer Ziffercode) dargestellt werden. Dabei ist die niederwertigste Stelle die Einerstelle (1. Ziffer), die nächsthöherwertige Stelle die Zehnerstelle (2. Ziffer) und die höchstwertige Stelle die Hunderterstelle (3. Ziffer). Jede Ziffer wird getrennt mit dem gleichen Code codiert, wobei jeder Ziffer ein anderes Codewort zugewiesen wird, wie dies in der nachfolgenden Codetabelle dargestellt ist.

3. Ziffer		2. Ziffer		1. Ziffer	
Ziffer	Wertigkeit - - - -	Ziffer	Wertigkeit - - - -	Ziffer	Wertigkeit - - - -
0	0 0 0 0	0	0 0 0 0	0	0 0 0 0
1	0 1 0 0	1	0 1 0 0	1	0 1 0 0
2	0 1 1 0	2	0 1 1 0	2	0 1 1 0
3	0 1 1 1	3	0 1 1 1	3	0 1 1 1
4	1 1 0 0	4	1 1 0 0	4	1 1 0 0
5	1 1 0 1	5	1 1 0 1	5	1 1 0 1
6	1 1 1 0	6	1 1 1 0	6	1 1 1 0
7	1 1 1 1	7	1 1 1 1	7	1 1 1 1
8	0 0 0 1	8	0 0 0 1	8	0 0 0 1
9	0 0 1 0	9	0 0 1 0	9	0 0 1 0

Abbildung 6.11: Beispiel für einen Ziffernanordnungscode

Für die Dezimalzahl 123d ergibt sich somit folgender Binärcode, indem die drei Ziffern aneinandergereiht werden:

123d = 0100.0110.0111b

Libaw-Craig-Code

Der Libaw-Craig-Code (auch Johnson-Code genannt) entsprechend Abbildung 6.12 ist ein Ziffernanordnungscode mit einer speziellen 5-Bit-Darstellung einer Ziffer.

Libaw-Craig-Code			
Ziffer	Wertigkeit - - - - -	Bewertungskriterien	
0	0 0 0 0 0	Stellenzahl:	5
1	0 0 0 0 1	Bewertbar:	nein
2	0 0 0 1 1	Gewicht:	0 ... 5
3	0 0 1 1 1	Minimaldistanz:	1
4	0 1 1 1 1	Maximaldistanz:	5
5	1 1 1 1 1	HD des Codes:	1
6	1 1 1 1 0	Stetig:	ja
7	1 1 1 0 0	Redundanz:	1,68
8	1 1 0 0 0	$N_{max} = 2^5$; $N = 10$	
9	1 0 0 0 0		

Abbildung 6.12: Darstellung des Libaw-Craig-Codes mit Bewertungskriterien

Der Libaw-Craig-Code besteht aus fünf Stellen, ist nicht bewertbar, hat ein Gewicht zwischen 0 und 5, die Minimaldistanz beträgt 1, die Maximaldistanz 5, die Hamming-Distanz ist 1, er ist stetig und hat eine Redundanz von 1,68, womit theoretisch eine Stelle eingespart werden könnte.

Dadurch, dass der Code stetig ist und die Hamming-Distanz 1 beträgt, ist dies ein einschrittiger Code. Er ist besonders gut für die Umsetzung eines Zählers mit Schieberegistern geeignet. Es ist der Code, der für den Johnson-Zähler benutzt wird.

Stibitz-Code

Der Stibitz-Code oder auch Exzess-3-Code ist ein nach George Stibitz benannter nicht bewertbarer Ziffernanordnungscode. Den Ziffern von 0 bis 9 wird entsprechend Abbildung 6.13 jeweils eine Tetrade zugeordnet. Es handelt sich um einen komplementären 8-4-2-1-Code, da die den Ziffern 0 bis 4 und 9 bis 5 zugeordneten Codewörter komplementär zueinander sind.

Stibitz-Code (Exzess-3-Code)					
Ziffer	Wertigkeit – – – –		Bewertungskriterien		
	0 0 0 0		Stellenzahl:	4	
	0 0 0 1		Bewertbar:	nein	
	0 0 1 0		Gewicht:	1 ... 3	
0	0 0 1 1		Minimaldistanz:	1	
1	0 1 0 0		Maximaldistanz:	4	
2	0 1 0 1		HD des Codes:	1	
3	0 1 1 0		Stetig:	nein	
4	0 1 1 1		Redundanz:	0,68	
5	1 0 0 0		$N_{max} = 16; N = 10$		
6	1 0 0 1				
7	1 0 1 0				
8	1 0 1 1				
9	1 1 0 0				
	1 1 0 1				
	1 1 1 0				
	1 1 1 1				

▓ : Nicht genutzte Tetraden

Abbildung 6.13: Darstellung des Stibitz-Codes (Exzess-3-Code) mit Bewertungskriterien

Der Stibitz-Code besteht aus vier Stellen, ist nicht bewertbar, hat ein Gewicht zwischen 1 und 3, die Minimaldistanz beträgt 1, die Maximaldistanz 6, die Hamming-Distanz des Codes ist 1, er ist nicht stetig und hat eine Redundanz von 0,68.

Ein Vorteil besteht darin, dass die Codewörter 0000b und 1111b nicht genutzt werden, die im Fehlerfall eines technischen Systems einer Maschinensteuerung auftreten können. Des Weiteren kann das Neunerkomplement auf einfache Weise durch die Negation aller Binärstellen des jeweiligen Codeworts gebildet werden, wodurch arithmetische Operationen mit negativen Zahlen vereinfacht werden.

Alphanumerische Codes

Im Gegensatz zu den numerischen Codes verwenden alphanumerische Codes zusätzlich zu den Ziffern Buchstaben, Trennzeichen, Sonderzeichen und Steuerzeichen. Bei den alphanumerischen Codes handelt es sich grundsätzlich um Anordnungscodes – es gibt keine bewertbaren alphanumerischen Codes. Neben einigen anderen Codes sind insbesondere der ASCII-Code, ein 7-Bit-Code, ein darauf aufbauender 8-Bit-Code und der verallgemeinerte Unicode von besonderer Bedeutung.

ASCII-Code (7-Bit-Code nach DIN 66003)

Der ASCII-Code (American Standard Code for Information Interchange) nach DIN 66003 ist ein 7-Bit-Code, dem im Bereich 00h bis 7Fh 128 Ziffern, Buchstaben, Trennzeichen, Sonderzeichen und Steuerzeichen zugeordnet sind, wie es in Abbildung 6.14 dargestellt ist. Dabei gibt es zwischen der internationalen und deutschen Referenzversion einige landessprachliche Unterschiede bei einigen Buchstaben und Sonderzeichen, dies betrifft neben dem Paragrafenzeichen und dem ß insbesondere die Umlaute in der deutschen Sprache.

Unteres Nibble		Oberes Nibble	0h	1h	2h	3h	4h	5h	6h	7h
			0000b	0001b	0010b	0011b	0100b	0101b	0110b	0111b
0h	0000b		NUL	DLE	SP	0	@(§)	P	`	p
1h	0001b		SOH	DC1	!	1	A	Q	a	q
2h	0010b		STX	DC2	"	2	B	R	b	r
3h	0011b		ETX	DC3	#	3	C	S	c	s
4h	0100b		EOT	DC4	$	4	D	T	d	t
5h	0101b		ENQ	NAK	%	5	E	U	e	u
6h	0110b		ACK	SYN	&	6	F	V	f	v
7h	0111b		BEL	ETB	'	7	G	W	g	w
8h	1000b		BS	CAN	(	8	H	X	h	x
9h	1001b		HT	EM	)	9	I	Y	i	y
Ah	1010b		LF	SUB	*	:	J	Z	j	z
Bh	1011b		VT	ESC	÷	;	K	[(Ä)	k	{(ä)
Ch	1100b		FF	FS	,	<	L	\(Ö)	l	|(ö)
Dh	1101b		CR	GS	-	=	M	](Ü)	m	}(ü)
Eh	1110b		SO	RS	.	>	N	^	n	~(ß)
Fh	1111b		SI	US	/	?	O	_	o	DEL

X(Y): Internationale Referenzversion (Deutsche Referenzversion)

Abbildung 6.14: 7-Bit-Code nach DIN 66003 (ASCII-Code)

Der ASCII-Code wird praktisch überall eingesetzt, wo es um die Darstellung von Zeichen und die Übermittlung von Information geht. Dies betrifft einerseits die Ein- und Ausgabe von Information über digitale Ein- und Ausgabesysteme wie beispielsweise eine Tastatur oder einen Bildschirm oder auch die Darstellung und Verarbeitung von Zeichen in einem Textverarbeitungssystem. Andererseits betrifft es die Übermittlung von Information bei Kommunikationssystemen. Bei den Kommunikationssystemen werden neben den vielen darstellbaren Zeichen auch diverse Steuerzeichen zur Steuerung des Protokollablaufs einer Kommunikation eingesetzt. Es gibt insgesamt 33 Steuerzeichen, deren Benennungen in Tabelle 6.1 zusammengestellt sind.

Steuerzeichen	Code	Benennung Englisch	Benennung Deutsch
ACK	06h	Acknowledge	Positive Rückmeldung
BEL	07h	Bell	Klingel
BS	08h	Backspace	Rückwärtsschritt
CAN	18h	Cancel	Ungültig
CR	0Dh	Carrige Return	Rückführen
DC1	11h	Device Control One	Gerätesteuerzeichen 1
DC2	12h	Device Control Two	Gerätesteuerzeichen 2
DC3	13h	Device Control Three	Gerätesteuerzeichen 3
DC4	14h	Device Control Four	Gerätesteuerzeichen 4
DEL	7Fh	Delete	Tilgen
DLE	10h	Data Link Escape	Datenübertragungsumschaltung
EM	19h	End of Medium	Ende der Aufzeichnung
ENQ	05h	Enquiry	Stationsaufforderung
EOT	04h	End of Transmission	Ende der Übertragung
ESC	1Bh	Escape	Escape
ETB	17h	End of Transmission Block	Ende der Datenübertragung
ETX	03h	End of Text	Ende des Textes
FF	0Ch	Form Feed	Seitenvorschub
FS (IS4)	1Ch	File Separator (Information Separator 4)	Hauptgruppentrennzeichen (Informationstrennzeichen 4)
GS (IS3)	1Dh	Group Separator (Information Separator 3)	Gruppentrennzeichen (Informationstrennzeichen 3)
HAT	09h	Character Tabulation	Zeichentabulator
LF	0Ah	Line Feed	Zeilenschritt
NAK	15h	Negative Acknowledge	Negative Rückmeldung
NUL	00h	Null	Null
RS (IS2)	1Eh	Record Separator (Information Separator 2)	Untergruppentrennzeichen (Informationstrennzeichen 2)
SI (LS0)	0Fh	Shift-In (Locking Shift 0)	Rückschaltung (Verriegelnde Umschaltung 0)
SO (LS1)	0Eh	Shift-Out (Locking Shift 1)	Dauerumschaltung (Verriegelnde Umschaltung 1)

Steuerzeichen	Code	Benennung Englisch	Benennung Deutsch
SOH	01h	Start of Heading	Anfang des Kopfes
STX	02h	Start of Text	Anfang des Textes
SUB	1Ah	Substitute	Substitution
SYN	16h	Synchronous Idle	Synchronisierung
US (IS1)	1Fh	Unit Separator (Information Separator 1)	Teilgruppenzeichen (Informationstrennzeichen 1)
VT	0Bh	Line Tabulation	Zeilentabulator

Tabelle 6.1: Zusammenstellung der Steuerzeichen des 7-Bit-Codes nach DIN 66003 (ASCII-Code)

8-Bit-Code nach DIN 66303

Der 8-Bit-Code nach DIN 66303:2000-06 wurde nach den Vorgaben der Internationalen Norm ISO/IEC 8859-1:1998 erarbeitet. Sie legt einen codierten Zeichensatz von 191 Schriftzeichen für Daten- und Textverarbeitung sowie den Informationsaustausch fest.

Der 8-Bit-Code basiert auf der internationalen Referenz-Version des 7-Bit-Codes (ASCII-Code) nach DIN 66003 ohne die Steuerzeichen 00h bis 1Fh und das DEL-Zeichen mit dem Code 7Fh. Zusätzlich zu den darstellbaren Zeichen des ASCII-Codes entsprechend Abbildung 6.14 und Abbildung 6.15a wurden die in Abbildung 6.15b angegebenen landessprachenspezifischen Buchstaben sowie speziellen Trenn- und Sonderzeichen hinzugefügt. In Tabelle 6.2 sind die drei vorkommenden Sonderzeichen zusammengestellt.

Unicode

Das gemeinnützige Unicode-Konsortium (The Unicode Consortium) wurde 1991 gegründet und ist für den Standard Unicode verantwortlich. Von der ISO (International Organization for Standardization) wird in Zusammenarbeit mit der IEC (International Electrotechnical Commission) die internationale Norm ISO/IEC 10646:2014 herausgegeben. Beide Institutionen arbeiten eng zusammen. Seit 1993 sind Unicode und ISO 10646 bezüglich der Zeichencodierung praktisch identisch.

Der Unicode ist praktisch eine Fortsetzung des 8-Bit-Codes, da die in diesem Code enthaltenen Zeichen bei Weitem nicht ausreichen, um alle landessprachlich spezifischen Zeichen abzubilden.

Der Unicode besteht aus 1.114.112 Codewörtern, was einen Codebereich in der Unicode-Notation, bei dem das Codewort sedezimal (hexadezimal) angegeben wird, von U+0000 bis U+10FFFF entspricht. Die im 8-Bit-Code dargestellten Zeichen haben im Unicode den gleichen Code, nämlich U+0020 für das Leerzeichen bis U+007E für die Tilde und von U+00A0, dem nicht trennbaren Leerzeichen bis U+00FF, dem Zeichen ÿ. Diese vierstellige sedezimale Darstellung wird auch UTF-16-Format (Unicode Transformation Format) genannt und in einigen Betriebssystemen wie Windows und OS X sowie in Softwareentwicklungs-Frameworks wie Java und .NET eingesetzt.

Unteres Nibble \ Oberes Nibble		0h 0000b	1h 0001b	2h 0010b	3h 0011b	4h 0100b	5h 0101b	6h 0110b	7h 0111b
0h	0000b			SP	0	@	P	`	p
1h	0001b			!	1	A	Q	a	q
2h	0010b			"	2	B	R	b	r
3h	0011b			#	3	C	S	c	s
4h	0100b			$	4	D	T	d	t
5h	0101b			%	5	E	U	e	u
6h	0110b			&	6	F	V	f	v
7h	0111b			'	7	G	W	g	w
8h	1000b			(	8	H	X	h	x
9h	1001b			)	9	I	Y	i	y
Ah	1010b			*	:	J	Z	j	z
Bh	1011b			÷	;	K	[	k	{
Ch	1100b			,	<	L	\	l	|
Dh	1101b			-	=	M	]	m	}
Eh	1110b			.	>	N	^	n	~
Fh	1111b			/	?	O	_	o	

a) 8-Bit-Code Teil I: 00h – 7Eh

Unteres Nibble \ Oberes Nibble		8h 0000b	9h 0001b	Ah 0010b	Bh 0011b	Ch 0100b	Dh 0101b	Eh 0110b	Fh 0111b
0h	0000b			NBSP	°	À	Ð	à	ð
1h	0001b			¡	±	Á	Ñ	á	ñ
2h	0010b			¢	²	Â	Ò	â	ò
3h	0011b			£	³	Ã	Ó	ã	ó
4h	0100b			¤	´	Ä	Ö	ä	ô
5h	0101b			¥	μ	Å	Õ	å	õ
6h	0110b			¦	¶	Æ	Ö	æ	ö
7h	0111b			§	·	Ç	×	ç	÷
8h	1000b			¨	¸	È	Ø	è	ø
9h	1001b			©	¹	É	Ù	é	ù
Ah	1010b			ª	º	Ê	Ú	ê	ú
Bh	1011b			«	»	Ë	Û	ë	û
Ch	1100b			¬	¼	Ì	Ü	ì	ü
Dh	1101b			SHY	½	Í	Ý	í	ý
Eh	1110b			®	¾	Î	Þ	î	þ
Fh	1111b			¯	¿	Ï	ß	ï	ÿ

b) 8-Bit-Code Teil II: 80h – FFh

Abbildung 6.15: 8-Bit-Code nach DIN 66303

Steuerzeichen	Code	Benennung Englisch	Benennung Deutsch
NBSP	A0h	No-Break Space	Nicht trennbares Leerzeichen
SHY	ADh	Soft Hyphen	Silbentrennungsstrich
SP	20h	Space	Leerzeichen

Tabelle 6.2: Zusammenstellung der Sonderzeichen des 8-Bit-Codes nach DIN 66303

Im Jahr 2019 umfasste die Anzahl der Zeichen bereits 137.929, weswegen hier, ich hoffe verständlicherweise, auf eine detailliertere Darstellung des Unicodes verzichtet wird.

Weitere Informationen zum Thema Unicode stellt »The Unicode Consortium« unter `https://home.unicode.org/` (letzter Zugriff am 01.05.2025) zur Verfügung.

Übungen: Binärcodes

Übung 6.1:

Entwicklung und Bewertung eines vierstelligen Binärcodes.

a) Entwickeln Sie einen vierstelligen und stetigen Binärcode mit der Redundanz $R = 2$ für die laufenden Nummern 0 bis 3. Beginnen Sie mit dem Codewort 0000b.

b) Ist der entworfene Code bewertbar?

c) Welche Hamming-Distanz des Codes besitzt Ihr entworfener Code?

Übung 6.2:

Entwurf eines bewertbaren Zifferncodes.

a) Entwerfen Sie einen bewertbaren Zifferncode für die geraden Ziffern 0 bis 8.

b) Ist der entworfene Code stetig?

c) Wie lauten die vier Stellenwerte?

d) Wie groß ist die Redundanz des entworfenen Codes?

e) Wie groß ist die Hamming-Distanz des Codes?

> **IN DIESEM KAPITEL**
>
> Erkennung und Korrektur von Bit-Fehlern in Binärcodes
>
> Die Hamming-Distanz zur Bewertung von Codes
>
> Entwurf einfacher Codes zur Fehlerkennung und -korrektur
>
> Das Paritätsbit zur Fehlerkennung und -korrektur
>
> Übungen zur Codesicherung

Kapitel 7
Codesicherung – Fehler macht der Mensch

Warum ist eine Codesicherung unbedingt erforderlich? Nehmen wir ein Beispiel aus dem täglichen Leben, nämlich ein Gespräch zwischen Ihnen und einem guten Bekannten. Sie verstehen sich bestens, doch nicht alles, was in dem Gespräch von Ihrem Bekannten gesagt wird, verstehen Sie. Sei es, weil es unbekannte Wörter sind, die Aussprache undeutlich ist oder die Hintergrundgeräusche die Sprache so überlagern, dass Sie kaum noch etwas verstehen. Da aber das Thema, über das Sie sich unterhalten, klar ist, können Sie durch Interpolation über fehlende oder fehlerhafte Wörter wieder einen Zusammenhang herstellen und trotzdem das Wesentliche verstehen.

Anders sieht es bei einem elektronischen Kommunikationssystem aus, über das Steuerbefehle an eine Maschine gesendet werden. Wird hier ein einziges Bit falsch übertragen, so kann das zu fatalen Fehlern bis hin zu einem Totalschaden der Maschine führen. So etwas könnte zwar grundsätzlich in vielen Fällen über den Einsatz der künstlichen Intelligenz abgefangen werden, die meisten Systeme können dies aber nicht leisten. Wichtig ist deshalb, dass keine fehlerhaften Steuerbefehle übertragen werden können, weswegen eine Fehlererkennung oder noch besser eine Fehlerkorrektur erforderlich ist.

Fehlererkennung und -korrektur von Bit-Fehlern

Grundsätzlich müssen Sie davon ausgehen, dass bei der Übermittlung von Information Fehler auftreten können. Da die Information in der Regel binär codiert ist, spricht man auch von Bit-Fehlern, bei denen eine oder mehrere Binärstellen den jeweils falschen Wert annehmen. Sei dies durch Induktion oder kapazitive Kopplungen durch andere Energie übertragende Medien, meistens sind diese Störungen zufälliger Natur. Damit kann nicht gesagt werden, an welchem Ort und zu welchem Zeitpunkt eine Störung auftritt. Es werden also Verfahrensweisen und Methoden benötigt, die in der Lage sind, trotz aller Widrigkeiten Bit-Fehler zu erkennen oder zu korrigieren. Zwei Fälle sollen die Problematik deutlich machen.

1. Fall:

Sie surfen mit Ihrem Computer im Internet. Die Übertragung der Information erfolgt heute mit sehr hohen Übertragungsgeschwindigkeiten. Ist Ihnen bewusst, dass bei der Übertragung der Information permanent Fehler auftreten und Sie davon nichts merken? Dass Sie davon nichts merken, können Sie sicher bejahen, nicht aber, dass Fehler bei der Übertragung von Information auftreten. Das hängt damit zusammen, dass das verwendete TCP/IP-Protokoll, das für die Übertragung von Information verwendet wird, einen Prüfmechanismus enthält. Dieser erkennt die meisten auftretenden Bit-Fehler und überträgt im Fall eines Übertragungsfehlers die Information erneut. Warum merken Sie das nicht? Nehmen wir für eine grobe Überschlagsrechnung an, dass eine Information in einem Datenpaket von 1500 Bytes mit einer Übertragungsgeschwindigkeit von 100 Mbit/s (Fast Ethernet) übertragen werden soll, so werden hierfür mal gerade 0,12 ms benötigt. Durch das Auge des Menschen werden Störungen in Form von Verzögerungen aber erst in der Größenordnung von ca. 200 ms wahrgenommen – Sie merken gar nicht, wenn die Information mehrfach wiederholt wird. In diesem Fall und bei allen nicht zeitkritischen Anwendungen ist es völlig ausreichend, wenn die Fehler erkannt werden und die Übertragung der Information wiederholt wird.

2. Fall:

Anders sieht es aus, wenn es sich um zeitkritische Vorgänge wie der Übertragung der Sprache über ein Smartphone oder der Übertragung von Information an eine Sonde auf einem weit entfernten Planeten handelt. Im Fall des Smartphones würde dies bedeuten, dass die Sprache abgehackt übertragen würde, was die Sprachqualität deutlich beeinflusst. Bei der Übertragung der Daten an eine Sonde nehmen wir an, dass eine Information von der Erde zum Mars ca. elf Minuten benötigt. Dies würde bedeuten, dass irgendwelche Steuerbefehle bei einer einmaligen Wiederholung der Information elf Minuten zu spät ankommen würden – wer weiß, was die Sonde dann macht.

In beiden Anwendungen ist eine Erkennung von Übertragungsfehlern und die Wiederholung der Übertragung der Information nicht akzeptabel. Hier muss eine Korrektur der Übertragungsfehler in Echtzeit erfolgen, damit die zuvor geschilderten Probleme nicht auftreten.

Es sollte nun klar sein, dass es erforderlich ist, Bit-Fehler in der Übertragung der Information zu erkennen und diese in anderen Fällen auch direkt zu korrigieren. Grundsätzlich gilt, dass

Fehler, die nicht erkannt werden können, auch nicht korrigiert werden können. Umgekehrt gilt aber, dass korrigierbare Fehler auch erkannt werden können.

Die Strategie zur Fehlerbehandlung lautet folglich:

✔ Wenn Bit-Fehler nur erkannt werden können, dann wird die Information erneut übermittelt.

✔ Können Bit-Fehler hingegen korrigiert werden, so geschieht dies in Echtzeit und es ist keine erneute Übermittlung der Information erforderlich.

Welche Strategie zum Einsatz kommt, hängt davon ab, ob eine Fehlererkennung ausreichend oder eine Fehlerkorrektur erforderlich ist.

Damit Fehler erkannt werden können, ist dem verwendeten Code eine gewisse Redundanz hinzuzufügen. Nehmen wir an, dass Sie einen dreistelligen Dualcode einsetzen, wie er in Abbildung 7.1 dargestellt ist. Dieser besitzt dann acht Codewörter, die alle genutzt werden. Jeder Bit-Fehler bei der Übertragung von Information würde wieder zu einem gültigen Codewort führen, womit keine Bit-Fehlererkennung möglich ist. Die Minimaldistanz des dreistelligen Dualcodes beträgt 1, die wiederum identisch mit der Hamming-Distanz des Codes ist, und die Redundanz des Codes ist $R = 0$. Dies bedeutet auch, dass ohne Redundanz des Codes keine Fehler erkannt werden können. Nehmen wir jetzt an, dass von dem dreistelligen Dualcode nur vier Codewörter genutzt werden, womit die Redundanz $R = 1$ beträgt. Die Hamming-Distanz ergibt sich im vorliegenden Beispiel in Abbildung 7.1 zu $HD = 2$. Alle 1-Bit-Fehler führen zu einem nicht vereinbarten Codewort, womit alle 1-Bit-Fehler sicher erkennbar sind. Gehen wir noch einen Schritt weiter und realisieren einen 3-stelligen Dualcode mit einer Hamming-Distanz des Codes von $HD = 3$, so ist zu sehen, dass alle 2-Bit-Fehler sicher erkannt werden können.

Nr.	c	b	a	gültiges Codewort $HD = 1$	gültiges Codewort $HD = 2$	gültiges Codewort $HD = 3$
0	0	0	0	•	•	•
1	0	0	1	•		
2	0	1	0	•		
3	0	1	1	•	•	
4	1	0	0	•		
5	1	0	1	•	•	
6	1	1	0	•	•	
7	1	1	1	•		•

Abbildung 7.1: Entwicklung der Hamming-Distanz bei einem 3-stelligen Dualcode

Aus diesen Überlegungen folgt jetzt ein grundlegender Zusammenhang zwischen der *Hamming-Distanz des Codes HD* und der *Anzahl erkennbarer Bit-Fehler E*:

$$HD = E + 1 \qquad (7.1)$$

Hiermit kann jetzt mit der Hamming-Distanz eines Codes eine genaue Angabe bezüglich der Anzahl erkennbarer Bit-Fehler gemacht werden. Typische Werte industrieller Kommunikationssysteme liegen für die Hamming-Distanz im Bereich 4 bis 6, womit also 3- bis 5-Bit-Fehler erkannt werden können.

Um jetzt eine Aussage über die Anzahl der korrigierbaren Bit-Fehler eines Codes machen zu können, ist eine Betrachtung mit sogenannten Korrigierkugeln und dem Wahrscheinlichkeitsprinzip des Auftretens von Bit-Fehlern zweckmäßig. Allerdings ist es erforderlich, dass eine Fallunterscheidung für eine ungerade und eine gerade Hamming-Distanz gemacht wird.

Grundsätzlich gilt, dass das Auftreten von 1-Bit-Fehlern sehr viel wahrscheinlicher ist als das Auftreten von 2-Bit-Fehlern, ebenso ist das Auftreten von 2-Bit-Fehlern sehr viel wahrscheinlicher als das Auftreten von 3-Bit-Fehlern und so weiter. Mit dieser Betrachtungsweise kann entschieden werden, welches Codewort wahrscheinlich fehlerhaft übertragen worden ist.

Zunächst wird die Betrachtung für eine ungerade Hamming-Distanz $HD_{ungerade} = 3$ vorgenommen, wie dies in Abbildung 7.2 dargestellt ist. Es handelt sich um einen Ausschnitt eines beliebigen n-stelligen Dualcodes. Die kleinen Kreise bilden hier alle möglichen Codewörter ab, wobei sich benachbarte Codewörter jeweils um eine Binärstelle voneinander unterscheiden. Die mit einem Kreuz versehenen Codewörter sind die genutzten und somit gültigen Codewörter, alle anderen Codewörter sind die nicht genutzten Codewörter und können somit für die Fehlererkennung und -korrektur unter Beachtung des Wahrscheinlichkeitsprinzips genutzt werden.

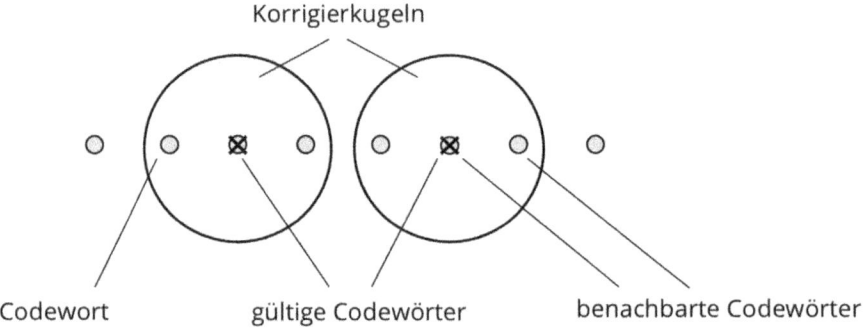

Abbildung 7.2: Korrigierbarkeit eines Codes für eine ungerade Hamming-Distanz

Die Korrigierkugeln beinhalten zum einen das jeweilige gültige Codewort und zum anderen die benachbarten fehlerhaft übertragenen Codewörter, die dem gültigen Codewort mit sehr hoher Wahrscheinlichkeit zugeordnet werden können. Wenn also ein nicht gültiges Codewort empfangen wird, das sich innerhalb der Korrigierkugeln befindet, so kann angenommen werden, dass es sich ursprünglich um das gültige Codewort innerhalb der Korrigierkugel gehandelt hat. Das fehlerhafte Codewort kann dann durch das gültige Codewort ersetzt werden und eine Korrektur des fehlerhaft empfangenen Codeworts ist vorgenommen worden.

Im Falle einer ungeraden Hamming-Distanz können alle fehlerhaft übertragenen Codewörter mit sehr hoher Wahrscheinlichkeit einem gültigen Codewort zugeordnet werden, womit im Beispiel in allen Fällen eines 1-Bit-Fehlers eine Erkennung beziehungsweise Korrektur möglich ist.

Diese Vorgehensweise ist somit für alle ungeraden Hamming-Distanzen möglich. Für eine $HD_{\text{ungerade}} = 3$ folgt deshalb, dass 2-Bit-Fehler erkannt und 1-Bit-Fehler korrigiert werden können. Die Anzahl der erkennbaren Bit-Fehler konnte auch schon mit Formel Formel 7.1 bestimmt werden und ist identisch mit dem Ergebnis der Analyse mit den Korrigierkugeln. Jetzt ist es aber möglich, eine Aussage für die *Anzahl der korrigierbaren Bit-Fehler K* in Abhängigkeit einer *ungeraden Hamming-Distanz HD_{ungerade}* zu treffen, für die sich Folgendes ergibt:

$$K = \frac{HD_{\text{ungerade}} - 1}{2} \tag{7.2}$$

Im nächsten Schritt ist jetzt noch die Betrachtung für eine gerade Hamming-Distanz erforderlich. In Abbildung 7.3 ist ein Beispiel für $HD_{\text{gerade}} = 4$ angegeben. Die Analyse der Darstellung erfolgt nach dem gleichen Prinzip wie für eine ungerade Hamming-Distanz.

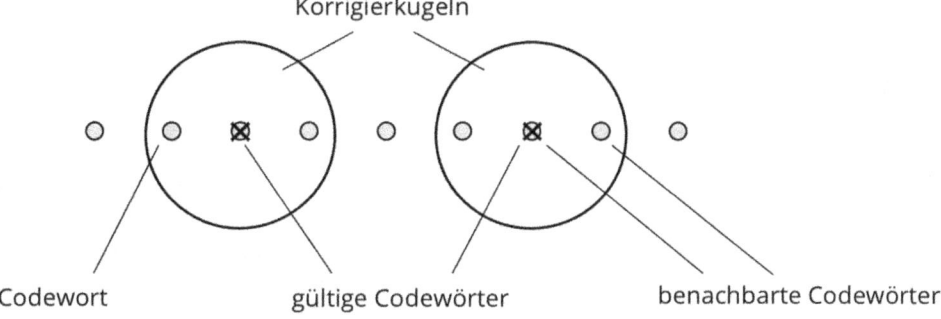

Abbildung 7.3: Korrigierbarkeit eines Codes für eine gerade Hamming-Distanz

Dies bedeutet, dass alle innerhalb der Korrigierkugeln eines gültigen Codeworts empfangenen fehlerhaften Codewörter diesem gültigen Codewort zugeordnet werden können und somit deren Korrektur möglich ist.

Die außerhalb der Korrigierkugeln liegenden fehlerbehafteten Codewörter können nur mit gleich großer Wahrscheinlichkeit zwei gültigen Codewörtern zugeordnet werden, weshalb hier keine eindeutige Entscheidung und somit keine Korrektur möglich ist. Es kann aber sicher gesagt werden, dass es sich um einen Übertragungsfehler handelt, im vorliegenden Fall um einen 2-Bit-Fehler.

Aus der Darstellung in Abbildung 7.3 ist auch zu entnehmen, dass für eine Hamming-Distanz $HD_{\text{gerade}} = 4$ 3-Bit-Fehler sicher erkannt werden können und ein 1-Bit-Fehler korrigiert werden kann.

Aus der Darstellung in Abbildung 7.3 folgt deshalb für die *Anzahl der korrigierbaren Bit-Fehler K* in Abhängigkeit einer *geraden Hamming-Distanz HD_{gerade}* folgender Zusammenhang:

$$K = \frac{HD_{\text{gerade}} - 2}{2} \tag{7.3}$$

Entwurf einfacher Codes zur Fehlererkennung und -korrektur

Auf der Basis der Vorgabe der Anzahl von erkennbaren und korrigierbaren Bit-Fehlern können einfache Codes entworfen werden. Hierzu zwei Beispiele.

Es soll der *Entwurf eines vierstelligen Binärcodes* vorgenommen werden, mit dem 1-Bit-Fehler erkannt werden können. Für den zu entwerfenden Code werden acht Codewörter benötigt. Hierfür sind jetzt die drei nachfolgenden Schritte erforderlich.

1. Schritt: Bestimmung der Hamming-Distanz

geg: Anzahl erkennbarer Bit-Fehler $E = 1$

ges: HD mit Formel Formel 7.1 berechnen

$HD = E + 1 = 1 + 1 = \underline{2}$

Der Code benötigt eine Hamming-Distanz von 2, um 1-Bit-Fehler erkennen zu können.

2. Schritt: Entwurf des Binärcodes

Hierfür ist es jetzt notwendig, die geeigneten Codewörter mit einer Hamming-Distanz von 2, die gleich der Minimaldistanz ist, auszuwählen. Als Basis dient ein vierstelliger Dualcode, wie er in Abbildung 7.4 dargestellt ist. Im ersten Schritt werden die benachbarten Codewörter, ausgehend vom Codewort Nr. 0, die eine Distanz von 2 aufweisen, markiert. Das Codewort, das für den Vergleich der benachbarten Codewörter herangezogen wird, erhält als Markierung einen dicken Punkt, alle anderen Codewörter, die sich immer um 2 Binärstellen unterscheiden, werden mit einem kleinen Punkt markiert und die Codewörter, deren Distanz größer 2 ist, werden mit der jeweiligen Distanz gekennzeichnet. Dabei ist darauf zu achten, dass die Distanz aller ausgewählten Codewörter immer größer gleich der Hamming-Distanz 2 ist. Ist die Distanz nur 1, so handelt es sich um kein gültiges Codewort und es ist erforderlich, ein anderes Codewort auszuwählen, der erste Schritt muss dann wiederholt werden.

Falls alle Codewörter eine Distanz größer gleich der Hamming-Distanz 2 haben, beginnt der zweite Schritt, bei dem der Vergleich jetzt mit dem zweiten Codewort durchgeführt werden muss. Haben jetzt nicht alle Codewörter eine Distanz größer gleich der Hamming-Distanz 2, so muss der erste Schritt mit einem anderen Codewort ausgeführt werden, andernfalls wird mit dem dritten Schritt der Vergleich der Codewörter mit dem dritten Codewort durchgeführt. Dies geschieht so lange, bis die Anzahl der Schritte gleich der Anzahl der gesuchten Codewörter ist. Den letzten Schritt mit dem Vergleich des Codeworts Nr. 15 könnten Sie sich auch sparen, da dieser bereits aus dem Vergleich mit dem Codewort Nr. 1 folgt.

Ist für alle Vergleiche die Distanz größer gleich der geforderten Hamming-Distanz HD = 2, so handelt es sich jeweils um ein gültiges Codewort. Dies betrifft alle Codewörter, die entweder mit einem dicken Punkt, einem kleinen Punkt oder mit einer Distanz, die größer als die geforderte Hamming-Distanz HD = 2 ist, gekennzeichnet sind. Im vorliegenden Beispiel trifft dies für die markierten Codewörter in Abbildung 7.4 zu, sodass der gewünschte Code mit den gewünschten Eigenschaften entworfen worden ist. Codewörter, denen die Distanz bei mindestens einem Codewort kleiner als die geforderte Hamming-Distanz ist (Felder ohne Markierungen), sind keine Codewörter des gesuchten Codes.

Nr.	Dualcode d c b a	Distanz zu Nr. 0	Distanz zu Nr. 3	Distanz zu Nr. 5	Distanz zu Nr. 6	Distanz zu Nr. 9	Distanz zu Nr. 10	Distanz zu Nr. 12	Distanz zu Nr. 15
0	0 0 0 0	●	·	·	·	·	·	·	4
1	0 0 0 1						3	3	
2	0 0 1 0					3	3		
3	0 0 1 1	·	●	·	·	·	·	4	·
4	0 1 0 0		3			3	3		
5	0 1 0 1	·	·	●	·	·	4	·	·
6	0 1 1 0	·	·	·	●	·	·	·	·
7	0 1 1 1					3	3	3	
8	1 0 0 0		3	3	3				
9	1 0 0 1	·	·	·	4	●	·	·	·
10	1 0 1 0	·	·	4	·	·	●	·	·
11	1 0 1 1	3		3	3			3	
12	1 1 0 0	·	·	·	·	·	·	●	·
13	1 1 0 1	3	3		3		3		
14	1 1 1 0	3	3	3	3				
15	1 1 1 1	4	·	·	·	·	·	·	●

Legende:
- ● : Ausgewähltes Codewort
- · : Minimaldistanz/Hamming-Distanz HD = 2 zum ausgewählten Codewort in der jeweiligen Spalte
- Nr.: Distanz zum ausgewählten Codewort in der jeweiligen Spalte
- ▬ : Ermittelte Codewörter

Abbildung 7.4: Entwicklung eines vierstelligen Codes mit einer Hamming-Distanz von 2

3. Schritt: Aufstellen des gesuchten Codes

Jetzt kann der gesuchte vierstellige Code mit einer Hamming-Distanz von 2 des Codes in einer Tabelle zusammengestellt werden, wie er in Abbildung 7.5 dargestellt ist.

Dieser Code besitzt jetzt eine Hamming-Distanz des Codes von 2, womit 1-Bit-Fehler erkannt werden können. Mit diesem Code können keine Bit-Fehler korrigiert werden.

Nr.	d	c	b	a
0	0	0	0	0
3	0	0	1	1
5	0	1	0	1
6	0	1	1	0
9	1	0	0	1
10	1	0	1	0
12	1	1	0	0
15	1	1	1	1

Abbildung 7.5: Codetabelle des 4-stelligen Binärcodes mit einer Hamming-Distanz des Codes von 2

Die Lösung zu dem vorangegangenen Beispiel kann doch recht umfangreich und langwierig ausfallen. Ein alternativer Lösungsweg, zumindest für einen drei- und vierstelligen Binärcode kann mit den KV-Tafeln von Karnaugh und Veitch erzielt werden. Diese werden aber erst in einem der nachfolgenden Teile behandelt. Trotzdem soll dieser einfachere Weg hier nicht verschwiegen werden.

Eine KV-Tafel, wie sie in Abbildung 7.6 dargestellt ist, ist nichts anderes als eine andere Anordnung der Codewörter der Codetabelle. Diese erfolgt nach einem einfachen Prinzip. Die benachbarten Felder unterscheiden sich immer um genau eine Binärstelle, haben also immer

Feld-Nr.	d	c	b	a
0	0	0	0	0
1	0	0	0	1
2	0	0	1	0
3	0	0	1	1
4	0	1	0	0
5	0	1	0	1
6	0	1	1	0
7	0	1	1	1
8	1	0	0	0
9	1	0	0	1
10	1	0	1	0
11	1	0	1	1
12	1	1	0	0
13	1	1	0	1
14	1	1	1	0
15	1	1	1	1

■ Codetabelle für einen 2-stelligen Code
▨ Codetabelle für einen 3-stelligen Code
□ Codetabelle für einen 4-stelligen Code

a) KV-Tafel für 2-stelligen Code (Felder 0–3)

	$\bar{a}$	a	
	0	1	$\bar{b}$
	2	3	b

b) KV-Tafel für 3-stelligen Code (Felder 0–7)

	$\bar{a}$			a	
	0	4	5	1	$\bar{b}$
	2	6	7	3	b
	$\bar{c}$	c		$\bar{c}$	

c) KV-Tafel für 4-stelligen Code (Felder 0–5):

	$\bar{a}$			a	
$\bar{d}$	0	4	5	1	$\bar{b}$
d	8	12	13	9	
	10	14	15	11	b
$\bar{d}$	2	6	7	3	
	$\bar{c}$	c		$\bar{c}$	

Abbildung 7.6: Wahrheitstabelle und KV-Tafeln für 2- bis 4-stellige Binärcodes

die Distanz 1, wobei auch die über den Rand hinausgehenden Felder in vertikaler und horizontaler Richtung benachbarte Felder sind. Die Felder sind fortlaufend nummeriert, wobei die Feldnummern mit den Feldnummern der Codewörter der Codetabelle korrespondieren.

Im Folgenden wird jetzt das vorangegangene Beispiel nochmals, allerdings mit einer KV-Tafel, behandelt.

 Es soll der *Entwurf eines vierstelligen Binärcodes mit KV-Tafeln* vorgenommen werden, mit dem 1-Bit-Fehler erkannt werden können. Für den zu entwerfenden Code werden acht Codewörter benötigt. Hierfür sind jetzt die drei nachfolgenden Schritte erforderlich.

1. Schritt: Bestimmung der Hamming-Distanz

geg: Anzahl erkennbarer Bit-Fehler $E = 1$

ges: HD mit Formel Formel 7.1 berechnen

$HD = E + 1 = 1 + 1 = \underline{2}$

Der Code benötigt eine Hamming-Distanz von 2, um 1-Bit-Fehler erkennen zu können.

2. Schritt: Entwurf des Binärcodes mit einer KV-Tafel für einen 4-stelligen Code

Der Entwurf des gewünschten Codes kann jetzt mit einer KV-Tafel für einen vierstelligen Code sehr einfach vorgenommen werden, wie dies in Abbildung 7.7 dargestellt ist. Zunächst markieren Sie in der KV-Tafel die Codewörter, beginnend bei dem Feld Nummer 0.

a) KV-Tafel für einen 4-stelligen Code

b) Codetabelle des 4-stelligen Codes

Feld-Nr.	d	c	b	a	gültiges Codewort
0	0	0	0	0	•
1	0	0	0	1	
2	0	0	1	0	
3	0	0	1	1	•
4	0	1	0	0	
5	0	1	0	1	•
6	0	1	1	0	•
7	0	1	1	1	
8	1	0	0	0	
9	1	0	0	1	•
10	1	0	1	0	•
11	1	0	1	1	
12	1	1	0	0	•
13	1	1	0	1	
14	1	1	1	0	
15	1	1	1	1	•

Abbildung 7.7: Entwurf eines 4-stelligen Codes mit einer KV-Tafel

Dann werden die weiteren sieben Felder mit einem Punkt markiert, die sich jeweils mindestens um zwei Felder unterscheiden, diese zugehörigen Codewörter haben dann eine Distanz von größer gleich 2. Am Ende, wenn eine Lösung der Aufgabenstellung möglich ist wie im hier vorliegenden Beispiel, erhalten Sie eine KV-Tafel, in der alle möglichen Codewörter markiert sind, die die vorgegebene Hamming-Distanz von 2 einhalten.

3. Schritt: Aufstellen des gesuchten Codes

Jetzt kann der gesuchte vierstellige Code mit einer Hamming-Distanz des Codes in einer Codetabelle zusammengestellt werden, wie er bereits in Abbildung 7.5 dargestellt ist.

Dieser Code besitzt jetzt eine Hamming-Distanz des Codes von 2, womit 1-Bit-Fehler erkannt werden können. Mit diesem Code können keine Bit-Fehler korrigiert werden.

Das Paritätsbit als einfachste Maßnahme zur Codesicherung

Die zuvor beschriebene Vorgehensweise zur Entwicklung eines einfachen Codes zur Fehlererkennung und -korrektur kann sehr aufwendig werden.

Bei geringen Ansprüchen an die Erkenn- und Korrigierbarkeit von Bit-Fehlern bietet sich das *Paritätsbit* an. Es gibt zwei Möglichkeiten zur Bildung der *Paritätsprüfung* (Quersummenprüfung):

✔ gerade Parität

✔ ungerade Parität

Zur Bildung der Parität wird ein einziges Prüfbit zu dem zu überprüfenden Datum (Codewort) hinzugefügt. In Abbildung 7.8 wird dies am Beispiel des 8-4-2-1-Codes vorgenommen.

Bei der *Bildung der ungeraden/geraden Parität* ist die ungerade/gerade Quersumme aller mit einer 1 belegten Binärstellen inklusive dem Paritätsbit zu bilden.

Der Vorteil des Paritätsbits besteht darin, dass auch ein fehlerhaftes Paritätsbit überprüft wird. Mit dem Paritätsbit können alle ungeraden Bit-Fehler erfasst werden, also sicher 1-Bit-Fehler. Bei einem 2-Bit-Fehler hätte dies keine Änderung bezüglich einer ungeraden beziehungsweise geraden Quersumme zur Folge, die fehlerhaften Binärstellen würden sich aufheben. Daraus folgt bei Anwendung des Paritätsbits als zusätzliche Maßnahme zur Fehlererkennung eine Erhöhung der Hamming-Distanz um 1 auf Werte größer gleich 2. Dies bedeutet, dass mit Paritätsbits als alleinige Maßnahme die Hamming-Distanz des Codes $HD_{\text{mi Paritätsbit}} = 2$ beträgt.

Ziffer	8-4-2-1-Code Wertigkeit 8 4 2 1	Paritätsbit ungerade Parität	gerade Parität
0	0 0 0 0	1	0
1	0 0 0 1	0	1
2	0 0 1 0	0	1
3	0 0 1 1	1	0
4	0 1 0 0	0	1
5	0 1 0 1	1	0
6	0 1 1 0	1	0
7	0 1 1 1	0	1
8	1 0 0 0	0	1
9	1 0 0 1	1	0

Abbildung 7.8: Paritätsbitbildung am Beispiel des 8-4-2-1-Codes

Die *ungerade* und die *gerade Parität* sind gleichwertig, wobei das Hinzufügen der ungeraden oder geraden Parität die Hamming-Distanz des Codes erhöht:

$$HD_{\text{mit Paritätsbit}} = HD_{\text{ohne Paritätsbit}} + 1; \quad HD_{\text{mit Paritätsbit}} \geq 2 \qquad (7.4)$$

Im vorliegenden Fall ist die Paritätsbitprüfung für ein einzelnes Zeichen (Codewort) beschrieben worden. Diese wird auch als *Querparität* bezeichnet. Eine weitere Möglichkeit der Paritätsbitprüfung kann auch in Längsrichtung über mehrere Zeichen (Codewörter) erfolgen, diese wird dann als *Längsparität* bezeichnet. Durch die Kombination von Quer- und Längsparität ergibt sich dann für den jeweiligen Code die Hamming-Distanz zu $HD_{\text{Quer-+Längsparität}} = 4$.

Dies folgt aus der Anwendung der Querparität, die nach Formel Formel 7.4 eine Hamming-Distanz von $HD_{\text{mit Paritätsbit}} = 2$ besitzt, womit entsprechend Formel Formel 7.1 für die Anzahl sicher erkennbarer Bit-Fehler $E = 1$ folgt. Allerdings hatten Sie gesehen, dass mit dem Paritätsbit alle ungeraden Bit-Fehler erkannt werden können. Durch Hinzufügen der Längsparität wird die Hamming-Distanz um 1 auf $HD_{\text{Quer-+Längsparität}} = 3$ erhöht, sodass auch 2-Bit-Fehler erkannt werden können. Da im Zusammenspiel von Quer- und Längsparität also alle 1-, 2- und 3-Bit-Fehler erkannt werden können, folgt mit Formel Formel 7.1 eine Hamming-Distanz von $HD_{\text{Quer-+Längsparität}} = 4$. Hiermit können jetzt 3-Bit-Fehler erkannt und nach Formel Formel 7.3 1-Bit-Fehler korrigiert werden.

Dadurch, dass die Kombination von Quer- und Längsparität sehr einfach implementierbar ist und eine verhältnismäßig gute Codesicherung für einen Großteil häufiger Bit-Fehler darstellt, wird diese Vorgehensweise auch am häufigsten in Kommunikationssystemen eingesetzt.

Übungen: Codesicherung

Übung 7.1:

Entwurf eines Codes für die Wegfahrsperre eines Autos.

a) Für ein Auto müssen die Zustände »Wegfahrsperre aktiv« und »Wegfahrsperre inaktiv« abgesichert übertragen werden. Eventuell auftretende 2-Bit-Übertragungsfehler sollen erkannt werden und 1-Bit-Fehler sollen korrigierbar sein. Entwerfen Sie einen entsprechenden Code, wobei das Codewort 000b nicht erlaubt ist.

b) Welche Redundanz weist Ihr Code unter a) auf?

Übung 7.2:

Analyse des nachfolgenden 6-stelligen Binärcodes mit vier Codewörtern bezüglich der Erkenn- und Korrigierbarkeit von Bit-Fehlern.

Nr.	f	e	d	c	b	a	gültiges Codewort
0	0	0	0	0	0	0	•
1	0	0	0	1	1	1	•
2	0	1	1	1	0	0	•
3	1	1	1	0	0	1	•

a) Welche Hamming-Distanz des Codes besitzt der angegebene Code?

b) Wie viele Bit-Fehler können erkannt werden?

c) Wie viele Bit-Fehler können korrigiert werden?

d) Welche Redundanz besitzt der zu entwerfende Code?

e) Ist der gegebene Code stetig?

f) Ergänzen Sie den gegebenen Code um die gerade Parität. Welche Auswirkungen hat das für die Anzahl erkennbarer und korrigierbarer Bit-Fehler?

Teil IV
Schaltalgebra als Basis der Digitaltechnik – Herr Boole und Herr Shannon lassen grüßen

IN DIESEM TEIL …

Wird eine Einführung in die Schaltalgebra beziehungsweise Boole'sche Algebra vorgenommen.

Die Entitäten Konstante, Variable (Schaltvariable) und Schaltfunktion der Schaltalgebra beziehungsweise Boole'schen Algebra werden erklärt.

Es wird eine Einführung der Wahrheitstabelle zur Darstellung der logischen Zustände von Variable (Schaltvariable) und Schaltfunktion vorgenommen.

Es werden die Rechen- und Vorrangregeln der Boole'schen Algebra, die die Basis für die Synthese von Schaltnetzen und Schaltwerken darstellen, behandelt.

Es werden die aktuellen, alte und ehemalige amerikanische grafische Symbole für Schaltpläne als Übersicht zusammengestellt.

Abschließend werden Normalformen der Boole'schen Algebra zur Vereinfachung von Schaltfunktionen eingeführt.

> **IN DIESEM KAPITEL**
>
> Die Väter der Boole'schen Algebra
>
> Definition der Entitäten Konstante, Variable (Schaltvariable) und Schaltfunktion
>
> Die Wahrheitstabelle zur Darstellung der logischen Zustände der Variablen (Schaltvariablen) und Schaltfunktionen
>
> Einführung der verwendeten mathematischen Zeichen und Symbole in der Schaltalgebra nach DIN 66000

Kapitel 8
Historisches und wichtige Festlegungen – So fing es an

Ein kleiner Rückblick – Back to the roots

Wenn Sie sich für die Entstehungsgeschichte der Digitaltechnik interessieren, sollten Sie folgenden kurzen Exkurs in die Vergangenheit vornehmen. Die Väter der mathematischen Grundlagen der Digitaltechnik sind die Herren Boole und Shannon, und zwar bereits im 19. Jahrhundert.

Als George Boole, ein englischer Mathematiker (1815 bis 1864), ab dem Jahr 1847 versuchte, einen algebraischen Weg zu finden, um logische Problemstellungen zu lösen, entwickelte er eine komplett neue algebraische Struktur – die Boole'sche Algebra. Als Synonym wird auch sehr häufig die Benennung Schaltalgebra verwendet.

Damals konnte noch niemand ahnen, dass diese Entdeckung einmal ein Meilenstein für ein komplett neues technisches Gebiet – die Digitaltechnik – sein würde. Und dass sich aus der Boole'schen Algebra die für unseren Alltag wohl bedeutendste Errungenschaft – die Erfindung des Computers – entwickeln könnte, war damals noch undenkbar.

Möglich wurde dies, als der junge Student Claude Elwood Shannon, ein US-amerikanischer Mathematiker und Elektrotechniker (1916 bis 2001), 1937 im Rahmen der Bearbeitung seiner Master-Thesis die Analogie der Boole'schen Algebra zu realen Schaltkreisen erkannte und somit ein neues Anwendungsgebiet dafür erschloss.

Einen nicht unerheblichen Anteil daran hatte Augustus De Morgan, ein englischer Mathematiker des 19. Jahrhunderts (1806 bis 1871), der die sehr wichtigen De Morgan'schen Theoreme beisteuerte. Er zählt neben George Boole und Claude Elwood Shannon zu den Mitbegründern der heutigen Boole'schen Schaltalgebra.

Die Schaltalgebra kann für die Analyse und Synthese auf sämtliche digitale Systeme beziehungsweise digitale Schaltungen angewendet werden, seien es Schaltnetze oder auch Schaltwerke.

Konstante, Variable (Schaltvariable) und Schaltfunktion – Drei Dinge braucht man

Die Schaltalgebra beziehungsweise Boole'sche Algebra besteht entsprechend DIN 66000 aus den drei Entitäten

- ✔ *Konstante,*
- ✔ *Variable (Schaltvariable)* und
- ✔ *Schaltfunktion.*

Da hier die Begriff Entität gefallen ist, soll er auch wie folgt definiert werden.

Definition nach IEV 741-01-18: Eine *Entität* ist ein Ding (physisch oder nichtphysisch), das eindeutig existiert.

Quelle: ISO/IEC 20924:2018, 3.1.18

Definition nach DIN 66000: Die *Schaltalgebra* setzt zwei *Konstanten* (0 und 1) voraus, die die Schalterstellungen »Aus« und »Ein« bezeichnen.

Definition nach DIN 66000: *Schaltvariablen (Variablen)* können jeweils eine der Konstanten (0 oder 1) als Wert annehmen.

ANMERKUNG: Die Benennung *Variable* ist nicht Bestandteil dieser Definition. Die *Schaltvariable* wird in der Literatur fast ausschließlich als *Variable* bezeichnet. Im weiteren Verlauf des Buches wird deshalb auch nur die Benennung *Variable* anstelle *Schaltvariable* verwendet.

Definition nach DIN 66000: *Schaltfunktionen* sind die Boole'sche Verknüpfung von Schaltvariablen.

Nun ein paar Beispiele zur Veranschaulichung der zuvor vorgenommenen Definitionen *Schaltfunktion* und *Variable*:

$y = \neg a = \overline{a}$ Sprechweise nicht a

$y = a \wedge b$ Sprechweise a und b

$y = a \vee b$ Sprechweise a oder b

In den vorangegangenen Beispielen ist y die Schaltfunktion und a und b sind die Variablen, die die Konstanten 0 und 1 annehmen können.

Die Wahrheitstabelle – Sag mir die Wahrheit

Als alternative Darstellung der Schaltfunktionen als Funktion der jeweiligen Verknüpfung der Variablen wird in vielen Fällen wegen der Übersichtlichkeit die *Wahrheitstabelle* verwendet. Diese enthält einerseits die n Variablen und andererseits die Schaltfunktionen. Da die Variable nur die beiden Konstanten 0 und 1 annehmen kann, enthält sie alle 2^n, mit n der Anzahl der Variablen, Kombinationsmöglichkeiten der Variablen, wie dies in nachfolgendem Beispiel angegeben ist, wobei eine Wahrheitstabelle auch eine geringere Anzahl als die maximale Anzahl an Kombinationsmöglichkeiten enthalten kann.

In Abbildung 8.1 ist die Wahrheitstabelle für die beiden Variablen a und b angegeben. Da es sich hier um zwei Schaltvariablen handelt, sind insgesamt $2^n = 4$, mit $n = 2$, Kombinationsmöglichkeiten der zwei möglichen Konstanten 0 und 1 möglich. In den Spalten der Variablen a und b werden alle Kombinationsmöglichkeiten der Variablen als Konstante eingetragen und für die Schaltfunktion die Konstanten 0 und 1 für ein hier willkürlich gewähltes Beispiel.

Im vorliegenden Beispiel nimmt die Schaltfunktion y immer dann eine 1 an, wenn die Variable a den Wert 1 annimmt oder wenn die Variablen a und b den Wert 1 annehmen. Schon dieser Aussage können Sie entnehmen, dass eine Vereinfachung möglich ist, da die Schaltfunktion y immer den Wert 1 annimmt, wenn die Variable a den Wert 1 annimmt. Hierbei handelt es sich um das Absorptionsgesetz, da die Variable b quasi absorbiert wird, weil die Schaltfunktion nur von der Variablen a abhängt.

b	a	y = f(a,b)
0	0	0
0	1	1
1	0	0
1	1	1

→

b	a	y	y = f(a,b)	
0	0	0	0	
0	1	1	$a \wedge \overline{b}$	1.
1	0	0	0	
1	1	1	$a \wedge b$	2.

$y = \underbrace{(a \wedge \overline{b})}_{1.} \vee \underbrace{(a \wedge b)}_{2.} = a \wedge \underbrace{(\overline{b} \vee b)}_{=1} = \underline{a}$

Distributivgesetz

a, b: Variablen
y: Schaltfunktion

Abbildung 8.1: Wahrheitstabelle für zwei Variablen

Dies kann auch auf einfache Weise durch Umformung der Boole'schen Gleichung für die Schaltfunktion y gezeigt werden, in dem das Distributivgesetz (Verteilungsgesetz), vergleichbar mit dem Gesetz in der Arithmetik, angewendet wird.

Mit der Wahrheitstabelle kann jetzt mittels der Boole'schen Algebra jede Schaltfunktion für eine beliebige Anzahl an Variablen angegeben werden, wie dies in den nachfolgenden Kapiteln bei der Anwendung der Wahrheitstabelle beschrieben wird.

Hiermit sind jetzt die Voraussetzungen geschaffen, um weitere wichtige Festlegungen für die Schaltalgebra vorzunehmen. Im folgenden Abschnitt werden jetzt Vereinbarungen für die mathematischen Zeichen und Symbole der Schaltalgebra getroffen.

Mathematische Zeichen und Symbole der Schaltalgebra – Formalien, Formalien ...

In der Schaltalgebra werden acht verschiedene mathematische Zeichen und Symbole verwendet, allerdings sind national und international auch noch alternative mathematische Zeichen und Symbole gebräuchlich. Im weiteren Verlauf des Buches werden aber ausschließlich die in DIN 66000:1985-11 definierten mathematischen Zeichen und Symbole verwendet, wie sie in Tabelle 8.1 zusammengestellt sind und im Folgenden kurz erläutert werden sollen.

Anmerkungen zu Tabelle 8.1:

Zu Nr. 1: Die *Negation* wird entgegen der Empfehlung in der Regel als Überstreichung angewendet, da sie übersichtlicher ist und die Struktur der Boole'schen Verknüpfungen deutlicher macht. Die Empfehlung mit dem Negationszeichen ¬ ist bei umfangreicheren Ausdrücken recht unübersichtlich und bei Formeleditoren im Vergleich zu einer klassischen Schreibmaschine nicht mehr erforderlich.

Zu Nr. 2: Bei der *Konjunktion* wird alternativ auch die Benennung *UND-Verknüpfung* verwendet.

Zu Nr. 3: Alternativ werden die Benennungen *Disjunktion* und *ODER-Verknüpfung* verwendet.

Zu Nr. 4: Verwendet wird ausschließlich die einzige verfügbare Benennung *NAND-Verknüpfung*. Diese ist die Negation der UND-Verknüpfung. Bei Anwendung der Negation der UND-Verknüpfung wird die gleichwertige Darstellung mit dem Überstrich $(a \overline{\wedge} b) = \neg(a \wedge b) = \overline{(a \wedge b)}$ verwendet.

Zu Nr. 5: Verwendet wird ausschließlich die einzige verfügbare Benennung *NOR-Verknüpfung*. Diese ist die Negation der ODER-Verknüpfung. Im Gegensatz zu der Empfehlung wird für die Negation der ODER-Verknüpfung die gleichwertige Darstellung mit dem Überstrich $(a \overline{\wedge} b) = \neg(a \vee b) = \overline{(a \vee b)}$ angewendet.

Zu Nr. 6: Es wird immer die Benennung *Implikation* bei den Rechenregeln verwendet.

Zu Nr. 7: Es wird immer die Benennung *Äquivalenz* verwendet.

Zu Nr. 8: Es wird immer die Benennung *Antivalenz* verwendet.

Die Anwendung der verwendeten mathematischen Zeichen und Symbole erfolgt ab dem nachfolgenden Kapitel zu den Rechenregeln.

Nr.	Symbole	Benennung(en))***	Anwendung	Sprechweise	Bemerkungen
1	$\neg$ oder $-$	Negation	$\neg a$ $\overline{a}$ $\neg(a \vee b)$ $\overline{a \vee b}$	nicht a nicht $(a$ oder $b)$	Das Zeichen ist nach DIN 5474)* zu bevorzugen. Die Überstreichung $-$ steht über dem gesamten negierten Ausdruck.
2	$\wedge$	Konjunktion, UND-Verknüpfung	$a \wedge b$	a und b	)**
3	$\vee$	Adjunktion, ODER-Verknüpfung, Disjunktion	$a \vee b$	a oder b	Auch als einschließendes oder inklusives ODER bekannt.)**
4	$\overline{\wedge}$	NAND-Verknüpfung	$a \overline{\wedge} b$	a nand b	Die Schaltfunktion ist gleichwertig mit $\neg(a \wedge b)$.
5	$\overline{\vee}$	NOR-Verknüpfung	$a \overline{\vee} b$	a nor b	Die Schaltfunktion ist gleichwertig mit $\neg(a \vee b)$.
6	$\rightarrow$	Subjunktion, Implikation	$a \rightarrow b$	a Pfeil b	Die Schaltfunktion ist gleichwertig mit $\neg a \vee b$.
7	$\leftrightarrow$	Äquijunktion, Äquivalenz, Bisubjunktion, XNOR-Verknüpfung)⁴	$a \leftrightarrow b$	a Doppelpfeil b	Die Schaltfunktion ist gleichwertig mit $(a \wedge b) \vee (\neg a \wedge \neg b)$.
8	$\nleftrightarrow$	Antivalenz, XOR-Verknüpfung	$a \nleftrightarrow b$	a xor b	Die Schaltfunktion ist gleichwertig mit $(a \wedge \neg b) \vee (\neg a \wedge b)$. Auch als ausschließendes oder exklusives ODER bekannt.

)* Die Norm DIN 5474:1973-09 wurde zurückgezogen, das Nachfolgedokument ist DIN 5473:1992-07.
)** Die Zeichen $\wedge$, $\vee$ können auch vor Klammern gesetzt werden, in denen man die Teilformeln, durch Kommata getrennt aufführt.
)*** Die unterstrichenen Benennungen werden vorzugsweise verwendet.
)⁴ Diese Benennung ist nicht in DIN 66000:1985-11 enthalten.

Tabelle 8.1: Mathematische Zeichen und Symbole in Anlehnung an DIN 66000:1985-11

> **IN DIESEM KAPITEL**
>
> Rechenregeln der Schaltalgebra (Boole'sche Algebra)
>
> Benennung der verschiedenen Verknüpfungen
>
> Sprechweisen und alternative Schreibweisen der Verknüpfungen
>
> Vorrangregeln der Schaltalgebra
>
> Übungen zur Schaltalgebra

Kapitel 9
Schaltalgebra – Aufgepasst!

In diesem Kapitel werden die grundlegenden Rechenregeln der Schaltalgebra (Boole'schen Algebra) systematisch mit ihren Benennungen, Sprechweisen und alternativen beziehungsweise verwendeten Schreibweisen zusammengestellt und da, wo notwendig, erläutert. Des Weiteren werden die Vorrangregeln für die Anwendung der Rechenregeln zusammenfassend dargestellt.

Rechenregeln der Schaltalgebra – Sind die kniffelig?

Die Rechenregeln nutzen die mathematischen Zeichen und Symbole aus Kapitel 8, um die verschiedenen logischen Verknüpfungen zu realisieren. Mit den Operationen UND-Verknüpfung (Konjunktion), ODER-Verknüpfung (Disjunktion) und Negation können alle möglichen logischen Verknüpfungen der Schaltvariablen abgebildet werden.

Zur Veranschaulichung der logischen Verknüpfungen wird die Darstellung mit Kontakten als Reihenschaltung beziehungsweise Parallelschaltung verwendet. Die Reihenschaltung zweier in Reihe geschalteter Kontakte lässt nur dann einen Stromfluss zu, wenn beide Kontakte geschlossen sind, dies entspricht der logischen UND-Verknüpfung, wobei ein geschlossener Kontakt der Konstanten 1 und ein geöffneter Kontakt der Konstanten 0

126 TEIL IV Schaltalgebra als Basis der Digitaltechnik

entspricht. Im Falle der Parallelschaltung zweier Kontakte kommt ein Stromfluss bereits dann zustande, wenn mindestens einer der beiden Kontakte geschlossen ist, dies entspricht der logischen ODER-Verknüpfung.

In Abbildung 9.1 sind zunächst alle Regeln der möglichen logischen Verknüpfungen mit Konstanten und in Abbildung 9.2 alle Regeln der möglichen logischen Verknüpfungen mit einer Variablen und Konstanten zusammengestellt. Darauffolgend sind in Abbildung 9.3 alle Gesetze (Regeln) für die logischen Verknüpfungen von Variablen zusammengestellt und in Abbildung 9.4 die De Morgan'schen Theoreme – dies ist die einzige Möglichkeit, eine Konjunktion in eine Disjunktion und umgekehrt umzuformen.

Mit den insgesamt 32 Regeln können Sie jetzt beliebige Boole'sche Ausdrücke der Schaltalgebra umformen und noch wichtiger vereinfachen, um Entwürfe von Schaltnetzen mit einem minimalen Aufwand zu erhalten.

Regel Nr.	Logische Verknüpfung	Sprechweise	Darstellung mit Kontakten
1	$0 \wedge 0 = 0$	0 und 0	
2	$0 \wedge 1 = 0$	0 und 1	
3	$1 \wedge 0 = 0$	1 und 0	
4	$1 \wedge 1 = 1$	1 und 1	
5	$0 \vee 0 = 0$	0 oder 0	
6	$0 \vee 1 = 1$	0 oder 1	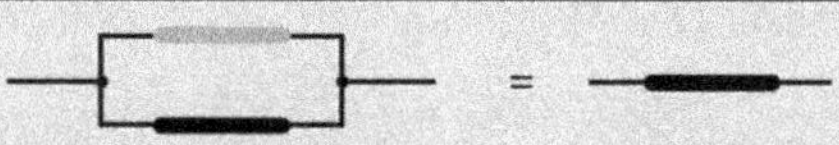
7	$1 \vee 0 = 1$	1 oder 0	
8	$1 \vee 1 = 1$	1 oder 1	
9	$\overline{0} = 1$	nicht 0	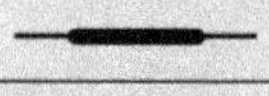
10	$\overline{1} = 0$	nicht 1	
11	$\overline{\overline{0}} = 0$	nicht nicht 0	
12	$\overline{\overline{1}} = 1$	nicht nicht 1	

───────── Kontakt geöffnet, entspricht der Konstanten 0.
━━━━━━━━━ Kontakt geschlossen, entspricht der Konstanten 1. 

Abbildung 9.1: Regeln für logische Verknüpfungen mit Konstanten

Regel Nr.	Logische Verknüpfung	Sprechweise	Darstellung mit Kontakten)*	
13	$0 \wedge a = 0$	0 und a	—▭— a —	= —▭—
14	$1 \wedge a = a$	1 und a	—■— a —	= — a —
15	$a \wedge a = a$	a und a	— a — a —	= — a —
16	$\bar{a} \wedge a = 0$	nicht a und a	— $\bar{a}$ — a —	= —▭—
17	$0 \vee a = a$	0 oder a	▭ über a	= — a —
18	$1 \vee a = 1$	1 oder a	■ über a	= —■—
19	$a \vee a = a$	a oder a	a über a	= — a —
20	$\bar{a} \vee a = 1$	nicht a oder a	$\bar{a}$ über a	= —■—
21	$\bar{\bar{a}} = a$	nicht nicht a	— a —	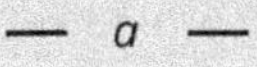

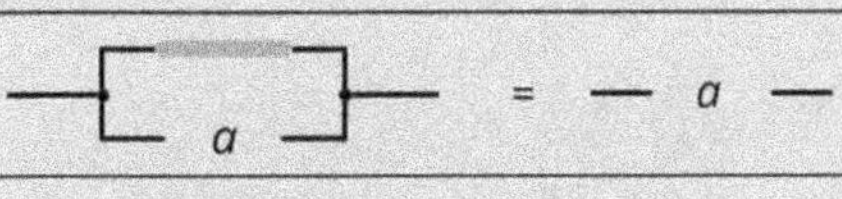

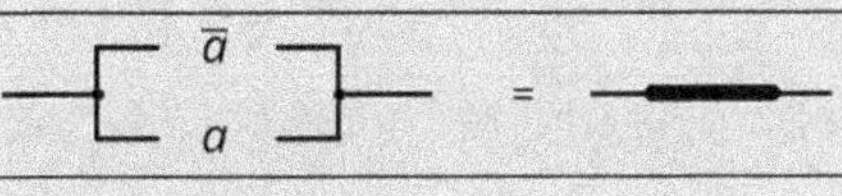

—▭— Kontakt geöffnet, entspricht der Konstanten 0.
—■— Kontakt geschlossen, entspricht der Konstanten 1.
)* Die Schaltvariable (Variable) a kann die Konstanten 0 oder 1 annehmen. Eine Konstante 0 bedeutet Kontakt geöffnet und eine Konstante 1 Kontakt geschlossen.

Abbildung 9.2: Regeln für logische Verknüpfungen von Variablen und Konstanten

Die Schaltalgebra (Boole'sche Algebra) ist nur *uneingeschränkt gültig*, wenn die Schaltzeiten der logischen Verknüpfungsglieder null sind.

Bei der Schreibweise der nicht negierten Variablen a, b und so weiter wird als Sprechweise auch von den *Variablen in nicht negierter Form* Gebrauch gemacht. Bei der Schreibweise der oder den negierten Variablen $\bar{a}, \bar{b}$ und so weiter wird als Sprechweise auch von der oder den *Variablen in negierter Form* Gebrauch gemacht.

Die elementaren Regeln 1 bis 12 in Abbildung 9.1 sowie 13 bis 21 in Abbildung 9.2 sind erforderlich, um entsprechende Vereinfachungen bei der Umformung von Boole'schen Ausdrücken der Schaltalgebra vorzunehmen.

Die Regeln 22 bis 29 in Abbildung 9.3 stellen die Gesetze (Regeln) der Schaltalgebra dar, die vergleichbar mit den Regeln der Arithmetik sind. Sie dienen zur Umformung und Vereinfachung Boole'scher Ausdrücke der Schaltalgebra.

In Abbildung 9.3 sind

✔ das *Kommutativgesetz* (Vertauschungsgesetz),

✔ das *Assoziativgesetz* (Verbindungs- oder Zuordnungsgesetz),

✔ das *Distributivgesetz* (Verteilungsgesetz) und

✔ das *Absorptionsgesetz*

jeweils für die Konjunktion und Disjunktion angegeben.

Regel Nr.	Logische Verknüpfung	Verknüpfung	Darstellung mit Kontakten)*
Kommutativgesetz (Vertauschungsgesetz)			
22	$a \wedge b = b \wedge a$	Konjunktion	
23	$a \vee b = b \vee a$	Disjunktion	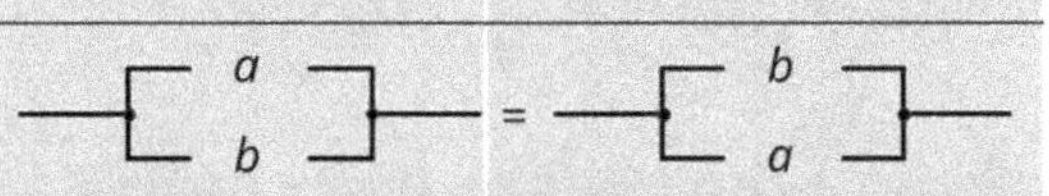
Assoziativgesetz (Verbindungs- oder Zuordnungsgesetz)			
24	$(a \wedge b) \wedge c$ $= a \wedge (b \wedge c)$ $= a \wedge b \wedge c$	Konjunktion	
25	$(a \vee b) \vee c$ $= a \vee (b \vee c)$ $= a \vee b \vee c$	Disjunktion	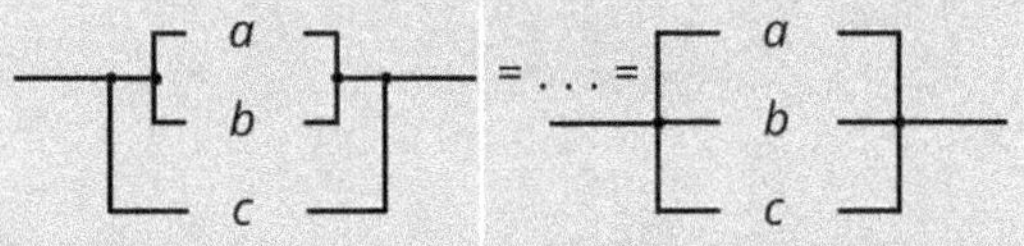
Distributivgesetz (Verteilungsgesetz)			
26	$a \wedge (b \vee c)$ $= (a \wedge b) \vee (a \wedge c)$	Konjunktion	
27	$a \vee (b \wedge c)$ $= (a \vee b) \wedge (a \vee c)$	Disjunktion	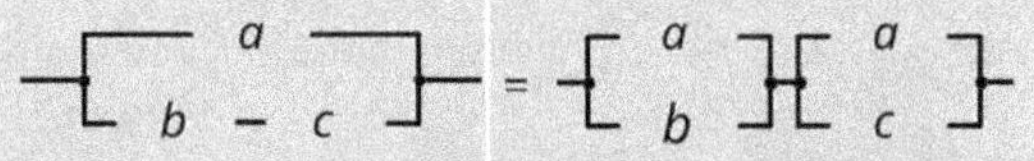
Absorptionsgesetz			
28	$a \wedge (a \vee b) = a$	Konjunktion	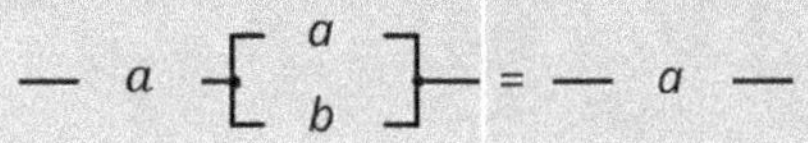
29	$a \vee (a \wedge b) = a$	Disjunktion	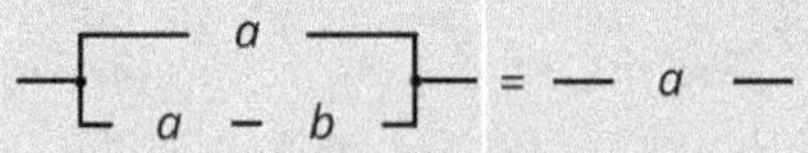

)* Die Schaltvariablen (Variablen) *a*, *b* und *c* können die Konstanten 0 oder 1 annehmen. Eine Konstante 0 bedeutet Kontakt geöffnet und eine Konstante 1 Kontakt geschlossen.

Abbildung 9.3: Gesetze (Regeln) für logische Verknüpfungen von Variablen

Es verbleiben jetzt noch die sehr wichtigen De Morgan'schen Theoreme in Abbildung 9.4, die als einzige Regeln die Umformung einer Konjunktion in eine Disjunktion und umgekehrt ermöglichen. Die Gültigkeit der De Morgan'schen Theoreme ist durch die nebenstehende Wahrheitstabelle gegeben.

In Abbildung 9.3 und Abbildung 9.4 sind die Regeln für jeweils zwei beziehungsweise drei Variablen angegeben, diese sind für eine beliebige Anzahl an Variablen gültig.

Regel Nr.	Logische Verknüpfung	Darstellung mit der Wahrheitstabelle
De Morgan'sche Theoreme		
30	$\overline{a \wedge b} = \overline{a} \vee \overline{b}$	$\begin{array}{cc\|c\|c\|cc\|c} a & b & a \wedge b & \overline{a \wedge b} & \overline{a} & \overline{b} & \overline{a} \vee \overline{b} \\ 0 & 0 & 0 & 1 & 1 & 1 & 1 \\ 0 & 1 & 0 & 1 & 1 & 0 & 1 \\ 1 & 0 & 0 & 1 & 0 & 1 & 1 \\ 1 & 1 & 1 & 0 & 0 & 0 & 0 \end{array}$
31	$\overline{a \vee b} = \overline{a} \wedge \overline{b}$	$\begin{array}{cc\|c\|c\|cc\|c} a & b & a \vee b & \overline{a \vee b} & \overline{a} & \overline{b} & \overline{a} \wedge \overline{b} \\ 0 & 0 & 0 & 1 & 1 & 1 & 1 \\ 0 & 1 & 1 & 0 & 1 & 0 & 0 \\ 1 & 0 & 1 & 0 & 0 & 1 & 0 \\ 1 & 1 & 1 & 0 & 0 & 0 & 0 \end{array}$
Verallgemeinertes De Morgan'sches Theorem		
32	$\overline{f(a, \overline{b}, c, ..., \wedge, \vee)} = f(\overline{a}, b, \overline{c}, ..., \vee, \wedge)$	siehe Regeln 30 und 31

Abbildung 9.4: De Morgan'sche Theoreme

Beispiele für die Vereinfachung von Schaltfunktionen mittels der Rechenregeln

Vereinfachung einer Schaltfunktion unter Anwendung des *Kommutativ-, Distributiv- und Assoziativgesetzes:*

$$y = \underbrace{(a \wedge b \wedge d \wedge c)}_{1} \vee \underbrace{(\overline{d} \wedge a \wedge \overline{c} \wedge b)}_{2}$$

Auf die beiden Terme 1 und 2 wird jeweils das Kommutativgesetz (Regel 22) angewendet, indem die Variablen in alphabetisch aufsteigender Reihenfolge sortiert werden.

$$y = \underbrace{(a \wedge b \wedge c \wedge d)}_{3} \vee \underbrace{(a \wedge b \wedge \overline{c} \wedge \overline{d})}_{4}$$

Auf die so entstandenen Terme 3 und 4 kann jetzt das Distributivgesetz (Regel 26) angewendet werden, indem der Term $a \wedge b$ vor die Terme 3 und 4 gezogen wird.

$$y = \underbrace{(a \wedge b)}_{5} \wedge \underbrace{[(c \wedge d) \vee (\overline{c} \wedge \overline{d})]}_{6}$$

Der so erhaltene Term 5 kann nicht weiter vereinfacht werden, allerdings handelt es sich bei dem Term 6 um die Äquivalenz entsprechend Kapitel 8, Tabelle 8.1, Zeile 7.

$$y = \underbrace{(a \wedge b)}_{5} \wedge \underbrace{(c \leftrightarrow d)}_{6}$$

Mit dem Assoziativgesetz (Regel 24) können jetzt die Klammern von Term 5 entfallen, womit sich für die Schaltfunktion folgender Ausdruck ergibt, der nicht weiter vereinfacht werden kann:

$$y = \underline{a \wedge b \wedge (c \leftrightarrow d)}$$

Vereinfachung einer Schaltfunktion unter Anwendung des *Distributivgesetzes und der Regel 14*:

$$y = \underbrace{(a \wedge \overline{b} \wedge c)}_{1} \vee \underbrace{(a \wedge \overline{b} \wedge d)}_{2} \vee \underbrace{(\overline{a} \wedge \overline{b} \wedge d)}_{3} \vee \underbrace{(\overline{a} \wedge b \wedge d)}_{4} \vee \underbrace{(a \wedge b \wedge d)}_{5}$$

In den Termen 1 und 2 kommt jeweils die Konjunktion der Variablen a in nicht negierter Form und b in negierter Form und in den Termen 2 bis 5 die Konjunktion aller Kombinationsmöglichkeiten der Variablen a und b in nicht negierter Form und in negierter Form vor. Zunächst wird durch Anwendung der Regel 26 (Distributivgesetz) auf die Terme 2 bis 5 die Variable d ausgeklammert, womit sich die Terme 6 und 7 ergeben:

$$y = \underbrace{(a \wedge \overline{b} \wedge c)}_{1} \vee \underbrace{\{[\underbrace{(a \wedge \overline{b}) \vee (\overline{a} \wedge \overline{b}) \vee (\overline{a} \wedge b) \vee (a \wedge b)}_{6}] \wedge d\}}_{7}$$

Die disjunktive Verknüpfung der Terme mit allen vier Kombinationsmöglichkeiten der beiden Variablen a und b des Terms 6 ergibt sich zu einer Konstanten 1 und unter Anwendung der Regel 14 folgt für den Term 7 als Ergebnis die Variable d:

$$y = \underbrace{(a \wedge \overline{b} \wedge c)}_{1} \vee \underbrace{[\underbrace{(a \wedge \overline{b}) \vee (\overline{a} \wedge \overline{b}) \vee (\overline{a} \wedge b) \vee (a \wedge b)}_{=1}] \wedge d}_{=d}$$

Als vereinfachte Lösung folgt dann

$$y = \underline{(a \wedge \overline{b} \wedge c) \vee d}.$$

Vereinfachung einer Schaltfunktion unter Anwendung des *De Morgan'schen Theorems, dem Assoziativgesetz, dem Kommutativgesetz und der Regel 15*:

$$y = \underbrace{\overline{(a \vee b \vee \overline{c} \vee d)}}_{1} \wedge \overline{a}$$

Anwendung des De Morgan'schen Theorems (Regel 31 beziehungsweise 32) auf den Term 1.

$$y = (\overline{a} \wedge \overline{b} \wedge c \wedge \overline{d}) \wedge \overline{a}$$

Anwendung des Assoziativgesetzes (Regel 24).

$$y = \overline{a} \wedge \overline{b} \wedge c \wedge \overline{d} \wedge \overline{a}$$

Als nächster Schritt wird das Kommutativgesetz (Regel 22) angewendet.

$$y = \overline{a} \wedge \overline{b} \wedge c \wedge \overline{d} \wedge \overline{a} = \overline{a} \wedge \overline{a} \wedge \overline{b} \wedge c \wedge \overline{d}$$

Abschließend wird Regel 15 zur Vereinfachung angewendet, womit sich für die Schaltfunktion Folgendes ergibt:

$$y = \underbrace{\overline{a} \wedge \overline{a}}_{=\overline{a}} \wedge \overline{b} \wedge c \wedge \overline{d} = \overline{a} \wedge \overline{b} \wedge c \wedge \overline{d}$$

Benennungen der logischen Verknüpfungen – Wie heißen die denn?

Im folgenden Abschnitt werden jetzt alle möglichen Boole'schen Verknüpfungen für eine Variable (siehe Abbildung 9.5) und zwei Variablen (siehe Abbildung 9.6) mit deren Benennungen, Sprechweisen sowie die verwendeten Schreibweisen behandelt. Diese basieren ebenfalls auf den in Kapitel 8 eingeführten mathematischen Zeichen und Symbolen nach DIN 66000:1985-11, die schon die wesentlichen Benennungen der logischen Verknüpfungen enthalten, nur dass hier im Unterschied zu Kapitel 8 alle Kombinationsmöglichkeiten mit bis zu zwei Variablen berücksichtigt werden.

Variable $a = 0 \; 1$	Schaltfunktion $y = f(a)$	Benennung	Sprechweise	alternative/ verwendete Schreibweise)*
0 0	0	Nullfunktion		
0 1	a	Identität		
1 0	$\neg a$	Negation	nicht a	$\overline{a}$
1 1	1	Einsfunktion		

)* Obwohl das Negationszeichen ¬ in DIN 66000 empfohlen wird, kommt vorzugsweise bei der Negation der Überstrich zur Anwendung, weil bei komplizierten Ausdrücken die Struktur besser erkennbar ist.

Abbildung 9.5: Mögliche Schaltfunktionen und Sprechweisen für eine Variable in Anlehnung an DIN 66000:1985-11

Variablen $a = 0\,1\,0\,1$ $b = 0\,0\,1\,1$	Schaltfunktion $y = f(a, b)$	Benennung	Sprechweise	alternative/ verwendete Schreibweise)*
0 0 0 0	0	Nullfunktion		
0 0 0 1	$a \wedge b$	UND-Verknüpfung)**	a und b	
0 0 1 0	$\neg a \wedge b$	1. Inhibition	nicht a und b	$\bar{a} \wedge b$
0 0 1 1	b	1. Identität		
0 1 0 0	$a \wedge \neg b$	2. Inhibition	a und nicht b	$a \wedge \bar{b}$
0 1 0 1	A	2. Identität		
0 1 1 0	$a \leftrightarrow b$	Antivalenz)4	a antivalent b	$(a \wedge \bar{b}) \vee (\bar{a} \wedge b)$
0 1 1 1	$a \vee b$	ODER-Verknüpfung)***	a oder b	
1 0 0 0	$a \bar{\vee} b$	NOR-Verknüpfung	a nor b	$\neg(a \vee b) = \overline{a \vee b}$
1 0 0 1	$a \leftrightarrow b$	Äquivalenz)5	a Doppelpfeil b	$(a \wedge b) \vee (\bar{a} \wedge \bar{b})$
1 0 1 0	$\neg a$	1. Negation	nicht a	$\bar{a}$
1 0 1 1	$a \rightarrow b$	1. Implikation	a Pfeil b	$\neg a \vee b = \bar{a} \vee b$
1 1 0 0	$\neg b$	2. Negation	nicht b	$\bar{b}$
1 1 0 1	$b \rightarrow a$	2. Implikation	b Pfeil a	$a \vee \neg b = a \vee \bar{b}$
1 1 1 0	$a \bar{\wedge} b$	NAND-Verknüpfung	a nand b	$\neg(a \wedge b) = \overline{a \wedge b}$
1 1 1 1	1	Einsfunktion		

)* Entspricht der DIN 66000:1985-11, Mathematische Zeichen und Symbole der Schaltalgebra.

)** Als alternative Benennung für die UND-Verknüpfung wird auch Konjunktion verwendet.

)*** Als alternative Benennung für die ODER-Verknüpfung wird auch Disjunktion verwendet.

)4 Als alternative Benennung für die Antivalenz wird auch XOR-Verknüpfung verwendet.

)5 Als alternative Benennung für die Äquivalenz wird auch XNOR-Verknüpfung verwendet.

Abbildung 9.6: Mögliche Schaltfunktionen und Sprechweisen für zwei Variablen in Anlehnung an DIN 66000:1985-11

Vorrangregeln der Schaltalgebra – wer kommt zuerst?

Wichtig bei der Umformung oder Vereinfachung von Boole'schen Funktionen ist die Beachtung der Reihenfolge der Auswertung dieser Funktionen in Abhängigkeit der mathematischen Zeichen und Symbole in Kapitel 11 bei der Anwendung der 32 Rechenregeln, da dies normalerweise zu völlig anderen logischen Aussagen führt. In DIN 66000:1985-11, Mathematische Zeichen und Symbole der Schaltalgebra, sind diese Vorrangregeln festgelegt worden:

1. Außenklammern einer einzeln stehenden Funktion können weggelassen werden. Für die Konjunktion folgt dann beispielsweise

   $y = (a \wedge b) = a \wedge b$

2. Das Symbol ¬ beziehungsweise der Überstrich - bindet stärker als alle anderen Symbole, die Symbole $\wedge$, $\vee$, $\overline{\wedge}$ und $\overline{\vee}$ binden stärker als $\rightarrow$, $\leftrightarrow$ und $\leftrightarrow\!\!\!\!\!\!\!\!/$. Für die nachfolgende Schaltfunktion folgt dann beispielsweise

   $y = \overline{a \wedge b} \leftrightarrow a \vee b$

   $\underbrace{1.\ 2.}\ \ \underbrace{4.\ 5.}$

   $\ \ \ \ \ \ \ \underbrace{3.\ \ \ \ \ 6.}$

   $\ \ \ \ \ \ \ \ \ \ \ \ 7.\ \ \ $ n: Reihenfolge der Auswertung

3. $\wedge$, $\vee$, $\overline{\wedge}$ und $\overline{\vee}$ binden unter sich gleich stark, ebenso $\rightarrow$, $\leftrightarrow$ und $\leftrightarrow\!\!\!\!\!\!\!\!/$. Hiermit ergibt sich beispielsweise für die nachfolgende Schaltfunktion

   $y = a \wedge b \wedge c \leftrightarrow \overline{a} \,\overline{\vee}\, b \,\overline{\vee}\, c \rightarrow d \vee e \vee f$

   $\underbrace{1.\ 2.\ 3.}\ \underbrace{5.\ 6.\ 7.}\ \underbrace{9.\ 10.\ 11.}$

   $\ \ \ \underbrace{4.}\ \ \ \ \ \ \ \underbrace{8.}\ \ \ \ \ \ \underbrace{12.}$

   $\ \ \ \ \ \ \ \ \ \ \ \ \underbrace{13.}$

   $\ \ \ \ \ \ \ \ \ \ \ \ \ \ 14.\ \ \ $ n: Reihenfolge der Auswertung

4. Werden die Außenklammern einer Konjunktion (UND-Verknüpfung), die selbst wieder Glied einer Konjunktion (UND-Verknüpfung) ist, weggelassen, so entsteht eine gleichwertige Funktion. Dasselbe gilt sinngemäß für die Disjunktion (ODER-Verknüpfung), Äquivalenz und Antivalenz. Für die Konjunktion ergibt sich dann beispielsweise:

   $y = (a \wedge b \wedge (c \wedge d)) = a \wedge b \wedge c \wedge d$

Übungen: Schaltalgebra

Übung 9.1:

Zeigen Sie durch Umformung unter Anwendung der Regeln der Schaltalgebra, ob die Boole'schen Ausdrücke wahr oder falsch sind:

a) $a \wedge 1 = 1$

b) $a \wedge 0 \vee 1 = 0$

c) $1 \vee a = 1$

d) $a \leftrightarrow 1 = 1$

e) $(a \wedge b \wedge c) \vee (\overline{a} \wedge b \wedge c) = b \wedge c$

f) $\overline{a \wedge b \wedge \overline{c}} = \overline{b} \vee c$

g) $a \wedge b \wedge \overline{a} \wedge b \wedge c = 0$

h) $x_1 \wedge \overline{x_2} \leftrightarrow x_1 \wedge \overline{x_2} = x_1 \wedge \overline{x_2}$

i) $(A \wedge B) \vee (\overline{A} \wedge B) \vee (A \wedge \overline{B}) \vee (\overline{A} \wedge \overline{B}) \vee C = C$

j) $x_1 \wedge (x_1 \vee x_2) = x_1$

Übung 9.2:

Vereinfachen Sie folgende Boole'schen Ausdrücke der gegebenen Schaltfunktionen unter Anwendung der Regeln der Schaltalgebra so weit wie möglich:

a) $y = (a \wedge b) \vee (\overline{a} \wedge b) \vee (a \wedge b) \vee (a \wedge \overline{b}) \vee (\overline{a} \wedge \overline{b})$

b) $y = (a \leftrightarrow b) \vee (a \leftrightarrow b)$

c) $y = (x_1 \wedge \overline{x_2} \wedge x_3) \vee (\overline{x_1} \wedge x_2 \wedge x_3) \vee (\overline{x_1} \wedge \overline{x_2} \wedge \overline{x_3}) \vee (x_1 \wedge x_2 \wedge \overline{x_3})$

d) $Y = \overline{(A \wedge B \wedge \overline{C} \wedge D)} \vee A$

e) $y = (\overline{x_1} \wedge \overline{x_2} \wedge \overline{x_3}) \vee (\overline{x_1} \wedge \overline{x_2} \wedge x_3) \vee (x_1 \wedge \overline{x_2} \wedge x_3) \vee (\overline{x_1} \wedge x_2 \wedge x_3) \vee (x_1 \wedge x_2 \wedge x_3)$

Übung 9.3:

Ergänzen Sie die folgenden Boole'schen Ausdrücke unter Anwendung der Regeln der Schaltalgebra um die fehlende(n) Variablen, sodass nur Terme mit allen Variablen entstehen:

a) $f(a,b,c) = (a \wedge b) \vee \overline{b}$

b) $f(a,b,c,d) = (a \wedge b \wedge \overline{c}) \vee (b \wedge c)$

> **IN DIESEM KAPITEL**
>
> Behandlung der Grundverknüpfungen und weiterer Verknüpfungen der Schaltalgebra
>
> Umformung der NAND- und NOR-Verknüpfungen in die Grundverknüpfungen
>
> Gegenüberstellung der grafischen Symbole für Schaltpläne der aktuellen und alten Standards
>
> Übungen zu den logischen Grundverknüpfungen

Kapitel 10
Logische Grundverknüpfungen und deren grafische Symbole – Warum das denn?

Allgemeines zu Benennungen der logischen Funktionen – Wie heißen die?

Im gesamten Buch wird für die logische Funktion immer die Schreib- und Sprechweise »Verknüpfung« verwendet. Für die digitale Schaltung wird primär die Benennung »Logik-Element« verwendet. Allgemein werden für die digitale Schaltung einer logischen Funktion beispielsweise auch andere Benennungen wie Gatter, Glied oder Schaltung benutzt. Eine konkrete Festlegung der Benennung gibt es hier nicht.

Die Grundverknüpfungen – im Grunde gut

Sämtliche logische Verknüpfungen können mit

✔ der *UND-Verknüpfung* (*Konjunktion*),

✔ der *ODER-Verknüpfung* (*Disjunktion*) und

✔ der *Negation* (*NOT*)

abgebildet werden, die hier bis auf die Negation für jeweils zwei Variablen behandelt werden, aber auch für eine beliebige Anzahl an Variablen Gültigkeit haben.

Alle grafischen Symbole für Schaltpläne werden entsprechend der gültigen Norm DIN EN 60617-12:1999-04 dargestellt, wobei es sich um die deutsche Übersetzung der internationalen Norm lEC 60617-12:1997 handelt. Sie ist auch der Ersatz für den Vorgänger, die DIN 40900-12:1992. Die grafischen Symbole sind immer so aufgebaut, dass links die Eingänge und rechts die Ausgänge angeordnet sind, wobei auch Darstellungen üblich sind, bei denen das Symbol um 90° nach links oder rechts gedreht ist, dies hängt von der jeweiligen Schaltungsanordnung ab.

UND-Verknüpfung (Konjunktion)

Bei einer *UND-Verknüpfung* (*Konjunktion*) nimmt die Schaltfunktion $y = f(a, b)$ immer dann eine logische 1 an, wenn die Variablen a und b eine logische 1 annehmen, wie dies der nachfolgenden Wahrheitstabelle mit der angegebenen Schaltfunktion und dem zugehörigen grafischen Symbol für Schaltpläne zu entnehmen ist.

Wahrheitstabelle:

b	a	y = f(a, b)
0	0	0
0	1	0
1	0	0
1	1	1

Schaltfunktion:

$$y = f(a, b) = a \wedge b$$

Grafisches Symbol:

$$a \rightarrow \boxed{\&} \rightarrow y$$
$$b \rightarrow$$

ODER-Verknüpfung (Disjunktion)

Bei einer *ODER-Verknüpfung* (*Disjunktion*) nimmt die Schaltfunktion $y = f(a, b)$ immer dann eine logische 1 an, wenn mindestens eine der Variablen a oder b eine logische 1 annimmt, wie dies der nachfolgenden Wahrheitstabelle mit der angegebenen Schaltfunktion und dem zugehörigen grafischen Symbol für Schaltpläne zu entnehmen ist.

Wahrheitstabelle:

b	a	y = f(a, b)
0	0	0
0	1	1
1	0	1
1	1	1

Schaltfunktion:

$$y = f(a, b) = a \vee b$$

Grafisches Symbol:

$$a \rightarrow \boxed{\geq 1} \rightarrow y$$
$$b \rightarrow$$

Negation (NOT)

Bei einer *Negation* nimmt die Schaltfunktion $y = f(a)$ immer dann eine logische 1 an, wenn die Variable a eine logische 0 annimmt, beziehungsweise die Schaltfunktion $y = f(a)$ nimmt immer dann eine logische 0 an, wenn die Variable a eine logische 1 annimmt, wie dies der nachfolgenden Wahrheitstabelle mit der angegebenen Schaltfunktion und dem zugehörigen grafischen Symbol für Schaltpläne zu entnehmen ist.

Wahrheitstabelle: Schaltfunktion: Grafisches Symbol:

a	$y = f(a)$
0	1
1	0

$$y = f(a) = \overline{a}$$

Weitere relevante Verknüpfungen sind

- ✔ die *NAND-Verknüpfung*,
- ✔ die *NOR-Verknüpfung*,
- ✔ die *Antivalenz (XOR-Verknüpfung)* und
- ✔ die *Äquivalenz (XNOR-Verknüpfung)*,

die hier für jeweils zwei Variablen behandelt werden, aber auch für eine beliebige Anzahl an Variablen Gültigkeit haben.

NAND-Verknüpfung

Bei einer *NAND-Verknüpfung* nimmt die Schaltfunktion $y = f(a, b)$ immer dann eine logische 1 an, wenn mindestens eine der Variablen a und b eine logische 0 annimmt, wie dies der nachfolgenden Wahrheitstabelle mit der angegebenen Schaltfunktion und dem zugehörigen grafischen Symbol für Schaltpläne zu entnehmen ist.

Wahrheitstabelle: Schaltfunktion: Grafisches Symbol:

b	a	$y = f(a, b)$
0	0	1
0	1	1
1	0	1
1	1	0

$$y = f(a, b) = \overline{a \wedge b}$$

NOR-Verknüpfung

Bei einer *NOR-Verknüpfung* nimmt die Schaltfunktion $y = f(a, b)$ immer dann eine logische 1 an, wenn die Variablen a und b eine logische 0 annehmen, wie dies der nachfolgenden

Wahrheitstabelle mit der angegebenen Schaltfunktion und dem zugehörigen grafischen Symbol für Schaltpläne zu entnehmen ist.

Wahrheitstabelle:

b	a	y = f(a, b)
0	0	1
0	1	0
1	0	0
1	1	0

Schaltfunktion:

$$y = f(a, b) = \overline{a \vee b}$$

Grafisches Symbol:

Antivalenz (XOR-Verknüpfung)

Bei einer *Antivalenz* (*XOR-Verknüpfung*) nimmt die Schaltfunktion $y = f(a, b)$ immer dann eine logische 0 an, wenn die Variablen a und b den gleichen logischen Zustand annehmen, wie dies der nachfolgenden Wahrheitstabelle mit der angegebenen Schaltfunktion und dem zugehörigen grafischen Symbol für Schaltpläne zu entnehmen ist.

Wahrheitstabelle:

b	a	y = f(a, b)
0	0	0
0	1	1
1	0	1
1	1	0

Schaltfunktion:

$$y = f(a, b) = a \leftrightarrow b$$
$$= (a \wedge \overline{b}) \vee (\overline{a} \wedge b)$$

Grafisches Symbol:

Äquivalenz (XNOR-Verknüpfung)

Bei einer *Äquivalenz* (*XNOR-Verknüpfung*) nimmt die Schaltfunktion $y = f(a, b)$ immer dann eine logische 1 an, wenn die Variablen a und b den gleichen logischen Zustand annehmen, wie dies der nachfolgenden Wahrheitstabelle mit der angegebenen Schaltfunktion und dem zugehörigen grafischen Symbol für Schaltpläne zu entnehmen ist.

Wahrheitstabelle:

b	a	y = f(a, b)
0	0	1
0	1	0
1	0	0
1	1	1

Schaltfunktion:

$$y = f(a, b) = a \leftrightarrow b$$
$$= (a \wedge b) \vee (\overline{a} \wedge \overline{b})$$

Grafisches Symbol:

Umformung der NAND- und NOR-Verknüpfungen in die Grundverknüpfungen – Zweckmäßig?

Die begrenzte Vielzahl der verschiedenen Verknüpfungen orientiert sich primär daran, eine möglichst geringe Anzahl verschiedener digitaler Schaltkreise zu bevorraten. So können beispielsweise sämtliche Grundverknüpfungen mit einer NAND- oder NOR-Verknüpfung realisiert werden, womit sich die Bevorratung an digitalen Schaltkreisen deutlich reduziert. Wie Sie diese Schaltkreise dafür nutzen können, wird in diesem Abschnitt für die NAND- und NOR-Verknüpfung, jeweils beginnend mit der Negation, beschrieben.

Die Vorgehensweise für die Realisierung der Negation ergibt sich daraus, dass es zwei Möglichkeiten gibt:

1. Bei einer Verknüpfung mit n Eingängen wird nur ein Eingang benutzt und an alle anderen Eingänge wird eine Konstante 1 oder 0 gelegt.

2. Bei einer Verknüpfung mit n Eingängen werden alle Eingänge miteinander verbunden, sodass nur ein Eingang vorliegt.

Realisierung der Negation mit einer NAND-Verknüpfung

Ausgehend von der Schaltfunktion für eine NAND-Verknüpfung mit n Eingängen folgt für die 1. Möglichkeit:

$$y(a, b, \ldots) = \overline{(a \wedge b \wedge \ldots)} \tag{10.1}$$

Werden jetzt in Formel 10.1 die Variable b und die weiteren Variablen gleich der Konstanten 1 gesetzt, so folgt mit Regel 14 in Kapitel 9:

$$y(a, b = 1, \ldots) = \overline{(a \wedge 1 \wedge \ldots)} = \overline{a} \tag{10.2}$$

Die so erhaltene Formel 10.2 ergibt die Negation der Variablen a, wenn an den oder die freien Eingänge eine Konstante 1 angelegt wird und es kann folgende *Ersatzschaltung für die Negation* angegeben werden:

Ausgehend von der Schaltfunktion für eine NAND-Verknüpfung mit n Eingängen folgt für die *2. Möglichkeit* durch Gleichsetzen sämtlicher Variablen mit der Variablen a in Formel 10.1 durch Anwendung der Regel 15 in Kapitel 12 Folgendes:

$$y(a, b = a, \ldots) = \overline{(a \wedge a \wedge \ldots)} = \overline{a} \tag{10.3}$$

Die so erhaltene Formel 10.3 ergibt die Negation der Variablen a und es kann folgende *Ersatzschaltung für die Negation* angegeben werden:

Welche der beiden Varianten Sie nun einsetzen, hängt im Wesentlichen vom zu entwerfenden Layout für die jeweilige digitale Schaltung ab.

Realisierung der UND-Verknüpfung mit NAND-Verknüpfungen

Eine UND-Verknüpfung kann auf einfache Weise mit einer NAND-Verknüpfung und nachgeschalteter Negation realisiert werden, wie nachfolgend mit Formel 10.4 hergeleitet wird.

$$y(a, b, \cdots) = a \wedge b \wedge \ldots = \overline{\overline{a \wedge b \wedge \ldots}} \tag{10.4}$$

Mit Formel 10.4 folgt dann für die *Ersatzschaltung einer UND-Verknüpfung mit NAND-Verknüpfungen*:

Realisierung der ODER-Verknüpfung mit NAND-Verknüpfungen

Eine ODER-Verknüpfung kann auf einfache Weise durch Umformung der ODER-Funktion durch doppelte Negation entsprechend Regel 21 und Anwendung des De Morgan'schen Theorems zur Umwandlung der Disjunktion in eine Konjunktion entsprechend Regel 31 in Kapitel 9 mit einer NAND-Verknüpfung und den Eingängen vorgeschalteten Negationen mit jeweils einer NAND-Verknüpfung realisiert werden, wie nachfolgend mit Formel 10.5 hergeleitet wird.

$$y(a, b, \cdots) = a \vee b \vee \ldots = \overline{\overline{a \vee b \vee \ldots}} = \overline{\overline{a} \wedge \overline{b} \wedge \ldots} \tag{10.5}$$

Alternativ kann dies auch durch Änderung der Kennung des grafischen Symbols von einer Disjunktion in eine Konjunktion und Negation der Ein- und Ausgänge erfolgen, also durch einfaches Umzeichnen des vorhandenen grafischen Symbols der ODER-Verknüpfung.

Realisierung der Negation mit einer NOR-Verknüpfung

Ausgehend von der Schaltfunktion für eine NOR-Verknüpfung mit n Eingängen folgt für die 1. Möglichkeit:

$$y(a, b, \ldots) = \overline{(a \vee b \vee \ldots)} \tag{10.6}$$

Werden jetzt in Formel 10.6 die Variablen b und alle weiteren Variablen gleich der Konstanten 0 gesetzt, so folgt mit Regel 17 in Kapitel 9:

$$y(a, b = 0, \ldots) = \overline{(a \vee 0 \vee \ldots)} = \overline{a} \tag{10.7}$$

Die so erhaltene Formel 10.7 ergibt die Negation der Variablen a, wenn an den oder die freien Eingänge eine Konstante 0 angelegt wird, und es kann folgende *Ersatzschaltung für die Negation* angegeben werden:

Ausgehend von der Schaltfunktion für eine NOR-Verknüpfung mit n Eingängen folgt für die *2. Möglichkeit* durch Gleichsetzen sämtlicher Variablen mit der Variablen a in Formel 10.6 durch Anwendung der Regel 19 in Kapitel 9 Folgendes:

$$y(a, b = a, \ldots) = \overline{(a \vee a \vee \ldots)} = \overline{a} \tag{10.8}$$

Die so erhaltene Formel 10.8 ergibt die Negation der Variablen a und es kann folgende *Ersatzschaltung für die Negation* angegeben werden:

Welche der beiden Varianten Sie nun einsetzen, hängt im Wesentlichen vom zu entwerfenden Layout für die jeweilige digitale Schaltung ab.

Realisierung der UND-Verknüpfung mit NOR-Verknüpfungen

Eine UND-Verknüpfung kann auf einfache Weise durch Umformung der UND-Verknüpfung durch doppelte Negation entsprechend Regel 21 und Anwendung des De Morgan'schen Theorems zur Umwandlung der Konjunktion in eine Disjunktion entsprechend Regel 30 in Kapitel 9 mit einer NOR-Verknüpfung und den Eingängen vorgeschalteten Negationen mit jeweils einer NOR-Verknüpfung realisiert werden, wie nachfolgend mit Formel 10.9 hergeleitet und als Ersatzschaltung für die UND-Verknüpfung angegeben wird.

$$y(a, b, \cdots) = a \wedge b \wedge \ldots = \overline{\overline{a \wedge b \wedge \ldots}} = \overline{\overline{a} \vee \overline{b} \vee \ldots} \qquad (10.9)$$

Alternativ kann dies auch durch Änderung der Kennung des grafischen Symbols von einer Konjunktion in eine Disjunktion und Negation der Ein- und Ausgänge erfolgen, also durch einfaches Umzeichnen des vorhandenen grafischen Symbols der UND-Verknüpfung.

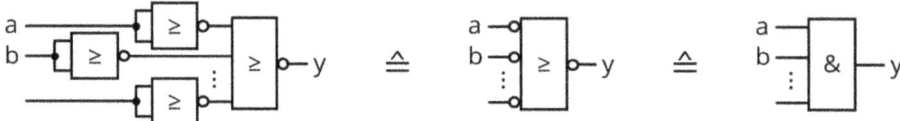

Realisierung der ODER-Verknüpfung mit NOR-Verknüpfungen

Eine ODER-Verknüpfung kann auf einfache Weise mit einer NOR-Verknüpfung und nachgeschalteter Negation mit einer NOR-Verknüpfung realisiert werden, wie nachfolgend mit Formel 10.10 hergeleitet wird.

$$y(a, b, \cdots) = a \vee b \vee \ldots = \overline{\overline{a \vee b \vee \ldots}} \qquad (10.10)$$

Mit Formel 10.10 folgt dann für die *Ersatzschaltung einer ODER-Verknüpfung mit NOR-Verknüpfungen*:

Gegenüberstellung der grafischen Symbole für Schaltpläne nach aktuellen und alten Standards - Aus alt wird neu

Da nach wie vor nicht immer die aktuellen internationalen grafischen Symbole für Schaltpläne entsprechend der IEC 60617-12:1997 beziehungsweise deren deutsche Übersetzung entsprechend DIN EN 60617-12:1999-04 verwendet werden, sollen sie hier für die wesentlichen Verknüpfungen den alten, nicht mehr aktuellen Normen gegenübergestellt werden. In Abbildung 10.1 sind sie dargestellt, wobei in der vierten Spalte, die aktuell zu verwendenden grafischen Symbolen angegeben sind. Die alten grafischen Symbole nach DIN 40700/DIN 40900 sind kaum noch anzutreffen und werden seit circa 1996 durch die IEC 60617 ersetzt. Anders sieht es hier mit den Standards der amerikanischen Institutionen ANSI/IEEE Std 91/91A:1984/91 aus, die aufgrund mangelnder Akzeptanz der IEC 60617 im amerikanischen Sprachraum immer noch Verwendung finden, insbesondere auch in Datenblättern der Halbleiterhersteller.

KAPITEL 10 Logische Grundverknüpfungen und deren grafische Symbole

Verwendete Benennungen (deutsch/ englisch)	Wahrheits-tabelle	Schalt-funktion y	Schaltsymbol DIN EN 60617-12:1999-04; ANSI/IEEE Std 91a-1991)*	Darstellung alt nach DIN 40700)**	ANSI/IEEE Std 91-1984; ANSI/IEEE Std 91a-1991)***
UND-Verknüpfung (Konjunktion)/ AND	b a | y 0 0 | 0 0 1 | 0 1 0 | 0 1 1 | 1	$a \wedge b$	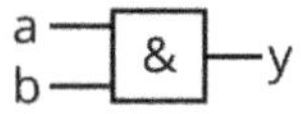	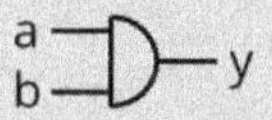	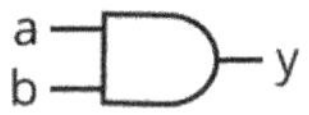
ODER-Verknüpfung (Disjunktion)/ OR	b a | y 0 0 | 0 0 1 | 1 1 0 | 1 1 1 | 1	$a \vee b$	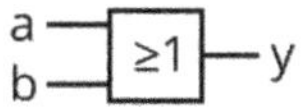	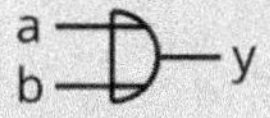	
Negation/ NOT	a | y 0 | 1 1 | 0	$\bar{a}$	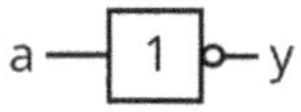	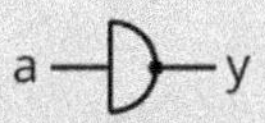	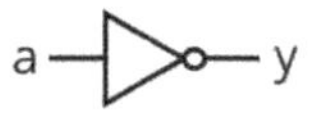
NAND-Verknüpfung/ NAND	b a | y 0 0 | 1 0 1 | 1 1 0 | 1 1 1 | 0	$\overline{a \wedge b}$	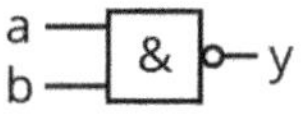	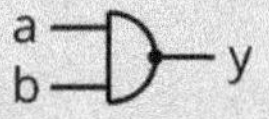	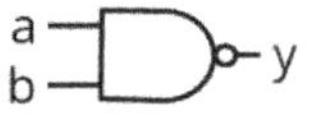
NOR-Verknüpfung/ NOR	b a | y 0 0 | 1 0 1 | 0 1 0 | 0 1 1 | 0	$\overline{a \vee b}$	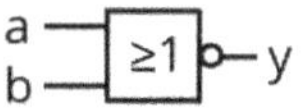	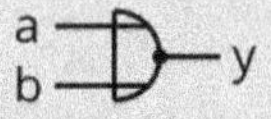	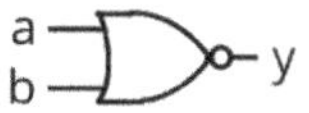
Antivalenz (XOR-Verknüpfung)/ XOR	b a | y 0 0 | 0 0 1 | 1 1 0 | 1 1 1 | 0	$a \leftrightarrow b$	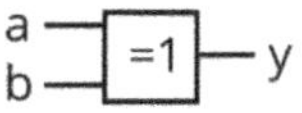	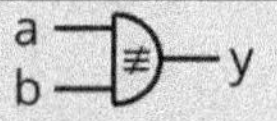 oder 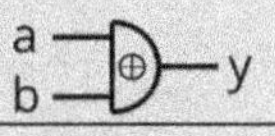	
Äquivalenz (XNOR-Verknüpfung)/ XNOR	b a | y 0 0 | 1 0 1 | 0 1 0 | 0 1 1 | 1	$a \leftrightarrow b$	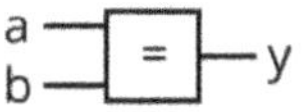	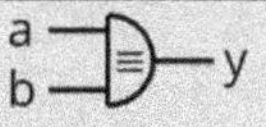 oder 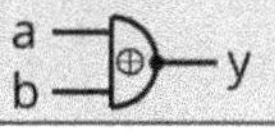	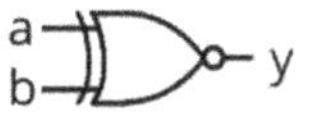

)*   Hierbei handelt es sich um die aktuelle deutsche Übersetzung der internationalen Norm IEC 60617-12:1997, die weltweit gültig ist. Des Weiteren sind die Symbole auch im Standard ANSI/IEEE Std 91a-1991 spezifiziert.

)** Diese Darstellung wurde bis 1976 in Deutschland verwendet.

)*** Alter ANSI/IEEE Std 91-1984 beziehungsweise auch ANSI/IEEE Std 91a-1991, die aufgrund mangelnder Akzeptanz der IEC 60617-12 im amerikanischen Sprachraum und in den Datenbüchern immer noch verwendet wird.

Abbildung 10.1: Gegenüberstellung grafischer Symbole für Schaltpläne in alten und neuen nationalen, internationalen und amerikanischen Standards

Übungen: Logische Grundverknüpfungen

Übung 10.1:

Welche der folgenden Systeme von Verknüpfungen sind allein ausreichend, um alle Boole'schen Funktionen darstellen zu können? Geben Sie an, ob die Aussage für das jeweilige System wahr oder falsch ist.

a) UND-Antivalenz   b) UND-ODER-Negation   c) UND-ODER   d) ODER-Negation

e) Antivalenz   f) NAND   g) Äquivalenz   h) NOR

Übung 10.2:

Entwerfen Sie eine Negation auf zwei Wegen mit NAND-Verknüpfungen mit zwei Eingängen und geben Sie dazu die entsprechende Schaltfunktion an.

Übung 10.3:

Entwerfen Sie eine Negation auf zwei Wegen mit NOR-Verknüpfungen mit zwei Eingängen und geben Sie dazu die entsprechende Schaltfunktion an.

Übung 10.4:

Geben Sie für die Schaltfunktion $y = (x_1 \wedge \overline{x_2}) \vee (\overline{x_1} \wedge x_2)$ die Verknüpfungsschaltung nur mit

a) NAND-Verknüpfungen und

b) NOR-Verknüpfungen

an, indem Sie zunächst die Schaltfunktion mittels der Regeln der Schaltalgebra umformen.

Übung 10.5:

Geben Sie für folgendes Schaltnetz durch Umzeichnen die Verknüpfungsschaltung nur mit

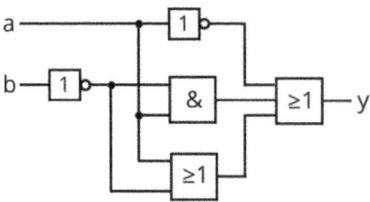

a) NAND-Verknüpfungen und

b) NOR-Verknüpfungen

an.

> **IN DIESEM KAPITEL**
>
> Disjunktive und konjunktive Normalform als Basis von Vereinfachungsverfahren
>
> Min- und Maxterme in der disjunktiven und konjunktiven Normalform
>
> Umwandlung der disjunktiven in die konjunktive Normalform und umgekehrt
>
> Übungen zu den Normalformen

Kapitel 11
Normalformen, Min- und Maxterme – Gute Umgangsformen

Disjunktive und konjunktive Normalformen, Min- und Maxterme – Welche denn?

Für die Darstellung einer Schaltfunktion sind verschiedene Darstellungsformen denkbar, allerdings ist es sinnvoll und zweckmäßig, immer gleiche Formen für einen systematischen Entwurf von Schaltnetzen zu wählen, auch um Fehler beim Entwurf von Schaltnetzen zu vermeiden. Die beiden wichtigsten verwendeten Formen sind die

- ✔ *disjunktive* und
- ✔ die *konjunktive Normalform*.

Die *disjunktive Normalform (DNF)* einer Schaltfunktion erhält man, wenn alle Kombinationsmöglichkeiten der Variablen, für die die Schaltfunktion die Konstante 1 annimmt, disjunktiv miteinander verknüpft werden. Jede dieser Kombinationen aller Variablen stellt dabei die konjunktive Verknüpfung entweder der in nicht negierter Form oder in negierter Form vorliegenden Variablen dar und wird deshalb auch häufig als *Vollkonjunktion* oder *Kanonische Disjunktive Normalform (kDNF)* bezeichnet.

In Abbildung 11.1 sind alle möglichen Terme m_i für $i = 0, 1, \ldots, 7$ der drei Variablen a, b und c angegeben, für die die Schaltfunktion eine Konstante 1 ergibt. Die Terme m_i werden *Minterme* genannt, wobei hier i durch die Wertigkeit der Stellen gegeben ist mit 1 für die 0. Stelle, 2 für die 1. Stelle und 4 für die 2. Stelle.

Nr.	c	b	a	m_0	m_1	m_2	m_3	m_4	m_5	m_6	m_7	y	$\bar{y}$
0	0	0	0	1	0	0	0	0	0	0	0	1	0
1	0	0	1	0	1	0	0	0	0	0	0	0	1
2	0	1	0	0	0	1	0	0	0	0	0	1	0
3	0	1	1	0	0	0	1	0	0	0	0	0	1
4	1	0	0	0	0	0	0	1	0	0	0	1	0
5	1	0	1	0	0	0	0	0	1	0	0	0	1
6	1	1	0	0	0	0	0	0	0	1	0	0	1
7	1	1	1	0	0	0	0	0	0	0	1	1	0

Abbildung 11.1: Mögliche Minterme einer Schaltfunktion mit drei Variablen am Beispiel einer gegebenen Schaltfunktion

Ein *Minterm* besteht aus einer Konjunktion aller Variablen entweder in nicht negierter Form oder in negierter Form, wobei die Schaltfunktion für diese Kombination die Konstante 1 annimmt.

Für die Schaltfunktion y in Abbildung 11.1 ergibt sich somit folgende *disjunktive Normalform*

$$y = \underbrace{(\bar{a} \wedge \bar{b} \wedge \bar{c})}_{m_0} \vee \underbrace{(\bar{a} \wedge b \wedge \bar{c})}_{m_2} \vee \underbrace{(\bar{a} \wedge \bar{b} \wedge c)}_{m_4} \vee \underbrace{(a \wedge b \wedge c)}_{m_7} \tag{11.1}$$

beziehungsweise

$$y = m_0 \vee m_2 \vee m_4 \vee m_7 \tag{11.2}$$

oder in der Kurzschreibweise entsprechend DIN 66000:1985-11

$$y = \vee\,(m_0, m_2, m_4, m_7). \tag{11.3}$$

Für die Umkehrfunktion der Schaltfunktion $\bar{y}$ in Abbildung 11.1 folgt für die *disjunktive Normalform*

$$\bar{y} = \underbrace{(a \wedge \bar{b} \wedge \bar{c})}_{m_1} \vee \underbrace{(a \wedge b \wedge \bar{c})}_{m_3} \vee \underbrace{(a \wedge \bar{b} \wedge c)}_{m_5} \vee \underbrace{(\bar{a} \wedge b \wedge c)}_{m_6} \tag{11.4}$$

beziehungsweise

$$\bar{y} = m_1 \vee m_3 \vee m_5 \vee m_6 \tag{11.5}$$

oder in der Kurzschreibweise entsprechend DIN 66000:1985-11

$$\bar{y} = \vee\,(m_1, m_3, m_5, m_6). \tag{11.6}$$

Die *konjunktive Normalform (KNF)* einer Schaltfunktion erhält man, wenn man alle Kombinationsmöglichkeiten der Variablen, für die die Schaltfunktion die Konstante 0 annimmt, konjunktiv miteinander verknüpft. Jede dieser Kombinationen aller Variablen stellt dabei die disjunktive Verknüpfung entweder der in nicht negierter Form oder in negierter Form vorliegenden Variablen dar und wird deshalb auch häufig als *Volldisjunktion* oder *kanonische konjunktive Normalform (kKNF)* bezeichnet.

Für die gleiche Schaltfunktion wie in Abbildung 11.1 sind in Abbildung 11.2 alle möglichen Terme M_i für $i = 0, 1, \ldots, 7$ der drei Variablen a, b und c angegeben, für die die Schaltfunktion die Konstante 0 ergibt. Die Terme M_i werden *Maxterme* genannt, wobei hier i durch die Wertigkeit der Stellen gegeben ist, mit 1 für die 0. Stelle, 2 für die 1. Stelle und 4 für die 2. Stelle.

Nr.	c	b	a	M_7	M_6	M_5	M_4	M_3	M_2	M_1	M_0	y	$\bar{y}$
0	0	0	0	0	1	1	1	1	1	1	1	1	0
1	0	0	1	1	0	1	1	1	1	1	1	0	1
2	0	1	0	1	1	0	1	1	1	1	1	1	0
3	0	1	1	1	1	1	0	1	1	1	1	0	1
4	1	0	0	1	1	1	1	0	1	1	1	1	0
5	1	0	1	1	1	1	1	1	0	1	1	0	1
6	1	1	0	1	1	1	1	1	1	0	1	0	1
7	1	1	1	1	1	1	1	1	1	1	0	1	0

Abbildung 11.2: Mögliche Maxterme einer Schaltfunktion mit drei Variablen am Beispiel einer gegebenen Schaltfunktion

Ein *Maxterm* besteht aus einer Disjunktion aller Variablen entweder in nicht negierter Form oder in negierter Form, wobei die Schaltfunktion für diese Kombination die Konstante 0 annimmt.

Für die Schaltfunktion y in Abbildung 11.2 ergibt sich somit folgende *konjunktive Normalform*

$$y = \underbrace{(a \vee \bar{b} \vee \bar{c})}_{M_1} \wedge \underbrace{(\bar{a} \vee b \vee \bar{c})}_{M_2} \wedge \underbrace{(\bar{a} \vee \bar{b} \vee c)}_{M_4} \wedge \underbrace{(\bar{a} \vee b \vee c)}_{M_6} \tag{11.7}$$

beziehungsweise

$$y = M_1 \wedge M_2 \wedge M_4 \wedge M_6 \tag{11.8}$$

oder in der Kurzschreibweise entsprechend DIN 66000:1985-11

$$y = \wedge\,(M_1, M_2, M_4, M_6). \tag{11.9}$$

Für die Umkehrfunktion der Schaltfunktion $\bar{y}$ in Abbildung 11.2 folgt für die *konjunktive Normalform*

$$\bar{y} = \underbrace{(\bar{a} \vee \bar{b} \vee \bar{c})}_{M_0} \wedge \underbrace{(a \vee b \vee \bar{c})}_{M_3} \wedge \underbrace{(a \vee \bar{b} \vee c)}_{M_5} \wedge \underbrace{(a \vee b \vee c)}_{M_7} \tag{11.10}$$

beziehungsweise

$$\bar{y} = M_0 \wedge M_3 \wedge M_5 \wedge M_7 \tag{11.11}$$

oder in der Kurzschreibweise entsprechend DIN 66000:1985-11

$$\bar{y} = \wedge\,(M_0, M_3, M_5, M_7). \tag{11.12}$$

In Abbildung 11.1 und Abbildung 11.2 sind die disjunktive und die konjunktive Normalform für die gleiche Schaltfunktion angegeben, weswegen die Normalformen ineinander umzuwandeln sein müssen.

Umwandlung der Normalformen – hin und her

Die Umwandlung der jeweiligen Normalform in die jeweils andere Normalform ergibt sich aus der Negation der jeweiligen Umkehrfunktion (siehe Abbildung 11.1 und Abbildung 11.2).

Umwandlung der disjunktiven Normalform in die konjunktive Normalform

Die DNF der Umkehrfunktion in Abbildung 11.1 entspricht Formel 11.5:

$$\bar{y} = m_1 \vee m_3 \vee m_5 \vee m_6 \tag{11.13}$$

Die Schaltfunktion y erhalten Sie durch Negation der Umkehrfunktion:

$$\bar{\bar{y}} = \overline{m_1 \vee m_3 \vee m_5 \vee m_6} \tag{11.14}$$

Durch Anwendung des De Morgan'schen Theorems (Regel 31) und Regel 21 in Kapitel 9 folgt für die Schaltfunktion in nicht negierter Form:

$$y = \overline{m_1} \wedge \overline{m_3} \wedge \overline{m_5} \wedge \overline{m_6} \tag{11.15}$$

Mit $\overline{m_0} = M_7, \overline{m_1} = M_6, \cdots, \overline{m_7} = M_0$ aus Abbildung 11.1 und Abbildung 11.2 folgt die *konjunktive Normalform (KNF)*:

$$y = M_6 \wedge M_4 \wedge M_2 \wedge M_1 \tag{11.16}$$

Umwandlung der konjunktiven Normalform in die disjunktive Normalform

Die KNF der Umkehrfunktion in Abbildung 11.2 entspricht Formel 11.11:

$$\bar{y} = M_0 \wedge M_3 \wedge M_5 \wedge M_7 \tag{11.17}$$

Die Schaltfunktion y erhalten Sie durch Negation der Umkehrfunktion:

$$\bar{\bar{y}} = \overline{M_0 \wedge M_3 \wedge M_5 \wedge M_7} \tag{11.18}$$

Durch Anwendung des De Morgan'schen Theorems (Regel 30) und Regel 21 in Kapitel 9 folgt für die Schaltfunktion in nicht negierter Form

$$y = \overline{M_0} \vee \overline{M_3} \vee \overline{M_5} \vee \overline{M_7} \tag{11.19}$$

Mit $\overline{M_0} = m_7, \overline{M_1} = m_6, \cdots, \overline{M_7} = m_0$ aus Abbildung 11.1 und Abbildung 11.2 folgt die *disjunktive Normalform (DNF)*:

$$y = m_7 \vee m_4 \vee m_2 \vee m_0 \tag{11.20}$$

Übungen: Normalformen

Übung 11.1:

Geben Sie für die gegebene Wahrheitstabelle

Nr.	c	b	a	y
0	0	0	0	0
1	0	0	1	1
2	0	1	0	1
3	0	1	1	0
4	1	0	0	1
5	1	0	1	0
6	1	1	0	0
7	1	1	1	1

a) die disjunktive und b) die konjunktive Normalform

der Schaltfunktion y an. Leiten Sie dabei die konjunktive Normalform von der negierten Schaltfunktion $\bar{y}$ ab, indem Sie die Wahrheitstabelle entsprechend ergänzen.

Übung 11.2:

Geben Sie für die gegebene Wahrheitstabelle

Nr.	d	c	b	a	y
0	0	0	0	0	1
1	0	0	0	1	1
2	0	0	1	0	1
3	0	0	1	1	0
4	0	1	0	0	1
5	0	1	0	1	1
6	0	1	1	0	1
7	0	1	1	1	0
8	1	0	0	0	1
9	1	0	0	1	1
10	1	0	1	0	1
11	1	0	1	1	0
12	1	1	0	0	1
13	1	1	0	1	1
14	1	1	1	0	1
15	1	1	1	1	0

a) die konjunktive und b) die disjunktive Normalform

der Schaltfunktion y an. Leiten Sie dabei die disjunktive Normalform von der negierten Schaltfunktion $\bar{y}$ ab, indem Sie die Wahrheitstabelle entsprechend ergänzen.

Teil V
Analyse von Schaltnetzen – Schauen wir mal

> **IN DIESEM TEIL ...**
>
> Werden Ziele der Analyse eines Schaltnetzes behandelt.
>
> Sie werden zwei Methoden für die Analyse von gegebenen Schaltnetzen kennenlernen.
>
> Zusätzlich stehen Übungen zur Vertiefung zur Verfügung.

> **IN DIESEM KAPITEL**
>
> Ziele und Vorgehensweisen bei der Analyse eines gegebenen Schaltnetzes
>
> Aufstellen der Wahrheitstabelle und Schaltfunktion
>
> Analyse eines gegebenen Schaltnetzes durch Vorgabe der Konstanten für die Variablen
>
> Analyse eines gegebenen Schaltnetzes mittels Einführung von Teilfunktionen
>
> Übungen zur Analyse von Schaltnetzen

Kapitel 12
Methoden für die Analyse von Schaltnetzen – Wie geht das?

Ziele und Vorgehensweisen

Bei der Analyse von Schaltnetzen handelt es sich um die systematische Analyse eines gegebenen Schaltnetzes, um entweder

- ✔ die erforderliche *Wahrheitstabelle* und/oder
- ✔ die *Schaltfunktion*

des gegebenen Schaltnetzes für die weitere Verarbeitung zu erhalten.

Hierzu können Sie auf zwei Wegen vorgehen:

1. Anlegen der Konstanten 0 und 1 an die Variablen (Schaltvariablen), um das Verhalten der Schaltfunktion auszuwerten und in Zwischenschritten in eine Wahrheitstabelle einzutragen, wobei hier bei den Eingängen begonnen und schrittweise die Auswertung in Richtung der Schaltfunktion vorgenommen wird.

2. Eintragung von internen Zwischengrößen in das Schaltnetz, Erstellen von Teilfunktionen des Schaltnetzes und Zusammenführung zur Schaltfunktion, wobei hier bei den Variablen (Eingänge) oder bei der Schaltfunktion (Ausgang) begonnen werden kann und schrittweise in Richtung der Schaltfunktion (Ausgang) oder Variablen (Eingänge) vorgegangen wird.

Im Folgenden werden diese zwei verschiedenen Vorgehensweisen für die Ermittlung der gesuchten Wahrheitstabelle beziehungsweise der gesuchten Schaltfunktion eines gegebenen Schaltnetzes vorgestellt. Die Beschreibung erfolgt Schritt für Schritt mit ausführlichen Erläuterungen, sodass Sie die einzelnen Schritte verfolgen können sollten.

Analyse mittels Vorgabe von Konstanten für die Variablen – Vorgaben machen Sie

Bei dieser Methode werden die Konstanten 0 und 1 in allen Kombinationsmöglichkeiten der Variablen an das gegebene Schaltnetz gelegt und schrittweise in eine Wahrheitstabelle für jede Verknüpfung in Zwischenschritten in die Schaltung eingetragen und ausgewertet. Begonnen wird hier mit den Eingängen (Variablen) und schrittweiser Auswertung in Richtung der Schaltfunktion.

In Abbildung 12.1 ist ein Schaltnetz angegeben, für das jetzt die Analyse durchgeführt werden soll. Hierbei wird bei den Variablen a, b und c begonnen und im 1. Schritt die Wahrheitstabelle für alle 2^n Kombinationsmöglichkeiten der Variablen mit $n = 3$, der Anzahl der Variablen aufgestellt, wie dies in Abbildung 12.2 dargestellt ist.

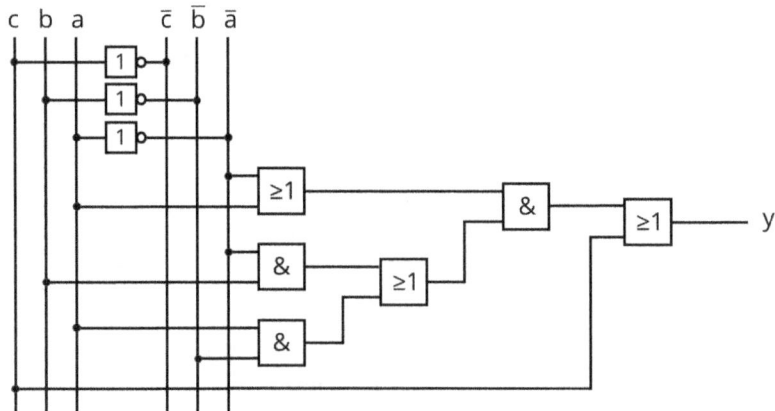

Abbildung 12.1: Gegebenes Schaltnetz für die Analyse zur Ermittlung der Wahrheitstabelle und der Schaltfunktion

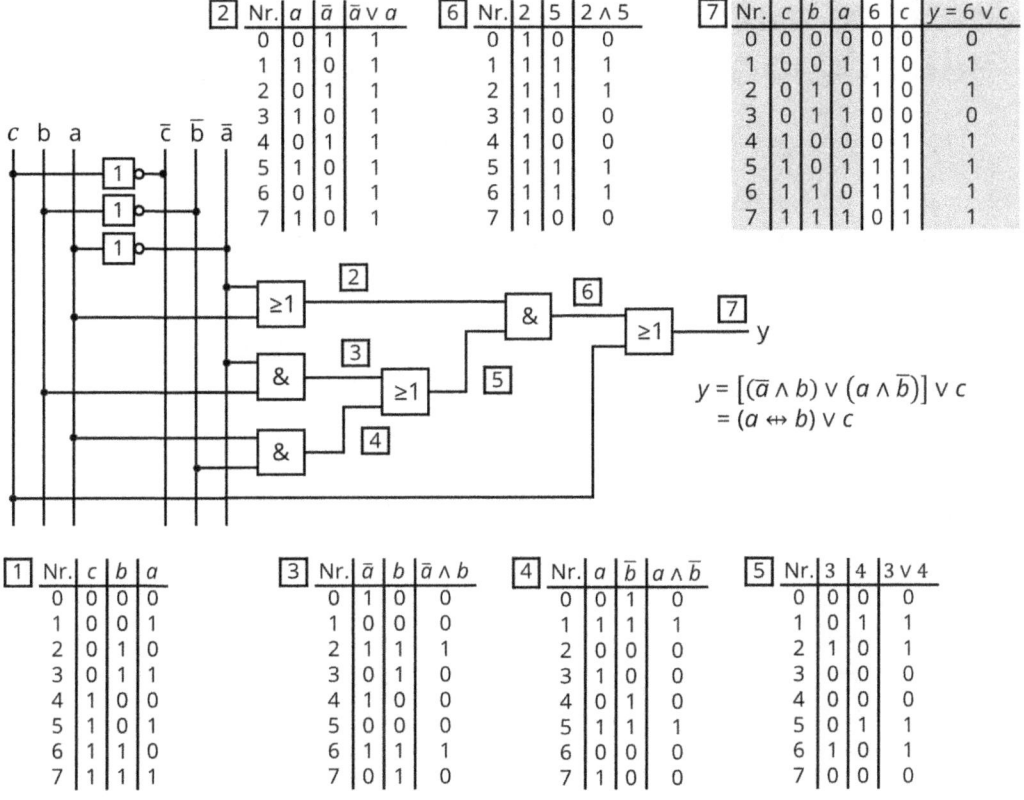

Abbildung 12.2: Schrittweise Ermittlung der Wahrheitstabelle für ein gegebenes Schaltnetz

Darauf folgend werden jetzt die Wahrheitstabellen für jede der Teilfunktionen 2 bis 7 aufgestellt. Für die Teilfunktion 7 ergibt sich dann die Wahrheitstabelle der Schaltfunktion y des gegebenen Schaltnetzes. Aus dieser Wahrheitstabelle kann jetzt die Schaltfunktion in der *disjunktiven Normalform* mit den sechs *Mintermen* abgeleitet werden, die folgendermaßen lautet:

$$y = (a \wedge \overline{b} \wedge \overline{c}) \vee (\overline{a} \wedge b \wedge \overline{c}) \vee (\overline{a} \wedge \overline{b} \wedge c) \vee (a \wedge \overline{b} \wedge c) \vee (\overline{a} \wedge b \wedge c) \vee (a \wedge b \wedge c) \quad (12.1)$$

Im nächsten Schritt kann entweder durch Umformung unter Anwendung der Regeln der Schaltalgebra oder wie im vorliegenden Fall durch »leichtes Hinsehen« sogar die Minimalform der Schaltfunktion angegeben werden, die wie folgt lautet:

$$y = \underbrace{[(\overline{a} \wedge b) \vee (a \wedge \overline{b})]}_{= a \leftrightarrow b} \vee c = (a \leftrightarrow b) \vee c \quad (12.2)$$

Analyse mittels Einführung von Teilfunktionen – Ich will nicht teilen

Bei dieser Methode werden jetzt Teilfunktionen der Verknüpfungen gebildet, und durch schrittweises Einsetzen der Teilfunktionen, bis nur noch die Variablen vorhanden sind, erhält man die Schaltfunktion. Hierzu können Sie von links nach rechts, also von den Eingängen (Variablen) zu dem Ausgang (Schaltfunktion), oder von rechts nach links vorgehen.

 Es wird hier das gleiche Schaltnetz wie im vorangegangenen Abschnitt verwendet, um die Unterschiede bei den beiden Vorgehensweisen zu verdeutlichen, wie dies in Abbildung 12.3 dargestellt ist.

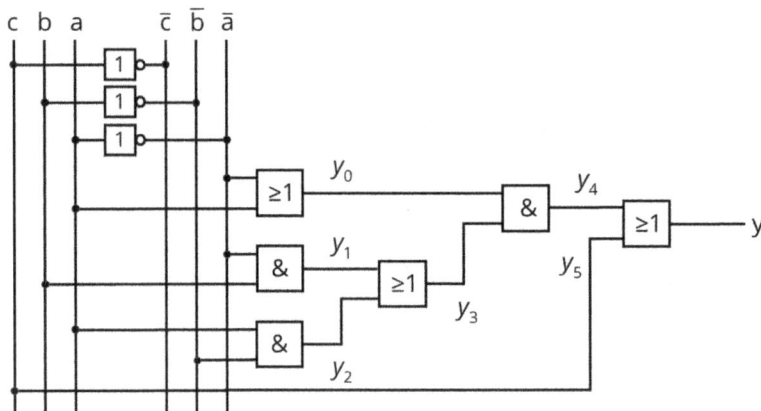

Abbildung 12.3: Analyse eines gegebenen Schaltnetzes durch Einführen von Teilfunktionen

Im ersten Schritt werden zunächst die Teilfunktionen y_0, y_1 und y_2 entsprechend Abbildung 12.3 gebildet, diese lauten:

$$y_0 = \overline{a} \vee a \tag{12.3}$$

$$y_1 = \overline{a} \wedge b \tag{12.4}$$

$$y_2 = a \wedge \overline{b} \tag{12.5}$$

Als Nächstes wird die Teilfunktion y_3 entsprechend Abbildung 12.3 gebildet, die da lautet:

$$y_3 = y_1 \vee y_2 \tag{12.6}$$

Durch Einsetzen der Formel 12.4 und Formel 12.5 in Formel 12.6 folgt dann:

$$y_3 = (\overline{a} \wedge b) \vee (a \wedge \overline{b}) \tag{12.7}$$

In einem weiteren Schritt wird die Teilfunktion y_4 gebildet, die dann lautet:

$$y_4 = y_0 \wedge y_3 \tag{12.8}$$

Durch Einsetzen von Formel 12.3 und Formel 12.7 in Formel 12.8 folgt:

$$y_4 = \underbrace{(\overline{a} \vee a)}_{=1} \wedge [(\overline{a} \wedge b) \vee (a \wedge \overline{b})] = (\overline{a} \wedge b) \vee (a \wedge \overline{b}) \tag{12.9}$$

Für die weitere Teilfunktion y_5 folgt

$$y_5 = c \tag{12.10}$$

und als Ergebnis für die Schaltfunktion y ergibt sich dann:

$$y = y_4 \vee y_5 \tag{12.11}$$

Durch Einsetzen von Formel 12.9 und Formel 12.10 in Formel 12.11 folgt dann für die Schaltfunktion:

$$y = \underbrace{[(\overline{a} \wedge b) \vee (a \wedge \overline{b})]}_{= a \leftrightarrow b} \vee c = (a \leftrightarrow b) \vee c \tag{12.12}$$

Dieses Ergebnis ist nun identisch mit dem im vorangegangenen Abschnitt verwendeten Beispiel, allerdings ist hierbei nicht explizit die Wahrheitstabelle entstanden. Diese kann jetzt durch Eintragung der Schaltfunktion in eine Wahrheitstabelle gewonnen werden, aus der dann wiederum die disjunktive Normalform abgeleitet werden kann. Um die disjunktive Normalform zu erhalten, können Sie aber auch den schwierigeren Weg der Umformung der Schaltfunktion mittels der Regeln der Schaltalgebra beschreiten – dies würde ich Ihnen aber nicht unbedingt empfehlen. Probieren Sie das ruhig mal aus, und Sie werden sehen, dass das recht schwierig werden kann.

Übungen: Analyse von Schaltnetzen

Übung 12.1:

Analysieren Sie nachfolgendes Schaltnetz:

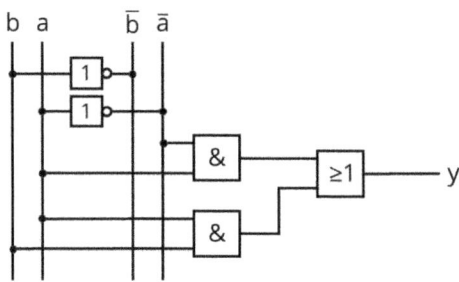

a) Geben Sie die Wahrheitstabelle, die disjunktive Normalform an und vereinfachen Sie die Schaltfunktion mittels der Regeln der Schaltalgebra so weit wie möglich, indem Sie die Konstanten 0 und 1 an die Variablen anlegen.

b) Ermitteln Sie die Schaltfunktion durch Einführung von Teilfunktionen.

Übung 12.2:

Analysieren Sie nachfolgendes Schaltnetz:

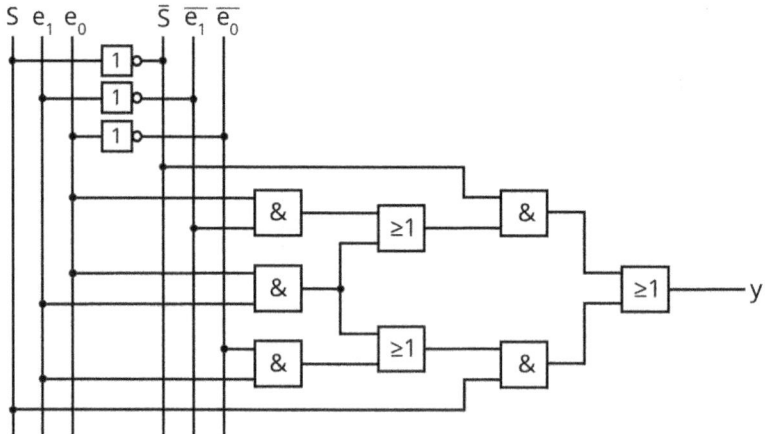

a) Geben Sie die Wahrheitstabelle, die disjunktive Normalform an und vereinfachen Sie die Schaltfunktion mittels der Regeln der Schaltalgebra so weit wie möglich, indem Sie die Konstanten 0 und 1 an die Variablen anlegen.

b) Ermitteln Sie die Schaltfunktion durch Einführung von Teilfunktionen.

Teil VI
Synthese von Schaltnetzen – Wie soll es denn werden?

IN DIESEM TEIL ...

Wird eine Einführung in die Vorgehensweise bei der Synthese von Schaltnetzen nach drei verschiedenen Methoden vorgenommen.

Sie lernen ein Verfahren zur Synthese unter Anwendung der Regeln der Schaltalgebra kennen.

Sie werden in den Gebrauch der Methode der Karnaugh-Veitch-Tafeln zur Minimierung von Schaltfunktionen eingeführt.

Sie werden die Methode nach Quine und McCluskey zur Minimierung von Schaltfunktionen kennenlernen.

Es werden Übungen zur Vertiefung der Synthese von Schaltnetzen angeboten.

> **IN DIESEM KAPITEL**
>
> Schrittweise Durchführung der Synthese an einem anschaulichen Beispiel
>
> Minimierung der Schaltfunktionen mittels der Rechen- und Vorrangregeln der Schaltalgebra
>
> Erstellen des minimierten Schaltnetzes
>
> Übungen zur Synthese mittels der Schaltalgebra

Kapitel 13
Methoden und Synthese mittels Regeln der Schaltalgebra – Einfach oder schwer?

Vorgehensweise und Methoden – Die richtige Strategie?

Im Folgenden soll Ihnen mit Beispielen gezeigt werden, wie Normalformen für eine Minimierung des formalen Aufwands für die Synthese von Schaltnetzen gewinnbringend eingesetzt werden können.

Die Synthese eines Schaltnetzes erfolgt in folgenden Schritten:

1. Formulierung der Problemstellung (meistens verbal)
2. Definition der Schaltvariablen (Variablen) und Schaltfunktionen
3. Aufstellen der Wahrheitstabelle
4. Aufstellen der Schaltfunktion(en)

5. Erstellen des Schaltnetzes aus der/den Schaltfunktion(en)

6. Minimierung (Vereinfachung) der Schaltfunktion(en)

7. Erstellen des Schaltnetzes aus der/den minimierten Schaltfunktion(en)

Hierzu sind sieben Schritte erforderlich, allerdings sind es real nur fünf Schritte, da die Schritte 4 und 5 im Normalfall übersprungen werden, weil direkt aus der Wahrheitstabelle eine minimierte Schaltfunktion abgeleitet wird – hier werden die Schritte 4 und 5 nur eingefügt, um den Umfang der erzielten Vereinfachung des Schaltnetzes zu verdeutlichen. Die Minimierung im 6. Schritt kann dabei auf drei verschiedenen Wegen erfolgen:

1. Minimierung unter Anwendung der *Regeln der Schaltalgebra*

2. Minimierung mit den *Karnaugh-Veitch-Tafeln*

3. Minimierung mit dem *Verfahren nach Quine und McCluskey*

Diese drei Verfahren werden in den folgenden Kapiteln anhand anschaulicher Beispiele vorgestellt, damit Sie die Verfahren verstehen und auch selbst anwenden können.

Im Folgenden wird Ihnen mit einem anschaulichen Beispiel für eine Zufahrtskontrolle einer Tiefgarage gezeigt werden, wie mittels der Rechen- und Vorrangregeln der Schaltalgebra Normalformen für eine Minimierung des formalen Aufwands für die Synthese von Schaltnetzen gewinnbringend eingesetzt werden können.

Synthese durch Anwendung der Schaltalgebra

Synthese eines Schaltnetzes für die Zufahrtskontrolle einer Tiefgarage

Exemplarisch soll die Synthese eines Schaltnetzes einer Zufahrtskontrolle einer Tiefgarage behandelt werden, die schrittweise die Vorgehensweise bei der Synthese eines Schaltnetzes aufzeigt.

1. Schritt: Formulierung der Problemstellung

Für eine kleine Tiefgarage mit nur drei Stellplätzen soll den Nutzern über eine Ampel signalisiert werden, ob noch ein Stellplatz frei ist und die Tiefgarage befahren werden kann. Die Ampel besteht aus den zwei Leuchtmeldern grün und rot. Der *Leuchtmelder grün* signalisiert, dass noch mindestens ein Stellplatz frei ist, und der *Leuchtmelder rot* signalisiert, dass kein Stellplatz mehr frei ist. Der jeweilige Leuchtmelder ist an, wenn eine Konstante 1 angelegt wird. Jeder Stellplatz ist mit einem Parkplatzsensor ausgestattet.

Die Parkplatzsensoren signalisieren mit einer Konstanten 1, dass der jeweilige Stellplatz belegt ist. Ist der jeweilige Stellplatz frei, signalisiert dies der jeweilige Parkplatzsensor mit einer Konstanten 0. Die Parkplätze sind von 1 bis 3 nummeriert.

Es soll das Schaltnetz für die Ansteuerung der *Leuchtmelder rot* und *Leuchtmelder grün* entworfen werden.

2. Schritt: Definition der Schaltvariablen (Variablen) und Schaltfunktionen

Es werden für die Parkplatzsensoren der drei Stellplätze drei Variablen benötigt. Diese werden entsprechend der Nummer des Stellplatzes mit p_1, p_2 und p_3 benannt. Ist ein Stellplatz belegt, so nimmt die jeweilige Variable die Konstante 1 an, andernfalls die Konstante 0. Die benötigten zwei Ausgangssignale (Schaltfunktionen) des Schaltnetzes zur Ansteuerung der Ampel sollen für den *Leuchtmelder grün* a_{gruen} und für den *Leuchtmelder rot* a_{rot} lauten. Die Leuchtmelder der Ampel sind beim Anlegen einer Konstanten 1 an und beim Anlegen einer Konstanten 0 aus.

3. Schritt: Aufstellen der Wahrheitstabelle

Mit der Definition der Variablen und der Schaltfunktionen ergibt sich die in Abbildung 13.1 dargestellte Wahrheitstabelle. Die Schaltfunktion a_{gruen} nimmt für alle Kombinationsmöglichkeiten der Variablen p_1, p_2 und p_3 die Konstante 1 an, für die maximal zwei Variablen eine Konstante 1 annehmen, es sind dann weniger als drei belegte Stellplätze vorhanden. Die Schaltfunktion a_{rot} nimmt nur für die Kombinationsmöglichkeit der Variablen p_1, p_2 und p_3 die Konstante 1 an, für die alle Variablen eine Konstante 1 annehmen, es sind dann alle Stellplätze belegt. Für alle anderen Kombinationsmöglichkeiten nimmt die Schaltfunktion a_{rot} die Konstante 0 an.

Nr.	p_3	p_2	p_1	a_{gruen}	a_{rot}
0	0	0	0	1	0
1	0	0	1	1	0
2	0	1	0	1	0
3	0	1	1	1	0
4	1	0	0	1	0
5	1	0	1	1	0
6	1	1	0	1	0
7	1	1	1	0	1

Abbildung 13.1: Wahrheitstabelle für die Ampel einer Tiefgaragenzufahrt

4. Schritt: Aufstellen der Schaltfunktionen

Es sind jetzt die beiden Schaltfunktionen a_{gruen} und a_{rot} aufzustellen. Die Schaltfunktion a_{gruen} ergibt sich durch eine ODER-Verknüpfung der Terme, für die die Schaltfunktion die Konstante 1 annimmt. In jedem dieser Terme kommt jede Variable entweder in Eigenform (nicht negierte Form) oder negierter Form vor. Alle Variablen werden für jeden Term konjunktiv verknüpft. Diese Form der Verknüpfung wird auch als disjunktive Normalform (DNF) bezeichnet und hat eine besondere Bedeutung für die weiteren Betrachtungen. Für die Schaltfunktion a_{rot} ergibt sich nur ein Term, bei dem alle Variablen konjunktiv miteinander verknüpft werden. Somit folgt für die Terme a_{gruen} und a_{rot}:

$$a_{\text{gruen}} = (\overline{p_1} \wedge \overline{p_2} \wedge \overline{p_3}) \vee (p_1 \wedge \overline{p_2} \wedge \overline{p_3}) \vee (\overline{p_1} \wedge p_2 \wedge \overline{p_3}) \vee (p_1 \wedge p_2 \wedge \overline{p_3}) \vee$$
$$(\overline{p_1} \wedge \overline{p_2} \wedge p_3) \vee (p_1 \wedge \overline{p_2} \wedge p_3) \vee (\overline{p_1} \wedge p_2 \wedge p_3)$$

$$a_{\text{rot}} = \underline{p_1 \wedge p_2 \wedge p_3}$$

Die Schaltfunktion a_gruen besteht insgesamt aus sieben Termen, wobei jeder Term mit einer Zeile in der Wahrheitstabelle korrespondiert, für die die jeweilige Schaltfunktion eine Konstante 1 annimmt. Jeder Term besteht wiederum aus der Konjunktion aller Variablen entweder in Eigenform oder in negierter Form. Diese Darstellung ist eine der beiden wesentlichen Normalformen. Im vorliegenden Fall handelt es sich um die *disjunktive Normalform* oder auch die ODER-Normalform, wobei die erste Benennung gebräuchlicher ist.

Für die Schaltfunktion a_rot gilt prinzipiell das Gleiche, nur dass die Schaltfunktion hier aus nur einem Term besteht.

5. Schritt: Erstellen der Schaltnetze aus den Schaltfunktionen

Für die Schaltfunktion a_gruen werden jetzt sieben UND-Verknüpfungen und eine ODER-Verknüpfung benötigt und für die Schaltfunktion a_rot lediglich eine UND-Verknüpfung. Über drei Negationen wird jeweils die negierte Variable in Eigenform gebildet. Die Benennungen in den zu entwerfenden Schaltnetzen (Schaltungen) werden grundsätzlich in normaler Schrift und die gleichnamigen Variablen in kursiver Schrift dargestellt.

Des Weiteren wird in Abbildung 13.2 eine kompaktere Form der Darstellung einer digitalen Schaltung gewählt, indem die UND-Verknüpfungen direkt aneinandergereiht werden und die jeweiligen Ausgänge mit der ODER-Verknüpfung verbunden sind, so entfallen die diversen Verbindungsleitungen zwischen den UND-Verknüpfungen und der ODER-Verknüpfung und die Schaltung wird insgesamt deutlich kompakter.

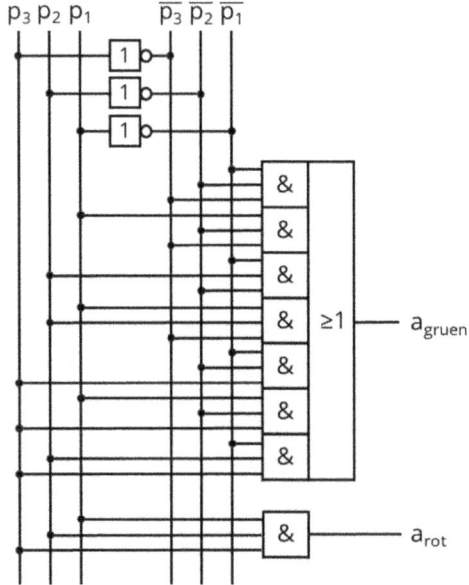

Abbildung 13.2: Schaltnetz (Schaltung) der Zufahrtskontrolle für eine Tiefgarage

KAPITEL 13 Methoden und Synthese mittels Regeln der Schaltalgebra   165

Die Schaltung für die Schaltfunktion a_{gruen} ist doch recht aufwendig und es stellt sich die Frage, ob nicht eine Vereinfachung möglich ist, bei der sich Verknüpfungen einsparen lassen. Für die Schaltfunktion a_{rot} ist diese Aussage sehr viel einfacher, da sie nur aus einem Term besteht und eine weitere Vereinfachung offensichtlich nicht möglich ist.

6. Schritt: Vereinfachung (Minimierung) der Schaltfunktionen

Wie schon beim vorangegangenen Schritt erwähnt, ist es offensichtlich, dass für die Schaltfunktion a_{rot} keine Vereinfachung möglich ist.

Für die Schaltfunktion a_{gruen} sieht es da schon anders aus, allerdings ist nicht überschaubar, inwieweit eine Vereinfachung möglich ist. Inwieweit das möglich ist, werde ich erst durch die Anwendung der Regeln der Schaltalgebra in Kapitel 12 zeigen können. Es gibt hier auch keinen allgemeingültigen Ansatz, wie Sie zu einer einfacheren beziehungsweise der einfachsten Schaltfunktion kommen können.

Für die Schaltfunktion a_{gruen} ergab sich folgender Boole'scher Ausdruck:

$$a_{\text{gruen}} = \underbrace{(\overline{p_1} \wedge \overline{p_2} \wedge \overline{p_3})}_{1} \vee \underbrace{(p_1 \wedge \overline{p_2} \wedge \overline{p_3})}_{2} \vee \underbrace{(\overline{p_1} \wedge p_2 \wedge \overline{p_3})}_{3} \vee \underbrace{(p_1 \wedge p_2 \wedge \overline{p_3})}_{4}$$

$$\vee \underbrace{(\overline{p_1} \wedge \overline{p_2} \wedge p_3)}_{5} \vee \underbrace{(p_1 \wedge \overline{p_2} \wedge p_3)}_{6} \vee \underbrace{(\overline{p_1} \wedge p_2 \wedge p_3)}_{7}$$

Alle sieben Terme sind verschieden voneinander, sodass kein Term entfallen kann. Jetzt wird als weitere Möglichkeit geprüft, ob eine Variable in Eigenform oder negierter Form durch eine Konjunktion mit allen Kombinationsmöglichkeiten der beiden anderen Variablen möglich ist. Dadurch würden die beiden Variablen, die in allen Kombinationsmöglichkeiten vorliegen, entfallen und so ein Term entstehen, der nur noch eine Variable enthält.

Für die Variable p_3 in negierter Form ist dies für die Terme 1 bis 4 möglich. Hier kann die Variable $\overline{p_3}$ vor diese Terme gezogen werden. Es verbleiben jetzt noch die Terme 5 bis 7. Für die Variable p_1 in negierter Form ist dies ebenfalls möglich mit den Termen 1, 3, 5 und 7, wenn die Terme 1 und 3 hinzugefügt werden. Für die Variable p_2 in negierter Form ebenfalls mit den Termen 1, 2, 5 und 6, wenn die Terme 1 und 2 hinzugefügt werden. Das Hinzufügen der gleichen Terme ist entsprechend Regel 19 ($a \vee a = a$) möglich, womit also, wenn Term 1 zweimal und die Terme 2, 3 und 5 jeweils einmal hinzugefügt werden, eine deutliche Vereinfachung des Boole'schen Ausdrucks möglich ist. Des Weiteren wird das Kommutativgesetz (Regeln 22 und 23) für die gewünschte Reihenfolge der Terme berücksichtigt. Für die Schaltfunktion a_{gruen} folgt dann:

$$a_{\text{gruen}} = \underbrace{(\overline{p_1} \wedge \overline{p_2} \wedge \overline{p_3})}_{1} \vee \underbrace{(p_1 \wedge \overline{p_2} \wedge \overline{p_3})}_{2} \vee \underbrace{(\overline{p_1} \wedge p_2 \wedge \overline{p_3})}_{3} \vee \underbrace{(p_1 \wedge p_2 \wedge \overline{p_3})}_{4}$$

$$\vee \underbrace{(\overline{p_1} \wedge \overline{p_2} \wedge \overline{p_3})}_{1} \vee \underbrace{(\overline{p_1} \wedge p_2 \wedge \overline{p_3})}_{3} \vee \underbrace{(\overline{p_1} \wedge \overline{p_2} \wedge p_3)}_{5} \vee \underbrace{(\overline{p_1} \wedge p_2 \wedge p_3)}_{7}$$

$$\vee \underbrace{(\overline{p_1} \wedge \overline{p_2} \wedge \overline{p_3})}_{1} \vee \underbrace{(p_1 \wedge \overline{p_2} \wedge \overline{p_3})}_{2} \vee \underbrace{(\overline{p_1} \wedge \overline{p_2} \wedge p_3)}_{5} \vee \underbrace{(p_1 \wedge \overline{p_2} \wedge p_3)}_{6}$$

$$a_{\text{gruen}} = \{\overline{p_3} \wedge \underbrace{[(\overline{p_1} \wedge \overline{p_2}) \vee (p_1 \wedge \overline{p_2}) \vee (\overline{p_1} \wedge p_2) \vee (p_1 \wedge p_2)]}_{=1}\}$$

$$\vee \{\overline{p_1} \wedge \underbrace{[(\overline{p_2} \wedge \overline{p_3}) \vee (p_2 \wedge \overline{p_3}) \vee (\overline{p_2} \wedge p_3) \vee (p_2 \wedge p_3)]}_{=1}\}$$

$$\vee \{\overline{p_2} \wedge \underbrace{[(\overline{p_1} \wedge \overline{p_3}) \vee (p_1 \wedge \overline{p_3}) \vee (\overline{p_1} \wedge p_3) \vee (p_1 \wedge p_3)]}_{=1}\}$$

Für die Schaltfunktion a_{gruen} folgt dann mit der zuvor vorgenommenen Vereinfachung und Anwendung des Kommutativgesetzes (Regel 23) die minimierte Schaltfunktion:

$$a_{\text{gruen}} = \overline{p_1} \vee \overline{p_2} \vee \overline{p_3}$$

Die so gewonnene Schaltfunktion ist deutlich einfacher als die ursprüngliche disjunktive Normalform und kann mit einer einfachen ODER-Verknüpfung mit drei Eingängen realisiert werden. Im vorliegenden Fall ist es auch die zweite wichtige Normalform, die *konjunktive Normalform* oder die UND-Normalform, wobei die erste Benennung die gebräuchlichere ist. In diesem Fall besteht diese hier nur aus einem Term.

7. Schritt: Erstellen des Schaltnetzes aus der minimierten Schaltfunktion

Für die Schaltfunktion a_{gruen} ergibt sich somit ein deutlich einfacheres Schaltnetz in Abbildung 13.3, es handelt sich dabei um ein minimales Schaltnetz, das den einfachsten Boole'schen Ausdruck der Schaltfunktion darstellt. Für die Schaltfunktion a_{rot} ist keine weitere Vereinfachung möglich gewesen. Insgesamt bedeutet aber die minimale Schaltfunktion nicht zwangsläufig, dass es sich dabei um die einfachste Schaltung des Schaltnetzes handelt, da dies natürlich auch von den verwendeten Verknüpfungen bei der Umsetzung abhängt.

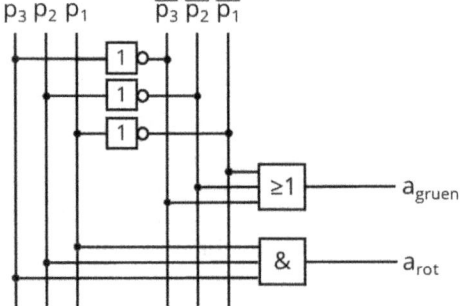

Abbildung 13.3: Minimierte(s) Schaltnetz (Schaltung) der Zufahrtskontrolle einer Tiefgarage

Mit den sieben Schritten von der Problemstellung bis zur minimierten Schaltung des Schaltnetzes für eine Zufahrtskontrolle einer Tiefgarage wurde die schrittweise Vereinfachung aufgezeigt, allerdings ist für die Vereinfachung umfangreicher Boole'scher Ausdrücke eine Menge Erfahrung und Intuition erforderlich, um zu einer minimalen Form zu gelangen, weswegen unbedingt geeignete Verfahren erforderlich sind, um eine Minimierung von Schaltfunktionen effizient, fehlerfrei und schnell durchzuführen. Diese basieren auf den Normalformen, wie sie hier schon aufgezeigt wurden, weswegen diese in nachfolgenden Kapiteln detailliert behandelt werden.

Übungen: Synthese von Schaltnetzen

Übung 13.1:

Entwerfen Sie das Schaltnetz für die Summe $s(s_1, s_0)$ der Addition zweier einstelliger Dualzahlen a_0 und b_0. Geben Sie dazu

a) die Wahrheitstabelle,

b) die Schaltfunktionen in der disjunktiven Normalform,

c) das Schaltnetz der Schaltfunktionen,

d) die Vereinfachung der Schaltfunktionen mittels der Regeln der Schaltalgebra und

e) das vereinfachte Schaltnetz an.

Übung 13.2:

Entwerfen Sie das Schaltnetz für einen Paritätsbitgenerator mit den Datenbits e_0, e_1 und e_2 zur Bildung der geraden Parität der Datenbits mit dem Paritätsbit p. Geben Sie dazu

a) die Wahrheitstabelle,

b) die Schaltfunktion in der disjunktiven Normalform,

c) das Schaltnetz der Schaltfunktion,

d) die Vereinfachung der Schaltfunktionen mittels der Regeln der Schaltalgebra und

e) das vereinfachte Schaltnetz an.

> **IN DIESEM KAPITEL**
>
> Vorstellung des grafischen Verfahrens der Karnaugh-Veitch-Tafeln (KV-Tafeln) zur Minimierung von Schaltnetzen
>
> Disjunktive (DMF) und konjunktive Minimalform (KMF)
>
> Redundanzen
>
> Schaltnetze mit Mehrfachausgängen
>
> Konforme Terme
>
> Übungen zur Minimierung mit den KV-Tafeln

Kapitel 14
Synthese mittels Minimierung der Schaltfunktionen mit den Karnaugh-Veitch-Tafeln – Kann man darauf schreiben?

Ein Rückblick

Edward W. Veitch entwickelte 1952 ein grafisches Verfahren für die Minimierung von Digitalschaltungen, das mit dem Titel »A chart method for simplifying truth functions« in den Proceedings der Association for Computing Machinery, Pittsburgh im Mai 1952 veröffentlicht wurde. Dieses Verfahren wurde von Maurice Karnaugh weiterentwickelt und mit dem Titel »The Map Method for Synthesis of Combinational Logic Circuits« in den Transactions of the AIEE (American Institute of Electrical Engineers) im Jahr 1953 veröffentlicht. Genau genommen handelt es sich bei diesem Verfahren um eine Wiederentdeckung einer Arbeit von Allan Marquand »On logical diagrams for n terms«, die im The London, Edinburgh, and Dublin Philosophical Magazine and Journal of Science im Jahr 1881 erschien.

Die Minimierung mit dem Verfahren nach Karnaugh und Veitch, die sogenannte Karnaugh-Veitch-Tafel, in der Kurzform meistens nur als KV-Tafel bezeichnet, stellt ein grafisches Verfahren dar, das die Minimierung übersichtlich und anschaulich systematisiert.

Für die händische Synthese von digitalen Schaltungen ist es das am häufigsten eingesetzte Verfahren, also sollten Sie sich dieses Verfahrens besonders annehmen.

In den meisten Fällen sind aber KV-Tafeln für Schaltnetze mit bis zu vier Variablen ausreichend, obwohl hier Verfahren mit bis zu sechs Variablen behandelt werden. Dann wird es aber langsam unübersichtlich. Üblicherweise verwendet man dann bei mehr als vier Variablen eher algorithmische Verfahren, insbesondere für die computergestützte Synthese. Im nachfolgenden Kapitel 15 wird dazu das Verfahren von Quine und McCluskey beschrieben.

Konstruktion einer KV-Tafel

KV-Tafeln sind nur eine andere Darstellungsform der Wahrheitstabelle. Eine KV-Tafel besteht aus 2^n Feldern, wobei n die Anzahl der Variablen ist. Das einzige weitere und entscheidende Konstruktionsmerkmal besteht darin, dass sich benachbarte Felder nur um eine Variable unterscheiden dürfen. Im Rahmen dieser Randbedingungen gibt es eine endliche Anzahl verschiedener KV-Tafeln.

Die Felder werden entsprechend der Schaltfunktion der Wahrheitstabelle entweder mit den Mintermen (Konstante 1) oder den Maxtermen (Konstante 0) belegt.

Das Ziel der Anwendung der KV-Tafeln besteht darin, Vereinfachungsblöcke der Min- oder Maxterme zu bilden, um so Variablen zu eliminieren und die Schaltfunktion zu vereinfachen. Zur Elimination einer Variablen in einem Minterm wird für zwei Variablen folgendermaßen vorgegangen:

$$(a \wedge b) \vee (a \wedge \overline{b}) = a \tag{14.1}$$

Hierzu werden Vereinfachungsblöcke mit 2^k Feldern mit $k = 1, 2, \ldots, n$, die mit Min- oder Maxtermen belegt sind, gebildet. Es können also 2er-, 4er-, 8er- und so weiter Vereinfachungsblöcke gebildet werden. Dabei wird die Anzahl der Variablen der jeweiligen Normalform um k Variablen reduziert. Je größer die Vereinfachungsblöcke sind, die gebildet werden können, umso mehr Variablen werden eliminiert.

Bei der Bildung der Vereinfachungsblöcke werden zunächst die größtmöglichen gebildet. Dann werden die nächstkleineren Blöcke gebildet, bis keine Vereinfachungsblöcke mehr gebildet werden können und gegebenenfalls einzelne Felder verbleiben, die in keine Vereinfachungsblöcke einbezogen werden können. Dabei dürfen Felder auch mehrfach in verschiedene Vereinfachungsblöcke einbezogen werden, allerdings dürfen keine Vereinfachungsblöcke vollständig in größere Vereinfachungsblöcke einbezogen werden. Ebenso dürfen Felder für die Bildung von Vereinfachungsblöcken nicht berücksichtigt werden, die bereits vollständig in anderen Vereinfachungsblöcken enthalten sind, da diese dann redundante Terme ergeben würden, die schon in den Termen der bereits gebildeten Vereinfachungsblöcken enthalten sind. Es dürfen nur Vereinfachungsblöcke über benachbarte Felder gebildet werden. Benachbarte Felder besitzen die Eigenschaft, dass sie sich nur um eine Variable unterscheiden. Als Ergebnis erhält man für die Schaltfunktion entweder die *disjunktive Minimalform (DMF)* oder die *konjunktive Minimalform (KMF)*.

Da es verschiedene Anordnungen der Felder der KV-Tafeln gibt, wird im Folgenden immer das gleiche Schema verwendet, da Sie sich dies dann besser einprägen können und es zu weniger Fehlern bei der Synthese von Schaltnetzen kommt. Aus dem gleichen Grund wird fast immer die disjunktive Normalform der Schaltfunktionen verwendet. Behandelt werden im Folgenden KV-Tafeln für zwei bis sechs Variablen.

KV-Tafel für zwei Variablen

Eine KV-Tafel für zwei Variablen besteht aus 2^2 Feldern, wie dies in Abbildung 14.1 für die angegebene Wahrheitstabelle dargestellt ist.

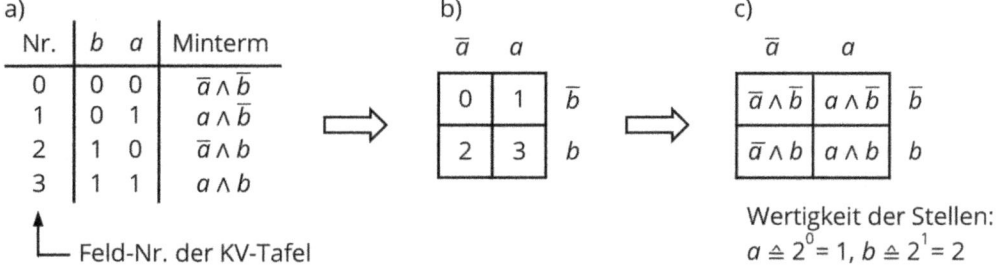

Abbildung 14.1: Wahrheitstabelle und KV-Tafel für 2 Variablen, a) Wahrheitstabelle, b) KV-Tafel, c) Mögliche Minterme in der KV-Tafel

Die Felder der KV-Tafel werden entsprechend der Feldnummer der Schaltfunktion der Wahrheitstabelle mit den Konstanten 0 und 1 belegt.

Die Wahrheitstabelle wie auch die KV-Tafel besteht aus vier möglichen Mintermen. Dabei sind die Felder der KV-Tafel entsprechend der Nummerierung der Minterme nummeriert. So können die Felder auf einfache Weise und schnell entsprechend der Feldnummer mit Min- oder Maxtermen belegt werden.

In Abbildung 14.2a ist als *Beispiel für zwei Variablen* die Wahrheitstabelle für eine Schaltfunktion y angegeben. Entsprechend der Feldnummer werden jetzt die Konstanten der Schaltfunktion in Abbildung 14.2b in die KV-Tafel übertragen. Die Felder 0, 1 und 2 sind mit einer 1 und das Feld 3 ist mit einer 0 belegt. Zur Ermittlung der disjunktiven Minimalform (DMF) werden zwei 2er-Vereinfachungsblöcke der mit einer 1 belegten Felder gebildet. In Abbildung 14.2c ist jetzt der Vorgang der Bildung der 2er-Vereinfachungsblöcke durch Vereinfachung der disjunktiven Normalform mittels der Regeln der Schaltalgebra dargestellt.

a)

Nr.	b	a	y
0	0	0	1
1	0	1	1
2	1	0	1
3	1	1	0

b)

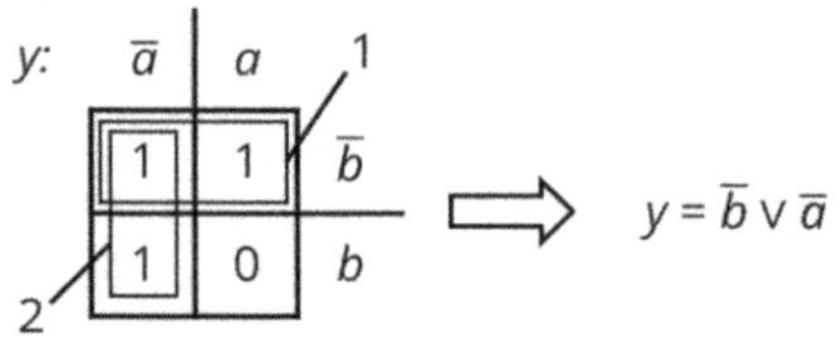

y:

	$\bar{a}$	a	
	1	1	$\bar{b}$
	1	0	b

$\Rightarrow \quad y = \bar{b} \vee \bar{a}$

c)
$y = (\bar{a} \wedge \bar{b}) \vee (a \wedge \bar{b}) \vee (\bar{a} \wedge b) = (\bar{a} \wedge \bar{b}) \vee (a \wedge \bar{b}) \vee (\bar{a} \wedge \bar{b}) \vee (\bar{a} \wedge b)$

$y = [\underbrace{(\bar{a} \vee a)}_{=1} \wedge \bar{b}] \vee [\bar{a} \wedge \underbrace{(\bar{b} \vee b)}_{=1}]$

$y = \bar{b} \vee \bar{a}$

Abbildung 14.2: Minimierung einer Schaltfunktion am Beispiel einer KV-Tafel mit 2 Variablen, a) Wahrheitstabelle, b) KV-Tafel, c) Minimierung

Hierbei bedeutet die Bildung des 2er-Vereinfachungsblocks 1, dass die Variable b in negierter Form durch Anwendung des Assoziativ- und Distributivgesetzes vor die Disjunktion der Variablen a in negierter Form und der Variablen a in nicht negierter Form gezogen werden kann. Die Disjunktion einer Variablen in negierter Form mit der gleichen Variablen in nicht negierter Form ergibt immer die Konstante 1, womit die Variable a entfällt. In gleicher Weise wird jetzt für den 2er-Vereinfachungsblock 2 verfahren, nur dass hier jetzt die Variable b entfällt und die Variable a in negierter Form verbleibt. Für die minimierte Schaltfunktion y verbleibt nur noch die Disjunktion der Variablen b in negierter Form mit der Variablen a in negierter Form in der disjunktiven Minimalform (DMF).

Vergleichen Sie jetzt die KV-Tafel und die daraus gewonnene Schaltfunktion y in Abbildung 14.2b mit der Schaltfunktion y in Abbildung 14.2c, so entfallen in der disjunktiven Minimalform (DMF) immer die Variablen in den Vereinfachungsblöcken, die in negierter und nicht negierter Form auftreten. Im Vereinfachungsblock 1 ist es die Variable a und im Vereinfachungsblock 2 die Variable b, womit für die Schaltfunktion y nur noch die Disjunktion der Variablen b in negierter Form und der Variablen a in negierter Form verbleibt, was Sie direkt aus der KV-Tafel entnehmen können.

Grundsätzlich gilt für alle Vereinfachungsblöcke, dass bei einer Minimierung einer Schaltfunktion mittels der KV-Tafeln immer die Variablen entfallen, die in nicht negierter und negierter Form in den Vereinfachungsblöcken enthalten sind.

Bei zwei Variablen kann maximal ein *4er-Vereinfachungsblock* gebildet werden, wie dies im Beispiel in Abbildung 14.3 dargestellt ist. Sind alle Felder mit einem Minterm belegt, wie in Abbildung 14.3a und b dargestellt, so bedeutet dies, dass sich für die Schaltfunktion entsprechend Abbildung 14.3b und c die Konstante 1 ergibt.

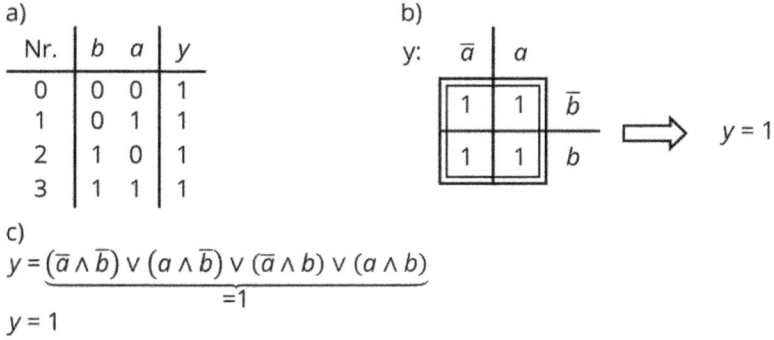

c)
$$y = \underbrace{(\overline{a} \wedge \overline{b}) \vee (a \wedge \overline{b}) \vee (\overline{a} \wedge b) \vee (a \wedge b)}_{=1}$$
$y = 1$

Abbildung 14.3: Beispiel für einen 4er-Vereinfachungsblock bei 2 Variablen, a) Wahrheitstabelle, b) KV-Tafel, c) Minimierung

KV-Tafel für drei Variablen

Eine KV-Tafel für drei Variablen besteht aus 2^3 Feldern, wie dies in Abbildung 14.4 für die angegebene Wahrheitstabelle dargestellt ist. Diese wird so konstruiert, dass die dritte Variable quasi horizontal dazwischengeschoben wird, die KV-Tafel bildet so quasi einen Zylinder.

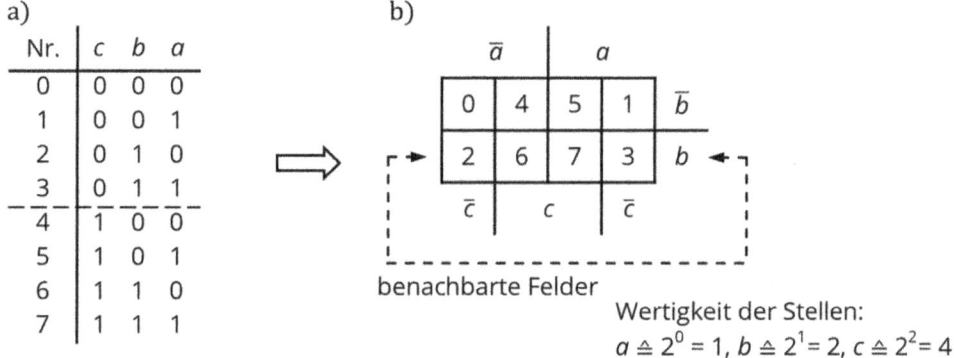

Abbildung 14.4: Wahrheitstabelle und KV-Tafel für 3 Variablen, a) Wahrheitstabelle, b) KV-Tafel

Die horizontal außen liegenden Felder (Felder 0/1 und 2/3) sind dabei benachbarte Felder und können somit über den Rand hinaus in Vereinfachungsblöcken einbezogen werden.

Die Felder der KV-Tafel werden entsprechend der Feldnummer der Schaltfunktion der Wahrheitstabelle mit den Konstanten 0 und 1 belegt.

 In Abbildung 14.5 ist ein *Beispiel mit drei Variablen zur Bildung von zwei überlagerten Vereinfachungsblöcken* für eine minimierte Schaltfunktion angegeben.

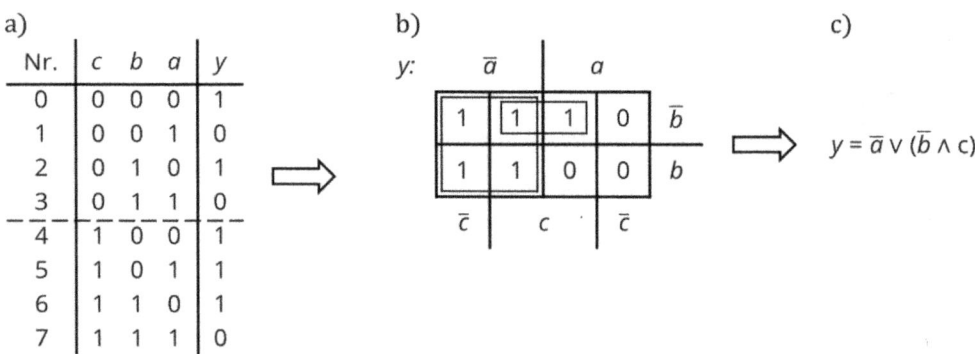

Abbildung 14.5: Minimierung für 3 Variablen mit einem 4er- und 2er-Vereinfachungsblock, a) Wahrheitstabelle, b) KV-Tafel, c) Minimierte Schaltfunktion

 In Abbildung 14.6 sind weitere *Beispiele für drei Variablen zur Bildung von 8er-, 4er- und 2er-Vereinfachungsblöcken* mit den Schaltfunktionen angegeben.

a)
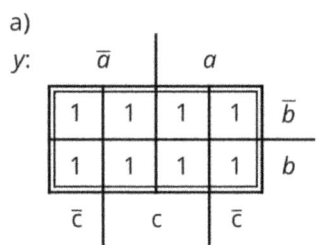

$y = 1$

b)
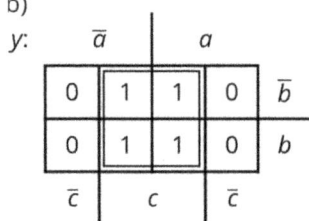 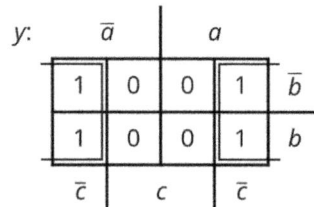

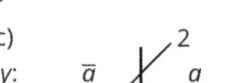 $y = \bar{c}$

c)
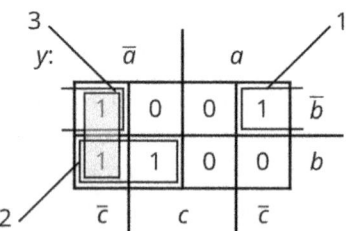

$y = (\bar{b} \wedge \bar{c}) \vee (\bar{a} \wedge c) \vee (a \wedge b)$
       $\underbrace{}_{1}$ $\underbrace{}_{2}$ $\underbrace{}_{3}$

$y = (\bar{b} \wedge \bar{c}) \vee (\bar{a} \wedge b)$
       $\underbrace{}_{1}$ $\underbrace{}_{2}$

▒ : Redundanter 2er-Vereinfachungsblock 3

Abbildung 14.6: Beispiele für Vereinfachungsblöcke bei 3 Variablen, a) 8er, b) 4er, c) 2er

In Abbildung 14.6a sind alle acht Felder mit den Mintermen belegt, es kann ein 8er-Vereinfachungsblock gebildet werden, der für die Schaltfunktion y die Konstante 1 ergibt.

In Abbildung 14.6b und c wurden 4er-Vereinfachungsblöcke gebildet, wodurch die Anzahl der Variablen in der disjunktiven Minimalform der Schaltfunktion y um zwei reduziert ist. Dementsprechend besteht die Schaltfunktion y jeweils aus einer Variablen.

In den KV-Tafeln der Abbildung 14.6c wurden mehrere 2er-Vereinfachungsblöcke gebildet, wobei in der rechten KV-Tafel der Vereinfachungsblock 3 redundant ist und entfällt, da die betreffenden Felder bereits in den Vereinfachungsblöcken 1 und 2 berücksichtigt sind.

KV-Tafel für vier Variablen

Eine KV-Tafel für vier Variablen besteht aus 2^4 Feldern, wie dies in Abbildung 14.7 für die angegebene Wahrheitstabelle dargestellt ist. Diese wird so konstruiert, dass die vierte Variable vertikal im Vergleich zu der KV-Tafel für drei Variablen dazwischengeschoben wird, die KV-Tafel bildet so quasi eine Kugel.

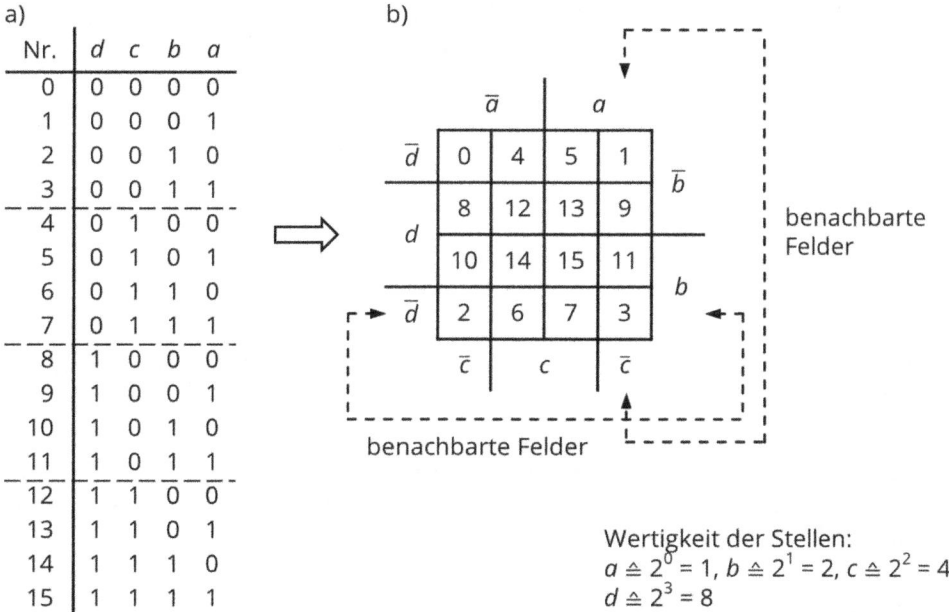

Abbildung 14.7: Wahrheitstabelle und KV-Tafel für 4 Variablen, a) Wahrheitstabelle, b) KV-Tafel

Die horizontal außen liegenden Felder (Felder 0/1, 8/9, 10/11 und 2/3) wie auch die vertikal außen liegenden Felder (0/2, 4/6, 5/7 und 1/3) sind dabei benachbarte Felder und können somit über den Rand hinaus in Vereinfachungsblöcken einbezogen werden.

Die Felder der KV-Tafel werden entsprechend der Feldnummer der Schaltfunktion der Wahrheitstabelle mit den Konstanten 0 und 1 belegt.

In Abbildung 14.8 ist ein *Beispiel für vier Variablen zur Bildung von drei überlagerten Vereinfachungsblöcken* für eine minimierte Schaltfunktion angegeben. Ausgehend von der Wahrheitstabelle in Abbildung 14.8a wird die Belegung der Felder entsprechend der Nummerierung dieser Felder in der KV-Tafel in Abbildung 14.8b vorgenommen. Beginnend bei dem größtmöglichen Vereinfachungsblock können im vorliegenden Fall ein 8er- und zwei 4er-Vereinfachungsblöcke gebildet werden. Als Ergebnis erhalten Sie hier für die Schaltfunktion y die disjunktive Minimalform (DMF) in Abbildung 14.8c.

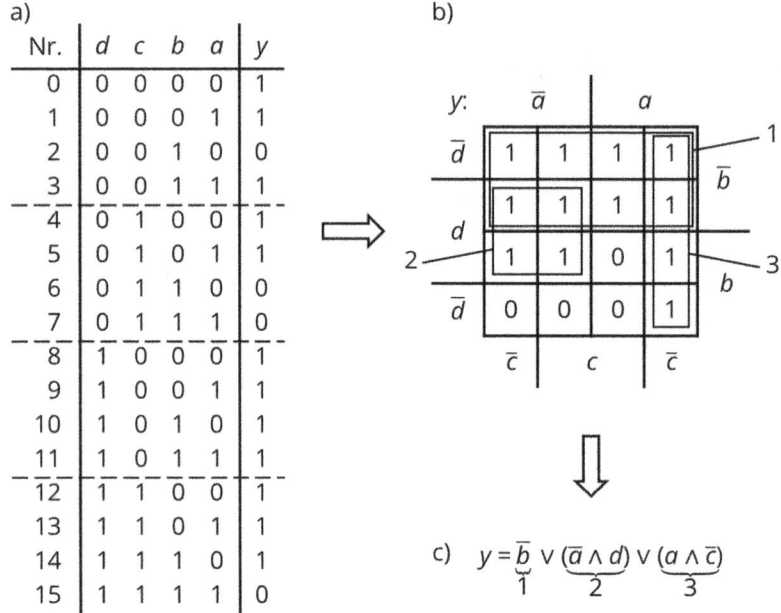

Abbildung 14.8: Minimierung für 4 Variablen mit einem 8er-, 4er- und 2er-Vereinfachungsblock, a) Wahrheitstabelle, b) KV-Tafel, c) Minimierte Schaltfunktion

In Abbildung 14.9 sind weitere *Beispiele für vier Variablen zur Bildung von 16er-, 8er-, 4er- und 2er-Vereinfachungsblöcken* in verschiedenen Konstellationen mit den Schaltfunktionen angegeben.

In Abbildung 14.9a ist eine Schaltfunktion angegeben, bei der alle Felder mit Mintermen belegt sind. In Analogie zu Abbildung 14.3 und Abbildung 14.6a ergibt sich hier für die Schaltfunktion y die Konstante 1.

In Abbildung 14.9b sind zwei sich überlagernde 8er-Vereinfachungsblöcke dargestellt, wobei der Vereinfachungsblock 2 die benachbarten Felder am oberen und unteren Rand der KV-Tafel in den 8er-Vereinfachungsblock mit einbezieht. Als Ergebnis erhalten Sie die disjunktive Minimalform (DMF) für die Schaltfunktion y.

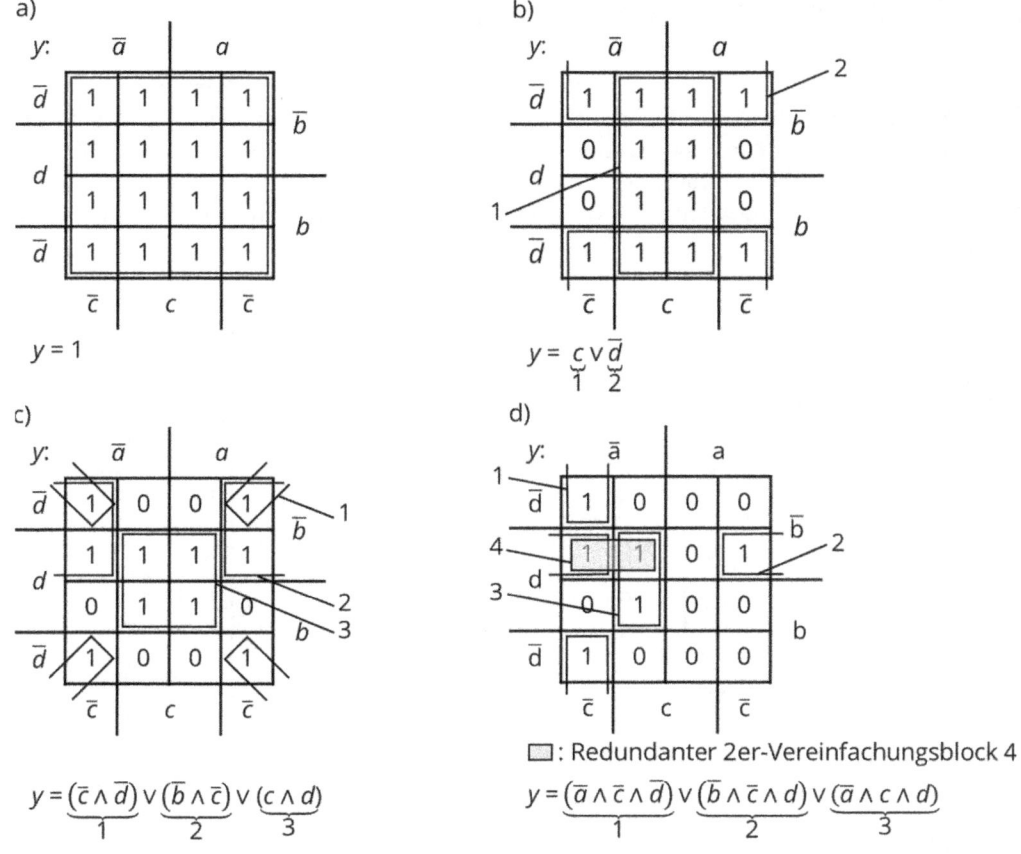

Abbildung 14.9: Beispiele für Vereinfachungsblöcke bei 4 Variablen, a) 16er, b) 8er, c) 4er, d) 2er

In Abbildung 14.9c sind drei sich zum Teil überlagernde 4er-Vereinfachungsblöcke dargestellt, wobei der Vereinfachungsblock 1 die jeweils benachbarten Felder in horizontaler und vertikaler Richtung an den vier Ecken der KV-Tafel zu einem 4er-Vereinfachungsblock zusammenführt. Der Vereinfachungsblock 2 überschneidet sich mit dem Vereinfachungsblock 1 und berücksichtigt ebenfalls die benachbarten Felder, allerdings nur in horizontaler Richtung. Der Vereinfachungsblock 3 überschneidet sich mit keinem der anderen Vereinfachungsblöcke. Die disjunktive Minimalform (DMF) der Schaltfunktion y besteht somit aus den drei angegebenen Termen.

In Abbildung 14.9d sind vier sich zum Teil überlagernde 2er-Vereinfachungsblöcke dargestellt, wobei die Vereinfachungsblöcke 1 und 2 die jeweils benachbarten Felder, entweder in vertikaler oder horizontaler Richtung, zu je einem 2er-Vereinfachungsblock zusammenführt. Die Vereinfachungsblöcke 2 und 3 überschneiden sich dabei mit dem Vereinfachungsblock 4. Da die beiden Felder des Vereinfachungsblocks 4 bereits in die Vereinfachungsblöcke 2 und 3 einbezogen sind, ist der Vereinfachungsblock 4 redundant und kann entfallen. Die disjunktive Minimalform (DMF) der Schaltfunktion y besteht somit aus den drei angegebenen Termen 1, 2 und 3.

KV-Tafel für fünf Variablen

Eine KV-Tafel für fünf Variablen besteht aus 2^5 Feldern, wie dies in Abbildung 14.10 für die angegebene Wahrheitstabelle dargestellt ist. Diese wird so konstruiert, dass die fünfte Variable in die dritte Dimension eingefügt wird, was in der Ebene bedeutet, dass die KV-Tafel aus zwei KV-Tafeln mit vier Variablen besteht, wobei eine KV-Tafel für die fünfte Variable e in negierter Form und die zweite KV-Tafel für die fünfte Variable e in nicht negierter Form verwendet wird.

a)

Nr.	e	d	c	b	a
0	0	0	0	0	0
1	0	0	0	0	1
2	0	0	0	1	0
3	0	0	0	1	1
4	0	0	1	0	0
5	0	0	1	0	1
6	0	0	1	1	0
7	0	0	1	1	1
8	0	1	0	0	0
9	0	1	0	0	1
10	0	1	0	1	0
11	0	1	0	1	1
12	0	1	1	0	0
13	0	1	1	0	1
14	0	1	1	1	0
15	0	1	1	1	1

Fortsetzung:

Nr.	e	d	c	b	a
16	1	0	0	0	0
17	1	0	0	0	1
18	1	0	0	1	0
19	1	0	0	1	1
20	1	0	1	0	0
21	1	0	1	0	1
22	1	0	1	1	0
23	1	0	1	1	1
24	1	1	0	0	0
25	1	1	0	0	1
26	1	1	0	1	0
27	1	1	0	1	1
28	1	1	1	0	0
29	1	1	1	0	1
30	1	1	1	1	0
31	1	1	1	1	1

b)

	$\bar{a}$	$\bar{a}$	a	a	
$\bar{d}$	0	4	5	1	$\bar{b}$
d	8	12	13	9	
d	10	14	15	11	b
$\bar{d}$	2	6	7	3	
$\bar{d}$	16	20	21	17	$\bar{b}$
d	24	28	29	25	
d	26	30	31	27	b
$\bar{d}$	18	22	23	19	
	$\bar{c}$	c	c	$\bar{c}$	

(rechts: $\bar{e}$ oben, e unten)

Wertigkeit der Stellen:
$a \triangleq 2^0 = 1$, $b \triangleq 2^1 = 2$, $c \triangleq 2^2 = 4$,
$d \triangleq 2^3 = 8$, $e \triangleq 2^4 = 16$

Abbildung 14.10: Wahrheitstabelle und KV-Tafel für 5 Variablen, a) Wahrheitstabelle, b) KV-Tafel

Benachbarte Felder sind hier die jeweils in horizontaler und vertikaler Richtung angeordneten Randfelder der KV-Tafeln für vier Variablen sowie die Felder gleicher geometrischer Lage. Bei den Vereinfachungsblöcken müssen Felder gleicher geometrischer Lage für die fünfte Variable mit einbezogen werden. Es haben beispielsweise die Felder 12 und 13 für die negierte Variable e die gleiche geometrische Lage wie die Felder 28 und 29 der Variable e in nicht negierter Form.

Die Felder der KV-Tafel werden entsprechend der Feldnummer der Schaltfunktion der Wahrheitstabelle mit den Konstanten 0 und 1 belegt.

In Abbildung 14.11 sind *Beispiele für fünf Variablen zur Bildung von 16er-, 8er-, 4er- und 2er-Vereinfachungsblöcken* in verschiedenen Konstellationen mit den Schaltfunktionen zusammengestellt. In Abbildung 14.11a wurden ein 16er- und drei 8er-Vereinfachungsblöcke gebildet und in Abbildung 14.11b vier 4er- und vier 2er-Vereinfachungsblöcke.

a)
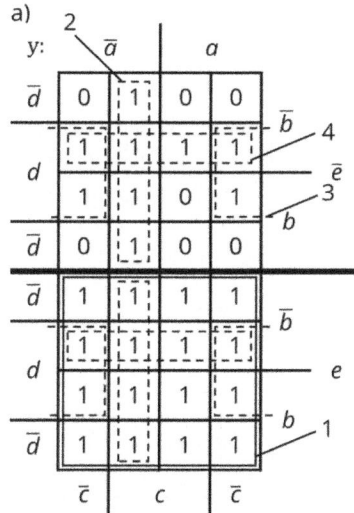

b)
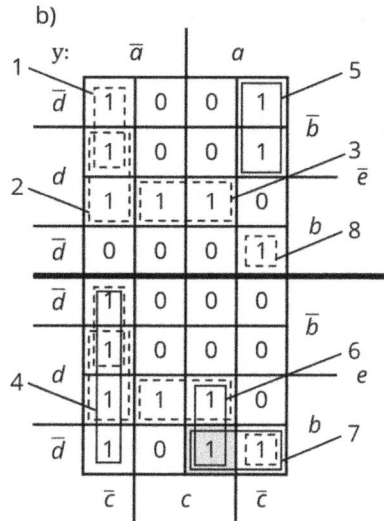

□: Vereinfachungsblöcke in der Ebene
⌐⌐: Vereinfachungsblöcke gleicher geometr. Lage

16er: 1 ≙ e

8er: 2 ≙ $\bar{a} \wedge c$
3 ≙ $\bar{c} \wedge d$
4 ≙ $\bar{b} \wedge d$

▣: Feld darf nur in Vereinfachungsblock 6 oder 7 berücksichtigt werden

4er: 1 ≙ $\bar{a} \wedge \bar{b} \wedge \bar{c}$
2 ≙ $\bar{a} \wedge \bar{c} \wedge d$
3 ≙ $b \wedge c \wedge d$
4 ≙ $\bar{a} \wedge \bar{c} \wedge e$

2er: 5 ≙ $a \wedge \bar{b} \wedge \bar{c} \wedge \bar{e}$
6 ≙ $a \wedge b \wedge c \wedge e$
7 ≙ $a \wedge b \wedge \bar{d} \wedge e$
8 ≙ $a \wedge b \wedge \bar{c} \wedge \bar{d}$

Schaltfunktion:

$$y = \underbrace{e}_{1} \vee \underbrace{(\bar{a} \wedge c)}_{2} \vee \underbrace{(\bar{c} \wedge d)}_{3} \vee \underbrace{(\bar{b} \wedge d)}_{4}$$

Schaltfunktion:

$$y = \underbrace{(\bar{a} \wedge \bar{b} \wedge \bar{c})}_{1} \vee \underbrace{(\bar{a} \wedge \bar{c} \wedge d)}_{2} \vee \underbrace{(b \wedge c \wedge d)}_{3}$$
$$\vee \underbrace{(\bar{a} \wedge \bar{c} \wedge e)}_{4}$$
$$\vee \underbrace{(a \wedge \bar{b} \wedge \bar{c} \wedge \bar{e})}_{5} \vee \underbrace{(a \wedge b \wedge c \wedge e)}_{6}$$
$$\vee \underbrace{(a \wedge b \wedge \bar{c} \wedge \bar{d})}_{8}$$

Alternative Schaltfunktion:

$$y = \underbrace{(\bar{a} \wedge \bar{b} \wedge \bar{c})}_{1} \vee \underbrace{(\bar{a} \wedge \bar{c} \wedge d)}_{2} \vee \underbrace{(b \wedge c \wedge d)}_{3}$$
$$\vee \underbrace{(\bar{a} \wedge \bar{c} \wedge e)}_{4}$$
$$\vee \underbrace{(a \wedge \bar{b} \wedge \bar{c} \wedge \bar{e})}_{5} \vee \underbrace{(a \wedge b \wedge \bar{d} \wedge e)}_{7}$$
$$\vee \underbrace{(a \wedge b \wedge \bar{c} \wedge \bar{d})}_{8}$$

Abbildung 14.11: Beispiele für Vereinfachungsblöcke bei 5 Variablen, a) 16er und 8er, b) 4er und 2er

KV-Tafel für sechs Variablen

Eine KV-Tafel für sechs Variablen besteht aus 2^6 Feldern, wie dies in Abbildung 14.12 für die angegebene Wahrheitstabelle dargestellt ist. Diese wird so konstruiert, dass die sechste Variable in Form zweier weiterer KV-Tafeln für vier Variablen für die sechste Variable in negierter Form und in nicht negierter Form zur KV-Tafel für fünf Variablen hinzugefügt wird.

a)

Nr.	f	e	d	c	b	a
0	0	0	0	0	0	0
1	0	0	0	0	0	1
2	0	0	0	0	1	0
3	0	0	0	0	1	1
4	0	0	0	1	0	0
5	0	0	0	1	0	1
6	0	0	0	1	1	0
7	0	0	0	1	1	1
8	0	0	1	0	0	0
9	0	0	1	0	0	1
10	0	0	1	0	1	0
11	0	0	1	0	1	1
⋮	⋮	⋮	⋮	⋮	⋮	⋮
58	1	1	1	0	1	0
59	1	1	1	0	1	1
60	1	1	1	1	0	0
61	1	1	1	1	0	1
62	1	1	1	1	1	0
63	1	1	1	1	1	1

b) KV-Tafel für 6 Variablen mit den Feldern angeordnet nach $\bar{e}/e$ (horizontal), $\bar{a}/a$, und $\bar{d}/d$ (vertikal), $\bar{b}/b$, $\bar{c}/c$, $\bar{f}/f$.

Wertigkeit der Stellen:
$a \triangleq 2^0 = 1$, $b \triangleq 2^1 = 2$, $c \triangleq 2^2 = 4$,
$d \triangleq 2^3 = 8$, $e \triangleq 2^4 = 16$, $f \triangleq 2^5 = 32$

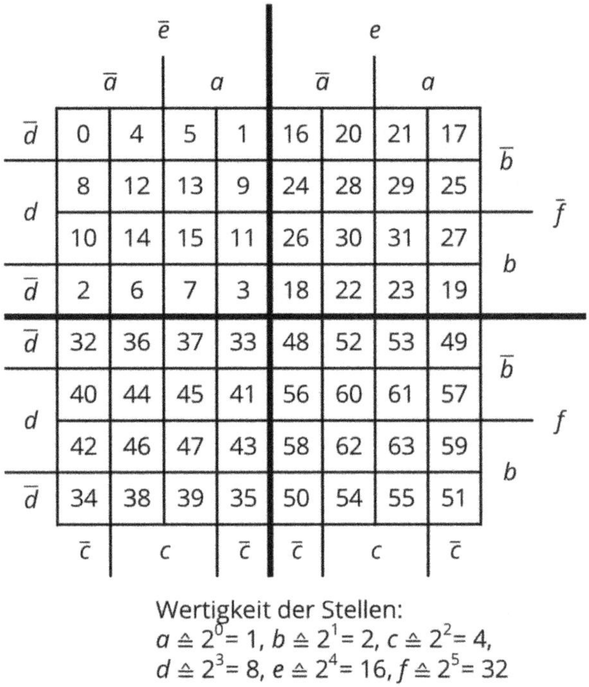

Abbildung 14.12: Wahrheitstabelle und KV-Tafel für 6 Variablen, a) Wahrheitstabelle, b) KV-Tafel

Benachbarte Felder sind hier die jeweils in horizontaler und vertikaler Richtung angeordneten Randfelder der KV-Tafeln für vier Variablen und ebenso die Felder gleicher geometrischer Lage für die fünfte und sechste Variable in horizontaler wie vertikaler Richtung. Es haben beispielsweise die Felder 12 und 13 für die negierte Variable e die gleiche geometrische Lage wie die Felder 28 und 29 der Variable in nicht negierter Form.

Die Felder der KV-Tafel werden entsprechend der Feldnummer der Schaltfunktion der Wahrheitstabelle mit den Konstanten 0 und 1 belegt.

In Abbildung 14.13 ist ein Beispiel *für sechs Variablen zur Bildung von 16er-, 8er-, 4er- und 2er-Vereinfachungsblöcken* in verschiedenen Konstellationen mit den Schaltfunktionen zusammengestellt. In Abbildung 14.13a und b wurden ein 16er-, zwei 8er-, zwei 4er- und drei 2er-Vereinfachungsblöcke gebildet. Unter Berücksichtigung der Felder gleicher geometrischer Lage ergibt sich dann die Schaltfunktion y in Abbildung 14.13c.

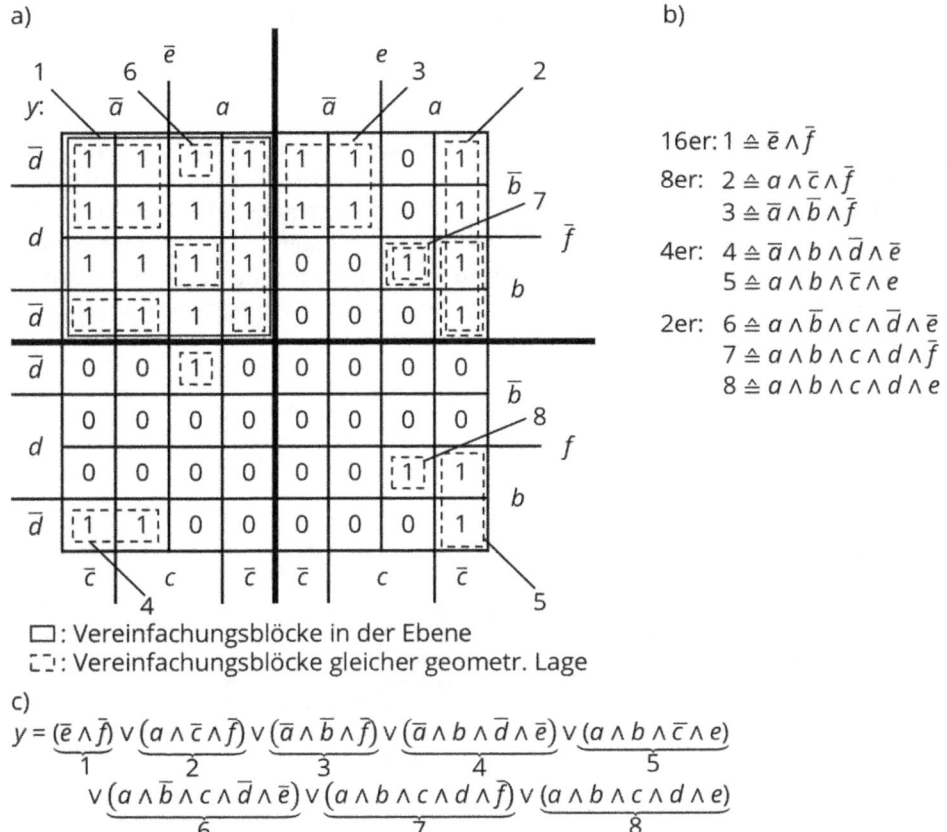

Abbildung 14.13: Beispiele für Vereinfachungsblöcke bei 6 Variablen, a) 16er, 8er, 4er und 2er, b) Vereinfachungsblöcke, c) Schaltfunktion

Mit der bisherigen Vorgehensweise könnten Sie auch noch KV-Tafeln für mehr als sechs Variablen entwerfen. Sie merken aber auch sicher, dass der große Vorteil dieses grafischen Verfahrens, das die Minimierung übersichtlich und anschaulich systematisiert, langsam verloren geht, sodass es durchaus sinnvoll ist, bei mehr Variablen algorithmische beziehungsweise tabellengesteuerte Verfahren einzusetzen, wie beispielsweise das Quine-Mc-Cluskey-Verfahren, das im nächsten Kapitel vorgestellt wird.

Redundanzen

Sehr häufig gibt es Aufgabenstellungen, bei denen nicht für alle Kombinationsmöglichkeiten der Variablen die Schaltfunktion eine bestimmte Konstante annehmen muss beziehungsweise alle Kombinationsmöglichkeiten der Variablen auftreten können. In diesen Fällen ist es egal, ob die Schaltfunktion die Konstante 0 oder 1 annimmt. Diese Terme werden auch als *Redundanzen*, *Don't-care-Terme* oder *Pseudozustände* bezeichnet und in der Wahrheitstabelle und in der KV-Tafel mit einem Kreuz gekennzeichnet. Der große Vorteil dieser Redundanzen besteht darin, dass diese Felder in der KV-Tafel in die Vereinfachungsblöcke mit einbezogen werden können, egal ob Vereinfachungsblöcke der Felder mit der Konstanten 1 oder 0 gebildet werden. Dies kann zu einer erheblichen Vereinfachung der Schaltfunktion führen.

 Ein Beispiel für die *Nutzung der Redundanzen* kann bei der Anwendung des BCD-Codes entstehen. Bei dem BCD-Code handelt es sich um einen vierstelligen Code mit den Variablen a, b, c und d, bei dem nur die Ziffern 0 bis 9 codiert werden. Die weiteren Kombinationsmöglichkeiten der Variablen werden nicht genutzt. Es soll nun die Schaltfunktion y immer dann die Konstante 1 annehmen, wenn die Ziffern größer 3 und kleiner 8 anliegen, wie dies in der Wahrheitstabelle in Abbildung 14.14a dargestellt ist.

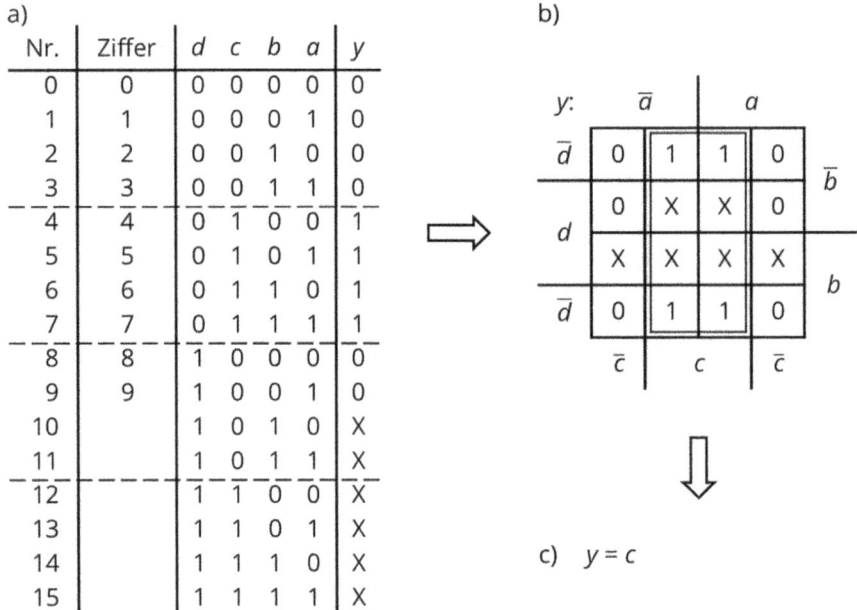

Abbildung 14.14: Nutzung der Redundanzen für die Schaltfunktion bei einem Beispiel mit dem BCD-Code, a) Wahrheitstabelle, b) KV-Tafel, c) minimierte Schaltfunktion

Die nicht genutzten Kombinationsmöglichkeiten der Variablen (Nr. 10 bis Nr. 15) des BCD-Codes können durch die Codierung nicht auftreten und demzufolge handelt es sich hierbei um *Redundanzen*, für die die Schaltfunktion mit einem X gekennzeichnet werden kann.

In der KV-Tafel in Abbildung 14.14b können diese Felder jetzt in einem 8er-Vereinfachungsblock einbezogen werden, wodurch sich in Abbildung 14.14c für die Schaltfunktion $y = c$ ergibt.

Würden jetzt diese Redundanzen nicht genutzt und hätten Sie für die Kombinationsmöglichkeiten Nr. 10 bis 15 die Konstante 0 angenommen, was auch möglich gewesen wäre, erhielten Sie für die Schaltfunktion nur einen 4er-Vereinfachungsblock und die Schaltfunktion würde $y = c \wedge \overline{d}$ lauten. Durch die Nutzung der Redundanzen konnte die Schaltfunktion nochmals deutlich vereinfacht werden.

Konjunktive Minimalform (KMF)

In Kapitel 11 ist gezeigt worden, wie Sie aus der disjunktiven Normalform durch Negation der invertierten Schaltfunktion die konjunktive Normalform (KNF) ermitteln können. Auf die gleiche Weise können Sie auch die konjunktive Minimalform erhalten.

Für ein Beispiel zur *Bestimmung der konjunktiven Minimalform mit den drei Variablen* a, b *und* c sind in der Wahrheitstabelle in Abbildung 14.15a die Schaltfunktion und die negierte Schaltfunktion angegeben. Für die disjunktive Minimalform der negierten Schaltfunktion folgt dann die in der KV-Tafel in Abbildung 14.15b angegebene Belegung der Felder und in Abbildung 14.15c die *konjunktive Minimalform* der Schaltfunktion. Analog dazu wurde in der KV-Tafel in Abbildung 14.15d die Belegung der Felder für die Schaltfunktion vorgenommen. Durch die Umformung der Schaltfunktion in negierter Form in Abbildung 14.15c mit dem De Morgan'schen Theorem erhalten Sie für die Schaltfunktion in Abbildung 14.15e ihre *konjunktive Minimalform*.

Alternativ könnten Sie die *konjunktive Minimalform* auch direkt aus der KV-Tafel in Abbildung 14.15d ableiten, indem Sie diese direkt auswerten. Hierzu müssen die Terme der disjunktiven Verknüpfung der Variablen, wobei jede Variable für sich negiert werden muss, konjunktiv verknüpft werden. Diese Vorgehensweise wird aber nicht empfohlen, da sie sehr fehleranfällig ist, weil häufig die Negation der Variablen vergessen wird.

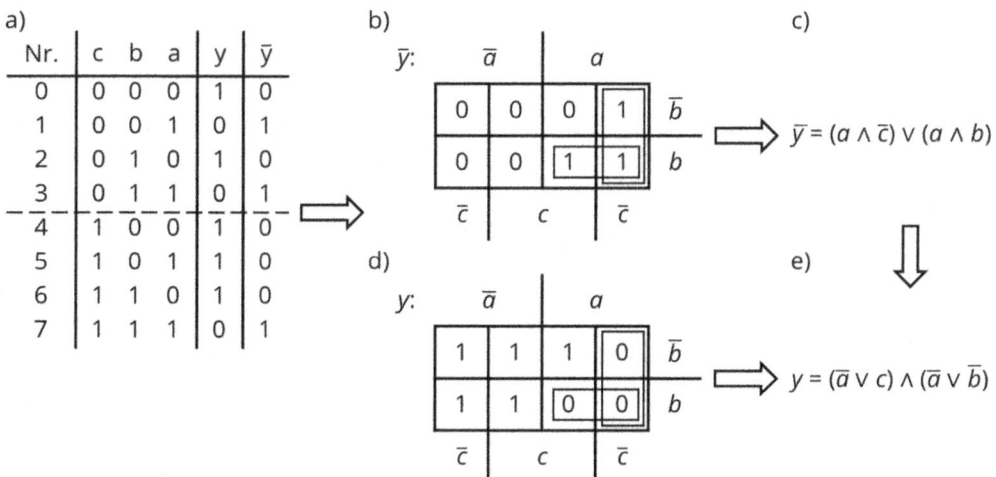

Abbildung 14.15: Bildung der KMF aus der DMF der negierten Schaltfunktion, a) Wahrheitstabelle, b) und d) KV-Tafel, c und e) negierte und nicht negierte Schaltfunktion

Schaltnetze mit Mehrfachausgängen

Eine interessante Vorgehensweise bei der Minimierung von Schaltfunktionen besteht darin, dass KV-Tafeln für eine Mehrfachnutzung für mehrere Schaltfunktionen genutzt werden, wenn entsprechende Voraussetzungen erfüllt sind.

Relativ häufig kommen auch Fragestellungen vor, bei denen Schaltnetze für mehrere Ausgänge zu entwerfen sind und die Schaltfunktionen immer nur für eine Schaltfunktion eine Konstante 0 oder 1 annehmen. In diesen Fällen müssen Sie nicht für jede Schaltfunktion eine KV-Tafel vorsehen, sondern können für mehrere oder alle Schaltfunktionen eine KV-Tafel verwenden, wodurch der Minimierungsaufwand deutlich reduziert wird.

Für ein 8-Bit-Mikroprozessorsystem soll ein Schaltnetz für die *Adressdecodierung von vier Baugruppen* vorgenommen werden.

Mikroprozessorsysteme bestehen aus einer ALU (Arithmetic Logic Unit − Arithmetisch Logische Einheit) und diversen Peripherieeinheiten wie beispielsweise Speicher und Schnittstellen zur Kommunikation mit der Umwelt oder anderen Systemen. Sie besitzen zur internen Kommunikation einen Adressbus, einen Datenbus und einen Steuerbus. Über den Adressbus werden Baugruppen eines Mikroprozessors wie Speicher, Schnittstellen und ähnlich adressiert, über den Datenbus werden die Daten für die Verarbeitung durch die Baugruppen zur Verfügung gestellt und über den Steuerbus wird die jeweilige Operation ausgewählt, wie beispielsweise das Schreiben oder Lesen von Daten in oder aus einem Speicher, einer Schnittstelle oder ähnlich.

Jede der vier Baugruppen soll über ein Auswahlsignal *CS* (Chip Select) adressiert (angesteuert) werden, damit deren Daten gelesen oder geschrieben werden können. Der Adressbus hat eine Breite von 8 Bit (Adressbus A_0 bis A_7). Hiermit können 128 Adressen adressiert werden. Jede dieser Baugruppen benötigt einen Adressbereich von vier Bytes. Die erste Baugruppe soll über das Auswahlsignal *CS*0 mit dem Adressbereich 00h bis 03h, die zweite Baugruppe über das Auswahlsignal *CS*1 mit dem Adressbereich 04h bis 07h, die dritte Baugruppe über das Auswahlsignal *CS*2 mit dem Adressbereich 08h bis 0Bh und die vierte Baugruppe über das Auswahlsignal *CS*3 mit dem Adressbereich 0Ch bis 0Fh ausgewählt werden, wie dies in der Wahrheitstabelle in Abbildung 14.16a dargestellt ist.

Für das zu entwerfende Schaltnetz zur Adressdecodierung ist also die Minimierung für die Teilschaltnetze der vier Schaltfunktionen *CS*1, *CS*2 und *CS*3 vorzunehmen. Normalerweise wären für die vier Schaltfunktionen vier KV-Tafeln aufzustellen, um die entsprechenden Minimalformen zu bestimmen. Im vorliegenden Fall ist es aber so, dass die Schaltfunktionen über unterschiedliche Adressbereiche verfügen und somit alle Schaltfunktionen in eine KV-Tafel eingetragen werden können (siehe Abbildung 14.16a und b).

Für die Adressdecodierung müssen im vorliegenden Fall acht Variablen ausgewertet werden, allerdings können die vier höchstwertigen Stellen der Adressen (A_4 bis A_7) zusammengefasst

a)

Nr.	Hex-Adr.	A_7	A_6	A_5	A_4	A_3	A_2	A_1	A_0	CS0	CS1	CS2	CS2
0	0	0	0	0	0	0	0	0	0	1	0	0	0
1	1	0	0	0	0	0	0	0	1	1	0	0	0
2	2	0	0	0	0	0	0	1	0	1	0	0	0
3	3	0	0	0	0	0	0	1	1	1	0	0	0
4	4	0	0	0	0	0	1	0	0	0	1	0	0
5	5	0	0	0	0	0	1	0	1	0	1	0	0
6	6	0	0	0	0	0	1	1	0	0	1	0	0
7	7	0	0	0	0	0	1	1	1	0	1	0	0
8	8	0	0	0	0	1	0	0	0	0	0	1	0
9	9	0	0	0	0	1	0	0	1	0	0	1	0
10	A	0	0	0	0	1	0	1	0	0	0	1	0
11	B	0	0	0	0	1	0	1	1	0	0	1	0
12	C	0	0	0	0	1	1	0	0	0	0	0	1
13	D	0	0	0	0	1	1	0	1	0	0	0	1
14	E	0	0	0	0	1	1	1	0	0	0	0	1
15	F	0	0	0	0	1	1	1	1	0	0	0	1

b) KV-Tafel

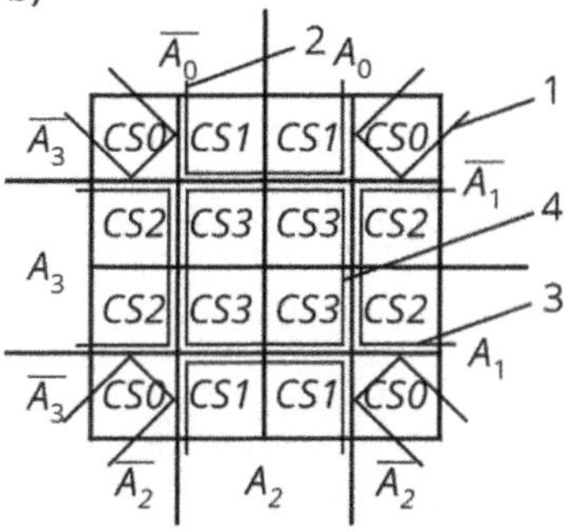

c)

$CS0 = \overline{A_2} \wedge \overline{A_3} \wedge \overline{A_4} \wedge \overline{A_5} \wedge \overline{A_6} \wedge \overline{A_7}$

$CS1 = A_2 \wedge \overline{A_3} \wedge \overline{A_4} \wedge \overline{A_5} \wedge \overline{A_6} \wedge \overline{A_7}$

$CS2 = \overline{A_2} \wedge A_3 \wedge \overline{A_4} \wedge \overline{A_5} \wedge \overline{A_6} \wedge \overline{A_7}$

$CS3 = A_2 \wedge A_3 \wedge \overline{A_4} \wedge \overline{A_5} \wedge \overline{A_6} \wedge \overline{A_7}$

Abbildung 14.16: Mehrfachausgänge für eine Adressierung von Baugruppen an einem 8-Bit-Adressbus, a) Wahrheitstabelle, b) KV-Tafel, c) Schaltfunktionen

ausgewertet werden, da sie immer die Konstante 0 annehmen. Hier ist auch keine Minimierung möglich. Somit ist es nur erforderlich, für die vier niederwertigsten Stellen der Adressen (A_0 bis A_3) eine Minimierung der Teilschaltnetze für die Schaltfunktionen $CS0$, $CS1$, $CS2$ und $CS3$ vorzunehmen, wie dies in Abbildung 14.16b dargestellt ist.

Für die vier zu bestimmenden Schaltfunktionen ergeben sich somit die in Abbildung 14.16c angegebenen Schaltfunktionen. Insgesamt ist eine deutliche Reduzierung des Aufwands der Minimierung der Teilschaltnetze im Vergleich zu dem Lösungsweg mit je einer KV-Tafel für jedes der vier Auswahlsignale gegeben.

Konforme Terme zur Vereinfachung von Schaltnetzen

Häufig gibt es bei dem Entwurf von Schaltnetzen für mehrere Schaltfunktionen die Möglichkeit, sogenannte konforme Terme zu nutzen, um zu einer weiteren Vereinfachung des Schaltnetzes zu kommen. Hierbei handelt es sich um Terme von Feldern beziehungsweise Vereinfachungsblöcken gleicher geometrischer Lage in den KV-Tafeln verschiedener Schaltfunktionen, um diese mehrfach für die Schaltfunktionen des zu entwerfenden Schaltnetzes zu nutzen, wodurch in manchen Fällen eine weitere Vereinfachung möglich ist.

Für zwei Schaltfunktionen y_1 und y_2 soll die disjunktive Minimalform ohne die Nutzung konformer Terme und mit der Nutzung der konformen Terme bestimmt werden. Hierzu ist für den ersten Fall in Abbildung 14.17a die Wahrheitstabelle angegeben. In Abbildung 14.17b ist die KV-Tafel für die Schaltfunktion y_1 und in Abbildung 14.18c die disjunktive Minimalform dieser Schaltfunktion angegeben. In Abbildung 14.17d ist die KV-Tafel für die Schaltfunktion y_2 und in Abbildung 14.17e die disjunktive Minimalform dieser Schaltfunktion angegeben. Das daraus resultierende Schaltnetz ist in Abbildung 14.17f dargestellt.

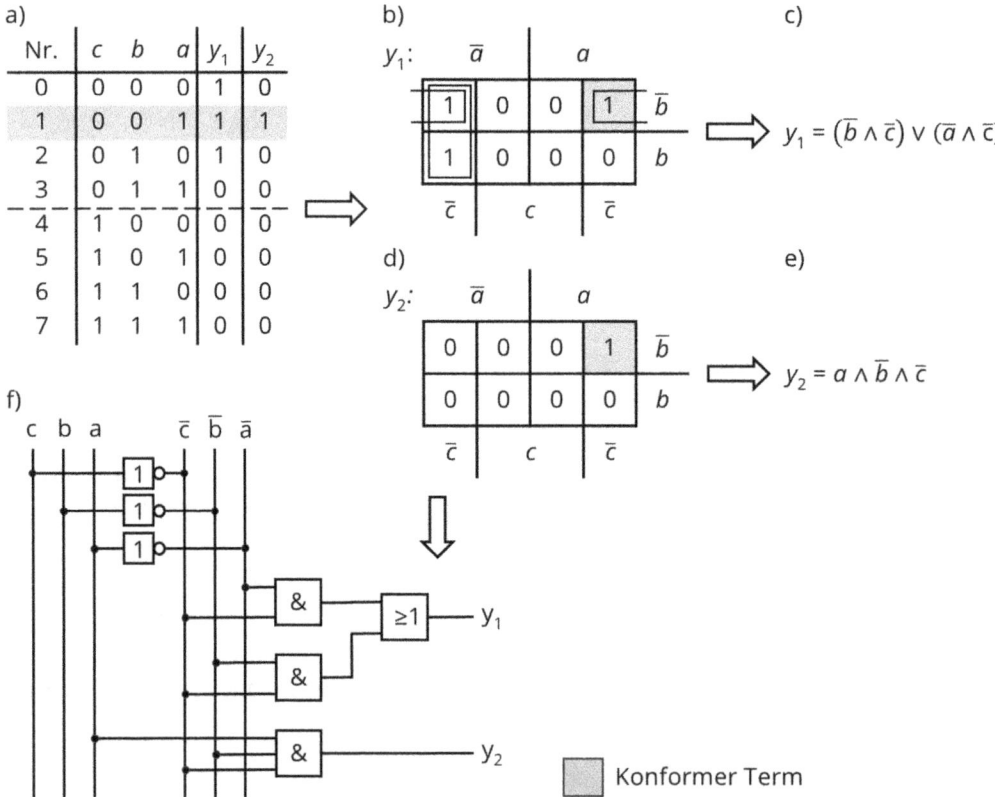

Abbildung 14.17: Entwurf eines Schaltnetzes ohne konforme Terme, a) Wahrheitstabelle, b) und d) KV-Tafel, c) und e) Schaltfunktion, f) Schaltnetz

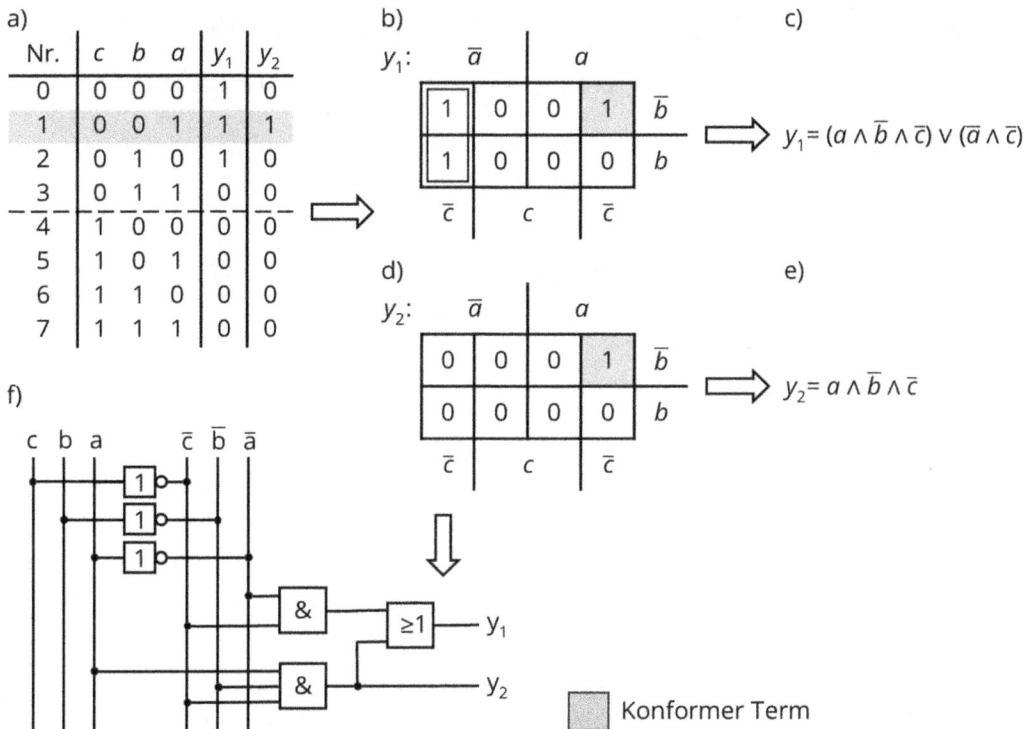

Abbildung 14.18: Entwurf eines Schaltnetzes mit einem konformen Term, a) Wahrheitstabelle, b) und d) KV-Tafel, c) und e) Schaltfunktion, f) Schaltnetz

Vergleichen Sie jetzt die beiden KV-Tafeln der Schaltfunktionen in Abbildung 14.17b und d miteinander, so ist nur das Feld mit der Nr. 1 (grau hinterlegt) in beiden gleich belegt und somit handelt es sich um einen konformen Term. In diesem Fall ist es dann zweckmäßig, dass dieses Feld nicht in einen Vereinfachungsblock der KV-Tafel in Abbildung 14.17b einbezogen wird, wie dies in Abbildung 14.18b auch nicht vorgenommen wurde. Hierdurch entsteht in beiden Schaltfunktionen in Abbildung 14.18c und e der gleiche Term, der in dem daraus abgeleiteten Schaltnetz gemeinsam genutzt werden kann.

Dies hat dann zur Folge, dass die Anzahl der benötigten Verknüpfungsglieder bei Nutzung eines konformen Terms um eins von vier auf drei Verknüpfungsglieder reduziert wird, also eine Vereinfachung des Schaltnetzes erzielt worden ist.

Zusammenfassung der Vorgehensweise bei der Minimierung mit den KV-Tafeln

Abschließend zu diesem Kapitel der Minimierung von Schaltfunktionen mittels der KV-Tafeln wird hier schrittweise eine Vorgehensweise beschrieben, mit der Sie am effizientesten zur Lösung kommen.

 Hier ist für Sie die Durchführung der Minimierung von Schaltfunktionen und das Erstellen des Schaltnetzes mit den KV-Tafeln in sechs Schritten zusammengestellt:

1. Schritt: Aufstellen der Wahrheitstabelle gemäß der Problemstellung unter Beachtung möglicher Redundanzen.

2. Schritt: Für jede Schaltfunktion die KV-Tafel aufstellen und die logischen Zustände 0 und 1 beziehungsweise X für Don't-care-Terme der jeweiligen Schaltfunktion in das jeweilige Feld der KV-Tafel eintragen.

3. Schritt: Für jede Schaltfunktion der KV-Tafel die Bildung der Vereinfachungsblöcke vornehmen.

Zunächst bilden Sie die größtmöglichen Vereinfachungsblöcke und dann die nächstkleineren (beispielsweise 8er-, 4er- und dann 2er-Vereinfachungsblöcke). Dabei sind in den KV-Tafeln benachbarte Felder zu berücksichtigen. Es dürfen dabei einerseits die Nachbarschaften über den Rand und andererseits in erweiterten Tafeln die gleich positionierten Felder nicht vergessen werden.

Wenn die disjunktive Normalform (DMF) gesucht ist, werden die Felder, die mit einer 1 und einem X belegt sind, zu Vereinfachungsblöcken zusammengefasst. Für die konjunktive Normalform (KMF) werden die Felder zu Vereinfachungsblöcken zusammengefasst, die mit einer 0 und einem X belegt sind.

Bei mehreren Möglichkeiten zur Bildung gleichgroßer Blöcke beginnen Sie mit den Vereinfachungsblöcken, die Felder einschließen, die nur in genau einen Block einbezogen werden können. Dabei dürfen keine redundanten Vereinfachungsblöcke gebildet werden.

Als Letztes werten Sie die Felder aus, die in keinen Vereinfachungsblock einbezogen werden können.

4. Schritt: Auswertung der Vereinfachungsblöcke.

5. Schritt: Sie erhalten die disjunktive Minimalform (DMF) oder die konjunktive Minimalform (KMF) der Schaltfunktion.

6. Schritt: Entwurf der Schaltung bei vorgegebenen Verknüpfungen.

Bei deutlich mehr als vier Variablen ist das Verfahren der Minimierung mittels der KV-Tafeln nicht mehr empfehlenswert, da dessen großer Vorteil der Übersichtlichkeit verloren geht. Dann sind algorithmische Verfahren, insbesondere für die computergestützte Synthese, besser geeignet. Im nachfolgenden Kapitel 15 wird dazu das Verfahren von Quine und McCluskey beschrieben, das Sie dann bevorzugen sollten.

Übungen: Minimierung von Schaltfunktionen

Übung 14.1:

Kontrollieren Sie die angegebenen Darstellungen von KV-Tafeln auf ihre Zulässigkeit und begründen Sie Ihre Entscheidung!

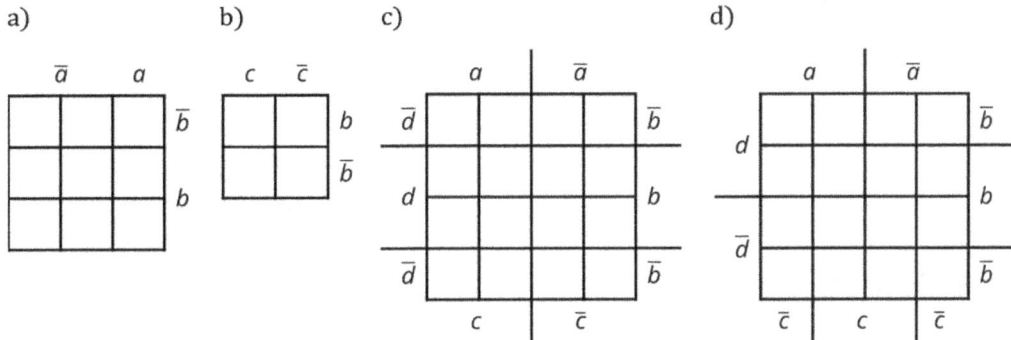

Übung 14.2:

Bilden Sie für die angegebenen KV-Tafeln jeweils die disjunktive und die konjunktive Minimalform der Schaltfunktionen.

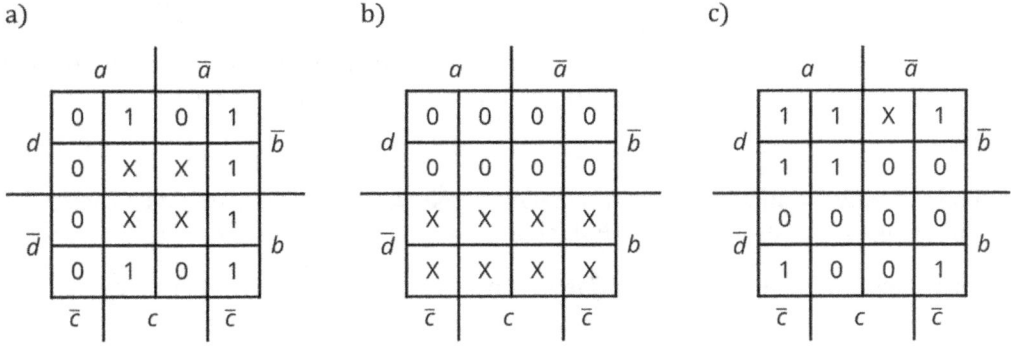

Übung 14.3:

Entwerfen Sie die minimierte Schaltfunktion y für die gegebene Wahrheitstabelle mit den Variablen a, b und c mittels der KV-Tafeln.

Nr.	c	b	a	y
0	0	0	0	1
1	0	0	1	0
2	0	1	0	1
3	0	1	1	0
4	1	0	0	0
5	1	0	1	1
6	1	1	0	0
7	1	1	1	1

Geben Sie dazu

a) die KV-Tafel und

b) die minimierte Schaltfunktion in der disjunktiven Minimalform (DMF) und gegebenenfalls eine weitere Vereinfachung sowie

c) die Schaltung des Schaltnetzes an.

Übung 14.4:

Entwerfen Sie ein Schaltnetz für einen vierstelligen Dualcode mit den Variablen a, b, c und d, mit der die Dezimalzahlen 0 bis 15 codiert worden sind. Die Schaltfunktion y soll die Konstante 1 annehmen, wenn die Dezimalzahl kleiner 6 ist. Für die anderen Kombinationsmöglichkeiten ist der logische Zustand der Schaltfunktion egal.

a) Geben Sie die Wahrheitstabelle für die Schaltfunktion an.

b) Führen Sie die Minimierung mittels der KV-Tafeln durch und geben Sie die Schaltfunktionen in der disjunktiven Minimalform an.

c) Geben Sie die Schaltung des Schaltnetzes an.

Übung 14.5:

Entwerfen Sie die Schaltung (Code-Umsetzer) für die Ansteuerung einiger Segmente einer 7-Segment-Anzeige, wie in nachfolgender Abbildung dargestellt, mittels der KV-Tafeln und berücksichtigen Sie dabei mögliche Redundanzen.

Die Schaltung soll für die Segmente a, e, f und g bei einer Nullunterdrückung entworfen werden. Es sollen nur die relevanten Kombinationen der Variablen an den Eingängen e_3, e_2, e_1 und e_0 für die Ziffern 0d bis 9d berücksichtigt werden. Ein Segment der Anzeige leuchtet immer dann, wenn eine Konstante 1 angelegt wird.

a) Geben Sie die vollständige Wahrheitstabelle für die genannten Segmente an.

b) Ermitteln Sie die minimalen Schaltfunktionen mittels KV-Tafeln in der DMF.

c) Geben Sie die Schaltung für den Code-Umsetzer an.

> **IN DIESEM KAPITEL**
>
> Vorstellung des algorithmischen Verfahrens nach Quine und McCluskey zur Minimierung von Schaltnetzen bei deren Synthese
>
> Zentrale Elemente wie Implikanten, Primimplikanten und Kernprimimplikanten
>
> Übung zur Minimierung von Schaltfunktionen mit dem Verfahren nach Quine und McCluskey

Kapitel 15
Synthese mittels Minimierung der Schaltfunktionen mit dem Verfahren nach Quine und McCluskey – Ist das ein Pärchen?

Ein Rückblick

Das Verfahren nach Willard Van Orman Quine und Edward J. McCluskey ist eine algorithmische Methode, um Boole'sche Funktionen zu minimieren. Die Grundidee des Verfahrens wurde bereits von Quine im Jahr 1952 vollständig beschrieben. Die Verfeinerungen von McCluskey im Jahr 1956 betreffen im Wesentlichen die praktische algorithmische Durchführbarkeit.

Der Vorteil dieses Verfahrens besteht darin, dass es leicht als Computerprogramm entworfen werden kann und sich so mittels eines Computers ausführen lässt. Das Verfahren benötigt im schlechtesten Fall eine exponentielle Laufzeit, um eine minimale Lösung zu finden. Das Verfahren findet immer eine minimale Lösung, es ist jedoch möglich, dass es noch andere (gleichwertige) Lösungen gibt, die nicht gefunden werden.

Das Verfahren nach Quine und McCluskey

Das Verfahren wird grundsätzlich nur auf die disjunktive Normalform einer Schaltfunktion angewendet. Liegt die konjunktive Normalform vor, so muss diese zunächst über die Negation der Schaltfunktion in die disjunktive Normalform umgeformt werden.

Bei dem Verfahren von Quine und McCluskey wird wie bei den KV-Tafeln eine Vereinfachung der Minterme vorgenommen. Hierzu werden durch einen stellenweisen Vergleich der Minterme, die sich nur in einer Stelle unterscheiden und sich somit zusammenfassen lassen, schrittweise Variablen zusammengefasst, bis keine Zusammenfassung von Mintermen mehr möglich ist. Die so erhaltenen Terme werden Primimplikanten genannt.

Ein *Primimplikant* oder *Primterm* einer Boole'schen Funktion ist ein Implikant minimaler Länge, der nicht weiter vereinfacht werden kann.

Ein *Implikant minimaler Länge* ist wiederum in der Boole'schen Algebra eine Boole'sche Funktion, die für eine Konjunktion der Variablen in nicht negierter Form oder negierter Form immer die Konstante 1 annimmt. Unter minimaler Länge wird hier ein Implikant verstanden, der nicht weiter vereinfachbar ist.

Bei der Zusammenfassung (Elimination) einer Variablen in einem Minterm wird für zwei Variablen folgendermaßen vorgegangen:

$$(a \wedge b) \vee (a \wedge \overline{b}) = a \tag{15.1}$$

Es wird immer die Variable zusammengefasst beziehungsweise eliminiert, die in nicht negierter und negierter Form vorkommt. An der Stelle der zusammengefassten Variablen in der Wahrheitstabelle wird dann ein Bindestrich »-« eingetragen.

Dabei sind nicht weiter zusammenfassbare Minterme oder Primimplikanten Bestandteil der gesuchten disjunktiven Minimalform (DMF).

Am Ende der Zusammenfassung zu Primimplikanten sind diejenigen, die Minterme enthalten, die in keinem anderen Primimplikanten vorkommen, sogenannte Kernprimimplikanten bei der Lösung der disjunktiven Minimalform zu berücksichtigen.

Kernprimimplikanten oder *wesentliche Primimplikanten* sind Primimplikanten, die Minterme enthalten, die in keinem anderen Primimplikanten vorkommen, und sie sind Bestandteil der disjunktiven Minimalform.

Für die disjunktive Minimalform ist hierbei das Überdeckungsproblem zu lösen, da eine minimale Anzahl an Kernprimimplikanten gesucht wird. Dabei entfallen Primimplikanten, die vollständig durch andere Kernprimimplikanten überdeckt werden.

Durchführung des Verfahrens nach Quine und McCluskey

Im Folgenden wird das Verfahren von Quine und McCluskey zur Minimierung einer Schaltfunktion an einem Beispiel mit vier Variablen durchgeführt.

 Anwendung des Verfahrens nach Quine und McCluskey auf eine Schaltfunktion mit vier Variablen.

1. Schritt: Aufstellen der Wahrheitstabelle und Kennzeichnung der Minterme

Gegeben ist die Wahrheitstabelle für eine Schaltfunktion mit vier Variablen, wie diese in Abbildung 15.1 angegeben ist. Dort werden die Minterme entsprechend gekennzeichnet, die für die Minimierung herangezogen werden. Für die gegebene Schaltfunktion sind es die Minterme 2, 5, 6, 8, 10, 12 und 14.

Nr.	d	c	b	a	y	Minterme
0	0	0	0	0	0	
1	0	0	0	1	0	
2	0	0	1	0	1	•
3	0	0	1	1	0	
4	0	1	0	0	0	
5	0	1	0	1	1	•
6	0	1	1	0	1	•
7	0	1	1	1	0	
8	1	0	0	0	1	•
9	1	0	0	1	0	
10	1	0	1	0	1	•
11	1	0	1	1	0	
12	1	1	0	0	1	•
13	1	1	0	1	0	
14	1	1	1	0	1	•
15	1	1	1	1	0	

Abbildung 15.1: Beispiel einer Wahrheitstabelle für eine Schaltfunktion mit vier Variablen

2. Schritt: Ermittlung der Primimplikanten

In Abbildung 15.2 sind die Minterme nach Gruppen sortiert. Dies bedeutet, dass die Minterme entsprechend der Anzahl belegter Stellen mit der Konstanten 1 sortiert werden, beginnend mit den Mintermen, in denen jeweils nur eine Stelle mit der Konstanten 1 belegt ist (Gruppe 1), dann die Minterme, bei denen jeweils zwei Stellen mit der Konstanten 1 belegt sind (Gruppe 2), und so weiter, bis alle Minterme aufgelistet sind. Maximal können

TEIL VI Synthese von Schaltnetzen

Nr.	d	c	b	a	Gruppe	zusammenfassbar
2	0	0	1	0	1	•
8	1	0	0	0	1	•
5	0	1	0	1	2	
6	0	1	1	0	2	•
10	1	0	1	0	2	•
12	1	1	0	0	2	•
14	1	1	1	0	3	•

Abbildung 15.2: Gruppenunterteilung der Minterme für das Verfahren nach Quine und McCluskey

immer Gruppen entsprechend der Anzahl der Variablen auftreten – hier wären es vier Gruppen, allerdings sind es real nur drei Gruppen, da maximal drei Binärstellen der Minterme mit einer Konstanten 1 belegt sind. Im vorliegenden Fall handelt es sich um die Minterme 2, 5, 6, 8, 10, 12 und 14, also insgesamt sieben Minterme.

In Abbildung 15.2 werden jetzt die Minterme, die sich jeweils nur in einer Binärstelle unterscheiden und sich zusammenfassen lassen, markiert. Der Minterm 5 kann nicht zusammengefasst werden und ist deswegen der erste Primimplikant und Bestandteil der disjunktiven Minimalform.

Sie müssen jetzt die Minterme, die sich jeweils nur um eine Binärstelle unterscheiden, entsprechend Formel 15.1 zusammenfassen, wobei diese Binärstelle mit einem »-« (Bindestrich) gekennzeichnet wird. Verbleiben hier Terme, die nicht zusammenfassbar sind, so sind dies Primimplikanten und bereits Bestandteil der minimierten Schaltfunktion. Im vorliegenden Fall ist der Minterm 5 nicht zusammenfassbar, weswegen er nicht in Abbildung 15.2 markiert ist. Zusammenfassbar sind die Minterme 2, 6, 8, 10, 12 und 14, die in Abbildung 15.2 entsprechend markiert sind. Es können die Minterme 2 und 6, 2 und 10, 8 und 10, 8 und 12, 6 und 14, 10 und 14 sowie 12 und 14 zusammengefasst werden, wie dies in Abbildung 15.3 vorgenommen wurde. Dies sind jetzt Primimplikanten und keine Minterme mehr. Diese Primimplikanten werden wieder nach Gruppen sortiert, wobei jetzt nur noch die Gruppen 1 und 2 existieren.

Nr.	d	c	b	a	Gruppe	zusammenfassbar
2,6	0	-	1	0	1	•
2,10	-	0	1	0	1	•
8,10	1	0	-	0	1	•
8,12	1	-	0	0	1	•
6,14	-	1	1	0	2	•
10,14	1	-	1	0	2	•
12,14	1	1	-	0	2	•

Abbildung 15.3: 1. Zusammenfassung der Minterme beim Verfahren nach Quine und McCluskey

In nächsten Schritt wird nochmals eine Zusammenfassung der Primimplikanten aus Abbildung 15.3 vorgenommen, wie dies in Abbildung 15.4 dargestellt ist. Es können die Primimplikanten 2,6 und 10,14; 2,10 und 6,14; 8,10 und 12,14 sowie 8,12 und 10,14 zusammengefasst werden. Entsprechend werden diese Primimplikanten auch in Abbildung 15.3 markiert.

Nr.	d	c	b	a	Gruppe
~~2,6; 10,14~~	-	-	1	0	1
2,10; 6,14	-	-	1	0	1
~~8,10; 12,14~~	1	-	-	0	1
8,12; 10,14	1	-	-	0	1

Abbildung 15.4: 2. Zusammenfassung der Minterme beim Verfahren nach Quine und McCluskey und Streichung von Primimplikanten, die gleiche Variablen abdecken

Dabei kann jetzt festgestellt werden, dass die so zusammengefassten Primimplikanten 2,6; 10,14 und 2,10; 6,14 die gleichen Variablen abdecken. Einer dieser Primimplikanten kann deshalb gestrichen werden. Gleiches gilt auch für die Primimplikanten 8,10; 12,14 und 8,12; 10,14, womit hier ebenso einer der Primimplikanten gestrichen werden kann. Welcher Term dabei gestrichen wird, ist nicht relevant. Im vorliegenden Fall werden die zusammengefassten Primimplikanten 2,6; 10,14 und 8,10; 12,14 gestrichen.

Eine weitere Zusammenfassung der so gewonnenen Terme ist nicht mehr möglich. Die verbliebenen Terme sind nun Primimplikanten und Bestandteil der disjunktiven Minimalform der Schaltfunktion y.

3. **Schritt:** Lösung des Überdeckungsproblems und Bestimmung der Kernprimimplikanten

Im folgenden Schritt werden jetzt die ermittelten Primimplikanten und die sie überdeckenden Minterme zusammengestellt, wie dies in der Primimplikantentafel in Abbildung 15.5 dargestellt ist. Dabei werden die überdeckten Minterme des jeweiligen Primimplikanten mit dem Symbol »×« gekennzeichnet.

Primimplikanten	Minterme						
	2	5	6	8	10	12	14
5		×					
2,10; 6,14	×		×		×		×
8,12; 10,14				×	×	×	×

Abbildung 15.5: Primimplikantentafel

Im nächsten Schritt müssen die Kernprimimplikanten bestimmt werden, die Bestandteil der disjunktiven Minimalform sind. Dabei ist die Überdeckung der Minterme durch die zuvor bestimmten Primimplikanten zu beachten.

Im vorliegenden Fall in Abbildung 15.6 sind die überdeckten Minterme durch den Primimplikanten 8,10; 12,14 – also die Minterme 8, 10, 12 und 14 – mit dem Symbol »①« gekennzeichnet. Die Minterme 10 und 14 in der darüber liegenden Zeile werden ebenso gekennzeichnet, da sie überdeckt werden. Befindet sich in der entsprechenden Spalte in Abbildung 15.5 nur ein »×«, so handelt es sich um einen Kernprimimplikanten. Dazu ist es ausreichend, wenn nur in einer Spalte ein »×« vorhanden ist. Der Primimplikant 8,10; 12,14 ist demnach ein Kernprimimplikant und somit Bestandteil der disjunktiven Normalform. Dieser Primimplikant wird in Abbildung 15.6 als Kernprimimplikant markiert.

Primimplikanten	Minterme							Kern-primimplikanten
	2	5	6	8	10	12	14	
5		③						•
2,6; 10,14	②		②		①		①	•
8,10; 12,14				①	①	①	①	•

Abbildung 15.6: Ermittlung der Kernprimimplikanten

Da der Primimplikant 2,6; 10,14 nur die Minterme 2 und 6 überdeckt, folgt daraus, dass dies ebenfalls ein Kernprimimplikant und ebenso Bestandteil der disjunktiven Minimalform ist. Entsprechend sind die Minterme 2 und 6 mit dem Symbol »②« gekennzeichnet. Dieser Primimplikant wird in Abbildung 15.6 als Kernprimimplikant markiert.

Jetzt verbleibt nur noch der Primimplikant 5, der als einziger den Minterm 5 überdeckt, weswegen auch dieser ein Kernprimimplikant ist und mit dem Symbol »③« gekennzeichnet wird und ebenso Bestandteil der disjunktiven Minimalform ist. Dieser Primimplikant wird in Abbildung 15.6 als Kernprimimplikant markiert.

Alle Minterme werden durch die drei ermittelten Kernprimimplikanten überdeckt, womit sich für die Implikanten der disjunktiven Minimalform die in Abbildung 15.7 angegebenen Implikanten ergeben. Jeder Implikant stellt dabei eine konjunktive Verknüpfung minimaler Länge dar. Um die disjunktive Minimalform der Schaltfunktion y zu erhalten, müssen lediglich die Implikanten disjunktiv verknüpft werden.

Kern-primimplikanten	Variable				Implikant
	d	c	b	a	
5	0	1	0	1	$a \wedge \overline{b} \wedge c \wedge \overline{d}$
2,6; 10,14	-	-	1	0	$\overline{a} \wedge b$
8,10; 12,14	1	-	-	0	$\overline{a} \wedge d$

Abbildung 15.7: Implikanten der Kernprimimplikanten

Für die gesuchte *disjunktive Minimalform der Schaltfunktion y* ergibt sich somit aus Abbildung 15.7 folgender Boole'scher Ausdruck:

$$y = (a \wedge \overline{b} \wedge c \wedge \overline{d}) \vee (\overline{a} \wedge b) \vee (\overline{a} \wedge d)$$

Dieses Ergebnis ist identisch mit dem der Lösung für die Schaltfunktion y mit einer KV-Tafel.

Übungen: Minimierung nach Quine und McCluskey

Übung 15.1:

Bestimmen Sie die disjunktive Minimalform für die Schaltfunktion y der folgenden gegebenen Wahrheitstabelle:

Nr.	d	c	b	a	y
0	0	0	0	0	0
1	0	0	0	1	0
2	0	0	1	0	1
3	0	0	1	1	0
4	0	1	0	0	0
5	0	1	0	1	0
6	0	1	1	0	1
7	0	1	1	1	1
8	1	0	0	0	0
9	1	0	0	1	0
10	1	0	1	0	1
11	1	0	1	1	0
12	1	1	0	0	0
13	1	1	0	1	0
14	1	1	1	0	1
15	1	1	1	1	1

a) nach dem Verfahren von Quine und McCluskey,

b) mit den KV-Tafeln und

c) vergleichen Sie die beiden Ergebnisse und bewerten Sie den Aufwand für beide Lösungswege.

Teil VII
Verwendete grafische Symbole und deren Systematik – Zum Nachschlagen

IN DIESEM TEIL ...

Finden Sie eine Übersicht mit Erläuterungen der wichtigsten in diesem Buch verwendeten grafischen Symbole für Schaltpläne.

Es wird in die Systematik der grafischen Symbole für die Digitaltechnik eingeführt.

Des Weiternen werden die verwendeten analogen grafischen Symbole behandelt.

> **IN DIESEM KAPITEL**
>
> Allgemeines wie beispielsweise Anwendungsbereich, verwendete Begriffe, Symbolaufbau, Konturen der Symbole und Anwendung sowie Kombination von Konturen
>
> Funktionskennzeichnungen von Eingängen, Ausgängen und anderen Verbindungen
>
> Abhängigkeitsnotation
>
> Schaltnetze und Schaltwerke

Kapitel 16
Grafische Symbole der Digitaltechnik – Strichzeichnungen, oder was?

In diesem Kapitel werden die wichtigsten verwendeten grafischen Symbole und deren Systematik behandelt. Ausgehend vom Anwendungsbereich, den verwendeten Begriffen und dem grundsätzlichen Symbolaufbau mit deren Konturen werden die Funktionskennzeichnung von Eingängen, Ausgängen und deren Verbindungen, die Abhängigkeitsnotation und die grafischen Symbole für Schaltnetze (kombinatorische Elemente) und Schaltwerke (sequenzielle Elemente) behandelt. Die Benennungen kombinatorische und sequenzielle Elemente werden zwar noch immer in den einschlägigen Normen verwendet, sind aber heutzutage weniger gebräuchlich. Es werden vielmehr die moderneren Benennungen Schaltnetze und Schaltwerke verwendet. In beiden Fällen handelt es sich um Logik-Elemente beziehungsweise kurz Elemente.

Allgemeines zu den grafischen Symbolen der Digitaltechnik

Die Darstellung von grafischen Symbolen der binären Elemente in Schaltplänen nach DIN EN 60617 Teil 12:1999-04 ist die deutsche Übersetzung der internationalen Norm IEC 60617-12:1997. In Anlehnung an diese Normen werden in diesem und dem folgenden Kapitel die in diesem Buch verwendeten grafischen Symbole nach DIN EN 60617 vorgestellt.

Die in den zugehörigen Abbildungen angegebenen Nummern sind die Nummern des jeweiligen Symbols in den Normen. Die Beschreibungen wurden angepasst und sinngemäß aus den Normen entnommen und gegebenenfalls zum besseren Verständnis ergänzt beziehungsweise modifiziert. Zusätzlich werden Beispiele für die Anwendung der Symbole in diesem Buch angegeben beziehungsweise die Beispiele auf der Basis der grafischen Symbole der Norm entwickelt.

Die Kennzeichnung der Bauelemente in Schaltplänen erfolgt, da wo es erforderlich ist, nach »DIN EN IEC 81346-2:2020-10, Industrielle Systeme, Anlagen und Ausrüstungen und Industrieprodukte – Strukturierungsprinzipien und Referenzkennzeichnung«.

Aufgrund des Umfanges dieser Normen kann hier nur auszugsweise darauf eingegangen werden. Für weiterführende Informationen und insbesondere für eine Vielzahl von Beispielen wird deshalb auf diese einschlägigen Normen beziehungsweise auf die Datenbücher der Halbleiterhersteller verwiesen.

Hier sind in erster Linie die relevanten Datenbücher der Firma Texas Instruments zu nennen, einem der Pioniere auf dem Gebiet der digitalen Schaltkreise. Über die Halbleitertechnologien und Bauformen der Gehäusung der digitalen Schaltkreise gibt es eine sehr umfassende Darstellung im Logic Guide 2017 (SDYU001AB) der Firma Texas Instruments. Eine nahezu vollständige Ausgabe aller Datenblätter zu sämtlichen digitalen Schaltkreisen in sämtlichen Halbleitertechnologien ist im »Digital Logic Pocket Data Book 2007 (SCYD013B)« der Firma Texas Instruments zu finden. Leider sind dort aber nur die detaillierten logischen Schaltungen des inneren Aufbaus angegeben. In Ergänzung dieser Quelle bietet sich das »The TTL DataBook Volume1 1984 (SDYD001)« der Firma Texas Instruments an, in dem auch die grafischen Symbole der digitalen Schaltkreise angegeben sind.

Natürlich gibt es auch entsprechende Dokumente anderer Halbleiterhersteller, auf deren Angabe wird hier aber bewusst verzichtet, um nicht für Verwirrung zu sorgen, denn die drei genannten Literaturquellen haben bereits einen Umfang von über 1000 Seiten.

Anwendungsbereich und verwendete Begriffe für die grafischen Symbole

Die internationale Norm IEC 60617 Teil 12:1997 beziehungsweise deren Übersetzung ins Deutsche nach DIN EN 60617 Teil 12:1999-04 enthalten grafische Symbole, die zur Darstellung von logischen Funktionen entwickelt wurden. Sie können auch für die Darstellung von Bauteilen und Komponenten verwendet werden, die logische Funktionen ausführen. Die Symbole entstanden primär für elektrische Anwendungen. Die meisten können aber auch auf nichtelektrische Systeme wie beispielsweise pneumatische, hydraulische und mechanische Systeme angewendet werden.

Die Symbole 0 und 1 kennzeichnen die beiden logischen Zustände einer binären Variablen, seien dies Variablen oder auch Schaltfunktionen. Diese Zustände werden logischer 0-Zustand und logischer 1-Zustand genannt und entsprechen den Konstanten 0 und 1 in der Boole'schen Algebra.

Eine binäre Variable kann jeder beliebigen physikalischen Größe gleichgesetzt werden, für die zwei konkrete disjunkte Wertebereiche definierbar sind. Diese Wertebereiche werden in der Norm DIN EN 60617-12:1999-04 Logikpegel beziehungsweise in der Literatur häufig auch nur Pegel genannt und mit H und L bezeichnet.

Bei einer *positiven Logik* wird der Logikpegel L dem logischen 0-Zustand und der Logikpegel H dem logischen 1-Zustand zugeordnet. Im Gegensatz dazu ist die Zuordnung bei einer *negativen Logik* genau umgekehrt.

Bei einer *positiven Logik* bezeichnet H den Logikpegel beziehungsweise Pegel, der mit dem algebraischen Wert näher bei $+\infty$ liegt, und L bezeichnet den Logikpegel, der mit dem algebraischen Wert näher bei $-\infty$ liegt.

In diesem Buch werden ausschließlich die grafischen Symbole für binäre Variablen in *positiver Logik* beschrieben.

Zum leichteren Verständnis der Beschreibungen in diesem Kapitel ist es zweckmäßig, drei grundlegende Begriffe zu definieren:

✔ *Interner logischer Zustand* bezeichnet einen Logikzustand, der innerhalb einer Symbolkontur angenommen ist.

✔ *Externer logischer Zustand* bezeichnet einen Logikzustand, der außerhalb einer Symbolkontur an einem Ein- oder Ausgang angenommen ist.

✔ *Externer Logikpegel* bezeichnet einen Logikpegel, der außerhalb einer Symbolkontur angenommen ist.

Zur Veranschaulichung dieser Definitionen sind die internen und externen logischen Zustände sowie die externen Logikpegel in Abbildung 16.1 dargestellt.

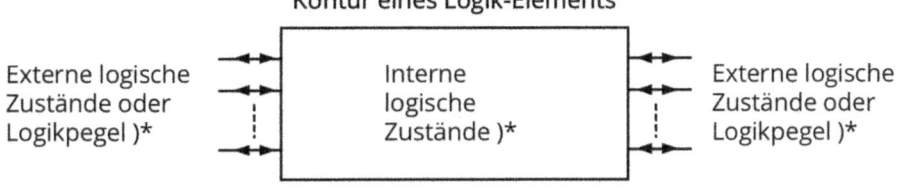

)* DIN EN 60617 Teil 12:1999-04, Graphische Symbole für Schaltpläne Teil 12: Binäre Elemente (IEC 60617-12:1997)

Abbildung 16.1: Veranschaulichung logischer Zustände und Logikpegel

Aufbau der grafischen Symbole

Jedes Symbol, wie dies in Abbildung 16.2 dargestellt ist, besteht aus einer rechteckigen Kontur oder einer Konturenkombination und einem oder mehreren Kennzeichnungen. Für die Verwendung der Symbole werden außerdem Eingangs- und Ausgangslinien benötigt.

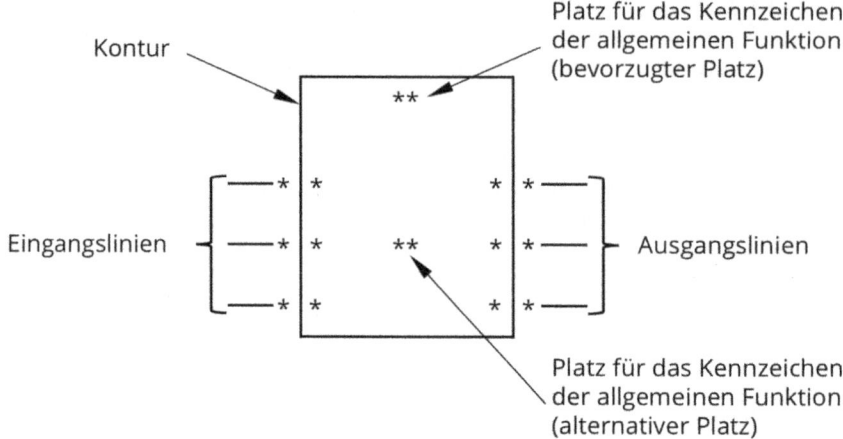

)* DIN EN 60617 Teil 12:1999-04, Graphische Symbole für Schaltpläne
Teil 12: Binäre Elemente (IEC 60617-12:1997)

Abbildung 16.2: Grafische Grunddarstellung eines Symbols mit Kennzeichnungen

Das einzelne Zeichen »*« (Sternchen) zeigt mögliche Plätze für die Kennzeichnung, die sich auf Eingänge und Ausgänge beziehen.

Nur dann, wenn die Funktion eines Elements vollständig durch die Kennzeichnung seiner Ein- und/oder Ausgänge bestimmt ist, ist keine Kennzeichnung der allgemeinen Funktion notwendig.

Angaben zu einem bestimmten Eingang (Ausgang), die in der vorliegenden Norm nicht festgeschrieben sind, dürfen innerhalb der Kontur in eckigen Klammern neben dem betreffenden Eingang (Ausgang) angeführt sein. Sie sollten irgendwelchen Kennzeichnungen des Eingangs (Ausgangs) folgen beziehungsweise vorangestellt sein. Zusätzliche Angaben zur allgemeinen Logikfunktion des Elements dürfen innerhalb der Kontur in eckigen Klammern angegeben sein.

Konturen der grafischen Symbole

Das Seitenverhältnis der Konturen kann beliebig sein, es hängt vom jeweiligen Umfang und der erforderlichen Funktionalität des Elements ab.

In Abbildung 16.3 sind die drei möglichen Konturen mit den Symbolen 12-05-01 bis 12-05-03 für

✔ *Elemente,*

✔ *Steuerblöcke* und

✔ *Ausgangsblöcke*

zusammengestellt.

Nr.)*	Symbol)*	Beschreibung)*	Beispiele
12-05-01	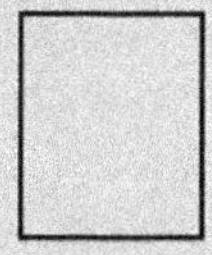	Kontur eines Elements, als Rechteck dargestellt. Hierbei handelt es sich um das Grundelement für alle logischen Funktionen.	Abb. 16.04, 16.05, 16.40a, 16.42a, 16.45, 16.47, 16.49, 16.50, 16.54
12-05-02	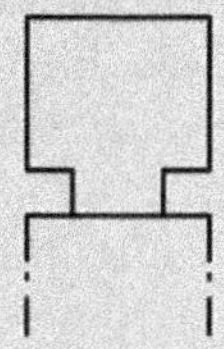	Kontur für einen Steuerblock. Diese wird für Steuereingänge einer Blockkontur für Ausgänge verwendet.	Abb. 16.05, 16.26, 16.30, 16.34, 16.40b, 16.52
12-05-03	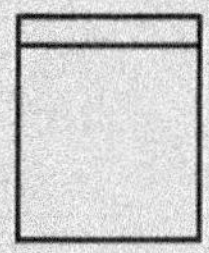	Kontur für einen Ausgang. Diese wird im Zusammenhang mit der Kontur für einen Steuerblock verwendet, wobei in der Regel links Eingänge und rechts Ausgänge angegeben werden.	Abb. 16.05, 16.40b, 16.42a, 16.52

)* DIN EN 60617 Teil 12:1999-04, Graphische Symbole für Schaltpläne Teil 12: Binäre Elemente (IEC 60617-12:1997)

Abbildung 16.3: Konturen eines grafischen Symbols

Konturen zusammengesetzter Logik-Elemente

Damit die Konturen zusammengehöriger Logik-Elemente weniger Platz benötigen, dürfen die Elemente aneinanderstoßen beziehungsweise ineinandergeschachtelt sein, wenn folgende Regeln beachtet werden:

✔ Es darf keine Logikverbindung zwischen Elementen bestehen, bei denen die Konturenlinie, die sie gemeinsam haben, dieselbe Richtung hat, wie der Signalfluss.

✔ Es muss mindestens eine Logikverbindung zwischen Elementen bestehen, bei denen die Konturenlinie, die sie gemeinsam haben, senkrecht zur Richtung des Signalflusses liegt.

✔ Da der Steuerblock kein Element ist, gibt es keine Logikverbindungen zu oder von einem Steuerblock außer Verbindungen mit der benachbarten Anordnung und Verbindungen, die ausdrücklich dargestellt sind.

✔ Jede Verbindung von Logik-Elementen kann durch eine Kennzeichnung auf einer oder auf beiden Seiten der gemeinsamen Konturenlinie dargestellt sein. Dabei sollte das Symbol *Interne Verbindung* angewendet werden, wenn sonst die Anzahl der Logikverbindungen unklar ist.

✔ Sind auf keiner Seite der gemeinsamen Konturenlinie Angaben gemacht, besteht nur eine einzige Logikverbindung.

In Abbildung 16.4 sind einige Beispiele für *typische Konturen* zusammengesetzter Logik-Elemente angegeben, um die Möglichkeiten der Wahl der Konturen darzustellen. In Abbildung 16.4a sind zwei Elemente direkt übereinander angeordnet, beispielsweise um weniger Platz für die grafische Darstellung zu benötigen. Aus dem gleichen Grund sind in Abbildung 16.4b die Elemente horizontal nacheinander angeordnet, allerdings ist hierbei zu beachten, dass das erste Element nur einen Ausgang und das zweite Element nur einen Eingang besitzen darf. In Abbildung 16.4c ist die Anordnung von Elementen, die mehr als einen Ausgang beziehungsweise mehr als einen Eingang besitzen, dargestellt. Liegen keine internen Kennzeichnungen vor, aus denen die Anzahl der korrespondierenden Ein- und Ausgänge hervorgeht, so ist eine interne Verbindung mit dem Zeichen »−« beziehungsweise bei einer Negation mit dem Zeichen »○« zu kennzeichnen.

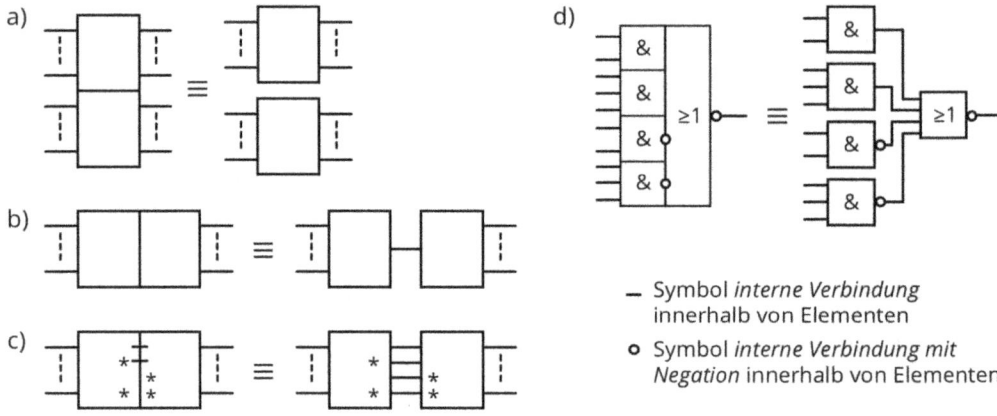

− Symbol *interne Verbindung* innerhalb von Elementen

○ Symbol *interne Verbindung mit Negation* innerhalb von Elementen

Abbildung 16.4: Anordnungen der Konturen eines Elements (a–c) allgemein (d) für ein Schaltnetz

In Abbildung 16.5 ist ein Beispiel für die mögliche Darstellung und Wirkung eines Steuerblocks gezeigt, wobei Sie sehen, dass der Steuerblock auf alle Elemente wirkt. Im vorliegenden Fall wirkt der Steuereingang a auf die weiteren Eingänge b, c und d.

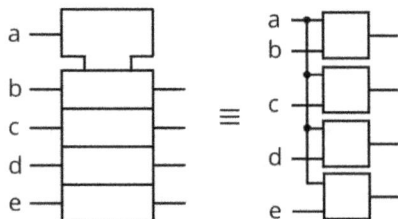

Abbildung 16.5: Anordnung eines Steuerblocks und dessen Wirkung auf Elemente

Kennzeichnungen außerhalb der Kontur

Negation an Ein- und Ausgängen

Die Negation bedeutet, dass der interne logische 1-Zustand des Elements mit dessen externem logischen 0-Zustand korrespondiert. Eine der häufigsten Kennzeichnungen der Ein- und Ausgänge ist die Negation, wie dies mit den Symbolen 12-07-01 und 12-07-02 in Abbildung 16.6 dargestellt ist.

Nr.)*	Symbol)*	Beschreibung)*	Beispiele
12-07-01	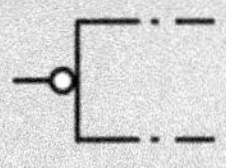	Negation eines Eingangssignals.	Kapitel 10, Abb. 16.26; 16.34c; 16.36b,c, 16.40b; 16.42b 16.45a,b; 16.47a,b; 16.49b; 16.54
12-07-02	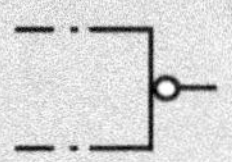	Negation eines Ausgangssignals. Der interne logische 1-Zustand korrespondiert mit dem externen logischen 0-Zustand.	

)* DIN EN 60617 Teil 12:1999-04, Graphische Symbole für Schaltpläne Teil 12: Binäre Elemente (IEC 60617-12:1997)

Abbildung 16.6: Negation an Ein- und Ausgängen

Polaritätsindikatoren an Ein- und Ausgängen

Normalerweise wird innerhalb einer digitalen Schaltung die verwendete *positive Logik* oder *negative Logik* beibehalten. Allerdings können auch *positive Logik* und *negative Logik* miteinander gemischt werden. Ist der Polaritätsindikator vorhanden, wird für den entsprechenden Ein- oder Ausgang die *negative Logik* zugrunde gelegt. Fehlt dieser Polaritätsindikator, so wird die *positive Logik* verwendet. Um dies für ein Element zu kennzeichnen, wird der *Polaritätsindikator* verwendet, wie dies mit den Symbolen 12-07-03 und 12-07-04 in Abbildung 16.7 dargestellt ist.

Nr.)*	Symbol)*	Beschreibung)*	Beispiele
12-07-03	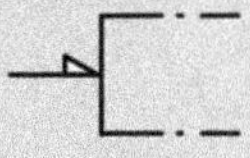	Polaritätsindikator an einem Eingang bei einem Signalfluss von links nach rechts. Der Eingang ist aktiv bei einem externen logischen 0-Zustand und äquivalent zu Nr. 12-07-01 bei positiver Logik.	Abb. 16.52, 16.54 12-42-02, 03, 04 Kapitel 18
12-07-04	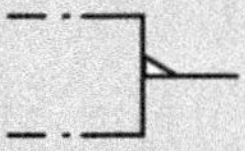	Polaritätsindikator an einem Ausgang bei einem Signalfluss von links nach rechts. Der Ausgang ist aktiv bei einem externen logischen 0-Zustand und äquivalent zu 12-07-02 bei positiver Logik.	Abb. 16.54 12-42-02, 03, 04 Kapitel 18

)* DIN EN 60617 Teil 12:1999-04, Graphische Symbole für Schaltpläne Teil 12: Binäre Elemente (IEC 60617-12:1997)

Abbildung 16.7: Polaritätsindikatoren an Ein- und Ausgängen

Im Regelfall der positiven Logik ist der *Polaritätsindikator* an einem Eingang mit dem Symbol 12-07-03 identisch mit dem Symbol 12-07-01 der Negation nach Abbildung 16.6. An einem Ausgang ist das Symbol 12-07-04 mit dem Symbol 12-07-02 identisch.

Dynamische Eingänge

Dynamische Eingänge sind erforderlich, wenn der interne logische Zustand eines Elements nicht mit einem logischen 0- oder 1-Zustand am Eingang korrespondiert, sondern der Wechsel des logischen Zustands vom logischen 0- in den logischen 1-Zustand oder vom logischen 1- in den logischen 0-Zustand mit dem internen Zustand korrespondieren soll. Dies sind dann flankengesteuerte Eingänge, bei denen der interne Zustand des Elements entweder mit einer positiven Flanke (Wechsel vom logischen 0- zum logischen 1-Zustand) oder negativen Flanke (Wechsel vom logischen 1- zum logischen 0-Zustand) am Eingang korrespondiert. Typische Anwendungsfälle sind sogenannte ein- und zweiflankengesteuerte Flipflops.

Die Kennzeichnung der dynamischen Eingänge erfolgt mit den Symbolen 12-07-07 bis 12-07-09 in Abbildung 16.8.

Nr.)*	Symbol)*	Beschreibung)*	Beispiele
12-07-07	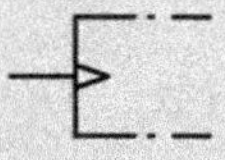	Dynamischer Eingang. Der interne logische 1-Zustand korrespondiert mit dem Übergang vom externen logischen 0-Zustand zum externen logischen 1-Zustand. In allen anderen Fällen ist der interne logische Zustand 0. In Schaltplänen, in denen der Polaritätsindikator verwendet ist, korrespondiert der interne logische 1-Zustand mit dem Übergang vom logischen 0- zum logischen 1-Zustand an der Anschlusslinie. In allen anderen Fällen ist der interne logische Zustand 0.	Abb. 16.34, 16.54 12-42-03, 12-42-05, 12-42-06 Kapitel 25
12-07-08	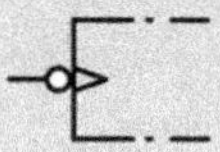	Dynamischer Eingang mit Negation. Der interne logische 1-Zustand korrespondiert mit dem Übergang vom externen logischen1- Zustand zum externen logischen 0-Zustand. In allen anderen Fällen ist der interne logische Zustand 0.	Abb. 16.34 Kapitel 25
12-07-09	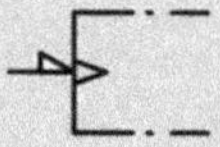	Dynamischer Eingang mit Polaritätsindikator. Der interne logische 1-Zustand korrespondiert mit dem Übergang vom logischen 1- zum logischen 0-Zustand an der Anschlusslinie. In allen anderen Fällen ist der interne logische Zustand 0.	-

)* DIN EN 60617 Teil 12:1999-04, Graphische Symbole für Schaltpläne Teil 12: Binäre Elemente (IEC 60617-12:1997)

Abbildung 16.8: Dynamische Eingänge

Interne Verbindungen

Interne Verbindungen von Elementen werden dann benötigt, wenn die Verbindungen der aneinander direkt angeordneten Elemente nicht eindeutig sind. Hier gibt es die vier Konstellationen

✔ *einfache interne Verbindung*

✔ *interne Verbindung mit Negation*

✔ *interne Verbindung mit dynamischer Wirkung*

✔ *interne Verbindung mit Negation und dynamischer Wirkung*

wie dies in Abbildung 16.9 mit den Symbolen 12-08-01 bis 12-08-04 dargestellt ist.

Nr.)*	Symbol)*	Beschreibung)*	Beispiele
12-08-01	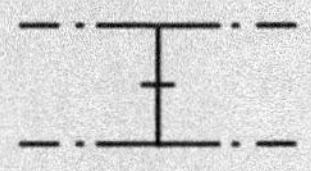	Interne Verbindung. Der interne logische 1-Zustand (0-Zustand) des Eingangssignals des rechten Elements korrespondiert mit dem internen logischen 1-Zustand (0-Zustand) des Ausgangssignals des linken Elements.	Abb. 16.04c, 16.62
12-08-02	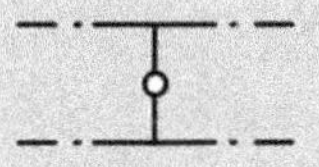	Interne Verbindung mit Negation. Der interne logische 1-Zustand (0-Zustand) des Eingangssignals des rechten Elements korrespondiert mit dem internen logischen 0-Zustand (1-Zustand) des Ausgangssignals des linken Elements.	Abb. 16.04d
12-08-03	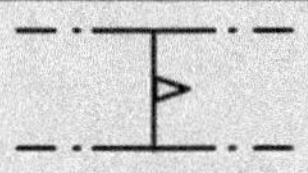	Interne Verbindung mit dynamischer Wirkung. Der interne logische 1-Zustand des Eingangssignals des rechten Elements korrespondiert mit dem Übergang vom internen logischen 0-Zustand zum internen logischen 1-Zustand des Ausgangssignals des linken Elements. In allen anderen Fällen ist der interne logische Zustand des Eingangssignals des rechten Elements 0.	Abb. 16.62
12-08-04	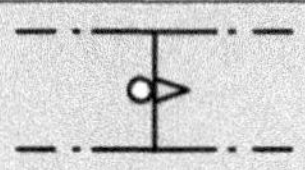	Interne Verbindung mit Negation und dynamischer Wirkung. Der interne logische 1-Zustand des Eingangssignals des rechten Elements korrespondiert mit dem Übergang vom internen logischen 1-Zustand zum internen logischen 0-Zustand des Ausgangssignals des linken Elements. In allen anderen Fällen ist der interne logische Zustand des Eingangssignals des rechten Elements 0.	-

)* DIN EN 60617 Teil 12:1999-04, Graphische Symbole für Schaltpläne Teil 12: Binäre Elemente (IEC 60617-12:1997)

Abbildung 16.9: Interne Verbindungen

Kennzeichnungen innerhalb der Kontur

Retardierter Ausgang

Dies ist ein zeitlich verzögerter (retardierter) Ausgang, der erst beim Wechsel des ursprünglichen logischen Zustands des Eingangs eine Änderung vornimmt, sei dies vom logischen 1- in den logischen 0-Zustand oder vom logischen 0- in den logischen 1-Zustand des Eingangs.

Eine typische Anwendung sind hier die retardierten Ausgänge von zweizustandsgesteuerten und zweiflankengesteuerten Flipflops (diese werden häufig auch Zweispeicher-Flipflops beziehungsweise Master-Slave-Flipflops genannt).

Dargestellt wird dieses Zeichen als gleichschenkliger Winkel, wie dies mit dem Symbol 12-09-01 in Abbildung 16.10 dargestellt ist.

Nr.)*	Symbol)*	Beschreibung)*	Beispiele
12-09-01	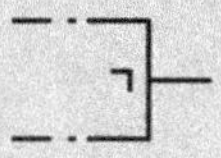	Retardierter Ausgang. Die Änderung des internen logischen Zustands des Ausgangssignals ist so lange aufgeschoben, bis das Eingangssignal, das die Änderung auslöst, zum anfänglichen externen logischen Zustand zurückkehrt. Der interne logische Zustand von Eingangssignalen, die den Eingang steuern, der den Vorgang auslöst, oder die von ihm gesteuert werden, darf sich nicht ändern, solange sich das den Vorgang einleitende Eingangssignal im internen logischen 1-Zustand befindet; andernfalls ist der resultierende logische Zustand am Ausgangssignal durch das Symbol nicht spezifiziert. Erscheint das Eingangssignal, das die Änderung auslöst, an einer internen Verbindung, ist die Zustandsänderung so lange aufgeschoben, bis das Ausgangssignal des vorhergehenden Elements zu seinem anfänglichen internen logischen Zustand zurückkehrt.	Abb. 16.34, 16.54 12-42-04, 12-42-05 Kapitel 26, 28-30

)* DIN EN 60617 Teil 12:1999-04, Graphische Symbole für Schaltpläne Teil 12: Binäre Elemente (IEC 60617-12:1997)

Abbildung 16.10: Retardierter Ausgang

Offene Ausgänge in verschiedenen Varianten

Die Standard-Ausgangsschaltungen aller digitalen Schaltkreise sind die Gegentaktausgangsstufen, weswegen diese auch nicht besonders gekennzeichnet werden. Bei einer Gegentaktausgangsstufe werden immer zwei gleiche Halbleiterschalter (beispielsweise

Bipolartransistoren oder Feldeffekttransistoren) eingesetzt, die immer im Wechsel leitend und nichtleitend sind, also im Gegentakt arbeiten (siehe auch Kapitel 18, Abschnitt »Ausgangsschaltungen«).

In manchen Fällen werden aber auch Ausgangsschaltungen mit offenen Ausgängen eingesetzt, die deshalb mit einem externen Lastwiderstand beschaltet werden müssen. Sie können ebenso wie die Gegentaktausgangsstufen zwei Zustände am Ausgang annehmen. Dabei kann der Ausgang aber auch hochohmig werden, wenn kein externer Lastwiderstand vorgesehen ist.

Gekennzeichnet werden diese Ausgänge mit einer Raute, wobei der dominierende Ausgangszustand (H- oder L-Typ) mit einer oben (Symbol 12-09-04) oder unten (Symbol 12-09-05) angeordneten horizontalen Linie versehen wird, wie dies in Abbildung 16.11 dargestellt ist.

Nr.)*	Symbol)*	Beschreibung)*	Beispiele
12-09-04		Offener Ausgang (High-dominant, H-Typ).	-
		Zum Beispiel offener Kollektor eines bipolaren PNP-Transistors, offener Emitter eines bipolaren NPN-Transistors, P-Kanal-Open-Drain oder N-Kanal-Open-Source eines Feldeffekttransistors.	
		Ist der Ausgang nicht im externen hochohmigen Zustand, erzeugt er einen H-Pegel.	
12-09-05		Offener Ausgang (Low-dominant, L-Typ).	Abb. 16.50, 16.52
		Zum Beispiel offener Kollektor eines bipolaren NPN-Transistors, offener Emitter eines bipolaren PNP-Transistors, N-Kanal-Open-Drain oder P-Kanal-Open-Source eines Feldeffekttransistors.	Kapitel 17 Abb. 17.9, 17.12
		Ist der Ausgang nicht im externen hochohmigen Zustand, erzeugt er einen L-Pegel.	

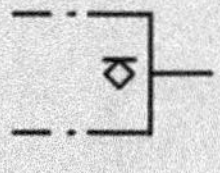

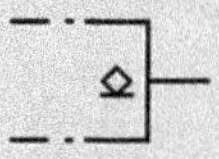

)* DIN EN 60617 Teil 12:1999-04, Graphische Symbole für Schaltpläne Teil 12: Binäre Elemente (IEC 60617-12:1997)

Abbildung 16.11: Offene Ausgänge in verschiedenen Varianten

Zur Veranschaulichung sind die beiden Fälle der Kennzeichnung der Ausgangsschaltungen in Abbildung 16.11 jeweils mit NPN-Transistoren in Abbildung 16.12 dargestellt. Im nichtleitenden Zustand des Transistors befindet sich der Ausgang in Abbildung 16.12a im relativ niederohmigen L-Pegel und in Abbildung 16.12b im relativ niederohmigen H-Pegel. Im leitenden Zustand der Transistoren befindet sich der Ausgang in Abbildung 16.12a im relativ niederohmigen H-Pegel und in Abbildung 16.12b im relativ niederohmigen L-Pegel. Der Ausgangswiderstand wird dabei durch den externen Lastwiderstand beziehungsweise durch den Ausgangswiderstand des jeweiligen Transistors bestimmt.

a) Ausgangsschaltung mit einem offenen Emitter eines NPN-Transistors

b) Ausgangsschaltung mit einem offenen Kollektor eines NPN-Transistors

Abbildung 16.12: Ausgangsschaltungen für einen offenen Emitter (a) und offenen Kollektor (b) eines NPN-Transistors

Tri-State/3-State-Ausgang

Tri-State-Ausgänge werden für jegliche Art von Bussystemen benötigt, bei denen mehrere Teilnehmer eine gemeinsame Leitung für die Übertragung von Information nutzen wollen. Es kann immer nur ein Teilnehmer gleichzeitig die Leitung nutzen, weswegen nur dieser Teilnehmer im aktiven 0- oder 1-Zustand ist, alle anderen Ausgänge der anderen Teilnehmer sind dann hochohmig. So können viele Teilnehmer über ein und dieselbe Leitung zeitlich nacheinander Information übertragen. Ein solcher Tri-State-Ausgang wird durch ein gleichseitiges Dreieck mit dem Symbol 12-09-08, wie es in Abbildung 16.13 dargestellt ist, gekennzeichnet.

Nr.)*	Symbol)*	Beschreibung)*	Beispiele
12-09-08	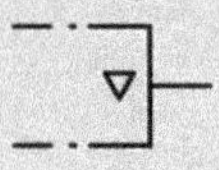	3-State-Ausgang oder Tri-State-Ausgang. Der Ausgang kann einen dritten Zustand annehmen; dieser ist hochohmig und hat keine Aussage bezüglich des logischen Zustands.	Abb. 16.42a

)* DIN EN 60617 Teil 12:1999-04, Graphische Symbole für Schaltpläne Teil 12: Binäre Elemente (IEC 60617-12:1997)

Abbildung 16.13: Tri-State/3-State-Ausgang

Freigabeeingang

Freigabeeingänge werden in vielfältiger Weise im Zusammenhang mit vielen digitalen Schaltungen verwendet, um beispielsweise Ausgänge erst freizugeben, wenn alle Daten an den Eingängen anliegen. Gekennzeichnet wird ein solcher Ausgang mit dem Symbol 12-09-11 in Abbildung 16.14.

Nr.)*	Symbol)*	Beschreibung)*	Beispiele
12-09-11	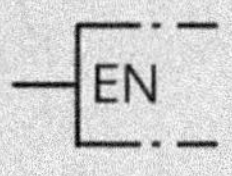 —[EN	Freigabe-Eingang (Enable Input). Befindet sich das Eingangssignal im internen logischen 1-Zustand, sind alle Ausgangssignale in ihren normalen definierten internen logischen Zuständen und haben die durch die Funktion des Elements bestimmte Wirkung auf Elemente oder logische Verknüpfungen mit anderen Ausgängen, vorausgesetzt, dass keine anderen Eingänge oder Ausgänge eine dominierende oder gegensätzliche Wirkung haben. Befindet sich das Eingangssignal im internen logischen 0-Zustand, sind im Fall von Tri-State-Ausgängen alle Ausgänge im externen hochohmigen Zustand, alle passiven Pulldown-Ausgänge auf hochohmigem logischen 0-Zustand, alle passiven Pullup-Ausgänge auf hochohmigem logischen 1-Zustand und alle Tri-State-Ausgänge in den normalen definierten internen logischen Zuständen und externen logischen hochohmigen Zuständen. Alle anderen Ausgänge sind im internen logischen 0-Zustand.	Abb. 16.40, 16.42 16.47a, 16.50b

)* DIN EN 60617 Teil 12:1999-04, Graphische Symbole für Schaltpläne Teil 12: Binäre Elemente (IEC 60617-12:1997)

Abbildung 16.14: Freigabeeingang

Flipflop-Eingänge

Für sämtliche Arten von Flipflops gibt es sechs verschiedene Eingänge, um das gewünschte Verhalten zu erzielen:

✔ D-Eingang

✔ J-Eingang

✔ K-Eingang

✔ R-Eingang

✔ S-Eingang

✔ T-Eingang

In Abbildung 16.15 ist deren Kennzeichnung mit den Symbolen 12-09-12 bis 12-09-17 sowie deren Wirkungsweise angegeben.

Nr.)*	Symbol)*	Beschreibung)*	Beispiele
12-09-12	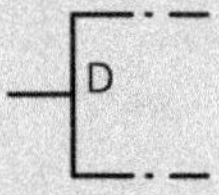 ⎾⋅⎺⋅⏋ ─┤D ⎿⋅_⋅⏌	D-Eingang. Der interne logische Zustand des Signals am D-Eingang wird im Element gespeichert.	Abb. 16.34c, 16.40b, 16.42b, 16.54 12-42-02, 12-42-07
12-09-13	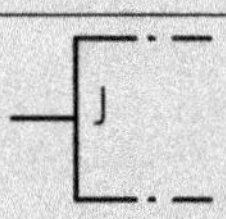 ⎾⋅⎺⋅⏋ ─┤J ⎿⋅_⋅⏌	J-Eingang. Nimmt das Signal des J-Eingangs den internen logischen 1-Zustand an, wird im Element eine logische 1 gespeichert.	Abb. 16.54 12-42-03, 12-42-04, 12-42-05
12-09-14	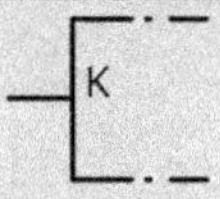 ⎾⋅⎺⋅⏋ ─┤K ⎿⋅_⋅⏌	K-Eingang. Nimmt das Signal des K-Eingangs den internen logischen 1-Zustand an, wird im Element eine logische 0 gespeichert. Befindet sich das Signal des K-Eingangs im internen logischen 0-Zustand, hat er keine Wirkung auf das Element. Die Kombination J = K = 1 bewirkt jedes Mal einen Wechsel des internen logischen Zustands des Signals am Ausgang in den komplementären Zustand.	Abb. 16.54 12-42-03, 12-42-04, 12-42-05
12-09-15	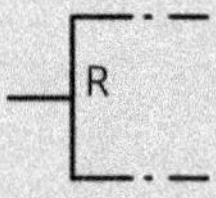 ⎾⋅⎺⋅⏋ ─┤R ⎿⋅_⋅⏌	R-Eingang. Nimmt das Eingangssignal den internen logischen 1-Zustand an, wird im Element eine logische 0 gespeichert. Befindet sich das Eingangssignal im internen logischen 0-Zustand, hat er keine Wirkung auf das Element.	Abb. 16.34a, 16.36a-c, 16.54a
12-09-16	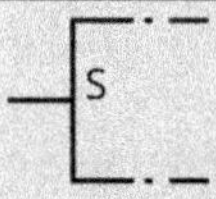 ⎾⋅⎺⋅⏋ ─┤S ⎿⋅_⋅⏌	S-Eingang. Nimmt das Eingangssignal den internen logischen 1-Zustand an, wird im Element eine logische 1 gespeichert. Befindet sich das Eingangssignal im internen logischen 0-Zustand, hat er keine Wirkung auf das Element. ANMERKUNG: Über die Wirkung der Kombination R = S = 1 sagt das Symbol nichts aus. Diese Wirkung kann durch die SETZ-/RÜCKSETZ-Abhängigkeit angegeben werden.	Abb. 16.34a, 16.36a-c, 16.54a
12-09-17	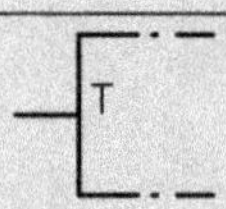 ⎾⋅⎺⋅⏋ ─┤T ⎿⋅_⋅⏌	T-Eingang. Jedes Mal, wenn das Eingangssignal den internen logischen 1–Zustand annimmt, wechselt der interne logische Zustand des Ausgangssignals in den komplementären Zustand. Befindet sich das Eingangssignal im internen logischen 0-Zustand, hat er keine Wirkung auf das Element.	–

)* DIN EN 60617 Teil 12:1999-04, Graphische Symbole für Schaltpläne Teil 12: Binäre Elemente (IEC 60617-12:1997)

Abbildung 16.15: Flipflop-Eingänge

Eingänge für Schieberegister

Schieberegister werden zum Schieben von einzelnen Bits eingesetzt. Dies wird beispielsweise bei seriellen Schnittstellen wie auch bei Fehlererkennungs- und -korrekturverfahren benötigt. Es sind aber auch einfache arithmetische Operationen wie die Multiplikation oder Division möglich.

Schieberegister benötigen einen Eingang, um die Schieberichtung anzugeben. Zu ihrer Kennzeichnung werden die in Abbildung 16.16 angegebenen Symbole 12-09-18 und 12-09-19 verwendet. Hiermit wird die Schieberichtung von links nach rechts beziehungsweise von oben nach unten sowie von rechts nach links beziehungsweise von unten nach oben gekennzeichnet.

Nr.)*	Symbol)*	Beschreibung)*	Beispiele
12-09-18	⊢→m	Schiebeeingang von links nach rechts beziehungsweise von oben nach unten.	Abb. 16.59a
		Jedes Mal, wenn das Eingangssignal den internen logischen 1-Zustand annimmt, wird die im Element enthaltene Information einmal um m Stellen von links nach rechts beziehungsweise von oben nach unten geschoben, je nach der Lage des Symbols.	
		Befindet sich das Eingangssignal im internen logischen 0-Zustand, hat er keine Wirkung auf das Element.	
12-09-19	⊢←m	Schiebeeingang von rechts nach links beziehungsweise von unten nach oben.	Abb. 16.59a
		Jedes Mal, wenn das Eingangssignal den internen logischen 1-Zustand annimmt, wird die im Element enthaltene Information einmal um m Stellen von rechts nach links beziehungsweise von unten nach oben geschoben, je nach der Lage des Symbols.	
		Befindet sich das Eingangssignal im internen logischen 0-Zustand, hat er keine Wirkung auf das Element.	

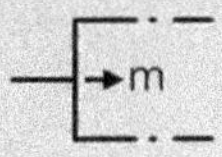

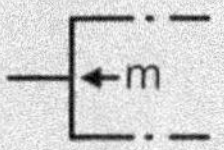

)* DIN EN 60617 Teil 12:1999-04, Graphische Symbole für Schaltpläne Teil 12: Binäre Elemente (IEC 60617-12:1997)

Abbildung 16.16: Schieberegistereingänge

Eingänge für Zähler

Zähler werden zum Zählen von logischen Zuständen in unterschiedlichen Codes eingesetzt. Sie können aber auch für einfache arithmetische Operationen wie der Addition oder Subtraktion verwendet werden.

Zähler benötigen einen Eingang, um die Zählrichtung anzugeben. Zu ihrer Kennzeichnung werden die in Abbildung 16.17 angegebenen Symbole 12-09-20 und 12-09-21 verwendet. Hiermit wird die Zählrichtung aufwärts oder abwärts gekennzeichnet. Die Kennzeichnung m gibt dabei an, um wie viele Schritte sich der Zählwert in die angegebene Richtung ändert.

Nr.)*	Symbol)*	Beschreibung)*	Beispiele
12-09-20	⊣ +m	Zähleingang, aufwärts.	Abb. 16.40b, 16.59b
		Jedes Mal, wenn das Eingangssignal den internen logischen 1-Zustand annimmt, wird der Inhalt des Elements einmal um m erhöht.	
		Befindet sich das Eingangssignal im internen logischen 0-Zustand, hat es keine Wirkung auf das Element.	
		m muss durch den entsprechenden Wert ersetzt sein. Ist m = 1, darf die 1 entfallen.	
12-09-21	⊣ -m	Zähleingang, abwärts.	Abb. 16.59b
		Jedes Mal, wenn das Eingangssignal den internen logischen 1-Zustand annimmt, wird der Inhalt des Elements einmal um m vermindert.	
		Befindet sich das Eingangssignal im internen logischen 0-Zustand, hat es keine Wirkung auf das Element.	
		m muss durch den entsprechenden Wert ersetzt sein. Ist m = 1, darf die 1 entfallen.	

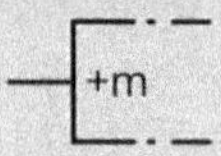

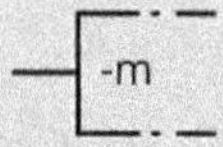

)* DIN EN 60617 Teil 12:1999-04, Graphische Symbole für Schaltpläne Teil 12: Binäre Elemente (IEC 60617-12:1997)

Abbildung 16.17: Zählereingänge

Multibit/Mehrfache Ein- und Ausgänge

Multibit-Ein- und Ausgänge kommen immer dann vor, wenn beispielsweise mehrere Adress- und Dateneingänge für die Steuerung einer digitalen Schaltung benötigt werden. Dies ist beispielsweise fast immer der Fall bei arithmetischen Elementen wie Komparatoren, Addierern, Subtrahierern, arithmetisch logischen Einheiten (ALU) und Speichern.

In Abbildung 16.18 sind die Kennzeichnungen mit den Symbolen 12-09-24 und 12-09-25 für die Multibit-Ein- und -Ausgänge dargestellt und deren Anwendung detailliert beschrieben.

Nr.)*	Symbol)*	Beschreibung)*	Beispiele
12-09-24	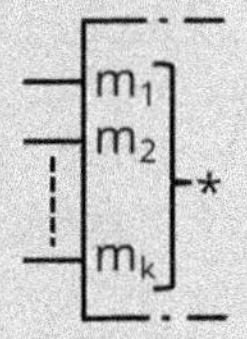 (Symbol mit m_1, m_2, m_k, Sternchen rechts)	Gruppierung von Bits für Multibit-Eingänge, allgemein.	Abb. 16.42, 16.47, 16.49, 16.50b, 16.51, 16.52, 16.61
12-09-25	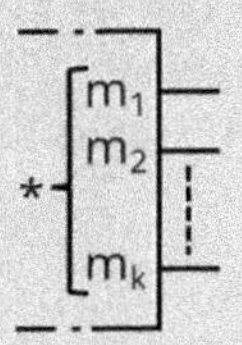 (Symbol mit m_1, m_2, m_k, Sternchen links)	Gruppierung von Bits für Multibit-Ausgänge, allgemein. Die Ein- und/oder Ausgänge, die derartig gruppiert sind, stellen eine Zahl als Summe der Gewichte der Eingänge dar, die sich im internen logischen 1-Zustand befinden. Die Ein- und/oder Ausgänge müssen in steigender oder fallender Reihenfolge der Gewichte angeordnet sein. Die Zahl kann bei Eingängen betrachtet werden • als Zahl, mit der eine mathematische Operation ausgeführt wird, oder • als Wert der Zahl, der Inhalt des Elements ist, oder • als Kennzahl im Sinne einer Abhängigkeitsnotation. Die Zahl kann bei Ausgängen betrachtet werden • als Ergebnis einer mathematischen Operation, oder • als Wert der Zahl, der Inhalt des Elements ist. $m_1\ldots m_k$ müssen durch die Dezimalzahl der Gewichte der Ein- und/oder Ausgänge ersetzt sein. Sind die Gewichte aller Exponenten 2, dürfen $m_1\ldots m_k$ durch die Exponenten der Zweierpotenzen ersetzt werden. Das Sternchen wird bei Eingängen durch die Angabe des Operanden, mit dem die mathematische Operation ausgeführt wird (beispielsweise P oder Q), durch eine Angabe im Sinn einer Abhängigkeitsnotation oder durch CT angegeben, wobei dann die Zahl, die durch die Eingänge gebildet wird, derjenige Wert ist, mit dem das Element geladen wird. Das Sternchen wird bei Ausgängen durch eine Angabe des Ergebnisses der mathematischen Operation oder durch CT, wobei dann die Zahl, die durch die im internen logischen 1-Zustand befindlichen Ausgangssignale gebildet wird, der aktuelle Inhalt des Elements ist.	Abb. 16.49, 16.50b

)* DIN EN 60617 Teil 12:1999-04, Graphische Symbole für Schaltpläne Teil 12: Binäre Elemente (IEC 60617-12:1997)

Abbildung 16.18: Multibit/Mehrfache Ein- und Ausgänge

Ein- und Ausgänge von Komparatoren (Zahlenkomparatoren)

Komparatoren werden weniger gebräuchlich auch als Zahlenkomparatoren bezeichnet. Sie benötigen einerseits Eingänge zur Auswertung eines vorangegangenen Vergleichs, beispielsweise beim Kaskadieren von Komparatoren, um mehr Binärstellen miteinander zu vergleichen, als mit einem Komparator allein möglich sind. Des Weiteren benötigen sie einen oder mehrere Operanden-Eingänge (beispielsweise Pm- und Qm-Eingänge), mit denen mathematische Operationen (Relationen) angewendet werden. Andererseits benötigen sie Ausgänge, um die Ergebnisse eines Größenvergleichs für die weitere Verarbeitung einer digitalen Schaltung zu signalisieren. Es ergeben sich somit jeweils drei Relationen für die Kennzeichnung der Ein- und Ausgänge der Komparatoren

✔ GRÖßER-ALS,

✔ KLEINER-ALS und

✔ GLEICHHEIT.

In Abbildung 16.19 sind die Symbole 12-09-26 bis 12-09-29 für die Kennzeichnung der Eingänge und in Abbildung 16.20 die Symbole 12-09-30 bis 12-09-33 für die Kennzeichnung der Ausgänge angegeben.

Nr.)*	Symbol)*	Beschreibung)*	Beispiele
12-09-26	⊣Pm	Operanden-Eingang (Pm-Eingang dargestellt). Der Eingang stellt eine Binärstelle eines Operanden dar, mit dem eine oder mehrere mathematische Operationen ausgeführt werden. Dabei muss m durch das dezimale Äquivalent des Gewichts der Binärstelle ersetzt sein. Sind die Gewichte aller Pm-Eingänge des Elements Zweierpotenzen, darf an jedem Pm-Eingang m durch den Exponenten der Zweierpotenz ersetzt sein. ANMERKUNG: Bevorzugte Buchstaben für Operanden sind P und Q. Sind diese Buchstaben nicht geeignet oder kommen mehr als zwei Operanden vor, dürfen andere Zeichen angewendet werden, wenn dadurch keine Unklarheit entsteht.	Abb. 16.51
12-09-27	⊣>	GRÖßER-ALS-Eingang eines Komparators. ANMERKUNGEN: 1. Das Symbol ist zur Darstellung von kaskadierten Komparatoren gedacht. 2. Andere Symbole gemäß ISO 31-11 dürfen für die Kennzeichnung anderer Eingänge von Komparatoren verwendet werden, wie folgende: ≥, ≤, ≠. 3. Das Symbol sollte nicht direkt an die Kontur gezeichnet werden, um die Verwechslung mit dem Symbol Dynamischer Eingang (12-07-07) zu vermeiden.	Abb. 16.51

KAPITEL 16 Grafische Symbole der Digitaltechnik

Nr.)*	Symbol)*	Beschreibung)*	Beispiele
12-09-28	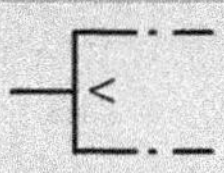 —[<	KLEINER-ALS-Eingang eines Komparators. ANMERKUNG: Es gelten die Anmerkungen 1 und 2 zum Symbol 12-09-27.	
12-09-29	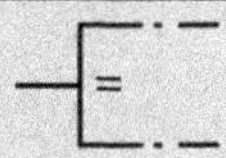 —[=	GLEICHHEITS-Eingang eines Zahlenkomparators (Komparators). ANMERKUNG: Es gelten die Anmerkungen 1 und 2 zum Symbol 12-09-27.	

)* DIN EN 60617 Teil 12:1999-04, Graphische Symbole für Schaltpläne Teil 12: Binäre Elemente (IEC 60617-12:1997)

Abbildung 16.19: Eingänge von Komparatoren

Nr.)*	Symbol)*	Beschreibung)*	Beispiele
12-09-30	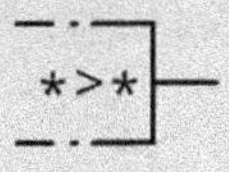 *>*	GRÖßER-ALS-Ausgang eines Komparators. Jedes Sternchen muss durch eine Operandenbezeichnung ersetzt sein, beispielsweise durch P oder Q. ANMERKUNGEN: 1. Andere Symbole gemäß ISO 31-1 1 dürfen für die Kennzeichnung anderer Ausgänge von Komparatoren verwendet werden, wie folgende: *≥*, *≤*, *≠*. 2. Kommt dieses Symbol in einem Element einer Serie von kaskadierten Komparatoren vor, wird der Ausgang nicht nur durch die Operanden gesteuert, sondern auch durch Eingänge, die mit einem der Symbole 12-09-27, 12-09-28 oder 12-09-29 gekennzeichnet sind.	Abb. 16.51
12-09-31	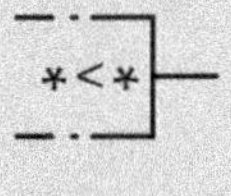 *<*	KLEINER-ALS-Ausgang eines Komparators. Jedes Sternchen muss durch eine Operandenbezeichnung ersetzt sein, beispielsweise durch P oder Q. ANMERKUNG: Es gelten die Anmerkungen zum Symbol 12-09-30.	Abb. 16.51
12-09-32	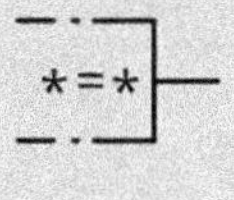 *=*	GLEICHHEITS-Ausgang eines Komparators. Jedes Sternchen muss entweder ersetzt sein durch eine Operandenbezeichnung, beispielsweise durch P oder Q, oder kann entfallen, wenn dadurch keine Unklarheit verursacht wird. ANMERKUNG: Es gilt die Anmerkung 2 zum Symbol 12-09-30.	Abb. 16.51

)* DIN EN 60617 Teil 12:1999-04, Graphische Symbole für Schaltpläne Teil 12: Binäre Elemente (IEC 60617-12:1997)

Abbildung 16.20: Ausgänge von Komparatoren

Ein- und Ausgänge von arithmetischen Elementen

Bei der Kennzeichnung der Ein- und Ausgänge der arithmetischen Elemente handelt es sich

- ✔ um *Volladdierer mit Serienübertrag* und
- ✔ um *Volladdierer mit Parallelübertrag mit Übertragsgenerator*.

Bei einem *Volladdierer mit Serienübertrag* wird ein Eingang für den Übertrag der vorangegangenen Stelle und ein Ausgang für den Übertrag an der betreffenden Stelle benötigt. Die Kennzeichnung des Eingangs erfolgt mit dem Symbol 12-09-39 in Abbildung 16.21, der Ausgang mit dem Symbol 12-09-42 in Abbildung 16.22.

Nr.)*	Symbol)*	Beschreibung)*	Beispiele
12-09-39	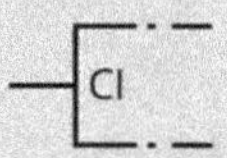 CI	CARRY-IN-Eingang eines arithmetischen Elements. Befindet sich das Eingangssignal im internen logischen 1-Zustand, zeigt dies an, dass eine Addition, die ein vorgeordnetes arithmetisches Element ausführt, einen arithmetischen Übertrag erzeugt.	Abb. 16.50a
12-09-40	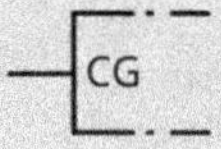 CG	CARRY-GENERATE-Eingang eines arithmetischen Elements. Befindet sich das Eingangssignal im internen logischen 1-Zustand, zeigt dies einem Carry-Element an, dass das vorgeordnete arithmetische Element, welches das CG-Signal erzeugt, sich im Zustand *carry-generate* befindet (siehe Beschreibung des Symbols 12-09-41). Im *Carry*-Element dienen die Eingänge CG, CP und CI dazu, einer Gruppe arithmetischer Elemente, die eine Addition ausführen, mit verkürzter zeitlicher Verzögerung die Zustände der arithmetischen Übertragssignale anzuzeigen.	Abb. 16.50a
12-09-41	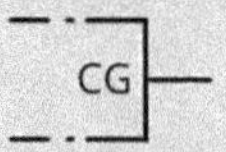 CG	CARRY-GENERATE-Ausgang eines arithmetischen Elements. Befindet sich das Ausgangssignal im internen logischen 1-Zustand, zeigt dies an, dass ein arithmetisches Element, das eine Addition ausführt, sich im Zustand *carry-generate* befindet. Das heißt, die Summe der Summanden ist so groß, dass, unabhängig vom Zustand des CI-Eingangs dieses Elements, ein Übertrag aus dem Element erzeugt wird.	Abb. 16.50a

)* DIN EN 60617 Teil 12:1999-04, Graphische Symbole für Schaltpläne Teil 12: Binäre Elemente (IEC 60617-12:1997)

Abbildung 16.21: Ein- und Ausgänge arithmetischer Elemente Teil 1

Nr.)*	Symbol)*	Beschreibung)*	Beispiele
12-09-42	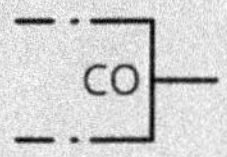 CO	CARRY-OUT-Ausgang eines arithmetischen Elements. RIPPLE-CARRY-Ausgang eines arithmetischen Elements. Befindet sich das Ausgangssignal im internen logischen 1-Zustand, zeigt dies an, dass eine Addition, die ein arithmetisches Element ausführt, einen arithmetischen Übertrag erzeugt (siehe Beschreibung des Symbols 12-09-39).	Abb. 16.49
12-09-43	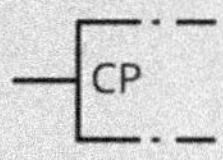 CP	CARRY-PROPAGATE-Eingang eines arithmetischen Elements. Befindet sich das Eingangssignal im internen logischen 1-Zustand, zeigt dies einem *Carry*-Element an, dass das arithmetische Element, welches das CP-Signal erzeugt, sich im Zustand *carry-propagate* befindet (siehe Beschreibung des Symbols 12-09-44).	Abb. 16.50a
12-09-44	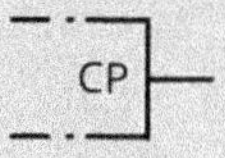 CP	CARRY-PROPAGATE-Ausgang eines arithmetischen Elements. Befindet sich das Ausgangssignal im internen logischen 1-Zustand, zeigt dies an, dass ein arithmetisches Element, das eine Addition ausführt, sich im Zustand *carry-propagate* befindet. Das heißt, die Summe der Summanden ist um eins kleiner als der Wert, bei dem das Element einen Übertrag erzeugt. Damit befindet sich das Signal des CP-Ausgangs nur dann im internen logischen 1-Zustand, wenn das Signal des CI-Eingangs sich im internen logischen 1-Zustand befindet.	Abb. 16.50a

)* DIN EN 60617 Teil 12:1999-04, Graphische Symbole für Schaltpläne Teil 12: Binäre Elemente (IEC 60617-12:1997)

Abbildung 16.22: Ein- und Ausgänge arithmetischer Elemente Teil 2

Für *Addierer mit Parallelübertrag* und dem zugehörigen *Übertragsgenerator* werden die weiteren Kennzeichnungen der Ein- und Ausgänge mit den Symbolen 12-09-40 und 12-09-41 in Abbildung 16.21 sowie 12-09-43 und 12-09-44 in Abbildung 16.22 verwendet.

INHALTS-Ein- und -Ausgang

INHALTS-Ein- und -Ausgänge werden benötigt, wenn beispielsweise bei einem Zähler ein bestimmter Zählerstand erreicht wird, um dies für die weitere Verarbeitung zu nutzen.

In Abbildung 16.23 sind deren Kennzeichnung mit den Symbolen 12-09-45 und 12-09-46 und deren Anwendung zusammengestellt.

Nr.)*	Symbol)*	Beschreibung)*	Beispiele
12-09-45	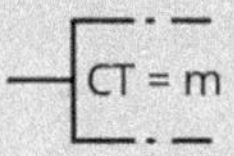 —⌐CT = m⌐—	INHALTS-Eingang. m muss durch eine geeignete Angabe des Inhalts, beispielsweise eines Zählers, ersetzt sein, der sich einstellt, wenn sich das Eingangssignal im internen logischen 1-Zustand befindet. Befindet sich das Eingangssignal im internen logischen 0-Zustand, hat es keine Wirkung auf das Element.	Abb. 16.40b, 16.62
12-09-46	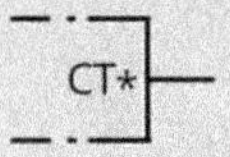 ⌐CT*⌐—	INHALTS-Ausgang. Das Sternchen muss ersetzt sein durch eine Angabe derjenigen Werte des Inhalts des Elements, beispielsweise eines Zählers, bei denen sich das Ausgangssignal im internen logischen 1-Zustand befindet.	Abb. 16.40b, 16.59b

)* DIN EN 60617 Teil 12:1999-04, Graphische Symbole für Schaltpläne Teil 12: Binäre Elemente (IEC 60617-12:1997)

Abbildung 16.23: INHALTS-Ein- und -Ausgänge

Abhängigkeitsnotation

Eine Abhängigkeitsnotation dient dazu, die Beziehungen zwischen Eingängen, zwischen Ausgängen sowie zwischen Ein- und Ausgängen darzustellen, ohne dass die beteiligten Elemente und Verbindungen im Einzelnen dargestellt sind.

Sie wird primär für den Steuerblock verwendet und sollte nicht als Ersatz von Symbolen für Schaltnetze (kombinatorische Elemente) angewendet werden, es sei denn, diese sind besonders komplex.

In komplexen Elementen können Ausgänge auf Eingänge und auf andere Ausgänge wirken. Zur Vereinfachung bezieht sich der Text in diesem Abschnitt nur auf steuernde Eingänge.

Die Abhängigkeitsnotation definiert im Allgemeinen Beziehungen zwischen internen logischen Zuständen.

Grundregeln für die Kennzeichnung der Abhängigkeiten:

✔ Eingänge, die andere Eingänge und Ausgänge steuern, werden mit einem speziellen Buchstaben gekennzeichnet, der die betreffende Beziehung angibt, gefolgt von einer Kennzahl.

✔ Jeder Eingang oder Ausgang, der durch den steuernden Eingang gesteuert wird, erhält dieselbe Kennzahl.

In Tabelle 16.1 sind häufig verwendete Abhängigkeitsnotationen zusammengestellt:

KAPITEL 16 Grafische Symbole der Digitaltechnik

Symbol	Benennung der Abhängigkeit	Wirkungsweise	Wirkung auf gesteuerten Eingang oder Ausgang bei dem Zustand des steuernden Eingangs	
			Logischer 1-Zustand	Logischer 0-Zustand
G	UND	kennzeichnen Boole'sche Beziehungen zwischen Ein- und/oder Ausgängen.	erlaubt Aktion	bewirkt logischen 0-Zustand
V	ODER		bewirkt logischen 1-Zustand	erlaubt Aktion
N	NEGATION		negiert den logischen Zustand	keine Wirkung
Z	VERBINDUNG	kennzeichnet, dass ein Ausgang seinen logischen Zustand einem oder mehreren anderen Eingängen und/oder Ausgängen aufzwingt.	bewirkt logischen 1-Zustand	bewirkt logischen 0-Zustand
C	STEUERUNG	kennzeichnet Eingänge, die von ihm gesteuert werden. (Beispiel: Takteingang eines Flipflops)	erlaubt Aktion	verhindert Aktion
S	SETZ	spezifizieren die internen logischen Zustände eines bistabilen RS-Flipflops, wenn die R- und S-Eingänge im internen logischen 1-Zustand sind.	Ausgang reagiert wie bei $S = 1, R = 0$	keine Wirkung
R	RÜCKSETZ		Ausgang reagiert wie bei $S = 0, R = 1$	keine Wirkung
EN	FREIGABE	kennzeichnet einen Freigabeeingang und die Eingänge und/oder Ausgänge, die durch ihn gesteuert werden.	erlaubt Aktion	verhindert Aktion gesteuerter Eingänge bewirkt den externen hochohmigen Zustand von offenen und Tri-State-Ausgängen bewirkt hochohmigen L-Pegel von Pulldown-Ausgängen und hochohmigen H-Pegel von Pullup-Ausgängen bewirkt logischen 0-Zustand von anderen Ausgängen
M	MODUS	kennzeichnet einen Eingang, der den Betriebsmodus eines Elements auswählt, und die Eingänge und/oder Ausgänge, die von dem Modus abhängen.	Modus ausgewählt	Modus nicht ausgewählt
A	ADRESSE	kennzeichnet die Adresseneingänge eines Elements.	Adresse ausgewählt	Adresse nicht ausgewählt

Tabelle 16.1: Häufig verwendete Abhängigkeitsnotationen nach DIN EN 60617 Teil 12:1999-04

UND-Abhängigkeit (G-Abhängigkeit)

Jeder Eingang (Ausgang), der durch einen Gm-Eingang (Gm-Ausgang) gesteuert wird, steht in UND-Beziehung zu diesem Gm-Eingang (Gm-Ausgang).

In Abbildung 16.24 ist angegeben, wie eine UND-Abhängigkeit mit den Symbolen 12-14-01 und 12-14-02 gekennzeichnet wird und wie sie wirkt.

Nr.)*	Symbol)*	Beschreibung)*	Beispiele
12-14-01	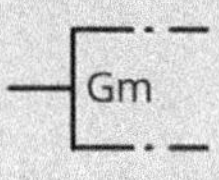 ⊣Gm	Gm-Eingang.	Abb. 16.26
12-14-02	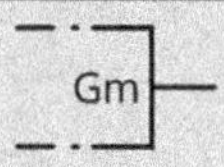 Gm⊢	Gm-Ausgang. Befindet sich das Signal eines Gm-Eingangs (Gm-Ausgangs) im internen logischen 1-Zustand, befinden sich die Signale der Eingänge (Ausgänge), die von ihm gesteuert werden, in den durch die Funktion des Elements vorgegebenen internen logischen Zuständen. Befindet sich das Signal eines Gm-Eingangs (Gm-Ausgangs) im internen logischen 0-Zustand, befinden sich die Signale der Eingänge, die von ihm gesteuert werden, im internen logischen 0-Zustand. m muss durch die entsprechende Kennzahl ersetzt sein.	-

)* DIN EN 60617 Teil 12:1999-04, Graphische Symbole für Schaltpläne Teil 12: Binäre Elemente (IEC 60617-12:1997)

Abbildung 16.24: Kennzeichnung und Wirkung einer UND-Abhängigkeit

Im in Abbildung 16.25 angegebenen Beispiel für eine UND-Abhängigkeit wirken die Eingänge a, c und d gemeinsam über jeweils eine UND-Verknüpfung mit dem Eingang b, wobei die UND-Verknüpfung der Eingänge c und d mit der Negation von b verknüpft wird.

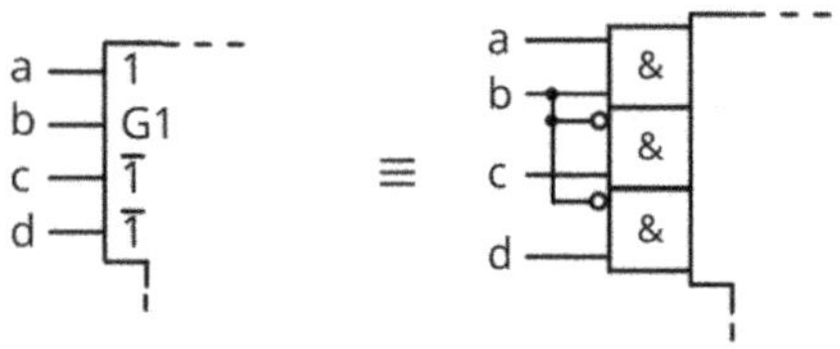

Abbildung 16.25: Beispiel für eine UND-Abhängigkeit

ODER-Abhängigkeit (V-Abhängigkeit)

Jeder Eingang (Ausgang), der durch einen Vm-Eingang (Vm-Ausgang) gesteuert wird, steht in ODER-Beziehung zu diesem Vm-Eingang (Vm-Ausgang).

In Abbildung 16.26 ist angegeben, wie eine ODER-Abhängigkeit mit den Symbolen 12-16-01 und 12-16-02 gekennzeichnet wird und wie sie wirkt.

Nr.)*	Symbol)*	Beschreibung)*	Beispiele
12-15-01	 ⎯⎯Vm	Vm-Eingang.	Abb. 16.28
12-15-02	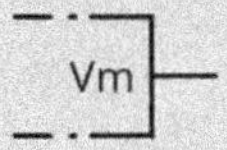 Vm⎯⎯	Vm-Ausgang. Befindet sich das Signal eines Vm-Eingangs (Vm-Ausgangs) im internen logischen 1-Zustand, befinden sich die Signale der Eingänge (Ausgänge), die von ihm gesteuert werden, im internen logischen 1-Zustand. Befindet sich ein Signal eines Vm-Eingangs (Vm-Ausgangs) im internen logischen 0-Zustand, befinden sich die Signale der Eingänge (Ausgänge), die von ihm gesteuert werden, in den durch die Funktion des Elements vorgegebenen internen logischen Zuständen. m muss durch die entsprechende Kennzahl ersetzt sein.	-

)* DIN EN 60617 Teil 12:1999-04, Graphische Symbole für Schaltpläne Teil 12: Binäre Elemente (IEC 60617-12:1997)

Abbildung 16.26: Kennzeichnung und Wirkung einer ODER-Abhängigkeit

Im in Abbildung 16.27 angegebenen Beispiel für eine ODER-Abhängigkeit werden die Eingänge a und b konjunktiv verknüpft. Das Ergebnis dieser Verknüpfung wird wiederum konjunktiv mit den disjunktiv verknüpften steuernden Eingängen c und d, die mit der Kennzahl 1 der ODER-Abhängigkeit gekennzeichnet sind, verknüpft und ergeben so das Ergebnis für den Ausgang e in Abbildung 16.27.

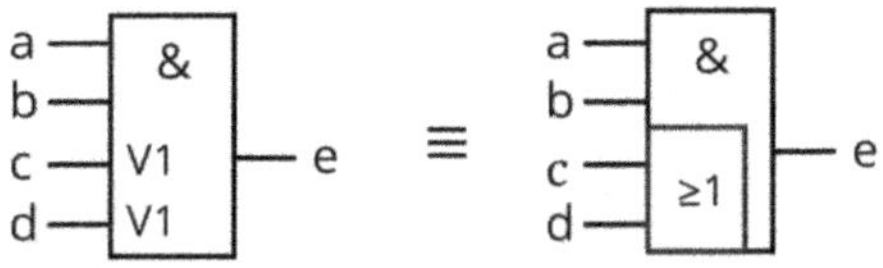

$$e = (a \land b) \land (c \lor d)$$

Abbildung 16.27: Beispiel für eine ODER-Abhängigkeit

NEGATIONS-Abhängigkeit (N-Abhängigkeit)

Jeder Eingang (Ausgang), der durch einen Nm-Eingang (Nm-Ausgang) gesteuert wird, steht in ANTIVALENZ-Beziehung zu diesem Nm-Eingang (Nm-Ausgang). Aus diesem Grund handelt es sich bei der NEGATIONS-Abhängigkeit genau genommen um eine ANTIVALENZ-Abhängigkeit.

In Abbildung 16.28 ist angegeben, wie eine NEGATIONS-Abhängigkeit mit den Symbolen 12-17-01 und 12-17-02 gekennzeichnet wird und wie sie wirkt.

Nr.)*	Symbol)*	Beschreibung)*	Beispiele
12-16-01	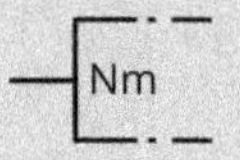 Nm	Nm-Eingang.	Abb. 16.30
12-16-02	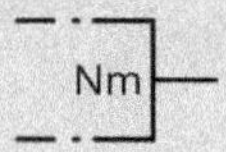 Nm	Nm-Ausgang. Befindet sich das Signal eines Nm-Eingangs (Nm-Ausgangs) im internen logischen 1-Zustand, ist der interne logische Zustand des von ihm gesteuerten Signals des Ein- oder Ausgangs das Komplement des durch die Funktion des Elements vorgegebenen internen logischen Zustands des Signals dieses Eingangs (Ausgangs). Befindet sich das Signal eines Nm-Eingangs (Nm-Ausgangs) im internen logischen 0-Zustand, befinden sich die Signale der Ein- und Ausgänge, die von ihm gesteuert werden, in den durch die Funktion des Elements vorgegebenen internen logischen Zuständen. m muss durch die entsprechende Kennzahl ersetzt sein.	

)* DIN EN 60617 Teil 12:1999-04, Graphische Symbole für Schaltpläne Teil 12: Binäre Elemente (IEC 60617-12:1997)

Abbildung 16.28: Kennzeichnung und Wirkung einer NEGATIONS-Abhängigkeit

In Abbildung 16.29 ist ein Beispiel für eine NEGATIONS-Abhängigkeit für einen Nm-Eingang angegeben. Der steuernde N1-Eingang ist c. Der Eingang d wirkt gemeinsam mit c, da er mit der gleichen Kennzahl versehen ist. Die Logikfunktion des Elements ist durch die disjunktive Verknüpfung der Eingänge a und b gegeben, wobei diese wiederum disjunktiv mit dem antivalenten Verknüpfungsergebnis der Eingänge c und d verknüpft wird. Dies ergibt dann die Schaltfunktion in Abbildung 16.29.

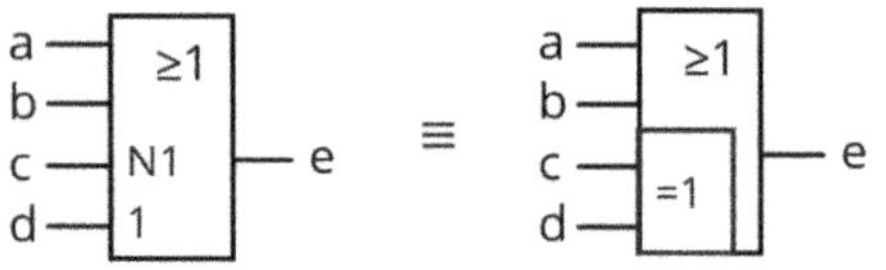

$$e = (a \vee b) \vee [(c \wedge \overline{d}) \vee (\overline{c} \wedge d)]$$

Abbildung 16.29: Beispiel für eine NEGATIONS-Abhängigkeit

VERBINDUNGS-Abhängigkeit (Z-Abhängigkeit)

Die VERBINDUNGS-Abhängigkeit dient dazu, anzugeben, dass ein Eingang (Ausgang) seinen internen logischen Zustand einem oder mehreren anderen Eingängen und/oder Ausgängen aufzwingt.

Der interne logische Zustand eines Eingangs (Ausgangs) ist identisch mit dem internen logischen Zustand des ihn steuernden Zm-Eingangs (Zm-Ausgangs), sofern er nicht durch eine weitere Abhängigkeitsnotation modifiziert ist.

In Abbildung 16.30 ist angegeben, wie eine VERBINDUNGS-Abhängigkeit mit den Symbolen 12-17-01 und 12-17-02 gekennzeichnet wird und wie sie wirkt.

Nr.)*	Symbol)*	Beschreibung)*	Beispiele
12-17-01	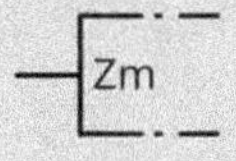 —[Zm	Zm-Eingang.	Abb. 16.32
12-17-02	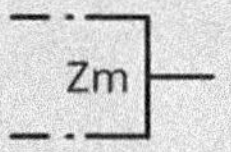 [Zm]—	Zm-Ausgang. Befindet sich das Signal eines Zm-Eingangs (Zm-Ausgangs) im internen logischen 1-Zustand, befinden sich die Signale der Ein- und Ausgänge, die von ihm gesteuert werden, im internen logischen 1-Zustand, sofern sie nicht durch eine weitere Abhängigkeitsnotation modifiziert sind. Befindet sich das Signal eines Zm-Eingangs (Zm-Ausgangs) im internen logischen 0-Zustand, befinden sich die Signale der Ein- und Ausgänge, die von ihm gesteuert werden, im internen logischen 0-Zustand, sofern sie nicht durch eine weitere Abhängigkeitsnotation modifiziert sind. m muss durch die entsprechende Kennzahl ersetzt sein.	

)* DIN EN 60617 Teil 12:1999-04, Graphische Symbole für Schaltpläne Teil 12: Binäre Elemente (IEC 60617-12:1997)

Abbildung 16.30: Kennzeichnung und Wirkung einer VERBINDUNGS-Abhängigkeit

In Abbildung 16.31 ist ein Beispiel für eine VERBINDUNGS-Abhängigkeit für einen Zm-Eingang angegeben. Die UND-Logikfunktion des Elements ist durch die Eingänge a und b gegeben. Die Eingänge a und b wirken auf die Ausgänge d und e steuernd. Hierbei wird der Ausgang d nur von den Eingängen a und b gesteuert und der Ausgang e nur durch den Eingang c wegen der VERBINDUNGS-Abhängigkeit mit der gleichlautenden Kennzahl 1.

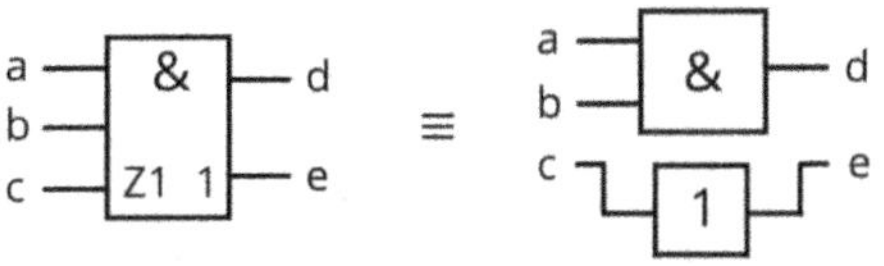

Abbildung 16.31: Beispiel für eine VERBINDUNGS-Abhängigkeit

STEUER-Abhängigkeit (C-Abhängigkeit)

Die STEUER-Abhängigkeit dient dazu, Elemente wie zum Beispiel Flipflops, Zähler und Speicher zustandsgesteuert oder flankengesteuert in Abhängigkeit eines oder mehrerer Eingangssignale anzusteuern. In der Regel ist dies ein Taktsignal oder auch mehrere, um sie für die Übernahme von Eingangsdaten anzusteuern. Die STEUER-Abhängigkeit wird mit dem Buchstaben C und einer Kennzahl m gekennzeichnet, wobei immer Eingänge mit der gleichen Kennzahl zusammenwirken.

In Abbildung 16.32 ist angegeben, wie eine STEUER-Abhängigkeit mit den Symbolen 12-18-01 und 12-18-02 gekennzeichnet wird und wie sie wirkt.

Nr.)*	Symbol)*	Beschreibung)*	Beispiele
12-18-01	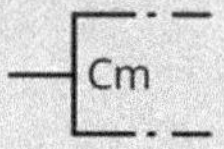 ⊣Cm	Cm-Eingang.	Abb. 16.34
12-18-02	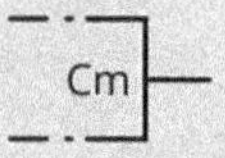 Cm⊢	Cm-Ausgang. Befindet sich das Signal eines Cm-Eingangs (Cm-Ausgangs) im internen logischen 1-Zustand, wirken die Signale an den Eingängen, die von ihm gesteuert werden, so, wie es die Funktion des Elements vorgibt. Befindet sich das Signal eines Cm-Eingangs (Cm-Ausgangs) im internen logischen 0-Zustand, wirken die Signale an den Eingängen, die von ihm gesteuert werden, nicht auf die Funktion des Elements. m muss durch die entsprechende Kennzahl ersetzt sein.	-

)* DIN EN 60617 Teil 12:1999-04, Graphische Symbole für Schaltpläne Teil 12: Binäre Elemente (IEC 60617-12:1997)

Abbildung 16.32: Kennzeichnung und Wirkung einer STEUER-Abhängigkeit

In Abbildung 16.33 sind Beispiele mit Flipflops für eine STEUER-Abhängigkeit angegeben. Der Cm-Eingang ist mit der Kennzahl 1 versehen. Die Eingänge, bei denen die gleiche Kennzahl vorangestellt ist, sind Vorbereitungseingänge und werden mit dem Takt c übernommen. Bei dem Beispiel c fehlt die Kennzahl bei dem Rücksetzeingang R, weswegen es sich hier um einen Direkteingang handelt, der unabhängig vom Takt c wirkt.

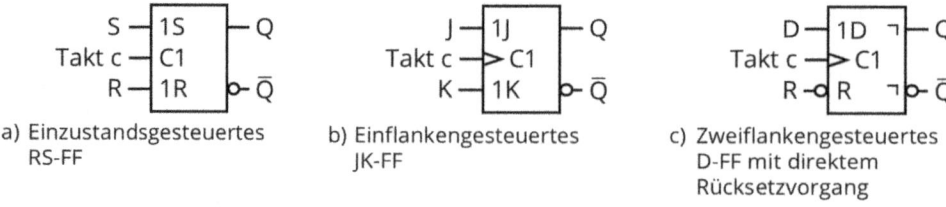

a) Einzustandsgesteuertes RS-FF

b) Einflankengesteuertes JK-FF

c) Zweiflankengesteuertes D-FF mit direktem Rücksetzvorgang

Abbildung 16.33: Beispiele für die STEUER-Abhängigkeit bei Flipflops

SETZ- und RÜCKSETZ-Abhängigkeit (S- und R-Abhängigkeit)

Die SETZ- und RÜCKSETZ-Abhängigkeiten treten sehr häufig im Verbund bei den Flipflops, Zählern und Schiebregistern auf. Sie dienen entweder als Direkteingänge oder als Vorbereitungseingänge zum Setzen von Ausgangssignalen in den logischen 1- oder 0-Zuständen, um definierte logische Anfangszustände zu erzielen. Direkteingänge wirken dabei unabhängig von einem Taktsignal. Im Gegensatz dazu wirken Vorbereitungseingänge nur in Abhängigkeit eines Taktsignals. Sie wirken jeweils nur auf die Ausgänge eines Elements.

In Abbildung 16.34 ist angegeben, wie die SETZ- und RÜCKSETZ-Abhängigkeiten mit den Symbolen 12-19-01 und 12-19-02 gekennzeichnet werden und wie sie wirken.

Nr.)*	Symbol)*	Beschreibung)*	Beispiele
12-19-01	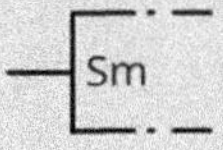 —[Sm]—	Sm-Eingang. Befindet sich das Signal eines Sm-Eingangs im internen logischen 1-Zustand, nehmen alle Signale der Ausgänge, die von ihm gesteuert werden, den internen logischen Zustand an, den sie bei dem logischen Zustand der Eingänge mit S = 1, R = 0 normalerweise annehmen, unabhängig vom logischen Zustand der Signale der R-Eingänge. Befindet sich das Signal eines Sm-Eingangs im internen logischen 0-Zustand, hat er keine Wirkung.	Abb. 16.36
12-19-02	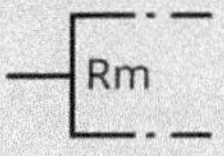 —[Rm]—	Rm-Eingang. Befindet sich das Signal eines Rm-Eingangs im internen logischen 1-Zustand, befinden sich alle Signale der Ausgänge, die von ihm gesteuert werden, in dem internen logischen Zustand, den sie bei dem logischen Zustand der Eingänge mit S = 0, R = 1 normalerweise annehmen, unabhängig vom logischen Zustand der Signale der S-Eingänge. Befindet sich das Signal eines Rm-Eingangs im internen logischen 0-Zustand, hat er keine Wirkung. m muss durch die entsprechende Kennzahl ersetzt sein.	Abb. 16.36

)* DIN EN 60617 Teil 12:1999-04, Graphische Symbole für Schaltpläne Teil 12: Binäre Elemente (IEC 60617-12:1997)

Abbildung 16.34: Kennzeichnung und Wirkung der SETZ- und RÜCKSETZ-Abhängigkeit

In Abbildung 16.35 sind drei Beispiele mit Flipflops für eine SETZ- und RÜCKSETZ-Abhängigkeit angegeben. Der Sm-Eingang und/oder der Rm-Eingang sind entweder ohne Kennzahl wie im Beispiel a dargestellt oder mit der Kennzahl 1 versehen (Beispiele b und c).

In Beispiel a handelt es sich um das Basis-RS-FF mit seinen direkt wirkenden Eingängen S und R.

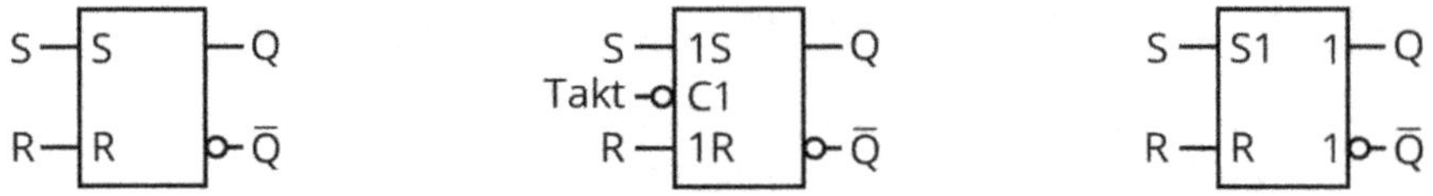

a) Zustandsgesteuertes RS-FF (Basis-FF)

R	S	Q	Q̄
0	0	u	u
0	1	1	0
1	0	0	1
1	1	X	X

u: unverändert
X: unbestimmt

b) Einzustandsgesteuertes RS-FF

R	S	Q	Q̄
0	0	u	u
0	1	1	0
1	0	0	1
1	1	X	X

u: unverändert
X: unbestimmt

c) Zustandsgesteuertes RS-FF mit Setzvorgang

R	S	Q	Q̄
0	0	u	u
0	1	1	0
1	0	0	1
1	1	1	0

u: unverändert

Abbildung 16.35: Beispiele für eine SETZ- und RÜCKSETZ-Abhängigkeit

In Beispiel b ist ein einzustandsgesteuertes RS-FF mit den Vorbereitungseingängen 1S und 1R und einer STEUER-Abhängigkeit C1 dargestellt, die durch die Kennzeichnung mit der Kennzahl 1 gemeinsam mit dem aktiven logischen Zustand 0 des Takts wirken.

In Beispiel c ist ein RS-Flipflop mit Setzvorgang dargestellt, der durch die nachgestellte logische 1 des S-Einganges gekennzeichnet ist, bei dem die unbestimmten Zustände an den Ausgängen unterbunden werden und so im Gegensatz zu den Beispielen a und b zu einem definierten Verhalten führen.

FREIGABE-Abhängigkeit (EN-Abhängigkeit)

Die FREIGABE-Abhängigkeit beziehungsweise EN-Abhängigkeit (EN: Enable) kann bei allen logischen Elementen eingesetzt werden. Sie dient dazu, einen Freigabeeingang zu kennzeichnen, der Ausgänge eines Elements steuert. Dies müssen nicht alle Ausgänge sein. Sie kann auch angewendet werden, wenn ein oder mehrere Eingänge eines Elements gesteuert werden.

In Abbildung 16.36 ist angegeben, wie die FREIGABE-Abhängigkeit mit dem Symbol 17-20-01 gekennzeichnet wird und wie sie wirkt.

Nr.)*	Symbol)*	Beschreibung)*	Beispiele
12-20-01	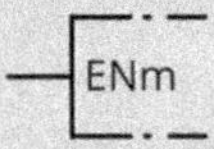 ENm	ENm-Eingang. Die Wirkung des Eingangs auf die von ihm gesteuerten Ausgänge ist identisch mit der des EN-Eingangs (siehe Symbol 12-09-11). Die Wirkung des Eingangs auf die von ihm gesteuerten Eingänge ist identisch mit der des Mm-Eingangs (siehe Symbol 12-21-01). m muss durch die entsprechende Kennzahl ersetzt sein.	Abb. 16.40

)* DIN EN 60617 Teil 12:1999-04, Graphische Symbole für Schaltpläne Teil 12: Binäre Elemente (IEC 60617-12:1997)

Abbildung 16.36: Kennzeichnung und Wirkung der FREIGABE-Abhängigkeit

In Abbildung 16.37 sind zwei Beispiele mit Schaltnetzen angegeben. Der Em-Eingang ist jeweils mit der Kennzahl 1 versehen und wirkt hier immer auf den Ausgang e.

In Beispiel a wirkt der Eingang d nur, wenn der Freigabeeingang den logischen Zustand 1 annimmt, und ist deswegen konjunktiv mit diesem verknüpft. Das Verknüpfungsergebnis ist wiederum disjunktiv mit den Eingängen a und b verknüpft, woraus sich dann die angegebene Schaltfunktion des Ausgangs e in Abbildung 16.37a ergibt.

In Abbildung 16.37b wirkt sich der Freigabeeingang EN1 ebenfalls auf den Ausgang mit der Kennzahl 1 aus. Alle Eingänge sind disjunktiv miteinander verknüpft und liefern für den Ausgang e nur dann den logischen Zustand der disjunktiven Verknüpfung der Eingänge a, b und c, wenn d den logischen Zustand 1 annimmt, ansonsten hat der Ausgang e den logischen Zustand 0. Daraus ergibt sich dann die in Abbildung 16.37b angegebene Schaltfunktion.

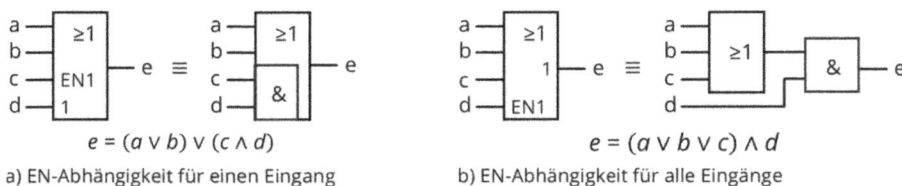

a) EN-Abhängigkeit für einen Eingang $\quad$ b) EN-Abhängigkeit für alle Eingänge

Abbildung 16.37: Beispiele für eine FREIGABE-Abhängigkeit

MODUS-Abhängigkeit (M-Abhängigkeit)

Die MODUS-Abhängigkeit kann bei allen logischen Elementen eingesetzt werden, primär wird sie aber bei komplexeren Schaltnetzen und Schaltwerken eingesetzt. Sie dient dazu, einen Modus-Eingang zu kennzeichnen, der Ein- und Ausgänge eines Elements steuert. Dies sind in der Regel nur ein Teil der Ein- und Ausgänge.

In Abbildung 16.38 ist angegeben, wie die MODUS-Abhängigkeit mit den Symbolen 12-21-01 und 12-21-02 gekennzeichnet wird und wie sie wirkt.

Nr.)*	Symbol)*	Beschreibung)*	Beispiele
12-21-01	—|Mm	Mm-Eingang.	Abb. 16.40
12-21-02	Mm|—	Mm-Ausgang. Befindet sich das Signal eines Mm-Eingangs (Mm-Ausgangs) im internen logischen 1-Zustand, wirken die Signale der Eingänge, die von ihm gesteuert werden, so, wie es die Funktion des logischen Elements vorgibt. Die Signale der Ausgänge, die von ihm gesteuert werden, befinden sich in den durch die Funktion des logischen Elements vorgegebenen internen logischen Zuständen, das heißt, die Eingänge und Ausgänge sind freigegeben. m muss durch die entsprechende Kennzahl ersetzt sein.	Abb. 16.40

)* DIN EN 60617 Teil 12:1999-04, Graphische Symbole für Schaltpläne Teil 12: Binäre Elemente (IEC 60617-12:1997)

Abbildung 16.38: Kennzeichnung und Wirkung der MODUS-Abhängigkeit

In Abbildung 16.39 sind zwei Beispiele für eine MODUS-Abhängigkeit angegeben. Bei dem Beispiel a handelt es sich um ein Schaltnetz für vier Boole'sche Grundverknüpfungen und bei dem Beispiel b um ein typisches Schaltwerk für einen synchronen 4-Bit-Zähler mit retardierten Ausgängen.

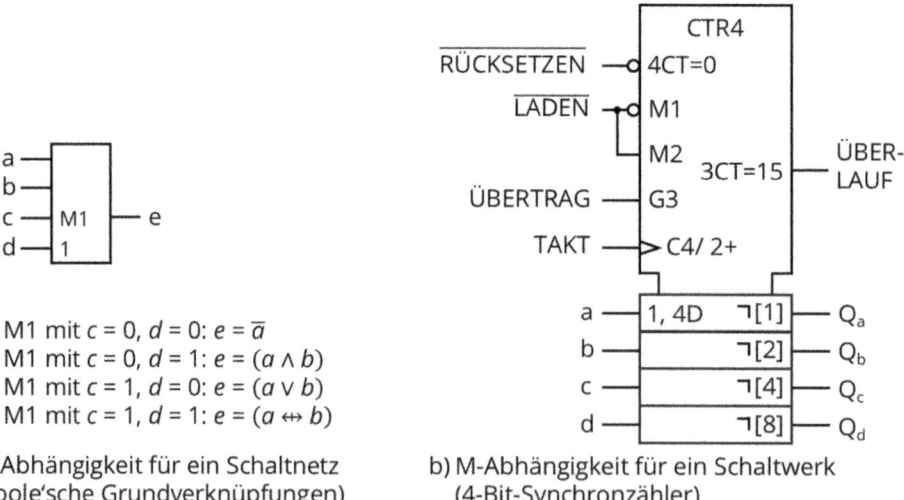

M1 mit $c = 0, d = 0$: $e = \bar{a}$
M1 mit $c = 0, d = 1$: $e = (a \wedge b)$
M1 mit $c = 1, d = 0$: $e = (a \vee b)$
M1 mit $c = 1, d = 1$: $e = (a \leftrightarrow b)$

a) M-Abhängigkeit für ein Schaltnetz (Boole'sche Grundverknüpfungen)

b) M-Abhängigkeit für ein Schaltwerk (4-Bit-Synchronzähler)

Abbildung 16.39: Beispiele für eine MODUS-Abhängigkeit

In Beispiel a ist der steuernde M1-Eingang c. Eingang d wirkt gemeinsam mit c zur Auswahl der Boole'schen Verknüpfung. Über die angegebene Binärkombination an den Eingängen c und d wird die jeweilige Boole'sche Funktion Negation, Konjunktion, Disjunktion oder Antivalenz für die Schaltfunktion des Ausgangs eausgewählt.

In dem Beispiel b dienen die beiden MODUS-Eingänge zum Laden der Daten an den Eingängen a bis d oder zur Wahl des Zählvorgangs des synchronen 4-Bit-Zählers. Wenn am Eingang $\overline{\text{LADEN}}$ eine logische 0 anliegt, werden mit der positiven Flanke (Kennzeichnung des Takteingangs C mit einem Pfeil) am Eingang $\overline{\text{TAKT}}$ die Daten an den Eingängen a bis d als Anfangszählwert geladen. Der Zählvorgang am M2-Eingang ist inaktiv.

Mit einer logischen 1 am Eingang $\overline{\text{LADEN}}$ ist der Ladevorgang inaktiv. Der Zählvorgang ist aktiv und wird mit jeder positiven Flanke des Signals am Eingang $\overline{\text{TAKT}}$ um 1 inkrementiert, was durch das Zeichen »+« am Takteingang C gekennzeichnet ist.

Der Zähler zählt vom geladenen Anfangswert binär bis 1111B an den Ausgängen Qa bis Qd. Liegt eine logische 1 am Eingang ÜBERTRAG an (G-Abhängigkeit), so ist der Eingang aktiv und es wird beim höchsten Zählerstand 1111B am Ausgang ÜBERLAUF eine logische 1 generiert. Dieser Ausgang kann zum Kaskadieren von mehreren synchronen Zählern genutzt werden.

Über das Anlegen einer logischen 0 an den Eingang $\overline{\text{RÜCKSETZEN}}$ wird der Zählerstand synchron mit dem Takteingang auf 0000B gesetzt.

ADRESSEN-Abhängigkeit (A-Abhängigkeit)

Die ADRESSEN-Abhängigkeit ermöglicht es, solche Elemente wie Speicher, Multiplexer, Komparatoren übersichtlich darzustellen, bei denen jeweils eine Gruppe von Speicherzellen durch Adressen-Eingänge ausgewählt wird.

In Abbildung 16.40 ist angegeben, wie die ADRESSEN-Abhängigkeit mit dem Symbol 12-23-01 gekennzeichnet wird und wie sie wirkt.

Nr.)*	Symbol)*	Beschreibung)*	Beispiele
12-23-01	—Am	Am-Eingang.	Abb. 16.42
		Befindet sich das Signal eines Eingangs im internen logischen 1-Zustand, wirken die Eingänge des ausgewählten Worts auf die ausgewählten Bits so, wie es die Funktion des Elements vorgibt.	
		Die von ihm gesteuerten Ausgänge des ausgewählten Worts wirken auf die ODER-Verknüpfungen oder die angegebenen Verknüpfungen so, wie es die Funktion des Elements vorgibt, und bestimmen so die internen logischen Zustände der Signale der Ausgänge des Speichers.	
		Befindet sich das Signal des Eingangs im internen logischen 0-Zustand, wirken die Eingänge des ausgewählten Worts nicht auf die Bits des Worts. Die von ihm gesteuerten Ausgänge des ausgewählten Worts wirken nicht auf die Ausgänge des Speichers.	
		m muss durch die entsprechende Kennzahl ersetzt sein.	

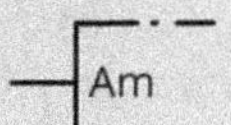

)* DIN EN 60617 Teil 12:1999-04, Graphische Symbole für Schaltpläne Teil 12: Binäre Elemente (IEC 60617-12:1997)

Abbildung 16.40: Kennzeichnung und Wirkung der ADRESSEN-Abhängigkeit

In Abbildung 16.41 sind als Beispiele ein 16-Bit-RAM-Speicher und ein 4-Kanal-Multiplexer angegeben.

In Beispiel a für einen 16-Bit-RAM-Speicher mit der Kennzeichnung RAM 16 × 4 werden die 16 mögliche Worte gespeichert oder ausgegeben (Adressen A0 bis A15). Mit dem aktiven Taktzustand des Taktsignals C1 (logische 1) erfolgt eine Übernahme der Daten D0 bis D3 der jeweiligen angelegten Adresse in den Speicher. Mit einer logischen 1 am Freigabeeingang EN werden die gespeicherten Daten an der jeweiligen Adresse an den Ausgängen d0 bis d3 ausgegeben.

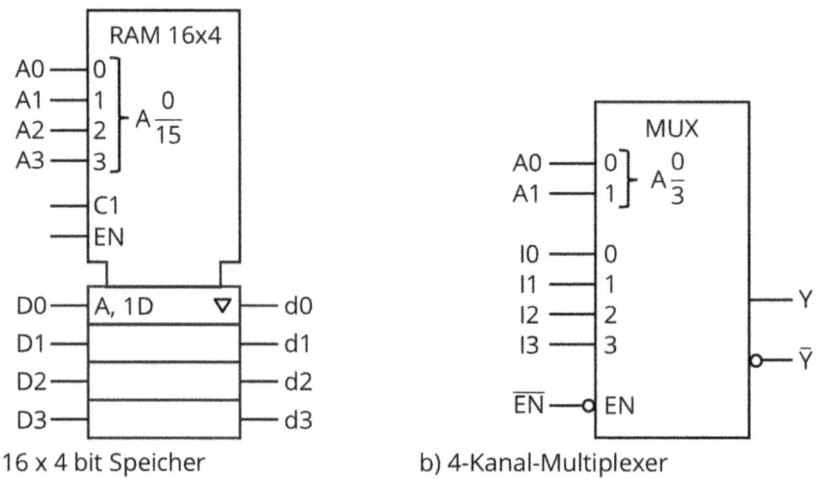

a) RAM 16 × 4 bit Speicher   b) 4-Kanal-Multiplexer

Abbildung 16.41: Beispiele für eine ADRESSEN-Abhängigkeit

In Beispiel b für einen 4-Kanal-Multiplexer wird dieser im Kopf mit MUX für einen Multiplexer gekennzeichnet. Der Multiplexer besitzt zwei Adresseingänge A0 und A1, womit die vier Dateneingänge I0 bis I3 auf den Ausgang Y beziehungsweise den negierten Ausgang $\overline{Y}$ durchgeschaltet werden können. Der adressierbare Bereich umfasst alle vier Adressen A0 bis A3. Alle Eingänge sind mit der Wertigkeit der jeweiligen Binärstelle gekennzeichnet. Zusätzlich verfügt der Multiplexer über einen Low-aktiven Freigabeeingang $\overline{EN}$, der die Durchschaltung der Dateneingänge auf die Ausgänge Y und $\overline{Y}$ nur dann zulässt, wenn dieser Eingang mit einer logischen 0 belegt ist.

Schaltnetze und Schaltwerke

Schaltnetze enthalten ausschließlich die Grundverknüpfungen und keine Speicher wie bistabile Flipflops. Dagegen enthalten Schaltwerke immer Speicher. Es werden in diesem Buch nur die Begriffe Schaltnetze und Schaltwerke eingeführt und verwendet, wobei dies die moderneren Begriffe sind. In den einschlägigen Normen und in vielen älteren Literaturquellen werden alternativ auch die Begriffe kombinatorische Elemente und sequenzielle Elemente verwendet.

Hierbei handelt es sich um typische digitale Schaltungen, wie sie von Entwicklern benötigt werden und die handelsüblich von vielen Herstellern angeboten werden. Sie umfassen in der Regel komplexere digitale Funktionen und vereinen somit mehrere Grundfunktionen zu einer komplexeren Gesamtfunktion. In den Fällen, wo keine allgemeingültigen Symbole definiert sind, werden typische Beispiele angeführt.

Alle Funktionskennzeichnungen innerhalb einer Kontur sind definiert in Bezug auf die internen logischen Zustände der entsprechenden Ein- oder Ausgänge. Grundsätzlich werden alle Darstellungen in positiver Logik ausgeführt. Für die Darstellung der Funktion wird bei den meisten Elementen mit ein bis drei Eingängen primär der alternative Platz verwendet, da dies wegen der Proportionen der Funktionsbezeichnungen in dieser Darstellung günstiger ist.

Grundverknüpfungen der Schaltnetze (Kombinatorische Elemente)

In Abbildung 16.42 sind für die wichtigsten Logik-Elemente der Boole'schen Funktionen zusammengestellt. Dies sind

1. das *ODER-Element* allgemein,

2. das *UND-Element* allgemein,

3. das *Äquivalenz-Element* allgemein (XNOR-Element),

4. das *Antivalenz-Element* (Exklusiv-ODER- oder XOR-Element),

5. der *Puffer ohne Verstärkung*,

6. das *NEGATIONS-Element*,

7. der *Inverter mit Polaritätsindikator* und

8. die *Wired-Verknüpfung allgemein*.

Eine detaillierte Beschreibung der Funktion der Logik-Elemente 1 bis 4 und 6 finden Sie in Kapitel 10. Das Logik-Element 8 wird in Kapitel 18, Abschnitt »Wired-Verknüpfungen« behandelt.

Nr.)*	Symbol)*	Beschreibung)*	Beispiele
12-27-01	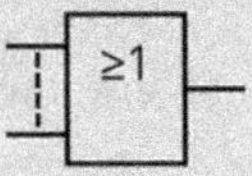 ≥1	ODER-Element, allgemein. Das Signal des Ausgangs befindet sich nur dann im logischen 1-Zustand, wenn sich ein oder mehr Signale der Eingänge im logischen 1-Zustand befinden.	Kapitel 10, Abb. 12.1-3, 13.2-3, 16.04, 16.28, 16.30, 16.38
12-27-02	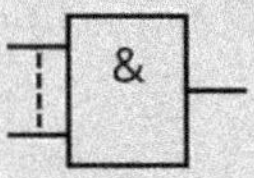 &	UND-Element, allgemein. Das Signal des Ausgangs befindet sich nur dann im logischen 1-Zustand, wenn sich alle Signale der Eingänge im logischen 1-Zustand befinden.	Kapitel 10, Abb. 12.1-3, 13.2-3, 16.04, 16.32, 16.38
12-27-06	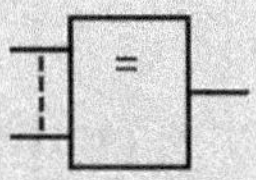 =	Äquivalenz-Element, allgemein. Das Signal des Ausgangs befindet sich nur dann im logischen 1-Zustand, wenn sich alle Signale der Eingänge im selben Zustand befinden.	Kapitel 10
12-27-09	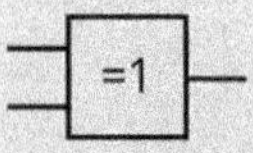 =1	Antivalenz-Element (Exklusiv-ODER-Element), allgemein. Das Signal des Ausgangs befindet sich nur dann im logischen 1-Zustand, wenn sich nur eines der Signale der beiden Eingänge im logischen 1-Zustand befindet.	Kapitel 10
12-27-10	 1	Buffer ohne Verstärkung am Ausgang. Das Signal des Ausgangs befindet sich nur dann im logischen 1-Zustand, wenn sich das Signal des Eingangs im logischen 1-Zustand befindet.	Abb. 16.32
12-27-11	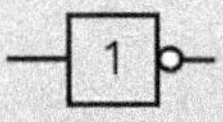 1 ○	NEGATIONS-Element (NICHT-Element beziehungsweise Inverter, falls für das Schaltzeichen das Symbol der NEGATION angewendet wird). Das Signal des Ausgangs befindet sich nur dann im externen logischen 0-Zustand, wenn sich das Signal des Eingangs im externen logischen 1-Zustand befindet.	Kapitel 10, Abb. 12.1-3, 13.2-3
12-27-12	 1	Inverter (falls als Schaltzeichen der Polaritätsindikator Verwendung findet). Das Signal des Ausgangs hat nur dann L-Pegel, wenn das Signal des Eingangs auf H-Pegel liegt.	-
12-27-13	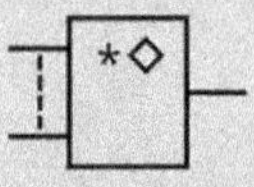 *◇	Wired-Verknüpfung, allgemein. Eine Wired-Verknüpfung ist die Verbindung spezieller Ausgänge mehrerer Elemente, die so eine UND- oder eine ODER-Funktion realisieren. Das Zeichen Sternchen muss immer durch das entsprechende Zeichen & oder ≥1 ersetzt sein.	Kapitel 18

)* DIN EN 60617 Teil 12:1999-04, Graphische Symbole für Schaltpläne Teil 12: Binäre Elemente (IEC 60617-12:1997)

Abbildung 16.42: Symbole für Schaltnetze

Code-Umsetzer (Codierer)

Mittlerweile wird der Begriff Codierer nur noch sehr selten für einen Code-Umsetzer in der Literatur verwendet. Ein Code-Umsetzer ordnet den Zeichen eines Codes A an den Eingängen die Zeichen eines Codes B an den Ausgängen zu.

In Abbildung 16.43 ist das allgemeingültige Symbol 12-32-01 mit dessen Kennzeichnung für einen Code-Umsetzer dargestellt.

Nr.)*	Symbol)*	Beschreibung)*	Beispiele
12-32-01	X/Y	Code-Umsetzer, allgemein.	Abb. 16.45
		Codierer, allgemein.	Kapitel 21
		Ein Code-Umsetzer ordnet den Zeichen eines Codes A am Eingang die Zeichen eines Codes B am Ausgang zu.	
		Die Codes können entweder durch Hinweis auf eine Tabelle, deren Benennung in rechteckigen Klammeren gesetzt wird, beschrieben werden, oder X und Y dürfen durch geeignete Bezeichnungen der Codes ersetzt sein.	

)* DIN EN 60617 Teil 12:1999-04, Graphische Symbole für Schaltpläne Teil 12: Binäre Elemente (IEC 60617-12:1997)

Abbildung 16.43: Code-Umsetzer in allgemeiner Form

In Abbildung 16.44 sind zwei Beispiele für Code-Umsetzer angegeben. Bei dem Beispiel a handelt es sich um einen Code-Umsetzer, der einen BCD-Code in einen Dezimal-Code umwandelt. Dies wird durch die Kennung BCD/DEC im Kopf der Kontur angegeben. In dem Beispiel b ist ein tabellengesteuerter Code-Umsetzer dargestellt. Der Code selbst für die Eingangs- und Ausgangsgrößen ist in Tabelle T1 angegeben.

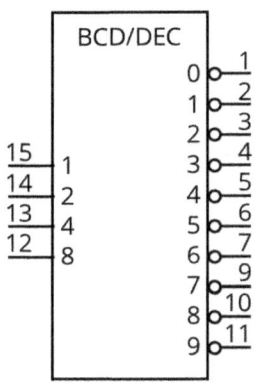

a) BCD/DEC-Code-Umsetzer
   (z.B. SN74XX42, CD74XX42)

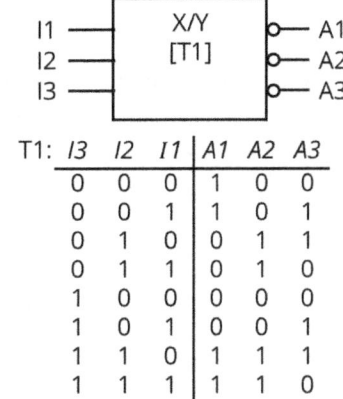

b) Individueller tabellengesteuerter Code-Umsetzer

Abbildung 16.44: Beispiele Code-Umsetzer

Multiplexer und Demultiplexer

Multiplexer und Demultiplexer werden immer dann benötigt, wenn binäre Daten mehrerer Kanäle über eine Datenleitung übertragen werden müssen. In Abbildung 16.45 sind deren allgemeingültige Symbole 12-36-01 und 12-36-02 mit ihrer Kennzeichnung und der logischen Funktion angegeben.

Nr.)*	Symbol)*	Beschreibung)*	Beispiele
12-36-01	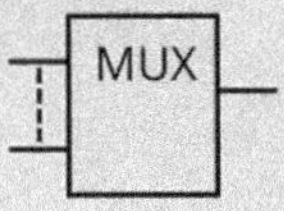 MUX	Multiplexer, allgemein. Ist ein Eingang eines Multiplexers über Steuereingänge ausgewählt, nimmt der interne logische Zustand des Ausgangssignals den internen logischen Zustand des Signals des ausgewählten Eingangs an. Ist kein Eingang ausgewählt, befindet sich das Ausgangssignal im internen logischen 0-Zustand.	Abb. 16.47a Kapitel 22
12-36-02	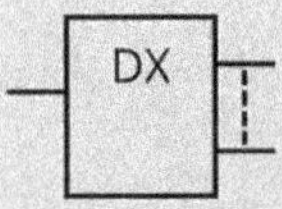 DX	Demultiplexer, allgemein. Ist ein Ausgang eines Demultiplexers ausgewählt, nimmt der interne logische Zustand des Ausgangssignals den internen logischen Zustand des Eingangssignals an. Andernfalls nimmt das Ausgangssignal den internen logischen 0-Zustand an.	Abb. 16.47b Kapitel 22

)* DIN EN 60617 Teil 12:1999-04, Graphische Symbole für Schaltpläne Teil 12: Binäre Elemente (IEC 60617-12:1997)

Abbildung 16.45: Multiplexer und Demultiplexer in allgemeiner Form

Im weiteren Verlauf werden immer wieder als Beispiele handelsübliche digitale Schaltkreise genannt. Beispielsweise stehen die Abkürzungen AS, S, LS, AC, HCT, CD in der Typbezeichnung für die jeweilige eingesetzte Herstellungstechnologie (beispielsweise kein Buchstabe für Standard TTL, AS für Advanced Schottky, S für Schottky, LS für Low Power Schottky), die bei dieser digitalen Schaltung zum Einsatz kommt. Weitere Details zu den Technologien und Kennzeichnungen der digitalen Schaltkreise finden Sie in Kapitel 19.

In Abbildung 16.46 ist jeweils für einen handelsüblichen 8-Kanal-Multiplexer und einen 8-Kanal-Demultiplexer das Symbol angegeben.

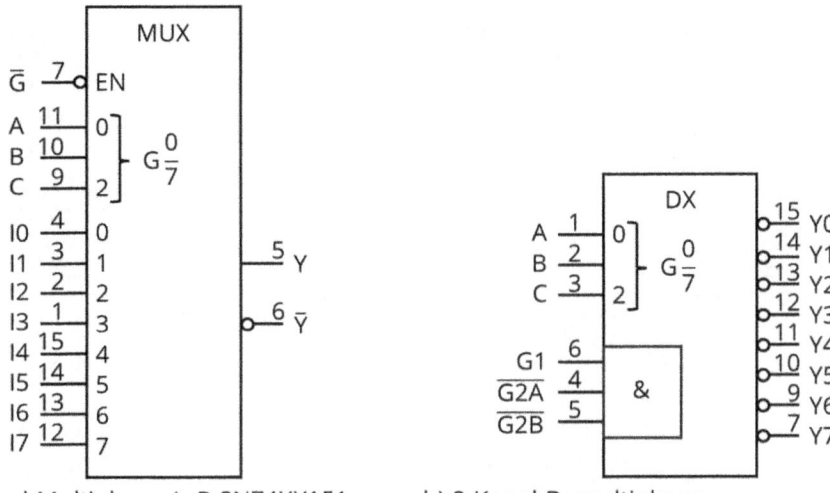

a) 8-Kanal-Multiplexer (z.B SN74XX151, CD74XX151)

b) 8-Kanal-Demultiplexer (z.B. SN74XX138, CD74XX138)

Abbildung 16.46: Beispiele für einen Multiplexer und einen Demultiplexer

Arithmetische Elemente

In Abbildung 16.47 sind die arithmetischen Elemente in allgemeiner Form zusammengetragen. Es handelt sich hierbei um

✔ einen *Addierer*,

✔ einen *Subtrahierer*,

✔ eine *Übertragseinheit (Übertragsgenerator)*,

✔ einen *Multiplizierer* sowie

✔ einen *Zahlenkomparator (Komparator)*.

In Abbildung 16.47 sind die Symbole 12-38-01 bis 12-38-05 des jeweiligen Elements angegeben.

Im Folgenden werden einige Beispiele zu den Symbolen der Elemente in Abbildung 16.47 dargestellt.

Nr.)*	Symbol)*	Beschreibung)*	Beispiele
12-38-01	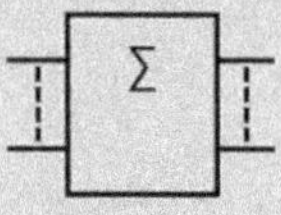 Σ	Addierer, allgemein.	Abb. 16.49a Kapitel 24
12-38-02	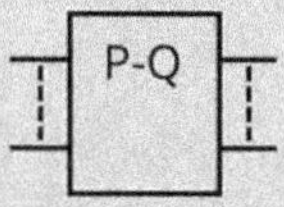 P-Q	Subtrahierer, allgemein.	Abb. 16.49b
12-38-03	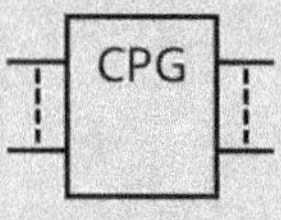 CPG	Übertragseinheit, allgemein.	Abb. 16.50a Kapitel 24
12-38-04	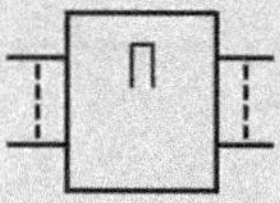 Π	Multiplizierer, allgemein.	Abb. 16.50b
12-38-05	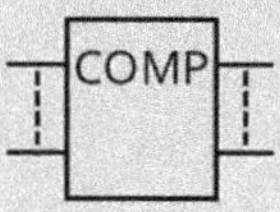 COMP	Zahlenkomparator, allgemein. Ein kaskadierbarer Komparator vergleicht zwei n-stellige binäre Zahlen Bit für Bit. Soweit nichts anderes angegeben ist, beginnt der Vergleich mit der niederwertigsten Binärstelle.	Abb. 16.51 Kapitel 23

)* DIN EN 60617 Teil 12:1999-04, Graphische Symbole für Schaltpläne Teil 12: Binäre Elemente (IEC 60617-12:1997)

Abbildung 16.47: Arithmetische Elemente in allgemeiner Form

BEISPIEL In Abbildung 16.48 sind Beispiele für einen Volladdierer und einen Vollsubtrahierer mit jeweils 4 Bit zusammengestellt, wobei der Vollsubtrahierer identisch mit dem Volladdierer ist, es sind lediglich die Q-Eingänge negiert worden.

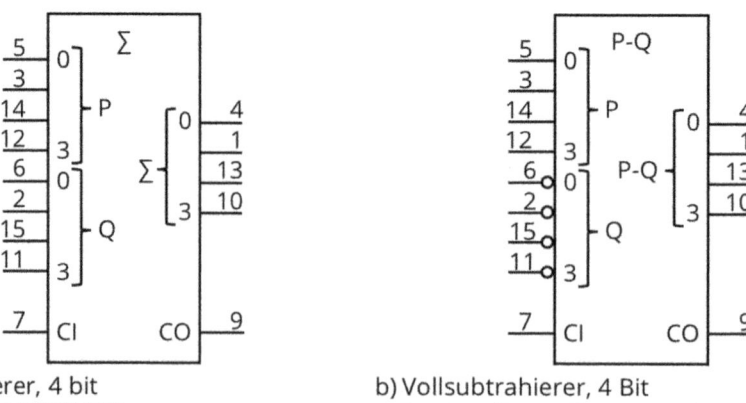

a) Volladdierer, 4 bit (z.B. SN54/74XX283)

b) Vollsubtrahierer, 4 Bit (andere Darstellung von a)

Abbildung 16.48: Beispiele für einen Addierer und Subtrahierer

In Abbildung 16.49 sind Beispiele für einen Übertragsgenerator und einen Multiplizierer angegeben.

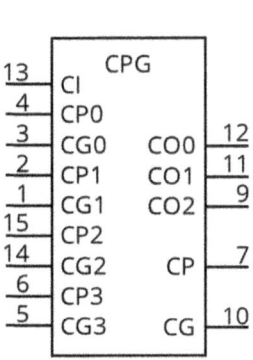
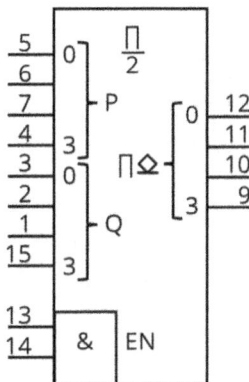

a) Übertrags-Generator, 4 Bit
(z.B. SN54/74XX182)

b) Multiplizierer, 4 Bit parallel
(z.B. SN54/74285 nutzt SN54/74284 – nicht mehr verfügbar)

Abbildung 16.49: Beispiele für einen Übertragsgenerator und einen Multiplizierer

 In Abbildung 16.50 ist ein Komparator für 4 Bit dargestellt, der kaskadierbar ist.

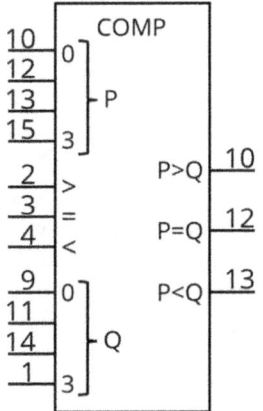

Abbildung 16.50: Beispiel für einen Komparator (zum Beispiel SN 74/S/LS/HC CD74HC/HCT 85)

Für Arithmetisch-Logische Recheneinheiten (Arithmetic Logical Unit – ALU) gibt es kein allgemeingültiges Symbol, da es aus bestehenden Symbolen für die Kontur, die Eingänge und Ausgänge zusammengesetzt ist.

Als ein Beispiel ist in Abbildung 16.51 eine Arithmetic Logical Unit für 4 Bit dargestellt, wobei die Wirkungsweise des M-Eingangs üblicherweise in einer nebenstehenden Tabelle T1 zusammengestellt ist, auf die hier aber verzichtet wird. Zu beachten ist, dass es sich um Ein- und Ausgänge mit einem Polaritätsindikator handelt, die im vorliegenden Fall der positiven Logik genauso wirken wie Ein- und Ausgänge mit einem Negationszeichen.

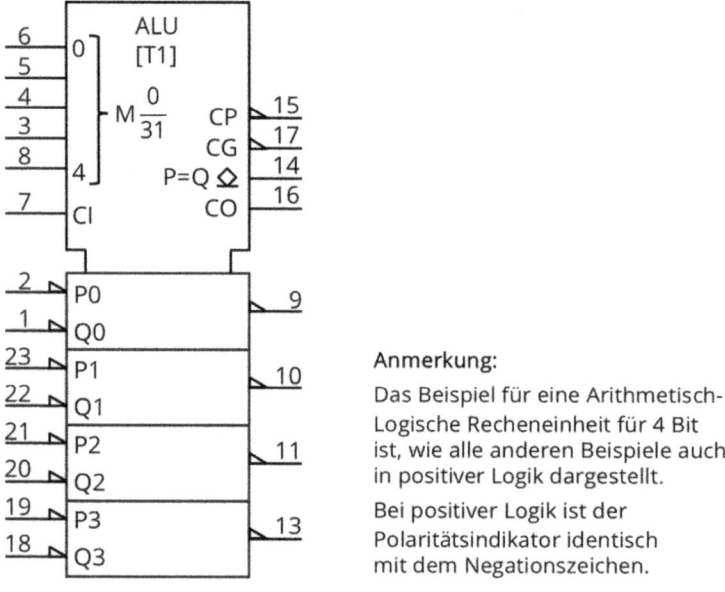

Anmerkung:

Das Beispiel für eine Arithmetisch-Logische Recheneinheit für 4 Bit ist, wie alle anderen Beispiele auch, in positiver Logik dargestellt.

Bei positiver Logik ist der Polaritätsindikator identisch mit dem Negationszeichen.

Abbildung 16.51: Beispiel für eine Arithmetisch-Logische Recheneinheit (zum Beispiel SN 54/74S/LS 181)

Bistabile Elemente (Flipflops)

Bistabile Elemente (Flipflops) haben zwei stabile Zustände, die über Cm-Eingänge angesteuert werden. Die Symbole enthalten keine Kennzeichnung der Grundfunktion, weil die Kennzeichnungen der Ein- und Ausgänge die Grundfunktion angeben, wie dies in Abbildung 16.52 dargestellt ist. Die Flipflops unterteilen sich in

- ✔ *einzustandsgesteuerte,*
- ✔ *einflankengesteuerte,*
- ✔ *zweizustandsgesteuerte* und
- ✔ *zweiflankengesteuerte*

Flipflops.

KAPITEL 16 Grafische Symbole der Digitaltechnik

Nr.)*	Symbol)*	Beschreibung)*	Beispiele
-	⊣Cm⊢	Einzustandsgesteuertes Flipflop.	Abb. 16.54b Kapitel 26, 28-30
-	⊣▷Cm⊢	Einflankengesteuertes Flipflop.	Abb. 16.34, 16.36, 16.54c, f Kap. 26, 28-30
-	⊣Cm ⊓⊢	Zweizustandsgesteuertes Flipflop.	Abb. 16.54d Kapitel 26, 28-30
-	⊣▷Cm ⊓⊢	Zweiflankengesteuertes Flipflop.	Abb. 16.54e Kapitel 26, 28-30

)* DIN EN 60617 Teil 12:1999-04, Graphische Symbole für Schaltpläne Teil 12: Binäre Elemente (IEC 60617-12:1997)

Abbildung 16.52: Übersicht bistabile Elemente (Flipflops)

> **BEISPIEL** Genau genommen ist das RS-Flipflop, wie es in Abbildung 16.53 dargestellt ist, auch zustandsgesteuert, nur besitzt es keinen separaten Cm-Eingang. Es stellt die Basis für alle Flipflops dar.

Zu den in Abbildung 16.52 angegebenen Flipflop-Typen sind in Abbildung 16.53 einige Beispiele angegeben, insbesondere sind dies entsprechende von vielen Halbleiterherstellern angebotene digitale Standardschaltungen in den unterschiedlichsten Technologien.

a) RS-Flipflop, Basis-Flipflop

b) D-Flipflop, einzustandsgesteuert, vierfach (z.B. SN74XX75, CD74XX75)

c) JK-Flipflop, einflankengesteuert, zweifach (z.B. ½ SN54/74XX107A)

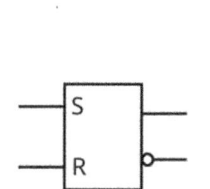

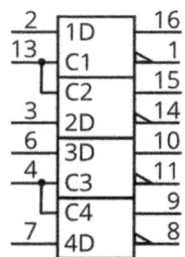

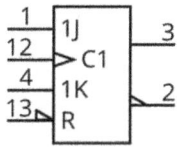

d) JK-Flipflop, zweizustandsgesteuert, zweifach (z.B. ½ SN54/74107, CD74XX107)

e) JK-Flipflop, zweiflankengesteuert, zweifach (z.B. ½ SN74111)

f) D-Flipflop, einflankengesteuert, zweifach (z.B. ½ SN74XX74 u.a.)

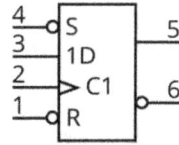

Abbildung 16.53: Beispiele für bistabile Elemente

Monostabile Elemente

Monostabile Elemente dienen dazu, Signale beziehungsweise logische Zustände einmalig oder über ein Steuersignal mehrfach (retriggerbar) für eine bestimmte Dauer zu verlängern. In Abbildung 16.54 sind die Symbole 12-44-01 und 12-44-02 in allgemeiner Form angegeben, wobei bei den Beispielen auf Bezeichnungen handelsüblicher digitaler Schaltkreise nur der Vollständigkeit halber verwiesen wird, da sie nicht den Schwerpunkt dieses Buches darstellen. Es ist also nur etwas für Sie, wenn Sie sich dafür interessieren oder sie vielleicht doch benötigen.

Nr.)*	Symbol)*	Beschreibung)*	Beispiele
12-44-01	 ⎯⊐⎄⊏⎯	Monostabiles Element, nachtriggerbar während des Ausgangsimpulses, allgemein. Jedes Mal, wenn das Eingangssignal den logischen 1-Zustand annimmt, nimmt das Ausgangssignal den logischen 1-Zustand an oder behält ihn bei. Das Ausgangssignal kehrt zum logischen 0-Zustand nach einer bestimmten Zeit zurück. Diese Zeit ist für den jeweiligen Baustein charakteristisch. Sie beginnt mit dem letzten Wechsel des Eingangssignals in den logischen 1-Zustand. ANMERKUNG: Das Symbol Dynamischer Eingang am Eingang ist wahlweise möglich (Symbol 12-07-07 in Abbildung 20.8).	CD4047B CD74XX423 Kapitel 27
12-44-02	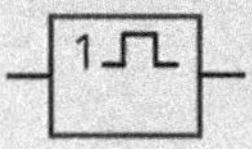 ⎯⊐1⎄⊏⎯	Monostabiles Element, nicht nachtriggerbar während des Ausgangsimpulses, allgemein. Das Ausgangssignal wechselt nur dann in den logischen 1-Zustand, wenn das Eingangssignal in den logischen 1-Zustand wechselt. Das Ausgangssignal kehrt zum logischen 0-Zustand nach einer bestimmten Zeit zurück, unabhängig von Zustandsänderungen der Signale am Eingang während dieser Zeit. Die Zeit ist für den jeweiligen Baustein charakteristisch. ANMERKUNG: Das Symbol Dynamischer Eingang am Eingang ist wahlweise möglich (Symbol 12-07-07 in Abbildung 20.8).	CD4047B SN74XX221 xx555, xx556 Kapitel 27

)* DIN EN 60617 Teil 12:1999-04, Graphische Symbole für Schaltpläne Teil 12: Binäre Elemente (IEC 60617-12:1997)

Abbildung 16.54: Monostabile Elemente

Astabile Elemente

Astabile Elemente haben keinen stabilen Zustand, sie wechseln ständig zwischen den zwei logischen Zuständen 0 und 1. Sie dienen unter anderem als Taktgeneratoren für digitale Schaltungen, um taktsynchron bestimmte Aufgaben zu erledigen.

In Abbildung 16.55 und Abbildung 16.56 sind die möglichen grafischen Symbole 12-46-01 bis 12-46-05 für verschiedene Konstellationen zusammengestellt. Als Beispiele sind hier, ebenfalls für Interessierte, handelsübliche Schaltkreise aufgeführt.

Nr.)*	Symbol)*	Beschreibung)*	Beispiele
12-46-01	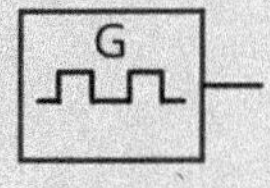 [G ⊓⊔]	Astabiles Element, allgemein. Taktgenerator, der eine Folge von logischen 0- und 1-Zuständen erzeugt. ANMERKUNG: Mit dem Kennzeichen G ist wird hier der Generator gekennzeichnet. Ist die Signalform des Ausgangssignals eindeutig, darf das Symbol ohne das zusätzliche Symbol für das Rechtecksignal dargestellt sein.	xx555, xx556 Kapitel 27
12-46-02	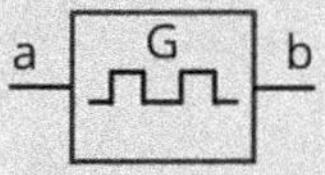 a [G ⊓⊔] b	Gesteuertes astabiles Element, allgemein. Zur Veranschaulichung: 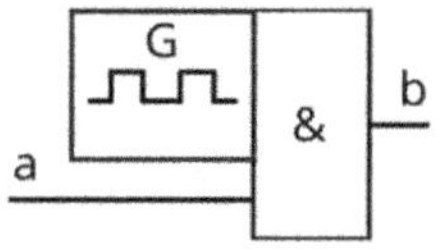 ANMERKUNG: Es gilt die Anmerkung zum Schaltzeichen 12-46-01.	xx555, xx556 Kapitel 27
12-46-03	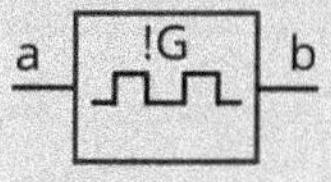 a [!G ⊓⊔] b	Astabiles Element, das synchron gestartet werden kann, allgemein. Das Ausgangssignal b beginnt mit einem vollständigen Impuls, sobald das Eingangssignal a den internen logischen 1-Zustand annimmt. 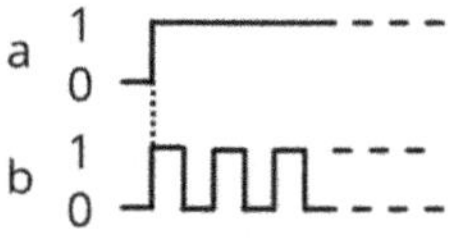 ANMERKUNG: Es gilt die Anmerkung zum Schaltzeichen 12-46-01.	xx555, xx556 Kapitel 27

)* DIN EN 60617 Teil 12:1999-04, Graphische Symbole für Schaltpläne Teil 12: Binäre Elemente (IEC 60617-12:1997)

Abbildung 16.55: Astabile Elemente Teil 1

Nr.)*	Symbol)*	Beschreibung)*	Beispiele
12-46-04	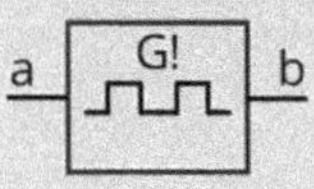 a ⎯[G! ⎍⎍]⎯ b	Astabiles Element, das nach dem Ende des letzten Rechteckimpulses stoppt, allgemein. Kehrt das Eingangssignal in den logischen 0-Zustand zurück, bleibt das Ausgangssignal im logischen 0-Zustand oder beendet den letzten Rechteckimpuls. 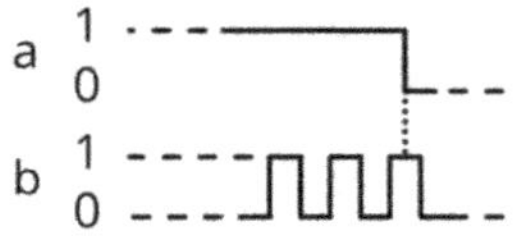 a 1/0 ‾‾‾‾⎤__ b 1/0 ___⎍⎍⎍⎍__ ANMERKUNG: Es gilt die Anmerkung zum Schaltzeichen 12-46-01.	xx555, xx556 Kapitel 27
12-46-05	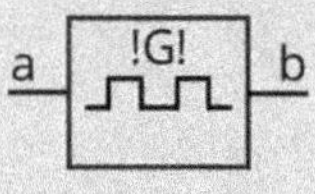 a ⎯[!G! ⎍⎍]⎯ b	Astabiles Element, das synchron gestartet wird und nach dem Ende des letzten Rechteckimpulses stoppt, allgemein. 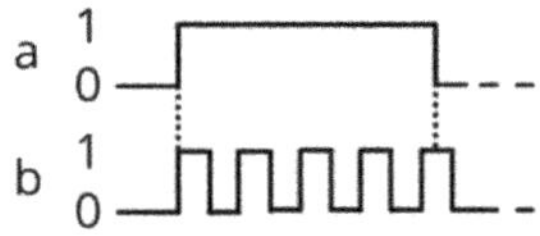 a 1/0 __‾‾‾‾⎤__ b 1/0 ___⎍⎍⎍⎍⎍__ ANMERKUNG: Es gilt die Anmerkung zum Schaltzeichen 12-46-01.	xx555, xx556 Kapitel 27

)* DIN EN 60617 Teil 12:1999-04, Graphische Symbole für Schaltpläne Teil 12: Binäre Elemente (IEC 60617-12:1997)

Abbildung 16.56: Astabile Elemente Teil 2

Schieberegister und Zähler

Als Basis der Schieberegister und Zähler werden Flipflops eingesetzt, weswegen sie hier auch gemeinsam behandelt werden. In vielen Fällen kommen D-Flipflops zum Einsatz.

Zähler werden zum Zählen von logischen Zuständen in unterschiedlichen Codes eingesetzt. Sie können aber auch für einfache arithmetische Operationen wie der Addition oder Subtraktion verwendet werden.

Schieberegister werden zum Schieben von einzelnen Bits eingesetzt. Dies wird beispielsweise bei seriellen Schnittstellen wie auch bei Fehlererkennungs- und -korrekturverfahren benötigt. Es sind aber auch einfache arithmetische Operationen wie die Multiplikation oder Division möglich.

In Abbildung 16.57 sind die grafischen Symbole 12-48-01 bis 12-48-03 für Schieberegister und Zähler in allgemeiner Form zusammengestellt.

KAPITEL 16 Grafische Symbole der Digitaltechnik 249

Nr.)*	Symbol)*	Beschreibung)*	Beispiele
12-48-01	SRGm	Schieberegister, allgemein. m muss durch die Anzahl der Stufen des Schieberegisters ersetzt sein.	Abb. 16.59a Kapitel 30
12-48-02	CTRm	Zähler mit einem Umfang von 2^m, allgemein. Zähler modulo 2^m, allgemein. m muss durch den tatsächlichen Wert ersetzt sein. Um Asynchronzähler von Synchronzählern zu unterscheiden, darf dem Kennzeichen der Grundfunktion der Buchstabe R als Präfix vorangestellt sein. Zum Beispiel: RCTRm.	Kapitel 29
12-48-03	CTRDIVm	Zähler mit einem Umfang von m, allgemein. Zähler modulo m, allgemein. m muss durch den tatsächlichen Wert ersetzt sein. Um Asynchronzähler von Synchronzählern zu unterscheiden, darf dem Kennzeichen der Grundfunktion der Buchstabe R als Präfix vorangestellt sein. Zum Beispiel: RCTRm.	Abb. 16.59b Kapitel 29

)* DIN EN 60617 Teil 12:1999-04, Graphische Symbole für Schaltpläne Teil 12: Binäre Elemente (IEC 60617-12:1997)

Abbildung 16.57: Schieberegister und Zähler

In Abbildung 16.58 sind zwei Beispiele jeweils für ein handelsübliches Schieberegister und einen Zähler angegeben.

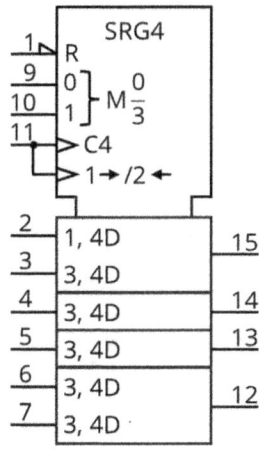
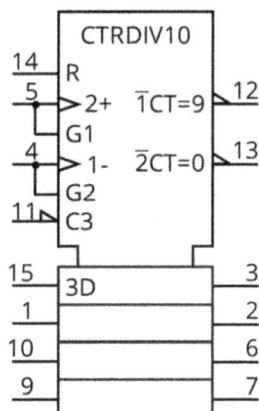

a) Schieberegister, 4 Bit, bidirektional (z.B. SN74XX194, CD74XX194)

b) Aufwärts- / Abwärts-Zähler, dekadisch, synchron (z.B. CD74HC192)

Abbildung 16.58: Beispiele Schieberegister und Zähler

Speicher

Speicher werden bei der Verarbeitung von Daten benötigt, um diese für kurze Zeit oder dauerhaft für eine spätere Verwendung zu speichern. Die Bandbreite der Kapazität reicht von wenigen Bits bis zu mehreren Gigabytes.

Die klassischen Speicher unterteilen sich in

✔ *Nur-Lese-Speicher (ROM)*,

✔ *Programmierbare Nur-Lese-Speicher (PROM)*,

✔ *Schreib-Lese-Speicher (RAM)*,

✔ *Assoziativspeicher (CAM)* und

✔ *FIFO-Speicher*.

In Abbildung 16.59 sind die Symbole 12-50-01 bis 12-50-05 für die Kennzeichnung dieser Speicher angegeben.

Nr.)*	Symbol)*	Beschreibung)*	Beispiele
12-50-01	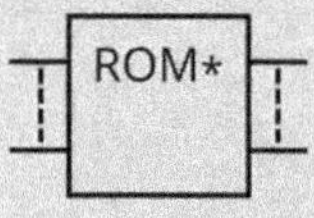 ROM*	Nur-Lese-Speicher, allgemein (Read- only Memory).	-
12-50-02	 PROM*	Programmierbarer Nur-Lese-Speicher, allgemein (Programmable read-only Memory).	Abb. 16.61
12-50-03	 RAM*	Schreib-Lese-Speicher, allgemein (Random-access memory).	Abb. 16.61
12-50-04	 CAM*	Assoziativspeicher (inhaltsadressierbarer Speicher), allgemein (Content-addressable memory).	-
12-50-05	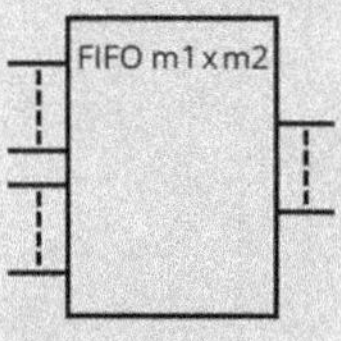 FIFO m1 x m2	FIFO-Speicher, allgemein (First-in first-out memory). Die internen logischen Zustände der m2-Datenausgänge entsprechen den Werten der einzelnen Bits des Worts, das als erstes von allen gespeicherten Worten eingelesen wurde. m1 muss ersetzt werden durch die Zahl der maximal speicherbaren Wörter. m2 muss ersetzt werden durch die Zahl der Datenausgänge.	Abb. 16.62

)* DIN EN 60617 Teil 12:1999-04, Graphische Symbole für Schaltpläne Teil 12: Binäre Elemente (IEC 60617-12:1997)

Abbildung 16.59: Speicher

Daneben gibt es noch weitere Speicher wie

✔ *MROM* (Masked Read-Only Memory – ist veraltet),

✔ *EPROM (Erasable Programmable Read-Only Memory)*,

✔ *EEPROM (Electrically Erasable Programmable Read-Only Memory)* und

✔ *FLASH EEPROM* (Basis ist ein spezieller Floating Gate Metal-Oxide-Semiconductor Field-Effect Transistor).

Diese werden aber in dieser Norm nicht explizit berücksichtigt. Es ist aber sinnvoll, als Kennzeichnung die jeweilige Speicherbezeichnung in das Symbol einzutragen, um Verwechslungen zu vermeiden.

 In Abbildung 16.60 sind Beispiele für unterschiedliche Speicher aufgeführt.

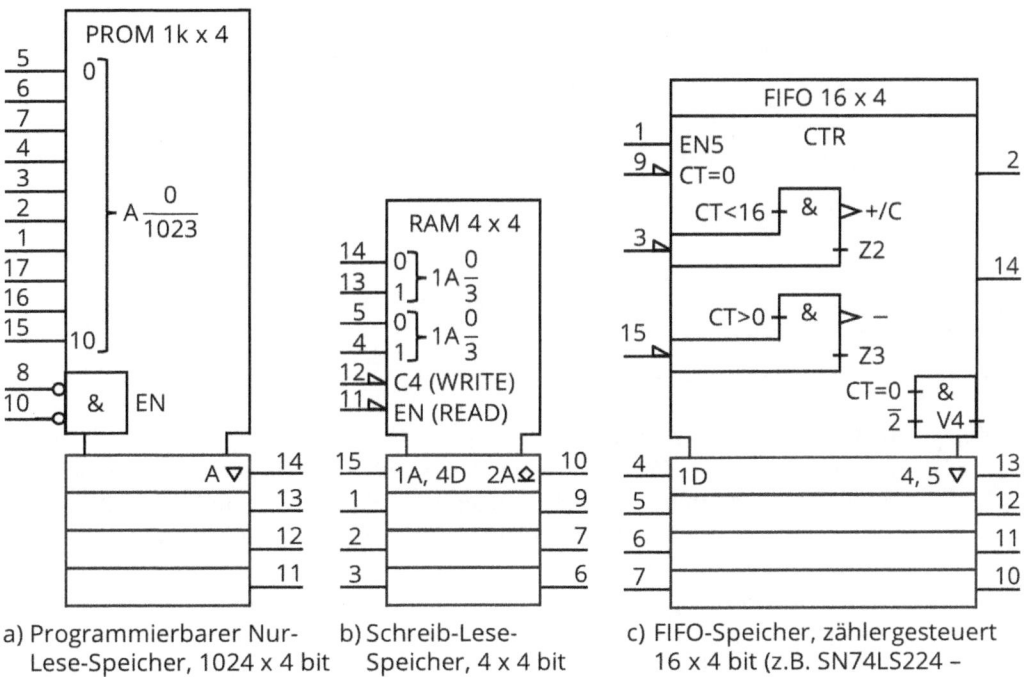

a) Programmierbarer Nur-Lese-Speicher, 1024 x 4 bit (z.B. Intel M3625A)

b) Schreib-Lese-Speicher, 4 x 4 bit (z.B. SN74XX170)

c) FIFO-Speicher, zählergesteuert 16 x 4 bit (z.B. SN74LS224 – nicht mehr verfügbar)

Abbildung 16.60: Beispiele Speicher

Anzeigeelemente (Displays)

Zur Visualisierung werden fast überall Anzeigeelemente benötigt, ob dies einfache 7-Segment-Anzeigen oder komplexe Matrix-Anzeigen sind – die Vielfalt ist sehr groß. Häufig werden sie auch nur einfach aus dem Englischen übernommen Display genannt.

In Abbildung 16.61 ist das zur Kennzeichnung allgemeingültige Symbol 12-52-01 für ein Anzeigeelement dargestellt.

Nr.)*	Symbol)*	Beschreibung)*	Beispiele
12-52-01	DPY m_1 ... m_k *	Anzeigeelement, allgemein (Display). Das Sternchen muss ersetzt werden • durch die Angabe der Anzeige (Grafik oder Text) und/oder • durch Verweis auf eine Tabelle. Die Elemente einer Anzeige müssen immer in ihrer realen physikalischen Lage zueinander dargestellt sein. m_1 ... m_k muss ersetzt werden • durch die Angabe der Zeichen des Anzeigeelements, die von diesen Eingängen an gesteuert werden, oder • durch Kennzeichen, die auf Einträge in einer Tabelle verweisen. Die Bezeichnungen der Eingänge dürfen entfallen, wenn sie durch Bezeichnungen gekennzeichnet sind.	Abb. 1.03, 16.63, Übung 21.3

)* DIN EN 60617 Teil 12:1999-04, Graphische Symbole für Schaltpläne Teil 12: Binäre Elemente (IEC 60617-12:1997)

Abbildung 16.61: Anzeigeelemente (Displays)

In Abbildung 16.62 sind Beispiele für eine 7-Segment-Anzeige und eine Überlauf-Anzeige angegeben. In den Datenbüchern werden in der Regel nur die Anschlussbelegungen der Anzeigeelemente angegeben, aber keine grafischen Symbole der Anzeigen, weswegen hier keine konkreten Produkte angeführt sind.

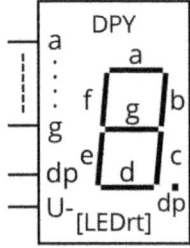
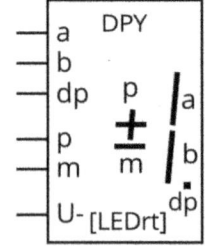

a) Sieben-Segment-Anzeige in Rot mit Punkt und gemeinsamer Kathode

b) Überlauf-Anzeige in Rot mit Punkt und gemeinsamer Kathode

Abbildung 16.62: Beispiele Anzeigeelemente (Displays)

Bussymbole und Datenleitungen

Bussysteme und Datenleitungen sind Sammelleitungen, bei denen mehrere Leitungen zusammengefasst dargestellt werden. Der wesentliche Unterschied zwischen Bussystemen und Datenleitungen besteht darin, dass Busleitungen fast immer unterschiedliche Kategorien von Leitungen wie beispielsweise Adressen-, Daten, Steuer-, Status- und Stromversorgungsleitungen enthalten. Bei Datenleitungen sind dies in der Regel ausschließlich Adressen-, Daten- und Statusleitungen. Genau genommen sind Datenleitungen auch Busleitungen (Datenbusse), weswegen die Unterscheidung nicht immer einfach ist.

In Abbildung 16.63 sind die wesentlichen Symbole für Bus- und Datenleitungen zusammengestellt, wobei die Datenleitungen von den Symbolen für Bussymbole 12-55-01 und 12-55-02 abgeleitet sind, weswegen sie auch keine eigene Symbolnummer haben. Hier sind auch noch weitere Darstellungen denkbar.

Nr.)*	Symbol)*	Beschreibung)*	Beispiele
12-55-01		Bus, unidirektional, gezeigt für Signalflussrichtung von links nach rechts.	Abb. 16.65
12-55-02		Bus, Datenleitung, bidirektional.	Abb. 21.4
-		Quelle einer unidirektionalen Datenleitung.	Abb. 16.65
-	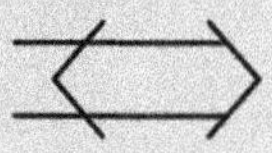	Quelle und Ziel einer bidirektionalen Datenleitung.	Abb. 21.4
-	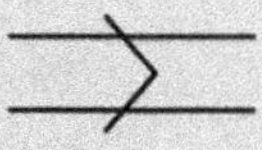	Angabe der Signalflussrichtung bei Datenleitungen.	Abb. 21.4
-	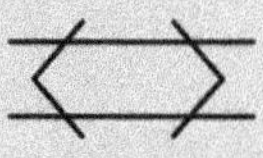	Signalfluss in beiden Richtungen bei Datenleitungen.	-
-		Verbindung von Datenleitungen.	Abb. 21.4
-	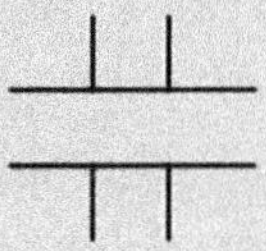	Kreuzung ohne Verbindung von Datenleitungen.	-

)* DIN EN 60617 Teil 12:1999-04, Graphische Symbole für Schaltpläne Teil 12: Binäre Elemente (IEC 60617-12:1997)

Abbildung 16.63: Bussymbole und Datenleitungen

Wird ein Bussymbol zusammen mit Anschlüssen angewendet, muss zwischen ihm und der Kontur des Elements das Symbol Gruppierung von Bits (Abbildung 16.18 Symbole 12-09-24 oder 12-09-25) eingefügt werden. Eine Signalflussrichtung muss dann nicht gekennzeichnet werden. Die Busbezeichnung oder der gemeinsame Teil des Kennzeichens der betreffenden Anschlüsse sollte innerhalb des Bussymbols platziert sein. Die Darstellung der Bussymbole darf auf die Darstellung von Datenleitungen und Datenbussen auf den internen Schaltplan von Elementen angewendet werden.

In Abbildung 16.64 sind zwei Beispiele für bereits in anderer Darstellung genutzter Schaltnetze dargestellt. Die Beispiele zeigen im Vergleich zu den ursprünglichen Schaltnetzen, dass eine einfachere und übersichtlichere Darstellung mit Bussymbolen und Datenleitungen möglich ist.

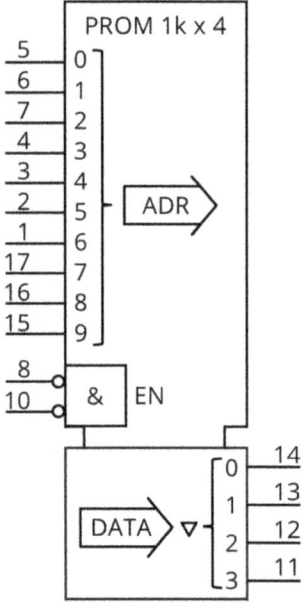
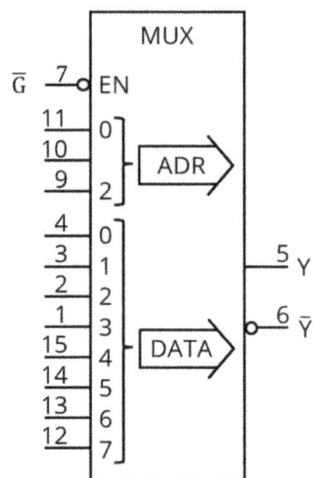

a) Programmierbarer Nur-Lese-Speicher, 1024 x 4 bit, (z.B. Intel M3625A, andere Darstellung von Abb. 16.61a)

b) 8-Kanal-Multiplexer (z.B. SN74XX151, CD74XX151; andere Darstellung von Abb. 16.47a)

Abbildung 16.64: Beispiele für Bussymbole und Datenleitungen

Auf Beispiele komplexerer digitaler Schaltungen wie beispielsweise eines Mikroprozessors wird bewusst verzichtet, da dies über die Grundlagen der Digitaltechnik deutlich hinausgeht.

> **IN DIESEM KAPITEL**
>
> Masseanschlüsse
>
> Verbindungen und Anschlüsse
>
> Passive Bauelemente
>
> Halbleiter
>
> Schalter

Kapitel 17
Weitere verwendete grafische Symbole – Was denn noch?

Zur Komplettierung der grafischen Symbole sind auch noch die in diesem Buch verwendeten weiteren Symbole für Sie zusammengestellt. Dies sind Symbole der deutschen Übersetzung der IEC 617-2-5 und 7:1996 in DIN EN 60617-Teile 2-5 und 7:1997-08 für

- ✔ *Masseanschlüsse,*
- ✔ *Verbindungen und Anschlüsse,*
- ✔ *Passive Bauelemente,*
- ✔ *Halbleiter* sowie
- ✔ *Schalter.*

Masseanschlüsse

Grafische Symbole für *Masseanschlüsse* entsprechen DIN EN 60617-2:1997-08, Graphische Symbole für Schaltpläne Teil 2: Symbolelemente, Kennzeichen und andere Schaltzeichen für allgemeine Anwendungen (IEC 617-2:1996), wie dies in Abbildung 17.1 dargestellt ist.

Nr.)*	Symbol)*	Beschreibung)*	Beispiele
02-15-04	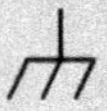 ⊥̸	Masse, Gehäuse. Die Schraffur darf entfallen, wenn die Bedeutung eindeutig ist. Die Linie, die das Gehäuse darstellt, muss dann breiter dargestellt werden: ⊥	Kapitel 18 Abb. 18.8, 10

)* DIN EN 60617-2:1997-08, Graphische Symbole für Schaltpläne Teil 2: Symbolelemente, Kennzeichen und andere Schaltzeichen für allgemeine Anwendungen (IEC 617-2:1996)

Abbildung 17.1: Symbole für Masseanschlüsse

Verbindungen und Anschlüsse

Grafische Symbole für *Verbindungen und Anschlüsse* entsprechen DIN EN 60617-3:1997-08, Graphische Symbole für Schaltpläne DIN Teil 3: Schaltzeichen für Leiter und Verbinder (IEC 617-3:1996), wie dies in Abbildung 17.2 dargestellt ist.

Nr.)*	Symbol)*	Beschreibung)*	Beispiele
03-01-01	——	Verbindungen. Gruppe von Verbindungen wie Leiter, Kabel, Leitung, Übertragungsweg. Wenn eine einzelne Linie eine Gruppe von Leitern darstellt, darf die Anzahl der Leiter durch kurze Schrägstriche oder durch eine kurze schräge Linie mit der Zahl der Anzahl an Leitern dargestellt werden.	Kapitel 13 Abb. 13.2–3 Kapitel 18 Abb. 18.8–10, 13, 14
03-02-01	•	Kreuzungspunkt bzw. Verbindungspunkt.	Kapitel 13 Abb.13.2–3
03-02-02	○	Anschluss (z.B. eine Klemme).	Kapitel 18 Abb. 18.8, 10, 14
03-02-05	 ┬	T-Verbindung.	Kapitel 13 Abb. 13.2–3 Kapitel 18 Abb. 18–10, 13, 14
03-02-07	 ┼	Doppelabzweig von Leitern.	Kapitel 18 Abb.18.14

)* DIN EN 60617-3:1997-08, Graphische Symbole für Schaltpläne DIN Teil 3: Schaltzeichen für Leiter und Verbinder (IEC 617-3:1996)

Abbildung 17.2: Symbole für Verbindungen und Anschlüsse

Passive Bauelemente

Grafische Symbole für *Passive Bauelemente* entsprechen DIN EN 60617-4:1997-08, Graphische Symbole für Schaltpläne DIN Teil 4: Schaltzeichen für passive Bauelemente (IEC 617-4:1996), wie dies in Abbildung 17.3 dargestellt ist.

Nr.)*	Symbol)*	Beschreibung)*	Beispiele
04-01-01	 ⊣▭⊢	Widerstand.	Kapitel 18 Abb.18.8, 18.10, 18.14
04-02-01	 ⊥⊤	Kondensator.	-

)* DIN EN 60617-4:1997-08, Graphische Symbole für Schaltpläne DIN Teil 4: Schaltzeichen für passive Bauelemente (IEC 617-4:1996)

Abbildung 17.3: Symbole für passive Bauelemente

Halbleiter

Die wichtigsten verwendeten grafischen Symbole der in diesem Buch verwendeten *Halbleiter* nach DIN EN 60617-5:1997-08, Graphische Symbole für Schaltpläne DIN Teil 5:Schaltzeichen für Halbleiter und Elektronenröhren (IEC 617-5:1996) sind in Abbildung 17.4 und Abbildung 17.5 zusammengestellt. Der Vollständigkeit halber handelt es sich bei den nicht verwendeten Symbolen immer um die komplementären Halbleiterbauelemente der verwendeten Symbole.

Schalter

Grafische Symbole für Schalter entsprechen DIN EN 60617-7:1997-08, Graphische Symbole für Schaltpläne DIN Teil 7: Schaltzeichen für Schalt- und Schutzeinrichtungen (IEC 617-7:1996), wie dies in Abbildung 17.6 dargestellt ist.

Nr.)*	Symbol)*	Beschreibung)*	Beispiele
05-02-01	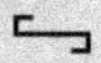	Schottky-Effekt.	Kapitel 19 Abb. 19.5
05-02-04		Bidirektionaler Durchbruch-Effekt.	Kapitel 19 Abb. 19.5
05-01-15		Mehrere P-Emitter auf der N-Zone der Basis.	-
05-01-16		Mehrere N-Emitter auf der P-Zone der Basis.	Kapitel 19 Abb. 19.3
05-03-01		Halbleiterdiode.	Kapitel 18 Abb.17.8
05-03-02		Leuchtdiode (LED).	Kapitel 21
05-05-01		PNP-Transistor. 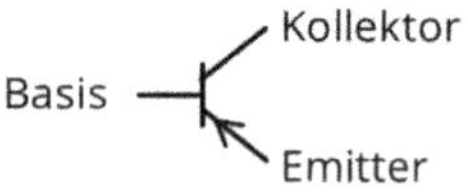 Kollektor Basis Emitter	-
05-05-02		NPN-Transistor. 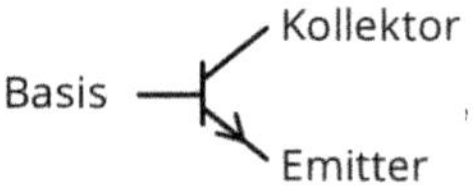 Kollektor Basis Emitter	Kapitel 18 Abb. 18.8, 18.11 Kapitel 19 Abb. 19.3, 5

05-05-09	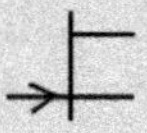	Sperrschicht-Feldeffekt-Transistor (JFET) mit N-Kanal, selbstsperrend. 
		     Drain
		Gate
		     Source
			Kapitel 18 Abb. 18.11 Kapitel 19 Abb. 19.5

05-05-10	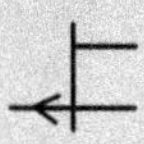	Sperrschicht-Feldeffekt-Transistor (JFET) mit P-Kanal, selbstsperrend. 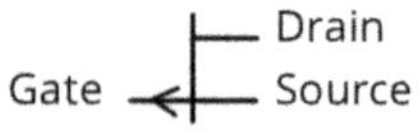
		     Drain
		Gate
		     Source
			Kapitel 19 Abb. 19.5

)* DIN EN 60617-5:1997-08, Graphische Symbole für Schaltpläne DIN Teil 5: Schaltzeichen für Halbleiter und Elektronenröhren (IEC 617-5:1996)

Abbildung 17.4: Symbole für Halbleiter Teil 1

KAPITEL 17 Weitere verwendete grafische Symbole   259

Nr.)*	Symbol)*	Beschreibung)*	Beispiele
05-05-11	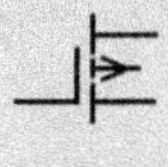	Isolierschicht-Feldeffekttransistor (IGFET), Anreicherungstyp, ein Gate, P-Kanal und <u>ohne</u> Substratanschluss.	Kapitel 19 Abb. 19.4
05-05-12	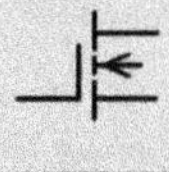	Isolierschicht-Feldeffekttransistor (IGFET), Anreicherungstyp, ein Gate, N-Kanal und <u>ohne</u> Substratanschluss.	Kapitel 19 Abb. 19.4
05-05-14	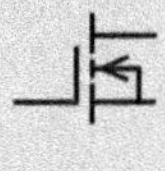	Isolierschicht-Feldeffekttransistor (IGFET), Anreicherungstyp, ein Gate, N-Kanal und <u>mit</u> Substratanschluss.	Kapitel 19 Abb. 19.4, 5

)* DIN EN 60617-5:1997-08, Graphische Symbole für Schaltpläne DIN Teil 5: Schaltzeichen für Halbleiter und Elektronenröhren (IEC 617-5:1996)

Abbildung 17.5: Symbole für Halbleiter Teil 2

Nr.)*	Symbol)*	Beschreibung)*	Beispiele
07-02-01		Schließer.	Kapitel 18 Abb. 18.10–11
07-02-03		Öffner.	-
07-02-04		Wechsler mit Unterbrechung.	Kapitel 25
07-07-02	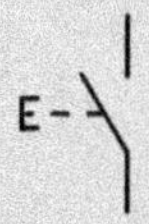	Taster, Druckschalter. Schließer mit selbsttätigem Rückgang.	Kapitel 1 Abb. 1.3
07-11-05	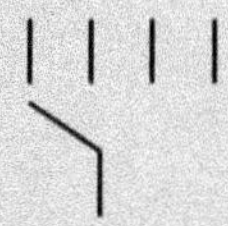	Mehrstellungsschalter.	Kapitel 22
07-11-06	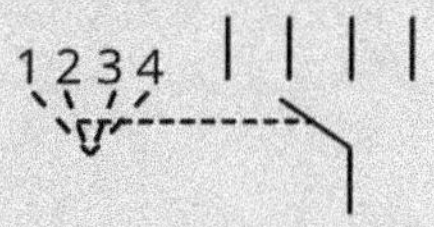	Mehrstellungsschalter mit Schaltstellungsdiagramm und vier Stellungen.	Kapitel 22

)* DIN EN 60617-7:1997-08, Graphische Symbole für Schaltpläne DIN Teil 7: Schaltzeichen für Schalt- und Schutzeinrichtungen (IEC 617-7:1996)

Abbildung 17.6: Symbole für Schalter

Teil VIII
Logische und physikalische Beziehungen in der Digitaltechnik, Technologien und Kenndaten der Logikfamilien

IN DIESEM TEIL ...

Finden Sie Definitionen zu den logischen Zuständen und Logikpegeln.

Werden Eigenschaften der positiven und negativen Logik behandelt.

Wird der Polaritätsindikator zur Kennzeichnung der Logikpegel (Pegel) eingeführt.

Werden grundlegende Ausgangsschaltungen und Wired-Verknüpfungen der Logik-Elemente behandelt.

Wird ein kleiner Überblick zu den Halbleitertechnologien der Logik-Elemente und deren Wirkungsweise gegeben.

Finden Sie eine Übersicht über die relevanten Logik-Familien.

Finden Sie des Weiteren eine Zusammenstellung und Erläuterung wichtiger Kenndaten für die Auswahl der Logik-Elemente.

> **IN DIESEM KAPITEL**
>
> Unterschiede zwischen logischen Zuständen (Logikzuständen) und Logikpegeln (Pegel)
>
> Positive und negative Logik
>
> Polaritätsindikator für Logikpegel im Zusammenspiel mit der Negation und dessen Anwendungsmöglichkeiten
>
> Relevante Ausgangsschaltungen wie Gegentaktausgang, Tri-State und offener Kollektor (Open Collector) der Logik-Elemente und deren Eigenschaften
>
> Wired- (verdrahtete) Verknüpfungen zur effizienteren Umsetzung von digitalen Schaltungen
>
> Übungen zu den logischen und physikalischen Eigenschaften

Kapitel 18
Zusammenhänge der logischen und physikalischen Eigenschaften in der Digitaltechnik – Logik trifft Physik

In diesem Kapitel möchte ich Sie auf eine kleine Reise in den Bereich mitnehmen, der zwischen der Logik und der Physik angesiedelt ist. Nachdem Sie die Synthese eines Schaltnetzes oder Schaltwerks vorgenommen haben, sind bei deren Umsetzung doch einige

Aspekte zu berücksichtigen. Neben der reinen Logik betrifft dies die physikalischen Eigenschaften der eingesetzten Schaltkreise. Hierbei möchte man folgende Dinge erreichen:

1. Korrekte Darstellung der Schaltpläne einer digitalen Schaltung zur Verbesserung der Umsetzbarkeit

2. Auswahl einer Logikfamilie mit der geeigneten Ausgangsschaltung

3. Vermeidung irreversibler Schädigungen der digitalen Schaltkreise

4. Neben der Minimierung bei der Synthese von Schaltnetzen und -werken der logischen Verknüpfungen auch eine möglichst effiziente Nutzung der realen logischen Verknüpfungsglieder erzielen

Im **1. Fall** ist es wichtig, die Entscheidung treffen, ob eine positive oder negative Logik zum Einsatz kommen muss. In den allermeisten Fällen kommt eine positive Logik zum Einsatz, weswegen hier auch nur die wesentlichen zu beachtenden Grundzüge zur negativen Logik behandelt werden. In den weiteren Kapiteln wird ausschließlich mit der positiven Logik gearbeitet.

Im **2.** und **3. Fall** ist zu beachten, dass es verschiedene Ausgangsschaltungen bei fast jeder Logikfamilie gibt, die nicht ohne Weiteres miteinander kombiniert werden dürfen. Dies, weil entweder die gewünschte logische Funktion nicht gegeben ist oder der Schaltkreis durch eine thermische Überhitzung bei zu hohen Strömen am Ausgang irreversibel geschädigt wird.

Im **4. Fall** kann durch den Einsatz sogenannter Wired-/verdrahteten Verknüpfungen eine effizientere Umsetzung einer digitalen Schaltung erfolgen, weil Logik-Elemente eingespart werden können.

Lassen Sie uns nun die einzelnen Aspekte der Reihe nach etwas näher beleuchten.

Logische Zustände und Logikpegel der Logik-Elemente bei positiver und negativer Logik

In Kapitel 16 ist die Systematik der grafischen Symbole mit ihren Benennungen behandelt worden. In Abbildung 18.1 ist die Kontur eines Logik-Elements in Anlehnung an DIN EN 60617-12:1999-04 mit Kennzeichnung der Bereiche für logische Zustände und Logikpegel dargestellt. Daraus können Sie entnehmen, dass es innerhalb der Kontur eines Logik-Elements nur logische Zustände gibt und außerhalb logische Zustände und Logikpegel. Diesen Sachverhalt können Sie den zugehörigen folgenden drei Definitionen entnehmen:

Interner logischer Zustand bezeichnet einen Logikzustand, der innerhalb einer Symbolkontur an einem Ein oder Ausgang angenommen ist.

KAPITEL 18   Zusammenhänge der logischen und physikalischen Eigenschaften

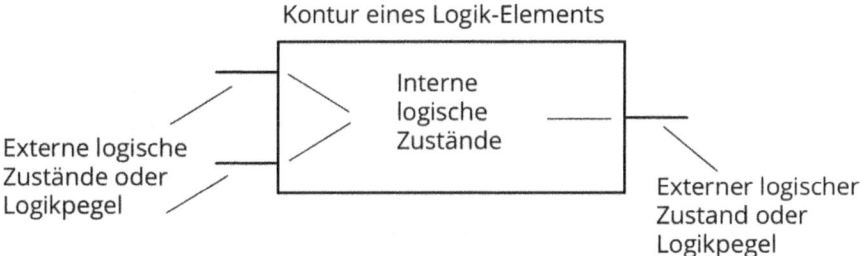

Abbildung 18.1: Logische Zustände (Logikzustände) und Logikpegel der Logik-Elemente

 Externer logischer Zustand bezeichnet einen Logikzustand, der außerhalb einer Symbolkontur an einem Ein- oder Ausgang angenommen ist.

 Externer Logikpegel bezeichnet einen Logikpegel, der außerhalb einer Symbolkontur an einem Ein- oder Ausgang angenommen ist.

 Schauen Sie mal nach in Kapitel 8. Dort hatte ich schon die Definitionen *Konstante, Schaltvariable (Variable)* und *Schaltfunktion* vorgenommen. So können Sie nachfolgende Definitionen leichter nachvollziehen.

 Logischer Zustand (Logikzustand) bezeichnet einen Zustand in der Digitaltechnik, bei dem die Symbole 0 und 1 die beiden *logischen Zustände* einer binären Variablen kennzeichnen, seien dies Variablen oder auch Schaltfunktionen. Diese Zustände werden *logischer 0-Zustand* und *logischer 1-Zustand* genannt und entsprechen den Konstanten 0 und 1 in der Boole'schen Algebra.

Um die Verbindung zwischen den internen Zuständen eines Logik-Elements und der Außenwelt herzustellen, muss die Verbindung zwischen logischen Zuständen und Logikpegeln hergestellt werden:

 Logikpegel (Pegel) bezeichnet eine Größe, die jeder beliebigen physikalischen Größe gleichgesetzt werden kann, für die zwei konkrete Wertebereiche definierbar sind. Diese Wertebereiche werden in der Norm DIN EN 60617-12:1999-04 Logikpegel genannt und mit H (High) und L (Low) bezeichnet.

Für die genauere Definition des Logikpegels muss allerdings erst der Typ der Logik definiert und festgelegt werden, da der Logikpegel unterschiedlich definiert werden muss. Hierbei handelt es sich einerseits um die *Positive Logik* und andererseits die *Negative Logik*:

 Positive Logik bezeichnet einen Typ von Logik, bei dem der Logikpegel L dem logischen 0-Zustand und der Logikpegel H dem logischen 1-Zustand zugeordnet wird.

Im Gegensatz dazu ist die Zuordnung bei einer *negativen Logik* genau umgekehrt.

 Negative Logik bezeichnet einen Typ von Logik, bei dem der Logikpegel L (Low) dem logischen 1-Zustand und der Logikpegel H (High) dem logischen 0-Zustand zugeordnet wird.

Für die konkreten Logikpegel der positiven und negativen Logik folgt dann:

 Logikpegel Positive Logik bezeichnet bei einer *positiven Logik* den *Logikpegel* beziehungsweise *Pegel* H (High), der mit dem algebraischen Wert näher bei +∞, und L (Low) bezeichnet den, der mit dem algebraischen Wert näher bei -∞ liegt.

 Logikpegel negative Logik bezeichnet bei einer *negativen Logik* den *Logikpegel* beziehungsweise *Pegel* H (High), der mit dem algebraischen Wert näher bei -∞, und L (Low) den, der mit dem algebraischen Wert näher bei +∞ liegt.

 Erinnern Sie sich noch an Kapitel 8? Dort hatte ich schon die Wahrheitstabelle zur Darstellung der Variablen und Schaltfunktionen mit den logischen Zuständen und in Kapitel 9 die Schaltalgebra behandelt, mit der die Schaltfunktionen mittels der Boole'schen Algebra dargestellt werden.

Die logischen Zustände werden in der schon aus Kapitel 8 bekannten Wahrheitstabelle für die Variablen und Schaltfunktionen eingetragen. Für die Darstellung der Logikpegel wird eine schematisch gleiche Darstellung gewählt, die *Arbeitstabelle* heißt, und nur die Logikpegel L und H enthält.

 *Arbeitstabelle* bezeichnet eine tabellarische Darstellung der Ein- und Ausgangsgrößen eines Logik-Elements, die deren Logikpegel L (Low) und H (High) enthält.

In Abbildung 18.2 sind für das Beispiel einer UND/AND-Verknüpfung das Schaltungssymbol, die Boole'sche Gleichung und die zugehörige Wahrheitstabelle angegeben.

Entsprechend sind in der Arbeitstabelle für die positive Logik die Zuordnungen des Logikpegels L zum logischen 0-Zustand und des Logikpegels H zum logischen Zustand 1 vorgenommen worden. Für die negative Logik ist die Zuordnung genau umgekehrt. Im Fall der positiven Logik ergibt sich eine UND-Verknüpfung und bei der negativen Logik eine ODER-Verknüpfung. Dies verhält sich für alle logischen Verknüpfungen auf gleiche Weise. Aus einer ODER- wird eine UND-Verknüpfung, aus eine NAND- eine NOR-Verknüpfung, aus einer Antivalenz- eine Äquivalenz-Verknüpfung und so weiter. In Abbildung 18.3 sind sämtliche Wechsel der logischen Verknüpfungen der logischen Grundverknüpfungen dargestellt, einzig bei der NEGATION wird aus ihr wieder eine NEGATION.

KAPITEL 18 Zusammenhänge der logischen und physikalischen Eigenschaften

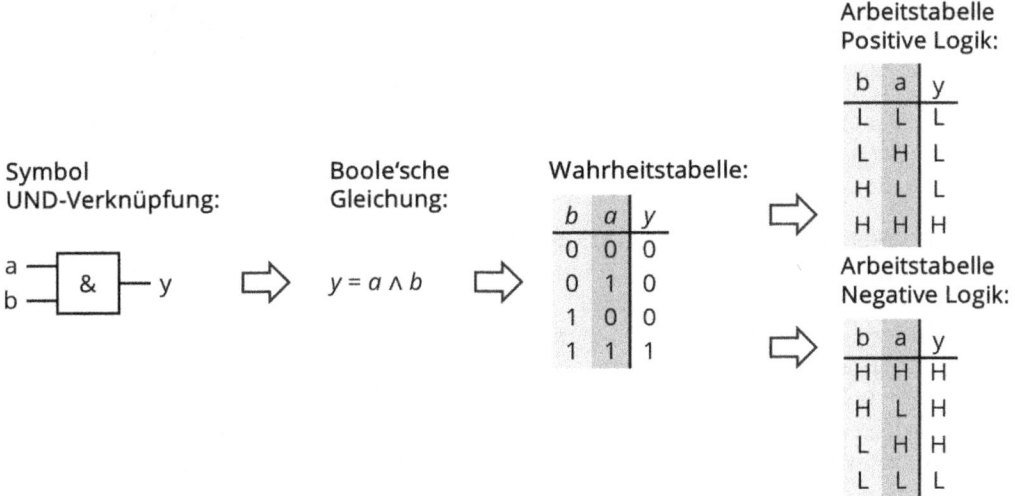

Abbildung 18.2: Arbeitstabelle für die positive und negative Logik am Beispiel einer UND/AND-Verknüpfung

Arbeitstabelle	Positive Logik		Negative Logik	
	Benennung	Wahrheitstabelle	Benennung	Wahrheitstabelle
L L L L H L H L L H H H	UND	0 0 0 0 1 0 1 0 0 1 1 1	ODER	1 1 1 1 0 1 0 1 1 0 0 0
L L L L H H H L H H H H	ODER	0 0 0 0 1 0 1 0 0 1 1 1	UND	1 1 1 1 0 0 0 1 0 0 0 0
L H H L	Negation	0 1 1 0	Negation	1 0 0 1
L L H L H H H L H H H L	NAND	0 0 1 0 1 1 1 0 1 1 1 0	NOR	1 1 0 1 0 0 0 1 0 0 0 1
L L H L H L H L L H H L	NOR	0 0 1 0 1 0 1 0 0 1 1 0	NAND	1 1 0 1 0 1 0 1 1 0 0 1
L L L L H H H L H H H L	Antivalenz	0 0 0 0 1 1 1 0 1 1 1 0	Äquivalenz	1 1 1 1 0 0 0 1 0 0 0 1
L L H L H L H L L H H H	Äquivalenz	0 0 1 0 1 0 1 0 0 1 1 1	Antivalenz	1 1 0 1 0 1 0 1 1 0 0 0

Abbildung 18.3: Übersicht der logischen Verknüpfungen für positive und negative Logik

Polaritätsindikator (Logik-Polarität)

Neben der Kennzeichnung mit dem Negationssymbol »o« an den Ein- und Ausgängen eines Logik-Elements gibt es auch noch die Möglichkeit, mit einem Polaritätsindikator »◣« zu arbeiten. Beide Symbole sind nach DIN EN 60617-12:1999-04 genormt (siehe auch in Kapitel 16 die Abbildungen 16.7 und 16.8).

Das Negationssymbol kann bei positiver und negativer Logik für die logischen Zustände eingesetzt werden, wie dies in Abbildung 18.4 dargestellt ist. Ein externer logischer Zustand wird durch das Negationssymbol am Eingang zu einem negierten internen logischen Zustand (der externe logische 0-Zustand negiert wird zum internen logischen 1-Zustand und der externe logische 1-Zustand negiert wird zum internen logischen 0-Zustand). Gleiches gilt für das Negationssymbol am Ausgang für einen logischen inneren Zustand, der zu einem negierten logischen äußeren Zustand wird (der interne logische 0-Zustand negiert wird zum externen logischen 1-Zustand und der interne logische 1-Zustand negiert wird zum externen logischen 0-Zustand). Ohne Negationssymbol wird aus dem externen/internen logischen Zustand immer der gleiche interne/externe logische Zustand (der externe/interne logische 0-Zustand wird zum internen/externen logischen 0-Zustand und der externe/interne logische 1-Zustand wird zum internen/externen logischen 1-Zustand).

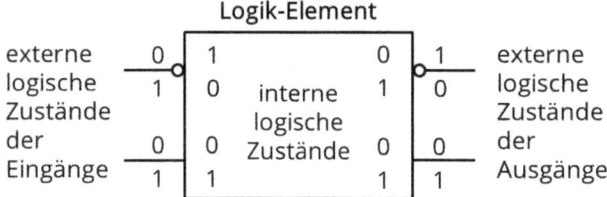

Abbildung 18.4: Kennzeichnung der Negation logischer Zustände von Logik-Elementen

Im Gegensatz dazu wirkt der Polaritätsindikator, wie er in Abbildung 18.5 dargestellt ist, immer auf die Logikpegel. Bei einem Polaritätsindikator an einem Eingang/Ausgang wird praktisch ein Wechsel zur negativen Logik vorgenommen (der externe Logikpegel H wird zum internen logischen 0-Zustand und der externe Logikpegel L zum internen logischen 1-Zustand). Bei einem Polaritätsindikator an einem Ausgang hingegen erfolgt dies umgekehrt (der interne logische 0-Zustand wird zum externen Logikpegel H und der interne logische 1-Zustand wird zum externen Logikpegel L).

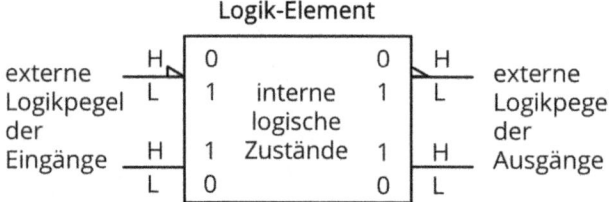

Abbildung 18.5: Kennzeichnung externer Logikpegel von Logik-Elementen mit einem Polaritätsindikator

Ohne Polaritätsindikator findet vom externen Logikpegel zum internen logischen Zustand beziehungsweise vom internen logischen Zustand zum externen Logikpegel kein Wechsel von der positiven zur negativen Logik oder umgekehrt statt (der externe Logikpegel H wird zum internen logischen 1-Zustand und der externe Logikpegel L zum internen logischen 0-Zustand beziehungsweise der interne logische 1-Zustand wird zum externen Logikpegel H und der interne logische 0-Zustand zum externen Logikpegel L).

In Abbildung 18.6 ist ein Beispiel für die Anwendung des Polaritätsindikators an einer UND-Verknüpfung dargestellt. Dabei sind a, b und y die externen Logikpegel und a_i, b_i und y_i die internen logischen Zustände.

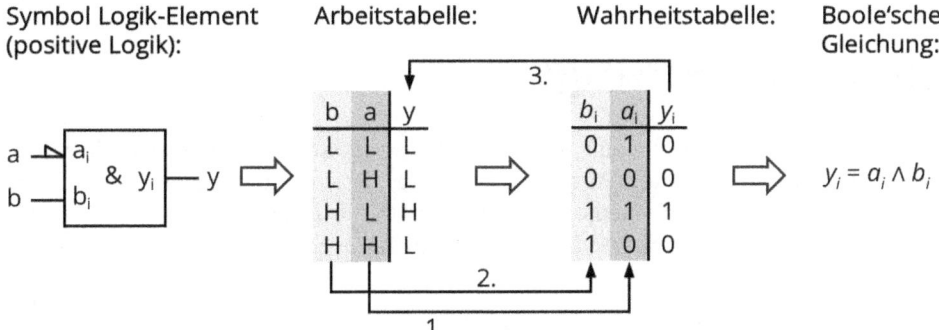

Abbildung 18.6: Beispiel für die Anwendung des Polaritätsindikators

Zunächst wird die entsprechende Arbeitstabelle für die externen Logikpegel a und b entsprechend den Regularien bei Anwendung des Polaritätsindikators in Abbildung 18.6 aufgestellt. Daraus folgt dann für die internen Logikzustände die Wahrheitstabelle für die Variablen a_i und b_i. Durch die UND-Verknüpfung dieser Variablen folgt die Schaltfunktion y_i und bei positiver Logik die Logikpegel für die Schaltfunktion y.

 Zusammenfassend ergeben sich folgende Aspekte bei Anwendung des Polaritätsindikators:

✔ Der Polaritätsindikator ist dazu geeignet, innerhalb einer digitalen Schaltung die positive und negative Logik zu mischen.

✔ Bei positiver Logik ist das Negationssymbol identisch mit dem Polaritätsindikator.

✔ Sobald an mindestens einem Ein- oder Ausgang ein Polaritätsindikator vorhanden ist, darf an der äußeren Kontur kein Negationssymbol verwendet werden, sondern nur innerhalb der Kontur des Logik-Elements, wie dies beispielhaft in Abbildung 18.7 angegeben ist.

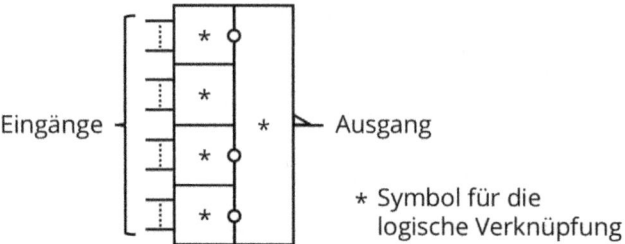

Abbildung 18.7: Zulässige Kennzeichnung eines Logik-Elements mit dem Negationssymbol und dem Polaritätsindikator

Ausgangsschaltungen

 Ein wichtiger Aspekt bei der Auswahl einer Logikfamilie ist innerhalb dieser die Auswahl der geeigneten Ausgangsschaltung, da sie untereinander nicht kompatibel sein und gegebenenfalls durch eine Überlastung der Ausgangsschaltung zu einer irreversiblen thermischen Schädigung des Schaltkreises führen können, also Achtung.

Grundsätzlich gibt es drei Typen von Ausgangsschaltungen:

- ✔ *Gegentaktausgang*
- ✔ *Offener-Kollektor/Open-Collector-Ausgang*
- ✔ *Tri-State/3-State-Ausgang*

In Abbildung 18.8 sind diese drei Typen von Ausgangsschaltungen am Beispiel von NPN-Bipolartransistoren dargestellt.

Bei der *Gegentaktausgangsschaltung* in Abbildung 18.8a ist immer nur einer der beiden Transistoren T_1 oder T_2 leitend. Wenn beide Transistoren gleichzeitig leitend sind, würde dies zu einem zu hohen Querstrom über die Kollektor-Emitter-Strecken der beiden Transistoren führen und die Ausgangsschaltung könnte durch Überlastung zerstört werden. Damit während des Umschaltens von einem auf den anderen Transistor nicht beide gleichzeitig leitend sind, ist dort eine Pegelverschiebungsdiode eingesetzt. Die Gegentaktausgangsschaltung ist die Standard-Ausgangsschaltung der bipolaren Logikfamilien.

 Gegentaktausgänge dürfen **nicht** parallelgeschaltet werden.

Der *Tri-State/3-State-Ausgang* in Abbildung 18.8b ist prinzipiell genauso aufgebaut wie der Gegentaktausgang, allerdings macht man sich den Fall zunutze, dass beide Transistoren T_1 und T_2 nicht angesteuert werden, also sperren. In dem Fall befindet sich der Ausgang im dritten Zustand und ist hochohmig. Die Kennzeichnung eines Tri-State-Ausgangs erfolgt mit einem gleichseitigen Dreieck »∇«. Genaueres ist auch Kapitel 16 Abbildung 16.13 zu entnehmen.

KAPITEL 18 Zusammenhänge der logischen und physikalischen Eigenschaften

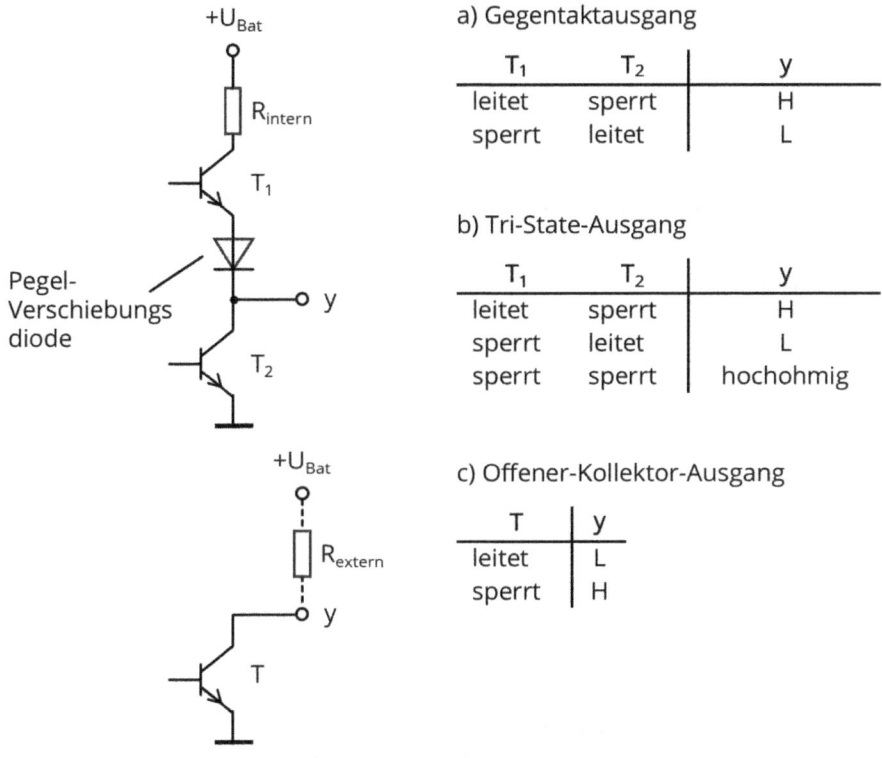

Abbildung 18.8: Varianten von Ausgangsschaltungen der Logik-Elemente mit Bipolartransistoren

 Tri-State/3-State-Ausgänge dürfen parallelgeschaltet werden und werden für Bus- und Datenleitungen eingesetzt, wie dies in Abbildung 18.9 dargestellt ist, bei denen mehrere Logik-Elemente (Teilnehmer) an die gleiche Leitung angeschlossen werden. Allerdings darf immer nur eins die Leitung aktiv nutzen. Aus diesem Grund besitzt jedes Logik-Element beziehungsweise jeder Teilnehmer einen Freigabeeingang, um den Zugriff auf die Bus- beziehungsweise Datenleitung zu erhalten. Alle anderen Logik-Elemente (Teilnehmer) sind dann inaktiv.

Der *Offene-Kollektor/Open-Collector-Ausgang* als dritte Variante in Abbildung 18.8c der Ausgangsschaltungen ist eher als Spezialfall anzusehen. Der Kollektor selbst ist offen nach außen geführt und muss über einen externen Lastwiderstand R_{extern} an die positive Versorgungsspannung U_{Bat} angeschlossen werden. Der offene Ausgang ermöglicht es, durch entsprechende Dimensionierung des externen Widerstands mehrere Ausgänge parallelzuschalten. Allerdings hat dies einen Einfluss auf das logische Verhalten. Daraus entstehen sogenannte verdrahtete (Wired-) Verknüpfungen. Diesem Aspekt ist der nachfolgende Abschnitt gewidmet.

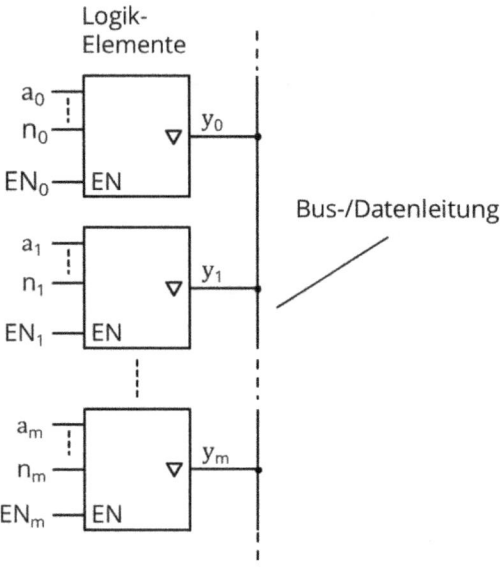

Abbildung 18.9: Tri-State/3-State-Ausgänge für Bussysteme und Datenleitungen

Offener-Kollektor/Open-Collector-Ausgänge dürfen **parallelgeschaltet** werden, allerdings muss der externe Widerstand entsprechend der Anzahl der parallelgeschalteten Ausgänge dimensioniert werden.

Anmerkung:

Genaueres zur Dimensionierung des externen Widerstands kann den Datenblättern der Halbleiterhersteller entnommen werden.

Bei *Bipolar-Logikfamilien* gibt es keine Ausgangsschaltungen mit den komplementären PNP-Transistoren von den Halbleiterherstellern. Ebenso gibt es auch keine Ausgangsschaltungen mit einem NPN-Transistor mit offenem Emitter.

Alternativ werden bei *CMOS-Logikfamilien* (**C**omplementary-**M**etal-**O**xide-**S**emiconductor) N-Kanal- und/oder P-Kanal-Feldeffekt-Transistoren für alle drei Typen von Ausgangsschaltungen anstelle der Bipolartransistoren eingesetzt. Das Gegenstück zum Offener-Kollektor- (Open-Collector) Ausgang ist hier die Open-Drain-Ausgangsschaltung. Die Funktionsweise ist grundsätzlich identisch im Vergleich zu den Varianten mit Bipolartransistoren.

Die Funktionsweise und die Unterschiede zwischen bipolaren- und CMOS-Logikfamilien werden im nachfolgenden Kapitel 19 behandelt.

Wired-/verdrahtete Verknüpfungen

Durch die Parallelschaltung der Ausgänge einer Offener-Kollektor/Open-Collector-Ausgangsschaltung ergeben sich andere logische Verknüpfungen. Schematisch ist dies in Abbildung 18.10 mit dem entsprechenden Schaltungssymbol dargestellt. Das Symbol ist für jede Logikfamilie gleich, egal welcher Halbleiter als Schalter (Schließer) eingesetzt wird. Das grundlegende Verhalten ist immer gleich. Die Alternativen zum Schalter, einem Schließer, sind in Abbildung 18.11 und die Symbole zur Kennzeichnung der Ausgänge sind in Abbildung 18.12 dargestellt.

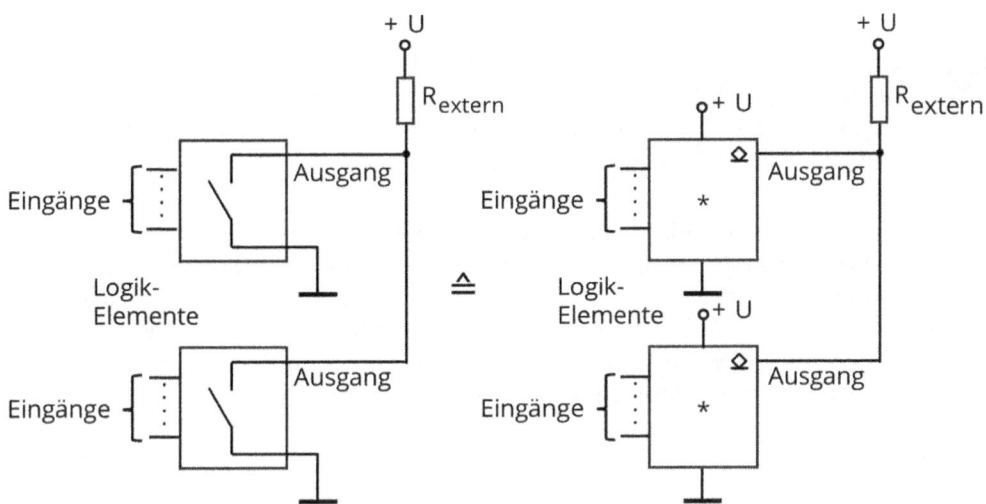

*: Symbol für die logische Verknüpfung   +U: Versorgungsspannung

Abbildung 18.10: LOW-dominantes (L-Typ) Verhalten bei der Verbindung von offenen Ausgängen von Logik-Elementen und Kennzeichnung des Ausgangs

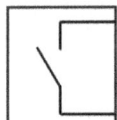   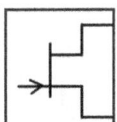

a) Schematische Darstellung eines Ausgangs mit einem Schließer
b) Offener-Kollektor (Open-Collector-) Ausgang mit einem NPN-Transistor
c) Open-Drain-Ausgang mit einem Sperrschicht-Feldeffekt-Transistor (JFET) mit N-Kanal

Abbildung 18.11: Transistoren als Schalter für die Realisierung eines offenen Ausgangs bei einer Low-dominanten (L-Typ) Wired-Verknüpfung

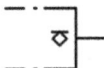   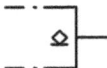

a) Offener Ausgang High-dominant (H-Typ)
b) Offener Ausgang Low-dominant (L-Typ)
c) Allgemein offener Ausgang

Abbildung 18.12: Symbole für die Kennzeichnung offener Ausgänge

Da es seitens der Halbleiterhersteller nur Offener-Kollektor/Open-Collector-Ausgänge bei den bipolaren Logikfamilien und Open-Drain-Ausgangsschaltungen bei den reinen CMOS-Logikfamilien gibt, sind die Ausgänge immer **Low-dominant (L-Typ)**. Dies bedeutet, wenn ein Ausgang aktiv Low ist, nehmen alle Ausgänge den gleichen Zustand an.

Durch die Parallelschaltung der Ausgänge offener Ausgänge ergeben sich zwei verschiedene Verknüpfungen:

1. *Wired-AND-Verknüpfung* beziehungsweise *Verdrahtete UND/AND-Verknüpfung*
2. *Wired-OR-Verknüpfung* beziehungsweise *Verdrahtete ODER/OR-Verknüpfung*

Die *Art der Wired-Verknüpfung* bezieht sich ausschließlich auf die Verknüpfung **nach** der Parallelschaltung der Ausgänge der Logik-Elemente, unabhängig davon, welche logischen Verknüpfungen durch die vorgelagerten Logik-Elemente vor der Parallelschaltung gegeben sind.

In Abbildung 18.13 sind die beiden Möglichkeiten bei positiver Logik für eine Wired-AND-Verknüpfung bei einem Open-Collector-Ausgang (Low-dominant) und Wired-OR-Verknüpfung bei einem Open-Emitter-Ausgang (High-dominant) angegeben. Da es aber keine digitalen Schaltkreise mit einem Open-Emitter-Ausgang gibt, bleibt bei gewünschter Wired-OR-Verknüpfung nur der Wechsel von der positiven Logik zur negativen Logik mittels des Polaritätsindikators übrig.

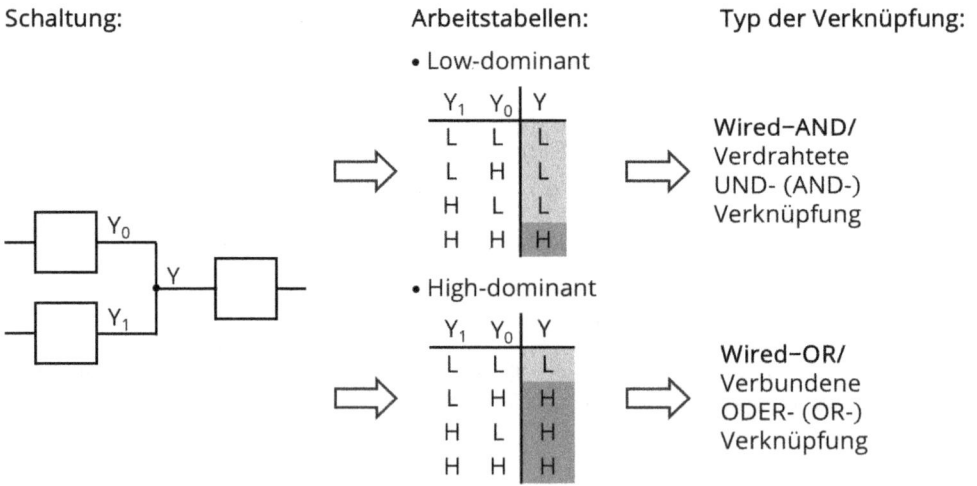

Y_0, Y_1: Vor der Parallelschaltung der Ausgänge
Y: Nach der Parallelschaltung der Ausgänge

Abbildung 18.13: Bildung der Wired-AND- und Wired-OR-Verknüpfungen

KAPITEL 18 Zusammenhänge der logischen und physikalischen Eigenschaften 275

Eine *Wired-AND-Verknüpfung* ist bei positiver Logik nur mit einem Open-Collector- oder Open-Drain-Ausgang der jeweiligen Logikfamilie möglich. Damit können Schaltfunktionen umgesetzt werden, die in einer konjunktiven Form vorliegen.

Wenn eine Schaltfunktion aber, und das ist sehr häufig der Fall, in einer disjunktiven Form vorliegt, kann diese entweder mittels

✔ der Schaltalgebra oder

✔ der Wahrheitstabelle

in eine konjunktive Form umgeformt werden, sodass dann die Wired-AND-Verknüpfung zum Einsatz kommen kann.

Eine *Wired-OR-Verknüpfung* ist mit realen Schaltkreisen nicht direkt möglich, weil es keine entsprechenden Logik-Elemente gibt. Mit den Open-Collector- oder Open-Drain-Ausgängen (Low-dominant/L-Typ) der verfügbaren Logikfamilien können **nur** Wired-AND-Verknüpfungen direkt umgesetzt werden.

Wenn eine Wired-OR-Verknüpfung erforderlich ist, kann dies

✔ nur durch einen Wechsel von der positiven zur negativen Logik oder

✔ durch Umformung der disjunktiven Form einer Schaltfunktion in eine konjunktive Form und Anwendung einer Wired-AND-Verknüpfung

erfolgen.

In Abbildung 18.14 ist ein Beispiel für eine Wired-AND-Verknüpfung zweier 2-fach-NAND-Logik-Elemente in einzelnen Schritten zu den angegebenen Punkten aufgezeigt, damit Sie die Vorgehensweise leichter nachvollziehen können:

Im **1. Schritt** ist die Verknüpfungsschaltung zweier 2-fach-NAND-Verknüpfungen mit einem offenen Ausgang Low-dominant in positiver Logik angegeben.

Im **2. Schritt** sind die Wahrheitstabellen für die Variablen a_0, b_0, a_1 und b_1 sowie für die Schaltfunktionen Y_0 und Y_1 in positiver Logik vor der Parallelschaltung der Ausgänge Y_0 und Y_1 aufgestellt worden. Daraus folgen die Boole'schen Gleichungen der Schaltfunktionen Y_0 und Y_1, bei denen es sich um NAND-Verknüpfungen handelt.

Im **3. Schritt** werden die Logikpegel bei positiver Logik (aus 0 wird L und aus 1 wird H) vor der Parallelschaltung der Ausgänge der beiden NAND-Verknüpfungen in eine Arbeitstabelle eingetragen. Des Weiteren werden dann die Logikpegel für die Ausgänge Y_0 und Y_1 nach der Parallelschaltung für den Offener-Kollektor/Open-Collector-Ausgang mit Low-dominant eingetragen. Die sich daraus ergebene Arbeitstabelle für die vier Kombinationsmöglichkeiten der Ausgänge Y_0 und Y_1 werden in einer separaten Arbeitstabelle zusammengetragen und bei positiver Logik (aus L wird 0 und aus H wird 1) in die nebenstehende Wahrheitstabelle überführt.

1. Verknüpfungsschaltung

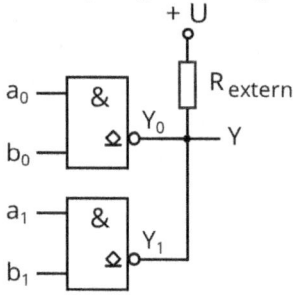

2. Schaltfunktionen vor der Parallelschaltung bei positiver Logik

$Y_0 = \overline{a_0 \wedge b_0}$

b_0	a_0	Y_0
0	0	1
0	1	1
1	0	1
1	1	0

$Y_1 = \overline{a_1 \wedge b_1}$

b_1	a_1	Y_1
0	0	1
0	1	1
1	0	1
1	1	0

3. Arbeits-/W-Tabelle bei positiver Logik vor/nach der Parallelschaltung

b_1	a_1	b_0	a_0	Y_1	Y_0	Y
L	L	L	L	H	H	H
L	L	L	H	H	H	H
L	L	H	L	H	H	H
L	L	H	H	H	L	L
L	H	L	L	H	H	H
L	H	L	H	H	H	H
L	H	H	L	H	H	H
L	H	H	H	H	L	L
H	L	L	L	H	H	H
H	L	L	H	H	H	H
H	L	H	L	H	H	H
H	L	H	H	H	L	L
H	H	L	L	L	H	L
H	H	L	H	L	H	L
H	H	H	L	L	H	L
H	H	H	H	L	L	L

Y_1	Y_0	Y		Y_1	Y_0	Y
L	L	L	L -> 0	0	0	0
L	H	L	⇒	0	1	0
H	L	L	H -> 1	1	0	0
H	H	H		1	1	1

4. Schaltfunktion nach der Parallelschaltung

$Y = Y_0 \wedge Y_1 = \overline{a_0 \wedge b_0} \wedge \overline{a_1 \wedge b_1}$

5. Alternative Darstellung für eine Wired-AND-Verknüpfung

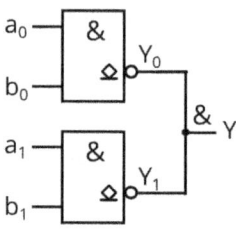

6. Identische Funktion eines Schaltnetzes ohne Wired-Verknüpfung

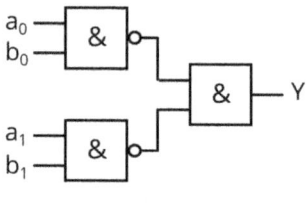

Abbildung 18.14: Wired-AND-Verknüpfung am Beispiel zweier 1/4 NAND-Verknüpfungsglieder mit Open-Collector (zum Beispiel SN74XX03, CD74XX03)

Im **4. Schritt** ist jetzt die Schaltfunktion Y nach der Parallelschaltung aufgestellt worden. Es handelt sich um eine UND/AND-Verknüpfung zweier 2-fach-NAND-Verknüpfungen. Dies ist deshalb eine **Wired-AND-Verknüpfung**.

Im **5. Schritt** ist jetzt die auch gebräuchliche etwas einfachere Darstellung einer Wired-AND-Verknüpfung angegeben worden. Dabei sind die grafischen Symbole der NAND-Verknüpfungen beibehalten worden, lediglich die Parallelschaltung der Ausgänge

KAPITEL 18 Zusammenhänge der logischen und physikalischen Eigenschaften 277

wird mit einer T-Verbindung und dem angetragenen Symbol für die UND/AND-Verknüpfung charakterisiert.

Im **6. Schritt** ist jetzt die digitale Schaltung in positiver Logik ohne offene Ausgänge in konventioneller Standardtechnik mit Gegentaktausgängen dargestellt und es lässt sich feststellen, dass die UND/AND-Verknüpfung am Ausgang entfällt, also eingespart worden ist.

Mit einer Wired-Verknüpfung kann die technische Umsetzung einer digitalen Schaltung bezüglich der Anzahl der verwendeten Verknüpfungen neben der Minimierung des Schaltnetzes reduziert werden.

Übungen: Logische und physikalische Beziehungen

Übung 18.1:

Geben Sie für folgende Wahrheitstabelle die Arbeitstabelle mit den Logikpegeln H und L für

Nr.	c	b	a	y
0	0	0	0	0
1	0	0	1	1
2	0	1	0	0
3	0	1	1	0
4	1	0	0	1
5	1	0	1	1
6	1	1	0	0
7	1	1	1	1

a) die positive Logik und

b) für die negative Logik an.

Übung 18.2:

Gegeben ist folgende Schaltfunktion:

$$Y = (a \leftrightarrow b) \wedge (c \vee d) \wedge \overline{a}$$

a) Geben Sie die Wahrheitstabelle der Schaltfunktion Y an.

b) Geben Sie die Arbeitstabelle bei positiver Logik mit den Logikpegeln H und L von a, b, c, d und Y an.

c) Geben Sie die Arbeitstabelle bei negativer Logik mit den Logikpegeln H und L von a, b, c, d und Y an.

d) Geben Sie die minimierte Schaltfunktion Y an, indem Sie die Schaltfunktion mittels der KV-Tafeln ermitteln.

e) Geben Sie die Schaltung nur mit NAND- und NEGATIONS-Gliedern an.

KAPITEL 18 Zusammenhänge der logischen und physikalischen Eigenschaften 279

Übung 18.3:

Anwendungen der Wired-Verknüpfungen.

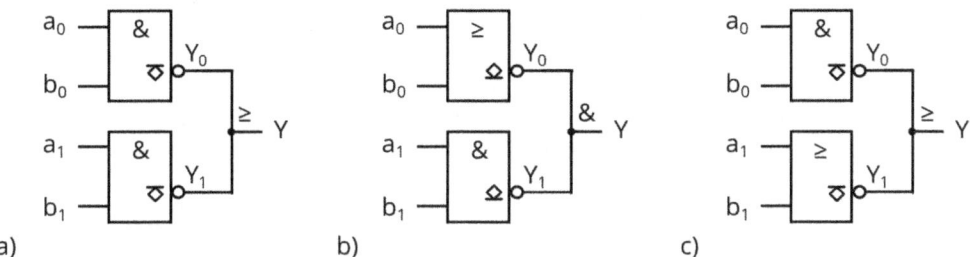

a) b) c)

Geben Sie zu den Wired-Verknüpfungen in Abbildung a, b und c die Schaltfunktion Y bei positiver Logik sowie die alternative Schaltung ohne Wired-Verknüpfung an.

Übung 18.4:

Da es real nur Logik-Elemente mit einem offenen Kollektor/Open-Collector- oder offenen Drain/Open-Drain-Ausgang gibt, die vom Typ Low-dominant (L-Typ) sind, können damit auch nur Wired-AND-Verknüpfungen realisiert werden. Trotzdem können mit einer Wired-AND-Verknüpfung sämtliche Schaltfunktionen realisiert werden.

a) Warum ist das möglich?

b) Wie ist die Vorgehensweise?

Übung 18.5:

Entwerfen Sie jeweils ein Schaltnetz mit einer Wired-AND-Verknüpfung für

a) die Antivalenz für die beiden Variablen a und b mit der Schaltfunktion y. Geben Sie auch eine Lösung ohne Wired-Verknüpfung an. Vergleichen Sie beide Ergebnisse miteinander.

b) die Äquivalenz für die beiden Variablen a und b mit der Schaltfunktion y. Geben Sie auch eine Lösung ohne Wired-Verknüpfung an. Vergleichen Sie beide Ergebnisse miteinander.

Hierfür stehen Ihnen 2-fach-NAND-Glieder mit einem Low-dominanten Ausgang oder Gegentakt-Ausgang zur Verfügung. Die Negation der Eingänge ist zulässig.

Übung 18.6:

Es ist die Entwicklung eines Schaltnetzes konventionell und ausschließlich mit Wired-AND-Verknüpfungsgliedern mit Open-Collector-Ausgängen vorzunehmen, die Low-dominant (L-Typ) sind.

Das Schaltnetz soll zur Verriegelung von Leistungsverbrauchern eingesetzt werden. Die Verbraucher haben die Variablen a, b und c. Ein logischer 1-Zustand signalisiert, dass der jeweilige Verbraucher eingeschaltet ist, und ein logischer 0-Zustand, dass er ausgeschaltet ist. Immer, wenn mehr als ein Verbraucher eingeschaltet ist, soll die Schaltfunktion Y den logischen 1-Zustand annehmen, ansonsten den logischen 0-Zustand.

a) Stellen Sie hierfür zunächst die Wahrheitstabelle auf und ermitteln Sie die Schaltfunktion Y. Prüfen Sie, ob eine Minimierung möglich ist, und führen Sie diese gegebenenfalls durch.

b) Geben Sie die Schaltung zu a) nur mit NAND-Gliedern, aber ohne Wired-Verknüpfungen an. Die Negation von Eingängen ist zulässig.

c) Geben Sie zu a) beziehungsweise b) die Schaltung nur mit Wired-AND-Verknüpfungen und Open-Collector-Ausgängen an, die Low-dominant (L-Typ) sind.

> **IN DIESEM KAPITEL**
>
> Halbleitertechnologien und Eigenschaften der Logik-Elemente
>
> Wichtige Entwurfsparameter bei dem Entwurf der Logik-Elemente
>
> Struktur der Logik-Elemente in Abhängigkeit der Prozesstechnologie
>
> Übersicht über die Logikfamilien

Kapitel 19
Halbleitertechnologien, Eigenschaften und Kennzeichnungen der Logik-Elemente – Kurz und gut

In diesem Kapitel möchte ich Ihnen kurz die Prozesstechnologien der Logik-Elemente näherbringen, was das für die Logik-Elemente bedeutet und welche Logikfamilien beziehungsweise Schaltkreisfamilien daraus resultieren.

Logik-Elemente werden fast ausschließlich als Halbleiterschaltungen aufgebaut – es gibt zwar auch pneumatische Logik-Elemente, auf die möchte ich hier aber nicht näher eingehen. In den Logik-Elementen werden die Halbleiterbauelemente wie Dioden und Transistoren als Schalter eingesetzt und als monolithisch integrierte Schaltung (monolithisch – auf einem Substrat) realisiert.

Die Halbleiterbauelemente wie Dioden und Transistoren in den Logik-Elementen werden als Schalter eingesetzt und nicht in einem Arbeitspunkt als Verstärker betrieben. Deswegen gibt es hier auch andere Anforderungen an die Auslegung und Dimensionierung der internen Schaltungen der Logik-Elemente.

Zum Einsatz kommen

- ✔ unterschiedliche Varianten der *Dioden* (beispielsweise Silizium-Dioden als Pegelverschiebungs- und Schutzdiode und Schottky-Dioden als Antisättigungsdiode),

✔ *bipolare Transistoren* (NPN- und PNP-Transistoren) sowie

✔ *Feldeffekt-Transistoren* (n- und p-Kanal, Anreicherungs- und Verarmungstypen).

Eine *Logikfamilie (Schaltkreisfamilie)* wird nach bestimmten einheitlichen Prinzipien entworfen (beispielsweise bipolare Halbleiterbauelemente, Feldeffekttransistoren oder beides) und besitzt über alle Logik-Elemente dieser Schaltkreise nahezu einheitliche stationäre und dynamische Eigenschaften der Kenndaten. Aus diesem Grund sind die Logik-Elemente einer Logikfamilie untereinander kompatibel. Bei verschiedenen Schaltkreisfamilien ist dies nur in Ausnahmefällen gegeben.

Keine Angst, Sie sollen keine Logik-Elemente entwickeln, aber doch so viel Verständnis erwerben, um grob deren Eigenschaften bewerten zu können. Für den Entwurf und den Einsatz der Logik-Elemente ist das Verständnis des inneren Aufbaus zwar förderlich, aber nicht zwingend erforderlich. Wichtig sind dafür in erster Linie die in Kapitel 18 behandelten Zusammenhänge zwischen den logischen und physikalischen Eigenschaften der Logik-Elemente sowie die Schaltalgebra nebst den Verfahren für die Analyse und Synthese von digitalen Schaltungen.

Halbleitertechnologien und deren Eigenschaften

Grundsätzlich stehen für die Realisierung der Logik-Elemente die drei Halbleitertechnologien

✔ *Bipolare Technologie*,

✔ *CMOS* (Complementary-Metal-Oxide Semiconductor/Metall-Oxid-Halbleiter-Feldeffekttransistor) und

✔ *BICMOS* (BIpolar CMOS)

zur Verfügung, wie dies in Abbildung 19.1 dargestellt ist.

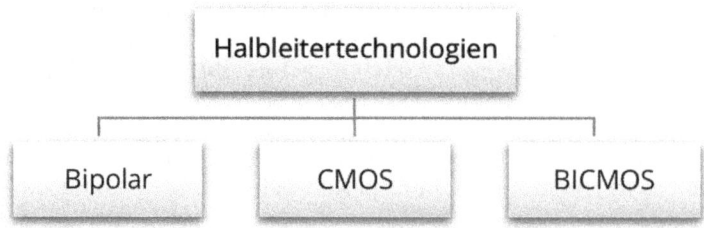

Abbildung 19.1: Übersicht Halbleitertechnologien

Bei der *Bipolaren Technologie* handelt es sich um Verfahren, bei denen beide Ladungsträgerarten (Elektronen und Löcher) zum Leitungsmechanismus (Stromtransport) der entsprechenden Halbleiterbauelemente beitragen (bi steht für zwei).

Bei der *CMOS-Technologie* trägt jeweils nur eine Ladungsträgerart (Elektronen oder Löcher) zum Leitungsmechanismus bei. Es handelt sich deshalb um unipolare Halbeiterbauelemente (uni steht für eins).

Bei der *BICMOS-Technologie* werden die bipolaren und unipolaren Technologien miteinander auf einem Substrat hergestellt und deren jeweilige Vorteile vereint.

Anforderungen an die Logik-Elemente und deren Entwurf

Die Logik-Elemente einer Logikfamilie haben typische Eigenschaften. Aus diesem Grund wird die für einen bestimmten Anwendungszweck günstigste Logikfamilie ausgewählt.

Wichtige Eigenschaften der Logik-Elemente sind:

✔ *Arbeitsgeschwindigkeit*

✔ *Störsicherheit*

✔ *Leistungsaufnahme*

Die Arbeitsgeschwindigkeit wird einerseits durch die *Signallaufzeiten* und andererseits durch *Signalübergangszeiten* bestimmt.

Die *Signallaufzeit* ist die Zeit, die bei einem Wechsel des Signals am Eingang einen Wechsel des Signals am Ausgang des Logik-Elements bewirkt.

Demgegenüber sind die *Signalübergangszeiten* jene Zeiten, die das Ausgangssignal eines Logik-Elements von dem einen in den anderen Logikpegel beziehungsweise logischen Zustand benötigt.

Die *Störsicherheit* umschreibt zwei Aspekte: die *stationäre Störsicherheit* und die *dynamische Störsicherheit*. Beide sollten möglichst klein sein. Dies ist unter anderem durch die Wahl der Versorgungsspannung und den Abstand zwischen den Logikpegeln L und H gegeben.

Die *stationäre Störsicherheit* bedeutet, dass bei einer stationären Überlagerung des Nutzsignals mit einem Störsignal das Ausgangssignal eines Logik-Elements nicht in den jeweils anderen Logikpegel beziehungsweise logischen Zustand wechseln darf.

Dem entgegen bedeutet die *dynamische Störsicherheit*, dass es bei einer dynamischen Überlagerung von der Dauer der Überlagerung des Störsignals abhängt, bis das Ausgangssignal eines Logik-Elements in den jeweils anderen Logikpegel beziehungsweise logischen Zustand wechselt. Diese Zeit ist in der Regel sehr kurz und liegt im Bereich weniger Nanosekunden.

Nicht zuletzt hat die *Leistungsaufnahme* bei sehr kompakten elektronischen Geräten, die insbesondere batteriebetrieben sind, eine hohe Bedeutung, weil dadurch die Wärmeentwicklung und die Betriebsdauer maßgeblich bestimmt werden.

Im Folgenden zwei Beispiele, um die notwendigen Eigenschaften der Logik-Elemente zu verdeutlichen:

Anforderungen an die Logik-Elemente einer Aufzugssteuerung:

- ✔ Hier ist nicht wichtig, dass die logische Verknüpfung in wenigen Nanosekunden schaltet.
- ✔ Wichtig ist, dass keine Fehlschaltungen auftreten. Es wird also eine hohe Störsicherheit gefordert.
- ✔ Die Leistungsaufnahme der Logik-Elemente ist eher zweitrangig.
- ✔ Man wird also eine möglichst langsame und besonders störsichere Logik verwenden.

Anforderungen an die Logik-Elemente eines Computers und anderer elektronischer Geräte:

- ✔ Hier hätte man gerne Logik-Elemente, die einerseits sehr schnell und andererseits auch störsicher sind.
- ✔ Die Logik-Elemente müssen im Bereich weniger Nanosekunden schalten.
- ✔ Die Leistungsaufnahme ist wegen der sehr hohen Anzahl von Logik-Elementen ziemlich wichtig – sie sollte für das einzelne Logik-Element und auch für die Summe aller Logik-Elemente möglichst gering sein.
- ✔ Beide Forderungen schließen sich aber bei der Auslegung der Logik-Elemente gegenseitig aus – es ist ein Kompromiss erforderlich.

Um die zuvor genannten Anforderungen zu erfüllen, gibt es verschiedene Möglichkeiten. Die jeweiligen maximalen Forderungen kann man nicht erfüllen, da sie im Ergebnis in der Regel gegensätzlich sind. Die Werkzeugkiste für die Realisierung der optimalen Logikfamilie besteht aus folgenden, in Tabelle 19.1 zusammengestellten Maßnahmen.

Um die Maximalforderung einer optimalen Logikfamilie zu erfüllen, müssten gleichzeitig folgende Maßnahmen ergriffen werden:

- ✔ Wahl der BICMOS-Technologie
- ✔ Möglichst niedrige Versorgungsspannung
- ✔ Niederohmigere Dimensionierung der Logik-Elemente
- ✔ Hochohmigere Dimensionierung der Logik-Elemente
- ✔ Technologie mit geringeren Strukturabmessungen

Alle diese Maßnahmen können nicht gleichzeitig erfüllt werden, da beispielsweise

- ✔ eine niedrigere Versorgungsspannung die Störsicherheit reduziert,
- ✔ eine niederohmigere Dimensionierung zwar die Arbeitsgeschwindigkeit erhöht, aber gleichzeitig auch die Verlustleistung erhöht,
- ✔ eine hochohmigere Dimensionierung zwar die Verlustleistung reduziert, aber gleichzeitig auch die Arbeitsgeschwindigkeit reduziert und
- ✔ die Wahl von geringeren Strukturabmessungen möglich ist, aber gegebenenfalls an die Grenzen der Prozesstechnologie stößt.

Nr.	Maßnahme	Vorteil	Nachteil
1	Bipolar-Technologie	Hohe Arbeitsgeschwindigkeit	Höhere Verlustleistung
2	CMOS-Technologie	Geringe Verlustleistung, Mittlere bis hohe Arbeitsgeschwindigkeit	Parasitäre Kapazitäten reduzieren Arbeitsgeschwindigkeit.
3	BICMOS-Technologie	Geringe Verlustleistung durch CMOS-Eingangsschaltung/Logik	Hohe Arbeitsgeschwindigkeit durch bipolare Ausgangsschaltung
4	Niedrigere Versorgungsspannung	Quadratische Abnahme der Verlustleitung wegen $P_V = U^2/R_{Last}$	Reduktion Störsicherheit wegen kleinerem Störspannungsabstand
5	Niederohmigere Dimensionierung der Logik-Elemente	Niedrigere Arbeitsgeschwindigkeit	Höhere Verlustleistung
6	Hochohmigere Dimensionierung der Logik-Elemente	Geringere Verlustleistung	Größere Arbeitsgeschwindigkeit
7	Technologie mit geringeren Strukturabmessungen	Größere Arbeitsgeschwindigkeit wegen Reduzierung der Signallaufzeiten	Technologische Grenzen

Tabelle 19.1: Maßnahmen zur Optimierung der Eigenschaften einer Logikfamilie

Um eine Logikfamilie mit den gewünschten Eigenschaften zu erhalten, ist immer ein Kompromiss der einzelnen Maßnahmen erforderlich. Dies ist auch der Grund, warum es weit über 30 verschiedene Logik-Familien gibt.

Interne Struktur der Logik-Elemente

Der interne Aufbau der Logik-Elemente ist grundsätzlich immer gleich, wie dies in Abbildung 19.2 dargestellt ist. Die Logik-Elemente bestehen dabei aus einer Eingangsschaltung (Eingangsstufe) und der Logik für die jeweilige logische Verknüpfung, einer Pegelanpassung zur Ansteuerung der Ausgangsschaltung sowie der Ausgangsschaltung (Ausgangsstufe) selbst. Diese Schaltungen können in einer der beiden zur Verfügung stehenden Technologien ausgeführt sein.

Nachfolgend ist jeweils ein Beispiel für

- ✔ ein *bipolares Logik-Element*,
- ✔ ein *CMOS-Logik-Element* und
- ✔ ein *BICMOS-Logik-Element*

angegeben.

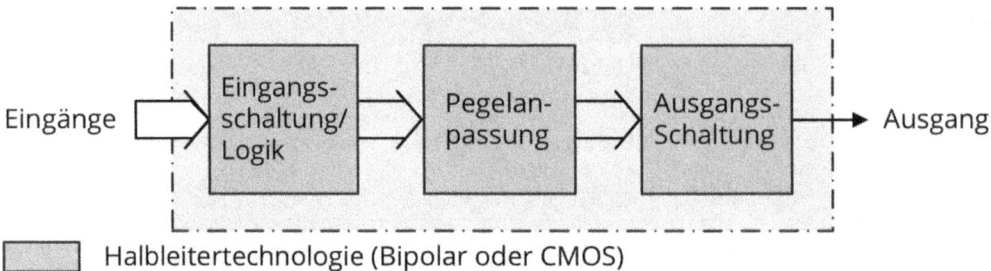

Halbleitertechnologie (Bipolar oder CMOS)

Abbildung 19.2: Interne Struktur der Logik-Elemente

Falls Sie in der Elektronik beziehungsweise in der Funktion von Halbleiterbauelementen wie Diode, Bipolartransistor und Feldeffekttransistor nicht so bewandert sind, können Sie auch die kurzen Funktionsbeschreibungen zu den Beispielen für die Logik-Elemente in den verschiedenen Technologien überspringen.

Bipolares Logik-Element

In Abbildung 19.3 ist der interne Aufbau eines NAND-Logik-Elements dargestellt. Hierbei handelt es sich um ein *bipolares Logik-Element*, das ¼ eines 4-fach-Standard-TTL-Logik-Elements mit jeweils zwei Eingängen mit der Kennzeichnung SN 54/7400 darstellt. Die Eingangsstufe (1) besteht aus einem Multi-Emitter-NPN-Transistor (K1) mit einer Schutzbeschaltung bestehend aus den zwei Dioden R1 und R2. Über den NPN-Transistor K2 wird die Pegelanpassung und die Ansteuerung der Ausgangsschaltung vorgenommen (2). Die Ausgangsschaltung (3) besteht aus einer Gegentaktstufe der zwei Bipolartransistoren K3 und K4 und ist mit der Pegelverschiebungsdiode R3 versehen, die verhindern soll, dass nicht beide Transistoren K3 und K4 gleichzeitig leitend sind und dadurch ein zu hoher Querstrom durch sie fließt, der zu ihrer Zerstörung führen könnte.

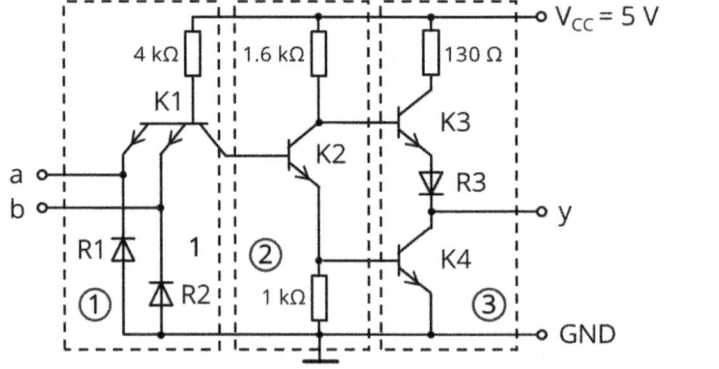

①: Eingangsschaltung mit Schutzbeschaltung und Logik
②: Pegelumsetzung/Ansteuerung Ausgangsschaltung
③: Gegentakt-Ausgangsschaltung mit Pegelverschiebungsdiode

Quelle: Texas Instruments, TTL Logic Data Book, SDLD001A, ¼ SN 54/7400, Page 2-4, 1988

Abbildung 19.3: Interne Schaltung des Standard-TTL-Logik-Elements SN 7400

Nur wenn an den Eingängen a und b H-Logikpegel anliegt, ist der Ausgangstransistor K3 nichtleitend und K4 leitend, womit der Ausgang auf L-Logikpegel geht, wie Sie dies auch der Arbeitstabelle in Abbildung 19.3 entnehmen können.

CMOS-Logik-Element

In Abbildung 19.4 ist ein Beispiel für ein CMOS-Logik-Element angegeben. Die Grundstruktur ist identisch mit Abbildung 19.2.

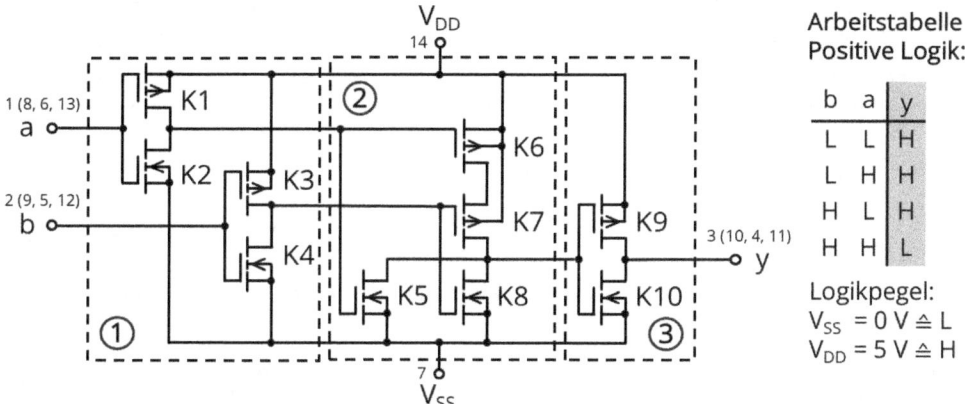

①: Eingangsschaltung mit Logik
③: Komplementäre Ausgangsschaltung
②: Pegelumsetzung/ Ansteuerung Ausgangsschaltung

Quelle: Texas Instruments, Data sheet ¼ CD4011B, CD4012B, CD4023B acquired from Harris Semiconductor, SCHS021D, Revised September 2003

Abbildung 19.4: Interne Schaltung ohne Eingangsschutzbeschaltung des CMOS-Logik-Elements CD4011B

 Für alle Stufen des Logik-Elements wird die CMOS-Technologie eingesetzt. Dies garantiert bei geringen Signallaufzeiten auch eine geringe Stromaufnahme und damit eine geringe Verlustleistung.

Der Unterschied zum Standard-TTL-Verknüpfungsglied besteht darin, dass alle Stufen in CMOS ausgelegt sind. Es handelt sich hier ebenfalls um ein NAND-Verknüpfungsglied, nämlich ¼ eines 4-fach-CMOS-Logik-Elements mit jeweils zwei Eingängen mit der Kennzeichnung CD 4011B. Nur wenn an den Eingängen a und b ein H-Logikpegel anliegt, ist der Ausgangstransistor K9 nichtleitend und K10 leitend, womit der Ausgang auf L-Logikpegel geht, wie Sie dies auch der Arbeitstabelle entnehmen können.

BICMOS-Logik-Element

In Abbildung 19.5 ist ein typisches Schema für die Struktur eines Negations-Elements beziehungsweise Inverters in BICMOS-Technologie angegeben, das hier aus sieben Funktionsstufen besteht.

288 TEIL VIII Logische und physikalische Beziehungen in der Digitaltechnik

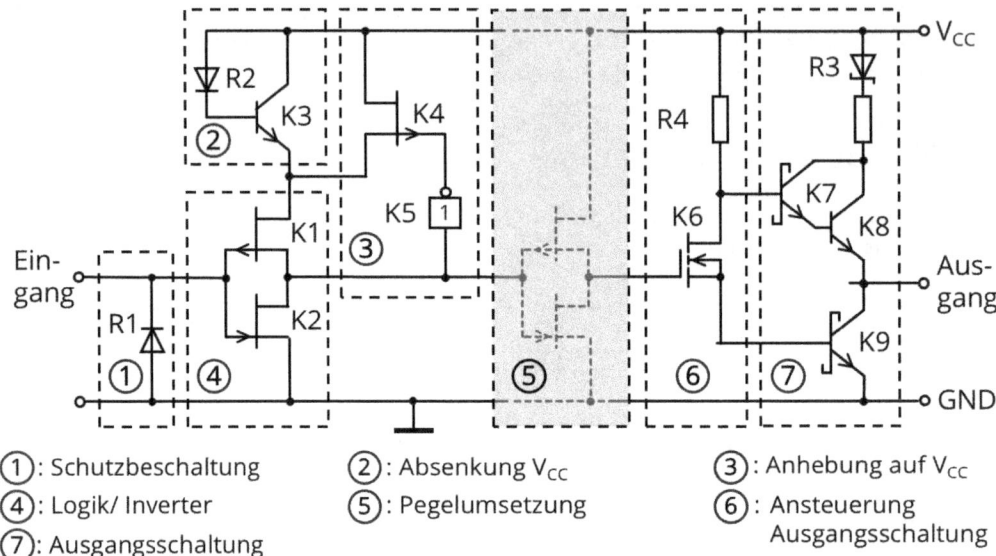

① : Schutzbeschaltung   ② : Absenkung V_{CC} ③ : Anhebung auf V_{CC}
④ : Logik/ Inverter   ⑤ : Pegelumsetzung   ⑥ : Ansteuerung
⑦ : Ausgangsschaltung   Ausgangsschaltung

Quelle: Texas Instruments, ABT Advanced BiCMOS Technology Characterization Information, SCBA008B, Page 7 and 11, June 1997

Abbildung 19.5: Typisches Schema für die interne Schaltung eines BICMOS-Inverter-Logik-Elements der Logikfamilie ABT

 Bis zur 6. Funktionsstufe wird, wo möglich, die CMOS-Technologie eingesetzt und nur in der 7. Funktionsstufe eine reine Bipolar-Technologie. Hiermit wird die sehr geringe Stromaufnahme, was eine geringe Verlustleistung des Logik-Elements bedeutet, mit dem sehr schnellen Schaltvermögen der Ausgangsstufe kombiniert – das Beste aus zwei Welten.

Die *Stufe 1* ist lediglich die Eingangsschutzschaltung mit der Diode R1.

Die *Stufe 2* dient dazu, den Schwellenwert des Eingangs für die Logikfamilie ABT im Fall des hohen Logikpegels H am Eingang auf die Hälfte der Versorgungsspannung V_{CC} zu reduzieren. Dies wird durch die Diode R2 und den Bipolartransistor K3 der Stufe 2 bewirkt. Hierdurch wird der Transistor K2 in den Zustand leitend versetzt und der Ausgang der Stufe 4 nimmt einen niedrigen Signalwert an.

Die *Stufe 3*, bestehend aus dem Inverter K5 und dem P-Kanal-Feldeffekttransistor K4, hat im Fall des niedrigen Logikpegels L am Eingang des Logik-Elements die Aufgabe, die Spannung der Eingangslogik von Stufe 4 anzuheben, womit eine Eingangshysterese von circa 100 mV erzielt wird.

Die Absenkung und Anhebung der Eingangsspannung von Stufe 4 dient dazu, die Schwellenwerte so einzustellen, dass sie kompatibel zur Standard-TTL-Logikfamilie sind.

Durch den Logikpegel L/H am Eingang des Logik-Elements nimmt das Ausgangssignal der *Stufe 4* einen hohen/niedrigen positiven Signalwert an. Die *Stufe 4* realisiert hier auch die Logikfunktion eines Negations-Elements beziehungsweise Inverters.

Die schematisch dargestellte *Stufe 5* nimmt hier die Anpassung des Ausgangssignals der Stufe 4 vor, um K6 der Stufe 6 anzusteuern.

Die *Stufe 6* dient zur Ansteuerung der Ausgangsschaltung, der *Stufe 7*. Wenn K6 über ein hohes positives Signal am Gate eingeschaltet wird, fließt der Strom durch R4 und K6 zur Basis von K9, schaltet ihn ein und das Ausgangssignal nimmt den Logikpegel L an.

Die *Stufe 7* (Ausgangsschaltung/Ausgangsstufe) besteht im Wesentlichen aus der Darlington-Stufe K7/K8 sowie aus dem bipolaren Schottky-Transistor K9. Sie wirken wie eine Gegentakt-Ausgangsschaltung. Entweder sind K7/K8 leitend und K9 sperrt oder umgekehrt.

Die *Darlington-Stufe* ist eine Schaltung, die aus zwei Bipolartransistoren besteht, wobei der erste, kleinere Transistor K7 als Emitterfolger auf die Basis des zweiten, größeren Transistors K8 arbeitet. Die Darlington-Stufe dient zur Erhöhung des Stromverstärkungsfaktors eines einzelnen Bipolartransistors.

Bei den Transistoren K7 und K9 handelt es sich um bipolare *Schottky-Transistoren*. Durch die integrierte *Schottky-Diode* zwischen Kollektor und Basis wird durch die typische Durchlassspannung der Schottky-Diode von circa 0,2 V verhindert, dass die Transistoren K7 und K9 in der Sättigung betrieben werden, womit sie sehr schnell geschaltet werden können, da für das Einschalten weniger Ladung in die Basis injiziert beziehungsweise für das Ausschalten aus ihr extrahiert werden muss.

Im Ergebnis nimmt das Signal des Ausgangs vom Logik-Element durch einen Logikpegel L/H am Eingang den Logikpegel H/L an, es handelt sich also um ein Negations-Element beziehungsweise einen Inverter.

Überblick über die Logikfamilien und deren Kennzeichnungen

Durch die Vielzahl der verfügbaren Logikfamilien ist es nicht einfach, die richtige Auswahl vorzunehmen. Die verschiedenen Logikfamilien haben sehr unterschiedliche charakteristische Eigenschaften. Die optimale Logikfamilie für alle Anwendungsfälle gibt es nicht. Ich kann Ihnen aber eine Hilfestellung geben, um zu verstehen, welche Eigenschaften die jeweilige Logikfamilie besitzt. Tabelle 19.1 schließt hier nahtlos an, wobei aus den jeweiligen Maßnahmen die jeweilige Logikfamilie erkennbar ist.

Zu diesem Zweck münden die einzelnen Maßnahmen in entsprechenden Kennzeichnungen mit jeweils einem einzigen Buchstaben, wie dies in Abbildung 19.6 zusammengetragen ist. Darauf aufbauend erfolgt die komplette Kennzeichnung aller Logikfamilien nach der in Abbildung 19.7 und Abbildung 19.8 angegebenen Nomenklatur.

Kennung)*	Bedeutung)*	Erläuterung
Leer	Standard TTL	Bipolare Logik mit NPN- und PNP-Transistoren.
A	Advanced	Feiner strukturierte monolithisch integrierte Schaltung und damit höhere Arbeitsgeschwindigkeit.
B	BiCMOS	Monolithisch Integrierte Schaltung enthält eingangsseitig eine MOS-Struktur und ausgangsseitig bipolare Transistoren, die Durchgangseigenschaften sind besser steuerbar als bei Feldeffekttransistoren.
C	CMOS Logic	Complementary-Metal-Oxid-Semiconductor-Technologie mit Feldeffekttransistoren.
F	Fast Logic	Niederohmiger dimensionierte monolithisch integrierte Schaltung und damit höhere Arbeitsgeschwindigkeit.
GTL/P	Gunning Transceiver	GTL wurde von William Gunning für Bussysteme zur Signalisierung entwickelt. Sie verwendet einen deutlich geringeren Spannungshub als bei der TTL- und CMOS-Logik. GTLP (GTL Plus) ist eine dreimal schnellere Logik.
H	High Speed	Niederohmiger dimensionierte monolithisch integrierte Schaltung und damit höhere Arbeitsgeschwindigkeit.
L	Low Power/ Low-Voltage Logic	Hochohmiger monolithisch integrierte Schaltung und damit geringere Leistungsaufnahme bei niedrigerer Arbeitsgeschwindigkeit.
LV	Low Voltage	Geringere Versorgungsspannung und damit deutlich geringere Leistungsaufnahme wegen quadratischer Abhängigkeit der Leistungsaufnahme von der Versorgungsspannung.
S	Schottky	Einsatz von Schottky-Dioden zwischen Kollektor und Basis bei den Bipolartransistoren für dessen quasigesättigten Betrieb. Dadurch höhere Arbeitsgeschwindigkeit.
T	Technology	Steht allgemein für Technologie.
U	Ultra low voltage	Extrem niedrige Versorgungsspannung (z.B. 0,8 V) für sehr geringe Leistungsaufnahme.
V	Very low voltage	Sehr niedrige Versorgungsspannung (z.B. 1,8 V) für geringe Leistungsaufnahme.

)*: Texas Instruments, Logic Guide, SDYU001AB, 2017

Abbildung 19.6: Bedeutung der Kennbuchstaben der wichtigsten Logikfamilien

In der weiteren Abbildung 19.9 ist eine Übersicht der verfügbaren Logik-Elemente des Herstellers Texas Instruments angegeben, um Ihnen die Auswahl und Suche nach der geeigneten Logikfamilie zu erleichtern.

Weitere Informationen von Texas Instruments zu den Logikfamilien finden Sie unter https://www.ti.com (letzter Zugriff am 26.05.2025).

In Abbildung 19.10 ist ergänzend noch eine Übersicht einiger typischer Gehäusebauformen gegeben. Diese ist nicht besonders detailreich und bei Weitem auch nicht vollständig, gibt aber einen Überblick über die Größenrelation.

KAPITEL 19 Halbleitertechnologien, Eigenschaften und Kennzeichnungen   291

Beispiel:

1	2	3	4	5	6	7	8	9	10
SN	74	ABT		1G		00		N	R

1 Standard-Präfix
SN – Standard Präfix (Silicon Network)
SNJ – Militärischer Einsatz MIL-PRF-38535 (QML)
CD – Standard CMOS

2 Temperaturbereich
54 – Militärisch (typisch: - 55 ... + 125 °C)
74 – Kommerziell (typisch: 0 ... + 70 °C bzw. - 40 ...+ 85 °C)
Leer – bei Standard CMOS (typisch: - 55 ... + 125 °C)

3 Schaltkreisfamilie
Leer – Transistor-Transistor Logic (TTL)
ABT – Advanced BiCMOS Technology
ABTE/ETL – Advanced BiCMOS Technology/Enhanced Transceiver Logic
AC/ACT – Advanced CMOS Logic
AHC/AHCT – Advanced High-Speed CMOS Logic
ALB – Advanced Low-Voltage BiCMOS
ALS – Advanced Low-Power Schottky Logic
ALVC – Advanced Low-Voltage CMOS Technology
ALVT – Advanced Low-Voltage BiCMOS Technology
AS – Advanced Schottky Logic
AUC – Advanced Ultra Low-Voltage CMOS Logic
AVC – Advanced Very Low-Voltage CMOS Logic
BCT – BiCMOS Bus-Interface Technology
CBT – Crossbar Technology
CBTLV – Low-Voltage Crossbar Technology
CD4000 – CMOS B-Series Integrated Circuits
F – F Logic
FB – Backplane Transceiver Logic/Futurebus+
FCT – Fast CMOS TTL Logic
GTL – Gunning Transceiver Logic
GTLP – Gunning Transceiver Logic Plus
HC/HCT/HCS – High-Speed CMOS Logic
HSTL – High-Speed Transceiver Logic
LS – Low-Power Schottky Logic
LV – Low-Voltage CMOS Technology
LVC – Low-Voltage CMOS Technology
LVT – Low-Voltage BiCMOS Technology
PCA/PCF – I2C Inter-Integrated Circuit Applications
S – Schottky Logic
SSTL/SSTV – Stub Series-Terminated Logic
TVC – Translation Voltage Clamp Logic
VME – VERSAmodule Eurocard Bus Technology

4 Besondere Eigenschaften
leer = keine speziellen Eigenschaften
C – Configurable VCC (LVCC)
D – Level-Shifting Diode (CBTD)
H – Bus Hold (ALVCH)
K – Undershoot-Protection Circuitry (CBTK)
R – Damping Resistor on Inputs/Outputs (LVCR)
S – Schottky Clamping Diode (CBTS)
Z – Power-Up 3-State (LVCZ)

Quelle: Nolan, S. M. et. al., Understanding and Interpreting Standard-Logic Data Sheets, Application Report, Texas Instruments, SZZA036, Dec. 2002 – Revised June 2016

Abbildung 19.7: Kennzeichnung der Logikfamilien Texas Instruments Teil 1

5 Bit-Breite
Leer = Gates, MSI, and Octals
1G – Single Gate
2G – Dual Gate
3G – Triple Gate
8 – Octal IEEE 1149.1 (JTAG)
16 – Widebus" (16, 18, and 20 bit)
18 – Widebus IEEE 1149.1 (JTAG)
32 – Widebus+" (32 and 36 bit)

6 Optionen
Leer = keine Optionen
2 – Series Damping Resistor on Outputs
4 – Level Shifter
25 – 25-# Line Driver

7 Überarbeitung/ Neufassung
244 – Noninverting Buffer/Driver
374 – D-Type Flip-Flop
573 – D-Type Transparent Latch
640 – Inverting Transceiver

8 Überarbeitung/ Neufassung
Leer = keine Überarbeitung
Buchstabenkennung A–Z

9 Gehäusung
D, DW – Small-Outline Integrated Circuit (SOIC)
DB, DBQ, DCT, DL – Shrink Small-Outline Package (SSOP)
DBB, DGV – Thin Very Small-Outline Package (TVSOP)
DBQ – Quarter-Size Small-Outline Package (QSOP)
DBV, DCK, DCY, PK – Small-Outline Transistor (SOT)
DCU – Very Thin Shrink Small-Outline Package (VSSOP)
DGG, PW – Thin Shrink Small-Outline Package (TSSOP)
FN – Plastic Leaded Chip Carrier (PLCC)
GGM, GKE, GKF, ZKE, ZKF – MicroStar BGA"
Low-Profile Fine-Pitch Ball Grid Array (LFBGA)
GQL, GQN, ZQL, ZQN – MicroStar Jr."
Very-Thin-Profile Fine-Pitch Ball Grid Array (VFBGA)
N, NT, P – Plastic Dual-In-Line Package (PDIP)
NS, PS – Small-Outline Package (SOP)
PAG, PAH, PCA, PCB, PM, PN, PZ – Thin Quad Flatpack (TQFP)
PH, PQ, RC – Quad Flatpack (QFP)
PZA – Low-Profile Quad Flatpack (LQFP)
RGY – Quad Flatpack No Lead (QFN)
YEA, YZA – NanoStar" and NanoFree„
Die-Size Ball Grid Array (DSBGA†)

FK – Leadless Ceramic Chip Carrier (LCCC)
GB – Ceramic Pin Grid Array (CPGA)
HFP, HS, HT, HV – Ceramic Quad Flatpack (CQFP)
J, JT – Ceramic Dual-In-Line Package (CDIP)
W, WA, WD – Ceramic Flatpack (CFP)

10 Art der Verpackung
Erzeugnisse der DB- und PW-Verpackungstypen enthalten die R-Bezeichnung für Rollenerzeugnisse. Vorhandene Verpackungstypen mit der Bezeichnung LE bleiben bestehen, aber alle Erzeugnisse werden in die Bezeichnung R umgewandelt.
Beispiele: Alte Bezeichnung – SN74LVTxxxDBLE
              Neue Bezeichnung – SN74LVTxxxADBR74
Es gibt keinen funktionellen Unterschied zwischen LE- und R-Erzeugnissen in Bezug auf das verwendete Trägerband.

Quelle: Nolan, S. M. et. al., Understanding and Interpreting Standard-Logic Data Sheets, Application Report, Texas Instruments, SZZA036, Dec. 2002 – Revised June 2016

Abbildung 19.8: Kennzeichnung der Logikfamilien Texas Instruments Teil 2

KAPITEL 19 Halbleitertechnologien, Eigenschaften und Kennzeichnungen

Families	Voltage [V]	Buffers/Line Drivers	Configurable Logic	Flip-Flops	Combination Logic	Counters	Shift Registers	Encoders/Decoders	Digital Comp/Parity Gen.	Gates	Transceivers	Level Translators	Phase Lock Loops	Bus-Hold	Series Damping Resistors	IOFF (Partial)	Schmitt Triggers	Overvolt. tolerant Inputs	Power-off Output Disable	Power-up 3-State	Bipolar	CMOS	BiCMOS
AUC	0.8, 1.8, 2.5	●		●						●	●	●				●	●	●	●			●	
AUP	0.8, 1.8, 3.3	●	●	●						●*	●					●	●	●*	●*			●*	
ALVC	1.8, 3.3	●								●	●	●		●		●	●					●	
AUP1T	1.8, 3.3	●								●		●*				●	●	●*	●*			●*	
AVC	1.8, 3.3	●		●							●	●*		●		●		●*	●*			●*	
LV1T	1.8, 3.3, 5	●								●	●					●	●		●			●	
LVC	1.8, 3.3, 5	●*	●*	●*	●*			●*		●*	●*	●*		●*	●*	●*	●*	●*	●*	●*		●*	
AC	3.3, 5	●*		●*		●*	●*	●*		●*	●*	●*						●*				●*	
AHC	3.3, 5	●*		●*			●*	●*		●*	●*	●*						●*	●*			●*	
HC	3.3, 5	●*		●*		●*	●*	●*	●*	●*	●*	●*	●*				●*					●*	
LV-A	3.3, 5	●*		●*		●*	●*	●*		●*	●*	●*	●*			●*	●*	●*	●*			●*	
ALB	3.3	●*								●*													●*
ALVT	3.3	●*		●*							●*			●*	●*	●*			●*	●*			●*
GTL	3.3									●*	●*							●*	●*				●*
GTLP	3.3									●*	●*			●*		●*		●*	●*	●*			●*
LVT	3.3	●*		●*							●*			●*	●*	●*			●*	●*			●*
VME	3.3									●*				●*		●*			●*	●*			●*
ABT	5	●*		●*				●*			●*			●*	●*				●*	●*			●*
ABTE	5									●*													●*
ACT	5	●*		●*		●*	●*	●*	●*	●*	●*	●*	●*	●*				●*			●*		
AHCT	5	●*		●*			●*	●*		●*	●*	●*					●*	●*				●*	
ALS	5	●*		●*		●*	●*	●*	●*	●*	●*										●*		
AS	5	●*		●*		●*	●*	●*	●*	●*	●*										●*		
BCT	5	●*		●*				●*			●*			●*									●*
F	5	●*		●*		●*	●*	●*	●*	●*	●*			●*							●*		
FB	5									●*				●*									●*
FCT	5	●*		●*		●*	●*	●*		●*	●*			●*									●*
HCT	5	●*		●*		●*	●*	●*	●*	●*	●*	●*	●*									●*	
LS	5	●*		●*	●*	●*	●*	●*	●*	●*	●*		●*								●*		
LV-AT	5	●*		●*				●*			●*			●*		●*							●*
S	5	●*		●*	●*	●*	●*	●*	●*	●*						●*			●*			●*	
TTL	5	●*		●*	●*			●*	●*		●*							●*		●*				
CD 4000	5, 10, 12 to 18	●*	●*	●*	●*	●*	●*	●*	●*	●*						●*	●*		●*				●*

* Also available in automotive grade

Quelle: Texas Instruments, Logic Guide, SDYU001AB, 2017

Abbildung 19.9: Übersicht Logikfamilien

Pins	PDIP	SOIC	SOP	SSOP	QSOP	TSSOP	QSSOP
8	P	D	PS	DCT		PW	DGN DDU / DGK DCU
10							DGS
14		D	NS	DB		PW	
16	N / NE	D / DW	NS	DB	DBQ	PW	
18	N	DW					
20	N	DW	DB	NS	DBQ	PW	
24	NT	DW	DB	NS	DBQ	PW	
28		DW		DB / DL		PW	
38						DBT	
48				DL		DGG	
56				DL		DGG	
64						DGG	

Quelle: Auszug aus Texas Instruments, Logic Guide, SDYU001AB, 2017

Abbildung 19.10: Übersicht einiger typischer Gehäusebauformen

> **IN DIESEM KAPITEL**
>
> Stationäre Kenndaten der Logikfamilien
>
> Dynamische Kenndaten der Logikfamilien
>
> Störsicherheit der Logikfamilien
>
> Kompatibilität zwischen Logikfamilien

Kapitel 20
Kenndaten der Logik-Elemente – Schnell und sicher

In diesem Kapitel werden Sie die wesentlichen Kenndaten der Logikfamilien kennenlernen, die geeignet sind, die wichtigsten Eigenschaften einer Logikfamilie zu bewerten. Dies ist unbedingt erforderlich, da ein Blick in die Datenblätter der Halbleiterhersteller verrät, dass es eine fast unüberschaubare Anzahl an Kenndaten gibt – welche sind nun für die Auswahl einer Logikfamilie besonders relevant?

Folgende Kenndaten der Logikfamilien werden in den nachfolgenden Abschnitten behandelt:

✔ *Stationäre Kenndaten* wie

- Versorgungsspannung,
- Ein- und Ausgangsspannungen sowie Ausgangsströme,
- Übertragungskennlinie,
- Fan-In und Fan-Out,
- Leistungsaufnahme und
- Umgebungs- und Lagertemperatur

✔ *Dynamische Kenndaten* wie

- maximale Betriebsfrequenz,
- Verzögerungszeiten (Signallaufzeiten) und
- Übergangszeiten (Signalanstiegs und -fallzeiten)

✔ *Störsicherheit* wie

- stationäre Störsicherheit und
- dynamische Störsicherheit

✔ *Kompatibilität zwischen Logikfamilien*

Auf veraltete und nicht mehr für die Entwicklung zum Einsatz kommende Logikfamilien wie beispielsweise

✔ RTL (Widerstands-Transistor-Logik; englisch: <u>R</u>esistor <u>T</u>ransistor <u>L</u>ogic),

✔ DTL (Dioden-Transistor-Logik; englisch: <u>D</u>iode <u>T</u>ransistor <u>L</u>ogic) und

✔ ECL (Emittergekoppelte Logik; englisch: <u>E</u>mitter <u>C</u>oupled <u>L</u>ogic)

wird in diesem Kapitel nicht mehr eingegangen.

Leider ist es aber so, dass viele Details wie die Übertragungskennlinien, Fan-In und Fan-Out sowie die Daten zur Störsicherheit in aktuellen Datenblättern nicht mehr angegeben werden. Sie werden hier nur so weit behandelt, dass Sie sich einen Überblick verschaffen können und für die Problematik sensibilisiert werden.

Da die Datenblätter beziehungsweise Datenbücher alle in der englischen Sprache verfasst sind, werden hier alle Bezeichnungen der physikalischen Größen so angegeben, wie sie in den Datenblättern zu den Logikfamilien angegeben sind. Beispielsweise wird für die Spannung U der Großbuchstabe V verwendet, der für Volt steht. Für einen Eingang wird der Index I für Input und für einen Ausgang der Index O für Output verwendet. Zusätzlich wird die deutsche Benennung der physikalischen Größen sowie eine Erläuterung dazu angegeben, damit die einzelnen physikalischen Größen für Sie leichter zu interpretieren sind. Und nicht zuletzt werden etliche repräsentative Kennwerte angegeben, da das für eine Einschätzung der Eigenschaften einer Logikfamilie hilfreich ist.

Da die Begriffe statisch und stationär sehr häufig falsch verwendet werden, hier als Einschub deren Definition in Bezug auf die Energie W, die in einem System, hier in einem Logik-Element umgesetzt wird:

✔ *Statisch* bedeutet $\frac{dW}{dt} = 0$, die zeitliche Änderung der Energie W ist null,

✔ *Stationär* bedeutet $\frac{dW}{dt}$ = konstant, also keine zeitliche Änderung der Energie W.

✔ *Dynamisch* bedeutet $\frac{dW}{dt} \neq$ konstant, also eine zeitliche Änderung der Energie W.

Zur Veranschaulichung:

Statisch bedeutet somit, dass bei dem Anliegen der Versorgungsspannung an einem Logik-Element kein Strom fließt. Stationär bedeutet, dass bei dem

Anliegen der Versorgungsspannung an einem Logik-Element ein konstanter Strom fließt. Dynamisch bedeutet, dass sich bei dem Anliegen der Versorgungsspannung die Spannung und/oder der Strom zeitlich ändern.

Beachten Sie bitte, dass in diesem Kapitel alle Parameter für eine Umgebungstemperatur von 25 °C angegeben worden sind und dass sich die Parameter bei höheren Umgebungstemperaturen signifikant ändern können. Insbesondere die Verzögerungs- und Übergangszeiten nehmen mit steigender Umgebungstemperatur zu. Falls Kenndaten bei einer von 25 °C abweichenden Umgebungstemperatur angegeben werden, wird darauf explizit hingewiesen.

Die Angaben zu den Kenndaten gelten immer für die jeweilige Messschaltung beziehungsweise Last am Ausgang des jeweiligen Halbleiterherstellers in den Datenblättern, da die Angaben dort variieren.

Stationäre Kenndaten

Versorgungsspannung, Ein- und Ausgangsspannungen sowie Ströme

In den Datenblättern werden eine Vielzahl verschiedener Spannungswerte angegeben. In Tabelle 20.1 sind relevante Parameter für das stationäre Verhalten der Logikfamilien mit näheren Angaben zu den einzelnen Parametern zusammengestellt. Anhand dessen ist auch ein Vergleich der Logikfamilien möglich, um deren Performance zu ermitteln.

Parameter	Benennung		Einheit
	Datenblatt	Übersetzung/Beschreibung)*	
V_{CC}	Supply voltage (Voltage at the common collector)	Versorgungsspannung	V
V_{IH}	High-level input voltage	Minimaler H-Eingangs-Logikpegel	V
V_{IL}	Low-level input voltage	Maximaler L-Eingangs-Logikpegel	V
V_{OH}	High-level output voltage	Minimaler H-Ausgangs-Logikpegel	V
V_{OL}	Low-level output voltage	Maximaler L-Ausgangs-Logikpegel	V
I_{CC}	Supply current	Versorgungsstrom	mA
I_{OH}	High-level output current	Ausgangsstrom H-Logikpegel	mA
I_{OL}	Low-level output current	Ausgangsstrom L-Logikpegel	mA

)* Die stationären Kenndaten gelten jeweils pro Logik-Element.

Tabelle 20.1: Stationäre Kenndaten der Logikfamilien

Bei der Versorgungsspannung V_{CC} handelt es sich um den Nennwert für die jeweilige Logikfamilie. Grundsätzlich sind diese Logikfamilien allerdings auch in einem bestimmten Toleranzbereich unter- und oberhalb der Versorgungsspannung einsetzbar, worauf hier aber nicht näher eingegangen wird, da dies von geringerer Bedeutung für die grundlegenden Funktionen im praktischen Einsatz ist.

Warum sind die Ströme in den Datenblattangaben manchmal negativ? Ganz einfach, ausgehend von der Vierpoltheorie werden Ströme in einen Vierpol hinein immer positiv gezählt.

In Abbildung 20.1 sind die entsprechenden Definitionen der Spannungen für die Logikfamilien angegeben. Die Kennzeichnungen, Benennungen und Erläuterungen zu den einzelnen Logikfamilien entnehmen Sie bitte den Abbildungen 19.6 bis 19.8 aus dem vorangegangenen Kapitel 19.

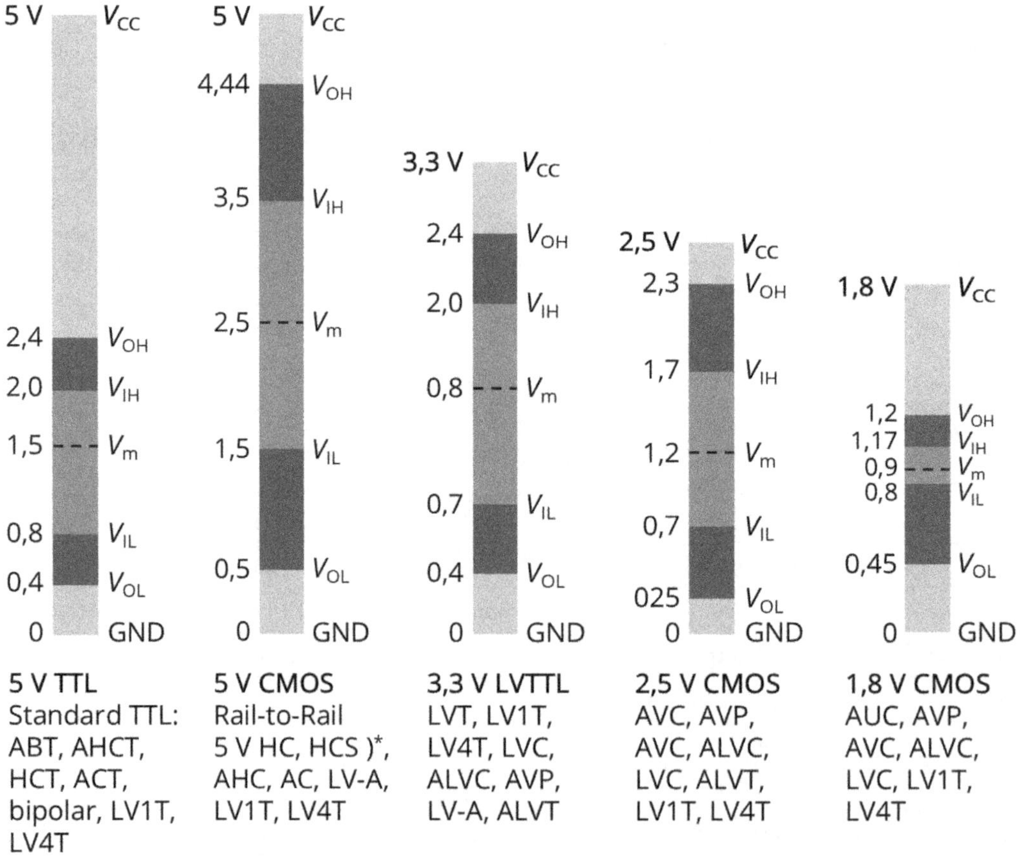
5 V
VCC
2,4
VOH
2,0
VIH
1,5
Vm
0,8
VIL
0,4
VOL
0
GND
5 V
VCC
4,44
VOH
3,5
VIH
2,5
Vm
1,5
VIL
0,5
VOL
0
GND
3,3 V
VCC
2,4
VOH
2,0
VIH
0,8
Vm
0,7
VIL
0,4
VOL
0
GND
2,5 V
VCC
2,3
VOH
1,7
VIH
1,2
Vm
0,7
VIL
025
VOL
0
GND
1,8 V
VCC
1,2
VOH
1,17
VIH
0,9
Vm
0,8
VIL
0,45
VOL
0
GND
5 V TTL
Standard TTL: ABT, AHCT, HCT, ACT, bipolar, LV1T, LV4T
5 V CMOS
Rail-to-Rail 5 V HC, HCS)*, AHC, AC, LV-A, LV1T, LV4T
3,3 V LVTTL
LVT, LV1T, LV4T, LVC, ALVC, AVP, LV-A, ALVT
2,5 V CMOS
AVC, AVP, AVC, ALVC, LVC, ALVT, LV1T, LV4T
1,8 V CMOS
AUC, AVP, AVC, ALVC, LVC, LV1T, LV4T

Quelle: Texas Instruments, Logic Guide, SDYV001AB, 2017
)* ergänzt Stand: 20.11.2024

Abbildung 20.1: Stationäre Spannungswerte der verschiedenen Logikfamilien

KAPITEL 20 Kenndaten der Logik-Elemente

Parameter (max)	Logikfamilie							
	TTL	LS	S	ALS	AS	F	SN74 HC	CD74 HC
I_{CC}/mA	22,00	4,40	36,00	3,00	17.4	10.2	0.02	0.04
I_{OH}/mA	−0,4	−0,4	−1,0	−0,4	−2,0	−1,0	−4,0	−4,0
I_{OL}/mA	16	8	20	8	20	20	4	4
Parameter (max)	Logikfamilie							
	SN74 HCT	CD74 HCT	AC 11	SN74 AC	CD74 AC	ACT 11	SN74 ACT	CD74 ACT
I_{CC}/mA	0,02	0,04	0,04	0,02	0,08	0,04	0,02	0,08
I_{OH}/mA	−4,0	−4,0	−24	−24	−24	−24	−24	−24
I_{OL}/mA	4	4	24	24	24	24	24	24
Parameter (max)	Logikfamilie							
	ABT	AHC	AHCT	LV 3 V	LV 5V	LVC 3V	ALVC 3V	AUC 1,8V
I_{CC}/mA	0,05	0,02	0,02	-	0,02	0,01	0,01	0,01
I_{OH}/mA	−15	−8	−8	−6	−12	−24	−24	−8
I_{OL}/mA	20	8	8	6	12	24	24	8

Quelle: Texas Instruments, Digital Logic Pocket Data Book, SCYD013B, 2007

Tabelle 20.2: Stationäre Ströme der Logikfamilien für ein 4-fach-NAND-Logik-Element SN74XX00

In der Tabelle 20.2 sind die stationären Ströme der Logikfamilien exemplarisch für ein 4-fach-NAND-Logik-Element SN74X00 zusammengestellt. Das X steht hier für die jeweilige Bezeichnung der Logikfamilie.

Dabei ist zu beachten, dass dies nur für das ausgewählte Logik-Element mit dieser logischen Funktion in den entsprechenden Halbleitertechnologien gilt. Für andere Logik-Elemente mit anderen logischen Funktionen ergeben sich durch den internen Schaltungsaufbau andere absolute Werte der Kenndaten. Für einen Vergleich der stationären Kenndaten der Logik-Elemente sämtlicher Logikfamilien ist diese Betrachtungsweise aber völlig ausreichend, weil die Größenordnung der Werte der stationären Kenndaten näherungsweise stimmt. Dies gilt auch für die relativen Größenverhältnisse der Werte der stationären Kenndaten über alle Logikfamilien.

Aus Tabelle 20.2 können Sie entnehmen, dass die Logikfamilie TTL den höchsten Versorgungsstrom aufnimmt und dass hin zu den Logikfamilien mit feineren Strukturen und einer niedrigeren Versorgungsspannung nur noch 1/2200 des Versorgungsstroms der Logikfamilie TTL benötigt wird. Die Ströme an den Ausgängen für den L/H-Logikpegel bewegen sich nahezu in der gleichen Größenordnung.

Übertragungskennlinie

Bei der Übertragungskennlinie eines Logik-Elements wird die Ausgangsspannung V_{OUT} als Funktion der Eingangsspannung V_{IN} dargestellt ($V_{OUT} = f(V_{IN})$). Leider ist es so, dass in aktuellen Datenblättern keine Übertragungskennlinien mehr angegeben werden, obwohl sie einiges über das stationäre Verhalten der Logikfamilien aussagen. In Abbildung 20.2 sind Kennlinien stellvertretend für drei Logikfamilien in den Halbleitertechnologien

✔ Bipolar,

✔ CMOS und

✔ BICMOS

zusammengestellt.

In Abbildung 20.2a ist ein Standard-TTL Logik-Element als Stellvertreter in der *bipolaren Halbleitertechnologie* dargestellt. Hierbei handelt es sich um ¼ SN7402, ein 4-fach-NOR-Logik-Element. Die Funktion ist die einer Negation beziehungsweise eines Inverters, da der zweite Eingang in der Messanordnung offen betrieben wird.

In Abbildung 20.2b ist ein CMOS-Logik-Element als Stellvertreter in der *CMOS-Halbleitertechnologie* dargestellt. Hierbei handelt es sich um ⅙ CD4069ub, ein 6-fach-Negations/Inverter-Logik-Element.

In Abbildung 20.2c ist ein BICMOS-Logik-Element als Stellvertreter in der *BICMOS-Halbleitertechnologie* dargestellt. Hierbei handelt es sich um eine typische Übertragungskennlinie der SN74ABT-Logikfamilie (Advanced BICMOS Technologie), ein Buffer-Logik-Element.

In allen drei Fällen handelt es sich um Gegentaktausgangsschaltungen. Im Vergleich der Übertragungskennlinien zueinander sind deutliche Unterschiede zu erkennen.

Durch das nichtlineare Verhalten der Gegentaktausgangsschaltung in Kombination mit der Pegelverschiebungsdiode bei dem Standard-TTL-Logik-Element in Abbildung 20.2a (siehe auch interner Aufbau des Logik-Elements in Kapitel 19, Abbildung 19.3) ergibt sich der angegebene nichtlineare Verlauf der Übertragungskennlinie.

Der Verlauf der Übertragungskennlinie in Abbildung 20.2b für das Logik-Element in CMOS-Technologie hat nur in den Übergangsbereichen vom H-Logikpegel zum L-Logikpegel und umgekehrt einen nichtlinearen Verlauf. Im Bereich zwischen dem H-Ausgangs-Logikpegel V_{OH} und dem L-Ausgangs-Logikpegel V_{OL} stellt sich ein idealer Verlauf ein.

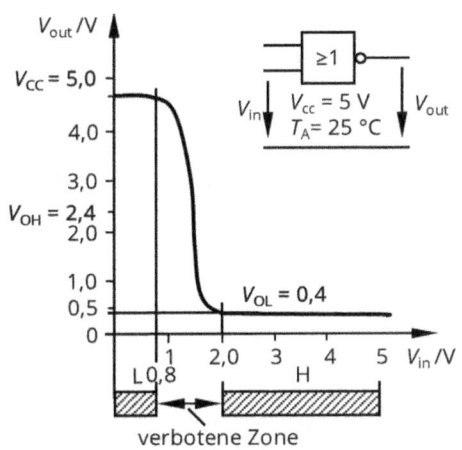 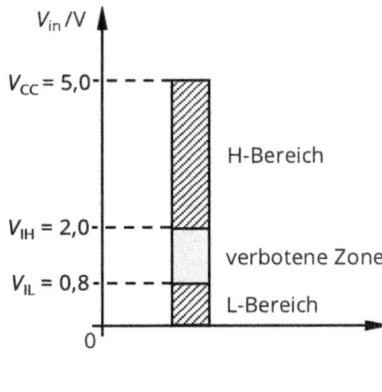

a) Übertragungskennlinie eines ¼ SN7402 Standard-TTL NOR-Logik-Elements

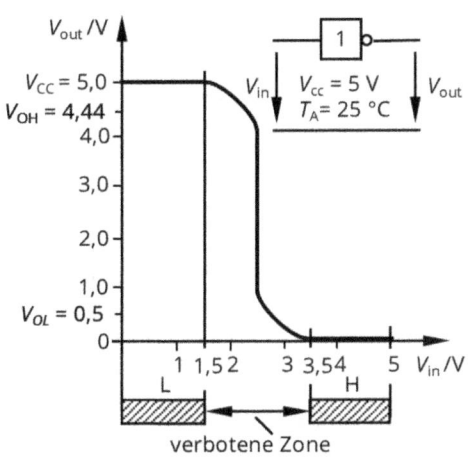 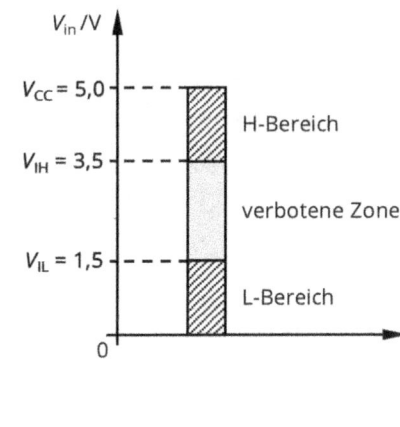

b) Übertragungskennlinie eines ⅙ CD4096ub CMOS-Negators/Inverters

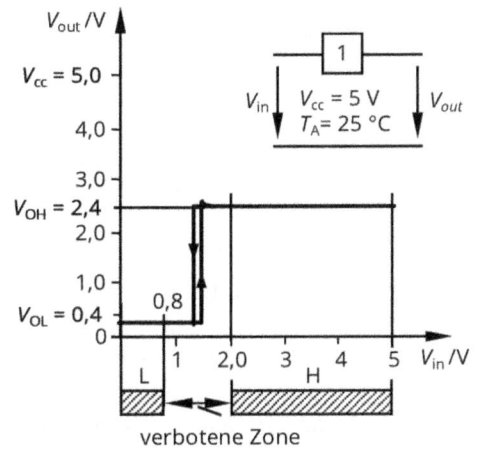 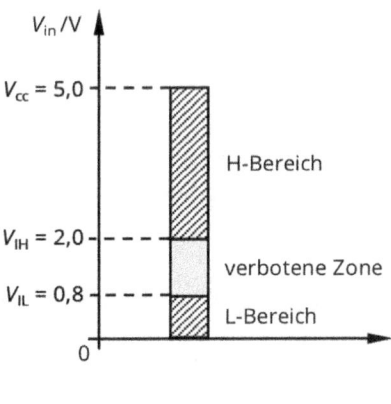

c) Übertragungskennlinie eines BICMOS-Buffers der Logikfamilie SN74ABT

Abbildung 20.2: Übertragungskennlinien von TTL/CMOS/BICMOS-Logik-Elementen

Der Verlauf der Übertragungskennlinie in Abbildung 20.2c für das Logik-Element in BICMOS-Technologie hat ein ideales Übergangsverhalten mit einer kleinen Hysterese beim Wechsel vom L-Logikpegel zum H-Logikpegel im Bereich zwischen V_{OL} und V_{OH} und umgekehrt.

Der Verlauf der Übertragungskennlinien bei unterschiedlichen Halbleitertechnologien beziehungsweise Logikfamilien hat Konsequenzen für die Störsicherheit, wie Sie dies einem nachfolgenden Abschnitt zu diesem Thema entnehmen können.

Fan-Out und Fan-In

Mit dem *Fan-Out/Fan-In* wird die maximale Anzahl an Einheitslasten am Ausgang/Eingang angegeben, wie dies in Tabelle 20.3 mit den erforderlichen Strömen für deren Berechnung zusammengestellt ist.

Parameter	Benennung		Einheit
	Datenblatt	Übersetzung/Beschreibung	
Fan-Out	Unit loads at the output	Anzahl der Einheitslasten am Ausgang	-
Fan-In	Number of unit loads at the input	Anzahl der Einheitslasten am Eingang	-
I_{OL}	Low-level output current	Maximaler Ausgangsstrom für den L-Logikpegel	mA
	Low-level output current	Anmerkung: Nur für bipolare Logikfamilien.	mA
I_{IL}	Low-level input current	Maximaler Eingangsstrom für den L-Logikpegel Anmerkung: Nur für bipolare Logikfamilien.	mA

Tabelle 20.3: Stationäre Kenndaten Fan-In und Fan-Out der Logikfamilien

Eine *Einheitslast (Ein- und Ausgangsströme)* stellt innerhalb einer Logikfamilie für alle Logik-Elemente eine ungefähr gleich große Einheitslast für die Ein- oder Ausgänge dar.

In den Datenblättern werden nur Angaben zum Fan-Out für bipolare Logikfamilien gemacht. Für andere Logikfamilien wird manchmal nur angegeben »hoher Fan-Out«, aber kein konkreter Wert. Da auch die maximalen Ein- und Ausgangsströme der Logik-Elemente in den Datenblättern für andere außer den bipolaren Logikfamilien nicht angegeben werden, kann der Fan-Out auch nicht berechnet werden.

Das ist damit begründet, dass sämtliche moderneren Logikfamilien entsprechende Eingangsschaltungen mit Feldeffekttransistoren haben. Die Eingangsströme sind sehr niedrige Leckströme im Bereich von µA, die durch die Eingangskapazitäten bedingt sind. Bei realistischen maximalen Ausgangsströmen würde dies zu utopisch hohen Fan-Outs führen, weswegen deren Angabe nicht mehr sinnvoll ist.

Fan-Out

Der *Fan-Out* gibt die maximale Anzahl an Einheitslasten am Ausgang innerhalb einer Logikfamilie an.

Dieser ergibt sich aus dem Quotienten des maximalen Ausgangsstroms I_{OL} und dem Betrag des maximalen Eingangsstroms I_{IL} der Logik-Elemente innerhalb einer bipolaren Logikfamilie zu

$$\text{Fan-Out} = \frac{I_{OL}}{|I_{IL}|} \tag{20.1}$$

In Tabelle 20.4 sind Beispiele für den Fan-Out einiger bipolarer Logikfamilien zusammengestellt. Die Logikfamilien Standard TTL und Schottky haben den kleinsten Fan-Out und die Fast-Logikfamilie den größten Fan-Out.

Parameter	Logikfamilie			
	TTL)*	S)*	LS)*	F)**
I_{OL}/mA	16	20	8	20
I_{IL}/mA	−1,6	−2	−0,4	−0,6
Fan-Out	10	10	20	33

)* Texas Instruments, TTL Logic Data Book, SDLD001A, 1988
)** Texas Instruments, F Logic Data Book, 1987

Tabelle 20.4: Fan-Out einiger bipolarer Logikfamilien

Fan-In

Der *Fan-In* gibt die maximale Anzahl an Einheitslasten eines Logik-Elements einer Logikfamilie am Eingang an.

Innerhalb einer Logikfamilie ist der Fan-In immer gleich <u>eins</u>.

In den Datenblättern der Halbleiterhersteller werden keine Angaben zum Fan-In bei Logik-Elementen der verschiedenen Logikfamilien gemacht. In der Literatur finden sich sehr unterschiedliche Definitionen des Fan-In bezüglich der Anwendung auf unterschiedliche Logikfamilien – seitens der Hersteller gibt es keine Definition. Die Aussagekraft des Fan-In ist daher sehr fragwürdig. Aus diesem Grund werden hier dazu keine näheren Ausführungen gemacht.

Schaltungstechnisch ist bei Gegentakt-Ausgängen, wie sie überwiegend eingesetzt werden, ein Fan-In größer eins auch nicht möglich – nur bei Open-Collector- und Open-Drain-Ausgängen können mehrere Ausgänge an einen nachfolgenden Eingang eines Logik-Elements angeschlossen werden.

Leistungsaufnahme (Verlustleistung)

Die *Leistungsaufnahme* (*Verlustleistung*) eines Logik-Elements ist charakteristisch für eine Logikfamilie, obwohl diese aufgrund der unterschiedlichen internen Schaltungen variiert. Die Leistungsaufnahme/Verlustleistung P_D ergibt sich aus dem maximalen Versorgungsstrom I_{CCmax} und der Versorgungsspannung V_{CCmax} eines Logik-Elements einer Logikfamilie:

$$P_D = V_{CCmax} \cdot I_{CCmax} \tag{20.2}$$

In Tabelle 20.5 sind die stationären Leistungsaufnahmen eines 4-fach-NAND-Logik-Elements SN74XXX00 der verschiedenen Logikfamilien zusammengestellt. Aus der Tabelle können Sie entnehmen, dass die Logikfamilie TTL-Schottky die höchste Leistungsaufnahme hat und dass hin zu den Logikfamilien mit feineren Strukturen und einer niedrigeren Versorgungsspannung bei der Logikfamilie Advanced Ultra-Low Voltage CMOS Logic (AUC 2,3 V) nur noch ungefähr 1/7000 der Leistung der Logikfamilie TTL-Schottky benötigt wird. Diese geringe Leistungsaufnahme prädestiniert die Logikfamilie beispielsweise für mobile Geräte wie Smartphones.

Umgebungs- und Lagertemperatur

Es gibt zwei stationäre Temperaturparameter. Dies ist einerseits die *Umgebungstemperatur* T_A, die das stationäre und dynamische Verhalten der Logik-Elemente stark beeinflusst und andererseits die *Lagertemperatur* T_{stg}, die sicherstellt, dass die Logik-Elemente bei einer Lagerung nicht in den eigenleitenden (intrinsischen) Zustand wechseln und so irreparabel geschädigt werden. In Tabelle 20.6 sind die genannten Parameter für die relevanten Umgebungen zusammengestellt.

Parameter	Logikfamilie							
	TTL	LS	S	ALS	AS	F	SN74 HC	CD74 HC
V_{CCmax}/V	5,25	5,25	5,25	5,5	5,5	5,5	6,0	6,0
I_{CCmax}/mA	22,00	4,40	36,00	3,00	17,4	10,2	0,02	0,04
P_D/mW	115,2	23,1	189,0	16,5	95,7	56,1	0,12	0,24

Parameter	Logikfamilie							
	SN74 HCT	CD74 HCT	SN74 AC11	SN74 AC	CD74 AC	SN74 ACT11	SN74 ACT	CD74 ACT
V_{CCmax}/V	5,5	5,5	5,5	6,0	5,5	5,5	5,5	5,5
I_{CCmax}/mA	0,02	0,04	0,04	0,02	0,08	0,04	0,02	0,08
P_D/mW	0,11	0,22	0,22	0,12	0,44	0,22	0,11	0,44

Parameter	Logikfamilie							
	ABT	AHC	AHCT	LV 5 V	LVC	ALVC	AUC 1,8 V	AUC 2,3 V
V_{CCmax}/V	5,5	5,5	5,5	5,5	3,6	3,6	2,7	2,7
I_{CCmax}/mA	0,05	0,02	0,02	0,02	0,01	0,01	0,01	0,01
P_D/mW	0,275	0,11	0,11	0,11	0,036	0,036	0,027	0,027

Quelle: Texas Instruments, Digital Logic, Pocket Data Book, SCYD013B, 2007

Tabelle 20.5: Leistungsaufnahme der Logikfamilien für ein 4-fach-NAND-Logik-Element SN74XX00

Parameter	Benennung		Einheit
	Datenblatt	Übersetzung	
T_A	Operating free-air temperature	Umgebungstemperatur	°C
T_{stg}	Storage temperature range	Lagertemperatur	°C

Tabelle 20.6: Umgebungs- und Lagertemperatur der Logikfamilien

Die zulässige *Umgebungstemperatur* T_A der Logikfamilien variiert je nach Einsatzgebiet. So sind Logikfamilien für *kommerzielle Anwendungen* mit der Kennzeichnung SN74 in der Regel in einem Temperaturbereich

$$-40\ °C \leq T_A \leq 85\ °C$$

einsetzbar und teilweise auch nur mit einem Temperaturbereich von

$$-0\ °C \leq T_A \leq 70\ °C$$

verfügbar.

In betreffenden Fällen bitte genau im Datenblatt nachsehen, welcher Temperaturbereich für die jeweilige Logikfamilie relevant ist.

Logikfamilien für *militärische Anwendungen* mit der Kennzeichnung SN54 sind in der Regel in einem Temperaturbereich

$$-55\,°C \leq T_A \leq 125\,°C$$

einsetzbar.

Dynamische Kenndaten

Maximale Taktfrequenz, Verzögerungs- und Übergangszeiten

In Tabelle 20.7 sind die wichtigsten dynamischen Kenndaten aller Logik-Elemente der Logikfamilien mit Erläuterungen zusammengestellt. Auf eine detailliertere Beschreibung der einzelnen Parameter wird hier verzichtet. Die Angaben gelten immer für die jeweilige Messschaltung beziehungsweise Last am Ausgang nach Angabe des jeweiligen Herstellers. Ansonsten werden die Ausgänge offen betrieben.

Parameter	Benennung		Einheit
	Datenblatt	Übersetzung/Beschreibung	
f_{max}	Maximum clock frequency	Maximale Taktfrequenz.	MHz
t_f	Fall time of the edge of the input signal	Fallzeit der Flanke des Eingangssignals (Wechsel vom H- zum L-Logikpegel) zwischen den Referenzpunkten 10 und 90 % der Versorgungsspannung V_{CC}.	ns
t_r	Rise time of the edge of the input signal	Anstiegszeit der Flanke des Eingangssignals (Wechsel vom L- zum H-Logikpegel) zwischen den Referenzpunkten 10 und 90 % der Versorgungsspannung V_{CC}.	ns
t_P oder t_{PD}	Propagation delay time	Verzögerungszeit zwischen zwei Referenzpunkten der Eingangs- und Ausgangsspannung vom H- zum L-Logikpegel der Ausgangsspannung oder umgekehrt. Achtung, es sind zwei unterschiedliche Angaben möglich: 1. $t_{PD} = t_{PHL}$ oder t_{PLH} 2. Mittlere Verzögerungszeit: $t_{PD} = \dfrac{t_{PHL} + t_{PLH}}{2}$ ANMERKUNG: Es werden unterschiedliche Referenzpunkte bei den verschiedenen Logikfamilien verwendet.	ns

Parameter	Benennung		Einheit
	Datenblatt	Übersetzung/Beschreibung	
t_{PHL} oder t_{HL}	Propagation delay time, high-to-low level output	Verzögerungszeit beim Wechsel vom H- zum L-Logikpegel der Ausgangsspannung zwischen den Referenzpunkten von der Eingangs- zur Ausgangsspannung. ANMERKUNG: Es gilt die gleiche Anmerkung wie bei der Propagation delay time t_P.	ns
t_{PLH} oder t_{LH}	Propagation delay time, low-to-high level output	Verzögerungszeit beim Wechsel vom L- zum H-Logikpegel der Ausgangs- spannung zwischen den Referenzpunkten von der Eingangs- zur Ausgangsspannung. ANMERKUNG: Es gilt die gleiche Anmerkung wie bei der Propagation delay time t_P.	ns
t_{TLH}	Rise time of the edge of the output signal	Anstiegszeit der Flanke des Ausgangssignals (Wechsel vom L- zum H-Logikpegel) zwischen den Referenzpunkten 10 und 90 % der Ausgangsspannung.	ns
t_{THL}	Fall time of the edge of the output signal	Fallzeit der Flanke des Ausgangssignals (Wechsel vom H- zum L-Logikpegel) zwischen den Referenzpunkten 10 und 90 % der Ausgangsspannung.	ns
$t_W(L)$	Pulse pause of the input signal	Pulspause des Eingangssignals.	ns
$t_W(H)$	Pulse duration of the input signal	Pulsdauer des Eingangssignals.	ns
V_m	Voltage reference point for time measurements	Referenzpunkt der Spannung für Zeitmessungen. ANMERKUNG: Als Referenzspannung wird vorzugsweise 1,5 V verwendet, alternativ je nach Logikfamilie auch 50 % von V_{CC} beziehungsweise von der Ausgangsspannung V_{OH}.	V oder %

Tabelle 20.7: Dynamische Kenndaten der Logikfamilien

Der Parameter f_{max} steht in engem Zusammenhang mit der Verzögerungszeit t_{PD} und gibt die Frequenz von Rechtecksignalen an (siehe Abbildung 20.3a), die von getakteten Flipflops der entsprechenden Logikfamilie noch störungsfrei verarbeitet werden können.

308   TEIL VIII   Logische und physikalische Beziehungen in der Digitaltechnik

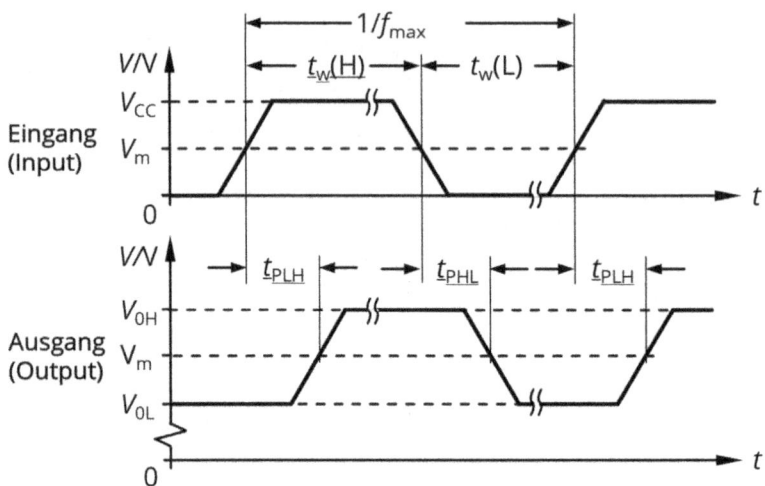

a) Maximale Taktfrequenz f_{max}, Pulsbreite t_w, Verzögerungszeiten t_{PLH} und t_{PHL} (Maximum Clock Frequency, Pulse Width, Propagation Delay Times)

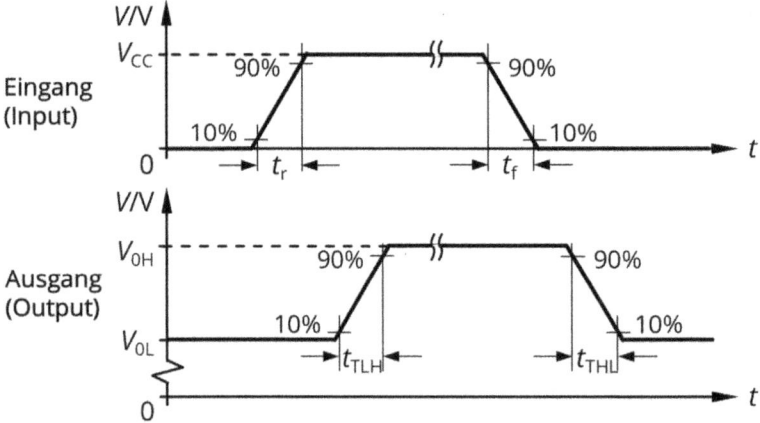

b) Übergangszeiten t_r, t_f, t_{TLH} und t_{THL} (Transistion Times)

Abbildung 20.3: Definitionen der maximalen Taktfrequenz, Verzögerungs- und Übergangszeiten der Logikfamilien

Wie die weiteren Parameter der dynamischen Kenndaten ermittelt werden, entnehmen Sie bitte Abbildung 20.3. Hierbei ist zu beachten, dass es unterschiedliche Zeiten für einfache Verknüpfungsschaltungen der Logik-Elemente und beispielsweise Flipflops gibt, da es unterschiedliche Beziehungen der Ein- und Ausgänge zueinander gibt. Berücksichtigen Sie bitte auch die entsprechenden Messanordnungen in den Datenblättern der Halbleiterhersteller, da diese einen entscheidenden Einfluss auf die Messergebnisse haben.

Meistens werden seitens der Halbleiterhersteller nur ein Teil der Kenndaten in Tabelle 20.7 angegeben. Um Ihnen einen Überblick zu geben, wurde hier ein gewisses Spektrum der dynamischen Kenndaten mit den Benennungen ausgewählt.

Die wichtigsten dynamischen Kenndaten sind die *Verzögerungszeiten* bei der Auswahl einer geeigneten Logikfamilie. Diese werden im Weiteren näher betrachtet.

In Tabelle 20.8 sind die *maximalen und mittleren Verzögerungszeiten* der Logikfamilien zusammengestellt.

Parameter (max)	Logikfamilie							
	TTL	LS	S	ALS	AS	F	SN74 HC	CD74 HC
t_{PLH}/ns	22	15	4,5	11	4,5	6	23	27
t_{PHL}/ns	15	15	5	8	4	5,3	23	27
t_{PD}/ns	18,5	15,0	4,75	9,5	4,25	5,65	23	27

Parameter (max)	Logikfamilie							
	SN74 HCT	CD74 HCT	AC 11	SN74 AC	CD74 AC	ACT 11	SN74 ACT	CD74 ACT
t_{PLH}/ns	25	30	7,4	8,5	7,3	12,3	9,5	10,8
t_{PHL}/ns	25	30	6,8	7	7,3	8,8	8	13,2
t_{PD}/ns	25	30	7,1	7,75	7,3	10,55	8,75	12

Parameter (max)	Logikfamilie							
	ABT	AHC	AHCT	LV 3V	LV 5V	LVC 3V	ALVC 3V	AUC 2,3V
t_{PLH}/ns	3,6	8,5	9	13	8,5	4,3	3	2
t_{PHL}/ns	2,8	8,5	9	13	8,5	4,3	3	2
t_{PD}/ns	3,2	8,5	9	13	8,5	4,3	3	2

Quelle: Texas Instruments, Digital Logic Pocket Data Book, SCYD013B, 2007

Tabelle 20.8: Verzögerungszeiten der Logikfamilien für ein 4-fach-NAND-Logik-Element SN74XX00

Aus Tabelle 20.8 können Sie entnehmen, dass der Unterschied bei den Verzögerungszeiten über alle Logikfamilien betrachtet einen Faktor bis zu 15 ergibt. Die Logikfamilie mit den kürzesten Verzögerungszeiten in Höhe von 2 ns ist die Advanced Ultra-Low Voltage CMOS Logic (AUC 2,3 V) und die mit den längsten Verzögerungszeiten von 30 ns ist die High Speed CMOS Logic (CD74HCT). Dies sind aber nicht die einzigen Entscheidungskriterien für die Auswahl einer geeigneten Logikfamilie, weshalb im Folgenden weitere Kriterien herangezogen werden.

Vorbereitungs- und Haltezeit der Flipflops

Neben den allgemeinen dynamischen Kenndaten der Logik-Elemente gibt es noch weitere spezielle Kenndaten, die nur bei den Flipflops Anwendung finden. Dies sind bei den taktflankengesteuerten Flipflops die Vorbereitungszeit (englisch Setup Time) vor der aktiven

Flanke und die Haltezeit (englisch Hold Time) nach der aktiven Flanke bei der Übernahme der Vorbereitungseingänge des jeweiligen Flipflops. In Tabelle 20.9 sind die Definitionen dafür angegeben und zur Erläuterung in Abbildung 20.4, wie diese Zeiten ermittelt werden.

Parameter	Benennung		Einheit
	Datenblatt	Übersetzung/Beschreibung	
t_{su}	Setup time before the active flank of the clock	Vorbereitungszeit vor der aktiven Flanke der taktflankengesteuerten Flipflops	ns
t_h	Hold time after the active flank of the clock	Haltezeit nach der aktiven Flanke der taktflankengesteuerten Flipflops	ns

Tabelle 20.9: Dynamische Kenndaten für Flipflops der Logikfamilien

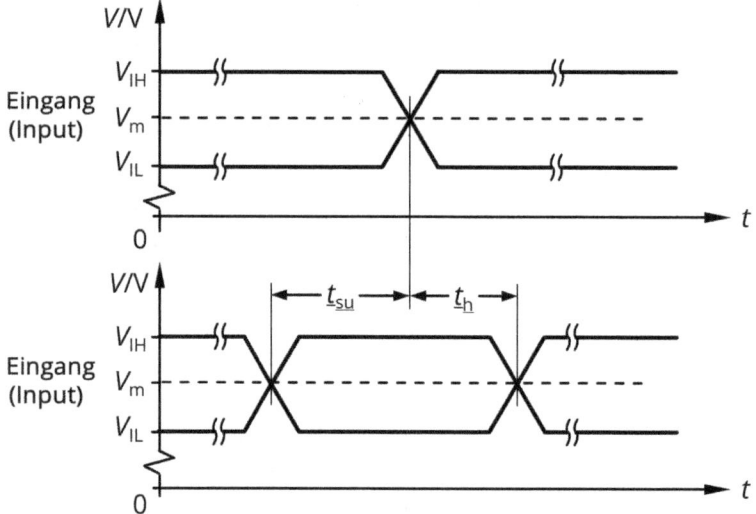

Abbildung 20.4: Vorbereitungs-/Setup- und Haltezeit/Hold Time von den Flipflops der Logikfamilien

Störsicherheit

Hier ist eine Unterscheidung zwischen der

✔ *stationären Störsicherheit* und

✔ der *dynamischen Störsicherheit*

erforderlich.

Stationäre Störsicherheit

 Die *stationäre Störsicherheit* V_{SS} wird als *Störspannungsabstand* angegeben und gibt die höchstzulässige Spannungsänderung an den Eingängen an, die länger als die Propagation delay time, t_{PD} (dies entspricht der mittleren Signallaufzeit) wirksam sein darf, ohne dass sich der Ausgangszustand ändert.

Zur Veranschaulichung und Definition der *Stör- und Rauschspannungsabstände* der Logikfamilien sind diese in Abbildung 20.5 für ein Logik-Element dargestellt.

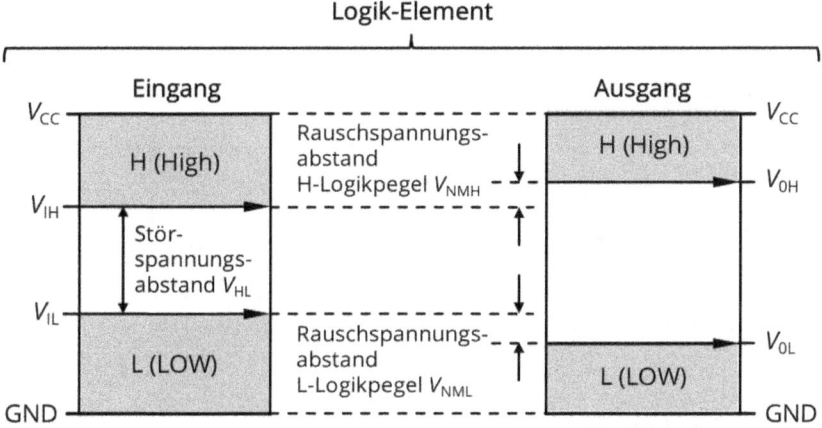

Abbildung 20.5: Störspannungs- und Rauschabstände der Logikfamilien

Der *Störspannungsabstand* V_{HL} der Logik-Elemente ergibt sich aus den Worst-Case-Spannungswerten für die H- und L-Logikpegel am Eingang eines Logik-Elements. Es folgt somit mit Formel 20.3:

$$V_{HL} = V_{IH} - V_{IL} \tag{20.3}$$

Für den *Rauschspannungsabstand (englisch: Noise Margin) des L-Logikpegels* V_{NML} folgt

$$V_{NML} = V_{IL} - V_{OL} \tag{20.4}$$

und für den *Rauschspannungsabstand des H-Logikpegels* V_{NMH}

$$V_{NMH} = V_{OH} - V_{IH}. \tag{20.5}$$

In den Datenblättern zu den Logikfamilien werden leider keine Angaben zu den Störspannungs- und Rauschabständen gemacht, sie können aber leicht selbst ermittelt werden. Um Ihnen einen Überblick zu verschaffen, ergeben sich für die Logikfamilien nach Abbildung 20.1 mit Formel 20.3 bis Formel 20.5 die angegebenen Störspannungs- und Rauschabstände für die stationäre Störsicherheit.

Als Beispiel wurden auf der Basis der stationären Kenndaten für die Logikfamilien in Abbildung 20.1 die Störspannungs- und Rauschabstände in Tabelle 20.10 ermittelt. Sie sehen in Tabelle 20.10 sehr deutlich, dass die 5-V-TTL- und CMOS-Logikfamilien den größten Störspannungsabstand aufweisen und dass mit Abnahme der Versorgungsspannung V_{CC} der Störspannungsabstand und die Rauschabstände niedriger werden, die Logikfamilien also störempfindlicher werden. Dies bedeutet auch, dass die Logikfamilien mit einer geringeren Versorgungsspannung nur für Anwendungsfälle geeignet sind, die eine sehr hohe Störsicherheit garantieren. Dies kann bedeuten, dass die geometrischen Abmessungen sehr kompakt, bei einer sehr guten Schirmung gegen äußere Störeinflüsse, sein müssen.

Parameter	Logikfamilien				
	5 V TTL	5 V CMOS	3,3 V LVTTL	2,5 V CMOS	1,8 V CMOS
Störspannungsabstand V_{HL}/V	1,2	2,0	1,3	1,0	0,37
Rauschspannungabstand L-Logikpegel V_{NML}/V	0,4	1,0	0,3	0,45	0,35
Rauschspannungabstand H-Logikpegel V_{NMH}/V	0,4	0,94	0,4	0,6	0,03

Tabelle 20.10: Übersicht der Störspannungs- und Rauschabstände der Logikfamilien

Dynamische Störsicherheit

Die *Dynamische Störsicherheit* wird durch die Störspannung V_{st} als Funktion der Impulsdauer am Eingang eines Logik-Elements für einen L/H-Logikpegel charakterisiert.

Wenn die Dauer der Störsignale sehr kurz ist, bleiben auch bei Überschreiten der durch die stationäre Störsicherheit gegebenen Grenzwerte die Logikpegel der Ausgänge der Logik-Elemente stabil. Die Amplitude des Impulses und die Impulsdauer des Störsignals V_{st} kennzeichnet die in ein Logik-Element eingekoppelte Störenergie.

In Abbildung 20.6 ist ein Beispiel für die *dynamische Störsicherheit* dargestellt. Auf einen Eingang wirkt die Störspannung V_{st} als Funktion der Dauer des Einwirkens bei einem L/H-Logikpegel des Eingangssignals.

Leider werden zur dynamischen Störsicherheit keine Angaben in den Datenblättern der Halbleiterhersteller gemacht. Das angegebene Beispiel zeigt aber die Problematik auf.

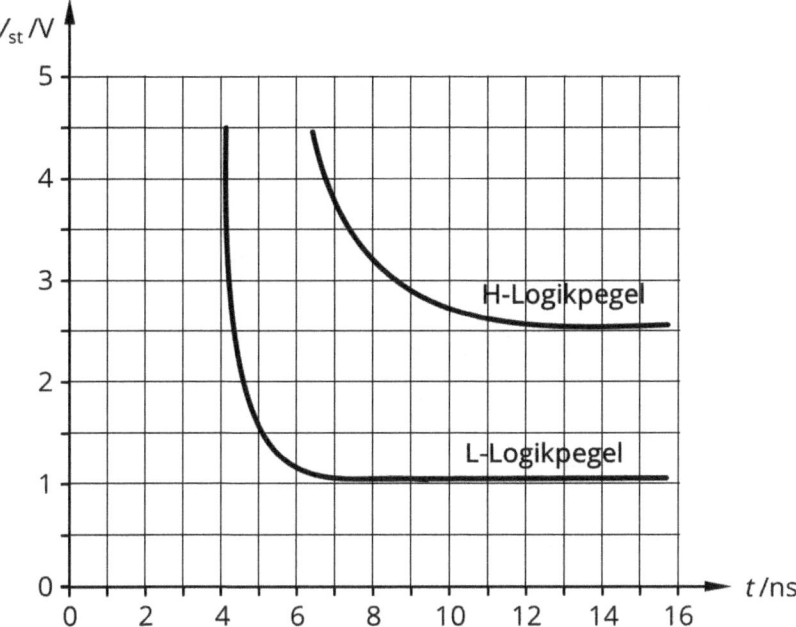

Abbildung 20.6: Dynamische Störsicherheit am Beispiel von Standard 5 V TTL

Kompatibilität der Logikfamilien

Die Kompatibilität zwischen den Logikfamilien ist einerseits über die Versorgungsspannung V_{CC}, die Ein- und Ausgangs-Logikpegel (V_{IH}, V_{IL}, V_{OH}, V_{OL}) sowie die Aus- und Eingangsströme (I_{OL}, I_{OH}, I_{IL}, I_{IH}) der korrespondierenden Logikfamilien gegeben (siehe auch Tabelle 20.1).

Kompatibilität der Spannungen

 In Abbildung 20.7 sind die stationären Kenndaten für die Bestimmung der Kompatibilität der Logikfamilien untereinander angegeben.

Für die *Kompatibilität der Logikfamilien* untereinander ergeben sich einzuhaltende Randbedingungen. Die Grundvoraussetzung der korrespondierenden Logikfamilien besteht darin, dass das Bezugspotenzial (Masse, GND oder ein anderes Bezugspotenzial) und die Versorgungsspannung V_{CC} identisch sein müssen.

Bei dem Ausgang der ansteuernden Logikfamilie und dem Eingang der anzusteuernden Logikfamilie müssen dann die ungünstigsten Werte (Worst-Case-Werte) angesetzt werden. Dies ist erforderlich, um unter allen Umständen die Logikpegel mit den erforderlichen Toleranzbereichen sicherzustellen.

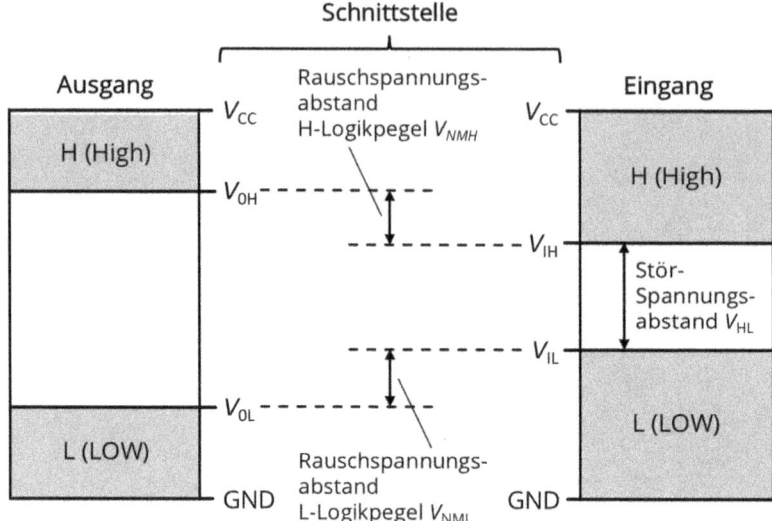

Quelle: Nolan, S. M. et. al., Understanding and Interpreting Standard-Logic Data Sheets, Application Report, Texas Instruments, SZZA036c, Dec. 2002 – Revised June 2016

Abbildung 20.7: Definitionen der Ein- und Ausgangsspannungen zur Kompatibilität der Logikfamilien

Für das ansteuernde Logik-Element bedeutet dies, dass die maximale Ausgangsspannung für den L-Logikpegel V_{OL} bei Berücksichtigung des Rauschabstands für den L-Logikpegel V_{NML} des angesteuerten Logik-Elements kleiner gleich der maximal zulässigen Eingangsspannung für den L-Logikpegel V_{IL} sein muss:

$$V_{OL} + V_{NML} \leq V_{IL} \tag{20.6}$$

Des Weiteren muss die minimale Ausgangsspannung des ansteuernden Logik-Elements für den H-Logikpegel V_{OH} unter Berücksichtigung des Rauschabstands des angesteuerten Logik-Elements V_{NMH} größer gleich der Eingangsspannung für den H-Logikpegel V_{IH} sein:

$$V_{OH} - V_{NMH} \geq V_{IH} \tag{20.7}$$

Kompatibilität der Aus- und Eingangsströme

Die Treiberfähigkeit des ansteuernden Logik-Elements einer Logikfamilie muss ausreichend groß für das anzusteuernde Logik-Element einer anderen Logikfamilie sein. Damit muss der minimale Ausgangsstrom I_{OLmin}/I_{OHmin} des ansteuernden Logik-Elements für die L/H-Logikpegel größer gleich dem maximalen Eingangsstrom I_{ILmax}/I_{IHmax} für das anzusteuernde Logik-Element sein.

Für die *Kompatibilität der Logik-Elemente* der Logikfamilien sind somit folgende Randbedingungen einzuhalten:

$$I_{\text{OLmin}} \geq I_{\text{ILmax}} \tag{20.8}$$

$$I_{\text{OHmin}} \geq I_{\text{IHmax}} \tag{20.9}$$

Vorgehensweise bei der Kopplung verschiedenartiger Logik-Elemente

Nach der Theorie nun zur Anwendung: Wann lassen sich Logik-Elemente der Logikfamilien ohne Weiteres zusammenschalten?

Hierzu *Regeln zur Kopplung der Logik-Elemente*:

1. Beide Logik-Elemente beziehen sich auf das gleiche Potenzial (Masse beziehungsweise GND).

2. Beide Logik-Elemente haben eine gleich große Versorgungsspannung V_{CC} gleicher Polarität,

3. Der Eingang des anzusteuernden Logik-Elements muss einen L-Logikpegel des Ausgangs des ansteuernden Logik-Elements unter allen Umständen als L-Logikpegel interpretieren. Aus diesem Grund ist die Bedingung der Formel 20.6 mit $V_{\text{OL}} + V_{\text{NML}} \leq V_{\text{IL}}$ einzuhalten.

4. Der Eingang des anzusteuernden Logik-Elements muss einen H-Logikpegel des Ausgangs des ansteuernden Logik-Elements unter allen Umständen als H-Logikpegel interpretieren. Aus diesem Grund ist die Bedingung der Formel 20.7 mit $V_{\text{OH}} - V_{\text{NMH}} \geq V_{\text{IH}}$ einzuhalten.

5. Die Treiberfähigkeit des ansteuernden Logik-Elements muss ausreichend groß sein für das anzusteuernde Logik-Element. Damit muss der minimale Ausgangsstrom des ansteuernden Logik-Elements für den L-Logikpegel größer gleich dem maximalen Eingangsstrom für das anzusteuernde Logik-Element sein. Somit ist die Bedingung von Formel 20.8 mit $I_{\text{OLmin}} \geq I_{\text{ILmax}}$ einzuhalten.

6. Die Treiberfähigkeit des ansteuernden Logik-Elements muss ausreichend groß sein für das anzusteuernde Logik-Element. Damit muss der minimale Ausgangsstrom des ansteuernden Logik-Elements für den H-Logikpegel größer gleich dem maximalen Eingangsstrom für das anzusteuernde Logik-Element sein. Somit ist die Bedingung von Formel 20.9 mit $I_{\text{OHmin}} \geq I_{\text{IHmax}}$ einzuhalten.

Im Beispiel in Tabelle 20.11 wird die Kompatibilität von drei Logikfamilien zu der TTL-Logikfamilie überprüft, wobei entsprechend den *Regeln zur Kopplung der Logik-Elemente* vorgegangen worden ist.

In der Zusammenfassung kann festgestellt werden, dass alle Logikfamilien in Tabelle 20.11 zu der TTL-Logikfamilie kompatibel sind.

Parameter	SN7400 (Referenz)	SN74LS00	SN74AHC/AHCT00)*	SN74ABT00)*
V_{CC}/V	5,0	5,0	5,0	5,0
Bezugspotenzial	Masse/GND	Masse/GND	Masse/GND	Masse/GND
V_{OL}/V	0,4	0,4	0,5	0,4
V_{IL}/V	0,8	0,8	1,5	0,8
V_{IH}/V	2,0	2,0	3,5	2,0
V_{OH}/V	2,4	2,4	4,44	2,4
V_{NML}/V	0,4	0,4	1,0	0,4
V_{NMH}/V	0,4	0,4	0,94	0,4
I_{OH}/mA	−0,4	−0,4	−8	−15
I_{OL}/mA	16	8	8	20
I_{IH}	40 µA	20 µA	∼ 1 µA)*	∼ 1 µA)*
I_{IL}/mA	−1,6	−0,4	∼−1 µA)*	∼−1 µA)*
Kompatibilität (ja/nein)		**ja**	**ja**	**ja**

)* Bei CMOS- und BICMOS-Logikfamilien ist der Eingangsstrom für die L/H-Logikpegel durch den Leckstrom der Eingangskapazitäten der Feldeffekttransistoren am Eingang bestimmt.

Tabelle 20.11: Kompatibilität der 5-V-Logikfamilien TTL, LS, AHC/AHCT und ABT am Beispiel eines 4-fach-NAND-Logik-Elements SN74X00

Auswahl geeigneter Logikfamilien

Die Auswahl einer geeigneten Logikfamilie stellt immer einen Kompromiss zwischen technischen Anforderungen, Einsatzgebiet und relevanten Kenndaten der Logikfamilien dar. Es gibt deshalb auch nicht die eine Logikfamilie für alle Anwendungsfälle – schade, aber das ist die Realität.

In Abbildung 20.8 wurde eine Zusammenstellung der Treiberfähigkeit in Form des Ausgangsstroms für den L-Logikpegel I_{OL} versus der Verzögerungszeit t_{PD} der aktuell für Neuentwicklungen geeigneten Logikfamilien vorgenommen.

Auch wenn die eine oder andere ältere Logikfamilie noch am Markt angeboten wird, sind dies die bevorzugten Logikfamilien. Die veralteten Logikfamilien wie beispielsweise Standard TTL, sämtliche Schottky-Familien und Fast werden für Neuentwicklungen nicht mehr eingesetzt.

Die Angabe der Treiberfähigkeit in der Darstellung in Abbildung 20.8 ist sehr wahrscheinlich auch der Grund für die fehlenden Angaben zum Fan-Out/Fan-In der Logikfamilien durch die Halbleiterhersteller. Mit diesen Angaben kann die Belastung der Ausgänge durch nachfolgende Eingänge von Logik-Elementen ermittelt werden und somit auch die Anzahl der nachfolgenden Logik-Elemente der Logikfamilien.

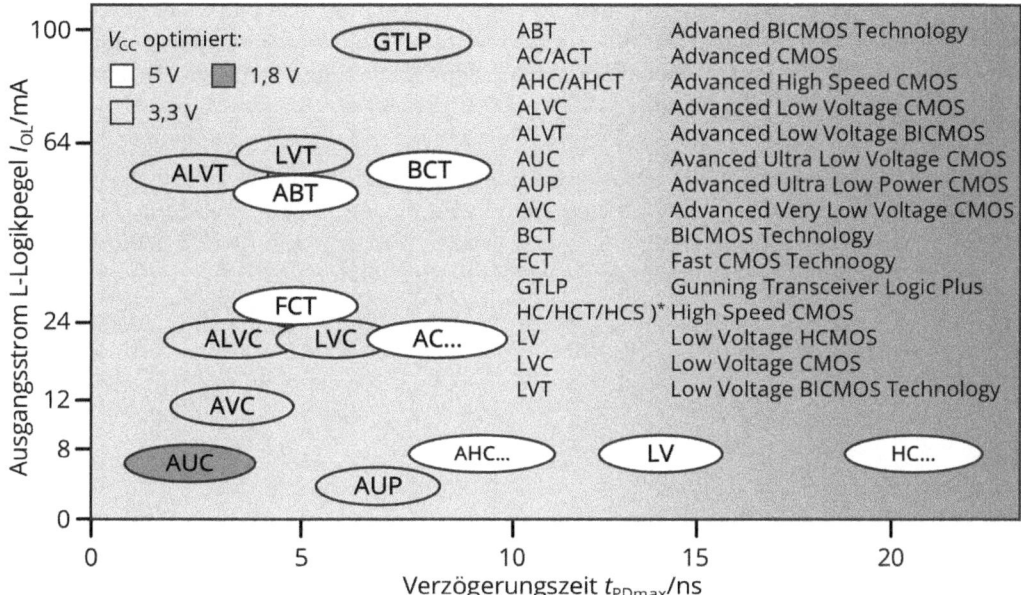

Quelle: Texas Instruments, URL: https://www.ti.com/document-viewer/lit/html/SSZTC76, letzter Zugriff am 7. November 2024
)* ergänzt Stand: 20.11.2024

Abbildung 20.8: Treiberfähigkeit versus Verzögerungszeiten aktueller Logikfamilien

Betrachten Sie jetzt nur die *5-V-Logikfamilien*, so weisen die BICMOS-Logikfamilien (ABT und BCT) die höchste Treiberfähigkeit bei der geringsten Verzögerungszeit t_{PD} auf. Für Standardanwendungen in kommerziellen und industriellen Produkten sind sie aber nicht die erste Wahl. Die am häufigsten eingesetzten Logikfamilien für kommerzielle und industrielle Anwendungen sind die CMOS-Logikfamilien wie AHC/AHCT.

Für die *3,3-V-Logikfamilien* ergibt sich folgendes Bild. Die Advanced-Ultra-Low-Power-Logikfamilie (AUP) hat die geringste Treiberfähigkeit und zählt in der Kategorie eher zu den Logikfamilien mit der höchsten Verzögerungszeit. Die Advanced-Low-Voltage-BICMOS-Logikfamilie (ALVT) hat die größte Treiberfähigkeit bei der geringsten Verzögerungszeit.

Für die *1,8-V-Logikfamilien* kommt praktisch nur die Advanced-Ultra-Low-Voltage CMOS-Logikfamilie in Betracht. Sie hat die kürzeste Verzögerungszeit von allen Logikfamilien bei geringer Treiberfähigkeit. Dies bedeutet aber auch, da sie ohnehin nicht kompatibel zu den anderen hier dargestellten Logikfamilien ist. Da sie eine sehr geringe Leistungsaufnahme hat, ist sie für den Einsatz in mobilen Geräten prädestiniert.

Ein wesentlicher Aspekt für Unternehmen der Industrie und Medizintechnik ist die Zweitverfügbarkeit durch einen weiteren Halbleiterhersteller (Second Source). Gibt es keinen Zweitanbieter, werden Bauelemente jeglicher Art nicht für die Produktion zugelassen.

 Abschließend zu diesem Abschnitt wird Folgendes angemerkt: Die Angaben zur Auswahl einer geeigneten Logikfamilie für die jeweilige Anwendung können nur als grobe Orientierung angesehen werden und ersetzen nicht das Studium der einschlägigen Datenblätter der Halbleiterhersteller.

Teil IX
Standardschaltnetze, die immer wieder benötigt werden – Man nutze möglichst vorhandene Dinge

IN DIESEM TEIL ...

Wird Ihnen der Entwurf und Einsatz von Code-Umsetzern, Komparatoren, Multiplexern und Demultiplexern vermittelt und wie Sie mit Multiplexern Schaltnetze entwerfen können.

Des Weiteren wie Sie Halb-, Volladdierer, Vollsubtrahierer und Übertragsgeneratoren entwerfen und mit ihnen mathematische Operationen durchführen.

> **IN DIESEM KAPITEL**
>
> Definition eines Code-Umsetzers
>
> Entwurf eines Code-Umsetzers
>
> Beispiele für kommerzielle Code-Umsetzer und Einsatzgebiete
>
> Übungen zum Code-Umsetzer

Kapitel 21
Code-Umsetzer – Zum besseren Verständnis

Was sind Standardschaltnetze?

Standardschaltnetze sind Schaltnetze, die häufig für Standardanwendungen zum Einsatz kommen. Damit können Sie in vielen Fällen schnell und effizient eine Lösung für eine benötigte digitale Schaltung anfertigen – dies erleichtert die Arbeit eines Entwicklers sehr.

Grundsätzlich sind fünf Kategorien häufig benötigter Schaltnetze durch die Halbleiterhersteller im Angebot. Dies sind

- ✔ *Code-Umsetzer,*
- ✔ *Komparatoren,*
- ✔ *Multiplexer* und *Demultiplexer* sowie
- ✔ *Rechenschaltungen.*

Mit einem *Code-Umsetzer* können Sie einen gegebenen Code in einen gewünschten anderen Code umsetzen. Ein einfaches Beispiel ist die Ansteuerung einer 7-Segment-Anzeige mit einem BCD-Code.

Mit einem *Komparator* können Sie die Relationen binärer Zahlen bilden. Dies ist bei arithmetischen Berechnungen sehr häufig der Fall, aber auch bei der Adressierung in einem Mikroprozessorsystem können Komparatoren eingesetzt werden, um bestimmte Speicherbereiche anzusprechen.

Ein digitaler *Multiplexer* ist dazu geeignet, mehrere Ausgangskanäle eines Senders zeitlich nacheinander über einen Übertragungskanal zu übermitteln. Der *Demultiplexer* bildet das Gegenstück dazu. Er verteilt die Information des Übertragungskanals wieder auf eine Anzahl von Eingangskanälen des Empfängers. Dort werden die zeitlich aufeinanderfolgenden Informationen weiterverarbeitet.

Bei den *Rechenschaltungen* geht es darum, möglichst effiziente kleine Einheiten zu bilden, um sie für komplexere Aufgabenstellungen wiederholt einzusetzen. Hierzu benötigt man zunächst einen sogenannten *Halbaddierer*. Wie der Name schon verrät, handelt es sich um eine »halbe Sache«. Es ist ein Addierer, der keinen Übertrag einer vorangegangenen Stelle berücksichtigt, selbst aber einen Übertrag bei der Addition von zwei 1-Bit-Variablen bilden kann. Ein *Volladdierer* besteht – das sei hier schon vorweggenommen – aus zwei Halbaddierern. Im Gegensatz dazu wird auch der Übertrag einer vorangegangenen Stelle berücksichtigt – dies kennzeichnet einen Volladdierer. Den Volladdierer kann man dann auch für die *Subtraktion* einsetzen, indem man sich der Zweierkomplementbildung bedient.

Die *Multiplikation* zweier einstelliger Binärvariablen ist sehr einfach zu bewerkstelligen, weil nur 1 mal 1 gleich 1 ist, in allen anderen Fällen ist das Ergebnis eine logische 0. Die Multiplikation mehrstelliger digitaler Variablen kann dagegen auf eine stellenweise Multiplikation mit anschließender Addition zurückgeführt werden.

Bei der *Division* kann jetzt auf die Addition, Subtraktion und die Multiplikation zurückgegriffen werden, um diese durchzuführen. Hierzu sind stellenweise Vergleiche und Multiplikationen bei anschließender Subtraktion notwendig.

Alle weiteren mathematischen Operationen können dann von diesen vier Grundrechenarten abgeleitet werden.

Definition Code-Umsetzer

Zunächst eine Definition für einen *Umsetzer* beziehungsweise *Code-Umsetzer*:

Definition nach IEV351-56-36: Ein *Umsetzer* ist eine Funktionseinheit, die die Darstellung von Information ändert.

Ein Beispiel dafür ist der Code-Umsetzer. Dies bedeutet, dass ein *Code-Umsetzer* den Zeichen eines Codes A bei gleicher Information die Zeichen eines Codes B reversibel zuordnet.

Beispiele für Code-Umsetzer

In Abbildung 21.1 sind Beispiele für Code-Umsetzer angegeben (siehe auch in Kapitel 16, Abschnitt »Code-Umsetzer«). In Abbildung 21.1a ist das allgemeine Symbol für einen Code-Umsetzer angegeben. In Abbildung 21.1b ist ein Beispiel für einen Code-Umsetzer angegeben, der einen BCD-Code in einen Dezimal-Code umsetzt, und in Abbildung 21.1c ist die zweite Variante, ein individueller tabellengesteuerter Code-Umsetzer angegeben.

KAPITEL 21 Code-Umsetzer

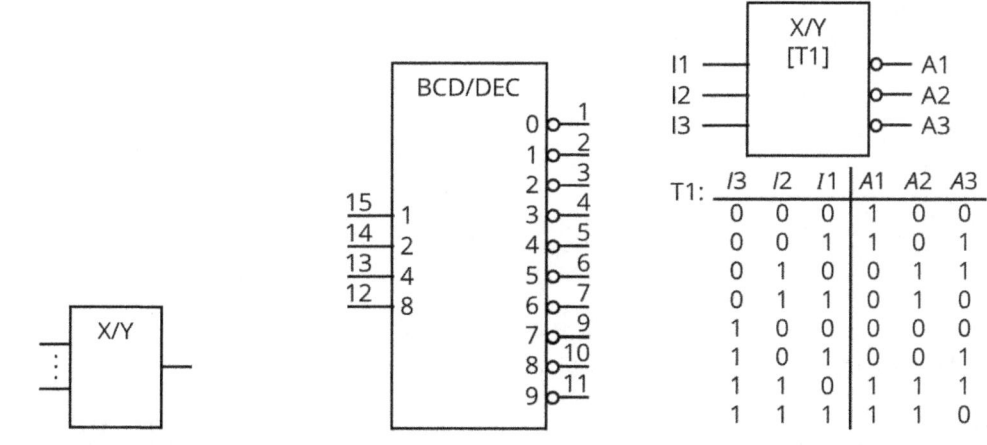

a) Allgemeines Symbol Code-Umsetzer

b) BCD/DEC-Code-Umsetzer (z.B. CD74HC/HCT42)

c) Individueller tabellengesteuerter Code-Umsetzer

Abbildung 21.1: Beispiele für Code-Umsetzer

Im Kopf der Symbole der Logik-Elemente stehen immer der Eingangs-Code und der Ausgangs-Code (X: Eingangscode / Y: Ausgangs-Code). Bei der tabellengesteuerten Variante steht im Kopf der Kontur des Logik-Elements zusätzlich der Name der Wahrheitstabelle, mit der die Codes definiert worden sind.

Entwurf eines Code-Umsetzers

In Abbildung 21.2 ist ein Beispiel für den Entwurf eines individuellen 3-stelligen Code-Umsetzers angegeben. Bei der Vorgehensweise, die sich nicht von der Synthese mittels der Minimierung mit der KV-Tafel unterscheidet, sind im *1. Schritt* in Abbildung 21.2a das Symbol und die Wahrheitstabelle mit den Eingangsvariablen und den Schaltfunktionen $A1, A2$ und $A3$ angegeben.

Im *2. Schritt* wurde in Abbildung 21.2b die Minimierung der Schaltfunktionen mit KV-Tafeln für drei Variablen durchgeführt. Für die Schaltfunktion $A2$ kann das Ergebnis aber leicht aus der Wahrheitstabelle abgelesen werden, indem die Spalten für die Schaltfunktionen $A1$ und $A2$ verglichen werden. Daraus folgt, dass die Schaltfunktion $A2$ gleich der negierten Schaltfunktion $A1$ ist.

Im letzten und *3. Schritt* wird jetzt in Abbildung 21.2c die Schaltung für den Code-Umsetzer angegeben. Diese besteht aus einer äquivalenten und einer antivalenten Verknüpfung sowie einer Negation. Die Vorgehensweise ist bei allen anderen zu entwerfenden Code-Umsetzern immer gleich.

a) Individueller tabellengesteuerter Code-Umsetzer

Symbol:

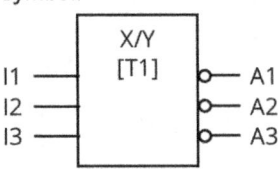

Wahrheitstabelle:

T1:	I3	I2	I1	A1	A2	A3
	0	0	0	1	0	0
	0	0	1	1	0	1
	0	1	0	0	1	1
	0	1	1	0	1	0
	1	0	0	0	1	0
	1	0	1	0	1	1
	1	1	0	1	0	1
	1	1	1	1	0	0

b) Minimierung der Schaltfunktionen A1, A2, und A3

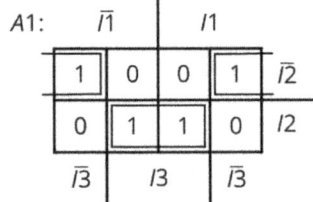

$A1 = (\overline{I2} \wedge \overline{I3}) \vee (I2 \wedge I3) = \underline{I2 \leftrightarrow I3}$

- A2 folgt aus dem Vergleich der Schaltfunktionen A1 und A2.

$A2 = \overline{\underline{A1}}$

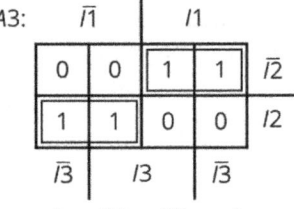

$A3 = (I1 \wedge \overline{I2}) \vee (\overline{I1} \wedge I2)$
$= \underline{I1 \leftrightarrow I2}$

c) Schaltnetz des Code-Umsetzers

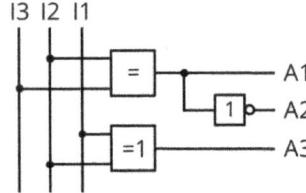

Abbildung 21.2: Entwurf eines individuellen 3-stelligen tabellengesteuerten Code-Umsetzers

Beispiel Code-Umsetzer SN74LS138

Als abschließendes Beispiel sind in Abbildung 21.3 das Symbol, der Aufbau der internen Logik-Elemente und die Arbeitstabelle für einen handelsüblichen Binär-Oktal-Code-Umsetzer mit einem SN74ACT138 angegeben. Dieser könnte beispielsweise zur Adressierung von Speicherbereichen oder peripheren Einheiten wie Schnittstellen in Mikroprozessorsystemen eingesetzt werden.

Interne Logik-Elemente:

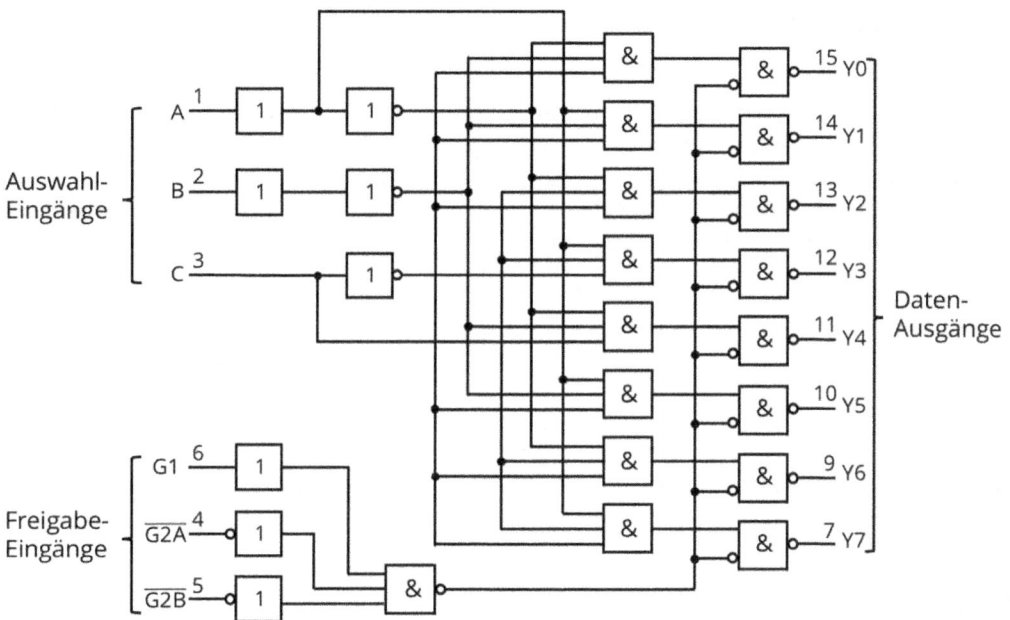

Symbol:

Arbeitstabelle:

Freigabe-Eingänge			Auswahl-Eingänge			Daten-Ausgänge							
G1	G2A	G2B	C	B	A	Y0	Y1	Y2	Y3	Y4	Y5	Y6	Y7
X	H	X	X	X	X	H	H	H	H	H	H	H	H
X	X	H	X	X	X	H	H	H	H	H	H	H	H
L	X	X	X	X	X	H	H	H	H	H	H	H	H
H	L	L	L	L	L	L	H	H	H	H	H	H	H
H	L	L	L	L	H	H	L	H	H	H	H	H	H
H	L	L	L	H	L	H	H	L	H	H	H	H	H
H	L	L	L	H	H	H	H	H	L	H	H	H	H
H	L	L	H	L	L	H	H	H	H	L	H	H	H
H	L	L	H	L	H	H	H	H	H	H	L	H	H
H	L	L	H	H	L	H	H	H	H	H	H	L	H
H	L	L	H	H	H	H	H	H	H	H	H	H	L

Quelle: Texas Instruments, Digital Logic Pocket Data Book, SCYD013B, S. 290, 2007

Abbildung 21.3: Beispiel für einen Binär-Oktal-Code-Umsetzer/8-Kanal-Demultiplexer mit einem SN74LS138

Anwendungsbeispiel des Code-Umsetzers SN74ACT138

 In Abbildung 21.4 ist ein Anwendungsbeispiel für den in Abbildung 21.3 angegebenen Binär-Oktal-Code-Umsetzer dargestellt. Es handelt sich hier um eine schematische Darstellung eines Ausschnitts eines Mikroprozessorsystems für die Adressierung von verschiedenen Baugruppen wie beispielsweise Speicher oder auch umfangreicheren Ein-/Ausgabebaugruppen.

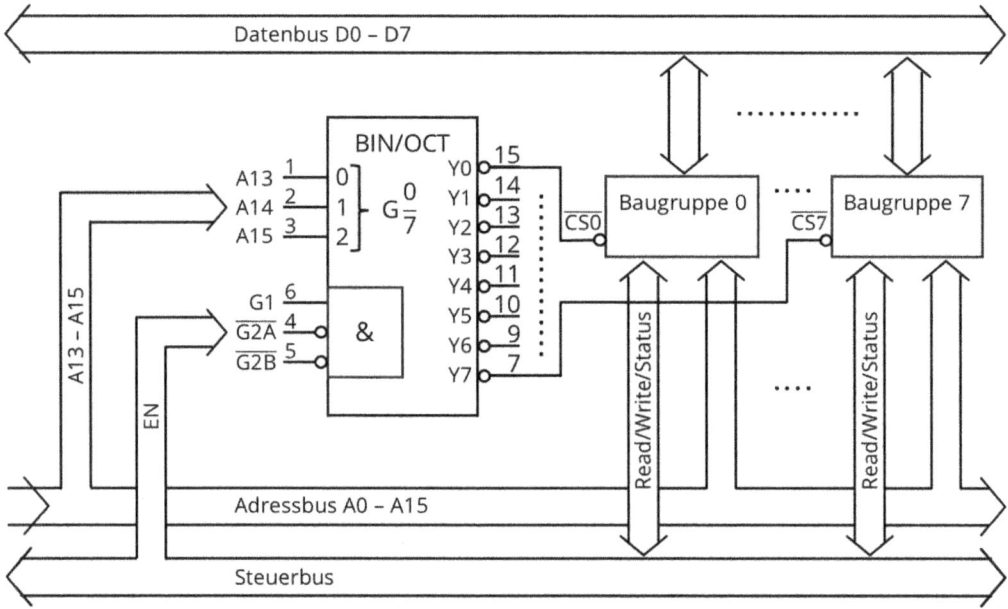

Abbildung 21.4: Anwendungsbeispiel für einen BIN/OCT-Code-Umsetzer in einem Mikroprozessorsystem

Mikroprozessorsysteme haben in der Regel drei Bussysteme. Dies sind der Adressbus zum Adressieren von jeglichen Baugruppen wie beispielsweise Speicher, einen Datenbus, über den die Daten geschrieben oder gelesen werden können, und einen Steuerbus, der die Baugruppen für den jeweiligen Betriebsmodus ansteuert wie beispielsweise das Schreiben von Daten in einen Speicher oder das Lesen von Daten aus einem Speicher.

Im vorliegenden Fall handelt es sich um ein 16-Bit-System. Über die Adressen A13 bis A15 werden über den BIN/OCT-Code-Umsetzer acht Adressbereiche für die Baugruppen 0 bis 7 ausgewählt. Hierbei ist der unterste Adressbereich für die Baugruppe 0 von 0000h bis 1FFFh, für die Baugruppe 1 von 2000h bis 3FFFh und für die Baugruppe 7 von E000h bis FFFFh. Die Freigabe der ausgewählten Baugruppe erfolgt über das EN-Signal an den Eingängen EN, $\overline{G2A}$ und $\overline{G2B}$. Über den Steuerbus wird die gewünschte Operation beispielsweise zum Lesen oder Schreiben von Daten ausgewählt. Die Adressierung mit dem BIN/OCT-Code-Umsetzer kann so effizient mit minimalem Aufwand realisiert werden.

Übersicht einer Auswahl verfügbarer Code-Umsetzer

Um Ihnen die Auswahl zu erleichtern und einen kleinen Überblick zu verschaffen, sind in Tabelle 21.1 und Tabelle 21.2 verschiedene verfügbare Code-Umsetzer, die teilweise auch die Funktion eines Demultiplexers haben, zusammengestellt.

Funktion	Datenblatt)*	Technologie)*)**	Kennung)*)***
2-fach-2-Bit-Dualcode in 4 Bit umsetzen/2-fach-4-Kanal-Demultiplexer	DUAL 2-LINE TO 4-LINE DECODERS/ DEMULTIPLEXRS	SN54LS/ALS/HC; SN74LS/AHC/AHCT/ HC/HCS/HCT/AHC/ AHCT/LVC/LV; CD74HCT;	139
		SN74LS;	155
mit Open-Collector-Ausgängen	WITH OPEN-COLLECTOR OUTPUTS	SN74LS/ALS	156
3-Bit-Oktal-Code in 8 Bit umsetzen/8-Kanal-Demultiplexer	3-LINE TO 8-LINE DECODERS/ DEMULTIPLEXRS	SN54S/LS/AS/ALS/ F/HC/HCT/AHC/ AHCT/LVC; SN74S/LS/AS/ALS/F/ HC/HCT/AC/ACT/ AHC/AHCT/LV/LVC; CD54/74HC/HCT/ AC/ACT	138
4-Bit-Dualcode in 16 Bit umsetzen/16-Kanal-Demultiplexer	4-LINE TO 16-LINE DECODERS/ DEMULTIPLEXRS	SN74/LS; CD54HC/HCT; CD74HC/HCT	154

)* Texas Instruments, Digital Logic Pocket Data Book, SCYD013B, 2007 und https://www.ti.com, letzter Zugriff am 09.02.2025

)** Dies sind nur Beispiele einiger Logik-Elemente. Die meisten Logik-Elemente sind in diversen Halbleitertechnologien verfügbar. Die Low Voltage Logic »Little Logic« von Texas Instruments wurde nicht berücksichtigt. Dies kann aus der angegebenen Quelle entnommen werden.

)*** Die Kennung ist eine mehrstellige Ziffer und steht immer hinter der Technologiebezeichnung. In Kapitel 19 ist dies erklärt.

Tabelle 21.1: Beispiele einer Auswahl verfügbarer Code-Umsetzer Teil 1

Funktion	Datenblatt)*	Technologie)*)**	Kennung)*)***
4-Bit-BCD-Code in 7-Segment-Anzeige-Code umsetzen mit Open-Collector-Ausgängen für LED-Anzeigen	BCD-TO-SEVEN-SEGMENT DECODERS/DRIVERS	SN54LS/AS/ALS/F/HC/HCT/AHC/AHCT; SN74LS/AS/ALS/F/HC/HCT/AHC/AHCT; CD54AC/ACT/HCT/HCT; CD74AC/ACT/HCT/HCT	47
mit Eingangs-Latches für LED-Anzeigen	WITH LATCH/DECODER/DRIVERS	CD54HC; CD74HC/HCT	4511
mit Latches für LCD-Anzeigen	FOR LCD-DISPLAYS	CD74HC/HCT	4543
4-Bit-BCD-Code in Dezimal-Code umsetzen	4-LINE-TO-10-LINE DECODERS (1 of 10)	SN54HC; SN74LS/HC; CD74HC/HCT	42
	BCD-TO-DECIMAL DECODERS/DRIVERS	SN54; SN74	45
		SN54/LS; SN74/LS	145
8-Bit- in 3-Bit Oktal-Code umsetzen	8-LINE TO 3-LINE PRIORITY ENCODER	SN74LS/HC	148
10-Bit- in 4-Bit BCD-Code umsetzen	10-LINE TO 4-LINE BCD PRIORITY ENCODER	CD74HC/HCT	147

)* Texas Instruments, Digital Logic Pocket Data Book, SCYD013B, 2007 und https://www.ti.com, letzter Zugriff am 09.02.2025

)** Dies sind nur Beispiele einiger Logik-Elemente. Die meisten Logik-Elemente sind in diversen Halbleitertechnologien verfügbar. Die Low Voltage Logic »Little Logic« von Texas Instruments wurde nicht berücksichtigt. Dies kann aus der angegebenen Quelle entnommen werden.

)*** Die Kennung ist eine mehrstellige Ziffer und steht immer hinter der Technologiebezeichnung. In Kapitel 19 ist dies erklärt.

Tabelle 21.2: Beispiele einer Auswahl verfügbarer Code-Umsetzer Teil 2

Übungen: Code-Umsetzer

 Anmerkung: Bei der Bezeichnung des Freigabeeingangs $\overline{EN}$ handelt es sich nicht um die Negation des Signals EN, sondern nur um eine Bezeichnung, die zum Ausdruck bringen soll, dass es Low-aktiv ist. $\overline{EN}$ muss genauso behandelt werden wie eine Variable in Eigenform. Diese Kennzeichnung wird in allen Datenblättern der Halbleiterhersteller so verwendet.

Übung 21.1: Entwurf eines Code-Umsetzers von einem vierstelligen 8-4-2-1-Code in den Gray-Code.

a) Stellen Sie die Wahrheitstabelle des Code-Umsetzers bei positiver Logik auf. Die Eingänge des Code-Umsetzers werden e und mit den Indizes ihrer Wertigkeit und die Ausgänge mit a_0, a_1, a_2 und a_3 bezeichnet, wobei a_0 die niederwertigste Stelle ist.

b) Entwerfen Sie das Schaltnetz, indem Sie die Minimierung der Schaltfunktionen entweder mittels der Schaltalgebra oder den KV-Tafeln vornehmen. Begründen Sie Ihre Entscheidung für das jeweilige Verfahren.

c) Geben Sie das Schaltnetz des Code-Umsetzers in Minimalform an.

d) Geben Sie das Symbol des Code-Umsetzers mit der Kennzeichnung »8421/GRAY« an Der Code-Umsetzer soll allerdings einen Low-aktiven Freigabeeingang $\overline{EN}$ besitzen.

Übung 21.2: Entwurf eines DUAL/AIKEN-Code-Umsetzers.

Entwerfen Sie für einen DUAL/AIKEN-Code-Umsetzer das Schaltnetz:

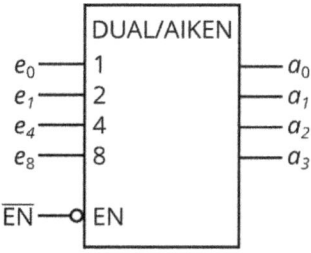

a) Stellen Sie die Wahrheitstabelle des Code-Umsetzers bei positiver Logik für die vier Eingangsvariablen a_0 bis a_3 auf.

b) Ermitteln Sie die minimierten Schaltfunktionen für die Schaltfunktionen a_0 bis a_3. Berücksichtigen Sie zunächst nur die vier Eingangsvariablen e_0 bis e_3, sodass Sie die Aufgabenstellung mit den KV-Tafeln für vier Variablen lösen können.

c) Geben Sie die Schaltung des entworfenen Code-Umsetzers unter b) an.

d) Ergänzen Sie die Schaltung des entworfenen Code-Umsetzers unter c) um den Low-aktiven Freigabeeingang $\overline{EN}$.

Übung 21.3: Entwurf der Schaltung für die Ansteuerung einer 7-Segment-Anzeige mit dem BCD-Code.

Zur Veranschaulichung sind nachfolgend eine 7-Segment-Anzeige und dessen Ersatzschaltbild mit gemeinsamer Anode dargestellt.

7-Segment-Anzeige:

Ersatzschaltbild einer 7-Segment-Anzeige mit gemeinsamer Anode:

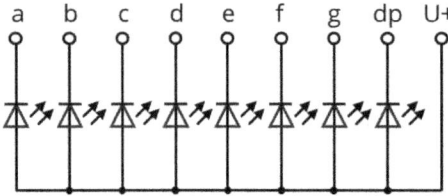

a) Stellen Sie die Wahrheitstabelle des Code-Umsetzers bei positiver Logik auf. Die Eingänge des Code-Umsetzers werden mit d und ihren Wertigkeiten 1, 2, 4 und 8 als
Indizes und die Ausgänge für die sieben Segmente mit a, b, c ... f bezeichnet. Bei der 7-Segment-Anzeige handelt es sich um ein Anzeigeelement mit gemeinsamer Anode. Die einzelnen Segmente leuchten bei einer logischen 0 am Eingang der 7-Segment-Anzeige.

b) Geben Sie das Symbol für den Code-Umsetzer vom BCD-Code zum 7-Segment-Code mit der Kennzeichnung »BCD/7SEG« bei einer positiven Logik an.

c) Geben Sie das Symbol für die 7-Segment-Anzeige an. Nehmen Sie bitte das Symbol aus Kapitel 16 im Abschnitt »Anzeigeelemente« als Vorlage.

Anmerkung: Beachten Sie, dass dort eine Anzeige mit gemeinsamer Kathode dargestellt ist, Sie benötigen aber eine Anzeige mit gemeinsamer Anode, wie sie in der Abbildung dargestellt ist.

d) Geben Sie die gesamte Schaltung zur Ansteuerung der 7-Segment-Anzeige mit dem BCD-Code, bestehend aus dem BCD/7SEG-Code-Umsetzer und 7-Segment-Anzeige, an.

> **IN DIESEM KAPITEL**
>
> Multiplexer und Demultiplexer im Zusammenspiel
>
> Entwurf von Multiplexern und Schaltnetzen mit ihnen und deren Einsatz
>
> Entwurf von Demultiplexern und deren Einsatz
>
> Beispiele einiger verfügbarer Multiplexer und Demultiplexer
>
> Übungen zu den Multiplexern und Demultiplexern

Kapitel 22
Multiplexer und Demultiplexer – Mal rein, mal raus

Multiplexer und Demultiplexer im Zusammenspiel

Multiplexer und *Demultiplexer* dienen zur Übertragung von Information mehrerer Kanäle eines Senders über einen Übertragungskanal an einen Empfänger. Der Empfänger wiederum verteilt die empfangene Information über den Übertragungskanal an mehrere Kanäle auf der Empfängerseite.

Zum besseren Verständnis für Sie ist die prinzipielle Funktionsweise von Multiplexern und Demultiplexern in Abbildung 22.1 schematisch mit zwei Mehrstufenschaltern dargestellt. Der Unterschied zu realen Multiplexern und Demultiplexern besteht darin, dass es sich um mechanische Schalter handelt, weshalb die einzelnen Kanäle nur sequenziell nacheinander ausgewählt werden können. Bei realen Multiplexern und Demultiplexern werden die Kanäle über Steuereingänge in beliebiger Reihenfolge ausgewählt.

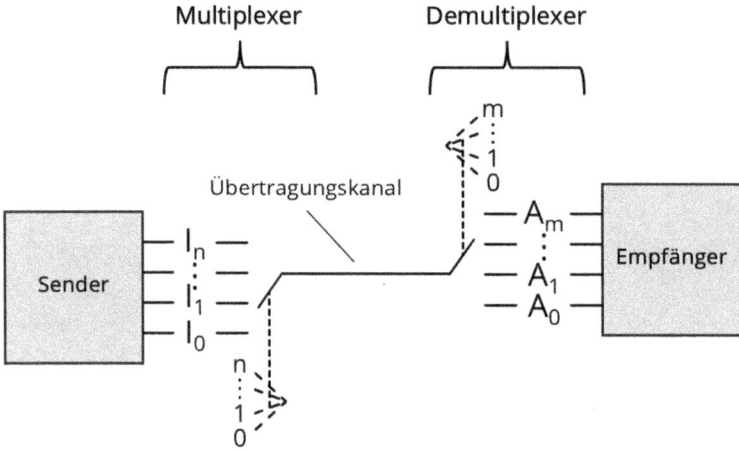

Abbildung 22.1: Schema von Multiplexer und Demultiplexer im Zusammenspiel

In Abbildung 22.2 sind Multiplexer und Demultiplexer als Symbole in der Notation für diese Logik-Elemente dargestellt und wie sie zusammenwirken. Bei dem Multiplexer handelt es sich um einen 8-Kanal-Multiplexer mit einem Low-aktiven Freigabeeingang $\overline{EN}$.

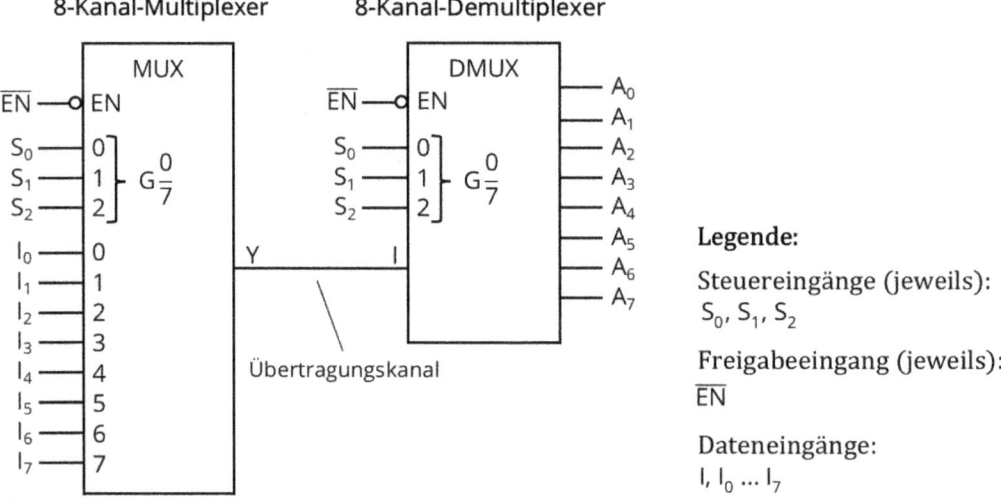

Abbildung 22.2: Symbole für Multiplexer und Demultiplexer und deren Zusammenwirken

Anmerkung: Bei der Bezeichnung des Freigabeeingangs $\overline{EN}$ handelt es sich nicht um die Negation des Signals EN, sondern nur um eine Bezeichnung, die zum Ausdruck bringen soll, dass es Low-aktiv ist. $\overline{EN}$ muss genauso behandelt werden wie eine Variable in Eigenform. Diese Kennzeichnung wird in Datenblättern der Halbleiterhersteller so verwendet.

Im Kopf der Kontur ist dieser für einen Multiplexer mit MUX gekennzeichnet. Bei dem Demultiplexer handelt es sich um einen 8-Kanal-Demultiplexer mit einem Low-aktiven Freigabeeingang $\overline{EN}$. Im Kopf der Kontur ist dieser für einen Demultiplexer mit DMUX gekennzeichnet. Beide besitzen jeweils drei Steuereingänge (S_0, S_1 und S_2) für die Auswahl eines der acht Kanäle auf der Seite des Senders und des Empfängers. Die unidirektionale Übertragung von Information findet über den Übertragungskanal statt.

Multiplexer

Ein *Multiplexer* hat die Aufgabe, die Information mehrerer Kanäle eines Senders über einen Übertragungskanal an einen Empfänger zu übertragen.

Entwurf von Multiplexern

In Abbildung 22.3 ist beispielhaft der Entwurf eines 2-Kanal-Multiplexers angegeben.

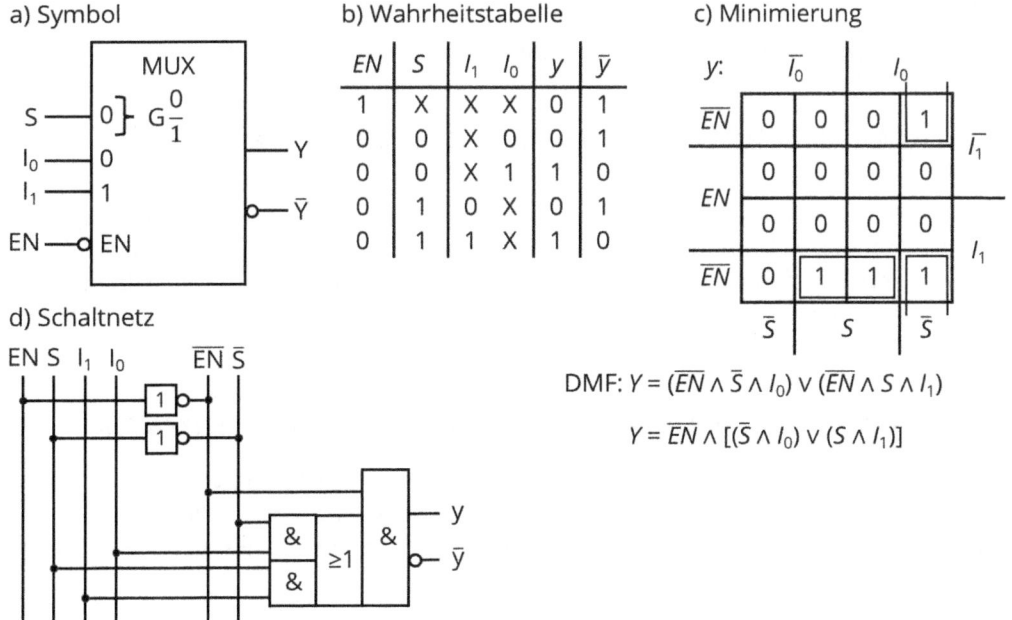

Abbildung 22.3: Entwurf eines 2-Kanal-Multiplexers

Im *1. Schritt* ist in Abbildung 22.3a das Symbol für den Multiplexer angefertigt worden. Im Kopf der Kontur wird der Multiplexer mit der Kennung MUX versehen. Für einen 2-Kanal-Multiplexer wird lediglich ein Steuereingang S benötigt, dessen Wertebereich bei einer Stelle mit der UND/G-Notation von 0 bis 1 versehen wird. Für zwei Datenkanäle werden die zwei Dateneingänge I_0 und I_1 benötigt, die innerhalb der Kontur mit ihren Wertigkeiten 0 und 1 der jeweiligen Stelle gekennzeichnet werden. Zur Freigabe der Schaltfunktionen Y in Eigenform und in negierter Form dient der Freigabeeingang EN gekennzeichnet in der Freigabe/EN-Notation. Dieser Eingang wirkt Low-aktiv auf die Ausgänge, das heißt, dass bei einer logischen 0 am Eingang EN der logische Zustand des Ausgangssignals Y gleich 0 und der des negierten Ausgangs gleich 1 ist.

Im *2. Schritt* ist in Abbildung 22.3b die Wahrheitstabelle für die Schaltfunktionen Y und $\overline{Y}$ aufgestellt worden. Regulär müsste mit den vier Eingangsvariablen I_0, I_1, S und EN eine Wahrheitstabelle mit $4^4 = 16$ Kombinationsmöglichkeiten aufgestellt werden. Allerdings wurde nur eine reduzierte und sehr viel kompaktere Wahrheitstabelle aufgestellt.

Im *3. Schritt* ist in Abbildung 22.3c die KV-Tafel für die Schaltfunktion Y aufgestellt worden. Es können zwei 2er-Vereinfachungsblöcke für die mit einer logischen 1 belegten Felder gebildet werden. Damit folgt dann die angegebene DMF für die Schaltfunktion Y. Die negierte Schaltfunktion $\overline{Y}$ kann dann einfach durch die Negation der Schaltfunktion in Eigenform gewonnen werden.

Im letzten und *4. Schritt* ist jetzt in Abbildung 22.3d das Schaltnetz für den 2-Kanal-Multiplexer erstellt worden.

Diese Vorgehensweise ist für alle zu entwerfenden Multiplexer identisch.

Beispiel für einen 8-Kanal-Multiplexer SN74LS151

In Abbildung 22.4 ist ein Beispiel für einen in fast allen Technologien verfügbaren 8-Kanal-Multiplexer SN74LS151 angegeben. Dazu sind das Symbol des Multiplexers, das gesamte Schaltnetz der internen Logik-Elemente und die Arbeitstabelle angegeben, aus der die Funktion des Multiplexers entnommen werden kann.

Übersicht einer Auswahl verfügbarer Multiplexer

Um Ihnen die Auswahl zu erleichtern und einen kleinen Überblick zu verschaffen, sind in Tabelle 22.1 typische handelsübliche Multiplexer nach Anzahl der Kanäle sortiert und in verschiedenen Technologien zusammengestellt. Insgesamt gibt es Multiplexer mit 2, 4 und 8 Kanälen.

KAPITEL 22 Multiplexer und Demultiplexer 335

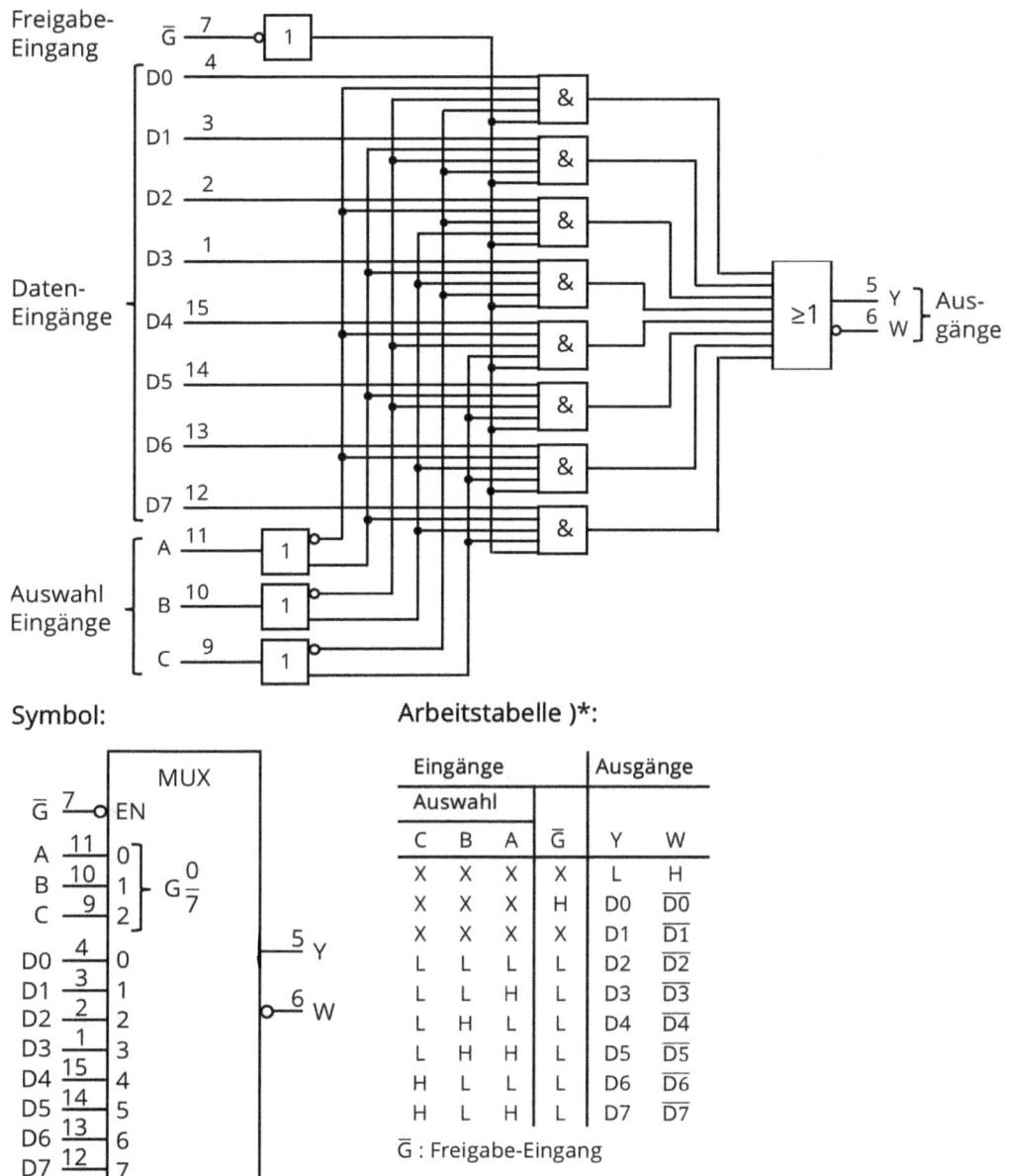

Abbildung 22.4: Beispiel für einen 8-Kanal-Multiplexer SN74LS151

	Funktion		Datenblatt)*	Technologie)*)**	Kennung)*)***
2 Kanäle	4-fach-*2-Kanal*-Multiplexer/ Datenauswahl		QUADRUPLE 2-LINE TO 1-LINE DATA SELECTORS/ MULTIPLEXERS	SN54/LS/S/ALS/HC/ AHC/LVC; SN74LS/ALS/AS/F/ HC/HCT/HCS/AHC/ AHCT/LVC/LV; CD54HC/HCT/AC; CD74HC/HCT/AC/ACT	157
	mit 3-State-Ausgängen für direkte Kopplung an einen Systembus		WITH 3-STATE OUTPUTS	SN54LS/S/ALS/HC/ LVC; SN74LS/S/ALS/AS/F/ HC/HCT; CD54HC/HCT/AC/ACT; CD74HC/HCT/AC/ACT	257
	mit gepufferten Ein- und Ausgängen		WITH BUFFERD IN-AND OUTPUTS	SN54LS/ALS//HC; SN74LS/ALS/AS/HC/ LVC; CD54HCT; CD74HCT/AC/ACT	158
	mit 3-State-Ausgängen		WITH 3-STATE OUTPUTS	SN54LS/ALS; SN74LS/ALS/AS/F/ HC/LVC; CD54HCT; CD74HCT/ACT	258
4 Kanäle	2-fach-*Kanal*-Multiplexer/ Datenauswahl		DUAL 4-LINE TO 1-LINE DATA SELECTORS/ MULTIPLEXERS	SN54/LS/ALS/F/HC; SN74LS/ALS/AS/F/ HC; CD74HC/HCT/AC/ACT;	153
	mit 3-State-Ausgängen		WITH 3-STATE OUTPUTS	SN54LS/ALS/HC; SN74LS/ALS/AS/F/ HC; CD74HC/HCT/AC/ACT	253
8 Kanäle	8-*Kanal*-Multiplexer/ Datenauswahl		8-LINE TO 1-LINE DATA SELECTORS/ MULTIPLEXERS	SN54LS/ALS/HC; SN74LS/S/AS/ALS/F/HC; CD54HC/HCT/ACT; CD74HC/HCT//ACT;	151
	mit 3-State-Ausgängen		WITH 3-STATE OUTPUTS	SN74LS/ALS/F/HC; CD54HC/HCT; CD74HC/HCT/AC	251
	und mit Registern und 3-State-Ausgängen		TRANSPARENT/ REGISTERS WITH 3-STATE OUTPUTS	CD74HC/HCT	354

)* Texas Instruments, Digital Logic Pocket Data Book, SCYD013B, 2007 und https://www.ti.com, letzter Zugriff am 08.02.2025

)** Dies sind nur Beispiele einiger Logik-Elemente. Die meisten Logik-Elemente sind in diversen Halbleitertechnologien verfügbar. Die Low Voltage Logic »Little Logic« von Texas Instruments wurde nicht berücksichtigt. Dies kann aus der angegebenen Quelle entnommen werden.

)*** Die Kennung ist eine mehrstellige Ziffer und steht immer hinter der Technologiebezeichnung. In Kapitel 10 ist dies erklärt.

Tabelle 22.1: Übersicht einer Auswahl verfügbarer 2-, 4-, and 8-Kanal-Multiplexer.

Entwurf von Schaltnetzen mit Multiplexern

Multiplexer können aufgrund ihrer Eigenschaften auch sehr gut für den Entwurf von Schaltnetzen eingesetzt werden – vieles wird dadurch einfacher. Dazu können die Steuereingänge und Dateneingänge für die Eingangsvariablen genutzt werden. Die Dateneingänge werden mit logischen Konstanten beziehungsweise mit den Eingangsvariablen belegt. Der einfachste Fall liegt vor, wenn die Anzahl an Eingangsvariablen mit der Anzahl an Dateneingängen übereinstimmt. Es sind auch Lösungen möglich, wenn mehr Eingangsvariablen als Steuereingänge eines Multiplexers vorliegen. Der Entwurf von Schaltnetzen mit Multiplexern ist bei Einhaltung folgender Randbedingungen möglich:

✔ Die Anzahl n der Steuereingänge ist gleich der Anzahl n der Eingangsvariablen.

✔ Die Anzahl n der Steuereingänge ist gleich der Anzahl n+1 der Eingangsvariablen.

✔ Die Anzahl n der Steuereingänge ist gleich der Anzahl n+2 der Eingangsvariablen.

Anzahl der Steuereingänge ist gleich der Anzahl der Eingangsvariablen

Mit einem Multiplexer mit *n Steuereingängen* kann jede Schaltfunktion mit *n Eingangsvariablen* realisiert werden.

In Abbildung 22.5 ist für diesen Fall ein Schaltnetz für drei Eingangsvariablen mit dem 8-Kanal-Multiplexer SN74LS151 oder vergleichbar dargestellt, das in fünf Schritten zur Lösung führt.

Zunächst wird im **1. Schritt** in Abbildung 22.5a die Wahrheitstabelle mit drei Eingangsvariablen für das gewünschte Schaltnetz aufgestellt.

Im **2. Schritt** wird in Abbildung 22.5b der ausgewählte 8-Kanal-Multiplexer, beispielsweise ein SN74LS151, angegeben.

Im **3. Schritt** wird in Abbildung 22.5c die Zuordnung der Steuer- und Dateneingänge zu den Variablen vorgenommen.

Im **4. Schritt** wird dies in Abbildung 22.5d in die Wahrheitstabelle übertragen. Hierbei werden den Dateneingängen I_n mit ihrer Wertigkeit *n* die Konstanten entsprechend der Schaltfunktion zugewiesen. Dies ist dann auch gleichzeitig die Belegung der Dateneingänge.

Im letzten und **5. Schritt** wird in Abbildung 22.5e das zugehörige Schaltnetz angegeben.

Der Entwurf eines Schaltnetzes mit einem Multiplexer ist eine äußerst effiziente und schnelle Methode, ein Schaltnetz für eine Schaltfunktion zu entwerfen – ohne Aufwand für die Minimierung.

338 TEIL IX Standardschaltnetze, die immer wieder benötigt werden

a) Wahrheitstabelle

Nr.	c	b	a	y
0	0	0	0	0
1	0	0	1	1
2	0	1	0	0
3	0	1	1	0
4	1	0	0	1
5	1	0	1	1
6	1	1	0	0
7	1	1	1	0

b) Symbol

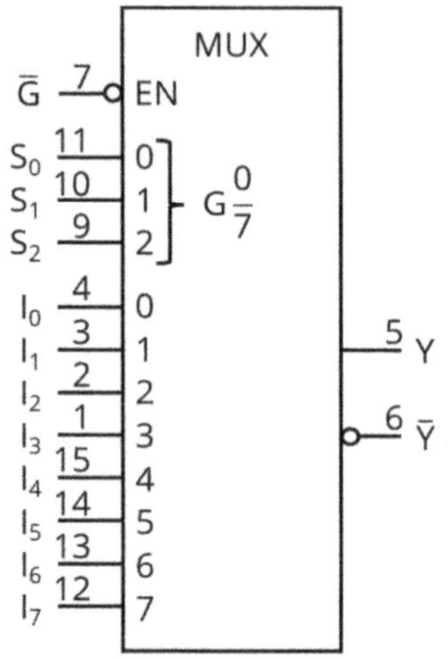

c) Zuordnung der Eingänge

Steuereingänge:
$S_0 := a$
$S_1 := b$
$S_2 := c$

Dateneingänge:
$I_0 \ldots I_7$

d) Wahrheitstabelle mit Zuordnung der Steuer- und Dateneingänge

Nr.	S_2	S_1	S_0	y	I_n
0	0	0	0	0	$I_0 = 0$
1	0	0	1	1	$I_1 = 1$
2	0	1	0	0	$I_2 = 0$
3	0	1	1	0	$I_3 = 1$
4	1	0	0	1	$I_4 = 1$
5	1	0	1	1	$I_5 = 1$
6	1	1	0	0	$I_6 = 0$
7	1	1	1	0	$I_7 = 0$

e) Schaltnetz

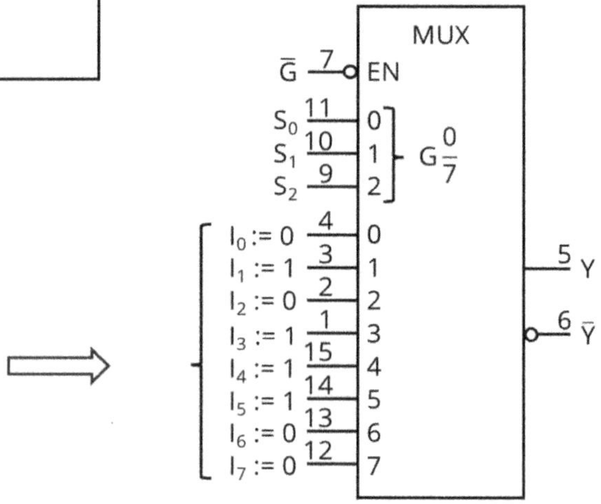

Abbildung 22.5: Entwurf eines Schaltnetzes für drei Variablen mit einem 8-Kanal-Multiplexer SN74LS151

Anzahl der Steuereingänge ist um eins größer als die Anzahl der Eingangsvariablen

Mit einem Multiplexer mit *n Steuereingängen* kann jede Schaltfunktion mit *n+1 Eingangsvariablen* realisiert werden.

In Abbildung 22.6 ist ein Beispiel für den Entwurf eines Schaltnetzes angegeben, bei dem die Anzahl der Steuereingänge des Multiplexers um einen Eingang größer als die Anzahl der Eingangsvariablen ist.

In Abbildung 22.6a ist die Wahrheitstabelle mit einer willkürlich gewählten Schaltfunktion angegeben, für die das Schaltnetz mit einem Multiplexer entworfen werden soll. In Abbildung 22.7b ist das zugehörige Symbol für den aufgrund der Anzahl der Variablen und Steuereingänge erforderlichen 8-Kanal-Multiplexer angegeben. In Abbildung 22.6c wurde die Zuordnung der Eingänge zu den Eingangsvariablen vorgenommen.

a) Wahrheitstabelle

Nr.	c	b	a	y
0	0	0	0	0
1	0	0	1	1
2	0	1	0	1
3	0	1	1	0
4	1	0	0	1
5	1	0	1	1
6	1	1	0	0
7	1	1	1	0

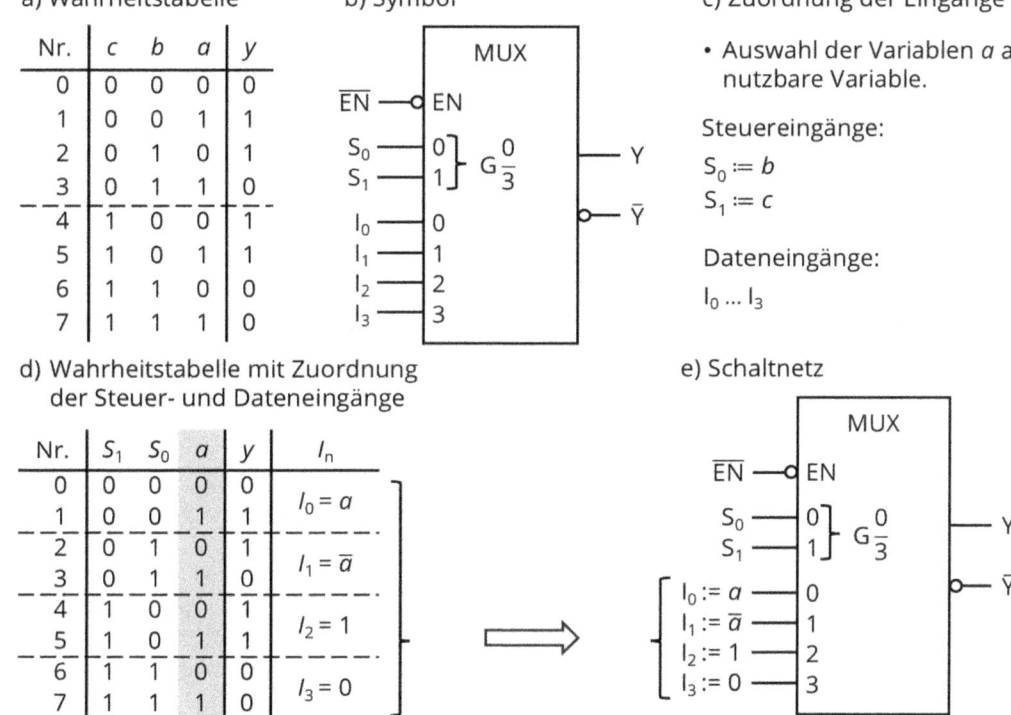

b) Symbol

c) Zuordnung der Eingänge

- Auswahl der Variablen a als nutzbare Variable.

Steuereingänge:
$S_0 := b$
$S_1 := c$

Dateneingänge:
$I_0 ... I_3$

d) Wahrheitstabelle mit Zuordnung der Steuer- und Dateneingänge

Nr.	S_1	S_0	a	y	I_n
0	0	0	0	0	$I_0 = a$
1	0	0	1	1	
2	0	1	0	1	$I_1 = \overline{a}$
3	0	1	1	0	
4	1	0	0	1	$I_2 = 1$
5	1	0	1	1	
6	1	1	0	0	$I_3 = 0$
7	1	1	1	0	

e) Schaltnetz

Abbildung 22.6: Entwurf eines Schaltnetzes für drei Variablen mit einem 4-Kanal-Multiplexer ähnlich 1/2 SN74LS153

 Die Variable a wird als nutzbare Variable für logische Verknüpfungen ausgewählt. Dabei wurde darauf geachtet, dass sie, bei der Binärkombination Nr. 0 beginnend, ihren logischen Zustand von einer Kombinationsmöglichkeit zur nächsten immer von 0 nach 1 wechselt.

Die Variablen b und c werden den beiden Steuereingängen S_0 und S_1 zugeordnet.

Damit ergibt sich dann die in Abbildung 22.6d angegebene Wahrheitstabelle und das in Abbildung 22.6e angegebene gesuchte Schaltnetz – wiederum eine sehr einfache Lösung ohne erforderliche Minimierung.

Anzahl der Steuereingänge ist um zwei größer als die Anzahl der Eingangsvariablen

 Mit zwei Multiplexern mit je n *Steuereingängen* und getrennten Freigabeeingängen kann jede Schaltfunktion mit $n+2$ *Eingangsvariablen* realisiert werden.

 In Abbildung 22.7 ist ein Beispiel für den Entwurf eines Schaltnetzes gezeigt, bei dem die Anzahl der Steuereingänge des Multiplexers um zwei Eingänge größer als die Anzahl der Eingangsvariablen ist.

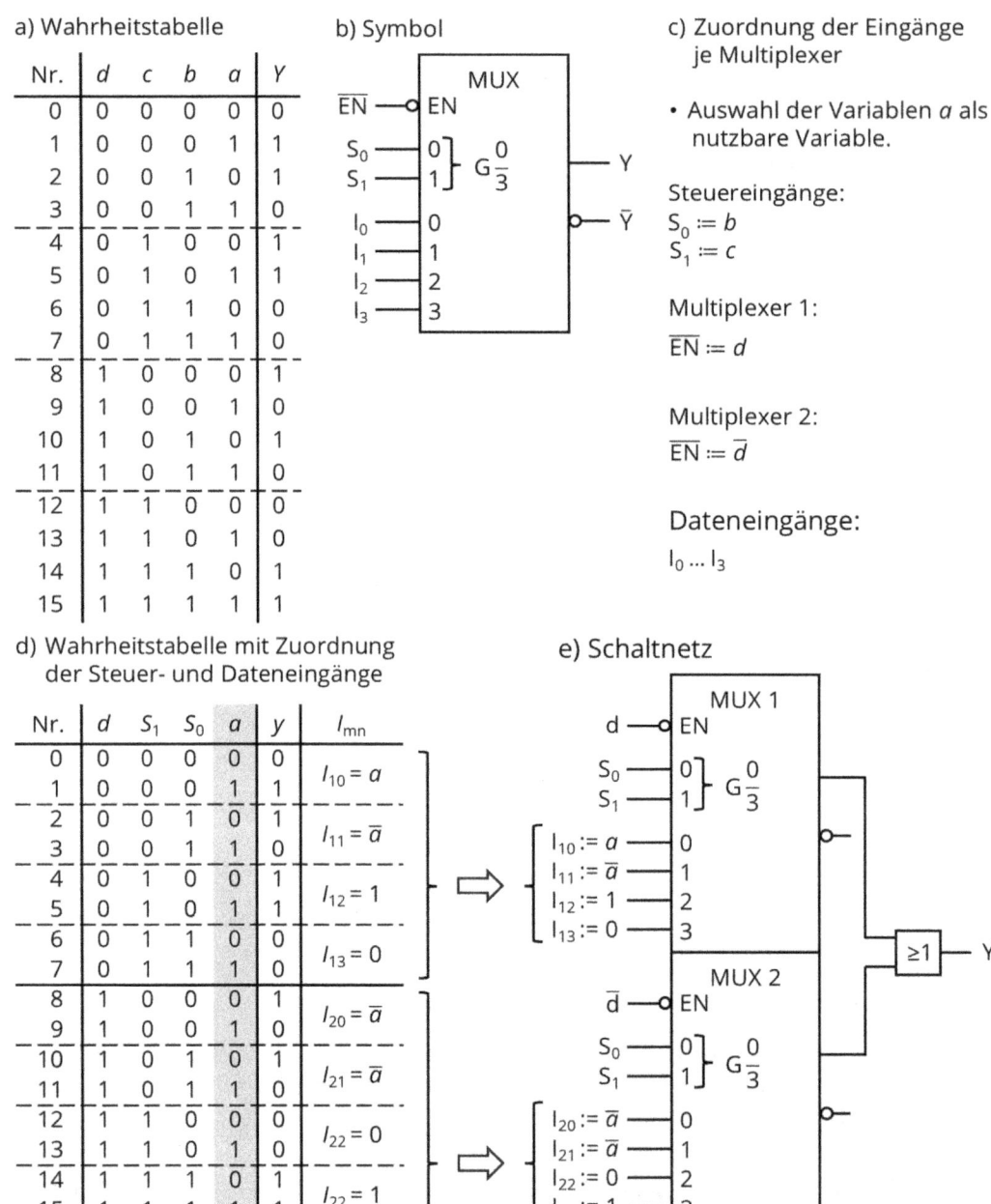

Abbildung 22.7: Entwurf eines Schaltnetzes für vier Variablen mit zwei 4-Kanal-Multiplexern ähnlich SN74LS153

In Abbildung 22.7a ist die Wahrheitstabelle mit einer willkürlich gewählten Schaltfunktion angegeben, für die das Schaltnetz mit zwei Multiplexern entworfen werden soll. In Abbildung 22.7b ist das zugehörige Symbol für einen der beiden identischen 8-Kanal-Multiplexer dargestellt und in Abbildung 22.7c die Zuordnung der Eingänge zu den Eingangsvariablen.

Die Variable a wird als nutzbare Variable für logische Verknüpfungen ausgewählt. Dabei wurde darauf geachtet, dass sie, bei der Binärkombination Nr. 0 beginnend, ihren logischen Zustand von einer Kombinationsmöglichkeit zur nächsten immer von 0 nach 1 wechselt.

Die Variablen b und c werden den beiden Steuereingängen S_0 und S_1 zugeordnet und die höchstwertige Variable d wird dem Freigabeeingang $\overline{EN}$ zugeordnet. Daraus resultiert, dass der erste Multiplexer mit diesem Signal in Eigenform und der zweite Multiplexer mit diesem Signal in negierter Form angesteuert werden muss, sodass insgesamt je Multiplexer eine Lösung für drei Variablen gesucht ist.

Damit ergibt sich dann die in Abbildung 22.7d angegebene Wahrheitstabelle und das in Abbildung 22.7e angegebene gesuchte Schaltnetz – eine sehr einfache Lösung ohne erforderliche Minimierung.

Demultiplexer

Ein *Demultiplexer* hat die Aufgabe, die Information eines Senders über einen Übertragungskanal auf mehrere Kanäle eines Empfängers zu verteilen.

Entwurf von Demultiplexern

In Abbildung 22.8 ist der Entwurf eines 2-Kanal-Demultiplexers schrittweise dargestellt. Dieser Entwurf ist exemplarisch für alle anderen Demultiplexer mit 4, 8, 16 ... Kanälen, da die Vorgehensweise immer gleich ist.

Im **1. Schritt** ist in Abbildung 22.8a das Symbol eines 2-Kanal-Multiplexers dargestellt. Dieser besitzt einen Steuereingang S, einen Dateneingang I und einen Low-aktiven Freigabeeingang $\overline{EN}$, der konjunktiv verknüpft mit dem Dateneingang wirkt. Die Datenausgänge des Demultiplexers für die zwei Kanäle sind $\overline{Y_0}$ und $\overline{Y_1}$.

Im **2. Schritt** ist in Abbildung 22.8b die Wahrheitstabelle des 2-Kanal-Demultiplexers angegeben. Mit dem Steuereingang können die beiden Kanäle angesteuert werden, wobei immer der negierte logische Zustand des Dateneingangs an den jeweiligen Datenausgang übernommen wird.

Im **3. Schritt** sind in Abbildung 22.8c die erforderlichen KV-Tafeln für die Schaltfunktionen $\overline{Y_0}$ und $\overline{Y_1}$ aufgestellt. Da nur jeweils ein Feld mit einer logischen 0 belegt ist, ist die konjunktive Minimalform der beiden Schaltfunktionen $\overline{Y_0}$ und $\overline{Y_1}$ ermittelt worden. Damit ergibt sich dann im letzten und **4. Schritt** das in Abbildung 22.8d angegebene Schaltnetz für den gesuchten 2-Kanal-Demultiplexer.

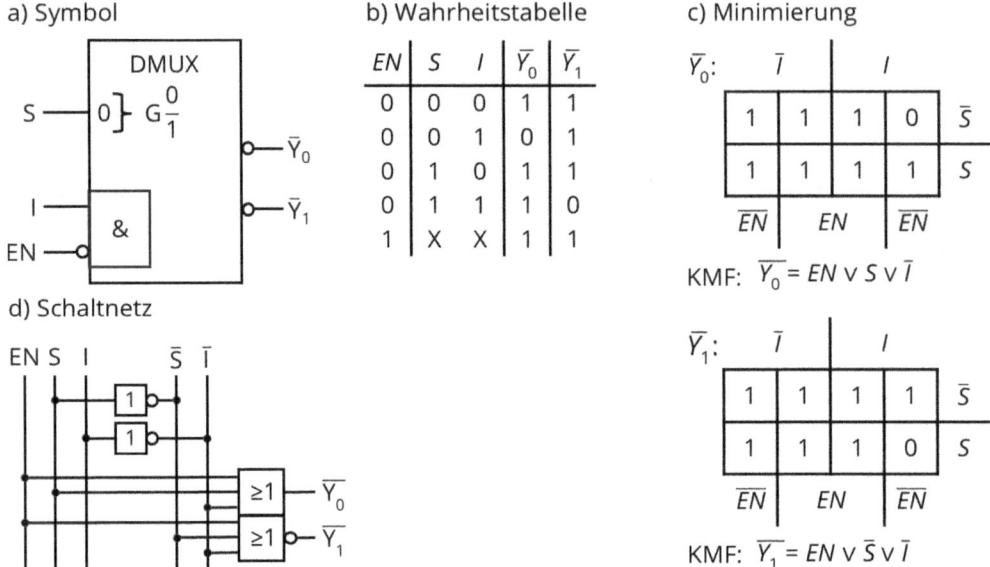

Abbildung 22.8: Entwurf eines 2-Kanal-Demultiplexers

Beispiel für einen 8-Kanal-Demultiplexer SN74LS138

Als Beispiel wird Ihnen hier ein typischer und häufig zum Einsatz kommender 8-Kanal-Demultiplexer vorgestellt, der SN74S138.

Es handelt sich dabei um den bereits in Kapitel 21 als Beispiel herangezogenen Binär-Oktal-Code-Umsetzer. Er bildet einerseits die Funktion eines Code-Umsetzers und andererseits die Funktion eines Demultiplexers ab.

Zum besseren Verständnis für Sie ist der 8-Kanal-Demultiplexer mit seinem internen Aufbau nebst Symbol und Arbeitstabelle hier nochmals in Abbildung 22.9 dargestellt. Lediglich das Symbol unterscheidet sich vom Code-Umsetzer in Kapitel 21, weil es sich um einen Demultiplexer handelt. Deswegen ist im Kopf der Kontur die Kennung DMUX eingetragen.

Dieses Logik-Element verfügt über drei Steuereingänge und somit acht Kanäle für die Übertragung von Information über einen Übertragungskanal und wird auf der Seite des Empfängers eingesetzt.

KAPITEL 22 Multiplexer und Demultiplexer

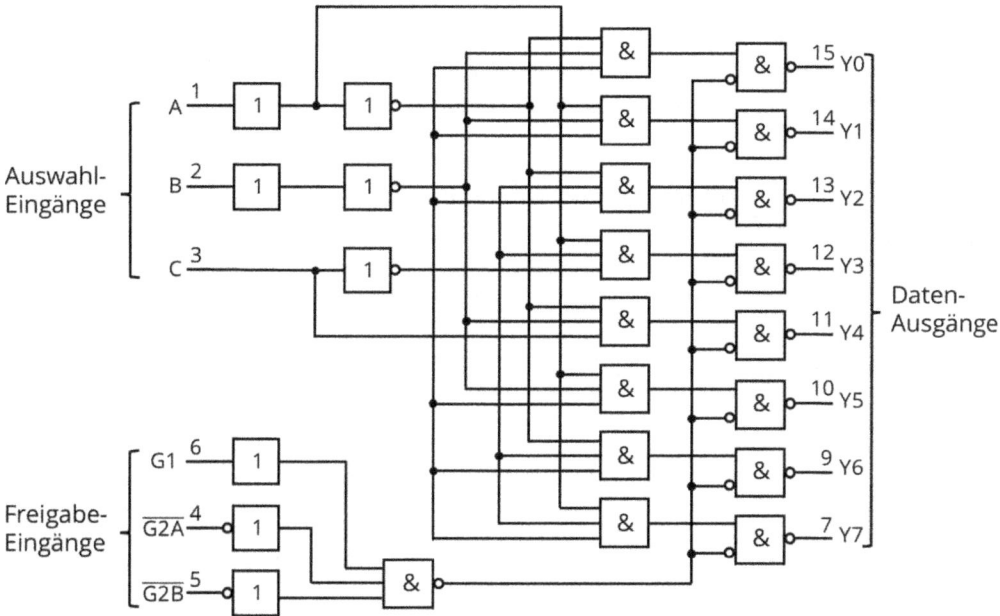

Quelle: Texas Instruments, Digital Logic Pocket Data Book, SCYD013B, S. 290, 2007

Abbildung 22.9: Beispiel für einen 8-Kanal-Demultiplexer SN74LS138

Übersicht einer Auswahl verfügbarer Demultiplexer

Um Ihnen die Auswahl zu erleichtern und einen kleinen Überblick zu verschaffen, sind in Tabelle 22.2 typische handelsübliche Demultiplexer, nach Anzahl der Kanäle sortiert, in verschiedenen Technologien zusammengestellt. Insgesamt gibt es Demultiplexer mit 4, 8 und 16 Kanälen.

	Funktion	Datenblatt)*	Technologie)*)**	Kennung)*)***
4 Kanäle	2-fach-*4-Kanal*-Demultiplexer/ 2-Bit-nach-4-Bit-Code-Umsetzer	DUAL 2-LINE TO 4-LINE DECODERS/ DEMULTIPLEXERS	SN54LS/ALS/ HC; SN74LS/AHC/ AHCT/HC/HCS/HCT/AHC/ AHCT/LVC/LV; CD74HCT	139
	3-Bit-nach-8-Bit-Code-Umsetzer		SN74LS	155
	mit Open-Collector-Ausgängen	WITH OPEN-COLLECTOR OUTPUTS	SN74LS/ALS	156
8 Kanäle	3-Bit-nach-8-Bit-Code-Umsetzer		SN74LS	155
	mit Open-Collector-Ausgen	WITH OPEN-COLLECTOR OUTPUTS	SN74LS/ALS	156
	mit nichtinvertierenden Ausgängen	WITH NON INVERTED OUTPUTS	SN74AC/ACT/AHC/HCS; CD54HC/HCT; CD74AC/HC	238
	mit Latches am Eingang	WITH ADDRESS LATCHES	SN74HCS	137
			SN74HCS; CD54/74HC	237
16 Kanäle	*16-Kanal*-Demultiplexer/ w4-Bit-Dualcode in 16 Bit umsetzen	4-LINE TO 16-LINE DECODERS/DEMUL-TIPLEXERS	CD54HC/HCT	154
	mit Open-Collector-Ausgängen und Latches am Eingang	WITH OPEN-COLLECTOR OUTPUTS AND WITH INPUT LATCHES	CD4000	4515B

)* Texas Instruments, Digital Logic Pocket Data Book, SCYD013B, 2007 und https://www.ti.com, letzter Zugriff am 08.02.2025

)** Dies sind nur Beispiele einiger Logik-Elemente. Die meisten Logik-Elemente sind in diversen Halbleitertechnologien verfügbar. Die Low Voltage Logic »Little Logic« von Texas Instruments wurde nicht berücksichtigt. Dies kann aus der angegebenen Quelle entnommen werden.

)*** Die Kennung ist eine mehrstellige Ziffer und steht immer hinter der Technologiebezeichnung. In Kapitel 10 ist dies erklärt.

Tabelle 22.2: Übersicht einer Auswahl verfügbarer 4-, 8- und 16-Kanal-Demultiplexer

Weitere Anwendungsfälle für Demultiplexer

Neben den eigentlichen Funktionen der Demultiplexer, der Verteilung von Information eines Übertragungskanals auf mehrere Kanäle eines Empfängers, können sie in vielen Fällen auch als Code-Umsetzer eingesetzt werden. In der nachfolgenden Tabelle 22.3 sind einige Möglichkeiten als Ideengeber für Sie zusammengestellt.

Anzahl Kanäle	Funktion	Anwendungsfall
4	Code-Umsetzer	2 Bit dual nach 4 Bit
8	Code-Umsetzer	3 Bit dual nach 8 Bit
		3 Bit dual nach Oktal-Code (siehe auch Kapitel 21)
16	Code-Umsetzer	4 Bit dual nach 16 Bit

Tabelle 22.3: Weitere Anwendungsfälle für Demultiplexer

Übungen: Multiplexer und Demultiplexer

Anmerkung: Bei der Bezeichnung des Freigabeeingangs $\overline{EN}$ handelt es sich nicht um die Negation des Signals EN, sondern nur um eine Bezeichnung, die zum Ausdruck bringen soll, dass es Low-aktiv ist. $\overline{EN}$ muss genauso behandelt werden wie eine Variable in Eigenform. Diese Kennzeichnung wird in allen Datenblättern der Halbleiterhersteller so verwendet.

Übung 22.1: Entwurf eines 8-Kanal-Multiplexers

Der 8-Kanal-Multiplexer besitzt einen Freigabeeingang $\overline{EN}$, der Low-aktiv und gemeinsam mit den Dateneingängen I_0 bis I_7 wirkt. Die Steuereingänge des Multiplexers werden mit S_0, S_1 und S_2 bezeichnet. Die Ausgänge liegen in Eigenform und negierter Form vor und werden mit Y und $\overline{Y}$ bezeichnet.

a) Geben Sie das Symbol des Multiplexers bei positiver Logik an.

b) Stellen Sie die Wahrheitstabelle des Multiplexers bei positiver Logik auf.

c) Entwerfen Sie die Schaltfunktion Y des 8-Kanal-Multiplexers, indem Sie, wenn möglich, die Minimierung der Schaltfunktion mittels der Schaltalgebra oder den KV-Tafeln vornehmen. Begründen Sie Ihre Entscheidung für die jeweilige Vorgehensweise.

d) Geben Sie das Schaltnetz des Multiplexers in einer Minimalform an.

e) Entwickeln Sie eine Lösung des 8-Kanal-Multiplexers mit einem 4-Kanal-Multiplexer mit getrennten Freigabeeingängen $\overline{EN}$ bei positiver Logik und geben Sie das Schaltnetz an.

Übung 22.2: Entwurf eines 4-Kanal-Demultiplexers

Der 4-Kanal-Demultiplexer besitzt einen Freigabeeingang $\overline{EN}$, der Low-aktiv und gemeinsam mit dem Dateneingang I wirkt. Die Steuereingänge des Multiplexers werden mit S_0 und S_1 bezeichnet. Die Ausgänge sind negiert und werden mit $\overline{A_0}$, $\overline{A_1}$, $\overline{A_2}$ und $\overline{A_3}$ bezeichnet.

a) Geben Sie das Symbol des Demultiplexers bei positiver Logik an.

b) Stellen Sie die Wahrheitstabelle des Demultiplexers bei positiver Logik auf.

c) Entwerfen Sie das Schaltnetz, indem Sie die Minimierung der Schaltfunktionen entweder mittels der Schaltalgebra oder den KV-Tafeln vornehmen. Begründen Sie Ihre Entscheidung für das jeweilige Verfahren.

d) Geben Sie das Schaltnetz des Demultiplexers in einer Minimalform an.

> **IN DIESEM KAPITEL**
>
> Aufgaben und Arbeitsweise
>
> Entwurf eines Komparators
>
> Beispiele und Kaskadierung von Komparatoren
>
> Übersicht einer Auswahl verfügbarer Komparatoren
>
> Weitere Anwendung für Komparatoren
>
> Übungen zu den Komparatoren

Kapitel 23
Komparatoren (Vergleicher) – Jetzt wird verglichen

Aufgabe und Arbeitsweise eines Komparators

Definition nach IEV312-02-42: Ein *Komparator* ist ein Gerät, das durch Vergleich Information über die Differenz zwischen den Werten zweier Größen bereitstellt.

Zur Veranschaulichung: Ein *Komparator* (Vergleicher) vergleicht zwei Binärzahlen miteinander, die im Dualcode vorliegen. Der Vergleich beginnt mit der niederwertigsten Stelle, soweit nichts anderes angegeben ist. Als Ergebnis liefert die Schaltfunktion beziehungsweise die Schaltfunktionen des Komparators definierte logische Zustände für die Vergleichsrelationen *Kleiner als*, *Gleichheit* und/oder *Größer als*.

In Abbildung 23.1 ist das Symbol eines 4-Bit-Komparators und die Arbeitstabelle, wie sie auch in den Datenblättern angegeben wird, dargestellt. Bei der Arbeitstabelle handelt es sich um eine reduzierte Variante, da sonst 256 Kombinationsmöglichkeiten erforderlich wären.

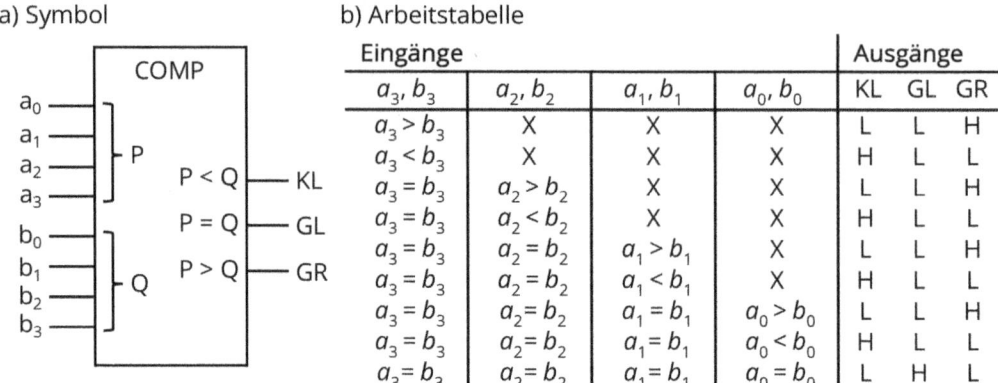

Abbildung 23.1: Symbol und Arbeitstabelle für einen 4-Bit-Komparator

Die Kennzeichnung des Komparators erfolgt im Kopf der Kontur mit COMP, die Eingänge werden innerhalb der Kontur mit P und Q bezeichnet, die Ausgänge hingegen mit P und Q sowie dem jeweiligen Vergleichszeichen. Weitere Details entnehmen Sie bitte auch Kapitel 16 und dort dem Abschnitt »Arithmetische Elemente«.

Die Bezeichnungen der Ein- und Ausgänge sind frei wählbar und lauten hier a, b, KL, GL und GR.

Entwurf von Komparatoren

 In Abbildung 23.2 ist beispielhaft der Entwurf eines 2-Bit-Komparators angegeben.

Im **1. Schritt** wurde in Abbildung 23.2a das Symbol für den Komparator angefertigt. Im Kopf der Kontur wird der Komparator mit der Kennung COMP versehen. Die Eingänge für den Vergleich der im dualen Code vorliegenden Operanden sind mit a und b bezeichnet sowie mit dem Stellenwert als Index versehen. Innerhalb der Kontur des Komparators sind die Eingänge von a mit P und die von b mit Q bezeichnet. Die Ausgänge werden entsprechend mit dem jeweiligen Vergleichszeichen gekennzeichnet. Die Vergleichsergebnisse von a und b sind mit KL für den Kleiner-als-Vergleich, mit GL für die Gleichheit und GR für den Größer-als-Vergleich angegeben.

Im **2. Schritt** wurde in Abbildung 23.2b die Wahrheitstabelle für die Schaltfunktionen KL, GL und GR mit den Eingangsvariablen a_0, a_1, b_0 und b_1 mit insgesamt 16 Kombinationsmöglichkeiten aufgestellt.

Im **3. Schritt** wurde in Abbildung 23.2c die KV-Tafel für die Schaltfunktionen KL und GR aufgestellt. Für die Gleichheit GL kann die Schaltfunktion aus den Schaltfunktionen KL und GR abgeleitet werden. Es können 2er- und 4er-Vereinfachungsblöcke für die mit einer logischen 1 belegten Felder gebildet werden. Mit der Auswertung der beiden KV-Tafeln folgt

KAPITEL 23 Komparatoren (Vergleicher)

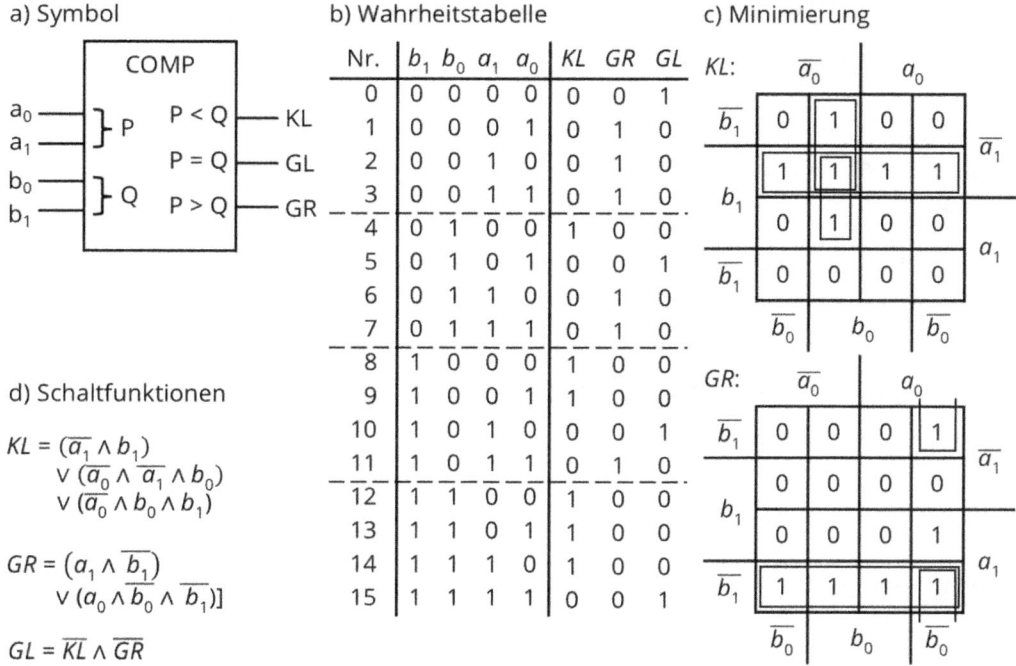

d) Schaltfunktionen

$KL = (\overline{a_1} \wedge b_1)$
$\quad \vee (\overline{a_0} \wedge \overline{a_1} \wedge b_0)$
$\quad \vee (\overline{a_0} \wedge b_0 \wedge b_1)$

$GR = (a_1 \wedge \overline{b_1})$
$\quad \vee (a_0 \wedge \overline{b_0} \wedge \overline{b_1})]$

$GL = \overline{KL} \wedge \overline{GR}$

e) Schaltnetz

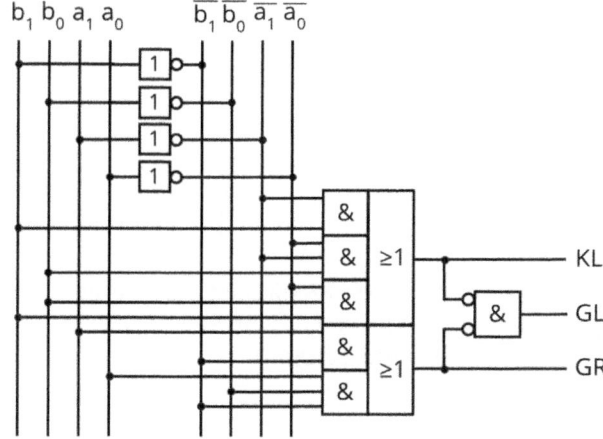

Abbildung 23.2: Entwurf eines 2-Bit-Komparators

dann unter Abbildung 23.2d die angegebene DMF für die Schaltfunktionen *KL* und *GR* sowie die daraus abgeleitete Schaltfunktion *GL*.

Im letzten und **4. Schritt** wurde in Abbildung 23.2e das Schaltnetz für den 2-Bit-Komparator erstellt.

Diese Vorgehensweise ist für alle zu entwerfenden Komparatoren identisch.

Beispiel für einen 4-Bit-Komparator SN74LS85

In Abbildung 23.3 ist ein Beispiel für den in wichtigen Technologien verfügbaren 4-Bit-Komparator SN74LS85 angegeben. Dazu wurden das Symbol des Komparators, das gesamte Schaltnetz der internen Logik-Elemente und die Arbeitstabelle angegeben, aus der Sie die Funktion des Komparators entnehmen können.

Erweiterung der Komparatoren durch Kaskadierung

Zunächst für Sie eine Klärung zum Begriff Kaskadierung:

Mit *Kaskadierung* bezeichnet man in der Schaltungstechnik die Hintereinanderschaltung von mehreren gleichen Baugruppen.

Besitzt der Komparator zusätzliche Eingänge zur Kaskadierung, gibt es grundsätzlich zwei Möglichkeiten, um die Anzahl an Binärstellen, die miteinander verglichen werden sollen, zu erhöhen. Dies ist die *Kaskadierung von Komparatoren* über eine

✔ *Serienerweiterung* oder

✔ *Parallelerweiterung*.

Serienerweiterung

Am Beispiel des 4-Bit-Komparators SN74LS85 ist in Abbildung 23.4 die Serienerweiterung auf 8 Bit vorgenommen worden. Hierzu wird ein zweites identisches Logik-Element dem ersten Komparator nachgeschaltet.

Der erste Komparator nimmt den Vergleich der vier niederwertigsten Binärstellen vor und der zweite Komparator nimmt den Vergleich der vier höchstwertigen Binärstellen vor. Der Komparator für die vier niederwertigsten Binärstellen wird erst dann für die Auswertung des Vergleichs herangezogen, wenn die vier höchstwertigen Binärstellen gleich sind.

Die Belegung der Kaskadierungseingänge erfolgt entsprechend der letzten Zeile in der Arbeitstabelle in Abbildung 23.3, sodass der Gleichheitseingang auf H liegt, der Größer-als- und der Kleiner-als-Eingang können beliebig belegt werden, werden aber auf den konstanten Logikpegel L gelegt, damit die Eingänge nicht offen betrieben werden. Die Vergleichsausgänge des ersten Komparators werden direkt auf die Kaskadierungseingänge des zweiten Komparators geführt. Die Vergleichsausgänge des zweiten Komparators liefern dann das Ergebnis des 8-Bit-Vergleichs.

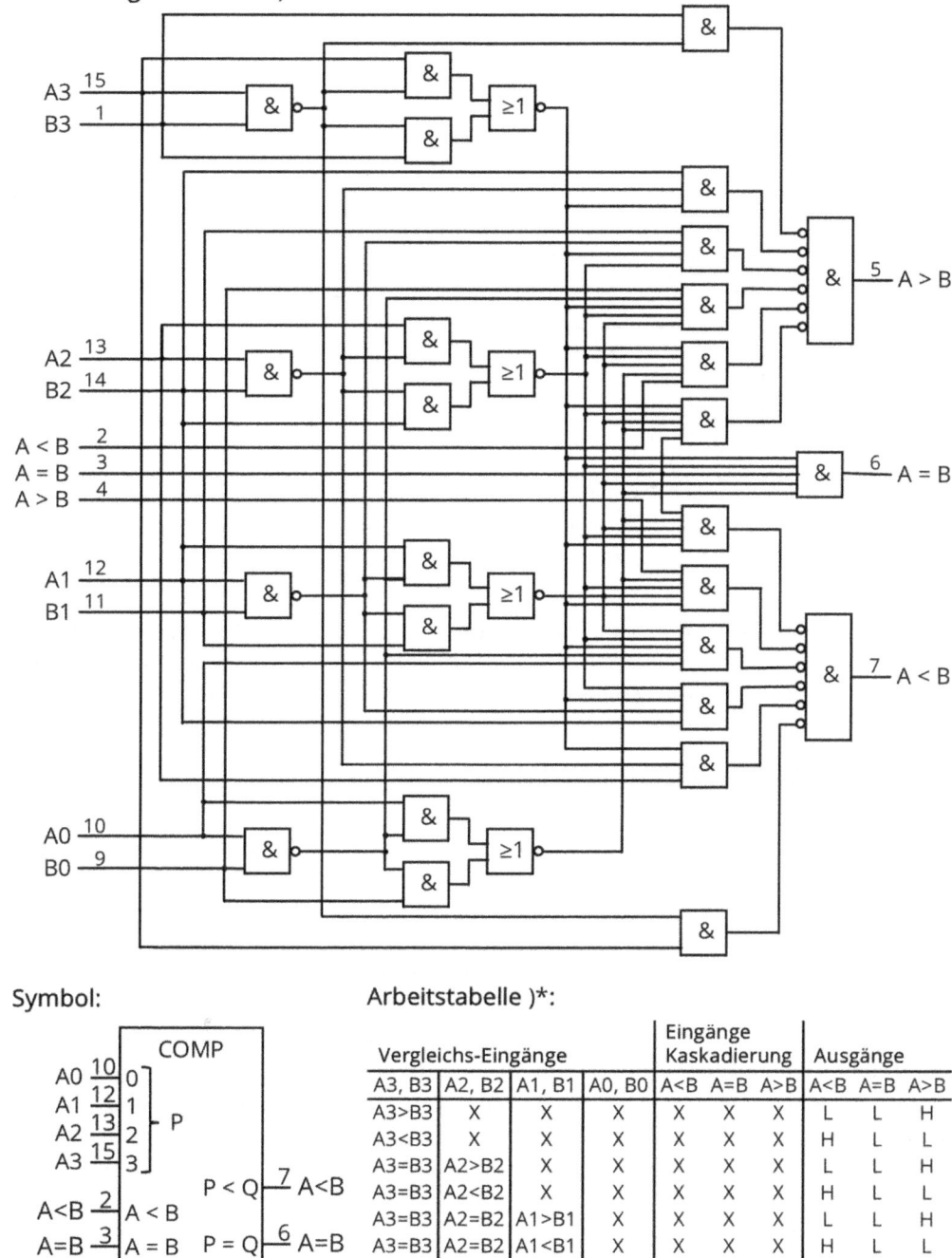

Abbildung 23.3: Beispiel für einen kaskadierbaren 4-Bit-Komparator SN74LS85

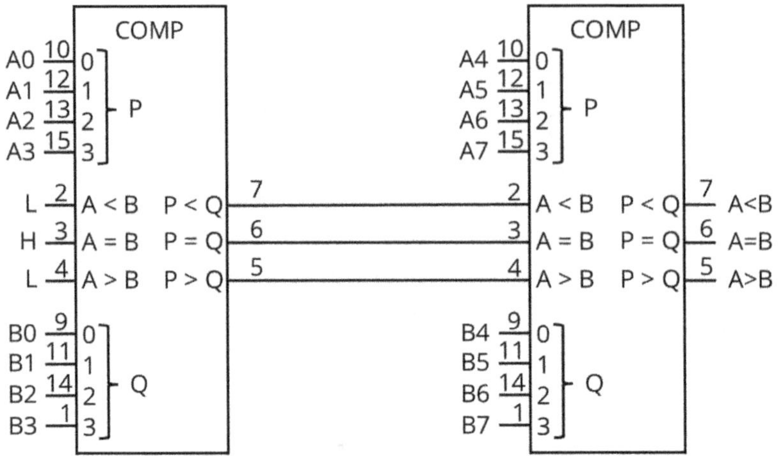

Abbildung 23.4: Serienerweiterung durch Kaskadierung eines Komparators SN74LS85

Nachteilig bei der Serienerweiterung ist bei Erweiterungen um jede weitere Stufe die lineare Erhöhung der Signallaufzeit. Eine Alternative stellt dann die Parallelerweiterung dar, die im anschließenden Abschnitt vorgestellt wird.

Parallelerweiterung

BEISPIEL
Im vorliegenden Beispiel in Abbildung 23.5 mit einer Parallelerweiterung eines 4-Bit-Komparators auf 8 Bit mit einem SN74LS85 ergibt sich eine zweistufige Variante mit drei Komparatoren. Alternativ, aber weniger gebräuchlich ist eine 9-Bit-Variante, wenn die Kaskadierungseingänge mit einer weiteren Binärstelle belegt werden, wie dies in Abbildung 23.5 angegeben ist.

Die Parallelerweiterung ist im direkten Vergleich mit der Serienerweiterung erst dann vorteilhaft, wenn beispielsweise 16 oder 24 Bit miteinander verglichen werden sollen. Diese Komparatoren können dann ebenfalls zweistufig ausgelegt werden und somit sind die Signallaufzeiten entsprechend niedriger. Bei 24 Bit würden die Signallaufzeiten bei einer Serienerweiterung das Sechsfache eines 4-Bit-Komparators im Vergleich zur zweifachen Signallaufzeit bei einer Parallelerweiterung bedeuten. Die Parallelerweiterung wäre somit dreimal schneller.

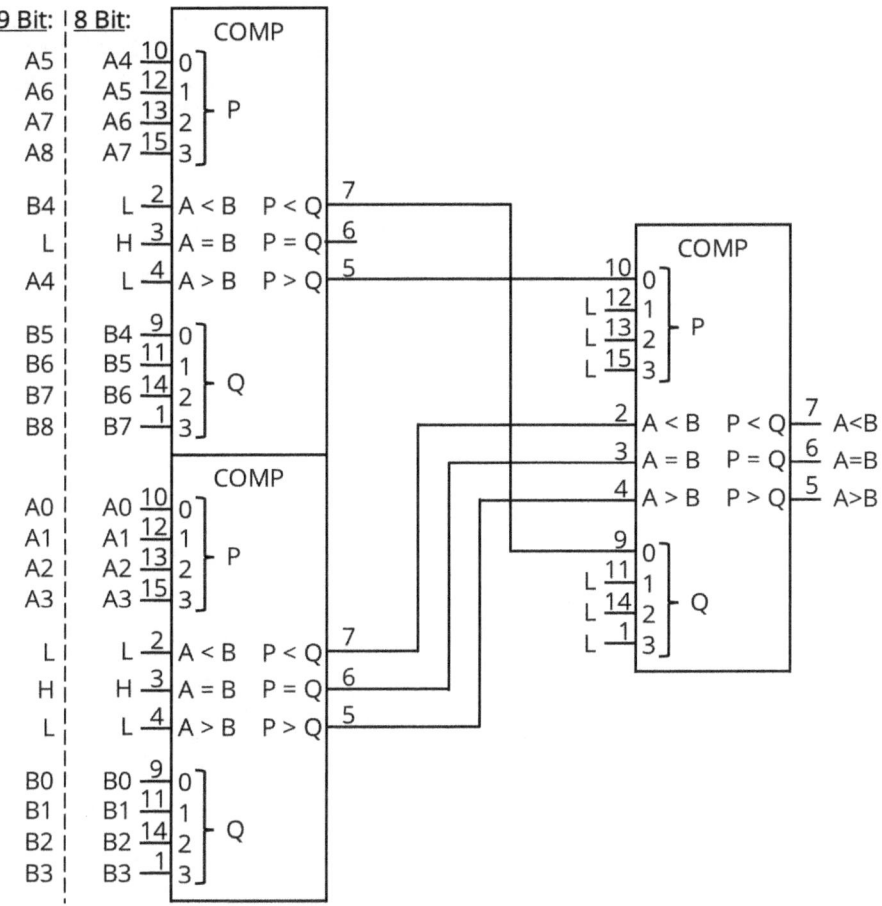

Abbildung 23.5: Parallelerweiterung durch Kaskadierung eines Komparators SN74LS85

Übersicht einer Auswahl verfügbarer Komparatoren

Um Ihnen die Auswahl zu erleichtern und einen kleinen Überblick zu verschaffen, sind in Tabelle 23.1 typische handelsübliche Komparatoren in verschiedenen Ausführungsformen zusammengestellt. Insgesamt gibt es Komparatoren mit 4 Bit und 8 Bit Breite, die sich in den Ein- und Ausgängen unterscheiden.

Funktionen)⁴			Ausgänge					Technologie)*)**	Kennung)*)***
Anz. Bits	Eingang	Ausgang	P < Q	P = Q	$\overline{P = Q}$	P > Q	$\overline{P > Q}$		
4	S	G	•	•		•		SN54S/LS; SN74/LS/S/	85
8	R, EN	OC		•				SN74ALS	518
8	R, EN	G			•			SN54ALS; SN74ALS	520
8	R	G			•		•	SN54LS; SN74LS/HC	682
8	S, EN	OC			•			SN54F; SN74ALS/F	521
8	S	G			•		•	SN54LS; SN74LS/HC	684
8	S	G			•			SN54LS/ALS/HC; SN74LS/ALS/HC	688
8	LP	G	•			•		SN54AS; SN74AS	885

)*   Texas Instruments, Digital Logic Pocket Data Book, SCYD013B, 2007 und https://www.ti.com, letzter Zugriff am 08.02.2025

)** Dies sind nur Beispiele einiger Logik-Elemente. Die meisten Logik-Elemente sind in diversen Halbleitertechnologien verfügbar. Die Low Voltage Logic »Little Logic« von Texas Instruments wurde nicht berücksichtigt. Dies kann aus der angegebenen Quelle entnommen werden.

)*** Die Kennung ist eine mehrstellige Ziffer und steht immer hinter der Technologiebezeichnung. In Kapitel 19 ist dies erklärt

)⁴   Abkürzungen zu den Funktionen: A – Adressen-Komparator; EN – Freigabeeingang; G – Gegentaktausgang; LP – Port Latch; OC – Open Collector-Ausgang; R – 20-kΩ-Pullup-Widerstand erforderlich; S – Standard

Tabelle 23.1: Übersicht einer Auswahl verfügbarer Komparatoren

Weitere Anwendung für Komparatoren

Neben der eigentlichen Funktion der Komparatoren, den Vergleich von binären Zahlen im dualen Code vorzunehmen, können mit einem Komparator auch Schaltnetze zur selektiven Ansteuerung von Baugruppen eines Mikroprozessorsystems entworfen werden.

Hierzu wird einfach mit einem oder zwei Komparatoren ein Adressbereich konfiguriert, der dann für diesen Bereich ein entsprechendes Ansteuersignal (Chip Select: CS) für die gewünschte Baugruppe oder den Speicherbereich liefert, wie dies auch schon mit dem Code-Umsetzer in Kapitel 21 exemplarisch vorgenommen worden ist.

Das explizit als Adressen-Komparator angebotene Logik-Element SN74HC679 in Tabelle 23.1 können Sie speziell für solche Anwendungsfälle einsetzen.

Übungen: Komparatoren

Übung 23.1:

Generierung eines Ansteuersignals bei Einhaltung eines Wertebereichs von 4-Bit-Binärzahlen mit Komparatoren, einem klassischen Schaltnetz und Multiplexern.

Es soll für die 4-stellige Dualzahl A ermittelt werden, ob die Werte zwischen 5h und Ah liegen, und zur Signalisierung ein Ansteuersignal Y generiert werden.

a) Hierfür stehen 4-Bit-Komparatoren vom Typ SN74XX85 und weitere Logik-Elemente zur Verfügung. Wie lautet Ihr Lösungsansatz und wie viele 4-Bit-Komparatoren benötigen Sie für das zu entwerfende Schaltnetz? Geben Sie dieses an.

b) Entwerfen Sie ein konventionelles Schaltnetz ohne Komparatoren, indem Sie die Wahrheitstabelle aufstellen, gegebenenfalls eine Minimierung durchführen sowie die Schaltfunktion und das Schaltnetz angeben.

c) Entwickeln Sie eine Lösung mit Multiplexern. Dafür stehen Ihnen 8-Kanal-Multiplexer SN74XX151 mit einem L-aktiven Freigabeeingang $\overline{EN}$ und weitere Logik-Elemente zur Verfügung. Geben Sie das Symbol des Multiplexers an, stellen Sie die Wahrheitstabelle auf und geben Sie die Schaltung an.

d) Vergleichen Sie Ihre Lösungen unter den Punkten a) bis c) und bewerten Sie die Lösungen bezüglich des Aufwands für den Entwurf sowie Flexibilität und Umfang.

Übung 23.2:

Generierung eines Ansteuersignals für einen Adressbereich eines Mikroprozessorsystems mit Komparatoren.

Ein Speicherbereich soll für Schreib- und Lesevorgänge über einen Adressbus angesteuert werden. Dazu soll ein CS-Signal (Chip Select) generiert werden, wenn auf dem 8-Bit-Adressbus eine Adresse zwischen 10h bis 1Fh anliegt. Der Adressbus hat die acht Adressleitungen A0 bis A7, wobei A0 die niederwertigste Adressleitung ist.

Nennen Sie Ihren Lösungsansatz mit 8-Bit-Komparatoren ohne Freigabeeingang und Kaskadierungseingänge sowie weiteren Logik-Elementen und geben Sie das Symbol für den 8-Bit-Komparator sowie das Schaltnetz mit 8-Bit-Komparatoren und den erforderlichen Logik-Elementen an.

> **IN DIESEM KAPITEL**
>
> Halb- und Volladdierer
>
> Übertragsgenerator
>
> Erweiterung mit Serienübertrag (Carry ripple) und Parallelübertrag von Volladdierern
>
> Übersicht einer Auswahl arithmetischer Logik-Elemente mit Beispielen
>
> Übungen

Kapitel 24
Arithmetische Logik-Elemente – Jetzt wird abgerechnet

Funktionen der arithmetischen Logik-Elemente

Die arithmetischen Logik-Elemente dienen zur Durchführung sämtlicher mathematischer Operationen. Ziel ist es, mit möglichst wenigen Logik-Elementen sämtliche mathematische Operationen realisieren zu können.

Sie sollten sich merken, dass praktisch alle mathematischen Operationen auf die Addition mit

- *Halbaddieren* und
- *Volladdierern*

zurückgeführt werden.

Die *Subtraktion* wird mit dem Zweierkomplement auf die Addition zurückgeführt. Die *Multiplikation* auf das stellenweise Verschieben der Binärzahlen und anschließender Addition mit Überträgen und die *Division* auf das stellenweise

Vergleichen der Binärstellen, das Verschieben der Binärstellen und anschließender Subtraktion. Auf diesen vier Grundrechenarten aufbauend, können alle anderen mathematischen Operationen entwickelt werden.

Es gibt Logik-Elemente für die

✔ *Addition mehrerer Binärstellen mit Übertrag*,

✔ *Übertragsgeneratoren für die Erweiterung von Volladdierern mit Parallelübertrag* und

✔ *Arithmetisch Logische Einheiten* (englisch Arithmetic Logic Unit – ALU).

Halbaddierer

Zunächst für Sie die Definition eines Halbaddierers:

Ein *Halbaddierer* ist ein Logik-Element, das die Summe zweier einstelliger binärer Werte und den Übertrag dieser Werte ohne einen Übertrag der vorangegangenen Stelle bildet.

In Abbildung 24.1a ist das Symbol für einen Halbaddierer angegeben. Als Kennung wird im Kopf der Kontur das Summationszeichen angegeben. Der Ausgang für den Übertrag ist innerhalb der Kontur mit CO (englisch Carry Out) und außerhalb der Kontur mit c (englisch Carry) gekennzeichnet. Links sind die beiden Eingänge a und b für die Summanden angegeben und rechts die Summe s.

a) Symbol

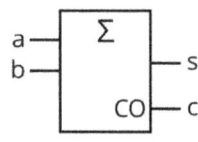

Legende:
a, b: Summanden
s: Summe
c: Übertrag (engl. Carry)

b) Wahrheitstabelle

Nr.	b	a	s	c
0	0	0	0	0
1	0	1	1	0
2	1	0	1	0
3	1	1	0	1

c) Schaltfunktion der Summe
$s = a \leftrightarrow b$

d) Schaltfunktion des Übertrags
$c = a \wedge b$

e) Schaltnetz des Halbaddierers

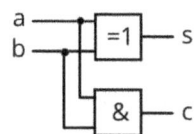

Abbildung 24.1: Symbol und Entwurf eines Halbaddierers

Aus der Wahrheitstabelle Abbildung 24.1b folgt für die Summe die Antivalenz der Summanden *a* und *b* in Abbildung 24.1c und für den Übertrag in Abbildung 24.1d die konjunktive Verknüpfung der Summanden *a* und *b*. Damit ergibt sich das in Abbildung 24.1d erstellte Schaltnetz für einen Halbaddierer.

Da der Halbaddierer nur geeignet ist, die Addition einer einzigen Binärstelle durchzuführen, muss er, wenn er für die Addition einer beliebigen Anzahl von Binärstellen eingesetzt werden soll, noch um den Übertrag der vorangegangenen Binärstelle erweitert werden. So kann durch eine Erweiterung mit Serienübertrag mit weiteren Volladdierern eine beliebige Anzahl an Binärstellen addiert werden.

Volladierer

Eingangs für Sie die Definition eines Volladierers:

 Ein *Volladierer* ist ein Logik-Element, das die Summe zweier einstelliger binärer Werte und den Übertrag dieser Werte mit einem Übertrag der vorangegangenen Stelle bildet.

In Abbildung 24.2a ist das Symbol für einen Volladierer angegeben. Im Unterschied zum Halbaddierer sind sämtliche Ein- und Ausgänge mit dem Index i für eine beliebige Stelle und der zusätzlich Eingang c_{i-1} für den Übertrag der vorangegangenen Stelle hinzugekommen. Innerhalb der Kontur ist der Übertrag der vorangegangenen Stelle mit CI (englisch Carry In) gekennzeichnet.

a) Symbol

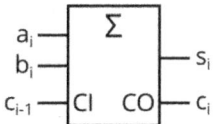

Legende:
i: Stelle i
a_i, b_i: Summanden an der Stelle i
s_i: Summe an der Stelle i
c_{i-1}: Übertrag an der i-1-ten Stelle
c_i: Übertrag an der Stelle i

b) Wahrheitstabelle

Nr.	c_{i-1}	b_i	a_i	s_i	c_i
0	0	0	0	0	0
1	0	0	1	1	0
2	0	1	0	1	0
3	0	1	1	0	1
4	1	0	0	1	0
5	1	0	1	0	1
6	1	1	0	0	1
7	1	1	1	1	1

c) Schaltfunktion der Summe

$s_i = a_i \leftrightarrow b_i \leftrightarrow c_{i-1}$

d) Schaltfunktion des Übertrags

$c_i = (a_i \wedge b_i) \vee [c_{i-1} \wedge (a_i \leftrightarrow b_i)]$

f) Symbol mit Generate- und Propagate-Ausgängen

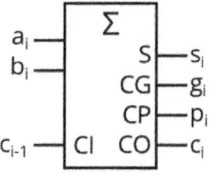

e) Schaltnetz des Volladierers

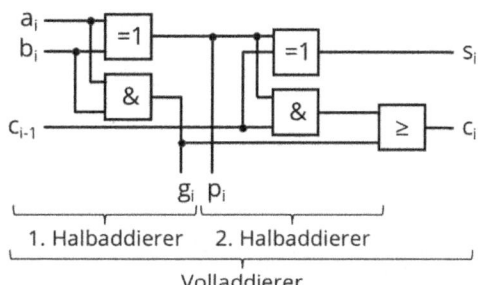

Abbildung 24.2: Symbol und Entwurf eines Volladierers

Die Wahrheitstabelle eines Volladierers ergibt sich in Abbildung 24.2b. Im Unterschied zum Halbaddierer ist hier die dritte Variable, der Übertrag c_{i-1} der vorangegangenen Stelle, hinzugekommen. Für die ersten vier Kombinationsmöglichkeiten 0 bis 3 gibt es keinen Unterschied zum Halbaddierer, da es keinen Übertrag der vorangegangenen Stelle gibt. Anders sieht es für die Kombinationsmöglichkeiten 4 bis 7 aus, dort gibt es jeweils einen Übertrag einer vorangegangenen Stelle, der sich auf die Summe und den Übertrag für die nachfolgende Binärstelle auswirkt.

Wie die *Überträge bei der Addition* gebildet werden, können Sie in Kapitel 3 im Abschnitt »Addition« zur Erinnerung nachschlagen.

Die Schaltfunktionen für die Summe s an der Stelle i und den Übertrag c an der Stelle i können Sie sehr einfach direkt aus der Wahrheitstabelle entnehmen – ganz ohne Syntheseverfahren.

Die Schaltfunktion s_i der Summe an der Stelle i ist die Antivalenz der drei Eingangsvariablen a_i, b_i und c_{i-1} in Abbildung 24.2c. Der erste Term der Schaltfunktion c_i ergibt sich dann aus der konjunktiven Verknüpfung der Summanden a_i und b_i. Der zweite disjunktiv mit dem ersten Term verknüpfte Term ergibt sich dann aus der Konjunktion des Übertrags der vorangegangenen Stelle c_{i-1} und der Antivalenz der Summanden a_i und b_i verknüpft, wie dies in Abbildung 24.2d angegeben ist.

Damit ergibt sich das in Abbildung 24.2e erstellte Schaltnetz für einen Volladdierer, der aus zwei Halbaddierern und einer zusätzlichen ODER-Verknüpfung besteht.

In der Lösung in Abbildung 24.2e sind zwei Ausgänge herausgeführt. Dies ist zum einen der generierende g_i-Ausgang (englisch Generate) und zum Zweiten der vorbereitende p_i-Ausgang (englisch Propagate) an der Stelle i. Der Vorteil dieser beiden Zwischengrößen besteht darin, dass bei der Erweiterung um weitere Volladdierer alle diese Zwischengrößen für jede Binärstelle zeitgleich anliegen, ohne dass eine Verzögerung von Stelle zu Stelle eintritt. Somit liegen die Überträge aller Stellen zeitgleich und stabil an. Diesen positiven Effekt werden wir uns bei einer Erweiterung mit Parallelübertrag zunutze machen. Dazu muss dann aber zunächst der erforderliche Übertragsgenerator entworfen werden, der diese Zwischengrößen verarbeitet.

Bei einer Erweiterung mit Serienübertrag, wie er im folgenden Abschnitt behandelt wird, ist das leider nicht der Fall.

Erweiterung von Volladdierern mit Serienübertrag (Carry Ripple)

Durch eine Erweiterung mit Serienübertrag kann der Volladdierer um eine beliebige Anzahl von Binärstellen erweitert werden. Der Vorteil besteht in der Einfachheit des Entwurfs. Die Erweiterung mit Serienübertrag hat allerdings den Nachteil, dass das Übertragssignal für jede Binärstelle erst verzögert stabil anliegt. Deswegen wird dieses Verhalten auch Carry Ripple genannt (sinngemäß: wackelnder Übertrag).

Im folgenden Beispiel in Abbildung 24.3 ist eine Erweiterung für einen 4-Bit-Volladdierer mit Serienübertrag (Carry Ripple) dargestellt – eine sehr einfach zu konstruierende Lösung, da lediglich vier gleichartige Volladdierer hintereinandergeschaltet werden müssen.

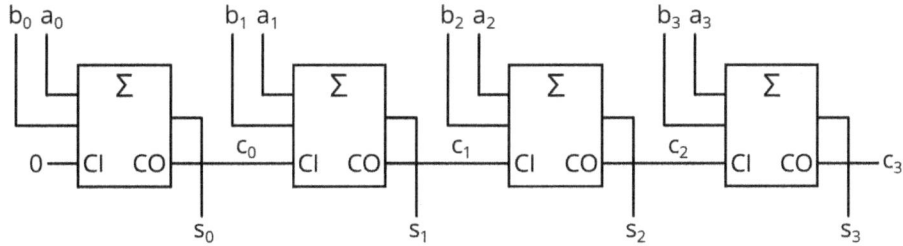

Legende:
i: Stelle i = 0,1 ... 3 a_i, b_i: Summanden an der Stelle i
s_i: Summe an der Stelle i c_i: Übertrag an der Stelle i

Abbildung 24.3: 4-Bit-Volladdierer durch Erweiterung mit Serienübertrag (Carry Ripple)

Zur Realisierung dieses 4-Bit-Volladdierers werden vier Volladdierer benötigt. Der Übertragseingang der niederwertigsten Stelle muss mit einer logischen 0 belegt werden und die Übertragsausgänge der jeweiligen Binärstelle müssen an den Übertragseingang der nächsthöherwertigen Binärstelle angeschlossen werden, wie dies in Abbildung 24.3 vorgenommen wurde.

Der Aufwand für die Realisierung ist minimal, allerdings besteht der große Nachteil bei einer Erweiterung mit Serienübertrag darin, dass die Überträge und die Summe erst verzögert anliegen. Pro Binärstelle erhöht sich die Verzögerungszeit um die Signallaufzeit eines Volladdierers, weil sich die Überträge der Binärstellen ändern. Deswegen wird dieses Verfahren auch als Carry Ripple bezeichnet.

Übertragsgenerator für Volladdierer

In Abbildung 24.4 ist die Entwicklung eines 4-Bit-Übertragsgenerators angegeben worden, der kaskadierbar ist, um mehr als 4 Binärstellen addieren zu können. Basis des Entwurfs stellt die Boole'sche Gleichung der Schaltfunktion für den Übertrag c_i an der Stelle i für einen Volladdierer mit den Generate- und Propagate-Ausgängen dar. Damit ergeben sich dann die Überträge für die vier Binärstellen c_0 bis c_3 und das entsprechende Symbol des Übertragsgenerators.

Dieser Übertragsgenerator kann jetzt für die Erweiterung von Volladdierern um weitere Binärstellen mit einem Parallelübertrag genutzt werden, wie dies im folgenden Abschnitt beschrieben ist.

Erweiterung von Volladdierern mit Parallelübertrag

Die Erweiterung von Volladdierern um weitere Binärstellen kann sehr effizient mit einem Übertragsgenerator vorgenommen werden, wie dies in Abbildung 24.5 für einen 4-Bit-Volladdierer dargestellt ist. Zur Realisierung dieses 4-Bit-Volladdierers werden vier Volladdierer benötigt.

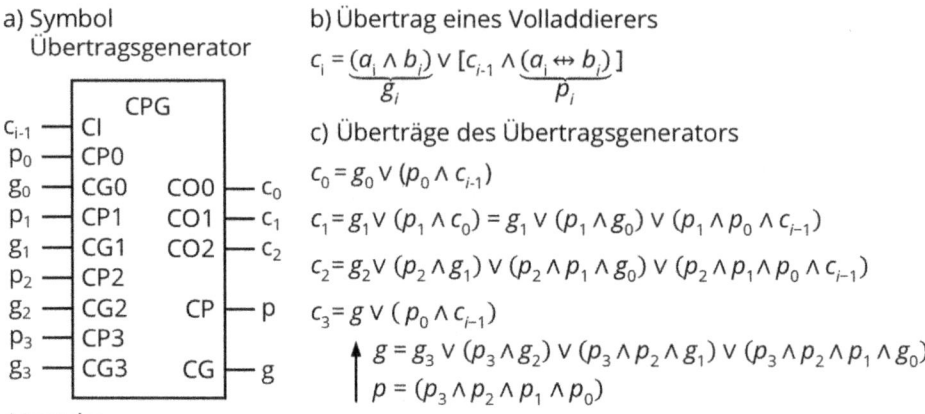

a) Symbol Übertragsgenerator

b) Übertrag eines Volladdierers

$$c_i = \underbrace{(a_i \wedge b_i)}_{g_i} \vee [c_{i-1} \wedge \underbrace{(a_i \leftrightarrow b_i)}_{p_i}]$$

c) Überträge des Übertragsgenerators

$c_0 = g_0 \vee (p_0 \wedge c_{i-1})$

$c_1 = g_1 \vee (p_1 \wedge c_0) = g_1 \vee (p_1 \wedge g_0) \vee (p_1 \wedge p_0 \wedge c_{i-1})$

$c_2 = g_2 \vee (p_2 \wedge g_1) \vee (p_2 \wedge p_1 \wedge g_0) \vee (p_2 \wedge p_1 \wedge p_0 \wedge c_{i-1})$

$c_3 = g \vee (p_0 \wedge c_{i-1})$

$g = g_3 \vee (p_3 \wedge g_2) \vee (p_3 \wedge p_2 \wedge g_1) \vee (p_3 \wedge p_2 \wedge p_1 \wedge g_0)$

$p = (p_3 \wedge p_2 \wedge p_1 \wedge p_0)$

Legende:
i: Stelle i = 0,1 ... 3
c_{i-1}: Übertrag der vorangegangenen Stelle i-1
p_i, g_i: Propagate und Generate an der Stelle i
c_i: Übertrag an der Stelle i

Abbildung 24.4: Entwurf eines Übertragsgenerators

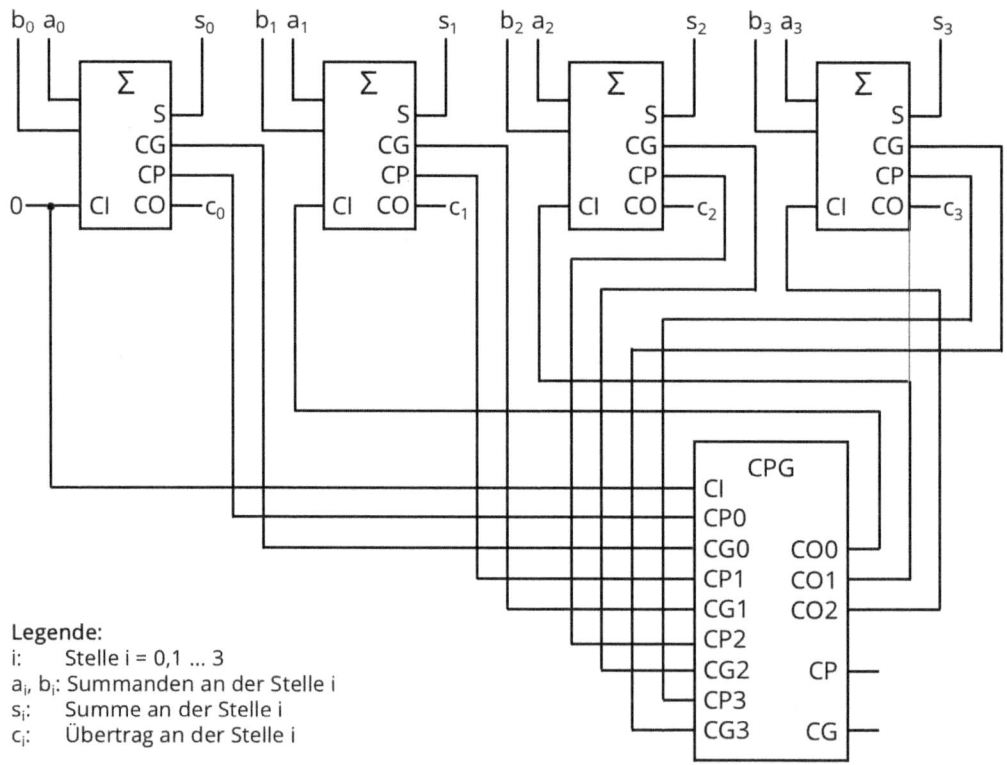

Legende:
i: Stelle i = 0,1 ... 3
a_i, b_i: Summanden an der Stelle i
s_i: Summe an der Stelle i
c_i: Übertrag an der Stelle i

Abbildung 24.5: 4-Bit-Volladdierer mit einem Übertragsgenerator und Parallelübertrag

Der Übertragseingang CI der niederwertigsten Stelle muss mit einer logischen 0 belegt werden. Des Weiteren müssen lediglich die Generate- und Propagate-Ausgänge der Volladdierer an den korrespondierenden Eingang des Übertragsgenerators gelegt werden. Die Überträge der Volladdierer werden nicht benötigt. Die Übertragsausgänge des Übertragsgenerators werden dann an den korrespondierenden Übertragseingang CI der jeweiligen Binärstelle gelegt. Damit ist diese einfache konstruktive Arbeit für den 4-Bit-Volladdierer mit Parallelübertrag abgeschlossen.

Der Vorteil des Entwurfs eines Volladierers mit Parallelübertrag in Abbildung 24.5 besteht darin, dass der Übertrag nach der Signallaufzeit eines Volladdierers für alle Binärstellen zeitgleich und stabil anliegt. Damit ist hier der Aufwand im Vergleich zum Entwurf mit Serienübertrag zwar aufwendiger, aber die Ergebnisse der Summanden liegen deutlich schneller an.

Übersicht einer Auswahl arithmetischer Logik-Elemente

Um Ihnen die Auswahl zu erleichtern und einen kleinen Überblick zu verschaffen, sind in Tabelle 24.1 arithmetische Logik-Elemente zusammengestellt.

Funktion		Datenblatt)*	Technologie)*)**	Kennung)*)***
4-Bit-Volladdierer	4-Bit-Volladdierer/-subtrahierer mit schnellem Übertrag	4-BIT BINARY FULL ADDERS WITH FAST CARRY	SN54LS/F; SN74S/LS/F; CD54HC/AC/ACT; CD74HC/HCT/AC/ACT	283
Übertragsgenerator	4-Bit-Look-Ahead-Übertragsgenerator	LOOK AHEAD CARRY GENERATORS	SN54S	182
ALU	Arithmetisch Logische Einheit mit 16 Funktionen	ARITHMETIC LOGIC UNITS/ FUNCTION GENERATORS	SN54LS/S	181

)* Texas Instruments, Digital Logic Pocket Data Book, SCYD013B, 2007 und https://www.ti.com, letzter Zugriff am 08.02.2025

)** Dies sind nur Beispiele einiger Logik-Elemente. Die meisten Logik-Elemente sind in diversen Halbleitertechnologien verfügbar. Die Low Voltage Logic »Little Logic« von Texas Instruments wurde nicht berücksichtigt. Dies kann aus der angegebenen Quelle entnommen werden.

)*** Die Kennung ist eine mehrstellige Ziffer und steht immer hinter der Technologiebezeichnung. In Kapitel 19 ist dies erklärt.

Tabelle 24.1: Übersicht einer Auswahl verfügbarer arithmetischer Logik-Elemente

Insgesamt werden nur noch ein 4-Bit-Volladdierer, ein Übertragsgenerator und eine Arithmetisch Logische Einheit (ALU) mit 16 mathematischen Operationen von den Halbleiterherstellern angeboten.

4-Bit-Volladdierer (Vollsubtrahierer) SN74LS283

In Abbildung 24.6 sind das Symbol und die Arbeitstabelle als Auszug aus einem Datenblatt des 4-Bit-Volladdierers SN74LS283 angegeben, der in bipolarer und CMOS-Technologie verfügbar ist.

Symbol:

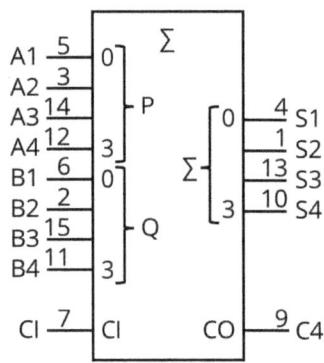

Arbeitstabelle:

Eingänge				Ausgänge)*					
				CI=H; C2=L			CI=H; C2=H		
A1	B1	A2	B2	S1	S2	C2	S1	S2	C2
A3	B3	A4	B4	S3	S4	C4	S3	S4	C4
L	L	L	L	L	L	L	H	L	L
H	L	L	L	H	L	L	L	H	L
L	H	L	L	H	L	L	L	H	L
H	H	L	L	L	H	L	H	H	L
L	L	H	L	L	H	L	H	H	L
H	L	H	L	H	H	L	L	L	H
L	H	H	L	H	H	L	L	L	H
H	H	H	L	L	L	H	H	L	H
L	L	L	H	L	H	L	H	H	L
H	L	L	H	H	H	L	L	L	H
L	H	L	H	H	H	L	L	L	H
H	H	L	H	L	L	H	H	L	H
L	L	H	H	L	L	H	H	L	H
H	L	H	H	H	L	H	L	H	H
L	H	H	H	H	L	H	L	H	H
H	H	H	H	L	H	H	H	H	H

)* C2 ist der interne Übertrag der 2. Stelle, der nicht herausgeführt ist.

Quelle: Arbeitstabelle und Anschlussbelegung, Texas Instruments, Digital Logic Pocket Data Book, SCYD013B, S. 390, 2007

Abbildung 24.6: 4-Bit-Volladdierer SN74LS283

Mit dem Übertragsgenerator SN54S182 kann der 4-Bit-Volladdierer um eine beliebige Anzahl von Binärstellen mit Parallelübertrag erweitert werden, womit es keinen Carry Ripple gibt.

Für die Durchführung einer Subtraktion $S = A - B$ sind lediglich die Eingänge B1 bis B4 zu negieren.

4-Bit-Übertragsgenerator SN54S182

BEISPIEL

In Abbildung 24.7 sind das Symbol und die Arbeitstabellen als Auszug aus einem Datenblatt des 4-Bit-Übertragsgenerators SN54S182 angegeben, der ausschließlich in bipolarer Technologie verfügbar ist.

Symbol:

Arbeitstabellen:

Eingänge							Ausgang
$\overline{G3}$	$\overline{G2}$	$\overline{G1}$	$\overline{P3}$	$\overline{P2}$	$\overline{P1}$	$\overline{P0}$	$\overline{G}$
L	X	X	X	X	X	X	L
X	L	X	X	L	X	X	L
X	X	L	X	L	L	X	L
X	X	X	I	L	L	L	L
Alle anderen Kombinationen							H

Eingänge				Ausgang
$\overline{P3}$	$\overline{P2}$	$\overline{P1}$	$\overline{P0}$	$\overline{P}$
L	L	L	L	L
Alle anderen Kombinationen				H

Eingänge			Ausgang
$\overline{G0}$	$\overline{P0}$	CI	CO
L	X	X	H
X	L	H	H
Alle anderen Kombinationen			L

Eingänge					Ausgang
$\overline{G1}$	$\overline{G0}$	$\overline{P1}$	$\overline{P0}$	CI	C1
L	X	X	X	X	H
X	L	L	X	X	H
X	X	L	L	H	H
Alle anderen Kombinationen					L

Eingänge							Ausgang
$\overline{G2}$	$\overline{G1}$	$\overline{G0}$	$\overline{P2}$	$\overline{P1}$	$\overline{P0}$	CI	C2
L	X	X	X	X	X	X	H
X	L	X	L	X	X	X	H
X	X	L	L	L	X	X	H
X	X	X	L	L	L	H	H
Alle anderen Kombinationen							L

Quelle: Arbeitstabellen und Anschlussbelegung, Texas Instruments, Digital Logic Pocket Data Book, SCYD013B , S. 338, 2007

Abbildung 24.7: 4-Bit-Übertragsgenerator SN54S182

Über die Propagate- und Generate-Ausgänge ist eine Erweiterung um weitere Übertragsgeneratoren SN54S182 mit 1-Bit-Volladdieren beziehungsweise mit dem 4-Bit-Volladdierer SN74LS283 möglich.

4-Bit-Arithmetisch-Logische-Einheit (ALU) SN54LS181

BEISPIEL

InAbbildung 24.8 sind das Symbol und die Funktionstabelle als Auszug aus einem Datenblatt der 4-Bit-Arithmetisch-Logische-Einheit (ALU) SN54LS181 angegeben, die ausschließlich in bipolarer Technologie verfügbar ist.

Mit der ALU können entsprechend der Funktionstabelle in Abbildung 24.8 16 verschiedene logische beziehungsweise arithmetische Funktionen durchgeführt werden.

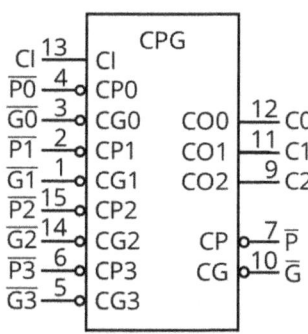

Symbol:

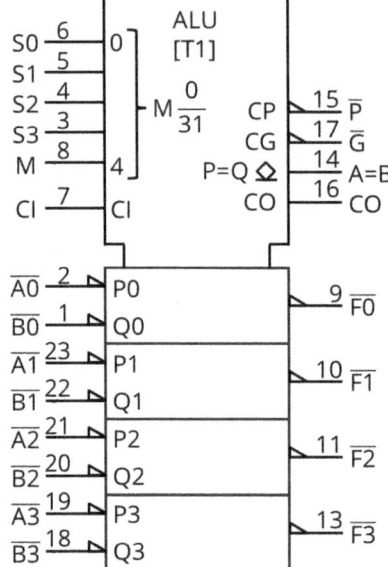

Anmerkung:
Bei positiver Logik ist der Polaritätsindikator identisch mit dem Negationszeichen.

Funktionstabelle:)*

Auswahl				Eingänge Aktiv Low		
				M = H Logische Funktionen F	M = L; Arithmetische Funktionen F	
S3	S2	S1	S0		CI = L (kein Übertrag)	CI = H (mit Übertrag)
L	L	L	L	$F = \overline{A}$	$F = A - 1$	$F = A$
L	L	L	H	$F = \overline{A \wedge B}$	$F = A + B - 1$	$F = A + B$
L	L	H	L	$F = \overline{A} \vee B$	$F = A + \overline{B} - 1$	$F = A + \overline{B}$
L	L	H	H	$F = 1$	$F = -1$ (2er Komplement)	$F = 0$
L	H	L	L	$F = \overline{A \vee B}$	$F = A + (A \vee \overline{B})$	$F = A + (A \vee \overline{B}) + 1$
L	H	L	H	$F = \overline{B}$	$F = (A \wedge B) + (A \vee \overline{B})$	$F = (A \wedge B) + (A \vee \overline{B}) + 1$
L	H	H	L	$F = \overline{A \leftrightarrow B}$	$F = A - B - 1$	$F = A - B$
L	H	H	H	$F = A \vee \overline{B}$	$F = A \vee \overline{B}$	$F = (A \vee \overline{B}) + 1$
H	L	L	L	$F = \overline{A} \wedge B$	$F = A + (A \vee B)$	$F = A + (A \vee B) + 1$
H	L	L	H	$F = A \leftrightarrow B$	$F = A + B$	$F = A + B + 1$
H	L	H	L	$F = B$	$F = (A \wedge \overline{B}) + (A \vee B)$	$F = (A \wedge \overline{B}) + (A \vee B) + 1$
H	L	H	H	$F = A \vee B$	$F = A \vee B$	$F = (A \vee B) + 1$
H	H	L	L	$F = 0$	$F = A + A$	$F = A + A + 1$
H	H	L	H	$F = A \wedge \overline{B}$	$F = (A \wedge B) + A$	$F = (A \wedge B) + A + 1$
H	H	H	L	$F = A \wedge B$	$F = (A \wedge \overline{B}) + A$	$F = (A \wedge \overline{B}) + A + 1$
H	H	H	H	$F = A$	$F = A$	$F = A + 1$

)* Jedes Bit wird an die nächsthöherwertige Stelle geschoben.

Quelle: Texas Instruments, TTL Logic Data Book, SDLD001A, S. 2-601, 1988

Abbildung 24.8: 4-Bit-Arithmetisch-Logische-Einheit (ALU) SN54LS181

Übungen: Arithmetische Logik-Elemente

Übung 24.1:

Multiplikation zweier Zahlen unter Verwendung von Volladdierern.

Es soll ein Schaltnetz entworfen werden, mit dem Zahlen multipliziert werden können, die im zweistelligen Dualcode vorliegen. Gegeben sind der Multiplikator mit den Eingangsvariablen a_0 und a_1 und der Multiplikand mit den Eingangsvariablen b_0 und b_1. Das Produkt $p_0, p_1 \ldots$ soll mittels Volladdierern mit Serienübertrag berechnet werden.

a) Geben Sie das Schaltnetz für die Multiplikation zweier einstelliger Dualzahlen an.

b) Wie viele Stellen benötigen Sie für das Produkt zweier zweistelliger Dualzahlen?

c) Entwerfen Sie die Schaltung für die Multiplikation zweier zweistelliger Dualzahlen unter Verwendung von Volladdierern und geben Sie das Schaltnetz an.

d) Welchen Nachteil besitzt die zu entwerfende Schaltung?

Übung 24.2:

Subtraktion von zwei vierstelligen Dualzahlen mit Volladdierern.

Es soll die Differenz zweier vierstelliger Binärzahlen ermittelt werden. Der Minuend mit den Variablen lautet a_0 bis a_3 und der Subtrahend b_0 bis b_3 mit 0 als Index für die niederwertigste Stelle. Die Differenz lautet s_0 bis s_3.

a) Geben Sie das Schaltnetz für den 4-Bit-Vollsubtrahierer mit Serienübertrag an.

b) Geben Sie das Schaltnetz für den 4-Bit-Vollsubtrahierer mit 1-Bit-Volladdierern und Parallelübertrag an.

c) Geben Sie das Schaltnetz für einen 4-Bit-Vollsubtrahierer mit einem 4-Bit-Volladdierer an.

Teil X
Schaltwerke und deren Grundstrukturen – Takt für Takt geht es weiter

IN DIESEM TEIL ...

Werden Beschreibungsmittel für zustandsabhängige Systeme behandelt.

Werden die Eigenschaften endlicher Zustandsautomaten beschrieben.

Lernen Sie die Grundstrukturen der Mealy- und Moore-Automaten kennen.

Werden die Vor- und Nachteile des asynchronen und synchronen Betriebs der Automaten aufgezeigt.

> **IN DIESEM KAPITEL**
>
> Beschreibungsmittel Zustandsdiagramm und Zustandsfolgetabelle für Schaltwerke
>
> Grundstrukturen der Schaltnetze versus Schaltwerke
>
> Eigenschaften endlicher Zustandsautomaten
>
> Mealy- und Moore-Zustandsautomaten
>
> Asynchroner und synchroner Betrieb

Kapitel 25
Beschreibungsmittel für Schaltwerke, deren Grundstrukturen und Betriebsarten – Wie geht das?

Zustandsdiagramm und Zustandsfolgetabelle als Beschreibungsmittel für zustandsabhängige Schaltsysteme

Bisher wurden nur Schaltnetze behandelt, bei denen davon ausgegangen wurde, dass alles verzögerungsfrei und zeitgleich stattfindet. Bei den Schaltwerken, die in nachfolgenden Kapiteln behandelt werden, gilt dies allerdings nicht mehr. Es müssen logische Zusammenhänge zu unterschiedlichen Zeiten erfasst und so beschrieben werden, dass entsprechende digitale Schaltungen entworfen werden können. Die Wahrheitstabelle im Verbund mit der Boole'schen Algebra ist nicht ausreichend, da sie nur den Entwurf zu einem bestimmten Zeitpunkt ermöglicht.

Typischerweise handelt es sich bei den Schaltwerken um Schaltsysteme, deren Verhalten beschrieben werden muss. Nachfolgend ist deren Definition wiedergegeben.

Definition nach IEV351-52-0: Ein *Schaltsystem* ist ein System aus Schaltgliedern, die über binäre Variablen aufeinander einwirken und Schaltfunktionen ausführen.

ANMERKUNG: Ablauf- und Verknüpfungssteuerungen werden durch Schaltsysteme verwirklicht.

Um jetzt *Schaltwerke* zu beschreiben, gibt es die zwei ergänzenden Beschreibungsmittel

✔ *Zustandsdiagramm* und

✔ *Zustandsfolgetabelle*.

Bei dem *Zustandsdiagramm* handelt es sich um eine einfache grafische Darstellung der zeitlichen Abläufe in einem System. Sie ist sehr anschaulich für den Nutzer und gibt einen schnellen Überblick über die Abläufe in einem System. Insbesondere sind Plausibilitätskontrollen bei deren Entwurf leicht durchführbar.

Allerdings kann mit einem Zustandsdiagramm nur bedingt ein Entwurf von digitalen Systemen vorgenommen werden, da ihre Form für den Entwurf wenig geeignet ist. Dazu bedarf es einer weiteren formaleren Darstellung, die der Darstellung einer Wahrheitstabelle sehr nahekommt, die *Zustandsfolgetabelle*.

In Abbildung 25.1 ist das Grundprinzip eines Zustandsdiagramms als Grafik dargestellt. Dies besteht aus Zuständen, Ereignissen, den Übergangsbedingungen, und Aktionen, den Ausgabefunktionen. Ein System befindet sich in einem Momentanzustand, dem aktuellen Zustand. Als Übergangsbedingung zum Folgezustand des Systems findet ein Ereignis statt und es muss gegebenenfalls eine Aktion in Form einer Ausgabefunktion ausgeführt werden, um in den Folgezustand zu wechseln.

Grundprinzip Zustandsdiagramm:

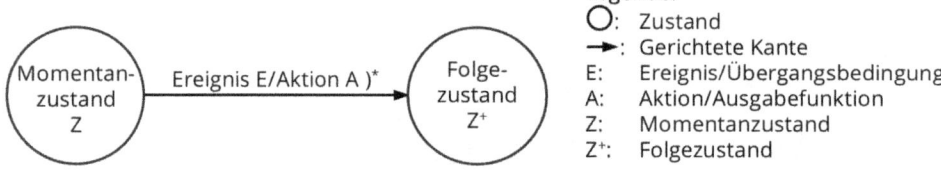

)* In bestimmten Fällen muss keine Aktion/Ausgabefunktion ausgeführt werden.

Abbildung 25.1: Grafische Darstellung von Zuständen eines Schaltsystems

In Abbildung 25.2 sind das Zustandsdiagramm und die Zustandsfolgetabelle an einem Beispiel dargestellt. Beginnen wir zunächst mit der anschaulichen grafischen Variante, dem *Zustandsdiagramm*, auf dem die zugehörige angegebene *Zustandsfolgetabelle* basiert.

Zustandsfolgetabelle und Zustandsdiagramm als Beschreibungsmittel für endliche Zustandsautomaten

Das *Zustandsdiagramm* als grafische Variante zur Beschreibung des Schaltsystems beziehungsweise Schaltwerks besteht aus den beiden Zuständen Z0 und Z1. Nach der Aktivierung (Einschalten des Systems, englisch Power On) befindet sich das System im Zustand Z0. Ohne eintretende Ereignisse (Übergangsbedingungen) verbleibt es immer in dem jeweiligen momentanen Zustand, in dem es sich gerade befindet. Beim Eintreten der Ereignisse E0 und E1 verbleibt es im Zustand Z0. Tritt allerdings das Ereignis E2 ein, wird die Aktion A2 (Ausgabefunktion) ausgeführt und das System wechselt in den Folgezustand Z1. Tritt jetzt in diesem Zustand Z1 das Ereignis E0 oder E2 oder E3 ein, so verbleibt das System im Zustand Z1. Erst beim Eintreten des Ereignisses E1 wird die Aktion A1 ausgeführt und es findet ein Wechsel in den Ausgangszustand Z0 statt. So ist das gesamte zeitliche Systemverhalten beschrieben.

Die Beschreibung des Systems mittels der *Zustandsfolgetabelle* ist die formalisierte tabellarische Darstellung des Systemverhaltens, die später für den Entwurf der benötigten Schaltnetze eines Schaltwerks (Automat) benötigt wird.

Die Zustandsfolgetabelle entspricht exakt dem gleichen Systemverhalten wie das angegebene Zustandsdiagramm. Die Lesart der Zustandsfolgetabelle ist wie folgt: Das Schaltsystem befindet sich in einem Momentanzustand Zn, es tritt ein Ereignis En (Übergangsbedingung) ein, es wird die Aktion An (Ausgabefunktion) ausgeführt und das Schaltsystem wechselt in den Folgezustand Zm. Auf diese Art und Weise können Sie das gesamte Systemverhalten beschreiben. Die Spalten der Zustandsfolgetabelle können dabei auch beliebig vertauscht werden. Dadurch ändert sich das Systemverhalten nicht.

Zustandsdiagramm:

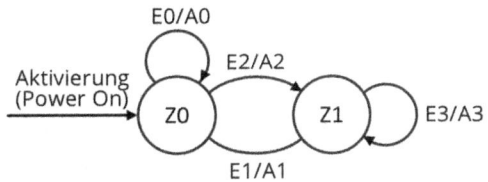

Legende:
- E: Ereignis/Übergangsbedingung
- A: Aktion/Ausgabefunktion
- Z: Momentanzustand
- Z^+: Folgezustand
- 0 ... n: Fortlaufende Nummerierung
- O : Zustand
- → : Gerichtete Kante

Zustandsfolgetabelle)*:

Aktueller Zustand Z	Ereignis E	Aktion A)**	Folgezustand Z^+
Z0	E0	A0	Z0
Z1	E1	A1	Z0
Z0	E2	A2	Z1
Z1	E3	A3	Z1

)* Die Spalten der Zustandsfolgetabelle können je nach Bedarf auch vertauscht werden.
)** In bestimmten Fällen muss keine Aktion/Ausgabefunktion ausgeführt werden, beispielsweise bei bistabilen Flipflops (Kippgliedern).

Abbildung 25.2: Zustandsfolgetabelle und Zustandsdiagramm als Beschreibungsmittel für Automaten

Zustandsfolgetabelle und Zustandsdiagramm als Beschreibungsmittel für Zähler (Automaten)

Für die Darstellungsform von Zustandsdiagramm und Zustandsfolgetabelle für den Entwurf von Zählern, die ebenfalls zu den Automaten zählen, ist die allgemeine Form in Abbildung 25.2 nicht optimal, weswegen es hier günstiger ist, die in Abbildung 25.3 angegebene Darstellung für deren Zählverhalten beziehungsweise Entwurf zu verwenden.

Zustandsdiagramm Modulo-4-Zähler:

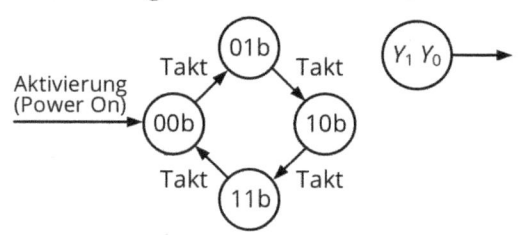

Zustandsfolgetabelle Modulo-4-Zähler:

Dezimal-Nr.	Momentanzustand		Folgezustand	
	Y_1	Y_0	Y_1^+	Y_0^+
0	0	0	0	1
1	0	1	1	0
2	1	0	1	1
3	1	1	0	0

Legende:
- ◯ : Zustand
- ➝ : Gerichtete Kante
- Takt: Ereignis/Übergangsbedingung
- Y_n: Momentanzustand des Ausgangs n
- Y_n^+: Folgezustand des Ausgangs n
- 0 ... n: Fortlaufende Nummerierung

Abbildung 25.3: Zustandsfolgetabelle und Zustandsdiagramm als Beschreibungsmittel für Zähler (Automaten)

Grundstruktur der Schaltnetze versus Schaltwerke

Es gibt zwei Typen von digitalen Schaltungen. Dies sind

✔ die *Schaltnetze* und

✔ die *Schaltwerke*.

Bisher sind nur Schaltnetze behandelt worden, die aus logischen Verknüpfungen bestehen. Für eine genauere Betrachtung ist aber eine genaue Definition für *Schaltnetze* notwendig, die im Folgenden angegeben wird.

 Definition nach IEV351-16-04: Ein *Schaltnetz* ist ein Schaltsystem, bei dem der Wert der Ausgangsgröße zu einem bestimmten Zeitpunkt nur von den Werten der Eingangsgrößen zu diesem Zeitpunkt abhängt.

ANMERKUNG 1: Schaltnetze bestehen nur aus binären Verknüpfungsgliedern.

ANMERKUNG 2: Lauf- und Verzögerungszeiten innerhalb des Schaltnetzes werden vernachlässigt.

Zur Veranschaulichung ist in Abbildung 25.4 ein allgemeines Schaltnetz angegeben, wobei der Ausgangsvektor A zu einem bestimmten Zeitpunkt eine Funktion des Eingangsvektors E zu diesem Zeitpunkt ist.

$$E = \begin{bmatrix} E_0 \\ E_1 \\ E_2 \\ \vdots \\ E_{u-1} \end{bmatrix} \Rightarrow \boxed{\text{Schaltnetz}} \Rightarrow A = \begin{bmatrix} A_0 \\ A_1 \\ A_2 \\ \vdots \\ A_{v-1} \end{bmatrix}$$

$$A = f(E)$$

Abbildung 25.4: Struktur eines Schaltnetzes

Die *Schaltnetze* bestehen grundsätzlich nur aus binären Verknüpfungsgliedern und betrachten den idealen Zustand eines Schaltnetzes, bei dem keine Signallauf- und Verzögerungszeiten auftreten. Das zeitliche Verhalten der Signale sieht deshalb in der Realität häufig anders aus.

Im Gegensatz zu den Schaltnetzen besitzen Schaltwerke ein Gedächtnis beziehungsweise mindestens ein Verzögerungsglied. Jedes Gedächtnis eines Speichers ist ein Verzögerungsglied, weil es zu einem späteren Zeitpunkt die gewünschte Information zur Verfügung stellt. Aus diesem Grund ist der Ausgangsvektor A eines Schaltwerks auch eine Funktion des Eingangsvektors E zu vorhergehenden Zeitpunkten. Im Folgenden ist die genaue Definition eines *Schaltwerks* angegeben.

Definition nach IEV351-16-05: Ein *Schaltwerk* ist ein Schaltsystem, bei dem der Wert der Ausgangsgröße zu einem bestimmten Zeitpunkt von den Werten der Eingangsgrößen zu diesem und einer endlichen Anzahl von vorhergehenden Zeitpunkten sowie vom Anfangszustand abhängt.

ANMERKUNG 1: Ein Schaltwerk kann eine endliche Anzahl von inneren Zuständen annehmen und ist definitionsgemäß ein endlicher Automat.

ANMERKUNG 2: Lauf- und Verzögerungszeiten innerhalb des Schaltwerks werden vernachlässigt.

Zur Veranschaulichung ist in Abbildung 25.5 die Struktur eines allgemeinen Schaltwerks angegeben. Die *Schaltwerke* bestehen grundsätzlich aus binären Verknüpfungsgliedern und

$$E = \begin{bmatrix} E_0 \\ E_1 \\ E_2 \\ \vdots \\ E_{u-1} \end{bmatrix} \Rightarrow \boxed{\begin{array}{c} \text{Schaltnetz} \\ \\ \text{Speicher} \\ \text{(Verzögerungsglied)} \end{array}} \Rightarrow A = \begin{bmatrix} A_0 \\ A_1 \\ A_2 \\ \vdots \\ A_{v-1} \end{bmatrix}$$

$$A(t_n) = f(E(t_n), E(t_{n-1}), \ldots, E(t_0))$$

Abbildung 25.5: Struktur eines Schaltwerks

besitzen immer eine Rückkopplung über einen Speicher (Verzögerungsglied). Dies ist der wesentliche Unterschied zu einem Schaltnetz.

Endliche Zustandsautomaten

Sämtliche Schaltwerke sind Automaten. Sie unterscheiden sich lediglich in ihrer technischen Ausführung. Zunächst die Definition eines *Automaten*.

Definition nach IEV351-42-32: Ein *Automat* ist ein selbsttätig arbeitendes künstliches System, dessen Verhalten entweder schrittweise durch vorgegebene Entscheidungsregeln oder zeitkontinuierlich durch festgelegte Beziehungen bestimmt wird und dessen Ausgangsgrößen aus seinen Eingangs- und Zustandsgrößen gebildet werden.

ANMERKUNG 1: Ein wesentliches Merkmal des programmgesteuerten Automaten ist das Vorhandensein mindestens einer Verzweigung im Programm mit verschiedenen Ablaufmöglichkeiten, zwischen denen aufgrund der Eingabe von außen oder des inneren Zustands entschieden wird. Auch das Stillsetzen ist als möglicher Zweig des Programmablaufs zu verstehen. Der Programmablauf wird durch äußere Anregung ausgelöst oder gesteuert, die Bestandteil der Eingabe ist oder diese selbst darstellt.

BEISPIEL 1: In einem Verkaufsautomaten wird das Programm durch den Einwurf einer Münze gestartet. Es hat zwei Ablaufmöglichkeiten: entweder Annahme der Münze mit Freigabe der Ware oder Rückgabe der Münze bei gesperrt bleibender Warenausgabe. Die Entscheidung wird aufgrund des Prüfergebnisses bezüglich der eingeworfenen Münze und des Warenvorrats im Automaten getroffen.

BEISPIEL 2: Eine Werkzeugmaschine, die Arbeitsgänge nach Programm selbsttätig ausführt, ist ein Automat, zum Beispiel Dreh- oder Fräsautomat.

ANMERKUNG 2: Ein Regler, der gemäß den festgelegten Beziehungen in einem Regelkreis arbeitet, ist ein Automat.

BEISPIEL 3: Bei einer Temperaturregelung ist im Regler ein Wert der Führungsgröße eingestellt, der mit der Rückführgröße verglichen wird. Aufgrund des Vergleichs steuert der Regler die Stelleinrichtung. Mit anderen Worten: Entsprechend der Differenz zwischen Führungsgröße und Rückführgröße (die die Temperatur als Regelgröße abbildet) beeinflussen Regler und Stelleinrichtung über die Stellgröße (Ausgangsgröße) die Temperatur.

Besonders interessant sind in der Welt der Technik die *endlichen Zustandsautomaten*, die auch als Finite State Machine (FSM) bezeichnet werden. Die Besonderheit besteht darin, dass die Anzahl der Zustände, die das System annehmen kann, endlich ist. Zur Vervollständigung hier die Definition eines endlichen Zustandsautomaten.

Definition nach IEV351-16-21: Ein *endlicher Automat* ist ein Schaltwerk, das durch Eingangsgröße, Ausgangsgröße und Zustandsgröße sowie Überführungsfunktion und Ausgabefunktion beschrieben ist und das nur eine endliche Anzahl von Zuständen annehmen kann.

ANMERKUNG 1: Die Ablaufsteuerung wird als Mealy-Automat beschrieben, bei dem Überführungs- und Ausgabefunktion von Eingangsgröße und Zustandsgröße abhängen.

ANMERKUNG 2: Zähler werden als Moore-Automaten beschrieben, bei denen die Überführungsfunktion von Eingangsgröße und Zustandsgröße, die Ausgabefunktion nur von der Zustandsgröße abhängt.

Es gibt zwei Typen von *endlichen Zustandsautomaten*,

✔ den *Mealy-Automaten* und

✔ den *Moore-Automaten*,

die im Folgenden in ihren Eigenschaften näher beschrieben werden.

Struktur eines Mealy-Automaten

Der Automat ist nach dem amerikanischen Mathematiker George H. Mealy (1927–2010) benannt.

Bei einem *Mealy-Automaten* ist der Ausgangsvektor A eine Funktion des Momentanzustandsvektors Z und des Eingangsvektors E wie dies in Abbildung 25.6 dargestellt ist ($A = f(Z, E)$).

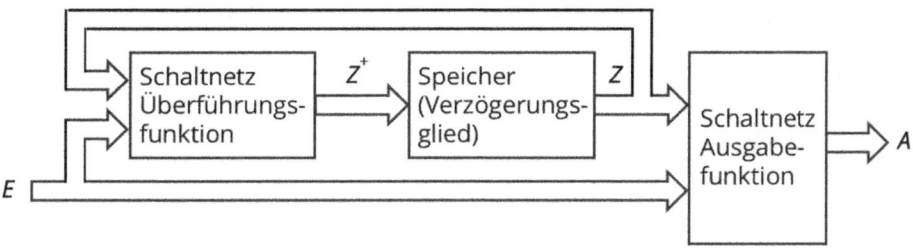

Abbildung 25.6: Struktur Mealy-Automat

Ablaufsteuerungen werden als Mealy-Automaten beschrieben, bei dem Überführungs- und Ausgabefunktion von der Eingangsgröße E und der Zustandsgröße Z abhängen. Ausnahmen ergeben sich, wenn direkt aus der Momentanzustandsgröße Z die Ausgabefunktion abgeleitet werden kann.

Moore- und Mealy-Automaten lassen sich ohne Einbußen an Funktionalität ineinander überführen. Das Einzige, was sich unter Umständen ändern kann, ist das Zeitverhalten.

Oft ist der Mealy-Automat einfacher (besitzt weniger Zustände) als der Moore-Automat. Dies sei hier nur erwähnt, wird aber nicht weiter behandelt.

Struktur eines Moore-Automaten

Der Automat ist nach dem amerikanischen Mathematiker Edward F. Moore (1925–2003) benannt.

Im Unterschied zu einem Mealy-Automaten ist bei einem *Moore-Automaten* der Ausgangsvektor A nur eine Funktion des Momentanzustandsvektors Z, wie dies in Abbildung 25.7 dargestellt ist ($A = f(Z)$).

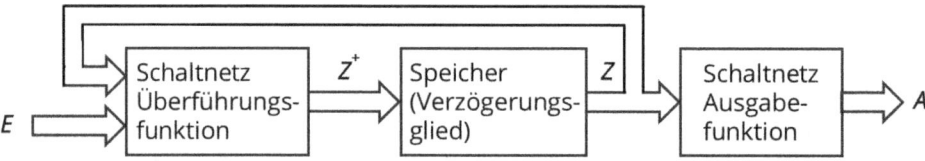

Abbildung 25.7: Struktur Moore-Automat

Zähler werden als Moore-Automaten beschrieben, bei denen die Überführungsfunktion von der Eingangsgröße E und der Zustandsgröße Z, die Ausgabefunktion und damit die Ausgangsgröße A nur von der Zustandsgröße Z abhängt. Davon wird abgewichen, wenn der jeweilige Zähler auch Aufgaben einer Ablaufsteuerung übernimmt und die Ausgangsgröße A auch von der Eingangsgröße E abhängt – dann handelt es sich um einen Mealy-Automaten.

Asynchroner und synchroner Betrieb von Automaten

Sämtliche Automaten können entweder

✔ *asynchron* oder

✔ *synchron*

betrieben werden.

Bei einem *asynchronen Automaten* wirken der Eingangsvektor E wie auch die Zustandsvektoren Z und Z^+, bedingt durch die Signallauf- und Übergangszeiten der Schaltnetze, zeitlich versetzt auf das Überführungs- und Ausgabeschaltnetz. Dadurch können undefinierte Zwischenzustände der Zwischengrößen und der Ausgangsgrößen entstehen.

Vermieden werden kann dieses Verhalten durch *Synchronisation* der Eingangsgrößen der Schaltnetze. In Abbildung 25.8 ist dies am Beispiel eines Mealy-Automaten dargestellt. Zum Zweck der Synchronisation ist der Speicher mit einem zusätzlichen Takteingang versehen.

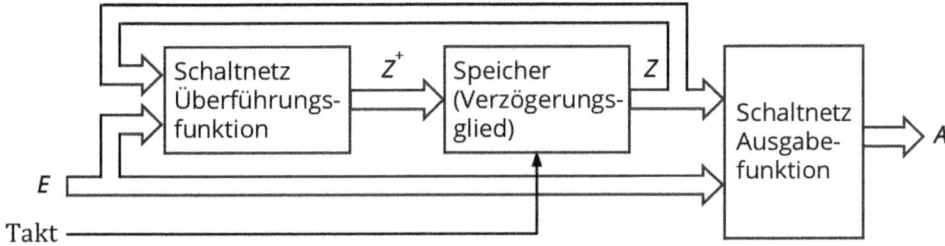

Abbildung 25.8: Synchroner Betrieb eines Mealy-Automaten

Dieser bewirkt, dass die Eingangssignale des Speichers alle zeitgleich übernommen werden. Dabei muss der Speicher auch die Signallaufzeit und Übergangszeiten der logischen Verknüpfungsglieder berücksichtigen und so lange warten, bis diese an den Ausgängen den eingeschwungenen stabilen Zustand angenommen haben.

Mit dem zusätzlichen Takt kann in gleicher Weise die Synchronisation für den Moore-Automaten vorgenommen werden.

Teil XI
Bistabile, monostabile und astabile Elemente für spezielle Funktionen – Speicher braucht der Mensch, was sonst?

IN DIESEM TEIL ...

Werden erforderliche Definitionen zu den bistabilen, monostabilen und astabilen Elementen (Kippgliedern) angegeben.

Werden die besonderen Eigenschaften dieser Elemente beschrieben.

Wird der Entwurf und Beschreibung der bistabilen, monostabilen und astabilen Kippglieder behandelt.

Werden deren Ausführungsformen und Anwendungen aufgezeigt.

Wird eine Übersicht einer Auswahl verfügbarer Elemente gegeben.

> **IN DIESEM KAPITEL**
>
> Zustandsfolgetabelle und Zustandsgraph als Beschreibungsmittel
>
> Klassifizierung der Flipflops (bistabile Kippglieder)
>
> RS-Flipflop als Basis sämtlicher Flipflops und Ausführungsformen
>
> JK-, D- und T-Flipflops sowie deren Anwendung in verschiedenen Ausführungsformen
>
> Zustandsfolge- und Synthesetabellen sowie Übersicht verfügbarer Flipflops
>
> Übungen zu den Flipflops

Kapitel 26
Flipflops (bistabile Kippglieder) – Stabiler geht es nicht

Unterschiede der bistabilen, monostabilen und astabilen Elemente

Es handelt sich bei diesen Elementen um drei verschiedene Typen mit unterschiedlichen charakteristischen Eigenschaften. Dies sind

- ✔ die *bistabilen Elemente/Kippglieder (Flipflops)*,
- ✔ die *monostabilen Elemente/Kippglieder (Monoflops)* und
- ✔ die *astabilen Elemente/Kippglieder (Multivibratoren)*.

Zunächst für Sie eine Klärung der zum Teil etwas irreführenden Benennungen der verschiedenen Kippglieder. Häufig werden die Kippglieder auch Kippstufen oder im Fall der bistabilen Kippglieder im deutschsprachigen Raum meistens als Flipflops bezeichnet, was nicht unproblematisch ist, sich aber eingebürgert hat.

Definition nach IEV351-52-06: Ein *bistabiles Kippglied* ist ein Speicherglied mit zwei stabilen Zuständen, das bei geeigneter Änderung der Eingangsgrößen von einem Zustand in den jeweils anderen wechselt.

ANMERKUNG: Die Benennung »Flipflop« für ein bistabiles Kippglied wird nach 702-09-26 im Deutschen und Englischen streng abgelehnt.

Warum wird die Benennung Flipflop abgelehnt? Die Benennung *Flipflop* ist in den Vereinigten Staaten mit der Bedeutung »bistabile Schaltung« und in Großbritannien mit der Bedeutung »monostabile Schaltung« verwendet worden. Um eine Verwirrung zu vermeiden, wird sie nachdrücklich für jede Bedeutung abgelehnt.

Festzustellen ist aber, dass im deutschsprachigen Raum die Benennung *Flipflop* fast ausschließlich Verwendung findet. Aus diesem Grund wird auch diese Benennung vorrangig verwendet.

Am wichtigsten sind für die Digitaltechnik die *Flipflops (bistabile Kippglieder)*. »Bi« ist in der Benennung ein vorangestelltes Wortbildungselement aus dem Lateinischen mit der Bedeutung wie zwei, doppelt oder beide. Im Amerikanischen wird die Schreibweise *Flip-Flops* verwendet.

Flipflops besitzen zwei stabile Zustände. Sie werden zum Speichern der logischen Zustände 0 und 1 beziehungsweise den Logikpegeln L und H eingesetzt. Anwendungen sind klassische Speicher und/oder jegliche Art von Automaten, um Zustände in einem Automaten zu speichern – ohne bipolare Flipflops (Kippglieder) geht da nichts.

Im Fall der monostabilen Kippstufen werden auch Benennungen wie beispielsweise Monoflop verwendet. Die monostabilen und astabilen Kippstufen werden sehr häufig als Multivibrator bezeichnet. Für monostabile Kippglieder ist folgende Definition vorgenommen worden:

Definition nach IEV351-52-09: 351-52-09: Ein monostabiles Kippglied ist ein Schaltglied, dessen Ausgangsgröße für ein festgelegtes Zeitintervall den Wert 1 annimmt, nachdem die Eingangsgröße von 0 nach 1 übergegangen ist.

Die *monostabilen Kippglieder (monostabiler Multivibrator)* besitzen einen stabilen Zustand. »Mono« ist in der Benennung ein vorangestelltes Wortbildungselement aus dem Griechischen mit der Bedeutung wie einzig, einzeln oder allein. Durch Ansteuerung mit einem Eingangssignal wechselt das monostabile Kippglied für eine bestimmte Zeit in einen definierten nicht stabilen Zustand. Nach dieser Zeit kehrt es wieder in den ursprünglichen, stabilen Zustand zurück. Dieses Verhalten wird beispielsweise für die Verlängerung von nur kurzzeitig in Echtzeit anliegenden Signalen verwendet, um diese zeitnah auswerten zu können.

Die *astabilen Kippglieder* besitzen keine stabilen Zustände. »A« ist in der Benennung ein vorangestelltes Wortbildungselement aus dem Griechischen (Alpha privativum Negationspräfix, Verneinung) mit der Bedeutung wie »nicht« oder »un-«. Für diese Kippglieder gibt es keine offizielle Definition im Internationalen Wörterbuch IEV, allerdings wird in der DIN eine Definition vorgenommen.

Definition nach DIN EN 60617-12:1999-04: Ein *astabiles Element (Kippglied)* ist ein Taktgenerator, der eine Folge von Nullen und Einsen erzeugt.

Anders ausgedrückt, ein *astabiles Kippglied* wechselt ohne äußeres Ansteuersignal ständig mit einer beliebigen Frequenz und einem beliebigen Tastverhältnis zwischen den beiden instabilen logischen Zuständen 0 und 1 hin und her.

Typische Anwendungsfälle für astabile Kippglieder sind beispielsweise Taktgeneratoren und Blinklichter.

Klassifizierung der Flipflops (bistabile Kippglieder)

Da es diverse Unterteilungen der Flipflops (Kippglieder) in der Literatur gibt, wird hier die Unterteilung nach DIN EN 60617 Teil 12:1999-04 vorgenommen. Die bistabilen Flipflops (Kippglieder) werden bezüglich der Steuerung unterteilt. Sie werden nach den vier Steuerungsarten

✔ *Einzustandsgesteuert,*

✔ *Zweizustandsgesteuert,*

✔ *Einflankengesteuert* und

✔ *Zweiflankengesteuert*

unterschieden.

In Tabelle 26.1 ist diese Klassifizierung für die verschiedenen Flipflops vorgenommen worden. Es gibt

✔ *RS-,*

✔ *JK-,*

✔ *D-* und

✔ *T-*Flipflops.

Eigenschaft	Flipflop-Typ				Taktsteuerung	Zwischenspeicher
	RS	JK	D	T		
Einzustandsgesteuert	•)*	-	•	-	•	-
Zweizustandsgesteuert	•	•	•	•	•	•
Einflankengesteuert	•	•	•	•	•	-
Zweiflankengesteuert	•	•	•	•	•	•

)* Das Basis-RS-Flipflop hat keine Taktsteuerung.

Tabelle 26.1: Klassifizierung der Flipflops (bistabile Kippglieder)

Des Weiteren können die verschiedenen Typen ohne und mit *Taktsteuerung* sowie mit einem zusätzlichen *Zwischenspeicher* versehen sein, wodurch sie für verschiedene Einsatzzwecke geeignet sind.

Besitzt ein Flipflop keine Taktsteuerung, so sind alle Eingänge sogenannte *Direkteingänge*, die sich auch ohne Takt direkt auf den Ausgang auswirken. Die Signale an den Direkteingängen müssen während des gesamten aktiven Taktzustands (logischer 0- oder 1-Zustand) für die weitere Verarbeitung anliegen.

Um *Vorbereitungseingänge* handelt es sich, wenn sie gemeinsam mit dem Takt (englisch Clock) wirken. Bei taktgesteuerten Flipflops müssen die an den Vorbereitungseingängen anliegenden Signale während des gesamten aktiven Taktzustands (logischer 0- oder 1-Zustand) anliegen.

Bei flankengesteuerten Flipflops erfolgt die Übernahme der an den Vorbereitungseingängen anliegenden Signale mit der aktiven Flanke (0/1-Flanke/Wechsel oder 1/0-Flanke/Wechsel) innerhalb eines sehr kleinen Zeitintervalls.

Bei den *Flipflops mit Zwischenspeicher* können bereits Daten an den Vorbereitungseingängen übernommen werden, ohne dass sich das direkt auf die Ausgänge auswirkt. Direkteingänge wirken auch hier unabhängig von einem steuernden Taktsignal.

Grundsätzlich sind für das zeitliche Verhalten der Flipflops

- ✔ die *maximale Taktfrequenz* f_{max} (englisch Maximum clock frequency),
- ✔ die *Verzögerungszeiten* t_{PHL} und t_{PLH} (englisch Propagation delay time) sowie
- ✔ die *Übergangszeiten Anstiegs- und Fallzeit* t_r und t_f (englisch Rise time und Fall time)

zu beachten.

Bei den *taktflankengesteuerten Flipflops* sind zusätzlich

- ✔ die *Vorbereitungszeit* t_{su} (englisch Setup time) vor der aktiven Flanke und
- ✔ die *Haltezeit* t_h (englisch Hold time) nach der aktiven Flanke

des Taktsignals zu berücksichtigen.

Näheres zu deren Definitionen finden Sie in Kapitel 20 im Abschnitt »Dynamische Kenndaten« und dort unter den Abschnitten »Maximale Taktfrequenz, Verzögerungs- und Übergangszeiten« sowie »Vorbereitungs- und Haltezeit der Flipflops«.

Achten Sie bitte darauf, dass in den zeitlichen Darstellungen in diesem Kapitel nur idealisierte Darstellungen vorgenommen werden. Dies bedeutet, dass sämtliche zuvor genannten relevanten Zeiten (t_{PHL}, t_{PLH}, t_r, t_f, t_{su} und t_h) mit null angenommen werden, und es wird angenommen, dass entsprechende Vorgaben für f_{max}, t_{su} und t_h eingehalten werden.

In Tabelle 26.1 ist die Klassifizierung der verschiedenen Typen von Flipflops in den unterschiedlichen Ausführungsformen zusammengestellt.

In Kapitel 16 ist eine detaillierte Zusammenstellung der Kennzeichnung sämtlicher Ein- und Ausgänge der Symbole für Flipflops für Sie zusammengestellt.

In den folgenden Abschnitten dieses Kapitels werde ich Ihnen die Funktionen, den Entwurf und die Einsatzgebiete der verschiedenen Flipflops erläutern.

Zustandsgesteuerte Flipflops

Zustandsgesteuerte Flipflops können entweder

- ✔ *ohne Taktsteuerung* oder
- ✔ *mit Taktsteuerung*

realisiert werden.

Des Weiteren können sie mit

- ✔ *einem Speicher* oder
- ✔ einem *zusätzlichen Zwischenspeicher* (zwei Speichern)

ausgeführt sein.

Beides können Sie auch aus Tabelle 26.1 entnehmen.

Jeder Flipflop-Typ wird mittels

- ✔ eines *Symbols*,
- ✔ einer *Zustandsfolgetabelle*,
- ✔ einer *charakteristischen Gleichung*,
- ✔ einer *Synthesetabelle* und
- ✔ einem *Zustandsdiagramm*

beschrieben.

Einzustandsgesteuerte Flipflops

Einzustandsgesteuerte Flipflops können mit oder ohne Taktsteuerung versehen sein und besitzen grundsätzlich nur einen Speicher. Zunächst werde ich Ihnen erklären, wie sich der Aufbau und die Funktion des Basis-RS-Flipflops gestaltet und wie es eingesetzt werden kann.

Das Basis-RS-Flipflop

Das Basis-RS-Flipflop hat keine Taktsteuerung, aber Direkteingänge zum Setzen (S) und Rücksetzen (R) des Ausgangs Q beziehungsweise des negierten Ausgangs $\overline{Q}$. In

Abbildung 26.1 ist das Symbol des Basis-RS-Flipflops angegeben. Innerhalb der Kontur des Logik-Elements werden der Setzeingang mit S und der Rücksetzeingang mit R gekennzeichnet.

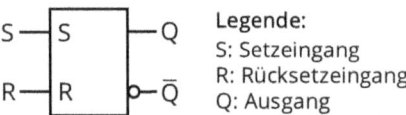

Legende:
S: Setzeingang
R: Rücksetzeingang
Q: Ausgang

Abbildung 26.1: Symbol eines Basis-RS-Flipflops

Bei jedem bistabilen Flipflop handelt es sich um rückgekoppelte Logik-Elemente, die entweder mit NOR- oder NAND-Verknüpfungen realisiert werden können und die Information speichern.

 Im Unterschied zu einem Schaltnetz ist es zur Ermittlung der Schaltfunktion für die Analyse von rückgekoppelten Logik-Elementen nicht ausreichend, an die Eingänge alle möglichen logischen Zustände zu legen und dann die Schaltfunktion zu ermitteln. Bei rückgekoppelten Systemen sind grundsätzlich auch alle möglichen Anfangszustände der Ausgänge zu beachten und dann die Schaltfunktionen für den eingeschwungenen Zustand aller Logik-Elemente zu ermitteln. Das kann unter Umständen bedeuten, dass mehrere Durchläufe bei der Analyse vom Eingang zum Ausgang notwendig sind, wenn der Ausgang wieder eine Änderung der logischen Zustände der Eingänge zur Folge hat. Die Schaltfunktion ist erst dann ermittelt, wenn die Ausgänge keine Veränderung der Eingangsgrößen mehr zur Folge haben – das System befindet sich dann im eingeschwungenen Zustand.

In Abbildung 26.2 wurde die Analyse eines Basis-RS-Flipflops mit NOR-Verknüpfungen vorgenommen. Dieses besitzt lediglich einen Speicher. Erstmalig werden hier in diesem Buch die Ausgänge wieder auf die Eingänge zurückgeführt, wodurch sich ein rückgekoppeltes System ergibt und die zuvor gemachte Anmerkung zu beachten ist.

In Abbildung 26.2 wurden die Zustandsfolgetabelle und das zugehörige Zustandsdiagramm angegeben. Das Zustandsdiagramm ist eine grafische und sehr anschauliche Darstellung des Übergangsverhaltens des Flipflops und ergänzt die Zustandsfolgetabelle.

Das Basis-RS-Flip besitzt die vier Modi

✔ *Speichern,*

✔ *Setzen,*

✔ *Rücksetzen* und

✔ *Irregulär.*

In den nebenstehenden Schaltungen wurde die Analyse für die vier Modi vorgenommen. Dazu müssen für die vier möglichen Anfangszustände der Ausgänge Q_1 und Q_2 die Folgezustände Q_1^+ und Q_2^+ im eingeschwungenen Zustand ermittelt werden.

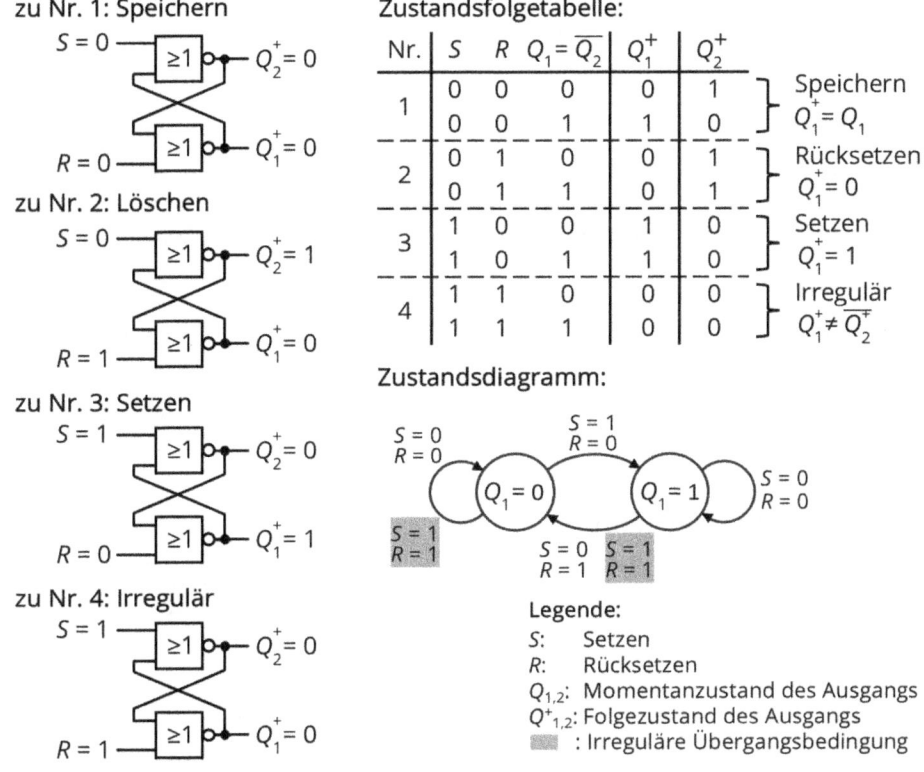

Abbildung 26.2: Analyse eines Basis-RS-Flipflops

Im **Fall Nr. 1** stellt sich für die Belegung der Eingänge $S = R = 0$ für die vier Anfangszustände jeweils als Folgezustand der Momentanzustand $Q_1 = Q_1^+$ ein. Für den Ausgang Q_2 folgt die Negation des Ausgangs Q_1 – es handelt sich um einen *Speichervorgang*.

Im **Fall Nr. 2** stellt sich für die Belegung der Eingänge $S = 0$ und $R = 1$ für die vier Anfangszustände jeweils als Folgezustand der logische Zustand 0 ($Q_1^+ = 0$) ein. Für den Ausgang Q_2 folgt die Negation des Ausgangs Q_1 – es handelt sich um einen *Rücksetzvorgang*.

Im **Fall Nr. 3** stellt sich für die Belegung der Eingänge $S = 1$ und $R = 0$ für die vier Anfangszustände jeweils als Folgezustand der logische Zustand 1 ($Q_1^+ = 1$) ein. Für den Ausgang Q_2 folgt die Negation des Ausgangs Q_1 – es handelt sich um einen *Setzvorgang*.

Im **Fall Nr. 4** stellt sich für die Belegung der Eingänge $S = 1$ und $R = 1$ für die vier Anfangszustände jeweils als Folgezustand der logische Zustand 0 ($Q_1^+ = 0$) ein. Der Ausgang Q_2 nimmt den gleichen Zustand an wie der Ausgang Q_1. Dieser Zustand weicht von dem Verhalten der ersten drei Fälle ab, da $Q_1^+ \neq \overline{Q_2^+}$ – es handelt sich um ein nicht gewünschtes Verhalten, weswegen dieser Zustand als *irregulär* bezeichnet wird.

Um den irregulären Zustand zu vermeiden, gibt es mehrere Möglichkeiten. Dies kann beispielsweise ein erzwungener Setzvorgang oder auch der Einsatz eines JK-Flipflops sein, bei dem ein Zustandswechsel vorgenommen wird. Dies wird im weiteren Verlauf dieses Kapitels näher beschrieben.

390 TEIL XI Bistabile, monostabile und astabile Elemente für spezielle Funktionen

In Abbildung 26.3 ist der Entwurf eines Basis-RS-Flipflops mit NAND-Verknüpfungsgliedern vorgenommen worden, um die erforderlichen Beschreibungsmittel für ein Flipflop und insbesondere für das Basis-RS-Flipflop aufzuzeigen. Hierzu sind unter Abbildung 26.3

a) das *Symbol*,

b) die ausführliche *Zustandsfolgetabelle* und die Kurzform,

c) die *Synthesetabelle* und die Kurzform,

d) die *charakteristische Gleichung*,

e) das *Impulsdiagramm* und

f) die *Schaltung*

angegeben.

a) Symbol zustandsgesteuertes RS-Flipflop

S —| S |— Q   Legende:
              S: Setzeingang
R —| R |∘— $\bar{Q}$ R: Rücksetzeingang
              Q: Ausgang

b) Zustandsfolgetabelle

Nr.	S	R	Q	Q^+
0	0	0	0	0
1	0	0	1	1
2	0	1	0	0
3	0	1	1	0
4	1	0	0	1
5	1	0	1	1
6	1	1	0	X
7	1	1	1	X

Kurzform:

S	R	Q^+	
0	0	Q	Speichern
0	1	0	Rücksetzen
1	0	1	Setzen
1	1	X	Irregulär

c) Synthesetabelle

Q	Q^+	S	R
0	0	0	0
		0	1
0	1	1	0
1	0	0	1
1	1	0	0
		1	0

Kurzform:

Q	Q^+	S	R
0	0	0	X
0	1	1	0
1	0	0	1
1	1	X	0

d) Charakteristische Gleichung

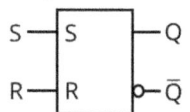

Q^+:

	$\bar{Q}$		Q	
	0	1	1	1	$\bar{R}$
	0	X	X	0	R
	$\bar{S}$	S	$\bar{S}$	

$Q^+ = S \vee (\bar{R} \wedge Q)$

Nebenbedingung:
$S \wedge R = 0$

e) Impulsdiagramm

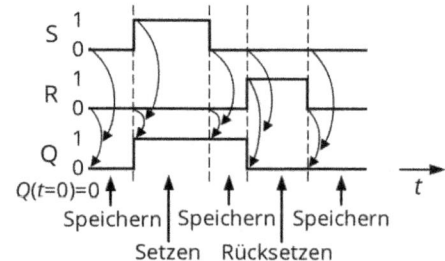

$Q(t=0)=0$

Speichern | Speichern | Speichern
Setzen   Rücksetzen

f) Schaltung (Schaltwerk)

$Q^+ = S \vee (\bar{R} \wedge Q) = \overline{\overline{S \vee (\bar{R} \wedge Q)}}$
$= \overline{\bar{S} \wedge \overline{(\bar{R} \wedge Q)}} = \bar{S} \wedge \overline{(\bar{R} \wedge Q)}$
$\underbrace{}_{\bar{Q}}$

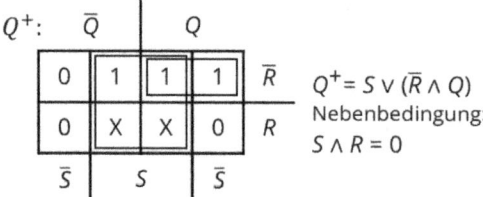

Legende:
S: Setzen
R: Rücksetzen
Q: Momentanzustand des Ausgangs
Q^+: Folgezustand des Ausgangs

Abbildung 26.3: Entwurf eines Basis-RS-Flipflops mit NAND-Verknüpfungen

Die Kurzformen der *Zustandsfolge-* und *Synthesetabelle* und die *charakteristische Gleichung* werden für den Entwurf von Schaltwerken benötigt. Die Zustandsfolgetabelle und charakteristische Gleichung benötigen Sie, um ein Flipflop mit zusätzlichen Eigenschaften zu entwerfen. In Abbildung 26.3d ist die *charakteristische Gleichung aller RS-Flipflops* über eine Minimierung mit der KV-Tafel ermittelt worden:

$$Q^+ = S \vee (\overline{R} \wedge Q) \tag{26.1}$$

mit der Nebenbedingung

$$S \wedge R = 0$$

Die Synthesetabelle gibt an, welchen logischen Zustand die Eingänge annehmen müssen, um ein gewünschtes Übergangsverhalten der Ausgänge zu erzielen. Dies wird für den Entwurf von Zählschaltungen und allgemein endlichen Zustandsautomaten benötigt.

Das Impulsdiagramm zeigt im Unterschied zu der Zustandsfolgetabelle und dem Zustandsdiagramm zusätzlich das zeitliche Verhalten der Signalverläufe der Ein- und Ausgänge auf.

Eine der wichtigsten Anwendungen des Basis-RS-Flipflops ist die Entprellschaltung eines Tasters oder Schalters als Wechsler mit Unterbrechung, wie sie in Abbildung 26.4 dargestellt ist. Das Prellen von mechanischen Kontakten von Tastern und Schaltern ist ein sehr häufiges Problem – dies kann mit der Entprellschaltung unterbunden werden.

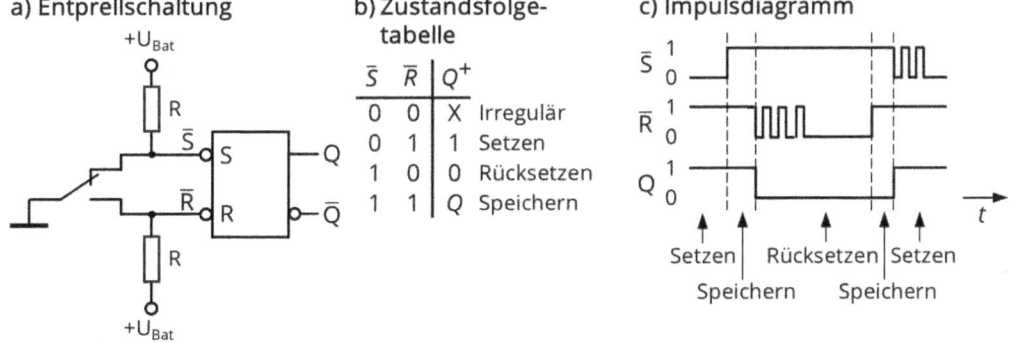

Abbildung 26.4: Anwendungsbeispiel Entprellschaltung für einen Wechsler mit Unterbrechung mit einem Basis-RS-Flipflop

Dadurch, dass der Taster oder Schalter bei dem Wechsel von einer Position in die andere kurzzeitig die elektrische leitende Verbindung zu beiden Kontakten unterbricht, kann das Flipflop niemals den irregulären Zustand annehmen. Das Basis-RS-Flipflop wechselt immer von einem Setzvorgang über einen Speichervorgang in einen Rücksetzvorgang oder umgekehrt und nimmt somit immer stabile Zustände ein. Die Schalterstellung in Abbildung 26.4 löst einen Setzvorgang aus.

Vermeidung des irregulären Zustands von RS-Flipflops

Um den irregulären Zustand eines RS-Flipflops zu vermeiden, gibt es neben der Einhaltung der Nebenbedingung $R \wedge S = 0$ mit einer zusätzlichen Beschaltung grundsätzlich drei weitere Möglichkeiten:

✔ RS-Flipflop mit Setzvorgang

✔ RS-Flipflop mit Rücksetzvorgang

✔ RS-Flipflop mit Zustandserhalt

Exemplarisch wurde in Abbildung 26.5 der Entwurf eines *RS-Flipflops mit Setzvorgang* vorgenommen.

a) Symbol RS-Flipflop mit Setzvorgang

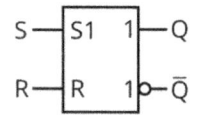

Legende:
S1: Setzvorgang
S: Setzeingang
R: Rücksetzeingang
Q: Ausgang
1: Ein- und Ausgänge mit dieser Kennzahl wirken zusammen

b) Vorgeschaltetes Schaltnetz

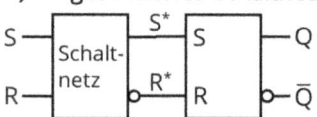

c) Wahrheitstabelle vorgeschaltetes Schaltnetz

S	R	S*	R*	
0	0	0	0	Speichern
0	1	0	1	Rücksetzen
1	0	1	0	Setzen
1	1	1	0	Setzvorgang

d) Schaltfunktionen

$S^* = S$

$R^* = \overline{S} \wedge R$

e) Schaltung RS-Flipflop mit Setzvorgang

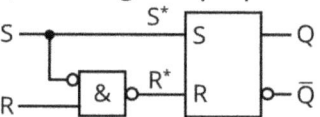

f) Impulsdiagramm

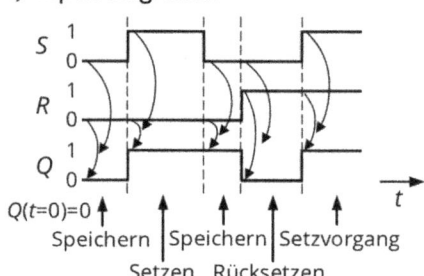

g) Zustandsdiagramm

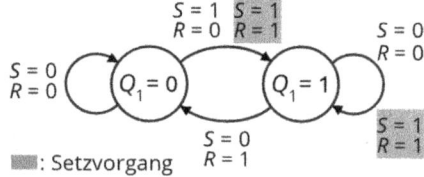

■: Setzvorgang

Abbildung 26.5: Entwurf eines RS-Flipflops mit Setzvorgang

In Abbildung 26.5a ist das Symbol eines RS-Flipflops mit Setzvorgang dargestellt. Innerhalb der Kontur wird dies durch die Kennzahl 1 hinter dem Setzeingang und vor den Ausgängen Q und $\overline{Q}$ signalisiert. Die Ein- und Ausgänge mit der gleichen Kennzahl wirken zusammen.

Um den Setzvorgang zu realisieren, muss das RS-Flipflop mit einem vorgeschalteten Schaltnetz versehen werden, wie dies in Abbildung 26.5b vorgenommen wurde.

In Abbildung 26.5c ist die zugehörige Wahrheitstabelle des Schaltnetzes angegeben, wobei bei einem logischen Zustand $R = S = 1$ nicht der irreguläre Zustand eintritt, sondern ein Setzvorgang ausgelöst wird.

Damit folgen dann die Schaltfunktionen S^* und R^* für das vorzuschaltende Schaltnetz in Abbildung 26.5d.

Das entworfene Schaltnetz ergibt sich in Abbildung 26.5e zu einer NAND-Verknüpfung mit einem negierten Eingang.

In Abbildung 26.5f ist das zugehörige Impulsdiagramm für das RS-Flipflop mit Setzvorgang dargestellt. Der Zustand der Ausgänge wechselt immer dann, wenn die beiden Direkteingänge einen stationären logischen Zustand angenommen haben, und lösen dann entweder einen Speicher-, Setz- oder Rücksetzvorgang aus.

Abschließend ist in Abbildung 26.5g das Zustandsdiagramm des RS-Flipflops mit Setzvorgang dargestellt.

In Abbildung 26.6 sind sämtliche RS-Flipflops mit den Eigenschaften Setzvorgang, Rücksetzvorgang und Zustandserhalt zusammengestellt. Mit den dortigen Angaben können Sie auch die RS-Flipflops mit Rücksetzvorgang und Zustandserhalt entwerfen. Zusätzlich sind auch die entsprechenden Symbole angegeben, wobei es bei dem RS-Flipflop mit Zustandserhalt eine alternative kompaktere Darstellung gibt.

Eigenschaft RS-Flipflop	Zustandsfolgetabelle	Symbol	Alternatives Symbol
Setzvorgang	S R $\mid$ S^* R^* $\mid$ Q^+ 0 0 $\mid$ 0 0 $\mid$ Q 0 1 $\mid$ 0 1 $\mid$ 0 1 0 $\mid$ 1 0 $\mid$ 1 1 1 $\mid$ 1 0 $\mid$ 1	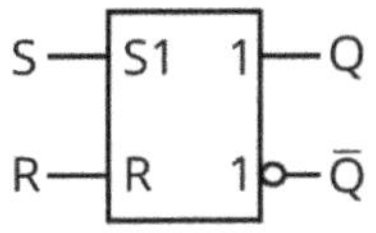 S—[S1 1]—Q R—[R 1]o—$\bar{Q}$	—
Rücksetzvorgang	S R $\mid$ S^* R^* $\mid$ Q^+ 0 0 $\mid$ 0 0 $\mid$ Q 0 1 $\mid$ 0 1 $\mid$ 0 1 0 $\mid$ 1 0 $\mid$ 1 1 1 $\mid$ 0 1 $\mid$ 0	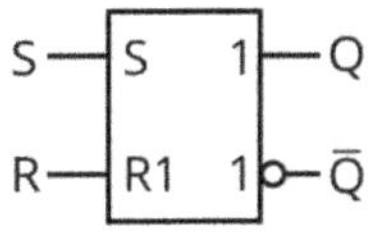 S—[S 1]—Q R—[R1 1]o—$\bar{Q}$	—
Zustandserhalt	S R $\mid$ S^* R^* $\mid$ Q^+ 0 0 $\mid$ 0 0 $\mid$ Q 0 1 $\mid$ 0 1 $\mid$ 0 1 0 $\mid$ 1 0 $\mid$ 1 1 1 $\mid$ 1 1 $\mid$ Q	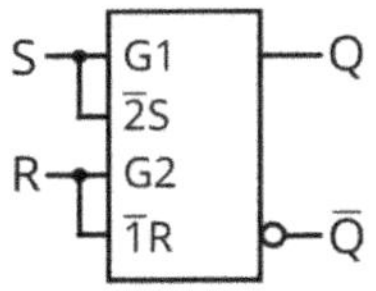 S—[G1, $\overline{2S}$]—Q R—[G2, $\overline{1R}$]o—$\bar{Q}$	S—[G1/$\overline{2S}$]—Q R—[G2/$\overline{1R}$]o—$\bar{Q}$ /X: Weiterer Eingang X

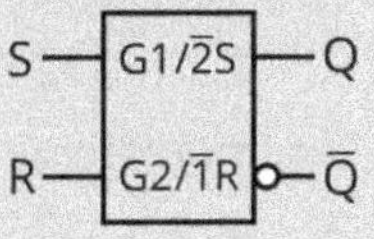

Abbildung 26.6: RS-Flipflops mit besonderen Eigenschaften

Taktzustandsgesteuerte Flipflops

Taktzustandsgesteuerte Flipflops verfügen über einen zusätzlichen Steuereingang, dem Takt C (englisch Clock) für die Übernahme der Vorbereitungseingänge während des aktiven logischen 0- oder 1-Zustands eines Flipflops. Als Randbedingung gilt: Es müssen die Signale an den Vorbereitungseingängen während des gesamten aktiven Taktzustands stabil anliegen, weil sonst ein unerwünschter Zustandswechsel des Ausgangs erfolgt. Jedes Flipflop kann mit einem zusätzlichen Takteingang versehen werden.

Taktzustandsgesteuertes RS-Flipflop

Ein einzustandsgesteuertes RS-Flipflop mit Takteingang wird durch Vorschaltung eines Schaltnetzes und der logischen Verknüpfung mit dem Taktsignal c (c steht für englisch Clock) realisiert, wie dies in Abbildung 26.7 entworfen wurde.

a) Symbol einzustandsgesteuertes RS-Flipflop mit Taktsteuerung

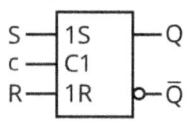

Legende:
1S: Vorbereitungseingang Setzen
1R: Vorbereitungseingang Rücksetzen
C1: Takteingang
S: Setzeingang
R: Rücksetzeingang

c: Takteingang
Q: Ausgang
1: Eingänge mit dieser Kennzahl wirken zusammen

b) Vorgeschaltetes Schaltnetz

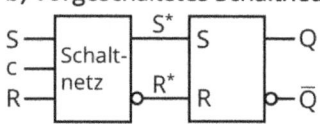

e) Schaltung des RS-Flipflops mit Takteingang

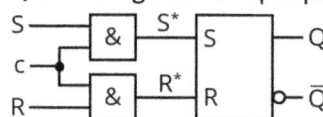

c) Wahrheitstabelle Vorschaltnetz

c	S	R	S*	R*	
0	X	X	0	0	Speichern)*
1	0	0	0	0	Speichern
1	0	1	0	1	Rücksetzen
1	1	0	1	0	Setzen
1	1	1	X	X	Irregulär

)* Während des passiven Taktzustands wird der vorherige Zustand beibehalten (Speichern).

f) Impulsdiagramm

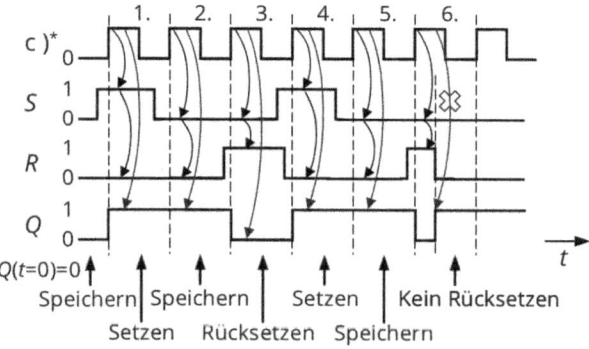

d) Schaltfunktionen

$S^* = c \wedge S$
$R^* = c \wedge R$
mit $R \wedge S = 0$

)* Takt c: Aktiver Taktzustand c=1

Passiver Taktzustand c=0

Abbildung 26.7: Entwurf eines einzustandsgesteuerten RS-Flipflops mit Taktsteuerung

In Abbildung 26.7a ist das entsprechende Symbol angegeben, das im Vergleich zum Basis-RS-Flipflop um den Takteingang c ergänzt wurde. Innerhalb der Kontur wurde der Takt C um die nachgestellte Kennzahl 1 sowie der Setzeingang S und der Rücksetzeingang R um die vorangestellte Kennzahl 1 ergänzt. Dabei ist zu beachten, dass immer sämtliche Ein- und Ausgänge mit der gleichen Kennzahl zusammenwirken.

In Abbildung 26.7b ist das Basis-RS-Flipflop mit dem vorgeschalteten Schaltnetz dargestellt. In Abbildung 26.7c ist die Wahrheitstabelle für das Schaltnetz angegeben und in Abbildung 26.7d die daraus resultierenden Schaltfunktionen mit der einzuhaltenden Nebenbedingung $R \wedge S = 0$.

In Abbildung 26.7e ergibt sich damit das vorzuschaltende Schaltnetz aus der konjunktiven Verknüpfung der Vorbereitungseingänge zum Setzen und Rücksetzen mit dem zusätzlichen Taktsignal.

In Abbildung 26.7f ist das zugehörige Impulsdiagramm dargestellt, wobei bei den Takten 1 bis 5 die Signale an den Vorbereitungseingängen über die gesamte Dauer des aktiven logischen 1-Zustands anliegen. Während des 6. Takts liegen die Signale an den Vorbereitungseingängen nicht während des gesamten aktiven logischen 1-Zustands an, womit ein Zustandswechsel vorzeitig abgebrochen wird. Das Kreuz in der Abbildung symbolisiert den vorzeitigen Zustandswechsel vor der Beendigung des passiven logischen 0-Zustands des Taktsignals.

Taktzustandsgesteuertes RS-Flipflop mit Direkteingängen

Wenn ein einzustandsgesteuertes RS-Flipflop mit Takteingang entworfen werden soll, so ist im Prinzip genauso wie bei dem RS-Flipflop mit Setzvorgang oder dem RS-Flipflop mit Takteingang zu verfahren – es wird ein vorgeschaltetes Schaltnetz vor dem Basis-RS-Flipflop benötigt.

In Abbildung 26.8 ist ein einzustandsgesteuertes RS-Flipflop mit Taktsteuerung und zusätzlichen Direkteingängen zum Setzen und Rücksetzen des Flipflops entworfen worden.

In Abbildung 26.8a ist das zugehörige Symbol dargestellt und mit dem aktiv Low wirkenden Direkteingang Setzen $\overline{S_D}$ und dem aktiv Low wirkenden Direkteingang Rücksetzen $\overline{R_D}$ versehen worden.

Beachten Sie bitte, dass $\overline{S_D}$ und $\overline{R_D}$ Bezeichnungen der Signale sind. Sie stellen keine Negation der Signale selbst dar. Sie symbolisieren lediglich, dass sie aktiv Low wirken.

In Abbildung 26.8b ist das RS-Flipflop mit dem erforderlichen Vorschaltnetz und in Abbildung 26.8c die Wahrheitstabelle für das Vorschaltnetz für den direkten und den getakteten Betrieb dargestellt.

Da die Direkteingänge aktiv Low wirken, wird für $\overline{S_D} = \overline{R_D} = 1$ die Umschaltung auf den getakteten Betrieb verwendet, sodass dann die Vorbereitungseingänge S, R und c in herkömmlicher Weise wirken, wobei der irreguläre Zustand vermieden wird, weil im getakteten

Betrieb bei dem Takt c = 0 oder S = R = 1 der letzte Zustand (Zustandserhalt) beibehalten wird.

a) Symbol einzustandsgesteuertes RS-Flipflop mit Taktsteuerung und Direkteingängen

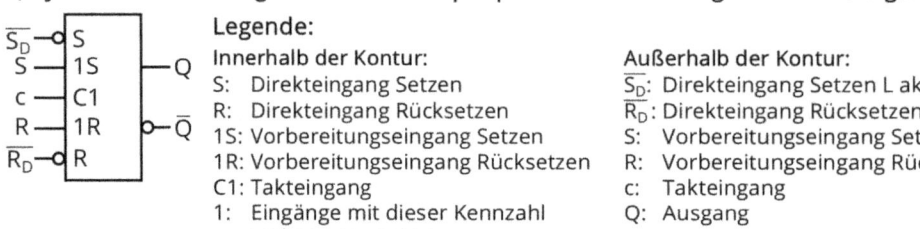

Legende:

Innerhalb der Kontur:
S: Direkteingang Setzen
R: Direkteingang Rücksetzen
1S: Vorbereitungseingang Setzen
1R: Vorbereitungseingang Rücksetzen
C1: Takteingang
1: Eingänge mit dieser Kennzahl wirken zusammen

Außerhalb der Kontur:
$\overline{S_D}$: Direkteingang Setzen L aktiv
$\overline{R_D}$: Direkteingang Rücksetzen L aktiv
S: Vorbereitungseingang Setzen
R: Vorbereitungseingang Rücksetzen
c: Takteingang
Q: Ausgang

b) RS-Flipflop mit Vorschaltnetz

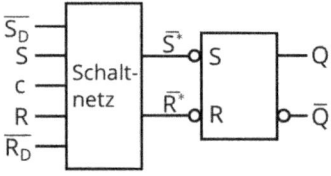

c) Wahrheitstabelle Vorschaltnetz

$\overline{S_D}$	$\overline{R_D}$	S	R	c	$\overline{S^*}$	$\overline{R^*}$		
0	0	X	X	X	1	1	Irregulär	Direkter Betrieb
0	1	X	X	X	0	1	Setzen	
1	0	X	X	X	1	0	Rücksetzen	
1	1	X	X	0	1	1	Speichern)*	Getakteter Betrieb
1	1	0	0	1	1	1	Speichern	
1	1	0	1	1	1	0	Rücksetzen	
1	1	1	0	1	0	1	Setzen	
1	1	1	1	1	1	1	Irregulär)**	

)* Während des passiven Taktzustands c = 0 wird der vorherige Zustand beibehalten (Speichern).
)** Während des aktiven Taktzustands c = 1 wird der vorherige Zustand beibehalten (Zustandserhalt).

e) Schaltung des taktgesteuerten RS-Flipflops mit Direkteingängen

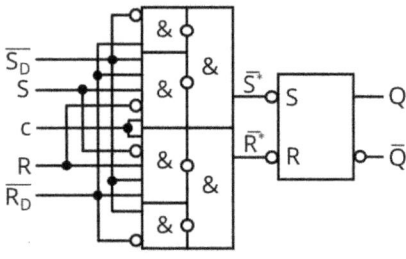

d) Schaltfunktionen

$$\overline{S^*} = (\overline{\overline{S_D} \wedge \overline{R_D}}) \wedge (\overline{\overline{S_D} \wedge \overline{R_D} \wedge S \wedge \overline{R} \wedge c})$$

$$\overline{R^*} = (\overline{\overline{S_D} \wedge \overline{R_D}}) \wedge (\overline{\overline{S_D} \wedge \overline{R_D} \wedge \overline{S} \wedge R \wedge c})$$

Abbildung 26.8: Entwurf eines einzustandsgesteuerten RS-Flipflops mit Taktsteuerung und Direkteingängen

Aus der Wahrheitstabelle folgen dann entweder über die konjunktive Normalform oder die negierte, disjunktive Normalform direkt die Schaltfunktionen der das RS-Flipflop steuernden Direkteingänge $\overline{S^*}$ und $\overline{R^*}$ in Abbildung 26.8d – eine Minimierung ist hier nicht erforderlich, da diese Schaltfunktionen nur bei jeweils einer Kombinationsmöglichkeit der Eingangsvariablen $\overline{S_D}$, $\overline{R_D}$, S, R und c den logischen Zustand 0 annehmen.

Mit diesen Schaltfunktionen ergibt sich die in Abbildung 26.8e dargestellte Schaltung des einzustandsgesteuerten RS-Flipflops mit Taktsteuerung und Direkteingängen.

Taktzustandsgesteuertes D-Flipflop

Das vielleicht wichtigste Flipflop ist das D-Flipflop, weil es am häufigsten eingesetzt wird. Das einzustandsgesteuerte D-Flipflop mit Taktsteuerung besitzt einen Dateneingang D und einen Takteingang c. Mit jedem aktiven Taktzustand übernimmt das Flipflop den am Dateneingang anliegenden Signalzustand und übernimmt ihn an den Ausgang Q.

 Damit wird auch deutlich, dass es D-Flipflops nicht als einzustandsgesteuerte Flipflops ohne Taktsteuerung gibt, da es lediglich eine direkte Verbindung zwischen den Dateneingang und dem Ausgang darstellen würde, also eine Drahtbrücke.

Auch hier gilt wieder, dass der Signalzustand am Vorbereitungseingang für Daten während des gesamten aktiven Taktzustands stabil anliegen muss, weil er sonst nicht für die gesamte Taktperiode übernommen wird.

In Abbildung 26.9 ist ein einzustandsgesteuertes D-Flipflop mit Taktsteuerung zusammengestellt. In Abbildung 26.9a ist das Symbol dargestellt. Innerhalb der Kontur des Symbols wird der Vorbereitungseingang für Daten mit D und einer vorangestellten 1 sowie der Takt c mit dem aktiven Taktzustand c = 1 mit einer nachgestellten 1 als Kennzeichnung angegeben. Die gleiche Kennzahl der beiden Eingänge bedeutet, dass der Dateneingang gemeinsam mit dem Takt wirkt.

a) Symbol einzustandsgesteuertes D-Flipflop mit Taktsteuerung

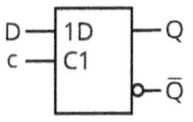

Legende:
1D: Vorbereitungsdateneingang
C1: Takteingang
D: Dateneingang
c: Takteingang

Q: Ausgang
1: Eingänge mit dieser Kennzahl wirken zusammen

b) Zustandsfolgetabelle

D	Q	Q^+
0	0	0
0	1	0
1	0	1
1	1	1

Kurzform:

D	Q^+
0	0
1	1

c) Synthesetabelle

Q	Q^+	D
0	0	0
0	1	1
1	0	0
1	1	1

d) Charakteristische Gleichung

$Q^+ = D$

e) Impulsdiagramm

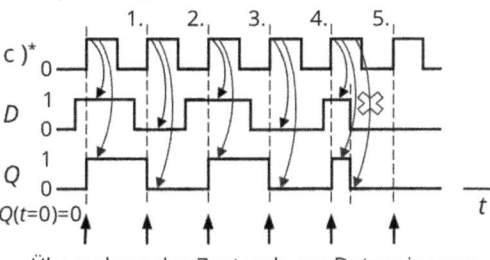

Übernahme des Zustands am Dateneingang

f) Zustandsdiagramm

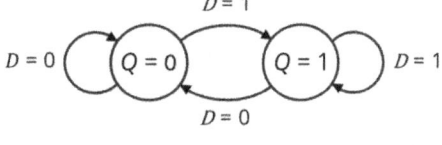

)* Takt c: Aktiver Taktzustand c=1

Passiver Taktzustand c=0

Abbildung 26.9: Einzustandsgesteuertes D-Flipflop mit Taktsteuerung

In Abbildung 26.9b ist die Zustandsfolgetabelle und in Abbildung 26.9c die daraus resultierende Synthesetabelle angegeben. Aus der Wahrheitstabelle folgt direkt durch

Vergleich der Spalten für die Variablen D und Q^+ für die *charakteristische Gleichung aller D-Flipflops*:

$$Q^+ = D \tag{26.2}$$

In Abbildung 26.9d ist das zugehörige Impulsdiagramm angegeben. Die Übernahme des logischen Zustands des Dateneingangs an den Ausgang Q erfolgt immer mit dem Erreichen des aktiven logischen Zustands des Takts c = 1. Bei dem 1. bis 4. Takt ist dies gegeben, weil der Signalzustand am Dateneingang während des gesamten aktiven Taktzustands c = 1 anliegt. Bei dem 5. Takt liegt das Signal am Dateneingang nicht während des gesamten aktiven Taktzustands c = 1 an, weswegen der Zustand des Ausgangssignals Q vor dem Erreichen des Endes der Taktperiode wieder in den ursprünglichen logischen Zustand 0 zurückkehrt – eine nicht gewollte Betriebsart. Gekennzeichnet ist dieser Fall in der Abbildung mit einem Kreuz.

Abschließend ist in Abbildung 26.9e das Zustandsdiagramm eines D-Flipflops angegeben. Der Zustandsübergang erfolgt immer mit dem aktiven Taktzustand c = 1, wobei der Folgezustand immer dem am Dateneingang D anliegenden logischen Zustand entspricht.

In Abbildung 26.10 sind die typischen Anwendungen für D-Flipflops angegeben. Dies ist die Anwendung als

✔ *Auffang-Flipflop* (elektronischer Schalter, englisch Latch) und

✔ *D-Flipflop in rückgekoppelten Systemen*.

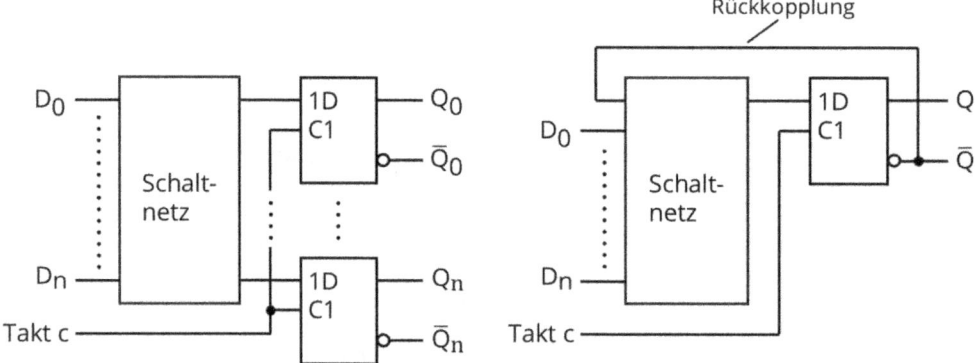

Abbildung 26.10: Anwendungsbeispiele für D-Flipflops

Die Aufgabe eines *Auffang-Flipflops* besteht darin, die zeitlich unterschiedlichen Daten am Eingang aufzufangen, um die Daten zeitlich synchron für die weitere Verarbeitung bereitzustellen. In jedem Mikroprozessorsystem wird dies vielfach für die synchrone Bereitstellung der Daten eines Datenbusses eingesetzt.

Der Einsatz eines D-Flipflops in rückgekoppelten Systemen wie Automaten hat die Aufgabe, die Schaltfunktionen wieder auf den Eingang rückzukoppeln. Allerdings ist das bei einem einzustandsgesteuerten D-Flipflop nicht ganz unproblematisch, da je nach Phasenlage des rückzukoppelnden Ausgangszustands und der Verzögerungszeiten der Logik-Elemente unerwünschte Oszillationen (Schwingungen) während des aktiven Taktzustands am Ausgang auftreten können.

Im vorliegenden Fall hat das rückgekoppelte Signal eine Phasenlage von 180° – das ist eine Gegenkopplung. Wenn der nicht negierte Ausgang rückgekoppelt wird, hätte das Signal eine Phasenlage von 0° – das ist dann eine Mitkopplung und kann zu unerwünschten Oszillationen am Ausgang des Systems führen, wobei die Verzögerungszeiten der Flipflops eine entscheidende Rolle spielen.

Dieses taktzustandsgesteuerte D-Flipflop und alle weiteren D-Flipflop-Typen finden Anwendung in Schieberegistern, Zählern und Automaten. Sie stellen dort die Basis dar. In den Teilen XII bis XIII wird das behandelt.

Zweizustandsgesteuerte Flipflops

Zweizustandsgesteuerte Flipflops verfügen neben einem Takteingang über einen Zwischenspeicher. Dieser besteht aus einem gleichartigen Flipflop, wobei das Taktsignal in negierter Form an das zweite Flipflop geführt wird.

Das erste Flipflop wird häufig auch als Master und das zweite Flipflop als Slave bezeichnet. Die Übernahme der Signale an den Vorbereitungseingängen erfolgt mit dem aktiven Taktzustand des ersten Flipflops (Master) an dessen Ausgängen, die direkt an das zweite Flipflop (Slave) weitergeleitet werden. Die Übernahme der Signale an den Vorbereitungseingängen des Slave erfolgt durch Negation des Taktsignals mit dem passiven Taktzustand des Masters. Dadurch können sich die Signale an den Eingängen des Masters ändern, ohne dass zeitgleich eine Änderung der Ausgangszustände des Masters erfolgt. Dies ist insbesondere bei rückgekoppelten Systemen sehr nützlich, um Schwingungen zu vermeiden.

Das Symbol eines zweizustandsgesteuerten Flipflops unterscheidet sich von einem einzustandsgesteuerten Flipflop nur durch die zusätzliche Kennzeichnung innerhalb der Kontur mit einem gleichschenkligen rechten Winkel an den Ausgängen für den Zwischenspeicher, wie dies in Abbildung 26.11 dargestellt ist.

Taktzustandsgesteuertes RS-Flipflop mit Zwischenspeicher

In Abbildung 26.12 sind das Symbol, die Schaltung und das Impulsdiagramm eines zweizustandsgesteuerten RS-Flipflops mit Taktsteuerung und Zwischenspeicher angegeben.

Bei dem zweizustandsgesteuerten RS-Flipflop wird das Flipflop um ein weiteres Flipflop gleichen Typs ergänzt, das mit dem negierten Taktsignal angesteuert wird, wie dies in Abbildung 26.12b dargestellt ist.

400 TEIL XI Bistabile, monostabile und astabile Elemente für spezielle Funktionen

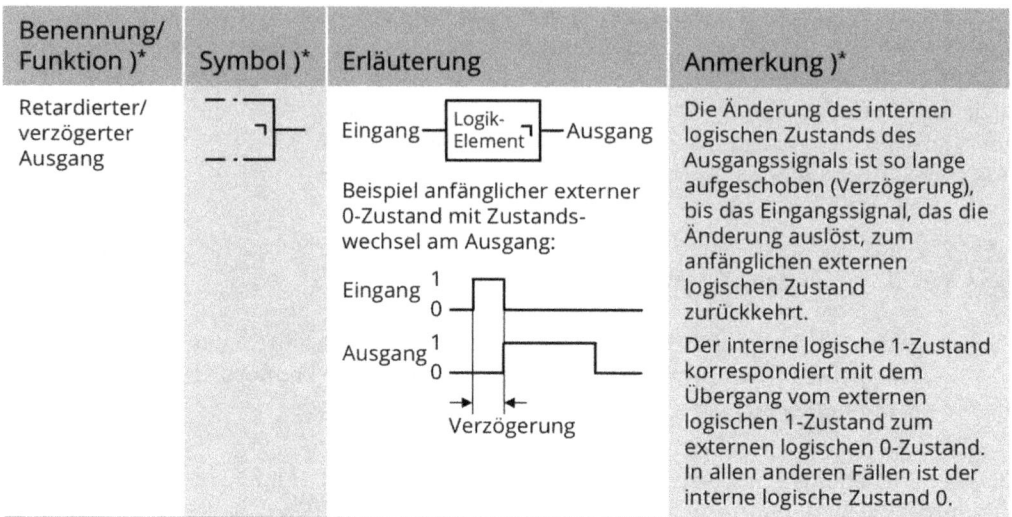

)* DIN EN 60617 Teil 12:1999-04, Graphische Symbole für Schaltpläne Teil 12: Binäre Elemente (IEC 60617-12:1997) sowie Ergänzungen

Abbildung 26.11: Kennzeichnung retardierter Ausgänge bei Flipflops mit Zwischenspeicher

a) Symbol zweizustandsgesteuertes RS-Flipflop mit Taktsteuerung und Zwischenspeicher

Legende:
- 1S: Vorbereitungseingang Setzen
- 1R: Vorbereitungseingang Rücksetzen
- C1: Takteingang
- S: Setzeingang
- R: Rücksetzeingang
- c: Takteingang
- Q: Ausgang
- 1: Eingänge mit dieser Kennzahl wirken zusammen
- ¬: Retardierter (verzögerter) Ausgang

b) Schaltung   c) Impulsdiagramm

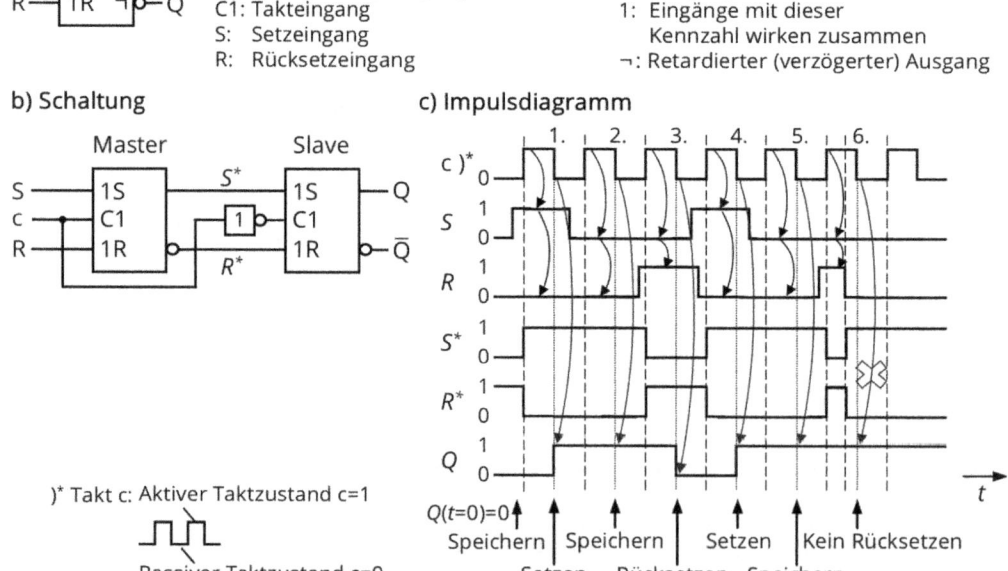

)* Takt c: Aktiver Taktzustand c=1
Passiver Taktzustand c=0

Abbildung 26.12: Zweizustandsgesteuertes RS-Flipflop mit Taktsteuerung und Zwischenspeicher

Für das zweizustandsgesteuerte RS-Flipflop gelten ebenfalls die Zustandsfolgetabelle, die Synthesetabelle, die charakteristische Gleichung und das Zustandsdiagramm wie für das einzustandsgesteuerte RS-Flipflop in Abbildung 26.3.

In Abbildung 26.12c ist das Impulsdiagramm dargestellt. Mit dem aktiven Taktzustand c = 1 übernimmt der Master die an den Vorbereitungseingängen anliegenden Signale und nimmt die entsprechenden Ausgangszustände durch Setzen, Rücksetzen oder Speichern an. Mit dem passiven Taktzustand c = 0 übernimmt dann der Slave die Signale an seinen Eingängen und nimmt die entsprechenden Ausgangszustände Setzen, Rücksetzen oder Speichern an.

Bis zum 5. Takt ist der zeitliche Verlauf im Vergleich zum einzustandsgesteuerten RS-Flipflop mit Taktsteuerung und ohne Zwischenspeicher in Abbildung 26.7f qualitativ identisch, aber um den aktiven Taktzustand (halbe Taktperiode) versetzt. Beim 6. Takt wird beim zweizustandsgesteuerten RS-Flipflop mit Taktsteuerung und Zwischenspeicher in Abbildung 26.12c kein Rücksetzen am Ausgang Q ausgeführt, da das Vorbereitungssignal R nicht während des gesamten aktiven Taktzustands c = 1 stabil anliegt. Beim einzustandsgesteuerten RS-Flipflop mit Taktsteuerung in Abbildung 26.7f hingegen wird für die Dauer des Rücksetzsignals ein unerwünschtes Rücksetzen des Ausgangs Q vorgenommen.

Dieses zweizustandsgespeicherte RS-Flipflop und alle weiteren RS-Flipflop-Typen können in Schieberegistern, Zählern und Automaten eingesetzt werden, auch wenn dies mit dem damit verbundenen Aufwand teilweise nicht sehr effizient ist.

Taktzustandsgesteuertes JK-Flipflop mit Zwischenspeicher

Das zweizustandsgesteuerte JK-Flipflop mit Taktsteuerung und Zwischenspeicher ist genau genommen nur eine Abwandlung des zweizustandsgesteuerten RS-Flipflops mit Taktsteuerung und Zwischenspeicher. Es besitzt ebenfalls die Funktionen Setzen, Rücksetzen und Speichern. Anstelle des irregulären Zustands nimmt dieses Flipflop einen Zustandswechsel vor. Aus diesem Grund kann es auch nicht als einzustandsgesteuertes JK-Flipflop realisiert werden, weil sich während des aktiven Zustands der Zustandswechsel am Ausgang permanent in Form von Oszillationen einstellt.

In Abbildung 26.13 ist das zweizustandsgesteuerte JK-Flipflop mit Taktsteuerung und Zwischenspeicher als Symbol mit der zugehörigen Zustandsfolgetabelle, der Synthesetabelle und der aus der Zustandsfolgetabelle folgenden *charakteristischen Gleichung aller JK-Flipflops* dargestellt:

$$Q^+ = (J \wedge \overline{Q}) \vee (\overline{K} \wedge Q) \qquad (26.3)$$

In Abbildung 26.13d ist das Impulsdiagramm des zweizustandsgesteuerten JK-Flipflops dargestellt. Durch den Zwischenspeicher erfolgt hier eine Änderung der Ausgangszustände immer um eine halbe Taktperiode versetzt. Mit den Takten 1 bis 5 werden die Vorgänge Setzen, Rücksetzen und Speichern wie bei dem zweizustandsgesteuerten RS-Flipflop ausgeführt und mit den Takten 6 bis 8 findet immer ein Zustandswechsel statt.

Ergänzend ist in Abbildung 26.13e das zugehörige Zustandsdiagramm dargestellt.

Durch die Funktion Zustandswechsel eignet sich das JK-Flipflop als Frequenzteiler 1:2. Das bedeutet, dass die Frequenz eines Eingangssignals halbiert wird. Das zugehörige Beispiel ist

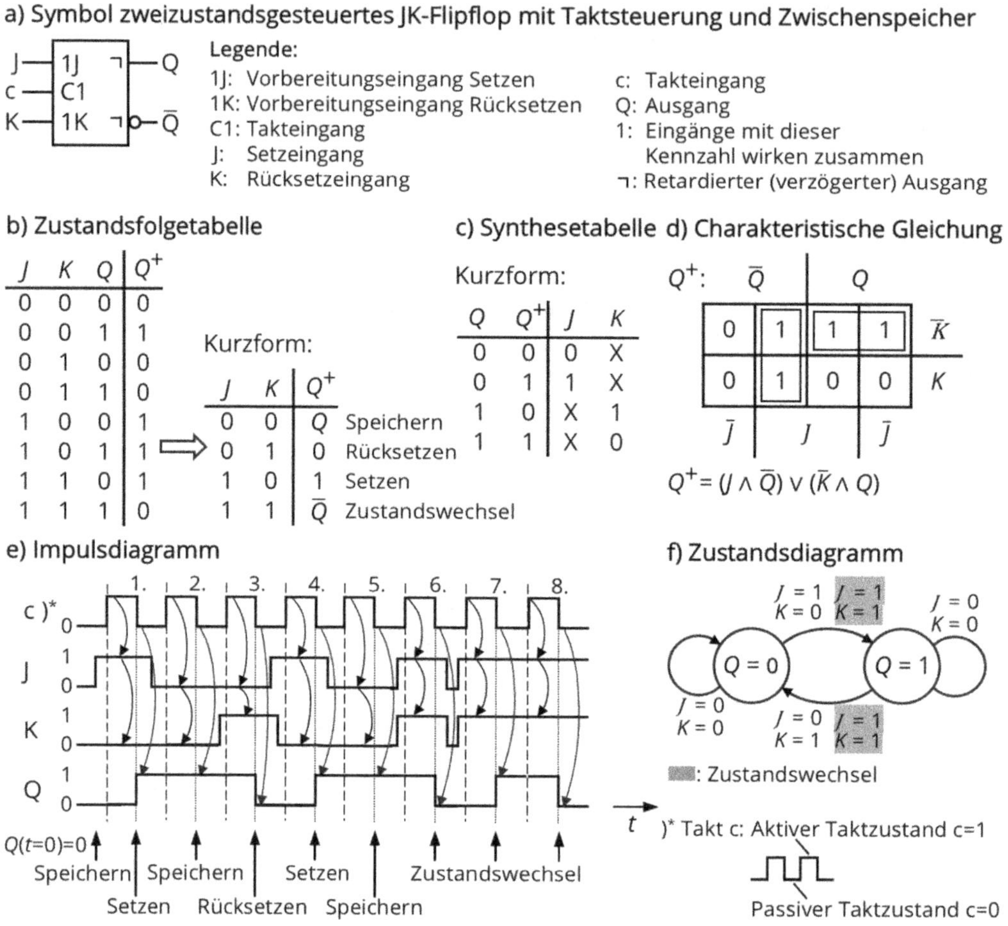

402 TEIL XI Bistabile, monostabile und astabile Elemente für spezielle Funktionen

a) Symbol zweizustandsgesteuertes JK-Flipflop mit Taktsteuerung und Zwischenspeicher

Legende:
- 1J: Vorbereitungseingang Setzen
- 1K: Vorbereitungseingang Rücksetzen
- C1: Takteingang
- J: Setzeingang
- K: Rücksetzeingang
- c: Takteingang
- Q: Ausgang
- 1: Eingänge mit dieser Kennzahl wirken zusammen
- ¬: Retardierter (verzögerter) Ausgang

b) Zustandsfolgetabelle

J	K	Q	Q^+
0	0	0	0
0	0	1	1
0	1	0	0
0	1	1	0
1	0	0	1
1	0	1	1
1	1	0	1
1	1	1	0

Kurzform:

J	K	Q^+	
0	0	Q	Speichern
0	1	0	Rücksetzen
1	0	1	Setzen
1	1	$\bar{Q}$	Zustandswechsel

c) Synthesetabelle

Kurzform:

Q	Q^+	J	K
0	0	0	X
0	1	1	X
1	0	X	1
1	1	X	0

d) Charakteristische Gleichung

Q^+:	$\bar{Q}$		Q	
0	1	1	1	$\bar{K}$
0	1	0	0	K
	$\bar{J}$	J	$\bar{J}$	

$Q^+ = (J \wedge \bar{Q}) \vee (\bar{K} \wedge Q)$

e) Impulsdiagramm

f) Zustandsdiagramm

: Zustandswechsel

)* Takt c: Aktiver Taktzustand c=1

Passiver Taktzustand c=0

Abbildung 26.13: Zweizustandsgesteuertes JK-Flipflop mit Taktsteuerung und Zwischenspeicher

gleichzeitig der Entwurf des zweizustandsgesteuerten T-Flipflops mit Zwischenspeicher, da es direkt vom JK-Flipflop abgeleitet ist.

Der Einsatz der JK-Flipflops ist darüber hinaus auch in Schieberegistern, Zählern und Automaten möglich.

Taktzustandsgesteuertes D-Flipflop mit Zwischenspeicher

In Abbildung 26.14 sind das Symbol, die Schaltung und das Impulsdiagramm eines zweizustandsgesteuerten D-Flipflops mit Taktsteuerung und Zwischenspeicher angegeben. Dieser D-Flipflop-Typ nimmt im Unterschied zu dem einzustandsgesteuerten D-Flipflop mit Taktsteuerung in Abbildung 26.9, bedingt durch den Zwischenspeicher, den Ausgangszustand um eine halbe Taktperiode später an, wie dies in Abbildung 26.14 dargestellt ist. Die Anwendungsfälle sind die gleichen.

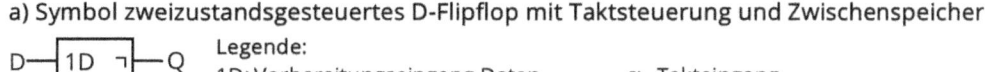

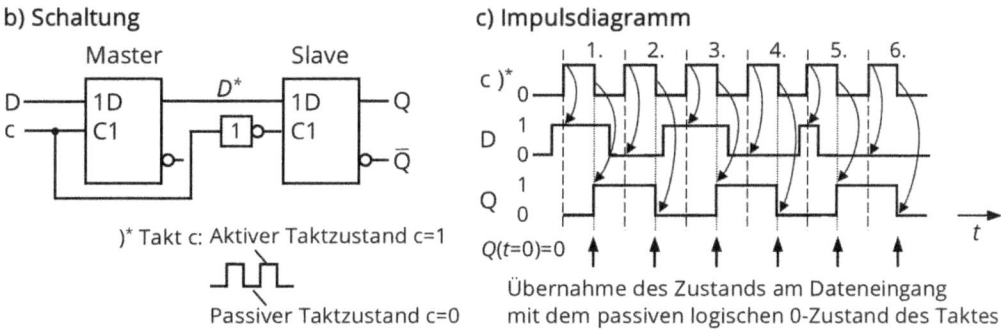

Abbildung 26.14: Zweizustandsgesteuertes D-Flipflop mit Taktsteuerung und Zwischenspeicher

Taktzustandsgesteuertes T-Flipflop mit Zwischenspeicher

In der Literatur und in den Normen wird immer wieder auch ein T-Flipflop aufgeführt (T steht für englisch toggle – wie umschalten, hin- und herschalten). Allerdings werden Sie da bis auf eine Ausnahme bei den Halbleiterherstellern nicht fündig.

Genau genommen handelt es sich auch nicht um einen weiteren Flipflop-Typ, da es nichts anderes als ein JK-Flipflop mit der Belegung der Vorbereitungseingänge $T = J = K = 1$ ist, das dann immer einen Zustandswechsel am Ausgang ausführt. Durch den ständigen Wechsel bei der Belegung des Vorbereitungseingangs mit $T = 1$ ist das T-Flipflop wie auch das JK-Flipflop als einzustandsgesteuertes Flipflop <u>nicht</u> realisierbar, da das Ausgangssignal schwingen würde.

In Abbildung 26.15 ist der Entwurf eines zweizustandsgesteuerten T-Flipflops mit Taktsteuerung und Zwischenspeicher zusammengestellt.

In Abbildung 26.15a ist das Symbol taktzustandsgesteuert dargestellt. Innerhalb der Kontur gibt es den Vorbereitungseingang Toggle 1T und den Takteingang C1, die durch die gleiche Kennzahl 1 gemeinsam wirken. Außerhalb der Kontur sind die korrespondierenden Eingänge mit T und c gekennzeichnet. Der Ausgang ist mit Q und der negierte Ausgang mit $\overline{Q}$ gekennzeichnet.

In Abbildung 26.15b ist die durch die Zusammenlegung der J- und K-Eingänge eines JK-Flipflops entstehende Schaltung des T-Flipflops angegeben. In Abbildung 26.15c bis e sind die Zustandsfolgetabelle, die Synthesetabelle und die aus der Zustandsfolgetabelle resultierende *charakteristische Gleichung aller T-Flipflops* angegeben:

$$Q^+ = T \leftrightarrow Q \tag{26.4}$$

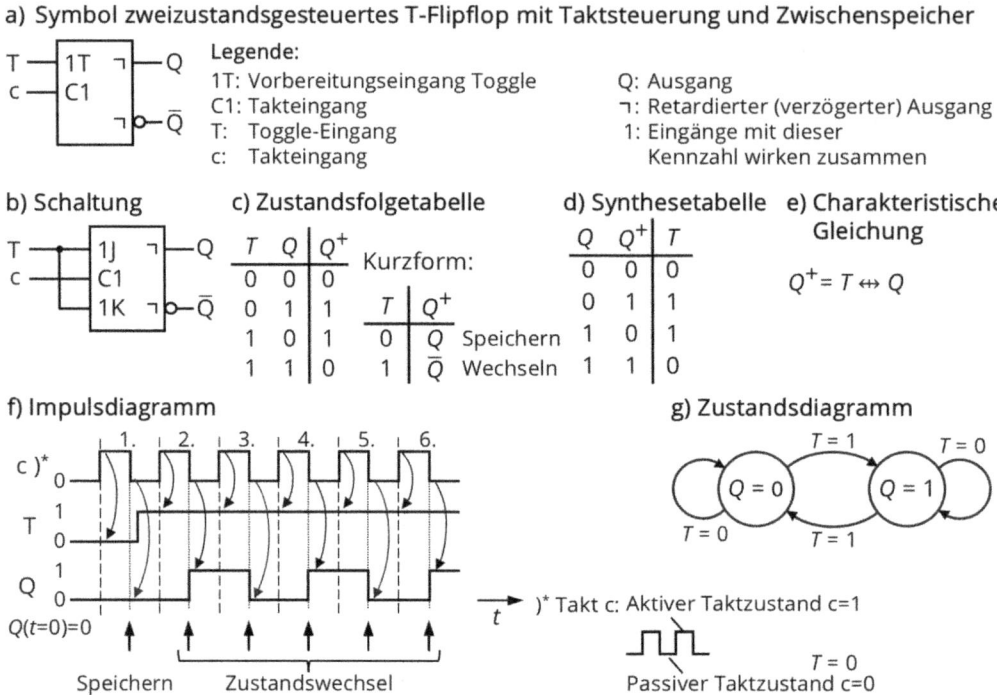

Abbildung 26.15: Zweizustandsgesteuertes T-Flipflop mit Taktsteuerung und Zwischenspeicher

Das zeitliche Verhalten des zweizustandsgesteuerten T-Flipflops mit Taktsteuerung und Zwischenspeicher können Sie Abbildung 26.15 entnehmen. Mit dem Anfangszustand für $Q(t=0)=0$ und dem folgenden Speichervorgang während des 1. Takts folgen während des 2. bis einschließlich 6. Takts Zustandswechsel des Ausgangszustands mit dem passiven Taktzustand. Das Ausgangssignal hat damit um eine halbe Taktperiode versetzt die halbe Frequenz des Taktsignals c und stellt somit einen *1:2-Frequenzteiler* mit einem T-Flipflop beziehungsweise einem JK-Flipflop dar.

Durch die Hintereinanderschaltung mehrerer T-Flipflops beziehungsweise JK-Flipflops können so Frequenzen mit einem Teiler von 4, 8, 16 und so weiter realisiert werden.

Flankengesteuerte Flipflops

Der Unterschied der flankengesteuerten Flipflops zu zustandsgesteuerten Flipflops besteht in dem Zeitpunkt der Übernahme der Vorbereitungseingänge. Bei einem zustandsgesteuerten Flipflop müssen die Signale der Vorbereitungseingänge während des gesamt aktiven Taktzustands anliegen. Dagegen erfolgt bei einem taktflankengesteuerten Flipflop die Übernahme der Vorbereitungseingänge mit der aktiven 0/1- oder 1/0-Flanke des Takts innerhalb eines kleinen Zeitintervalls. Dies Zeitintervall wird gebildet aus der Vorhaltzeit (englisch

Setup time) vor der aktiven Flanke und der Haltezeit (Hold time) nach der aktiven Flanke. Eine genauere Definition finden Sie im Abschnitt »Vorbereitungs- und Haltezeit der Flipflops« in Kapitel 20. In den Darstellungen zu den taktflankengesteuerten Flipflops werden die Vorhaltzeit und die Haltezeit immer eingehalten.

Die Takteingänge werden als dynamische Eingänge bezeichnet. Die Kennzeichnung des Takts innerhalb der Kontur eines Flipflops erfolgt entsprechend Abbildung 26.16. Eine detailliertere Beschreibung finden Sie auch in Kapitel 16 im Abschnitt »Dynamische Eingänge«.

Benennung/ Funktion)*	Symbol)*	Erläuterung	Anmerkung)*
Dynamischer Eingang mit aktiver 0/1-Flanke	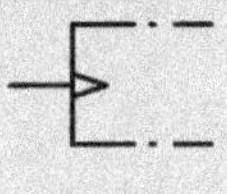	Aktive Flanke (0/1-Wechsel/Flanke)  Passive Flanke (1/0-Wechsel/Flanke) 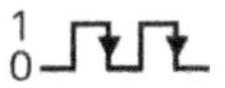	Der interne logische 1-Zustand korrespondiert mit dem Übergang vom externen logischen 0-Zustand zum externen logischen 1-Zustand. In allen anderen Fällen ist der interne logische Zustand 0.
Dynamischer Eingang mit aktiver 1/0-Flanke	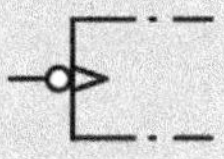	Aktive Flanke (1/0-Wechsel/Flanke)  Passive Flanke (0/1-Wechsel/Flanke) 	Der interne logische 1-Zustand korrespondiert mit dem Übergang vom externen logischen 1-Zustand zum externen logischen 0-Zustand. In allen anderen Fällen ist der interne logische Zustand 0.

)* DIN EN 60617 Teil 12:1999-04, Graphische Symbole für Schaltpläne Teil 12: Binäre Elemente (IEC 60617-12:1997) sowie Ergänzungen

Abbildung 26.16: Kennzeichnung dynamischer Eingänge

Einflankengesteuerte Flipflops

Einflankengesteuerte Flipflops sind einzustandsgesteuerte Flipflops mit Taktflankensteuerung und als RS-, JK-, D- und T-Flipflops möglich. Sie besitzen eine aktive 0/1- oder 1/0-Flanke und übernehmen mit dieser Flanke die Signale an den Vorbereitungsgängen und setzen auch mit dieser Flanke die Ausgangszustände entsprechend der jeweiligen Funktion des Flipflops.

Taktflankengesteuertes RS-Flipflop

Ein einflankengesteuertes RS-Flipflop ist ein einzustandsgesteuertes RS-Flipflop mit Taktflankensteuerung. In Abbildung 26.17a sind das Symbol eines einflankengesteuerten RS-Flipflops und in Abbildung 26.17b das zugehörige Impulsdiagramm dargestellt. Der zeitliche Verlauf der Eingänge ist im Vergleich zum einzustandsgesteuerten RS-Flipflop mit

Taktsteuerung in Abbildung 26.7 bis zum 5. Takt identisch. Allerdings wird im Gegensatz zum einzustandsgesteuerten RS-Flipflop mit Taktsteuerung mit dem 6. Takt wegen der Übernahme der Vorbereitungseingänge mit der aktiven 0/1-Flanke der Vorgang Rücksetzen ausgeführt.

a) Symbol einzustandsgesteuertes RS-Flipflop mit Taktflankensteuerung

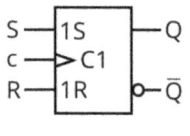

Legende:
1S: Vorbereitungseingang Setzen
1R: Vorbereitungseingang Rücksetzen
C1: Takteingang
S: Setzeingang
R: Rücksetzeingang
c: Takteingang

Q: Ausgang
1: Eingänge mit dieser Kennzahl wirken zusammen
▷ : Kennzeichnung Flankensteuerung (Aktive Flanke: 0/1-Flanke ohne Negationskreis)

b) Impulsdiagramm

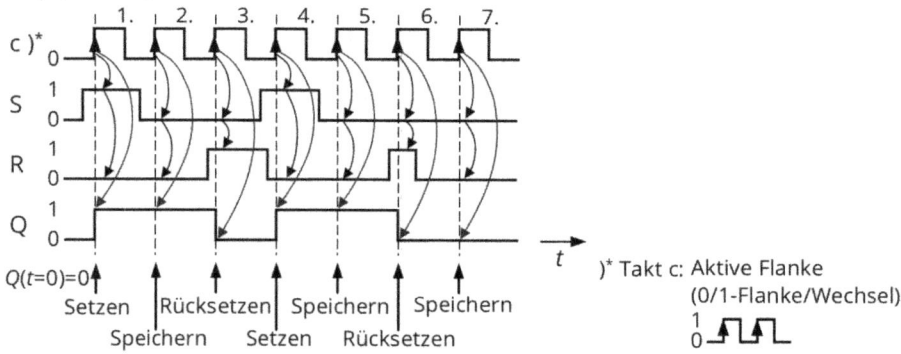

Abbildung 26.17: Einzustandsgesteuertes RS-Flipflop mit Taktflankensteuerung

Taktflankengesteuertes JK-Flipflop

Ein einflankengesteuertes JK-Flipflop ist ein einzustandsgesteuertes JK-Flipflop mit Taktflankensteuerung. In Abbildung 26.18 sind das Symbol und das Impulsdiagramm eines einflankengesteuerten JK-Flipflops angegeben. Es verhält sich bis zum 5. Takt analog zum einflankengesteuerten RS-Flipflop in Abbildung 26.17. Für den 6. bis 8. Takt erfolgt immer ein Zustandswechsel mit der aktiven 0/1-Taktflanke.

Die Anwendung eines einzustandsgesteuerten JK-Flipflops mit Taktflankensteuerung ist ebenfalls die eines Frequenzteilers im Verhältnis 1:2 für eine Stufe und somit die gleiche wie bei dem zweizustandsgesteuerten T-/JK-Flipflop mit Taktsteuerung in Abbildung 26.15. Allerdings findet die Zustandsänderung immer mit der aktiven Flanke und nicht erst um eine halbe Taktperiode versetzt statt.

a) Symbol einzustandsgesteuertes JK-Flipflop mit Taktflankensteuerung

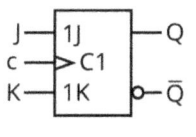

Legende:
1J: Vorbereitungseingang Setzen
1K: Vorbereitungseingang Rücksetzen
C1: Takteingang
J: Setzeingang
K: Rücksetzeingang
c: Takteingang

Q: Ausgang
1: Eingänge mit dieser Kennzahl wirken zusammen
▷: Kennzeichnung Flankensteuerung (ohne Negationskreis 0/1-Flanke)

b) Impulsdiagramm

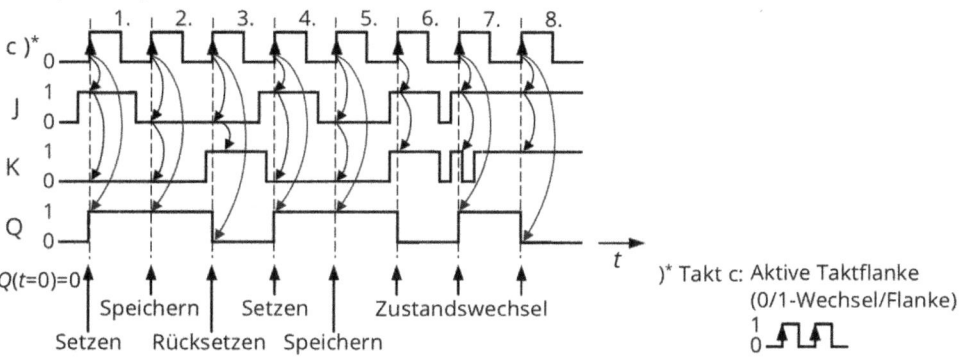

Abbildung 26.18: Einzustandsgesteuertes JK-Flipflop mit Taktflankensteuerung

Taktflankengesteuertes D-Flipflop

Ein einflankengesteuertes D-Flipflop ist ein einzustandsgesteuertes D-Flipflop mit Taktflankensteuerung. In Abbildung 26.19 sind das Symbol und das Impulsdiagramm eines einflankengesteuerten D-Flipflops angegeben. Prinzipiell ist der Signalverlauf im Impulsdiagramm bis einschließlich dem 4. Takt identisch mit dem eines einzustandsgesteuertes D-Flipflops mit Taktsteuerung in Abbildung 26.9e. Der Unterschied besteht lediglich im Zeitpunkt der Übernahme des Vorbereitungseingangs für die Daten, die hier mit der aktiven 0/1-Flanke und nicht mit dem aktiven Zustand c = 1 erfolgt. Die Übernahme erfolgt mit dem 5. Takt, wobei bei dem einzustandsgesteuerten D-Flipflop mit Taktflankensteuerung der Signalzustand am Dateneingang übernommen wird und bei dem einzustandsgesteuerten D-Flipflop mit Taktsteuerung in Abbildung 26.9e nicht.

Die Anwendung dieses Flipflop-Typs ist wie bei dem einzustandsgesteuerten D-Flipflop.

Taktflankengesteuertes T-Flipflop

Ein einflankengesteuertes T-Flipflop ist ein einzustandsgesteuertes T-Flipflop mit Taktflankensteuerung. In Abbildung 26.20 sind das Symbol und das Impulsdiagramm eines einflankengesteuerten T-Flipflops angegeben. Der qualitative Signalverlauf der Zustandsänderungen im Impulsdiagramm beginnt jeweils im Vergleich zu dem zweizustandsgesteuerten T-Flipflop mit Taktsteuerung und Zwischenspeicher eine halbe Taktperiode früher. Der Unterschied besteht lediglich im Zeitpunkt der Übernahme mit der aktiven 0/1-Flanke des Vorbereitungseingangs T und des Setzens des Ausgangszustands. Beim zweizustandsgesteuerten T-Flipflop

a) Symbol einzustandsgesteuertes D-Flipflop mit Taktflankensteuerung

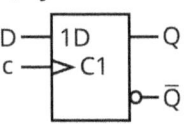

Legende:
1D: Vorbereitungsdateneingang
C1: Takteingang
D: Dateneingang
c: Takteingang
Q: Ausgang

1: Eingänge mit dieser Kennzahl wirken zusammen
▷: Kennzeichnung Flankensteuerung (ohne Negationskreis 0/1-Flanke)

b) Impulsdiagramm

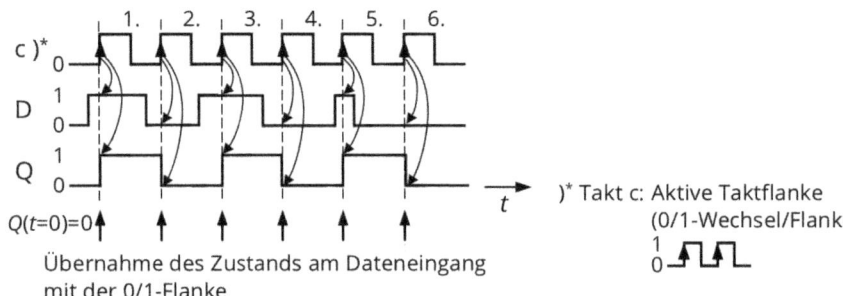

Übernahme des Zustands am Dateneingang mit der 0/1-Flanke

)* Takt c: Aktive Taktflanke (0/1-Wechsel/Flanke)

Abbildung 26.19: Einzustandsgesteuertes D-Flipflop mit Taktflankensteuerung

a) Symbol einzustandsgesteuertes T-Flipflop mit Taktflankensteuerung

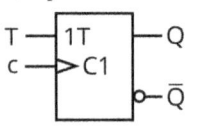

Legende:
1T: Vorbereitungseingang Toggle
C1: Takteingang
T: Toggle-Eingang
c: Takteingang
Q: Ausgang

1: Eingänge mit dieser Kennzahl wirken zusammen
▷: Kennzeichnung Flankensteuerung (ohne Negationskreis 0/1-Flanke)

b) Impulsdiagramm

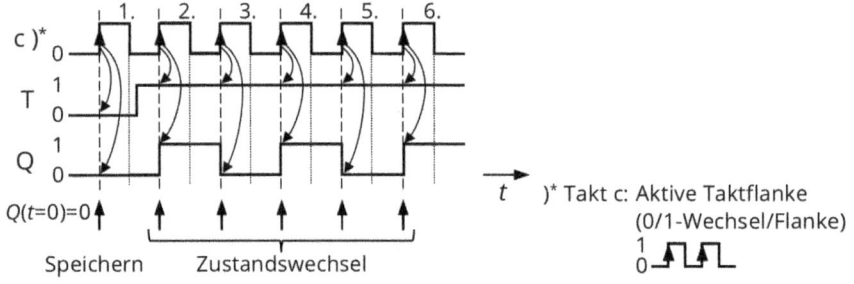

Speichern   Zustandswechsel

)* Takt c: Aktive Taktflanke (0/1-Wechsel/Flanke)

Abbildung 26.20: Einzustandsgesteuertes T-Flipflop mit Taktflankensteuerung

mit Taktsteuerung und Zwischenspeicher erfolgen mit dem aktiven Taktzustand $c = 1$ die Übernahme und das Setzen des Ausgangszustands mit dem passiven Taktzustand $c = 0$.

Die Anwendung des einzustandsgesteuerten T-Flipflops ist identisch mit dem zweizustandsgesteuerten T-Flipflop mit Taktsteuerung und Zwischenspeicher als Frequenzteiler.

Zweiflankengesteuerte Flipflops

Zweiflankengesteuerte Flipflops sind zweizustandsgesteuerte Flipflops mit Taktflankensteuerung und Zwischenspeicher und sind als RS-, JK-, D- und T-Flipflops möglich. Sie besitzen eine aktive 0/1- oder 1/0-Flanke und übernehmen mit dieser Flanke die Signale an den Vorbereitungsgängen. Mit der passiven 1/0- oder 0/1-Flanke setzen sie die Ausgangszustände entsprechend der jeweiligen Funktion des Flipflops.

Taktflankengesteuertes RS-Flipflop mit Zwischenspeicher

Ein zweiflankengesteuertes RS-Flipflop ist ein zweizustandsgesteuertes RS-Flipflop mit Taktflankensteuerung. In Abbildung 26.21a sind das Symbol eines zweiflankengesteuerten RS-Flipflops mit Zwischenspeicher und in Abbildung 26.21b das zugehörige Impulsdiagramm dargestellt. Der zeitliche Verlauf ist im Vergleich zum zweizustandsgesteuerten RS-Flipflop mit Taktsteuerung und Zwischenspeicher in Abbildung 26.12 bis zum 5. Takt identisch. Die Übernahme der Vorbereitungseingänge erfolgt mit der aktiven 0/1-Flanke und der Ausgang Q nimmt mit der passiven 1/0-Flanke den jeweiligen Zustand an. Allerdings wird im Gegensatz zum zweizustandsgesteuerten RS-Flipflop mit Taktsteuerung mit dem 6. Takt wegen der Übernahme der Vorbereitungseingänge mit der aktiven 0/1-Flanke der Vorgang Rücksetzen ausgeführt.

a) Symbol zweizustandsgesteuertes RS-Flipflop mit Taktflankensteuerung und Zwischenspeicher

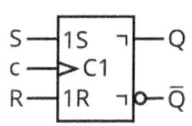

Legende:
1S: Vorbereitungseingang Setzen
1R: Vorbereitungseingang Rücksetzen
C1: Takteingang
S: Setzeingang
R: Rücksetzeingang
c: Takteingang

Q: Ausgang
1: Eingänge mit dieser Kennzahl wirken zusammen
⌐: Retardierter (verzögerter) Ausgang
▷: Kennzeichnung Flankensteuerung (ohne Negationskreis 0/1-Flanke)

b) Impulsdiagramm

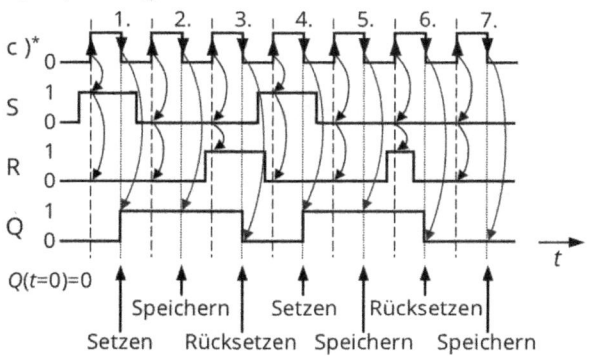

)* Takt c: Aktive Taktflanke (0/1-Wechsel/Flanke)

Passive Taktflanke (1/0-Wechsel/Flanke)

Abbildung 26.21: Zweizustandsgesteuertes RS-Flipflop mit Taktflankensteuerung und Zwischenspeicher

Der Einsatz eines zweiflankengesteuerten RS-Flipflops ist in Zählern, Schieberegistern und Automaten als Speicher möglich.

Taktflankengesteuertes JK-Flipflop mit Zwischenspeicher

Ein zweiflankengesteuertes JK-Flipflop ist ein zweizustandsgesteuertes JK-Flipflop mit Taktflankensteuerung. Das zweiflankengesteuerte JK-Flipflop mit Zwischenspeicher in Abbildung 26.22 verhält sich analog zum zweizustandsgesteuerten JK-Flipflop mit Taktsteuerung und Zwischenspeicher in Abbildung 26.13. Der wesentliche Unterschied besteht darin, dass beim zweizustandsgesteuerten JK-Flipflop mit Taktflankensteuerung und Zwischenspeicher die Übernahme der Vorbereitungseingänge mit der aktiven 0/1-Flanke und das Setzen des jeweiligen Ausgangszustands mit der passiven Flanke 1/0 erfolgt. Bei dem zweizustandsgesteuerten JK-Flipflop mit Taktsteuerung erfolgt dies jeweils mit dem aktiven Taktzustand c = 1 beziehungsweise mit dem passiven Taktzustand c = 0.

a) Symbol zweizustandsgesteuertes JK-Flipflop mit Taktflankensteuerung und Zwischenspeicher

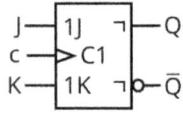

Legende:
1J: Vorbereitungseingang Setzen
1K: Vorbereitungseingang Rücksetzen
C1: Takteingang
J: Setzeingang
K: Rücksetzeingang
c: Takteingang

Q: Ausgang
1: Eingänge mit dieser Kennzahl wirken zusammen
¬: Retardierter (verzögerter) Ausgang
▷: Kennzeichnung Flankensteuerung (ohne Negationskreis 0/1-Flanke)

b) Impulsdiagramm

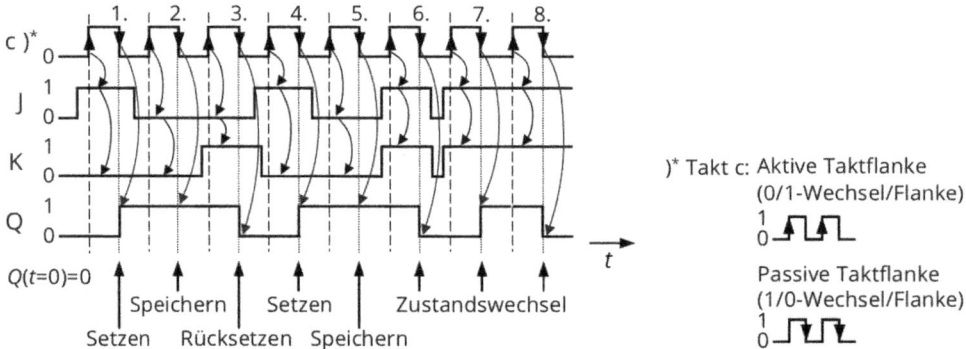

Abbildung 26.22: Zweizustandsgesteuertes JK-Flipflop mit Taktflankensteuerung und Zwischenspeicher

Die Anwendung eines zweizustandsgesteuerten JK-Flipflops mit Taktflankensteuerung und Zwischenspeicher ist die eines Frequenzteilers im Verhältnis 1:2 für eine Stufe und somit die gleiche wie bei dem zweizustandsgesteuerten T/JK-Flipflop mit Taktsteuerung. Des Weiteren kann es in Zählern, Schieberegistern und Automaten als Speicher eingesetzt werden.

Taktflankengesteuertes D-Flipflop mit Zwischenspeicher

Ein zweiflankengesteuertes D-Flipflop ist ein zweizustandsgesteuertes D-Flipflop mit Taktflankensteuerung. In Abbildung 26.23 sind das Symbol und das Impulsdiagramm eines zweiflankengesteuerten D-Flipflops mit Zwischenspeicher angegeben. Prinzipiell ist der Signalverlauf im Impulsdiagramm identisch mit dem eines zweizustandsgesteuerten D-Flipflops mit Taktsteuerung in Abbildung 26.14c. Der wesentliche Unterschied besteht darin, dass beim zweizustandsgesteuerten D-Flipflop mit Taktflankensteuerung und Zwischenspeicher die Übernahme der Vorbereitungseingänge mit der aktiven 0/1-Flanke und das Setzen des jeweiligen Ausgangszustands mit der passiven Flanke 1/0 erfolgt. Bei dem zweizustandsgesteuerten D-Flipflop mit Taktsteuerung erfolgt dies jeweils mit dem aktiven Taktzustand c = 1 beziehungsweise mit dem passiven Taktzustand c = 0.

a) Symbol zweizustandsgesteuertes D-Flipflop mit Taktflankensteuerung und Zwischenspeicher

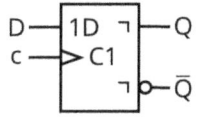

Legende:
1D: Vorbereitungsdateneingang
C1: Takteingang
D: Dateneingang
c: Takteingang
Q: Ausgang

1: Eingänge mit dieser Kennzahl wirken zusammen
⌐: Retardierter (verzögerter) Ausgang
▷: Kennzeichnung Flankensteuerung (ohne Negationskreis 0/1-Flanke)

b) Impulsdiagramm

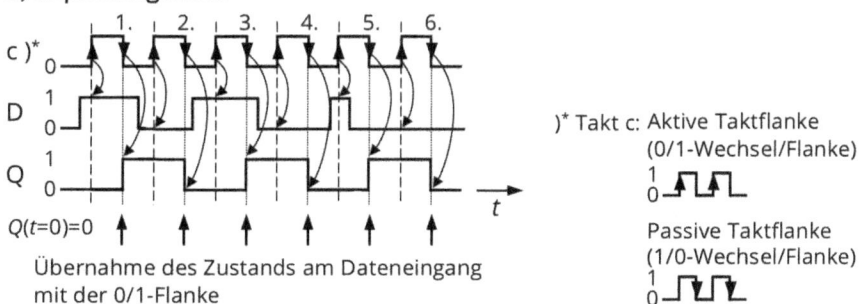

)* Takt c: Aktive Taktflanke (0/1-Wechsel/Flanke)

Passive Taktflanke (1/0-Wechsel/Flanke)

Übernahme des Zustands am Dateneingang mit der 0/1-Flanke

Abbildung 26.23: Zweizustandsgesteuertes D-Flipflop mit Taktflankensteuerung und Zwischenspeicher

Die Anwendung dieses Flipflop-Typs ist wie bei dem einzustandsgesteuerten D-Flipflop als Auffang-Flipflop und in rückgekoppelten Systemen entsprechend Abbildung 26.10 zu sehen. Dieser Flipflop-Typ kann aufgrund seiner Eigenschaften sehr effizient in Zählern, Schieberegistern und Automaten als Speicher eingesetzt werden.

Taktflankengesteuertes T-Flipflop mit Zwischenspeicher

Ein zweiflankengesteuertes T-Flipflop ist ein zweizustandsgesteuertes T-Flipflop mit Taktflankensteuerung. In Abbildung 26.24 sind das Symbol und das Impulsdiagramm eines zweiflankengesteuerten T-Flipflops mit Zwischenspeicher angegeben. Prinzipiell ist der Signalverlauf im Impulsdiagramm identisch mit dem eines zweizustandsgesteuerten T-Flipflops mit Taktsteuerung in Abbildung 26.15. Der wesentliche Unterschied besteht darin, dass beim zweizustandsgesteuerten T-Flipflop mit Taktflankensteuerung und Zwischenspeicher die Übernahme der Vorbereitungseingänge mit der aktiven 0/1-Flanke und das Setzen des jeweiligen Ausgangszustands mit der passiven Flanke 1/0 erfolgt. Bei

a) Symbol zweizustandsgesteuertes T-Flipflop mit Taktflankensteuerung und Zwischenspeicher

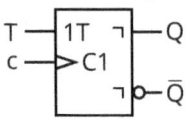

Legende:
1T: Vorbereitungseingang Toggle
C1: Takteingang
T: Toggle-Eingang
c: Takteingang
Q: Ausgang

1: Eingänge mit dieser Kennzahl wirken zusammen
⌐: Retardierter (verzögerter) Ausgang
▷: Kennzeichnung Flankensteuerung (ohne Negationskreis 0/1-Flanke)

b) Impulsdiagramm

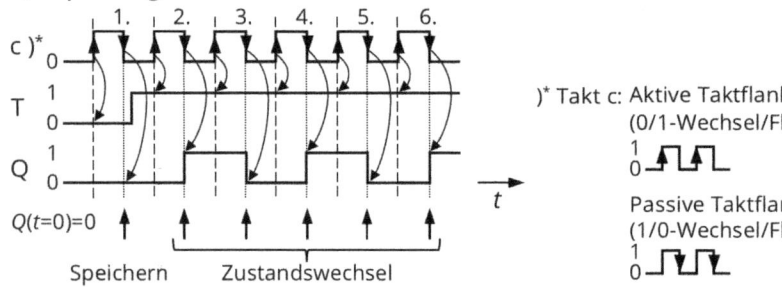

)* Takt c: Aktive Taktflanke (0/1-Wechsel/Flanke)

Passive Taktflanke (1/0-Wechsel/Flanke)

Abbildung 26.24: Zweizustandsgesteuertes T-Flipflop mit Taktflankensteuerung und Zwischenspeicher

dem zweizustandsgesteuerten T-Flipflop mit Taktsteuerung erfolgt dies jeweils mit dem aktiven Taktzustand c = 1 beziehungsweise dem passiven Taktzustand c = 0.

Die Anwendung des zweiflankengesteuerten T-Flipflops als Frequenzteiler ist identisch mit dem zweizustandsgesteuerten und einflankengesteuerten T-Flipflop.

Ausführungsformen der Flipflops (bistabiler Kippglieder)

In Abbildung 26.25 sind die möglichen Ausführungsformen der vier Flipflop-Typen zusammengestellt, damit Sie die geeignete Auswahl für den jeweiligen Anwendungsfall vornehmen können.

 Beachten Sie bitte, dass einzustandsgesteuerte JK-, D- und T-Flipflops ohne Taktsteuerung und einzustandsgesteuerte JK- und T-Flipflops mit Taktsteuerung technisch nicht möglich sind.

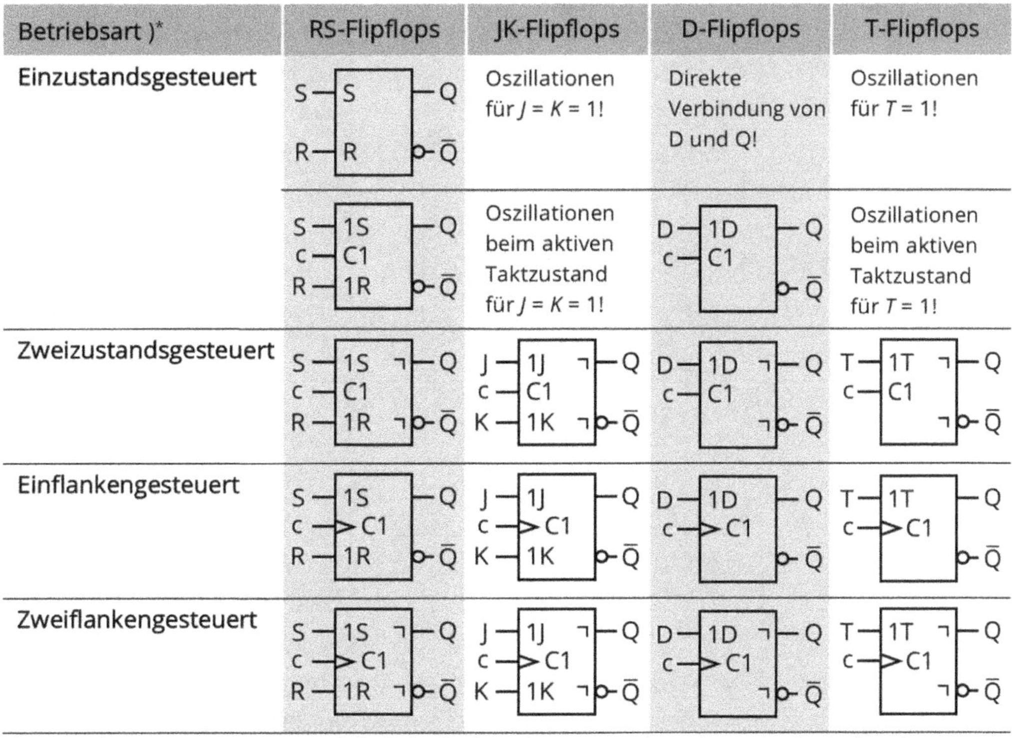

Betriebsart)*	RS-Flipflops	JK-Flipflops	D-Flipflops	T-Flipflops
Einzustandsgesteuert	S—S—Q R—R—Q̄	Oszillationen für J = K = 1!	Direkte Verbindung von D und Q!	Oszillationen für T = 1!
	S—1S—Q c—C1 R—1R—Q̄	Oszillationen beim aktiven Taktzustand für J = K = 1!	D—1D—Q c—C1—Q̄	Oszillationen beim aktiven Taktzustand für T = 1!
Zweizustandsgesteuert	S—1S—Q c—C1 R—1R—Q̄	J—1J—Q c—C1 K—1K—Q̄	D—1D—Q c—C1—Q̄	T—1T—Q c—C1—Q̄
Einflankengesteuert	S—1S—Q c—▷C1 R—1R—Q̄	J—1J—Q c—▷C1 K—1K—Q̄	D—1D—Q c—▷C1—Q̄	T—1T—Q c—▷C1—Q̄
Zweiflankengesteuert	S—1S—Q c—▷C1 R—1R—Q̄	J—1J—Q c—▷C1 K—1K—Q̄	D—1D—Q c—▷C1—Q̄	T—1T—Q c—▷C1—Q̄

)* Die Vorbereitungseingänge und die Takteingänge können auch negiert sein. Es sind auch Direkteingänge beispielsweise für das Setzen oder Rücksetzen des Ausgangszustands bei den taktgesteuerten Flipflops möglich.

Abbildung 26.25: Mögliche Ausführungsformen der Flipflops

Zustandsfolge- und Synthesetabellen der Flipflops

In Abbildung 26.26 sind die Zustandsfolgetabelle, die Synthesetabelle und die charakteristische Gleichung der RS-, JK- und D- und T-Flipflops für alle Varianten zusammengestellt. Diese benötigen Sie für die Konvertierung von Flipflop-Typen und in den folgenden Kapiteln zum Zähler- und Automatenentwurf.

Bezeichnung	RS-Flipflops)*	JK-Flipflops)*	D-Flipflops)*	T-Flipflops)*

Symbol	S—S —Q
	c—
	R—R o—$\overline{Q}$
		J—1J —Q
		c—▷C1
		K—1K o—$\overline{Q}$
			D—1D —Q
			c—▷C1
			    o—$\overline{Q}$
				T—1T —Q
				c—▷C1
				    o—$\overline{Q}$

Zustandsfolgetabelle (Kurzform)	S R Q$^+$ 0 0 Q 0 1 0 1 0 1 1 1 X	J K Q$^+$ 0 0 Q 0 1 0 1 0 1 1 1 $\overline{Q}$	D Q$^+$ 0 0 1 1	T Q$^+$ 0 Q 1 $\overline{Q}$
Charakteristische Gleichung	$Q^+ = S \vee (\overline{R} \wedge Q)$ mit $R \wedge S = 0$	$Q^+ = (J \wedge \overline{Q}) \vee (\overline{K} \wedge Q)$	$Q^+ = D$	$Q^+ = T \leftrightarrow Q$
Synthesetabelle (Kurzform)	Q Q$^+$ S R 0 0 0 X 0 1 1 0 1 0 0 1 1 1 X 0	Q Q$^+$ J K 0 0 0 X 0 1 1 X 1 0 X 1 1 1 X 0	Q Q$^+$ D 0 0 0 0 1 1 1 0 0 1 1 1	Q Q$^+$ T 0 0 0 0 1 1 1 0 1 1 1 0

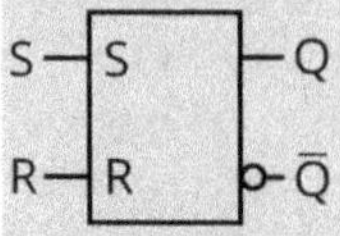

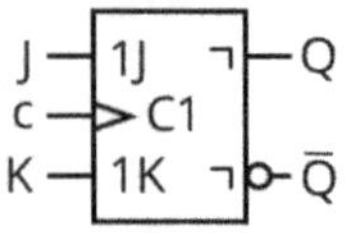

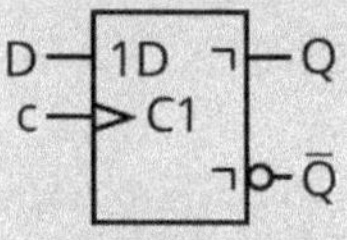

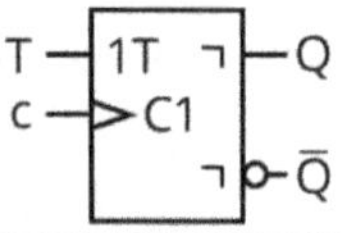

)* Angaben gelten für alle einzustands-, zweizustands-, einflanken- und zweiflankengesteuerte Flipflops (Kippglieder).

Abbildung 26.26: Zustandsfolge- und Synthesetabellen der Flipflops

Konvertierung von Flipflop-Typen

Für die Konvertierung eines gegebenen Flipflop-Typs in einen anderen Typ werden die Zustandsfolgetabelle des gegebenen Flipflop-Typs und die Synthesetabelle des gesuchten Flipflop-Typs benötigt. Diese sind zur einfachen Handhabung für Sie in Abbildung 26.26 zusammengestellt.

Die Vorgehensweise wurde wie folgt am Beispiel der Konvertierung eines JK-Flipflops in ein RS-Flipflop in Abbildung 26.27a bis d vorgenommen:

1. Aufstellen der Zustandsfolgetabelle des gesuchten Flipflop-Typs

2. Aufstellen der Synthesetabelle des gegebenen Flipflop-Typs

3. Ermittlung der Belegung der Vorbereitungseingänge des gegebenen Flipflop-Typs für das gewünschte Verhalten des gesuchten Flipflop-Typs

4. Aufstellen der Schaltfunktion(en)

5. Erstellen der Schaltung

Im Folgenden wird ein JK-Flipflop in ein RS-Flipflop konvertiert.

KAPITEL 26 Flipflops (bistabile Kippglieder)

a) Konvertierung eines JK- in ein RS-Flipflop mit Rücksetzvorgang

b) Zustandsfolge-/Synthesetabelle

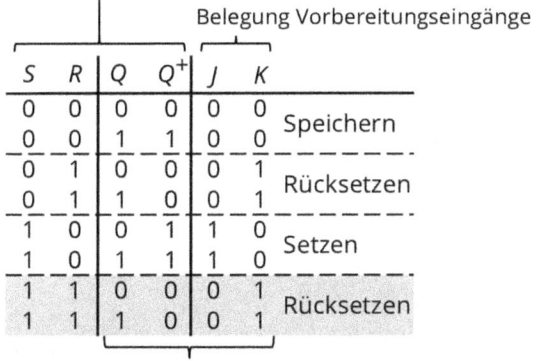

c) Schaltfunktionen der Vorbereitungseingänge J und K

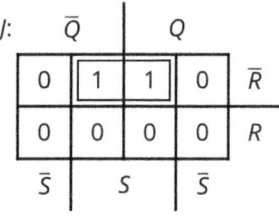

$J = \overline{(\overline{R} \wedge S)}$

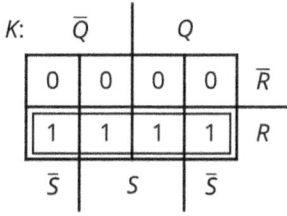

$K = \underline{R}$

d) Äquivalente Schaltung des RS-Flipflops mit Rücksetzvorgang mit einem JK-Flipflop

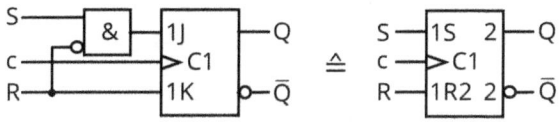

Abbildung 26.27: Konvertierung eines JK-Flipflops in ein RS-Flipflop mit Rücksetzvorgang

Übersicht einer Auswahl verfügbarer Flipflops

Um Ihnen die Auswahl zu erleichtern und einen kleinen Überblick zu verschaffen, sind in Tabelle 26.2 einige verfügbare Flipflops zusammengestellt. Einen vollständigen Überblick über die D-Flipflops kann ich Ihnen leider nicht bieten, da bei der angegebenen Quelle zur Tabelle über 600 verschiedene Flipflops der Halbleitertechnologien gelistet sind – eine kleine Auswahl sollte genügen.

Typ	\multicolumn{5}{l}{Funktionen)*)⁴}	Datenblatt	Technologie)*)**	Kennung)*)***
	Anzahl	Ausgang	Eingang	Beschaltung	Steuerung			
RS-Flipflop	2	G	L	1	-	QUAD R/S-LATCHES	SN74LS	279
	4	T	E	1	-	QUAD 3-STATE R/S-LATCHES (NOR/NAND)	CD4000	4043B/ 4044B
JK-Flipflop	2	G	S, R	1	↑	DUAL J-K-TYPE FLIP-FLOP	CD4000	4027B
	2	G	$\overline{R}$	1	↓		SN74LS; CD74HC/HCT	73
	2	G	$\overline{R}$	1	↓		CD74HC	107
	2	G	$\overline{S},\overline{R}$	1	↓		SN74F/HC/LVC; CD74HC	112
D-Flipflop	2	G	S,R	2	T	DUAL D-TYPE FLIP-FLOP	CD4000	4013B
		G	ST $\overline{S},\overline{R}$	1	↓		SN74HCS	72
		G	$\overline{S},\overline{R}$	1	↑		SN74LS/F/AC/ACT/AC/AUC/ HC/HCS/HCT/AHC/AHCT/ LV/LVC; CD74AC/ACT/HC/HCT	74
	4	TR	S	1	↑	QUAD D-TYPE FLIP-FLOP	CD74HC/HCT	173
		G	$\overline{C}$	1	↑		SN74LS/HC/LV; CD74ACT CD4000	175 40175
	8	TR	$\overline{E}$	1	↑	OCTAL D-TYPE FLIP-FLOP	SN74LS/ACT/AHCT/HCT; CD74HCT	374

)* Texas Instruments, Digital Logic Pocket Data Book, SCYD013B, 2007 und https://www.ti.com, letzter Zugriff am 20.01.2025

)** Dies sind nur Beispiele einiger Logik-Elemente. Die meisten Logik-Elemente sind in diversen Halbleitertechnologien verfügbar. Die Low Voltage Logic »Little Logic« von Texas Instruments wurde nicht berücksichtigt. Dies kann aus der angegebenen Quelle entnommen werden.

)*** Die Kennung ist eine mehrstellige Ziffer und steht immer hinter der Technologiebezeichnung. In Kapitel 19 ist dies erklärt.

)⁴ Abkürzungen zu den Funktionen: G – Gegentaktausgang; E – Freigabe; L – Laden; R – Direkteingang Rücksetzen; S – Direkteingang Setzen; ST – Schmitt-Trigger-Eingang; T – Taktsteuerung; TR – Tri-State-Ausgang; ↑ – Taktflankensteuerung 0/1-Flanke; ↓ – Taktflankensteuerung 1/0-Flanke

Tabelle 26.2: Übersicht einer Auswahl einiger verfügbarer RS-, JK- und D-Flipflops

Übungen: Flipflops (Kippglieder)

Übung 26.1:

Schaltung für einen 1:8-Frequenzteiler mit einzustandsgesteuerten T-Flipflops mit Taktflankensteuerung.

a) Geben Sie das Symbol des einzustandsgesteuerten T-Flipflops mit Taktflankensteuerung an.

b) Geben Sie die Schaltung für einen 1:8-Frequenzteiler mit einzustandsgesteuerten T-Flipflops mit Taktflankensteuerung an.

c) Geben Sie das Impulsdiagramm der Signalverläufe des Takteingangs c, des Toggle-Eingangs T und sämtlicher Ausgänge der Flipflops an.

Übung 26.2:

Konvertierung eines D-Flipflops in ein T-Flipflop.

a) Welche Typen der T-Flipflops können so konvertiert werden? Geben Sie die Benennung und die Symbole an.

b) Ermitteln Sie die Schaltfunktion des Vorbereitungseingangs D für die Konvertierung mittels der Zustandsfolge- und Synthesetabelle des gesuchten T-Flipflops und dem
gegebenen D-Flipflop.

c) Geben Sie die Schaltung des T-Flipflops mit einem D-Flipflop an.

Übung 26.3:

Impulsdiagramm für ein zweizustandsgesteuertes JK-Flipflop mit Taktsteuerung und Zwischenspeicher.

Gegeben ist folgendes JK-Flipflop:

```
      J ──┤1J   ┐├── Q
Takt c ──○┤C1
      K ──┤1K   ┐├○── Q̄
```

Vervollständigen Sie das folgende Impulsdiagramm des JK-Flipflops. Nehmen Sie den idealisierten Signalverlauf mit der Verzögerungszeit $t_{PLH} = t_{PHL} = 0$, der Vorbereitungszeit $t_{su} = 0$ und der Haltezeit $t_h = 0$ an.

418 TEIL XI Bistabile, monostabile und astabile Elemente für spezielle Funktionen

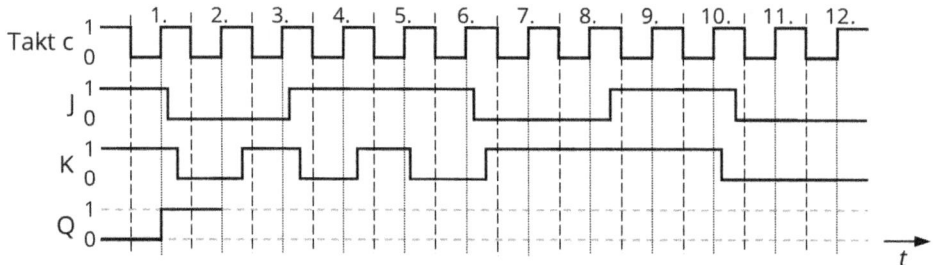

Übung 26.4:

Impulsdiagramm für ein einzustandsgesteuertes D-Flipflop mit Taktflankensteuerung mit Zusatzbeschaltung.

Gegeben ist folgende Schaltung mit einem JK- und einem D-Flipflop mit einem aktiv Low-Freigabeeingang $\overline{EN}$:

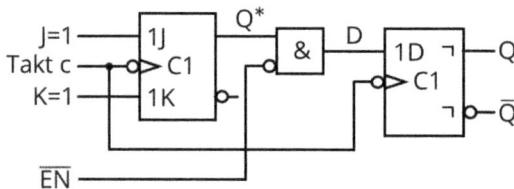

a) Vervollständigen Sie das folgende Impulsdiagramm für das angegebene Schaltwerk. Nehmen Sie den idealisierten Signalverlauf mit der Verzögerungszeit $t_{PLH} = t_{PHL} = 0$, der Vorbereitungszeit $t_{su} = 0$ und der Haltezeit $t_h = 0$ an.

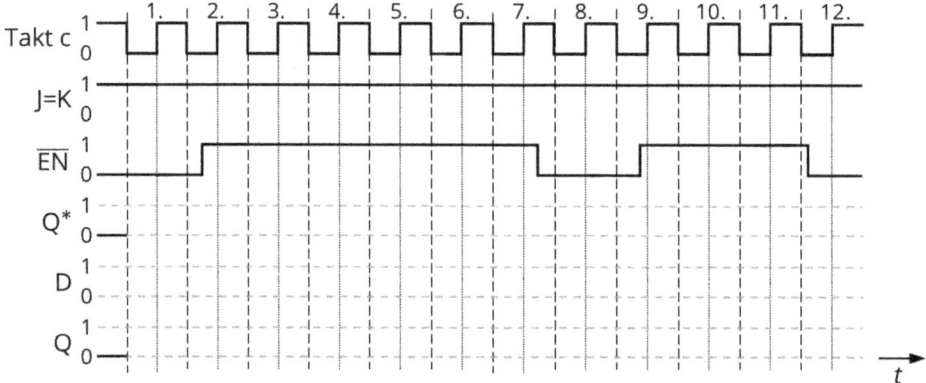

b) Welche Funktion hat das Schaltwerk?

> **IN DIESEM KAPITEL**
>
> Definitionen zu den monostabilen und astabilen Elementen/Kippgliedern
>
> Funktion und Einsatz mit Beispielen
>
> Übersicht einer Auswahl verfügbarer monostabiler und astabiler Elemente/Kippglieder

Kapitel 27
Monostabile und astabile Elemente/Kippglieder – Mal so und mal so

Monostabile Elemente

Zunächst die Definition eines *monostabilen Elements/Kippglieds*, manchmal auch als *Monoflop* bezeichnet.

Definition: Ein *monostabiles Element/Kippglied* ist ein Element mit einem stabilen Zustand, das bei der Änderung der Eingangsgrößen von einem stabilen Zustand in den jeweils anderen instabilen Zustand wechselt und nach einem vorgegebenen Zeitintervall wieder in den stabilen Zustand zurückkehrt. Ein stabiler Zustand liegt vor, wenn das Ausgangssignal ohne äußere Einwirkung in diesem Zustand dauerhaft verharrt.

In Abbildung 27.1 sind die Benennung, das Symbol und ein typisches Impulsdiagramm der zwei möglichen monostabilen Elemente

- *nachtriggerbares/retriggerbares monostabiles Element* und
- *nicht nachtriggerbares/retriggerbares monostabiles Element*

angegeben.

Weitere Information dazu finden Sie auch in Kapitel 16 im Abschnitt »Schaltnetze und Schaltwerke« und dort im Unterabschnitt »Monostabile Elemente«.

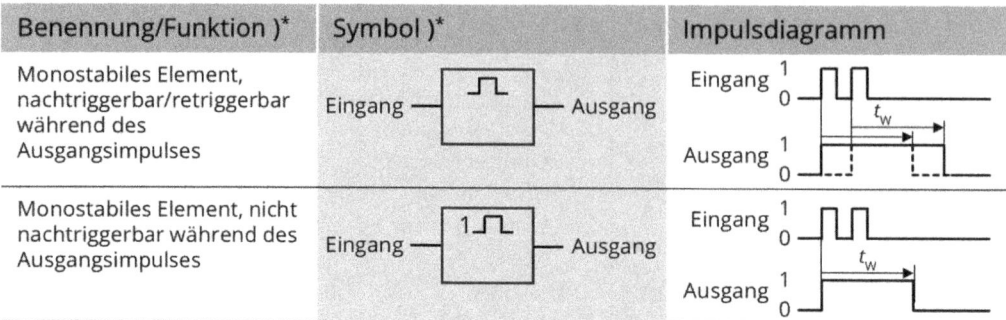

Abbildung 27.1: Benennung, Funktion und Symbole für monostabile Elemente

Es handelt sich einmal um ein *nachtriggerbares/retriggerbares (Auslöser, englisch Trigger) monostabiles Element*, das, während sich der Ausgang im instabilen Zustand befindet, erneut gestartet wird, sodass sich der instabile Zustand ab diesem Zeitpunkt um das voreingestellte Zeitintervall, die Ausgangspulsdauer t_W, verlängert, wie dies in Abbildung 27.1 im Impulsdiagramm dargestellt ist.

Das zweite *nicht nachtriggerbare/retriggerbare monostabile Element* lässt dies nicht zu. Ein erneutes Starten des monostabilen Elements ist erst nach Ablauf des voreingestellten Zeitintervalls, der Ausgangspulsdauer t_W, möglich, wie dies in Abbildung 27.1 gekennzeichnet ist.

Die Ein- und Ausgänge eines monostabilen Elements können auch negiert und der Eingang zusätzlich flankengesteuert sein.

Der Präzisionstimer xx555 als Basis für mono- und astabile Elemente

Bei dem Präzisionstimer xx555 handelt es sich um eine Präzisions-Zeitgeber-Schaltung, die in der Lage ist, genaue Zeitverzögerungen und Rechteckschwingungen mit einer definierten Frequenz und einem definierten Tastverhältnis zu erzeugen. In Abbildung 27.2 sind das Logik-Element und der vereinfachte interne Aufbau angegeben.

Der Präzisionstimer xx555 ist in bipolarer und CMOS-Technologie verfügbar. Der Betrieb ist für Versorgungsspannungen V_{CC} von 4,5 V bis 16 V (SE555 bis 18 V) spezifiziert. Bei einer Versorgungsspannung $V_{CC} = 5$ V sind die Ausgangspegel mit TTL-Eingängen kompatibel, ansonsten ist der Präzisionstimer auch CMOS-kompatibel. Die Ausgangsschaltung ist in der Lage, Ströme von bis zu 200 mA zu treiben.

a) Symbol Präzisionstimer xx555 b) Vereinfachter interner Aufbau des Präzisionstimers xx555

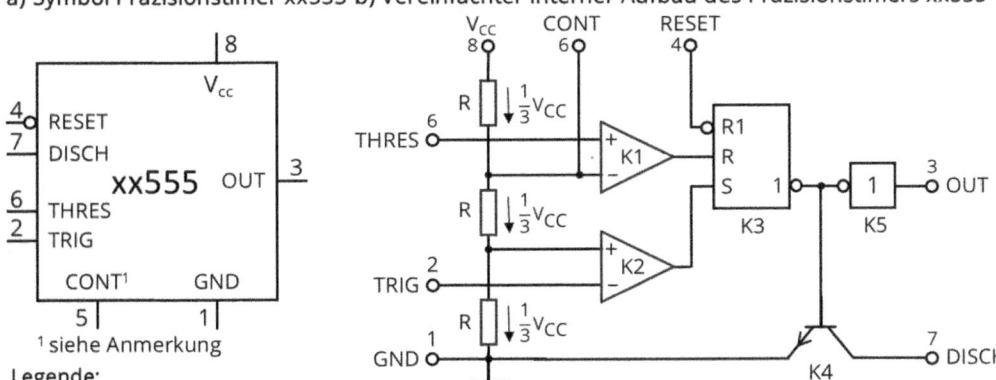

Legende:
CONT: Control (Steuerung)
DISCH: Discharge (Entladen C)
RESET: Reset (Rücksetzen)
THRES: Threshold (Schwellenwert 2/3 V_{CC} für Ende laden C)
TRIG: Trigger (Schwellenwert 1/3 V_{CC} für Start laden C)
OUT: Ausgang
V_{CC}: Versorgungsspannung
GND: Ground (Masse)

Anmerkung:
- Die Anschlussnummern gelten für die Gehäuse D, P, PS, G und PW.
- Mit einem Kondensator am CONT-Eingang lässt sich der Betrieb verbessern. Das sollte für einzelne Anwendungen evaluiert werden.

Quelle: Texas Instruments, xx555 Precision Timers, SLFS022, September 1973, Revised September 2014

Abbildung 27.2: Beispiel Präzisionstimer xx555 und vereinfachter interner Aufbau

Entsprechend der vereinfachten Darstellung des internen Schaltungsaufbaus des Präzisionstimers xx555 in Abbildung 27.2 ergibt sich folgende *Funktionsbeschreibung*:

✔ Der Spannungsteiler mit den drei gleich großen Widerständen R stellt den Schwellenwert des THRES-Eingangs (Threshold-Pegel) auf zwei Drittel der Versorgungsspannung und den Schwellenwert des TRIG-Eingangs (Trigger-Pegel) auf ein Drittel der Versorgungsspannung V_{CC} für die Komparatoren K1 und K2 ein. Diese Schwellenwerte können mithilfe des Steuereingangs CONT geändert werden.

✔ Wenn der TRIG-Eingang unter den Trigger-Pegel fällt, wird das RS-Flipflop gesetzt und der Ausgang nimmt den Logikpegel High an.

✔ Liegt der TRIG-Eingang über dem Trigger-Pegel und der THRES-Eingang über dem Threshold-Pegel, wird das RS-Flipflop K3 zurückgesetzt und der Ausgang nimmt den Logikpegel Low an.

✔ Der direkte RESET-Eingang kann mit dem Logikpegel Low alle anderen Eingänge überschreiben und zum Starten eines neuen Zeitzyklus verwendet werden.

✔ Wenn RESET Low ist, wird das RS-Flipflop K3 zurückgesetzt und der negierte Ausgang des RS-Flipflops K3 nimmt den Logikpegel High an. Durch die Negation von K5 nimmt dann der Ausgang OUT den Logikpegel Low an.

✔ Wenn der Ausgang des RS-Flipflops High ist, wird ein niederohmiger Pfad zwischen dem DISCH-Eingang (Entladung) und Masse hergestellt, eine dort angeschlossene Kapazität wird dann schlagartig entladen.

Beispiel für ein nicht nachtriggerbares monostabiles Element mit dem Präzisionstimer xx555

Im *monostabilen Betriebsmodus* wird das Zeitintervall durch ein externes Widerstands- und Kondensatornetzwerk gesteuert. Als monostabiles Element sind Ausgangspulsdauern von 10 µs bis zu mehreren Stunden realisierbar.

In Abbildung 27.3 ist der Präzisionstimer xx555 mit der erforderlichen externen Beschaltung für ein *nicht nachtriggerbares monostabiles Element* angegeben. In Abbildung 27.3b ergänzen das Symbol und in Abbildung 27.3c das entsprechende Impulsdiagramm inklusive der erforderlichen Angaben zur Dimensionierung der äußeren Beschaltung für eine gewünschte *Ausgangspulsdauer* t_W, die Darstellung.

Der Eingang In hat zu Beginn den Logikpegel High und der Ausgang Out hat als Anfangszustand den Logikpegel Low. Durch Anlegen eines Logikpegels Low an den TRIG-Eingang und der Unterschreitung der voreingestellten internen Schwelle von 1/3 V_{CC} nimmt der Ausgang des Komparators K2 den Logikpegel High an und das RS-Flipflop K3 wird gesetzt. Der negierte Ausgang des RS-Flipflops nimmt in der Folge den Logikpegel Low und durch die nachfolgende Negation nimmt der Ausgang Out den Logikpegel High an. Der Transistor K4 sperrt. Der Kondensator C wird über den externen Widerstand R_A geladen, bis die Spannung am Kondensator die voreingestellte Schwellenspannung von 2/3 V_{CC} des THRES-Eingangs erreicht hat. Infolgedessen löst der Komparator K1 einen Rücksetzvorgang des RS-Flipflops aus, der negierte Ausgang des RS-Flipflops nimmt den Logikpegel High an und steuert den Transistor K4 in den leitenden Zustand. Der Ladevorgang der Kapazität C ist beendet, sie wird über den DISCH-Ausgang auf Massepotenzial gezogen und schlagartig entladen.

Der Ausgang Out des nicht nachtriggerbaren monostabilen Elements nimmt nach der Ausgangspulsdauer t_W wieder den Ausgangszustand Low an.

Die Ausgangspulsdauer t_W ist mit Formel 1 in Abbildung 27.3c durch die Zeitkonstante des Widerstands R_A und die Kapazität C mit $t_W \approx 1,1 \cdot R_A \cdot C$ bestimmbar. Alternativ kann die Dimensionierung von dem Widerstand R_A und der Kapazität C aus dem Diagramm des Datenblatts unter Abbildung 27.3c entnommen werden.

Wenn die Spannung am TRIG-Eingang die Schwellenspannung unterschreitet, setzt der Komparator K2 das RS-Flipflop zurück und der Ausgang OUT nimmt den Logikpegel Low an.

Die beiden Kapazitäten C_x und C_{xx} dienen der Stabilität der Schaltung, um die Schwingneigung zu unterdrücken.

Berechnungsbeispiel

 Für das in Abbildung 27.3 angegebene *nicht nachtriggerbare monostabile Element* mit dem Präzisionstimer xx555 wird im Folgenden exemplarisch ein Berechnungsbeispiel durchgeführt.

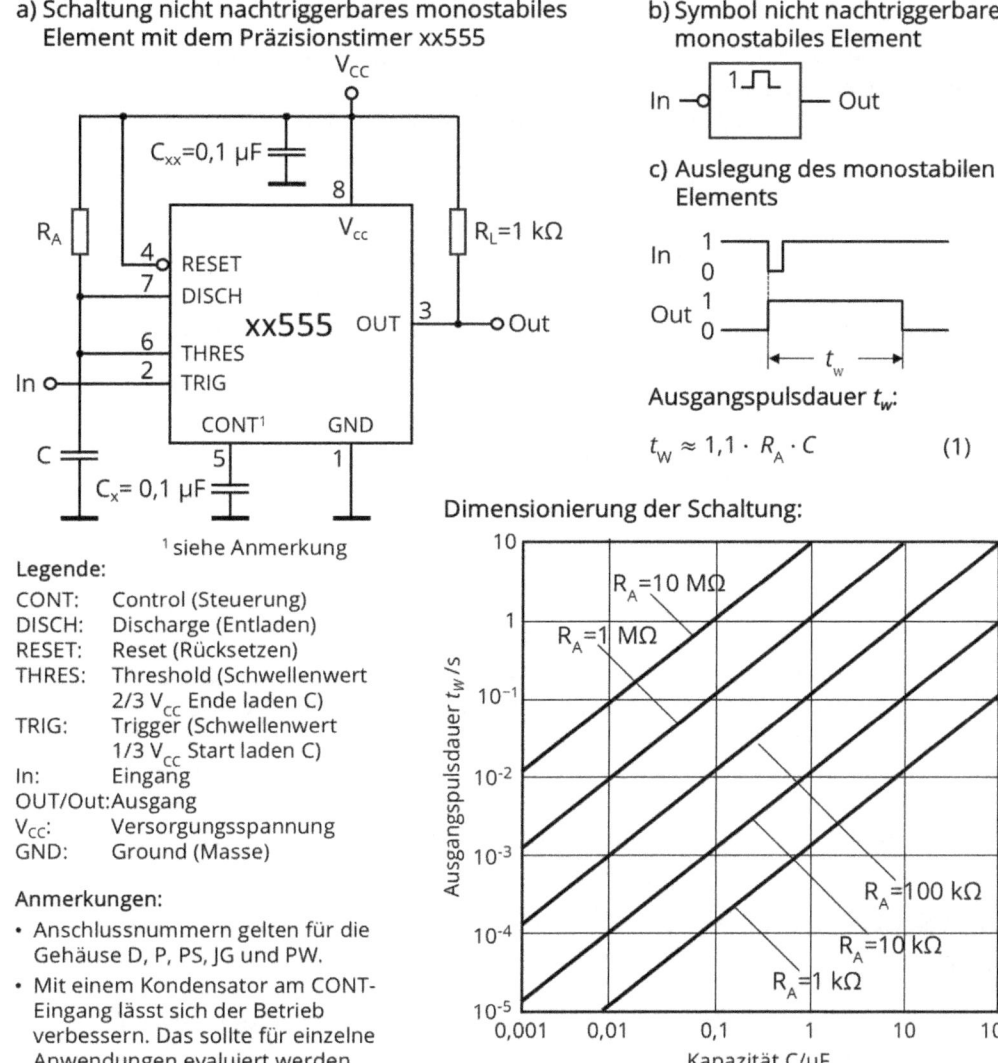

Abbildung 27.3: Beispiel für ein nicht retriggerbares monostabiles Element mit dem Präzisionstimer xx555

Gegeben sind die Datenblattangaben zum Präzisionstimer xx555 in Abbildung 27.3. Das monostabile Element soll eine Ausgangspulsdauer $t_W = 1$ ms aufweisen.

Es sind die Dimensionierungen der Kapazität C sowie des Widerstands R_A vorzunehmen. Die Kapazität C kann frei gewählt werden.

Lösung:

Auf der Basis der Datenblattangaben in Abbildung 27.3 kann nun die Dimensionierung des dort angegebenen monostabilen Elements vorgenommen werden. Es sind zwei Wege möglich. Entweder über das in Abbildung 27.3c angegebene Auswahldiagramm für die Dimensionierung oder über die Formel 1 in Abbildung 27.3c. Letzteres wird jetzt vorgenommen:

$$t_W \approx 1{,}1 \cdot R_A \cdot C \tag{27.1}$$

Die Kapazität C kann frei gewählt werden. Da die Werte der Kondensatoren nach der E6-Normreihe und mit einer Toleranz von 20 % sehr grob gestuft sind, ist es günstiger, die Kapazität C vorzugeben und die Auswahl der Widerstände nach der Normreihe E48 beziehungsweise E96 vorzunehmen. Mit der ausgewählten Kapazität $C = 0{,}1\,\mu F$ folgt dann für den *Widerstand* R_A

$$R_A = \frac{t_W}{1{,}1 \cdot C} = \frac{1\,\text{ms}}{1{,}1 \cdot 0{,}1\,\mu F} = \frac{1 \cdot 10^{-3}\,\text{s V}}{1{,}1 \cdot 0{,}1 \cdot 10^{-6}\,\text{A s}} = 9{,}091 \cdot 10^3 \frac{V}{A} = \underline{9{,}091\,k\Omega}$$

Ausgewählt wird der Widerstand $\underline{R_A = 9{,}09\,k\Omega}$ aus der E48-Normreihe.

Widerstände und Kondensatoren werden nur mit bestimmten Werten hergestellt. Dafür gibt es Normreihen wie E6, E12, E24, E48 und E96. Die dem Buchstaben E nachgestellte Zahl gibt an, wie viele Werte es innerhalb einer Zehnerdekade gibt. Bei einer E48-Normreihe sind dies beispielsweise 48 Werte. Die Kondensatoren sind wegen der hohen Toleranzen von typisch ± 10 % oder ± 20 % in der Regel in einer E6-Normreihe verfügbar. Bei Widerständen sieht dies anders aus, da sie mit einer sehr hohen Genauigkeit von ± 1 % und genauer hergestellt werden können. Diese werden häufig entsprechend der Normreihe E96 eingesetzt.

Übersicht einer Auswahl verfügbarer monostabiler Elemente

Um Ihnen die Auswahl zu erleichtern und einen kleinen Überblick zu verschaffen, sind in Tabelle 27.1 verfügbare *monostabile Elemente* zusammengestellt.

KAPITEL 27 Monostabile und astabile Elemente/Kippglieder

Typ	Funktionen)*)⁴					Datenblatt	Technologie)*)**	Kennung)*)***
	Anzahl	Ausgang	Eingang	Beschaltung	Steuerung			
Monostabile Elemente	1	G	R	E	↑↓	MONOSTABLE MULTIVIBRATOR	CD4000	4098B
	2	G	R	E	↑↓		CD4000	40538B
	2	G	R	E	↑↓		CD4000	14538
	1	G	ST	E	↓		SN54; SN74	121
	1	G	R	E	↓		SN74LS	122
	2	G	R	E	↑↓		SN54LS/AHC/AHCT SN74LS/AHC/LV/LVC; CD54HC/HCT; D74HC	123
	2	G	R	E	↓		SN54LS; SN74LS; CD54HC/HCT	221
	2	G	R	E	↑↓		CD74HC/HCT	423
	2	G	R	E	↑↓		CD54HC; CD74HC	4538
	1	G	R	E	↑↓	MONOSTABLE/ ASTABLE MULTIVIBRATOR	CD4000	4047B
	1	G	T	E	L	PRECISION TIMERS	NA/NE/SA/SE/LM/LMC/TLC¹ ¹Bipolar und CMOS	555
	2	G	T	E	L		NA/NE/SA/SE/TLC² ²Bipolar und CMOS	556

)* Texas Instruments, Digital Logic Pocket Data Book, SCYD013B, 2007 und https://www.ti.com, letzter Zugriff am 01.02.2025

)** Dies sind nur Beispiele einiger Elemente. Die Low Voltage Logic »Little Logic« von Texas Instruments wurde nicht berücksichtigt. Dies kann aus den angegebenen Quellen entnommen werden.

)*** Die Kennung ist eine mehrstellige Ziffer und steht immer hinter der Technologiebezeichnung. In Kapitel 19 ist dies erklärt.

)⁴ Abkürzungen zu den Funktionen: G – Gegentaktausgang; E – Externe R/C-Beschaltung; L – Low-aktiv; R – Retriggerbar; ST – Schmitt-Trigger-Eingang; T – Trigger-Eingang; TR – Tri-State-Ausgang; ↑ – Taktflankensteuerung 0/1-Flanke; ↓ – Taktflankensteuerung 1/0-Flanke

Tabelle 27.1: Übersicht einer Auswahl verfügbarer monostabiler Elemente

Astabile Elemente

Zunächst die Definition eines *astabilen Elements/Kippglieds*, häufig auch als *astabiler Multivibrator* bezeichnet.

 Definition: Ein *astabiles Element/Kippglied* ist ein Element mit keinem stabilen Zustand, das wiederholt nach einem vorgegebenen Zeitintervall von einem Zustand in den jeweils anderen wechselt. Ein instabiler/astabiler Zustand liegt vor, wenn der Signalzustand selbstständig wieder in einen anderen Zustand kippt.

Benennung/Funktion)*	Symbol)*	Impulsdiagramm)*
Astabiles Element (freilaufend)	G — Ausgang	Ausgang
Steuerbares astabiles Element	Eingang — G — Ausgang	Eingang / Ausgang
Synchron steuerbares astabiles Element	Eingang — !G — Ausgang	Eingang / Ausgang
Astabiles Element, das nach dem Ende des letzten Rechteckimpulses stoppt	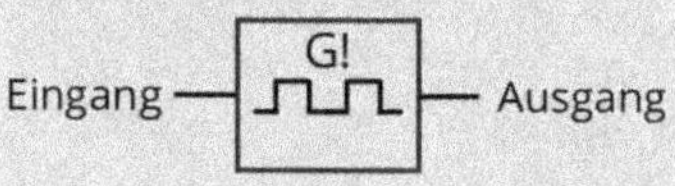 Eingang — G! — Ausgang	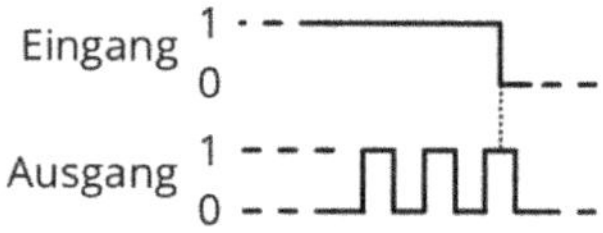 Eingang / Ausgang
Synchron steuerbares astabiles Element, das nach dem Ende des letzten Rechteckimpulses stoppt	Eingang — !G! — Ausgang	Eingang / Ausgang

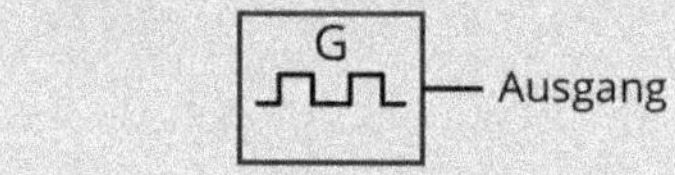

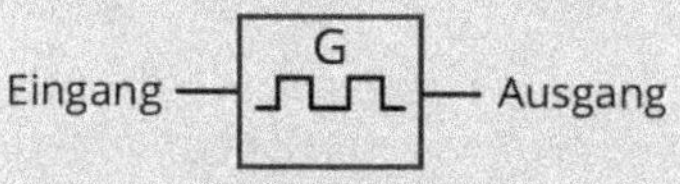

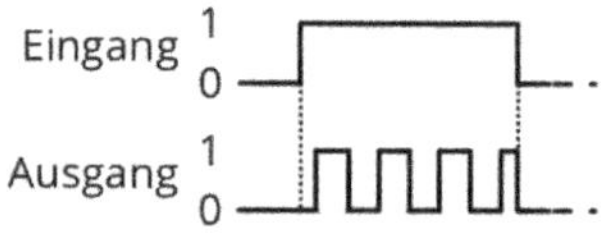

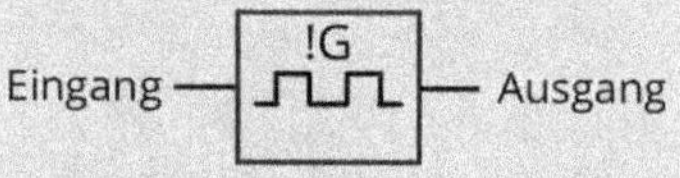

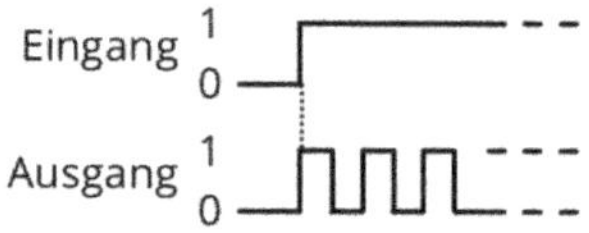

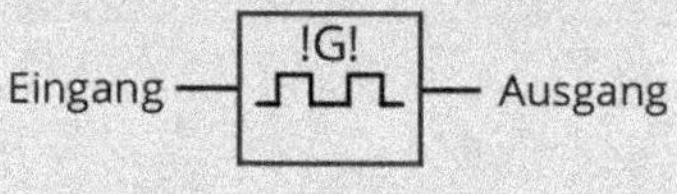

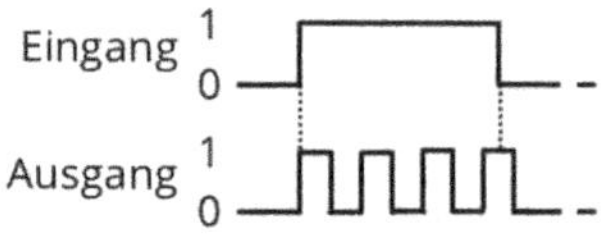

)* DIN EN 60617 Teil 12:1999-04, Graphische Symbole für Schaltpläne Teil 12: Binäre Elemente (IEC 60617-12:1997) sowie Ergänzungen

Abbildung 27.4: Benennung, Funktion und Symbole für astabile Elemente

In Abbildung 27.4 sind die Benennung, das Symbol und ein typisches Impulsdiagramm der fünf möglichen monostabilen Elemente

- ✔ *Astabiles Element (freilaufend),*
- ✔ *Steuerbares astabiles Element,*
- ✔ *Synchron steuerbares astabiles Element,*
- ✔ *Astabiles Element, das nach dem Ende des letzten Rechteckimpulses stoppt* und
- ✔ *Synchron steuerbares astabiles Element, das nach dem Ende des letzten Rechteckimpulses stoppt,*

angegeben. Weitere Information dazu finden Sie auch in Kapitel 16 im Abschnitt »Schaltnetze und Schaltwerke« und dort im Unterabschnitt »Astabile Elemente«.

Beispiel für ein astabiles Element mit dem Präzisionstimer xx555

Im astabilen Betriebsmodus können Frequenz und Tastverhältnis unabhängig voneinander mit zwei externen Widerständen und einem einzigen externen Kondensator ausgewählt werden.

a) Schaltung astabiles Element mit dem Präzisionstimer xx555 für ein Tastverhältnis $0 < V_T < 1$)*)**

b) Symbol astabiles Element

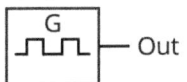

c) Auslegung des astabilen Elements

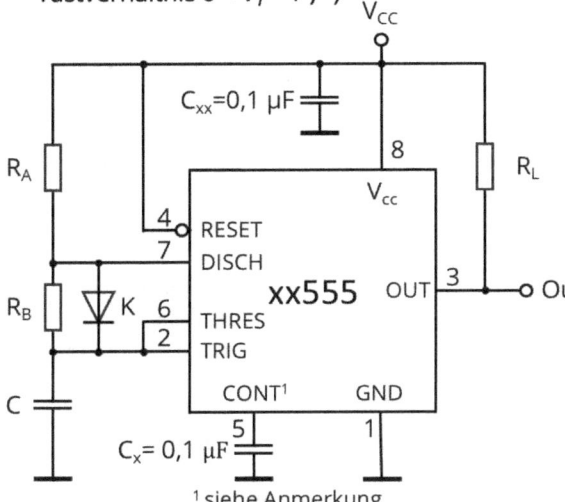

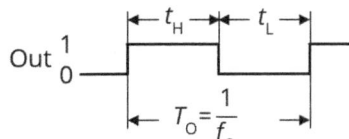

Pulsdauer t_H:

$$t_H = 0{,}693 \cdot R_A \cdot C \qquad (1)$$

Pulspause t_L:

$$t_L = 0{,}693 \cdot R_B \cdot C \qquad (2)$$

Tastverhältnis $0 < V_T < 1$:

$$V_T = \frac{t_H}{t_H + t_L} = \frac{R_B}{R_A + R_B} \qquad (3)$$

mit $V_T(R_A \ll R_B) = 1$

$V_T(R_A \gg R_B) = \dfrac{R_B}{R_A}$

Ausgangsfrequenz f_O:

$$f_O = \frac{1}{T_O} = \frac{1}{t_H + t_L} \qquad (4)$$

Legende:
CONT: Control (Steuerung)
DISCH: Discharge (Entladen C)
RESET: Reset (Rücksetzen)
THRES: Threshold (Schwellenwert 2/3 V_{CC} für Ende laden C)
TRIG: Trigger (Schwellenwert 1/3 V_{CC} für Start laden C)
OUT/Out: Ausgang
V_{CC}: Versorgungsspannung
GND: Ground (Masse)

Anmerkungen:
- Anschlussnummern gelten für die Gehäuse D, P, PS, JG und PW.
- Mit einem Kondensator am CONT-Eingang lässt sich der Betrieb verbessern. Das sollte für einzelne Anwendungen evaluiert werden.

)*: Texas Instruments, xx555 Precision Timers, SLFS022, September 1973, Revised September 2014
)** Phil Rogers, Texas Instruments, Design low-duty-cycle timer circuits, August 22, 2002

Abbildung 27.5: Beispiel für ein astabiles Element mit dem Präzisionstimer xx555 für ein Tastverhältnis $0 < V_T < 1$

In Abbildung 27.5 ist der Präzisionstimer xx555 mit der erforderlichen externen Beschaltung für ein *freilaufendes astabiles Element* angegeben. Bei Verwendung des Reset-Eingangs als Steuereingang, dieser müsste dann herausgeführt werden, ist auch die Verwendung als *steuerbares astabiles Element* möglich. In Abbildung 27.5b ist ergänzend das Symbol und in Abbildung 27.5c das entsprechende Impulsdiagramm inklusive der erforderlichen Angaben zur Dimensionierung der äußeren Beschaltung angegeben. Die Dimensionierung kann dann für eine gewünschte Pulsdauer t_H (Formel 1) und Pulspause t_L (Formel 2) mit einem Tastverhältnis V_T (Formel 3) zwischen 0 und 1 sowie einer Ausgangsfrequenz f_O (Formel 4) von 0,1 Hz bis 100 kHz vorgenommen werden.

Mit dem Anlegen der Versorgungsspannung V_{CC} an den Präzisionstimer mit seiner externen Beschaltung beginnt ein immer wiederkehrender Zyklus. Dieser besteht aus zwei Phasen. Die *1. Phase beschreibt die Pulsdauer* t_H des Ausgangssignals Out und die *2. Phase die Pulspause des Ausgangssignals* t_L.

Die *1. Phase* beginnt mit dem Ladevorgang des Kondensators C über den Widerstand R_A und die Diode mit der Zeitkonstanten $R_A \cdot C$. Solange die Spannung am TRIG-Eingang dessen Schwellenspannung von $1/3\,V_{CC}$ nicht überschreitet, setzt der Komparator K2 das RS-Flipflop in Abbildung 27.2 zurück und der Ausgang Out nimmt den Logikpegel High an – es beginnt die Pulsdauer des Ausgangssignals. Beim Überschreiten des Schwellenwerts nimmt der Ausgang des Komparators K2 am Ausgang den Logikpegel Low an und so lange die Spannung am THRES-Eingang nicht dessen Schwellenspannung von $2/3\,V_{CC}$ überschreitet, hat der Ausgang des Komparators K1 den Logikpegel Low an seinem Ausgang. Für das RS-Flipflop bedeutet dies einen Speichervorgang, weshalb sich der Ausgang des Flipflops und dementsprechend auch der Ausgang Out nicht ändert, der Ausgang Out hat weiterhin den Logikpegel High.

Mit dem Anstieg der Spannung am THRES-Eingang und dem Erreichen dessen Schwellenwerts von $2/3\,V_{CC}$ beginnt die *2. Phase* des Zyklus. Der Ausgang des Komparators K1 nimmt den Logikpegel High an. Für das RS-Flipflop bedeutet dies einen Rücksetzvorgang, weshalb dessen negierter Ausgang den Logikpegel High annimmt, und am Ausgang Out liegt der Logikpegel Low an, womit die Pulspause beginnt – die Pulsdauer ist damit beendet. Durch den Logikpegel High am Ausgang des RS-Flipflops K3 wird der Transistor K4 in den leitenden niederohmigen Zustand versetzt. Über den DISCH-Ausgang wird die Kapazität C über den Widerstand R_B mit der Zeitkonstanten $R_B \cdot C$ entladen, bis wieder die Schwellenspannung des TRIG-Eingangs von $1/3\,V_{CC}$ unterschritten wird. Infolgedessen wird wieder ein Setzvorgang des RS-Flipflops ausgelöst, der die Ansteuerung des Transistors K4 beendet, womit der Entladevorgang der Kapazität C beendet ist, und der Ausgang Out wechselt wieder in den Logikpegel High – die Pulspause ist beendet und damit auch die 2. Phase.

Eine Periode ist abgeschlossen und der Zyklus beginnt wieder von vorn.

Berechnungsbeispiel

Für den in Abbildung 27.5 angegebenen Präzisionstimer xx555 wird im Folgenden exemplarisch ein Berechnungsbeispiel für ein *freilaufendes astabiles Element* durchgeführt.

Gegeben sind die Datenblattangaben zum Präzisionstimer xx555 in Abbildung 27.5. Das astabile Element soll eine Ausgangsfrequenz $f_O = 10$ kHz mit einem Tastverhältnis $V_T = 0,5$

aufweisen (Anmerkung: Das Tastverhältnis $V_T = 0,5$ bedeutet, dass die Pulsdauer und Pulspause gleich lang sind).

Es sind die Dimensionierungen der Kapazität C sowie der Widerstände R_A und R_B vorzunehmen. Die Kapazität C kann frei gewählt werden.

Lösung:

Auf der Basis der Datenblattangaben in Abbildung 27.5 kann nun die Dimensionierung des dort angegebenen astabilen Elements vorgenommen werden.

Für das Tastverhältnis V_T mit der Ausgangsfrequenz f_O folgt mit den Formeln 3 und 4 in Abbildung 27.5:

$$V_T = \frac{t_H}{t_H + t_L} = f_O \cdot t_H \quad (27.2)$$

Da das Tastverhältnis $V_T = 0,5$ beträgt, sind die Zeiten Pulsdauer und Pulspause gleich groß. Formal berechnen sich die Pulsdauer t_H und die Pulspause t_L mit Formel 27.2 wie folgt:

$$t_H = \frac{V_T}{f_O} = \frac{0,5}{10\,\text{kHz}} = \frac{0,5}{10 \cdot 10^3 s^{-1}} = 0,05 \cdot 10^{-3}\,\text{s} = 0,05\,\text{ms}$$

$$t_L = \frac{t_H(1 - V_T)}{V_T} = \frac{0,05\,\text{ms}\,(1 - 0,5)}{0,5} = 0,05\,\text{ms}$$

Die Kapazität C kann frei gewählt werden. Da die Werte der Kondensatoren nach der E6-Normreihe und mit einer Toleranz von 20 % sehr grob gestuft sind, ist es günstiger, die Kapazität C vorzugeben und die Auswahl der Widerstände nach der Normreihe E48 beziehungsweise E96 vorzunehmen. Mit der ausgewählten Kapazität $C = 1\,\mu F$ folgt dann mit der Formel 1 in Abbildung 27.5 mit der *Pulsdauer* t_H

$$t_H = 0,693 \cdot R_A \cdot C \quad (27.3)$$

für den *Widerstand* R_A

$$R_A = \frac{t_H}{0,693 \cdot C} = \frac{5 \cdot 10^{-3}\,\text{s}\,\text{V}}{0,693 \cdot 1 \cdot 10^{-6}\,\text{A}\,\text{s}} = 7{,}215\,\text{k}\Omega$$

Und mit der *Pulspause* t_L aus Formel 2 in Abbildung 27.5

$$t_L = 0,693 \cdot R_B \cdot C \quad (27.4)$$

für den *Widerstand* R_B

$$R_B = \frac{t_H}{0,693 \cdot C} = \frac{5 \cdot 10^{-3}\,\text{s}\,\text{V}}{0,693 \cdot 1 \cdot 10^{-6}\,\text{A}\,\text{s}} = 7{,}215\,\text{k}\Omega$$

Ausgewählt werden Widerstände aus der E48- beziehungsweise E96-Normreihe. Damit ergibt sich Folgendes für die Widerstände: $R_A = R_B = 7,15\,\text{k}\Omega$.

Für die Realisierung ist es günstig, die Widerstände durch einen Festwiderstand und einen einstellbaren Widerstand zu ersetzen. Dann kann über den einstellbaren Widerstand ein exakter Abgleich der Ausgangsfrequenz und des Tastverhältnisses vorgenommen werden.

Übersicht einer Auswahl verfügbarer astabiler Elemente

Um Ihnen die Auswahl zu erleichtern und einen kleinen Überblick zu verschaffen, sind in Tabelle 27.2 verfügbare astabile Elemente zusammengestellt.

Typ	Funktionen)*)[4]					Datenblatt	Technologie)*)[**]	Kennung)*)[***]
	Anzahl	Ausgang	Eingang	Beschaltung	Steuerung			
Astabile Elemente	1	G	R	E	↑↓	MONOSTABLE/ ASTABLE MULTIVIBRATOR	CD4000	4047B
	1	G	T	E	L	PRECISION TIMERS	NA/NE/SA/SE/LM/LMC/TLC[1] [1]Bipolar und CMOS	555
	2	G	T	E	L		NA/NE/SA/SE/TLC[2] [2]Bipolar und CMOS	556

)[*] Texas Instruments, Digital Logic Pocket Data Book, SCYD013B, 2007 und https://www.ti.com, letzter Zugriff am 01.02.2025

)[**] Dies sind nur Beispiele einiger Elemente. Die Low Voltage Logic »Little Logic« von Texas Instruments wurde nicht berücksichtigt. Dies kann aus den angegebenen Quellen entnommen werden.

)[***] Die Kennung ist eine mehrstellige Ziffer und steht immer hinter der Technologiebezeichnung. In Kapitel 19 ist dies erklärt.

)[4] Abkürzungen zu den Funktionen: G – Gegentaktausgang; E – Externe R/C-Beschaltung; L – Low-aktiv; R – Retriggerbar; ST – Schmitt-Trigger-Eingang; T – Trigger-Eingang; TR – Tri-State-Ausgang; ↑ – Taktflankensteuerung 0/1-Flanke; ↓ – Taktflankensteuerung 1/0-Flanke

Tabelle 27.2: Übersicht einer Auswahl verfügbarer astabiler Elemente

Teil XII
Synthese von endlichen Zustandsautomaten – Es läuft und läuft im Takt

IN DIESEM TEIL ...

Wird die Vorgehensweise und Methodik beim Entwurf von endlichen Zustandsautomaten vermittelt.

Wird der Entwurf anhand eines praxisnahen Beispiels zum Entwurf eines Automaten durchgeführt.

> **IN DIESEM KAPITEL**
>
> Grundsätzliche Vorgehensweise bei dem Entwurf von endlichen Zustandsautomaten
>
> Entwurf eines Bonbonautomaten als Ablaufsteuerung
>
> Übungen zur Synthese von endlichen Zustandsautomaten

Kapitel 28
Synthese von Automaten – Ablaufsteuerung oder Zähler?

Entwurf von Automaten

Im Folgenden möchte ich Ihnen die grundsätzliche Vorgehensweise beim Entwurf beziehungsweise der Synthese von Automaten näherbringen. Bei Ablaufsteuerungen und Zählern handelt sich immer um endliche Zustandsautomaten und die grundsätzliche Vorgehensweise bei der Synthese ist in beiden Fällen gleich. Ablaufsteuerungen sind in der Regel Mealy-Automaten und Zähler Moore-Automaten (siehe auch Kapitel 25). Die Synthese von Zählern wird im nachfolgenden Teil detailliert beschrieben.

Als Ablaufsteuerung habe ich einen vereinfachten Bonbonautomaten als Beispiel ausgewählt.

Die grundsätzliche Vorgehensweise für die Synthese eines endlichen Zustandsautomaten (Mealy-Automat) kann in folgende neun Schritte gegliedert werden:

1. Verbale beziehungsweise formale Formulierung der Aufgabenstellung
2. Auswahl eines geeigneten Speichers (Flipflop)
3. Definition der Zustände, Ereignisse/Übergangsbedingungen für die Überführungsfunktionen und Aktionen/Ausgabefunktionen
4. Aufstellen des Zustandsdiagramms

5. Codierung der Zustände, Ereignisse und Aktionen

6. Aufstellen der Zustandsfolgetabelle

7. Entwurf des Schaltnetzes der Überführungsfunktion

8. Entwurf des Schaltnetzes der Ausgabefunktion

9. Erstellung der Schaltung des Automaten

1. Schritt: Formulierung der Aufgabenstellung eines vereinfachten »Bonbonautomaten«

Im *1. Schritt* wird die Formulierung der Aufgabenstellung vorgenommen. Für einen Bonbonautomaten soll die Ablaufsteuerung entworfen werden.

Aufgabenstellung: Nach dem Einschalten der Versorgungsspannung befindet sich der Automat in dem Zustand Bereit. Über zwei Tasten »Rote Bonbons« und »Weiße Bonbons« wird die gewünschte Sorte vor dem Einwerfen des Geldstücks ausgewählt. Beide Sorten kosten jeweils 1,- € und der Automat akzeptiert ausschließlich 1-€-Münzen. Andere beziehungsweise zu viel eingeworfene Münzen werden über eine besondere Mechanik automatisch wieder ausgegeben. Eine vorgenommene Sortenwahl kann beliebig geändert werden. Ist eine Sortenwahl vorgenommen worden und wird eine 1-€-Münze eingeworfen, so wird die gewählte Bonbonsorte ausgegeben. Für die Umsetzung steht ein auszuwählender taktgesteuerter Speicher zur Verfügung. Mit jedem eintretenden Ereignis wird ein Taktsignal aktiv High ausgelöst.

2. Schritt: Auswahl eines geeigneten Speichers (Flipflop)

Im *2. Schritt* erfolgt die Auswahl eines geeigneten Speichers. Notwendig ist ein Flipflop, das ein Bit speichern kann – dafür ist ein D-Flipflop ausreichend.

Das D-Flipflop muss die Daten synchron über einen Takt zur Verfügung stellen – es muss taktgesteuert sein, was technisch bedingt bei einem D-Flipflop gegeben ist. Des Weiteren muss der Speicher eine Mitkopplung innerhalb des Automaten unterbinden und die Signallauf- und Übergangszeiten müssen beachtet werden, da diese zu einer Mitkopplung führen können. Sicher unterdrückt werden kann dies nur mit einem zweizustandsgesteuerten D-Flipflop mit Taktsteuerung und Zwischenspeicher, besser noch mit einer Taktflankensteuerung und Zwischenspeicher. Um einen definierten Anfangszustand des Automaten zu erhalten, wird ein Flipflop mit einem direkten Rücksetzeingang benötigt.

 Ausgewählt wird ein zweizustandsgesteuertes D-Flipflop mit Taktflankensteuerung, Zwischenspeicher und direktem Rücksetzeingang, der aktiv Low wirkt, das für sämtliche Automaten als Speicher genutzt werden kann.

KAPITEL 28 Synthese von Automaten – Ablaufsteuerung oder Zähler?

In Abbildung 28.1 sind das Symbol des ausgewählten D-Flipflops und die zugehörige Legende angegeben.

Symbol: Legende:
                       1D: Vorbereitungsdateneingang   Q: Ausgang
   D ──┤1D   ├── Q   C1:   Takteingang   1: Eingänge mit dieser Kennzahl
   c ──┤▷C1   │   R: Direkter Rücksetzeingang   wirken zusammen
  Reset ─○┤R ┐├── Q̄   D: Dateneingang   ¬: Retardierter (verzögerter) Ausgang
                       c: Takteingang   ▷: Kennzeichnung Flankensteuerung
                       Reset: Rücksetzen aktiv Low   (ohne Negationskreis 0/1-Flanke)

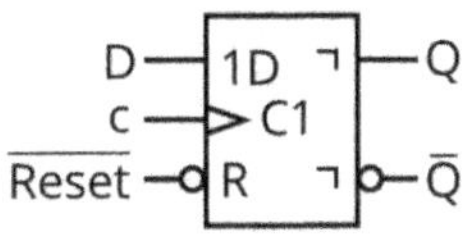

Abbildung 28.1: Geeignetes zweizustandsgesteuertes D-Flipflop mit Taktflankensteuerung und Zwischenspeicher

3. Schritt: Definitionen der Zustände, Ereignisse/Übergangsbedingungen und Aktionen/-Ausgabefunktionen

Im *3. Schritt* sind die erforderlichen Definitionen

✔ der *Zustände*,

✔ der *Ereignisse* (Übergangsbedingungen für die Überführungsfunktionen) und

✔ der *Aktionen* (Ausgabefunktionen)

in Abbildung 28.2 zusammengestellt.

Zustände: Für den Bonbonautomaten werden drei Zustände benötigt. Zum einen der Zustand *Bereit*, der sich nach dem Einschalten des Systems einstellt. Des Weiteren die Zustände für die gewählte Bonbonsorte *Rote Bonbons gewählt* und *Weiße Bonbons gewählt*.

Ereignisse/Übergangsbedingungen: Es werden drei Ereignisse für die Überführungsfunktion benötigt. Dies sind die jeweiligen Betätigungen der Taster zur Auswahl der Bonbonsorte *Taste »Rote Bonbons«* und *Taste »Weiße Bonbons«* sowie das Ereignis *Einwurf 1 €*, wenn eine 1-€-Münze eingeworfen wird.

Wird als Takt ein Taktgenerator verwendet, ist es notwendig, dass ein zusätzliches Ereignis »Kein Ereignis« vorgesehen wird, weil der Automat sonst mit jedem aktiven Taktzustand immer das Ereignis E0 mit der Codierung $E_0 = E_1 = 0$ auslösen würde.

Aktionen/Ausgabefunktionen: Für die Ausgabefunktion sind drei Aktionen erforderlich. Zum einen die *Aktion »Keine Ausgabe«*, wenn kein Ereignis eintritt beziehungsweise eine Fehlbedienung erfolgt ist. Zum anderen die Aktionen, nachdem die Auswahl einer Bonbonsorte erfolgt und eine 1-€-Münze eingeworfen worden ist und die gewünschte Bonbonsorte ausgegeben wird. Dies sind die Aktionen *Ausgabe »Rote Bonbons«* und *Ausgabe »Weiße Bonbons«*.

In Abbildung 28.2 sind neben der jeweiligen Bedeutung zu den Definitionen einmal die Benennung als Abkürzung der Bedeutung und einmal die formale Kurzbezeichnung angegeben. Je nach Bedarf können die Benennungen oder formalen Kurzbezeichnungen für

Zustände Z			Ereignisse E (Übergangsbedingungen)			Aktionen A (Ausgabefunktionen)		
Benennung	Kurzbez.	Bedeutung	Benennung	Kurzbez.	Bedeutung	Benennung	Kurzbez.	Bedeutung
IDLE	Z0	Bereit	TRB	E0	Taste »Rote Bonbons«	kA	A0	Keine Ausgabe
RB	Z1	»Rote Bonbons« gewählt	TWB	E1	Taste »Weiße Bonbons«	ARB	A1	Ausgabe »Rote Bonbons«
WB	Z2	»Weiße Bonbons« gewählt	1€	E2	Einwurf 1 €	AWB	A2	Ausgabe »Weiße Bonbons«

Abbildung 28.2: Definitionen der Zustände, Ereignisse/Übergangsbedingungen und Aktionen/Ausgabefunktionen

den Entwurf des Automaten verwendet werden. Zum besseren Verständnis werden für dieses Beispiel beide Varianten verwendet. In den weiteren Ausführungen wird nur noch die formale Kurzbezeichnung verwendet.

4. Schritt: Aufstellen des Zustandsdiagramms

Im *4. Schritt* stellen Sie jetzt das Zustandsdiagramm auf der Basis der Aufgabenstellung im 1. Schritt und der Definitionen im 3. Schritt auf. Zunächst die etwas anschaulichere Darstellung mit den Benennungen.

Zustandsdiagramm mit Benennungen: Nach dem Einschalten des Systems (Power On) geht der Automat in den Zustand Bereit (Zustand IDLE) und wartet auf weitere Ereignisse, hier Eingaben über die Bedientasten beziehungsweise den Einwurf einer 1-€-Münze. Im letzten Falls darf noch keine Ausgabe der roten oder weißen Bonbons (Aktion ARB oder AWB) erfolgen, es erfolgt keine Ausgabe (Aktion kA).

Wird jetzt bei der Sortenauswahl die Taste »Rote Bonbons« (Ereignis TRB) betätigt, wechselt der Automat in den Folgezustand »Rote Bonbons« gewählt (Zustand RB), es erfolgt keine Ausgabe (Aktion kA). Wird alternativ die Taste »Weiße Bonbons« (Ereignis TWB) betätigt, wechselt der Automat in den Folgezustand »Weiße Bonbons« gewählt (Zustand WB), es erfolgt auch keine Ausgabe (Aktion kA).

Erst wenn nach der Sortenauswahl eine 1-€-Münze eingeworfen wird, erfolgt die Ausgabe der gewählten Bonbonsorte Rote Bonbons (Aktion ARB) beziehungsweise Weiße Bonbons (AWB). Ist dies erfolgt, wechselt der Automat wieder in den Zustand Bereit (Zustand IDLE) und es kann erneut eine Bonbonsorte erworben werden.

Wird aber keine 1-€-Münze eingeworfen, kann durch Betätigung der jeweils anderen Sortenwahl in den Zustand »Rote Bonbons« (Zustand RB) beziehungsweise »Weiße Bonbons«

(Zustand WB) gewechselt werden. Wenn allerdings die bisher ausgewählte Sorte erneut ausgewählt wird, verbleibt der Automat in dem jeweiligen Zustand RB oder WB und es wird keine Aktion (Aktion kA) ausgeführt.

Zustandsdiagramm mit den Kurzbezeichnungen: Für das folgende formalere Zustandsdiagramm sind nur die Benennungen durch die Kurzbezeichnungen entsprechend den Definitionen im 3. Schritt in Abbildung 28.2 ersetzt worden, womit sich das Zustandsdiagramm in Abbildung 28.4 ergibt. Der Nachteil dieser Darstellung ist die zunächst etwas schlechter verständliche Form. Der Vorteil ergibt sich allerdings noch aus den folgenden Schritten bei der Aufstellung der Zustandsfolgetabelle für den Entwurf des Überführungs- und Ausgabenetzwerks.

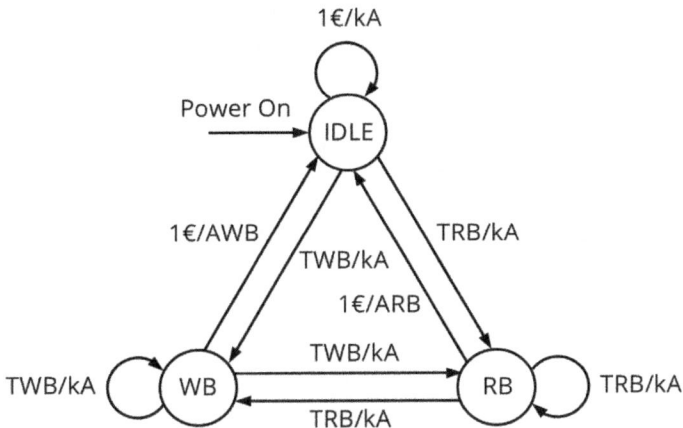

Abbildung 28.3: Zustandsdiagramm mit den Benennungen

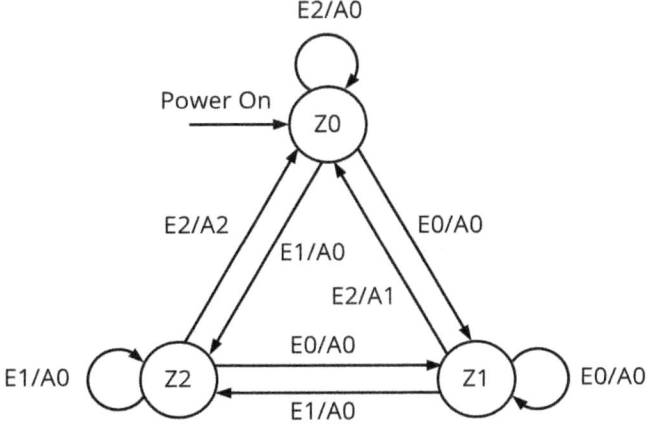

Abbildung 28.4: Zustandsdiagramm mit den Kurzbezeichnungen

5. Schritt: Codierung der Definitionen

Im *5. Schritt* ist jetzt die Codierung der Zustände, Ereignisse (Übergangsbedingungen) und Aktionen (Ausgabefunktionen) erforderlich, damit die Zustandsfolgetabelle für den Entwurf der Überführungs- und Ausgabefunktionen erstellt werden kann.

Da es für die Zustände, Ereignisse und Aktionen entsprechend den Definitionen in Abbildung 28.2 jeweils drei zu betrachtende Fälle der Variablen gibt, werden bei binärer Codierung für die Variablen $2^n = 4$ Kombinationsmöglichkeiten mit $n = 2$ Variablen jeweils für die Zustände, Ereignisse und Aktionen benötigt, wie dies mit den Kurzbezeichnungen in Abbildung 28.5 angegeben worden ist. Allerdings wird jeweils eine Kombinationsmöglichkeit nicht genutzt. Für diese Kombinationsmöglichkeiten ist dann eine Belegung mit Don't-Care-Termen erforderlich. Die Bezeichnung der Variablen erfolgt analog zu den Kurzbezeichnungen, nur dass die Schreibweise einer Variablen mit der jeweiligen Stelle als Index verwendet wird. Die niederwertigste Stelle wird mit dem Index 0 versehen.

Zustände Z			Ereignisse E (Übergangsbedingungen)			Aktionen A (Ausgabefunktionen)		
Kurzbez.	Z_1	Z_0	Kurzbez.	E_1	E_0	Kurzbez.	A_1	A_0
Z0	0	0	E0	0	0	A0	0	0
Z1	0	1	E1	0	1	A1	0	1
Z2	1	0	E2	1	0	A2	1	0

Abbildung 28.5: Codierung der Zustände, Ereignisse und Aktionen

6. Schritt: Aufstellen der Zustandsfolgetabelle

Im *6. Schritt* wird die Zustandsfolgetabelle aufgestellt. Die *Anzahl der Kombinationsmöglichen in der Zustandsfolgetabelle* ergibt sich immer folgendermaßen:

Anzahl der Kombinationsmöglichkeiten der Zustandsfolgetabelle

$$= Anzahl\ der\ Zustände \cdot Anzahl\ der\ Ereigniss \qquad (28.1)$$

Zustandsfolgetabelle mit den Benennungen: Zunächst wird für das bessere Verständnis die anschaulichere Zustandsfolgetabelle mit den Benennungen aus Abbildung 28.3 aufgestellt. Mit drei Zuständen und drei Ereignissen ergeben sich neun Kombinationsmöglichkeiten, die in Abbildung 28.6 zusammengestellt sind.

Zustandsfolgetabelle mit den Kurzbezeichnungen: Für eine weitere Verarbeitung und den Entwurf des Überführungs- und des Ausgabeschaltnetzes ist eine formale Darstellung der Zustandsfolgetabelle erforderlich, die alle Kombinationsmöglichkeiten inklusive der nicht genutzten berücksichtigt, wie dies in Abbildung 28.7 mit den codierten Zuständen, Ereignissen und Aktionen aus Abbildung 28.5 vorgenommen wurde. Mit dieser Codierung können jetzt direkt das Überführungs- und das Ausgangsschaltnetz entworfen werden.

KAPITEL 28 Synthese von Automaten – Ablaufsteuerung oder Zähler?

Nr.	Z	E	Z^+	A
0	IDLE	TRB	RB	kA
1	IDLE	TWB	WB	kA
2	IDLE	1€	IDLE	kA
3	RB	TRB	RB	kA
4	RB	TWB	WB	kA
5	RB	1€	IDLE	ARB
6	WB	TRB	RB	kA
7	WB	TWB	WB	kA
8	WB	1€	IDLE	AWB

Abbildung 28.6: Zustandsfolgetabelle mit den Benennungen

Nr.	Z_1	Z_0	E_1	E_0	Z_1^+	Z_0^+	D_1	D_0	A_1	A_0
0	0	0	0	0	0	1	0	1	0	0
1	0	0	0	1	1	0	1	0	0	0
2	0	0	1	0	0	0	0	0	0	0
3	0	0	1	1	X	X	X	X	X	X
4	0	1	0	0	0	1	0	1	0	0
5	0	1	0	1	1	0	1	0	0	0
6	0	1	1	0	0	0	0	0	0	1
7	0	1	1	1	X	X	X	X	X	X
8	1	0	0	0	0	1	0	1	0	0
9	1	0	0	1	1	0	1	0	0	0
10	1	0	1	0	0	0	0	0	1	0
11	1	0	1	1	X	X	X	X	X	X
12	1	1	0	0	X	X	X	X	X	X
13	1	1	0	1	X	X	X	X	X	X
14	1	1	1	0	X	X	X	X	X	X
15	1	1	1	1	X	X	X	X	X	X

Vorgehensweise:

Es muss die Belegung der Dateneingänge D_n der D-Flipflops entweder mit der Synthesetabelle oder einfacher mit der charakteristischen Gleichung ermittelt werden, damit sich die erforderlichen Zustandswechsel $Z_n \rightarrow Z_n^+$ einstellen.

Charakteristische Gleichung eines D-Flipflops:

$Q_n^+ = D_n$

Ermittlung der Belegung der Dateneingänge D_0 und D_1 der D-Flipflops

Abbildung 28.7: Zustandsfolgetabelle mit den Kurzbezeichnungen

7. Schritt: Entwurf des Schaltnetzes der Überführungsfunktion

Im 7. Schritt sind jetzt für das Überführungsschaltnetz die Folgezustände $Z_0^+ = D_0 = f(Z_0, Z_1, E_0, E_1)$ und $Z_1^+ = D_1 = f(Z_0, Z_1, E_0, E_1)$ beziehungsweise die Variablen der Dateneingänge von den D-Flipflops zu bestimmen. Für jeweils vier Variablen werden für eine Minimierung KV-Tafeln mit je 16 Feldern benötigt. In Abbildung 28.8 wurde die Minimierung für das *Überführungsschaltnetz* mit den dort angegebenen Schaltfunktionen für die Folgezustände $Z_0^+ = D_0$ und $Z_1^+ = D_1$ durchgeführt.

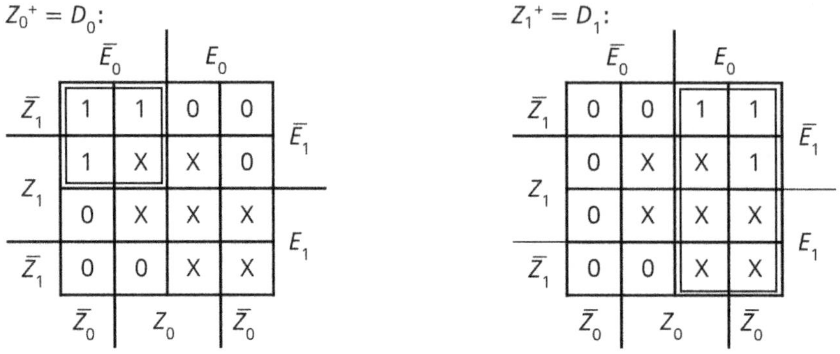

440 TEIL XII Synthese von endlichen Zustandsautomaten

$Z_0^+ = D_0$:

	$\bar{E}_0$	$\bar{E}_0$	E_0	E_0	
$\bar{Z}_1$	1	1	0	0	$\bar{E}_1$
Z_1	1	X	X	0	
	0	X	X	X	E_1
$\bar{Z}_1$	0	0	X	X	
	$\bar{Z}_0$	Z_0	Z_0	$\bar{Z}_0$	

$Z_0^+ = D_0 = \bar{E}_0 \wedge \bar{E}_1$

$Z_1^+ = D_1$:

	$\bar{E}_0$	$\bar{E}_0$	E_0	E_0	
$\bar{Z}_1$	0	0	1	1	$\bar{E}_1$
Z_1	0	X	X	1	
	0	X	X	X	E_1
$\bar{Z}_1$	0	0	X	X	
	$\bar{Z}_0$	Z_0	Z_0	$\bar{Z}_0$	

$Z_1^+ = D_1 = E_0$

Abbildung 28.8: Entwurf des Schaltnetzes der Überführungsfunktion

8. Schritt: Entwurf des Schaltnetzes der Ausgabefunktion

Im *8. Schritt* sind jetzt für das Schaltnetz der Ausgabefunktion die Aktionen $A_0 = f(Z_0, Z_1, E_0, E_1)$ und $A_1 = f(Z_0, Z_1, E_0, E_1)$ zu bestimmen. Für jeweils vier Variablen werden für eine Minimierung KV-Tafeln mit je 16 Feldern benötigt. In Abbildung 28.9 wurde die Minimierung für das Schaltnetz der Ausgabefunktion mit den dort angegebenen Schaltfunktionen für die Aktionen A_0 und A_1 durchgeführt.

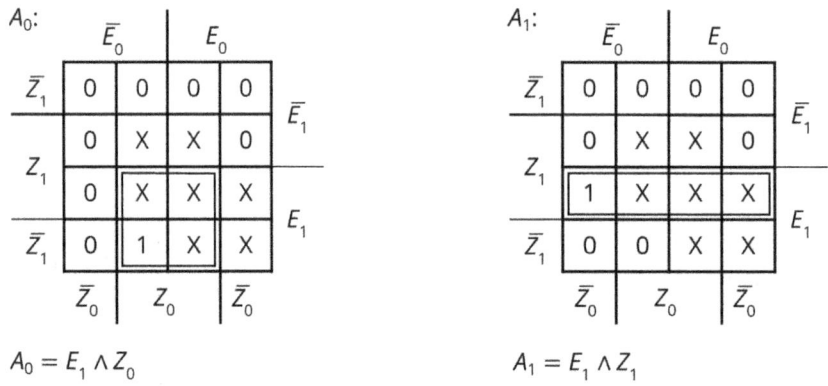

$A_0 = E_1 \wedge Z_0$
$A_1 = E_1 \wedge Z_1$

Abbildung 28.9: Entwurf des Schaltnetzes der Ausgabefunktion

9. Schritt: Erstellung der Schaltung des Automaten

Im letzten und *9. Schritt* wird jetzt das Schaltwerk des Bonbonautomaten angefertigt, das in Abbildung 28.10 angegeben ist. Für den synchronen Betrieb wurde im 2. Schritt ein zweizustandsgesteuertes D-Flipflop mit Taktflankensteuerung und Zwischenspeicher, mit einem direkten Rücksetzeingang, der aktiv Low wirkt, ausgewählt.

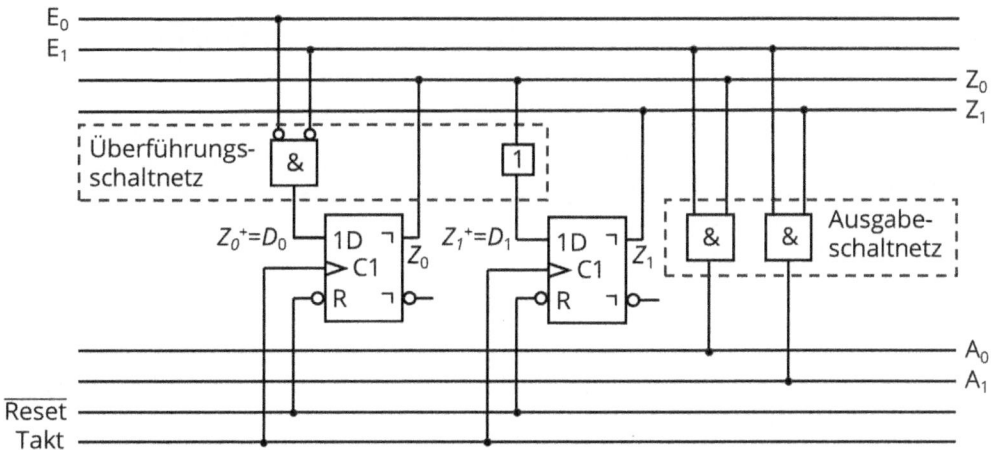

Abbildung 28.10: Schaltung des Bonbonautomaten mit zweizustandsgesteuerten D-Flipflops und Taktflankensteuerung als Speicher

Die Codierung der Zustände erfolgt für drei Zustände mit Variablen mit zwei Binärstellen, weshalb zwei zweizustandsgesteuerte D-Flipflops mit Taktsteuerung und Zwischenspeicher für den Automaten als Speicher benötigt werden.

Dabei wirken die Folgezustände Z_0^+ und Z_1^+ des Überführungsschaltnetzes direkt auf die Dateneingänge D_0 und D_1 der D-Flipflops, die als Speicher verwendet werden. Die aus dem Speicher mit der aktiven Taktflanke (0/1-Flanke) übernommenen Folgezustände Z_0^+ und Z_1^+ werden zu den Momentanzuständen Z_0 und Z_1 und wirken gemeinsam mit den Ereignissen E_0 und E_1 über das Schaltnetz der Ausgabefunktion auf die Ausgänge A_0 und A_1.

Es muss jetzt lediglich für die beiden Zustandsgrößen Z_0 und Z_1 jeweils ein D-Flipflop eingefügt werden. Für die Schaltfunktion D_1 wurde formal ein Buffer (Einsfunktion) eingefügt, aus technischen Gründen kann der auch entfallen.

 Dies gestaltet sich bei Ablaufsteuerungen immer auf die gleiche Weise mit einem zweizustandsgesteuerten D-Flipflop mit Takt- oder Taktflankensteuerung und Zwischenspeicher.

Fertig ist der Bonbonautomat oder auch jeder andere Automat, den Sie entworfen haben. Sie erkennen deutlich die Struktur eines Mealy-Automaten, da die Schaltfunktionen A_n eine Funktion der Momentanzustände Z_n und der Eingangsvariablen E_n sind ($A_n = f(Z_n, E_n)$).

Übungen: Synthese von Automaten

Warum gebe ich hier detailliert die Definitionen und Codierungen der Zustände, Ereignisse und Aktionen sowie den exakten Ablauf der Automaten für die beiden folgenden Übungsaufgaben vor? Weil sonst jeder von Ihnen einen anderen Automaten mit seinen eigenen Definitionen und Codierungen entwerfen und Sie somit kein vergleichbares Ergebnis erzielen würden.

Übung 28.1:

Für den innerstädtischen Regionalverkehr einer Kleinstadt soll die Ablaufsteuerung für einen Fahrkartenautomaten entworfen werden.

Der innerstädtische Bereich der Kleinstadt ist in zwei Zonen, einer inneren und einen Gesamtbereich aufgeteilt. Für die Benutzung der öffentlichen Verkehrsmittel muss in der inneren Zone »Zone GRÜN« 1,- € und für die Gesamtzone »Zone BLAU«, die die »Zone GRÜN« einschließt, 2,- € bezahlt werden (Zustände Z1: Zone grün gewählt und Z2: Zone blau gewählt).

Der Fahrkartenautomat nimmt nur 1-€- und 2-€-Münzen an (Ereignisse E2: Einwurf 1 € und Z3: Einwurf 2 €). Andere Geldstücke werden durch eine Mechanik automatisch zurückgegeben.

Der Fahrkartenautomat wird über ein Bedienpanel bedient, das wie folgt aufgebaut ist.

Bedienpanel des Fahrkartenautomaten:

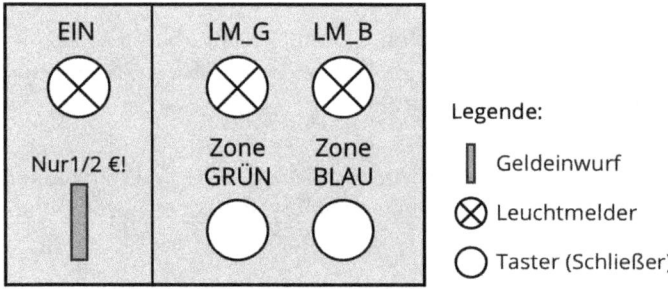

Nach dem Einschalten befindet sich der Fahrkartenautomat im Zustand Bereit (Zustand Z0: Bereit) und es wird der Leuchtmelder EIN aktiviert. Die beiden anderen Leuchtmelder für die Zonenwahl sind aus. Die Leuchtmelder leuchten bei einer logischen 1 am Eingang. Solange der Automat aktiv ist, sich also in einem definierten Zustand befindet, ist auch der Leuchtmelder »EIN« an.

Bevor das Geld eingeworfen wird, muss die entsprechende Zone gewählt werden, wozu zwei Tasten, »Zone GRÜN« und »Zone BLAU« (Ereignisse E0: Taste Zone grün und E1: Taste Zone blau), vorhanden sind. Ist vor der Zonenwahl Geld eingeworfen worden, so wird

KAPITEL 28 Synthese von Automaten – Ablaufsteuerung oder Zähler?

das eingeworfene Geld automatisch zurückgegeben (Aktion A3: Geldrückgabe). Die ausgewählte Zone wird über jeweils einen Leuchtmelder (Z1: Zone grün gewählt → LM_G an; Z2: Zone blau gewählt → LM_B an) auf dem Bedientableau angezeigt.

Der Fahrkartenautomat besitzt keine Geldrückgabetaste. Wird anstatt der erforderlichen 1-€- beziehungsweise 2-€-Münze eine 2-€- beziehungsweise 1-€-Münze eingegeben, so wird die Münze wieder ausgegeben (Aktion A3: Geldrückgabe) und die gewählte Zone beibehalten. Wird der richtige Betrag eingegeben, wird der Fahrschein ausgegeben (Aktionen A1: Ausgabe Fahrschein Zone grün oder A2: Ausgabe Fahrschein Zone blau).

Nach der Auswahl einer Zone ist ein beliebiger Wechsel der Zone möglich.

Bei jedem Eintreten eines Ereignisses wird ein Taktsignal der Dauer 1 ms (aktiv High) generiert und beim Einschalten des Automaten ein Rücksetzsignal ($\overline{Reset}$), das aktiv Low wirkt und genauso lang wie die Dauer des Taktsignals ist, generiert.

Für den Entwurf stehen Ihnen zweizustandsgespeicherte D-Flipflops mit Taktflankensteuerung und Zwischenspeicher zur Verfügung.

Die Zustände, Ereignisse und Aktionen sind entsprechend der nachfolgenden Tabellen definiert und codiert.

Definitionen der Zustände, Ereignisse und Aktionen zum Fahrkartenautomaten:

Zustände Z		Ereignisse E (Übergangsbedingungen)		Aktionen A (Ausgabefunktionen)	
Kurzbez.	Bedeutung	Kurzbez.	Bedeutung	Kurzbez.	Bedeutung
Z0	Bereit	E0	Taste Zone grün	A0	Keine Ausgabe
Z1	Zone grün gewählt	E1	Taste Zone blau	A1	Ausgabe Fahrkarte Zone grün
Z2	Zone blau gewählt	E2	Einwurf 1 €	A2	Ausgabe Fahrkarte Zone blau
		E3	Einwurf 2 €	A3	Geldrückgabe

Codierung der Zustände, Ereignisse und Aktionen zum Fahrkartenautomaten:

Zustände Z			Ereignisse E (Übergangsbedingungen)			Aktionen A (Ausgabefunktionen)		
Kurzbez.	Z_1	Z_0	Kurzbez.	E_1	E_0	Kurzbez.	A_1	A_0
Z0	0	0	E0	0	0	A0	0	0
Z1	0	1	E1	0	1	A1	0	1
Z2	1	0	E2	1	0	A2	1	0
			E3	1	1	A3	1	1

a) Geben Sie den Zustandsgraphen für den Automaten mit den Kurzbezeichnungen an.

b) Geben Sie die vollständige Zustandsfolgetabelle für die Folgezustände und die Aktionen an und verwenden Sie die gegebene Codierung der Zustände, Ereignisse und Aktionen.

c) Geben Sie die Schaltfunktionen für das Schaltnetz einer minimalen Überführungsfunktion an.

d) Geben Sie die Schaltfunktionen für das Schaltnetz einer minimalen Ausgabefunktion an.

e) Zeichnen Sie die komplette Schaltung des Fahrkartenautomaten.

f) Wie würden Sie die Leuchtmelder »EIN«, »LM_G« und »LM_B« ansteuern? Geben Sie die Schaltfunktionen für die drei Leuchtmelder mit den Kurzbezeichnungen EIN, LM_G und LM_B an. Die Leuchtmelder leuchten aktiv High bei positiver Logik.

ANMERKUNG: Der Entwurf für die Ansteuerung der Leuchtmelder kann unabhängig vom Automatenentwurf erfolgen.

g) Um was für einen Automaten handelt es sich? Geben Sie eine Begründung an.

Übung 28.2:

Entwurf der Ablaufsteuerung für eine Waschmaschine mit zwei Waschprogrammen.

Diese Waschmaschine verfügt über die zwei Waschprogramme »ECO« (Sparprogramm) und »NORMAL«. Eine Wahl der Waschtemperatur ist nicht vorgesehen. Beide Programme haben eine Waschtemperatur von 60 °C und beinhalten auch einen Schleudervorgang bei einer Drehzahl von 1.400 1/min^{-1}.

Auf dem Bedienpanel der Waschmaschine befinden sich der Hauptschalter zum Einschalten der Waschmaschine, drei Taster für die Bedienung und drei Leuchtmelder für die Signalisierung des Betriebszustands. Die Leuchtmelder sind an, wenn sie mit einem Logikpegel High bei positiver Logik angesteuert werden.

Bedienpanel des Waschautomaten:

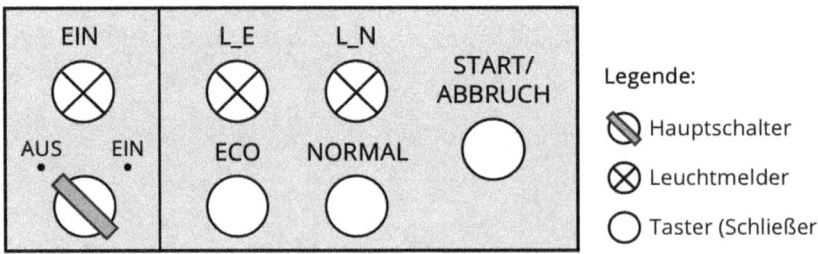

Verwenden Sie für die Bearbeitung der Aufgabenstellung nachfolgende Bezeichnungen und Codierungen.

KAPITEL 28 Synthese von Automaten – Ablaufsteuerung oder Zähler?

Definitionen und Codierung der Zustände, Ereignisse und Aktionen zum Waschautomaten:

Zustände Z				Ereignisse E (Übergangsbedingungen)				Aktionen A (Ausgabefunktionen)			
Bezeichnung/ Codierung				Bezeichnung/ Codierung				Bezeichnung/ Codierung			
Kurzbez.	Z_1	Z_0	Bedeutung	Kurzbez.	E_1	E_0	Bedeutung	Kurzbez.	A_1	A_0	Bedeutung
Z_B	0	0	Bereit	E_SA	0	0	Taster START/ ABBRUCH	A_0	0	0	Keine Aktion
Z_E	0	1	Waschprogramm ECO gewählt	E_E	0	1	Taster Waschprogramm ECO	A_E	0	1	Waschprogramm ECO ausführen
Z_N	1	0	Waschprogramm NORMAL gewählt	E_N	1	0	Taster Waschprogramm NORMAL	A_N	1	0	Waschprogramm NORMAL ausführen
Z_ON	1	1	Waschprogramm aktiv	E_B	1	1	Waschvorgang beendet	A_B	1	1	Waschprogramm beenden

Definitionen und Codierung für die Leuchtmelder des Waschautomaten:

Ansteuerung Leuchtmelder				
Bezeichnung/Codierung				
Kurzbez.	Variable	Zustand AN	Zustand AUS	Bedeutung
EIN	L_{EIN}	1	0	Leuchtmelder »EIN« AN/AUS
L_EA	L_{EA}	1	0	Leuchtmelder »ECO« AN/AUS
L_EB	L_{EB}	1	0	Leuchtmelder »ECO« Blinken AN/AUS
L_NA	L_{NA}	1	0	Leuchtmelder »NORMAL« AN/AUS
L_NB	L_{EA}	1	0	Leuchtmelder »NORMAL« Blinken AN/AUS

Über den Hauptschalter wird die Waschmaschine eingeschaltet und sie befindet sich im Zustand Bereit (Zustand Z_B: Bereit). Wenn sich der Automat im Zustand Bereit (Zustand Z_B: Bereit) befindet, ist der Leuchtmelder »EIN« an, um zu signalisieren, dass die Waschmaschine aktiv ist und ein Waschprogramm gewählt werden kann. Solange die Waschmaschine eingeschaltet ist, ist auch der Leuchtmelder »EIN« an.

Die Betätigung des Tasters »START/ABBRUCH« (Ereignis E_SA: Taster Start/Abbruch) in dem Zustand Bereit (Zustand Z_B: Bereit) bewirkt immer, dass kein Zustandswechsel erfolgt.

Im Zustand Bereit (Zustand Z_B: Bereit) kann das jeweilige Waschprogramm der Waschmaschine durch Betätigung des Tasters »ECO« oder »NORMAL« (Ereignis E_E: Taster Waschprogramm ECO; Ereignis E_N: Taster Waschprogramm NORMAL) gewählt werden. Ein Wechsel zwischen den beiden Waschprogrammen ist möglich, solange nicht eines der beiden Programme ausgeführt wird. Der entsprechende Leuchtmelder des ausgewählten Waschprogramms blinkt nach der Auswahl (L_E: Leuchtmelder ECO; L_N: Leuchtmelder NORMAL). Der Automat befindet sich dann entweder im Zustand Z_E: Waschprogramm ECO oder im Zustand Z_N: Waschprogramm NORMAL. Wird jetzt der Taster Start/Abbruch betätigt (Ereignis E_SA: Taster START/ABBRUCH), wird das ausgewählte Waschprogramm über die jeweilige Aktion ausgeführt (Aktion A_E: Waschprogramm ECO oder Aktion A_N: Waschprogramm NORMAL). Solange das jeweilige Waschprogramm ausgeführt wird, ist der jeweilige Leuchtmelder an (L_E: Leuchtmelder ECO oder L_N: Leuchtmelder NORMAL). Das Waschprogramm wird ausgeführt und der Automat wechselt in den Zustand Waschprogramm aktiv (Zustand Z_ON: Waschprogramm aktiv).

Wenn das Waschprogramm beendet ist (Ereignis E_B: Waschvorgang beendet) oder über die Betätigung des Tasters START/ABBRUCH (Ereignis E_SA: Taster START/ABBRUCH) abgebrochen wird, wird das entsprechende Waschprogramm beendet (Aktion A_B: Waschprogramm beenden) und es erlischt der jeweilige Leuchtmelder des ausgewählten Waschprogramms. Der Automat wechselt wieder in den Zustand Bereit (Zustand Z_B: Bereit) und der Leuchtmelder EIN bleibt an, bis der Hauptschalter in die Stellung AUS gebracht wird. Der Automat signalisiert so, dass die Waschmaschine aktiv ist und erneut ein Waschprogramm gewählt und ausgeführt werden kann.

Beim Einschalten des Waschautomaten wird ein Rücksetzsignal »$\overline{\text{Reset}}$« generiert, das aktiv Low wirkt.

Bei Auslösung eines jeden Ereignisses nimmt das Taktsignal »Takt« zur synchronen Ansteuerung des Automaten für die Dauer von 0,5 s den aktiven High-Zustand an.

Als Taktquelle für das Blinken steht ein entsprechender Taktgenerator mit dem Ausgangssignal »Clock« mit einer Frequenz von 0,5 Hz und einem Tastverhältnis von $V_T = 0,5$ zur Verfügung. Das Taktsignal beginnt synchron mit dem Ende des Rücksetzsignals mit dem aktiven Zustand High.

Verwenden Sie als Speicher zweizustandsgesteuerte D-Flipflops mit Taktsteuerung und Zwischenspeicher.

ANMERKUNG: Die Ablaufsteuerung der Waschmaschine und die Signalisierung über die Leuchtmelder sind getrennt voneinander zu betrachten.

a) Geben Sie den Zustandsgraphen für den Automaten mit den angegebenen Kurzbezeichnungen an.

b) Geben Sie die vollständige Zustandsfolgetabelle für die Folgezustände und Aktionen mit den gegebenen Codierungen für die Ereignisse, Zustände und Aktionen an.

c) Geben Sie die Schaltfunktionen für ein minimales Überführungsschaltnetz an.

d) Geben Sie die Schaltfunktionen für ein minimales Ausgangsschaltnetz an.

e) Geben Sie das vollständige Schaltwerk des Waschautomaten an.

f) Entwurf der Ansteuerung der Leuchtmelder »EIN«, »L_N« und »L_E«.

Geben Sie den Zustandsgraphen, die Zustandsfolgetabelle und die Schaltfunktionen an. Ergänzen Sie das Schaltwerk unter Punkt e) mit der Ansteuerung der Leuchtmelder als Funktion der Zustandsvariablen und Ereignisse sowie dem Taktsignal »Clock«.

ANMERKUNG: Verwenden Sie hierzu als Basis Ihren entworfenen Automaten unter den Punkten a) bis e) mit den angegebenen Definitionen für die Ansteuerung der Leuchtmelder.

g) Um was für einen Automaten handelt es sich? Geben Sie eine Begründung an.

Teil XIII
Zähler und Schieberegister – Alles im Takt

IN DIESEM TEIL ...

Werden die Eigenschaften und die Vor- und Nachteile der asynchronen und synchronen Zähler sowie der Register behandelt.

Wird für asynchrone und synchrone Zähler die Funktion, deren Anwendung und Synthese anhand praxisnaher Beispiele beschrieben und als Ausblick eine Übersicht verfügbarer Elemente gegeben.

Wird für Schieberegister und Auffangregister die Funktion, deren Anwendung und Synthese anhand praxisnaher Beispiele beschrieben und als Ausblick eine Übersicht verfügbarer Elemente gegeben.

> **IN DIESEM KAPITEL**
>
> Anwendungsgebiete und Betriebsarten der Zähler
>
> Asynchron versus synchron – Vor- und Nachteile
>
> Asynchrone Zähler – Konstruktion und Funktion mit Beispielen
>
> Synchrone Zähler – Synthese und Funktion mit Beispielen
>
> Beispiele und Übersichten verfügbarer asynchroner und synchroner Zähler
>
> Übungen zu den Zählern

Kapitel 29
Asynchrone und synchrone Zähler – Jetzt geht es auf und ab

Anwendungsgebiete und Betriebsarten der Zähler

Zunächst die Definition eines Zählers, aus der seine Funktion hervorgeht:

Definition nach IEV351-52-12: Ein *Zähler* ist ein sequenzielles Schaltsystem, in dem eine Zahl gespeichert ist und in dem zu dieser Zahl, abhängig von einer binären Größe am Zählereingang, eine ganze Zahl algebraisch addiert wird.

Dies bedeutet, dass ein Zähler ein Schaltwerk darstellt, das im Kern auf dem Einsatz von Speichern basiert, nebst etwaiger Logik-Elemente. Ein Zähler besitzt immer einen Eingang und mindestens einen Ausgang. Eine binäre Größe am Eingang, in der Regel ein Takt, bewirkt, dass am Ausgang eine Inkrementierung um eine Zahl erfolgt. Im einfachsten Fall ist dies eine Addition eines Bits und kann in einem beliebigen Code erfolgen.

In der Regel handelt es sich bei Zählern um einen *Moore-Automaten,* da die Ausgangsfunktion keine Funktion des Eingangsvektors ist.

Die Aufgaben der Zähler sind recht vielfältig. In Tabelle 29.1 sind typische Anwendungsgebiete zusammengestellt worden.

Anwendungsgebiet	Beschreibung
Zählen	Zählen von Impulsen beziehungsweise Ereignissen in einem beliebigen Code, der beispielsweise zur Ansteuerung von Anzeigeelementen (Displays) oder für die Weiterverarbeitung in einem digitalen System verwendet wird.
Ablaufsteuerung	Steuerung von Abläufen beispielsweise einer Steuerung einer Maschine.
Zeitverzögerung	Realisierung von Zeitverzögerungen definierter Dauer für die Ansteuerung von Logik-Elementen.
Mathematische Operationen	Einfache mathematische Operationen wie Addition und Subtraktion.

Tabelle 29.1: Anwendungsgebiete von Zählern

Dabei können die Zähler entweder in der Betriebsart

✓ *asynchron* oder

✓ *synchron*

eingesetzt werden. Beide Betriebsarten haben ihre Vor- und Nachteile, wie sie in Tabelle 29.2 zusammengestellt sind.

Betriebsart	Vorteile	Nachteile
Asynchron	✓ Einfacher konstruktiver Entwurf. ✓ Geringer schaltungstechnischer Aufwand erforderlich. ✓ Sehr einfach durch Serienerweiterung um zusätzliche Binärstellen erweiterbar.	✓ Alle Speicher (Flipflops) werden zeitlich versetzt zu unterschiedlichen Zeiten (asynchron) angesteuert. ✓ Unerwünschte Zwischenzustände durch die Serienschaltung der Speicher. ✓ Begrenzung der maximalen zulässigen Taktfrequenz f_{max} durch die Addition der Signalverzögerungszeiten der Speicher.
Synchron	✓ Alle Speicher (Flipflops) werden zeitgleich (synchron) angesteuert. ✓ Sehr hohe maximale Taktfrequenz möglich, da die Gesamtsignalverzögerungszeit nur durch die Signalverzögerungszeit eines Speichers (Flipflops) der synchron angesteuerten Speicher bestimmt wird.	✓ Relativ hoher Aufwand für die Synthese mittels Zustandsfolge- und Synthesetabelle für die Überführungs- und Ausgangsfunktionen erforderlich. ✓ Schaltungstechnisch recht aufwendig.

Tabelle 29.2: Vor- und Nachteile der asynchronen und synchronen Zähler

KAPITEL 29 **Asynchrone und synchrone Zähler** 453

Zunächst werden im Folgenden der Entwurf und die Funktion der asynchronen Zähler mit ihren Vor- und Nachteilen behandelt und im Anschluss die Synthese und die Funktion von synchronen Zählern anhand diverser Beispiele. Jeweils werden auch typische verfügbare Zähler als Beispiel herangezogen und systematisch zusammengestellt.

Asynchrone Zähler – Entwurf und Funktion

Ein *asynchroner Zähler* ist ein Schaltwerk beziehungsweise ein Automat, bei dem alle Speicher (Flipflops) zeitlich versetzt (asynchron) angesteuert werden (siehe auch Kapitel 25).

Ein *Modulo-n-Zähler* ist ein Binärzähler, der nach dem Dualcode arbeitet, wobei er $n-1$ Zählstufen aufweist.

Als Beispiel für einen asynchronen Zähler wird ein Modulo-8-Dualzähler herangezogen, um die Problematik des asynchronen Betriebs zu verdeutlichen.

In Abbildung 29.1 sind das Symbol, die Zählfolge, das zugehörige Zustandsdiagramm und die Zustandsfolgetabelle eines Modulo-8-Zählers dargestellt. Der Modulo-8-Zähler arbeitet nach dem Dualcode und beginnt demzufolge bei einem dreistelligen Dualcode mit 0 (000b) und endet bei der höchsten Zählstufe mit 7 (111b), wie dies der Zählfolge, dem Zustandsdiagramm und der Zustandsfolgetabelle in Abbildung 29.1 zu entnehmen ist.

Einen asynchronen Zähler können Sie einfach durch das serielle Hintereinanderschalten (Serienerweiterung) von JK- oder T-Flipflops realisieren – eine einfache konstruktive Aufgabe. In Abbildung 29.2 ist der dreistufige asynchrone Modulo-8-Zähler, der mit JK-Flipflops konstruiert wurde, dargestellt. Das Grundprinzip besteht darin, dass der Ausgang des n-ten Flipflops immer auf den Takteingang des nachfolgenden n+1-ten Flipflops geführt wird. Dies kann für eine beliebige Anzahl von Binärstellen vorgenommen werden. Allerdings ergibt sich daraus auch ein wesentlicher Nachteil des asynchronen Zählers: Jede Erweiterung um eine zusätzliche Binärstelle bedeutet, dass die höchstwertige Binärstelle um die Verzögerungszeit eines weiteren Flipflops erhöht wird, wodurch die maximale Taktfrequenz $f_{\max} \approx \dfrac{1}{n \cdot t_{\text{PD}}}$ mit n, der Anzahl der Binärstellen, im Wesentlichen durch die Anzahl n der Verzögerungszeiten t_{PD} der eingesetzten Flipflops bestimmt wird. Durch die Verzögerung der Ausgangssignale an jeder Binärstelle liegt das Ergebnis des Zählers auch erst nach $n \cdot t_{\text{PD}}$ s, mit n, der Anzahl der Binärstellen, stabil an dem Ausgang der höchstwertigen Stelle an.

a) Modulo-8-Zähler mit Zweizustandsteuerung

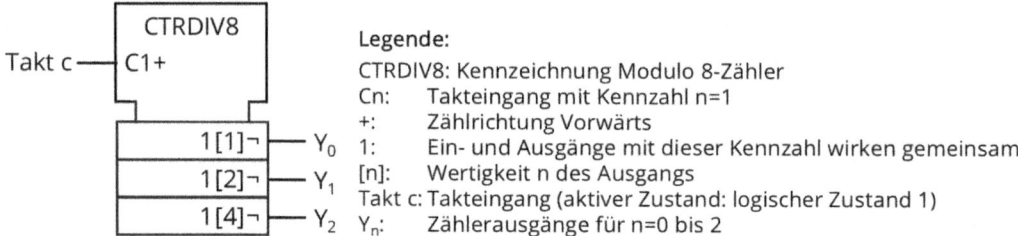

Legende:
CTRDIV8: Kennzeichnung Modulo 8-Zähler
Cn: Takteingang mit Kennzahl n=1
+:   Zählrichtung Vorwärts
1:     Ein- und Ausgänge mit dieser Kennzahl wirken gemeinsam
[n]:   Wertigkeit n des Ausgangs
Takt c: Takteingang (aktiver Zustand: logischer Zustand 1)
Y_n: Zählerausgänge für n=0 bis 2

b) Zählfolge Modulo-8-Zähler

Nr.	Y_2	Y_1	Y_0
0	0	0	0
1	0	0	1
2	0	1	0
3	0	1	1
4	1	0	0
5	1	0	1
6	1	1	0
7	1	1	1

c) Zustandsdiagramm Modulo-8-Zähler

Power On → 0 (000b) → 1 (001b) → 2 (010b) → 3 (011b) → 4 (100b) → 5 (101b) → 6 (110b) → 7 (111b) → 0

d) Zustandsfolgetabelle Modulo-8-Zähler

Nr.	Q_2	Q_1	Q_0	Q_2^+	Q_1^+	Q_0^+
0	0	0	0	0	0	1
1	0	0	1	0	1	0
2	0	1	0	0	1	1
3	0	1	1	1	0	0
4	1	0	0	1	0	1
5	1	0	1	1	1	0
6	1	1	0	1	1	1
7	1	1	1	0	0	0

Zuordnung der Ausgänge des Zählers
zu den Ausgängen der Flipflops:
$Y_0 \triangleq Q_0$ (Dualcode Stellenwert 1)
$Y_1 \triangleq Q_1$ (Dualcode Stellenwert 2)
$Y_2 \triangleq Q_2$ (Dualcode Stellenwert 4)

Abbildung 29.1: Zustandsfolgetabelle und Zustandsdiagramm eines Modulo-8-Zählers

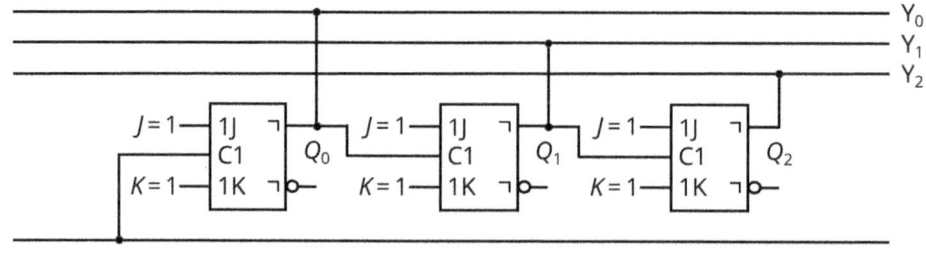

Abbildung 29.2: Konstruktion eines asynchronen Modulo-8-Zählers mit zweizustandsgesteuerten JK-Flipflops mit Zwischenspeicher

Durch die Verzögerung jedes einzelnen Speichers (Flipflops) treten unerwünschte Zwischenzustände auf, wie dies dem Impulsdiagramm in Abbildung 29.3 zu entnehmen ist. Die Nummer des Takts entspricht auch immer der Dezimalzahl des jeweiligen Dualcodes. Beim Übergang von 1. zum 2. Takt tritt der unerwünschte Zustand 0 (000b) auf. Im Weiteren treten beim Übergang vom 3. zum 4. Takt die unerwünschten Zustände 2 (010b) und 0 (000b) und beim Übergang vom 7. zum erneuten 0. Takt die unerwünschten Zustände 6 (110b) und 4 (100b) auf. Es stellt sich jetzt die Frage: Wofür können asynchrone Zähler eingesetzt werden?

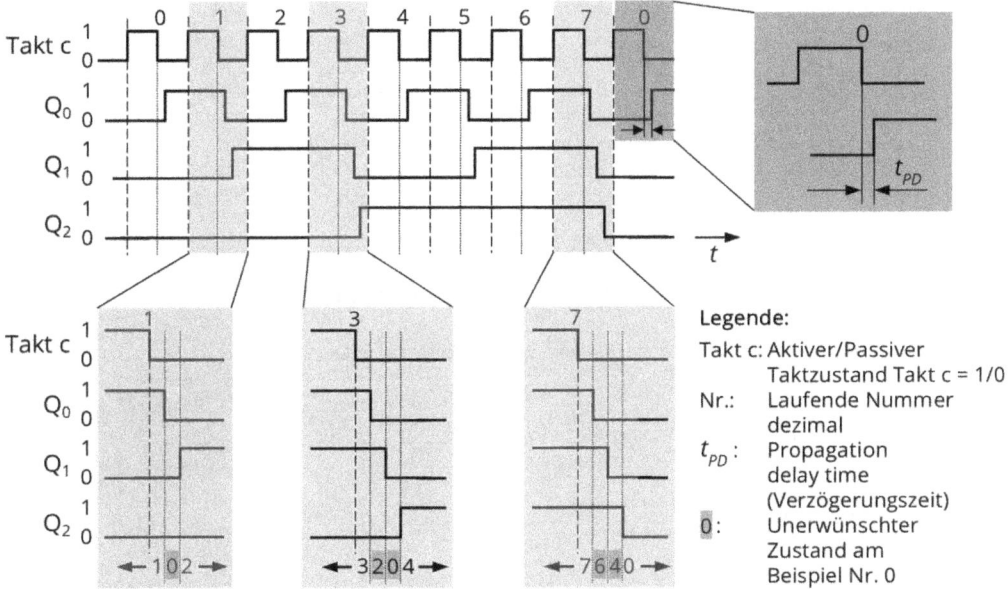

Abbildung 29.3: Impulsdiagramm eines asynchronen Modulo 8-Zählers mit zweizustandsgesteuerten JK-Flipflops mit Zwischenspeicher

 Das Verhalten des asynchronen Zählers führt dazu, dass nachfolgende Logik-Elemente Fehlinformationen erhalten und somit gegebenenfalls Fehlfunktionen auslösen. Eingesetzt werden können asynchrone Zähler aber problemlos in den Bereichen, bei denen keine nachfolgenden Logik-Elemente angesteuert werden. Dies betrifft in erster Linie Anzeigeelemente (Displays). Da das menschliche Auge erst einen zeitlichen Versatz von ungefähr 200 ms wahrnehmen kann, wird der Mensch die unerwünschten Zwischenzustände nicht wahrnehmen und die Anzeigewerte der regulären Zustände als stehendes Bild wahrnehmen.

Beispiel für einen asynchronen binären 4-Bit-Zähler durch (Modulo-16-Zähler) SN74LS393

 In Abbildung 29.4 ist als Beispiel das bipolare Logik-Element SN74LS393, das zwei asynchrone binäre 4-Bit-Zähler im Dualcode mit direktem Rücksetzeingang beinhaltet, dargestellt. Angegeben sind dort das Symbol, der interne Aufbau so-

wie die zugehörige Arbeitstabelle mit der Zählfolge im Dualcode. Jeder Zähler besteht aus vier einflankengesteuerten T-Flipflops mit positiver Taktflankensteuerung und mit einem direkten Rücksetzeingang, der aktiv High wirkt. Der Zähler kann durch Serienerweiterung um beispielsweise jeweils 4 Bit erweitert werden.

Symbol 2 x ½ SN74LS393 :

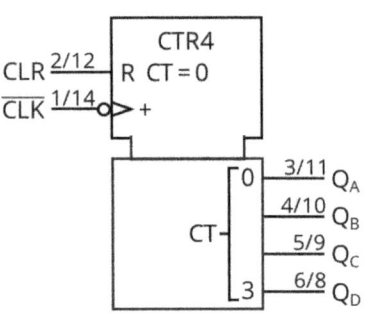

Legende:
- CTR4: Kennzeichnung 4-Bit-Binär-/Dualzähler
- R: Direkter Rücksetzeingang
- CT = n: Zähler beginnt nach dem Rücksetzen bei n=000b, der Eingang R befindet sich für den Zählerstand n im internen logischen 1-Zustand
- ▷: Taktflankensteuerung (aktive Flanke 1/0 wegen Negation)
- +: Zählrichtung Aufwärts
- CTn: Inhalts-Ausgang, bei dem n die Stelle angibt für die das Ausgangssignal den internen logischen Zustand 1 annimmt.
- $Q_A...Q_D$: Ausgänge mit Index A als niederwertigste Stelle
- CLR: Direkter Rücksetzeingang aktiv High
- $\overline{CLK}$: Takteingang aktiv Low

Interne Logik-Elemente 2 x ½ SN74LS393:

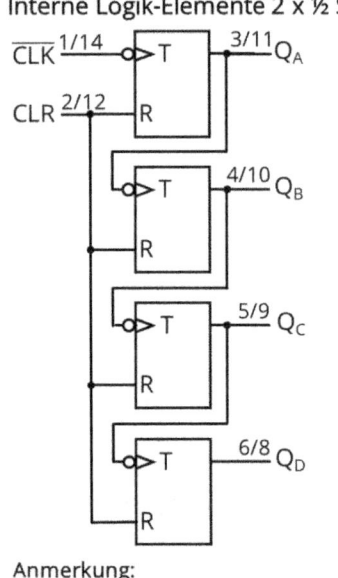

Arbeitstabelle Zählfolge:

COUNT	Ausgänge			
	Q_D	Q_C	Q_B	Q_A
0	L	L	L	L
1	L	L	L	H
2	L	L	H	L
3	L	L	H	H
4	L	H	L	L
5	L	H	L	H
6	L	H	H	L
7	L	H	H	H
8	H	L	L	L
9	H	L	L	H
10	H	L	H	L
11	H	L	H	H
12	H	H	L	L
13	H	H	L	H
14	H	H	H	L
15	H	H	H	H

Anmerkung:

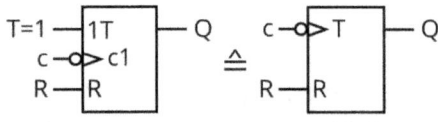

Quelle: Texas Instruments, Datenblatt SDLS107 – Oktober 1976 – revised März 1988; Digital Logic Pocket Data Book, SCYD013B , S. 428, 2007

Abbildung 29.4: Beispiel für einen asynchronen binären 4-Bit-Zähler (Modulo-16-Zähler) mit einem SN74LS393

Beispiel für einen asynchronen 8-Bit-Binärzähler durch Serienerweiterung (Modulo-256-Zähler) eines SN74LS393

Als Anwendungsbeispiel ist in Abbildung 29.5 der asynchrone 4-Bit-Zähler SN74LS393 durch Serienerweiterung um weitere 4 Bit erweitert worden, sodass sich ein asynchroner 8-Bit-Zähler mit direktem Rücksetzeingang ergibt. Dieser kann auch um weitere asynchrone 4-Bit-Zähler nach dem in Abbildung 29.5 gegebenen Schema erweitert werden.

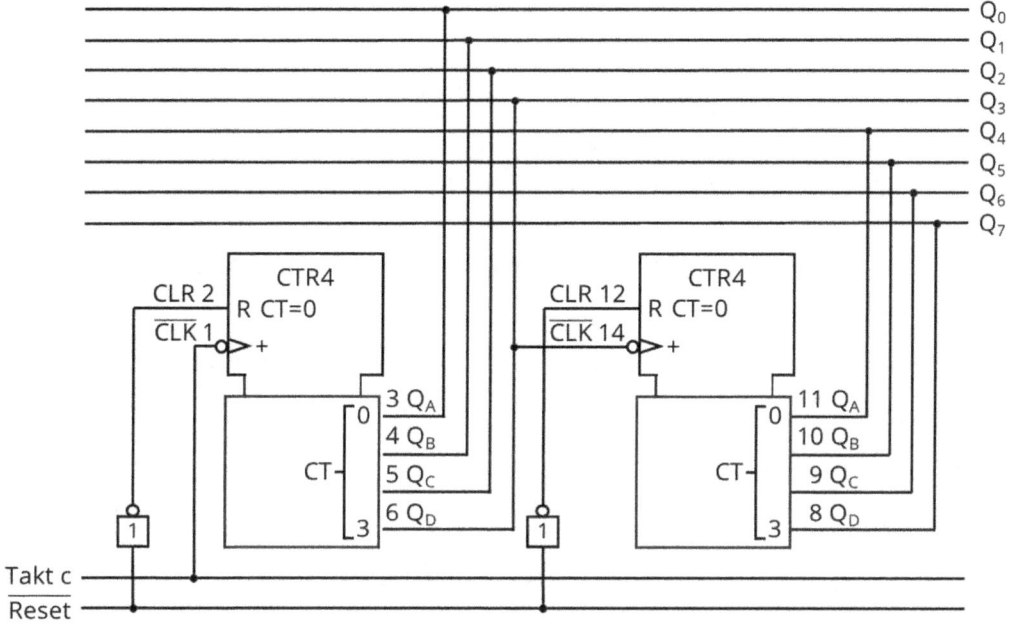

Abbildung 29.5: Anwendungsbeispiel eines asynchronen binären 8-Bit-Zählers durch Serienerweiterung (Modulo-256-Zähler) mit dem SN74LS393

Synchrone Zähler – Synthese und Funktion

Ein *synchroner Zähler* ist ein Schaltwerk beziehungsweise ein Automat, bei dem alle Speicher (Flipflops) zeitgleich (synchron) angesteuert werden (siehe auch Kapitel 25).

Synchrone Zähler können mit jedem Flipflop-Typ entworfen (synthetisiert) werden. Die Vorgehensweise ist nahezu identisch mit der in Kapitel 28 beschriebenen Synthese von endlichen Zustandsautomaten. Sie unterscheidet sich nur in wenigen Punkten. Es entfallen der

3. und 6. Schritt zur Definition und Codierung. Die Vorgehensweise ist wie folgt in sechs, statt neun Schritten vorzunehmen:

1. Formulierung der Aufgabenstellung inklusive Zustandsdiagramm
2. Auswahl des Speichers (RS-, JK- oder D-Flipflop)
3. Entwurf des Schaltnetzes der Überführungsfunktion
4. Entwurf des Schaltnetzes der Ausgabefunktion (Übertragsfunktion)
5. Untersuchung der Pseudozustände bei einem fehlerhaften Verhalten des Zählers
6. Erstellung der Schaltung des Zählers

Um die Unterschiede aufzuzeigen, wird im Folgenden ein Modulo-5-Aufwärtszähler für die RS-, JK- und D-Flipflops entworfen. Theoretisch ist auch der Entwurf mit einem T-Flipflop möglich, allerdings nicht so sinnvoll, da es keine verfügbaren T-Flipflops am Markt gibt. Die Vorgehensweise ist aber die Gleiche.

Entwurf eines Modulo-5-Zählers mit RS-Flipflops im Dualcode

Jetzt erfolgt die Synthese des Zählers in den zuvor gelisteten sechs Schritten:

1. Schritt: Formulierung der Aufgabenstellung

In Abbildung 29.6 ist die Aufgabenstellung im Detail für den Modulo-5-Zähler zusammengestellt.

Dazu sind das Symbol, die Zählfolge, das zugehörige Zustandsdiagramm, die Zustandsfolgetabelle und das Impulsdiagramm in Abbildung 29.6 angegeben.

Es soll ein Modulo-5-Aufwärtszähler mit negativer Taktflankensteuerung und direktem Rücksetzeingang entworfen werden, wie dies dem Symbol unter Abbildung 29.6a nebst Legende zu entnehmen ist.

Der Aufwärtszähler hat eine Zählfolge entsprechend Abbildung 29.6b von 0 (000b) bis 4 (100b), der somit fünf Zählstufen aufweist (Modulo 5). Aus diesem Grund benötigt der Zähler mit fünf von 2^n Kombinationsmöglichkeiten die $n = 3$ Ausgänge Y_0, Y_1 und Y_2.

In dem zugehörigen Zustandsdiagramm in Abbildung 29.6c nimmt der Zähler nach dem Einschalten (Power On) den Zählerstand 0 und die korrespondierenden Ausgänge des Zählers die logischen Zustände 000b (Y_2, Y_1, Y_0) an. Der Zähler arbeitet nach dem Dualcode.

Mit jeder aktiven Taktflanke des Zählers wird der Momentanzustand Q um 1 (001b) inkrementiert und ergibt so den Folgezustand Q^+. Ist der höchste Zählerstand 4 (100b) erreicht, nimmt das Übertragssignal den logischen Zustand 1 an. Mit dem nächsten Takt beginnt der Zähler wieder mit 0 (000b) von vorne. Dadurch weist dieser Zähler die Funktion eines Ringzählers auf.

a) Modulo-5-Zähler mit negativer Taktflankensteuerung und direktem Rücksetzeingang

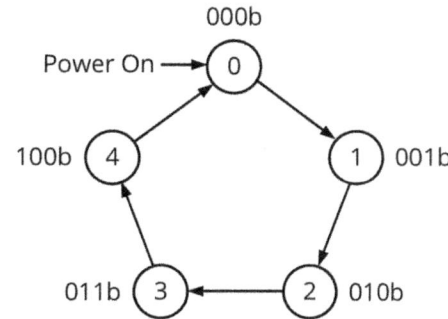

Legende:
CTRDIV5: Kennzeichnung Modulo-5-Zähler
C1: Takteingang mit Kennzahl
▷: Taktflankensteuerung (mit Negation: aktive Flanke 1/0)
+: Zählrichtung Vorwärts
R: Direkter Rücksetzeingang
CT=X: Nimmt für X intern logische 1 an (Inhaltsangabe)
1: Ein- und Ausgänge mit dieser Kennzahl wirken gemeinsam
Takt c: Takteingang (aktive Flanke 1/0) wegen Negation
Reset: Rücksetzeingang aktiv Low
Y_n: Zählerausgänge
Ü: Übertrag

b) Zählfolge Modulo 5

Nr.	Y_2	Y_1	Y_0	Ü
0	0	0	0	0
1	0	0	1	0
2	0	1	0	0
3	0	1	1	0
4	1	0	0	1

Zuordnung der Ausgänge des Zählers zu den Ausgängen der Flipflops:
$Y_0 \triangleq Q_0$ (Dualcode Stellenwert 1)
$Y_1 \triangleq Q_1$ (Dualcode Stellenwert 2)
$Y_2 \triangleq Q_2$ (Dualcode Stellenwert 4)

c) Zustandsdiagramm Modulo-5-Zähler

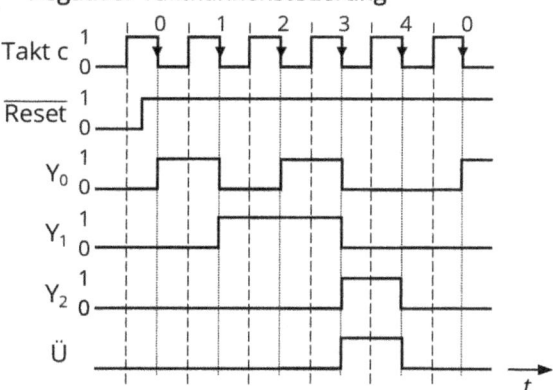

d) Zustandsfolgetabelle Modulo-5-Zähler mit Übertrag

Nr.	Q_2	Q_1	Q_0	Q_2^+	Q_1^+	Q_0^+	Ü
0	0	0	0	0	0	1	0
1	0	0	1	0	1	0	0
2	0	1	0	0	1	1	0
3	0	1	1	1	0	0	0
4	1	0	0	0	0	0	1
5	1	0	1	X	X	X	X
6	1	1	0	X	X	X	X
7	1	1	1	X	X	X	X

e) Impulsdiagramm Modulo-5-Zähler mit einflankengesteuerten Flipflops und negativer Taktflankensteuerung

Abbildung 29.6: Arbeitsweise eines Modulo-5-Zählers

Das Verhalten des Zählers ist in der korrespondierenden Zustandsfolgetabelle in Abbildung 29.6d ebenso dargestellt, nur dass dort ergänzend das zu bildende Übertragsignal Ü und die nicht genutzten Zählstufen 5 bis 7 angegeben sind, für die die Folgezustände zunächst unbekannt sind. Im Fall des fehlerfreien Betriebs des Zählers würden die Zustände 5 bis 7 nicht eintreten. Diese Zustände werden auch als *Pseudozustände* bezeichnet und es soll auch untersucht werden, wie sich der Zähler im Fehlerfall verhält, wenn er einen Pseudozustand annimmt.

In Abbildung 29.6e ist ergänzend das Impulsdiagramm des Modulo-5-Aufwärtszählers für alle negativ taktflankengesteuerten Flipflops mit direktem Rücksetzeingang angegeben, um das zeitliche Verhalten des Zählers darzustellen, da die anderen Darstellungen hierzu keine Aussage machen. Dabei ist zu beachten, dass der direkte Rücksetzeingang Reset aktiv Low und unabhängig vom Takt c wirkt.

Der Zustandswechsel der Ausgänge (Y_2, Y_1, Y_0) erfolgt immer mit der aktiven negativen Flanke (1/0-Wechsel) vom Takt c. Beginnend mit einem Rücksetzvorgang beginnt der Zähler bei 0 (000b), inkrementiert mit jeder aktiven Taktflanke um 1 und beginnt nach dem höchsten Zählerstand 4 (100b) wieder von vorne bei 0 (000b). Mit dem Erreichen des höchsten Zählerstands nimmt das Übertragssignal für die Dauer eines Takts den logischen Zustand 1 an. Dieser kann für eine Erweiterung um weitere gleichartige Zählstufen genutzt werden.

2. Schritt: Auswahl des Speichers (RS-, JK- oder D-Flipflop)

Ausgewählt wird das RS-Flipflop für die Synthese des Zählers. In Abbildung 29.7 ist das Symbol des ausgewählten einflankengesteuerten RS-Flipflops mit negativer Taktflankensteuerung und direktem Rücksetzeingang, der aktiv Low wirkt, angegeben.

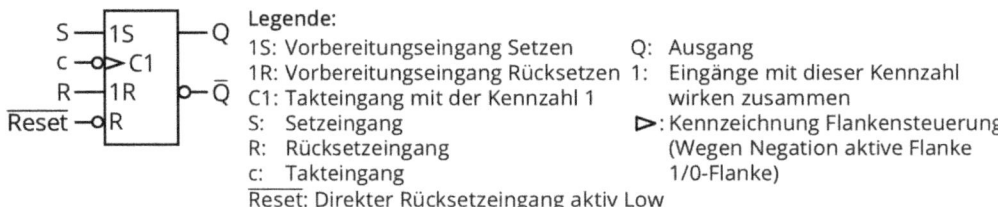

Abbildung 29.7: Einflankengesteuertes RS-Flipflop mit negativer Taktflankensteuerung und direktem Rücksetzeingang

 Für die Synthese ist es unerheblich, ob es sich um ein einzustands-, zweizustands-, einflanken- oder zweiflankengesteuertes Flipflop handelt. Lediglich der Flipflop-Typ ist relevant, wie Sie dies auch aus dem Abschnitt »Zustandsfolge- und Synthesetabelle« in Kapitel 26 entnehmen können. Der einzige Unterschied besteht im zeitlichen Verhalten der Flipflops.

Für die folgenden drei Entwürfe mit den RS-, JK- und D-Flipflops werden immer einflankengesteuerte Flipflops mit negativer Taktflankensteuerung und direktem Rücksetzeingang eingesetzt.

3. Schritt: Entwurf des Schaltnetzes der Überführungsfunktion

Zunächst wurde in Abbildung 29.8a für den Entwurf des Schaltnetzes der Überführungsfunktion für die gekennzeichnete Zählfolge in der Zustandsfolgetabelle die Belegung der Vorbereitungseingänge vorgenommen. In Abbildung 29.8b wurden die entsprechenden Schaltfunktionen der Vorbereitungseingänge S_n und R_n ermittelt und in Abbildung 29.8c wurde die Überprüfung der Nebenbedingungen $S_n \wedge R_n = 0$ vorgenommen. Für $n = 0$ und $n = 1$ sowie für die 1. Möglichkeit der Vereinfachung für $n = 2$ sind die Nebenbedingungen erfüllt, da $S_n \wedge R_n = 0$. Allerdings ist für die 2. Möglichkeit der Vereinfachung für $n = 2$ die Nebenbedingung nicht erfüllt, da $S_2 \wedge R_2 \neq 0$. Die Nebenbedingung ist für die 2. Möglichkeit der Vereinfachung für $S_2 \wedge R_2 \neq 0$ nicht erfüllt, weil dort S_2 und R_2 gemeinsame Felder in den Vereinfachungsblöcken einschließen.

a) Zustandsfolgetabelle Modulo-5-Zähler mit der Belegung der Vorbereitungseingänge

Nr.	Q_2	Q_1	Q_0	Q_2^+	Q_1^+	Q_0^+	S_2	R_2	S_1	R_1	S_0	R_0
0	0	0	0	0	0	1	0	X	0	X	1	0
1	0	0	1	0	1	0	0	X	1	0	0	1
2	0	1	0	0	1	1	0	X	X	0	1	0
3	0	1	1	1	0	0	1	0	0	1	0	1
4	1	0	0	0	0	0	0	1	0	X	0	X
5	1	0	1	X	X	X	X	X	X	X	X	X
6	1	1	0	X	X	X	X	X	X	X	X	X
7	1	1	1	X	X	X	X	X	X	X	X	X

Synthesetabelle/ charakteristische Gleichung RS-Flipflop:

Q	Q^+	S	R
0	0	0	X
0	1	1	0
1	0	0	1
1	1	X	0

$Q^+ = S \vee (\overline{R} \wedge Q)$
mit $R \wedge S = 0$

b) Ermittlung der Überführungsfunktionen/Minimierung des Modulo-5-Zählers

S_2:

	$\overline{Q_0}$		Q_0	
0	0	X	0	$\overline{Q_1}$
0	X	X	1	Q_1
$\overline{Q_2}$	Q_2	$\overline{Q_2}$		

$S_2 = Q_0 \wedge Q_1$

S_1:

	$\overline{Q_0}$		Q_0	
0	0	X	1	$\overline{Q_1}$
X	X	X	0	Q_1
$\overline{Q_2}$	Q_2	$\overline{Q_2}$		

$S_1 = Q_0 \wedge \overline{Q_1}$

S_0:

	$\overline{Q_0}$		Q_0	
1	0	X	0	$\overline{Q_1}$
1	X	X	0	Q_1
$\overline{Q_2}$	Q_2	$\overline{Q_2}$		

$S_0 = \overline{Q_0} \wedge \overline{Q_2}$

R_2:

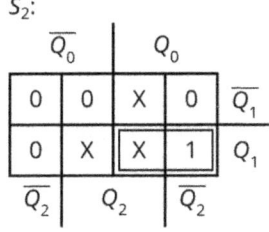

$R_2 = \overline{Q_0}$

R_1:

	$\overline{Q_0}$		Q_0	
X	X	X	0	$\overline{Q_1}$
0	X	X	1	Q_1
$\overline{Q_2}$	Q_2	$\overline{Q_2}$		

$R_1 = Q_0 \wedge Q_1$

R_0:

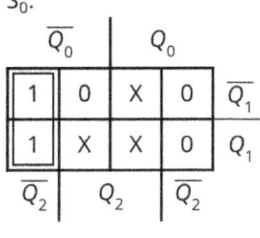

$R_0 = Q_0$

c) Überprüfung der Nebenbedingung $S_n \wedge R_n = 0$:

1. Möglichkeit der Vereinfachung:

☐ : $S_2 \wedge R_2 = Q_0 \wedge Q_1 \wedge \overline{Q_0} = 0$ $S_1 \wedge R_1 = Q_0 \wedge \overline{Q_1} \wedge Q_0 \wedge Q_1 = 0$ $S_0 \wedge R_0 = \overline{Q_0} \wedge \overline{Q_2} \wedge Q_0 = 0$

2. Möglichkeit der Vereinfachung:

⊡ : $S_2 \wedge R_2 = Q_0 \wedge Q_1 \wedge Q_0 \neq 0$ Die Nebenbedingung ist nicht erfüllt!

Abbildung 29.8: Entwurf der Überführungsfunktion eines Modulo-5-Zählers mit RS-Flipflops

Verallgemeinert bedeutet dies, dass die Nebenbedingung immer dann erfüllt ist, wenn S_n und R_n keine gemeinsamen Felder in der KV-Tafel einschließen.

4. Schritt: Entwurf des Schaltnetzes der Ausgabefunktion (Übertragsschaltnetz)

In Abbildung 29.9a ist die Zustandsfolgetabelle für die Schaltfunktion des Übertragsschaltnetzes angegeben und in Abbildung 29.9b wurde die Minimierung der Schaltfunktion zu ihrer Ermittlung vorgenommen.

a) Zustandsfolgetabelle mit Übertrag

Nr.	Q_2	Q_1	Q_0	Q_2^+	Q_1^+	Q_0^+	Ü
0	0	0	0	0	0	1	0
1	0	0	1	0	1	0	0
2	0	1	0	0	1	1	0
3	0	1	1	1	0	0	0
4	1	0	0	0	0	0	1
5	1	0	1	X	X	X	X
6	1	1	0	X	X	X	X
7	1	1	1	X	X	X	X

b) Minimierung der Übertragsfunktion

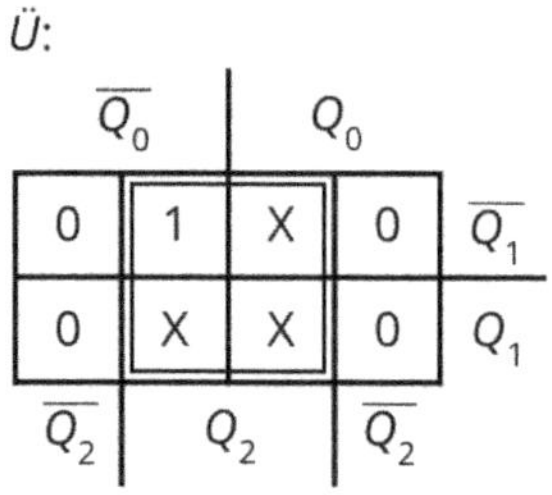

Ü:

	$\overline{Q_0}$	Q_0	Q_0	$\overline{Q_0}$	
	0	1	X	0	$\overline{Q_1}$
	0	X	X	0	Q_1
	$\overline{Q_2}$	Q_2	Q_2	$\overline{Q_2}$	

$Ü = Q_2$

Abbildung 29.9: Entwurf der Ausgabefunktion (Übertragsschaltnetz) für einen Modulo-5-Zähler

5. Schritt: Untersuchung der Pseudozustände bei einem fehlerhaften Verhalten des Zählers (unerwünschte Zustände)

Für die Untersuchung der Pseudozustände müssen jetzt mit der Zustandsfolgetabelle und den ermittelten Schaltfunktionen für die Vorbereitungseingänge der RS-Flipflops (S_0, R_0, S_1, R_1, S_2 und R_2) des Zählers für die Pseudozustände 5 bis 7 die Belegung der Vorbereitungseingänge ermittelt werden. Damit können dann für die Momentanzustände Q_n die Folgezustände Q_n^+ und somit das Zählerverhalten ermittelt werden.

In Abbildung 29.10a ist die Zustandsfolgetabelle mit den gekennzeichneten Pseudozuständen aufgestellt und in Abbildung 29.10b sind die ermittelten Schaltfunktionen der Vorbereitungsausgänge aus Abbildung 29.8b zusammengetragen. Die Schaltfunktionen müssen jetzt für die Belegung der Vorbereitungseingänge in den Pseudozuständen angewendet werden. Dazu wurde in Abbildung 29.10c in einem 1. Schritt für jeden Vorbereitungseingang deren Schaltfunktion ausgewertet und in einem 2. Schritt der Folgezustand Q_n^+ ermittelt. Die binären Folgezustände werden entsprechend der Zustandsfolgetabelle ausgewertet.

In Abbildung 29.10d ist das Zustandsdiagramm des Modulo-5-Zählers mit den ergänzten Folgezuständen der Pseudozustände dargestellt. Diesem Zustandsdiagramm kann jetzt das Zählerverhalten im Fehlerfall entnommen werden. Aus den Pseudozuständen 6 (110b) und 7 (111b) kehrt der Zähler nach einem Takt und aus dem Pseudozustand 5 nach zwei Takten wieder in die ursprüngliche Zählfolge zurück. Der Zähler verharrt auf jeden Fall in keinem Zustand, was definitiv nicht erwünscht ist.

a) Zustandsfolgetabelle des Modulo-5-Zählers mit den Pseudozuständen

Nr.	Q_2	Q_1	Q_0	Q_2^+	Q_1^+	Q_0^+	S_2	R_2	S_1	R_1	S_0	R_0	
0	0	0	0	0	0	1	0	X	0	X	1	0	
1	0	0	1	0	1	0	0	X	1	0	0	1	
2	0	1	0	0	1	1	0	X	X	0	1	0	
3	0	1	1	1	0	0	1	0	0	1	0	1	
4	1	0	0	0	0	0	0	1	0	X	0	X	
5	1	0	1	X	X	X	X	X	X	X	X	X	⎫ Pseudozustände
6	1	1	0	X	X	X	X	X	X	X	X	X	⎬ Nr. 5 bis 7
7	1	1	1	X	X	X	X	X	X	X	X	X	⎭

b) Ermittelte Überführungsfunktionen des Modulo-5-Zählers für RS-Flipflops

$S_2 = Q_0 \wedge Q_1 \quad S_1 = Q_0 \wedge \overline{Q_1} \quad S_0 = \overline{Q_0} \wedge \overline{Q_2}$

$R_2 = \overline{Q_0} \quad\quad\quad R_1 = Q_0 \wedge Q_1 \quad R_0 = Q_0$

c) Zustandsfolgetabelle der Pseudozustände des Modulo-5-Zählers mit RS-Flipflops

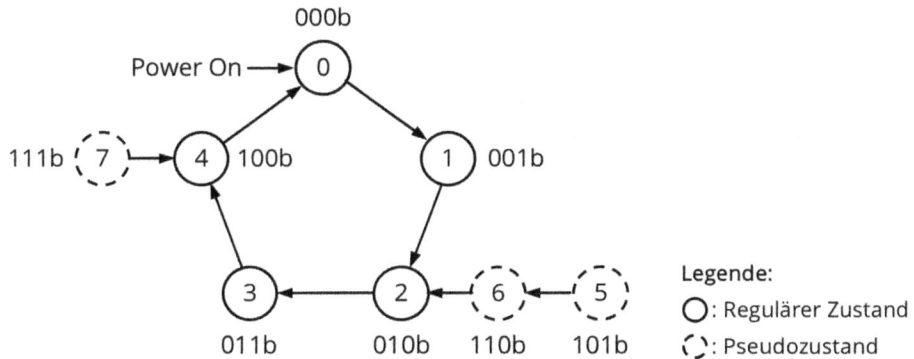

d) Zustandsdiagramm Modulo-5-Zähler mit den Pseudozuständen bei RS-Flipflops

Abbildung 29.10: Untersuchung des Zählerverhaltens der Pseudozustände bei einem Modulo-5-Zähler mit RS-Flipflops

Eine Alternative wäre hier, einen bestimmten Folgezustand für alle Pseudozustände festzulegen und dies bei dem Entwurf des Zählers zu berücksichtigen. Dies würde das fehlerhafte Verhalten allerdings auch nicht verbessern.

6. Schritt: Erstellung der Schaltung des Zählers

Mit den ermittelten Schaltfunktionen für die Vorbereitungseingänge in Abbildung 29.8b und dem Übertrag in Abbildung 29.9b ergibt sich das in Abbildung 29.11 angegebene Schaltwerk für den Modulo-5-Zähler mit einflankengesteuerten RS-Flipflops mit negativer Taktflankensteuerung und direktem Rücksetzvorgang.

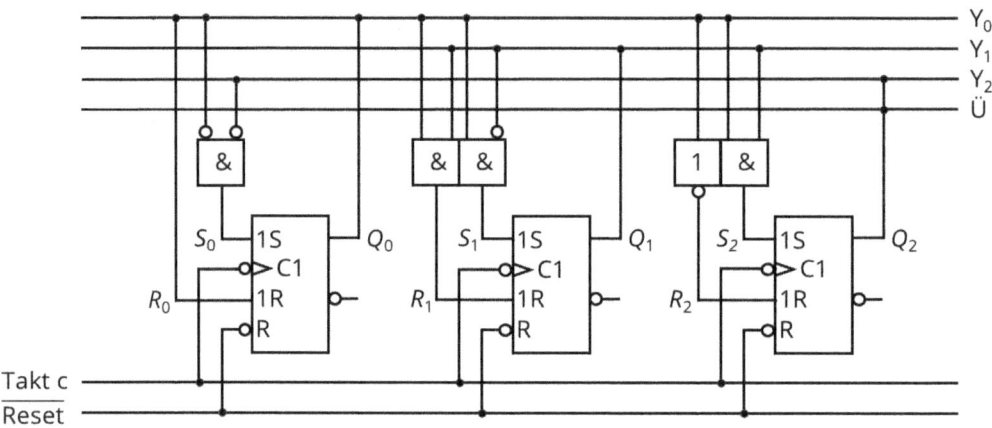

Abbildung 29.11: Synchrones Schaltwerk eines Modulo-5-Zählers mit RS-Flipflops

Hiermit ist der Entwurf des Modulo-5-Zählers mit RS-Flipflops abgeschlossen.

Entwurf eines Modulo-5-Zählers mit JK-Flipflops im Dualcode

Die Arbeitsweise dieses Modulo-5-Zählers ist identisch mit der in Abbildung 29.6 angegebenen Arbeitsweise, nur dass jetzt der Entwurf mit einem einflankengesteuerten JK-Flipflop mit negativer Taktflankensteuerung und direktem Rücksetzvorgang vorgenommen wird.

 In Abbildung 29.12 wurde jetzt der Entwurf der Überführungsfunktion für JK-Flipflops vorgenommen. Dazu ist in Abbildung 29.12a das Symbol des einzusetzenden einflankengesteuerten JK-Flipflops mit negativer Taktflankensteuerung und direktem Rücksetzeingang angegeben. In einem weiteren Schritt ist in Abbildung 29.12b die zugehörige Zustandsfolgetabelle mit der Belegung der Vorbereitungseingänge angegeben, wobei deren Belegung mit der nebenstehenden Synthesetabelle für ein JK-Flipflop ermittelt worden ist.

Im nächsten Schritt erfolgt in Abbildung 29.12c die Ermittlung der Schaltfunktionen für die Vorbereitungseingänge der JK-Flipflops.

KAPITEL 29 Asynchrone und synchrone Zähler

a) Einflankengesteuertes JK-Flipflop mit negativer Taktflankensteuerung

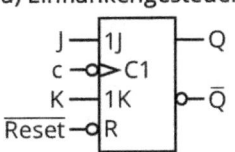

Legende:
1J: Vorbereitungseingang Setzen
1K: Vorbereitungseingang Rücksetzen
C1: Takteingang mit der Kennzahl 1
J: Setzeingang
K: Rücksetzeingang
c: Takteingang
Reset: Direkter Rücksetzeingang

Q: Ausgang
1: Eingänge mit dieser Kennzahl wirken zusammen
▷: Kennzeichnung Flankensteuerung (Wegen Negation aktive Flanke 1/0-Flanke)

b) Zustandsfolgetabelle Modulo-5-Zähler mit der Belegung der Vorbereitungseingänge

Nr.	Q_2	Q_1	Q_0	Q_2^+	Q_1^+	Q_0^+	J_2	K_2	J_1	K_1	J_0	K_0
0	0	0	0	0	0	1	0	X	0	X	1	X
1	0	0	1	0	1	0	0	X	1	X	X	1
2	0	1	0	0	1	1	0	X	X	0	1	X
3	0	1	1	1	0	0	1	X	X	1	X	1
4	1	0	0	0	0	0	X	1	0	X	0	X
5	1	0	1	X	X	X	X	X	X	X	X	X
6	1	1	0	X	X	X	X	X	X	X	X	X
7	1	1	1	X	X	X	X	X	X	X	X	X

Synthesetabelle/charakteristische Gleichung JK-Flipflop:

Q	Q^+	J	K
0	0	0	X
0	1	1	X
1	0	X	1
1	1	X	0

$Q^+ = (J \wedge \overline{Q}) \vee (\overline{K} \wedge Q)$

c) Ermittlung der Überführungsfunktionen/Minimierung des Modulo-5-Zählers

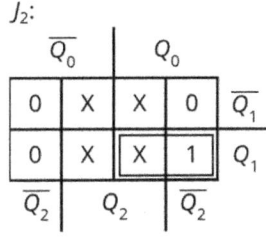

$J_2 = Q_0 \wedge Q_1$

$K_2 = 1$

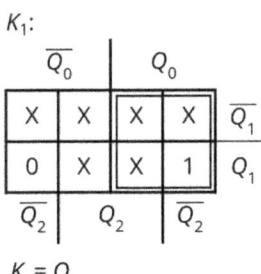

$J_1 = Q_0$

$K_1 = Q_0$

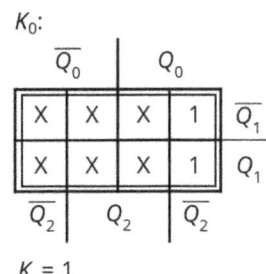

$J_0 = \overline{Q_2}$

$K_0 = 1$

Abbildung 29.12: Entwurf der Überführungsfunktion eines Modulo-5-Zählers mit JK-Flipflops

Als Nächstes wird entsprechend Abbildung 29.13 das Zählerverhalten der Pseudozustände untersucht. Dazu wurden zunächst in Abbildung 29.13a die ermittelten Schaltfunktionen der Vorbereitungseingänge zusammengestellt. Dann wird in einem 1. Schritt entsprechend Abbildung 29.13b die Belegung der Vorbereitungseingänge mittels der Schaltfunktionen unter Abbildung 29.13a ermittelt. In einem 2. Schritt erfolgt dann die Ermittlung der Folgezustände Q_n^+ der Pseudozustände Q_n für die Zählerstufen 5 bis 7.

a) Ermittelte Überführungsfunktionen des Modulo-5-Zählers für JK-Flipflops

$J_2 = Q_0 \wedge Q_1 \quad J_1 = Q_0 \quad J_0 = \overline{Q_2}$
$K_2 = 1 \quad\quad\quad K_1 = Q_0 \quad K_0 = 1$

b) Zustandsfolgetabelle der Pseudozustände des Modulo-5-Zählers mit JK-Flipflops

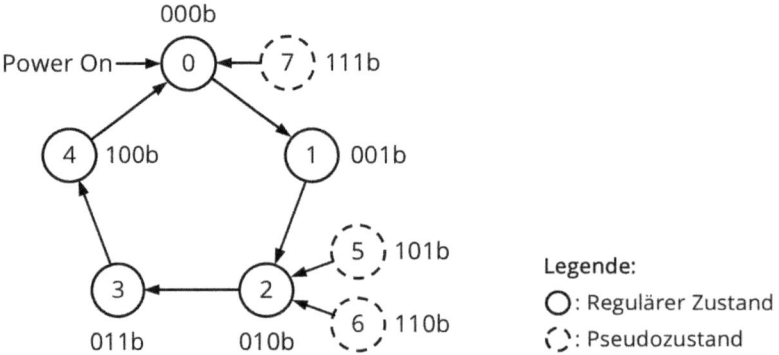

c) Zustandsdiagramm Modulo-5-Zähler mit den Pseudozuständen bei JK-Flipflops

Abbildung 29.13: Untersuchung des Zählerverhaltens der Pseudozustände bei einem Modulo-5-Zähler mit JK-Flipflops

In Abbildung 29.13c ist das aus der Ermittlung der Folgezustände Q_n^+ der Pseudozustände Q_n resultierende Zustandsdiagramm dargestellt. Dem können Sie entnehmen, dass der Zähler aus jedem Pseudozustand in keinem Folgezustand verharrt und nach einem Takt wieder in die ursprüngliche Zählfolge zurückkehrt.

Im letzten Schritt wurde das synchrone Schaltwerk des Modulo-5-Zählers mit einflankengesteuerten JK-Flipflops mit negativer Taktflankensteuerung und direktem Rücksetzeingang in Abbildung 29.14 konstruiert.

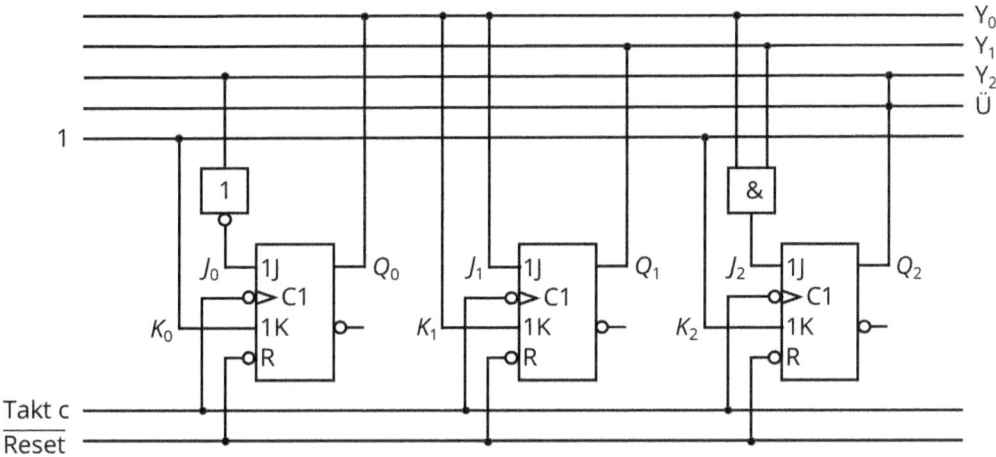

Abbildung 29.14: Synchrones Schaltwerk eines Modulo-5-Zählers mit JK-Flipflops

Im Vergleich zu dem Entwurf mit dem RS-Flipflop in Abbildung 29.11 ist hier der schaltungstechnische Aufwand geringer.

Entwurf eines Modulo-5-Zählers mit D-Flipflops im Dualcode

Die Arbeitsweise dieses Modulo-5-Zählers ist identisch mit der in Abbildung 29.6 angegebenen Arbeitsweise, nur dass jetzt der Entwurf mit einem einflankengesteuerten D-Flipflop mit negativer Taktflankensteuerung und direktem Rücksetzvorgang vorgenommen wird.

In Abbildung 29.15 wurde der Entwurf der Überführungsfunktion für D-Flipflops vorgenommen. Dazu wurde in Abbildung 29.15a das Symbol des einzusetzenden einflankengesteuerten D-Flipflops mit negativer Taktflankensteuerung und direktem Rücksetzeingang angegeben. In einem weiteren Schritt ist in Abbildung 29.15b die zugehörige Zustandsfolgetabelle mit der Belegung der Vorbereitungseingänge angegeben, wobei deren Belegung mit der nebenstehenden Synthesetabelle beziehungsweise der charakteristischen Gleichung für ein D-Flipflop ermittelt wurde.

Im nächsten Schritt erfolgt in Abbildung 29.15c die Ermittlung der Schaltfunktionen für die Vorbereitungseingänge der D-Flipflops.

a) Einflankengesteuertes D-Flipflop mit negativer Taktflankensteuerung

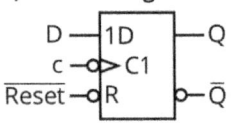

Legende:
1D: Vorbereitungseingang Daten
C1: Takteingang mit der Kennzahl 1
D: Datengang
Q: Ausgang
c: Takteingang
Reset: Direkter Rücksetzeingang

1: Eingänge mit dieser Kennzahl wirken zusammen
▷: Kennzeichnung Flankensteuerung (Wegen Negation aktive Flanke 1/0-Flanke)

b) Zustandsfolgetabelle Modulo-5-Zähler mit der Belegung der Vorbereitungseingänge

Nr.	Q_2	Q_1	Q_0	Q_2^+	Q_1^+	Q_0^+	D_2	D_1	D_0
0	0	0	0	0	0	1	0	0	1
1	0	0	1	0	1	0	0	1	0
2	0	1	0	0	1	1	0	1	1
3	0	1	1	1	0	0	1	0	0
4	1	0	0	0	0	0	0	0	0
5	1	0	1	X	X	X	X	X	X
6	1	1	0	X	X	X	X	X	X
7	1	1	1	X	X	X	X	X	X

Synthesetabelle/charakteristische Gleichung D-Flipflop:

Q	Q^+	D
0	0	0
0	1	1
1	0	0
1	1	1

$Q^+ = D$

c) Ermittlung der Überführungsfunktionen/Minimierung des Modulo-5-Zählers

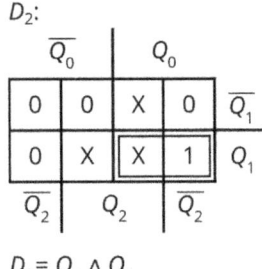

$D_2 = Q_0 \wedge Q_1$

$D_1 = (Q_0 \wedge \overline{Q_1}) \vee (\overline{Q_0} \wedge Q_1)$
$\quad = Q_0 \leftrightarrow Q_1$

$D_0 = \overline{Q_0} \wedge \overline{Q_2}$

Abbildung 29.15: Entwurf der Überführungsfunktion eines Modulo-5-Zählers mit D-Flipflops

Als Nächstes wird entsprechend Abbildung 29.16 das Zählerverhalten der Pseudozustände untersucht. Dazu sind zunächst in Abbildung 29.16a die Schaltfunktionen der Vorbereitungseingänge zusammengestellt. Dann wird in einem 1. Schritt entsprechend Abbildung 29.16b die Belegung der Vorbereitungseingänge mittels der Schaltfunktionen unter Abbildung 29.16a ermittelt. In einem 2. Schritt erfolgt dann die Ermittlung der Folgezustände Q_n^+ der Pseudozustände Q_n für die Zählerstufen 5 bis 7.

In Abbildung 29.16c ist das aus der Ermittlung der Folgezustände Q_n^+ der Pseudozustände Q_n resultierende Zustandsdiagramm dargestellt. Dem können Sie entnehmen, dass der Zähler aus jedem Pseudozustand in keinem Folgezustand verharrt und nach einem Takt wieder in die ursprüngliche Zählfolge zurückkehrt.

a) Ermittelte Überführungsfunktionen des Modulo-5-Zählers für D-Flipflops

$D_2 = Q_0 \wedge Q_1 \quad D_1 = (Q_0 \wedge \overline{Q_1}) \vee (\overline{Q_0} \wedge Q_1) \quad D_0 = \overline{Q_0} \wedge \overline{Q_2}$
$ = Q_0 \leftrightarrow Q_1$

b) Zustandsfolgetabelle der Pseudozustände des Modulo-5-Zählers mit D-Flipflops

Nr.	Q_2	Q_1	Q_0	Q_2^+	Q_1^+	Q_0^+	Nr.	D_2	D_1	D_0
5	1	0	1	0	1	0	2	0	1	0
6	1	1	0	0	1	0	2	0	1	0
7	1	1	1	1	0	0	4	1	0	0

identisch wegen $D_n = Q_0^+$

c) Zustandsdiagramm Modulo-5-Zähler mit den Pseudozuständen bei D-Flipflops

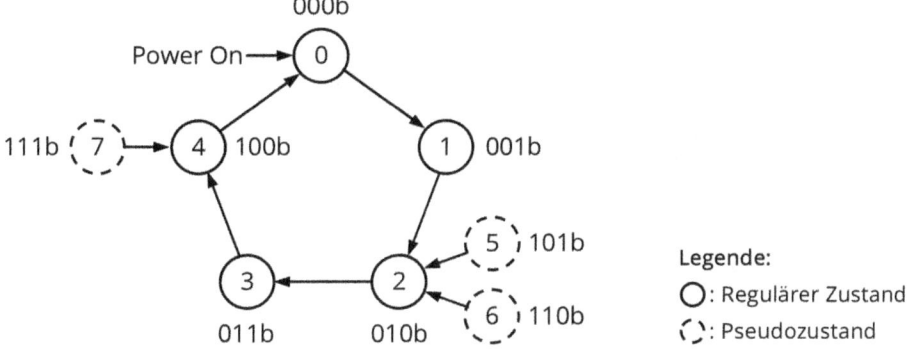

Abbildung 29.16: Untersuchung des Zählerverhaltens der Pseudozustände bei einem Modulo-5-Zähler mit D-Flipflops

Im letzten Schritt wurde das synchrone Schaltwerk des Modulo-5-Zählers mit einflankengesteuerten D-Flipflops mit negativer Taktflankensteuerung und direktem Rücksetzeingang in Abbildung 29.17 konstruiert.

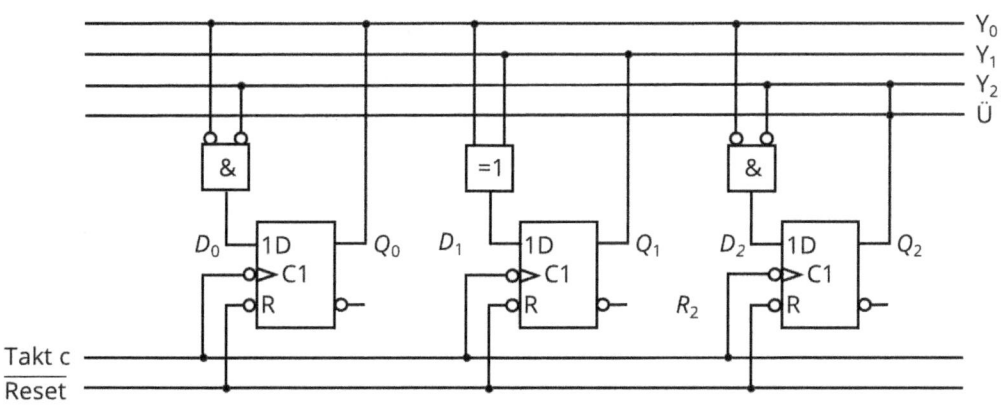

Abbildung 29.17: Synchrones Schaltwerk eines Modulo-5-Zählers mit D-Flipflops

Im Vergleich zu dem Entwurf mit dem RS-Flipflop (Abbildung 29.11) ist hier der schaltungstechnische Aufwand geringer und minimal höher im Vergleich zum Entwurf mit JK-Flipflops in Abbildung 29.14.

Entwurf eines Modulo-8-Abwärtszählers mit JK-Flipflops im Dualcode

 Als weiteres Beispiel wird jetzt ein Modulo-8-Abwärtszähler ohne Übertrag im Dualcode mit JK-Flipflops entworfen. Die Vorgehensweise ist identisch mit den zuvor vorgenommenen Entwürfen, nur dass die Zählfolge eine andere ist.

In Abbildung 29.18 sind das Symbol des Modulo-8-Abwärtszählers mit negativer Taktflankensteuerung und direktem Rücksetzeingang, die Zählfolge dezimal von 0 bis 7, das zugehörige Zustandsdiagramm, die Zustandsfolgetabelle und das entsprechende Impulsdiagramm angegeben.

Der Entwurf muss wegen der Anforderungen an den Zähler mit einflankengesteuerten JK-Flipflops mit negativer Taktflankensteuerung und direktem Rücksetzeingang ausgeführt werden, wie dies in Abbildung 29.19a angegeben ist.

Mit der Zustandsfolgetabelle in Abbildung 29.19b und der Belegung der Vorbereitungseingänge ergeben sich nach der Minimierung deren Schaltfunktionen in Abbildung 29.19c und das daraus resultierende synchrone Schaltwerk für den Modulo-8-Abwärtszähler in Abbildung 29.20.

Eine Untersuchung möglicher Pseudozustände ist nicht erforderlich, da bei dem dreistelligen Dualcode alle Kombinationsmöglichkeiten genutzt werden und es somit keine Pseudozustände gibt.

a) Modulo-8-Abwärtszähler mit negativer Einflankensteuerung und direktem Rücksetzeingang aktiv Low

```
         ┌──────────┐
         │ CTRDIV8  │
Reset ──o┤ R CT=7   │
         │          │
Takt c ─o▷┤ C1-      │
         │          │
         │     1[1] ├── Y₀
         │     1[2] ├── Y₁
         │     1[4] ├── Y₂
         └──────────┘
```

Legende:
CTRDIV7: Kennzeichnung Modulo-8-Zähler
C1:   Takteingang mit Kennzahl
▷:   Taktflankensteuerung (mit Negation: aktive Flanke 1/0)
+:   Zählrichtung Vorwärts
R: Direkter Rücksetzeingang
CT=X: Nimmt für X intern logische 1 an (Inhaltsangabe)
1:     Ein- und Ausgänge mit dieser Kennzahl wirken gemeinsam
[n]:   Wertigkeit n an der Stele
Takt c: Takteingang (aktive Flanke 0/1)
Reset: Rücksetzeingang aktiv Low
Y_n: Zählerausgänge mit n=0 bis 2
Ü: Übertrag

b) Zählfolge Modulo-8-Abwärtszähler

Nr.	Y_2	Y_1	Y_0
7	1	1	1
6	1	1	0
5	1	0	1
4	1	0	0
3	0	1	1
2	0	1	0
1	0	0	1
0	0	0	0

c) Zustandsdiagramm Modulo-8-Abwärtszähler

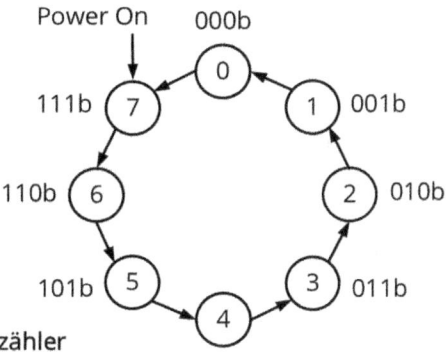

d) Zustandsfolgetabelle Modulo-8-Abwärtszähler

Nr.	Q_2	Q_1	Q_0	Q_2^+	Q_1^+	Q_0^+
0	0	0	0	1	1	1
1	0	0	1	1	1	0
2	0	1	0	1	0	1
3	0	1	1	1	0	0
4	1	0	0	0	1	1
5	1	0	1	0	1	0
6	1	1	0	0	0	1
7	1	1	1	0	0	0

Zuordnung der Ausgänge des Zählers zu den Ausgängen der Flipflops:
$Y_0 \triangleq Q_0$ (Dualcode Stellenwert 1)
$Y_1 \triangleq Q_1$ (Dualcode Stellenwert 2)
$Y_2 \triangleq Q_2$ (Dualcode Stellenwert 4)

e) Impulsdiagramm Modulo-8-Rückwärtszähler

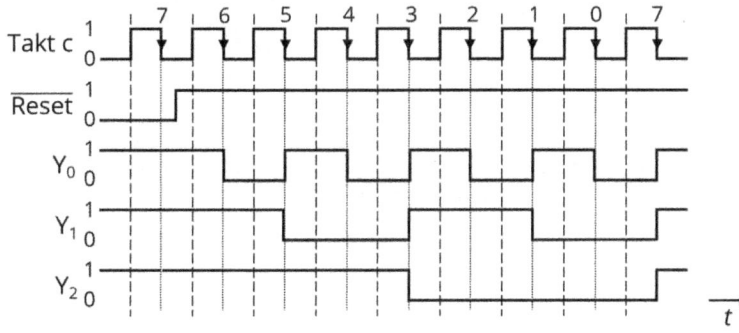

Abbildung 29.18: Zustandsfolgetabelle, Zustandsdiagramm und Impulsdiagramm eines Modulo-8-Abwärtszählers

a) Einflankengesteuertes JK-Flipflop mit negativer Taktflankensteuerung

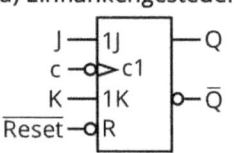

Legende:
1J: Vorbereitungseingang Setzen
1K: Vorbereitungseingang Rücksetzen
c1: Takteingang mit der Kennzahl 1
J: Setzeingang
K: Rücksetzeingang
c: Takteingang
Reset: Direkter Rücksetzeingang

Q: Ausgang
1: Eingänge mit dieser Kennzahl wirken zusammen
▷: Kennzeichnung Flankensteuerung (Wegen Negation aktive Flanke 1/0-Flanke)

b) Zustandsfolgetabelle Modulo-8-Abwärtszählers mit der Belegung der Vorbereitungseingänge

Nr.	Q_2	Q_1	Q_0	Q_2^+	Q_1^+	Q_0^+	J_2	K_2	J_1	K_1	J_0	K_0
0	0	0	0	1	1	1	1	X	1	X	1	X
1	0	0	1	0	0	0	0	X	0	X	X	1
2	0	1	0	0	0	1	0	X	X	1	1	X
3	0	1	1	0	1	0	0	X	X	0	X	1
4	1	0	0	0	1	1	X	1	1	X	1	X
5	1	0	1	1	0	0	X	0	0	X	X	1
6	1	1	0	1	0	1	X	0	X	1	1	X
7	1	1	1	1	1	0	X	0	X	0	X	1

Synthesetabelle/charakteristische Gleichung JK-Flipflop:

Q	Q^+	J	K
0	0	0	X
0	1	1	X
1	0	X	1
1	1	X	0

$Q^+ = (J \wedge \overline{Q}) \vee (\overline{K} \wedge Q)$

c) Ermittlung der Überführungsfunktion des Modulo-8-Abwärtszählers

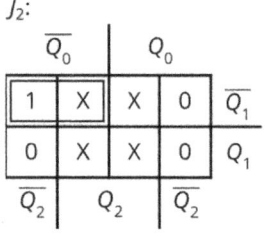

$J_2 = \overline{Q_0} \wedge \overline{Q_1}$

$J_1 = \overline{Q_0}$

$J_0 = 1$

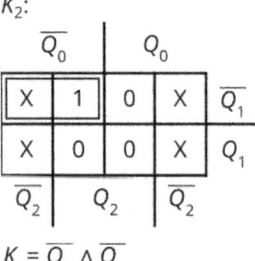

$K_2 = \overline{Q_0} \wedge \overline{Q_1}$

$K_1 = \overline{Q_0}$

$K_0 = 1$

Abbildung 29.19: Entwurf der Überführungsfunktion eines Modulo-8-Abwärtszählers mit einflankengesteuerten JK-Flipflops mit negativer Taktflankensteuerung

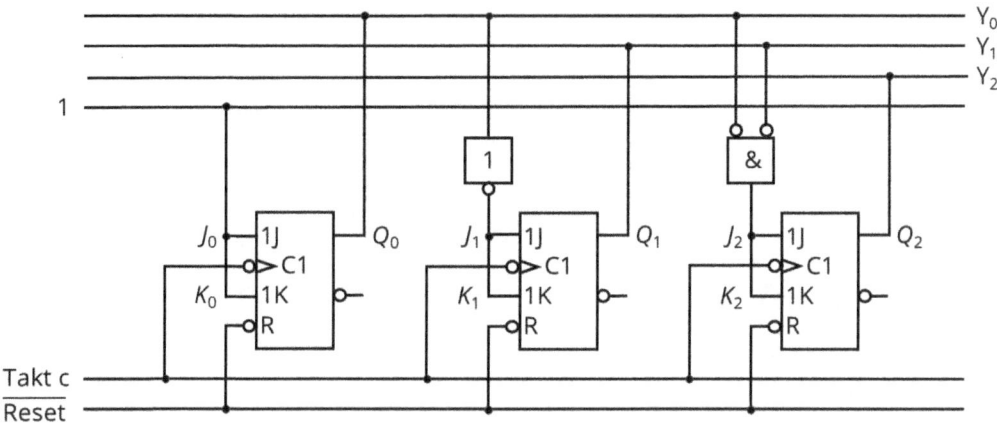

Abbildung 29.20: Synchrones Schaltwerk eines Modulo-8-Abwärtszählers mit JK-Flipflops

Entwurf eines Modulo-6-Auf-/Abwärtszählers mit D-Flipflops im Dualcode

Als letztes Beispiel wird jetzt ein Modulo-6-Auf-/Abwärtszähler mit Übertrag im Dualcode mit D-Flipflops entworfen. Die Vorgehensweise ist identisch mit den zuvor vorgenommenen Entwürfen, nur dass die Zählfolge eine andere ist.

In Abbildung 29.21 sind das Symbol des zweiflankengesteuerten Modulo-6-Auf-/Abwärtszählers mit negativer Taktflankensteuerung und direktem Rücksetzeingang, das Zustandsdiagramm mit den gekennzeichneten Zählrichtungen und den Überträgen sowie die zugehörige Zählfolge dezimal von 0 (000b) bis 5 (101b) mit der Zuordnung der Ausgänge des Zählers zu den Ausgängen der Flipflops angegeben.

Ergänzend ist in Abbildung 29.22 das Impulsdiagramm für den Modulo-6-Auf-/Abwärtszähler mit zweiflankengesteuerten Flipflops angegeben, aus dem Sie den zeitlichen Verlauf für die Zählrichtung aufwärts und abwärts mit den Übertragssignalen, die synchron zum Takt gebildet werden, entnehmen können.

Im nächsten Schritt muss jetzt die Zustandsfolgetabelle für die einzusetzenden D-Flipflops aufgestellt werden, um die Überführungsfunktion bestimmen zu können. Durch die erforderliche Zweiflankensteuerung mit direktem Rücksetzeingang sind auch zweiflankengesteuerte D-Flipflops mit Taktflankensteuerung, Zwischenspeicher und direktem Rücksetzeingang erforderlich, wie dies dem entsprechenden Symbol in Abbildung 29.23a zu entnehmen ist.

474 TEIL XIII Zähler und Schieberegister

a) Modulo-6-Auf-/Abwärtszähler mit Zweiflankensteuerung und direktem Rücksetzeingang aktiv Low:

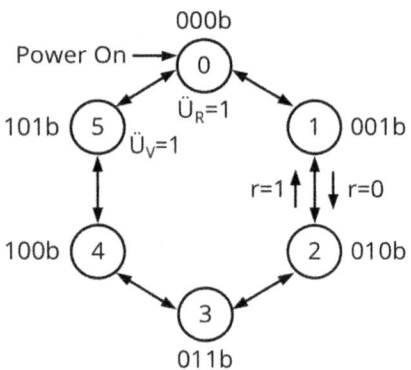

Legende:
CTRDIV6: Kennzeichnung Modulo-6-Zähler
R: Direkter Rücksetzeingang
Mm: Mode m (1: Aufwärts; 2: Abwärts)
Cn: Takteingang mit Kennzahl n
CTk: Nimmt für k intern logische 1 an (Inhaltsangabe)
▷: Taktflankensteuerung (ohne Negation: aktive Flanke 0/1)
+/−: Zählrichtung Aufwärts/Abwärts
n: Ein- und Ausgänge mit dieser Kennzahl wirken gemeinsam
¬: Retardierter Ausgang (Zweispeichersteuerung)
[p]: Mit p der Wertigkeit des Ausgangs
Takt c: Takteingang (aktive Flanke 0/1)
Reset: Rücksetzeingang aktiv Low
$Ü_{V/R}$: Übertrag (V: Aufwärts; R: Abwärts)
Y_n: Zählerausgänge mit n=0 bis 2

b) Zustandsdiagamm Modulo-6-Auf-/Abwärtszähler

c) Zählfolge Modulo-6-Auf-/Abwärtszähler

Nr.	Y_2	Y_1	Y_0	$Ü_V$	$Ü_R$
0	0	0	0	0	1
1	0	0	1	0	0
2	0	1	0	0	0
3	0	1	1	0	0
4	1	0	0	0	0
5	1	0	1	1	0

Zuordnung der Ausgänge des Zählers zu den Ausgängen der Flipflops:

$Y_0 \triangleq Q_0$ (Dualcode Stellenwert 1)
$Y_1 \triangleq Q_1$ (Dualcode Stellenwert 2)
$Y_2 \triangleq Q_2$ (Dualcode Stellenwert 4)

Abbildung 29.21: Symbol, Zählfolge und Zustandsdiagramm eines Modulo-6-Auf-/Abwärtszählers mit Übertrag

Für den Modulo-6-Auf-/Abwärtszähler wird nun die Zustandsfolgetabelle mit den Vorbereitungseingängen für die D-Flipflops aufgestellt, die in Abbildung 29.23b angegeben ist. Durch die Richtungssteuerung mit dem Steuereingang r ergeben sich mit den Momentanzuständen Q_n vier Eingangsvariablen für die Bestimmung der Folgezustände Q_n^+. Die Belegung der Vorbereitungseingänge wurde mit der nebenstehenden charakteristischen Gleichung für D-Flipflops vorgenommen.

Mit der Zustandsfolgetabelle in Abbildung 29.23b werden jetzt die Schaltfunktionen der Überführungsfunktion für die D-Flipflops ermittelt, wie dies in Abbildung 29.24 mittels der Minimierung mit KV-Tafeln vorgenommen wurde.

Im nächsten Schritt müssen jetzt die Schaltfunktionen $Ü_V$ und $Ü_R$ für die Ausgabefunktion ermittelt werden, wie dies in Abbildung 29.25 vorgenommen worden ist.

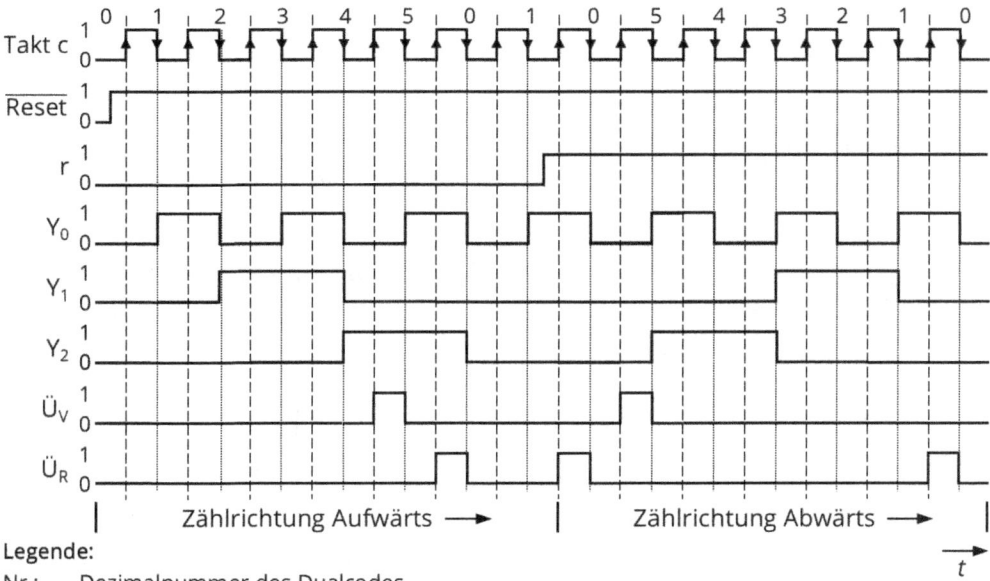

Abbildung 29.22: Impulsdiagramm eines Modulo-6-Auf-/Abwärtszählers mit zweiflankengesteuerten Flipflops

Da nicht alle Kombinationsmöglichkeiten des dreistelligen Dual-Zählers genutzt werden, treten auch Pseudozustände auf, für die das Zählerverhalten untersucht wird. Dies betrifft die Zählstufen 6, 7, 14 und 15 in der Zustandsfolgetabelle der Pseudozustände in Abbildung 29.26b, die aus der Zustandsfolgetabelle in Abbildung 29.23b entnommen sind.

Mit den zusammengestellten Schaltfunktionen aus Abbildung 29.26a ergibt sich einerseits die Belegung der Vorbereitungseingänge in der Zustandsfolgetabelle Abbildung 29.26b und andererseits ergeben sich mit der nebenstehenden charakteristischen Gleichung für die D-Flipflops die Folgezustände.

Zusammengefasst ergibt sich somit das Zustandsdiagramm in Abbildung 29.26c mit den eingetragenen vier Pseudozuständen. Damit ist festzustellen, dass der Zähler aus dem Pseudozustand 6 nicht in die Zählfolge zurückkehrt, sondern dort verharrt – der Zähler bleibt sozusagen hängen. Dies bedeutet den Stillstand des gesamten digitalen Systems.

Bei beiden Zählrichtungen wechselt der Zähler aus dem Pseudozustand 7 nach einem Takt wieder in die ursprüngliche Zählfolge zurück – der Zähler arbeitet zwar fehlerhaft, er arbeitet aber weiter.

a) Symbol zweiflankengesteuertes D-Flipflop mit Taktflankensteuerung und Zwischenspeicher

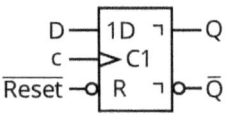

Legende:
1D: Vorbereitungsdateneingang
C1: Takteingang
D: Dateneingang
c: Takteingang
Q: Ausgang
Reset: Rücksetzeingang

1: Eingänge mit dieser Kennzahl wirken zusammen
⏋: Retardierter (verzögerter) Ausgang
▷: Kennzeichnung Flankensteuerung (ohne Negationskreis 0/1-Flanke)

b) Zustandsfolgetabelle Modulo-6-Auf-/Abwärtszähler mit der Belegung der Vorbereitungseingänge

Nr.	Dez.	r	Q_2	Q_1	Q_0	$Ü_V$	$Ü_R$	Q_2^+	Q_1^+	Q_0^+	D_2	D_1	D_0	
0	0	0	0	0	0	0	1	0	0	1	0	0	1	
1	1	0	0	0	1	0	0	0	1	0	0	1	0	Zählrichtung
2	2	0	0	1	0	0	0	0	1	1	0	1	1	Aufwärts
3	3	0	0	1	1	0	0	1	0	0	1	0	0	($r=0$)
4	4	0	1	0	0	0	0	1	0	1	1	0	1	
5	5	0	1	0	1	1	0	0	0	0	0	0	0	Charakteristische
6	6	0	1	1	0	X	X	X	X	X	X	X	X	Gleichung
7	7	0	1	1	1	X	X	X	X	X	X	X	X	D-Flipflop:
8	0	1	0	0	0	0	1	1	0	1	1	0	1	$Q^+ = D$
9	1	1	0	0	1	0	0	0	0	0	0	0	0	
10	2	1	0	1	0	0	0	0	1	0	0	1	0	Zählrichtung
11	3	1	0	1	1	0	0	0	1	0	0	1	0	Abwärts
12	4	1	1	0	0	0	0	0	1	1	0	1	1	($r=1$)
13	5	1	1	0	1	1	0	1	0	0	1	0	0	
14	6	1	1	1	0	X	X	X	X	X	X	X	X	
15	7	1	1	1	1	X	X	X	X	X	X	X	X	

Abbildung 29.23: Zustandsfolgetabelle eines Modulo-6-Auf-/Abwärtszählers mit der Belegung der Vorbereitungseingänge für D-Flipflops

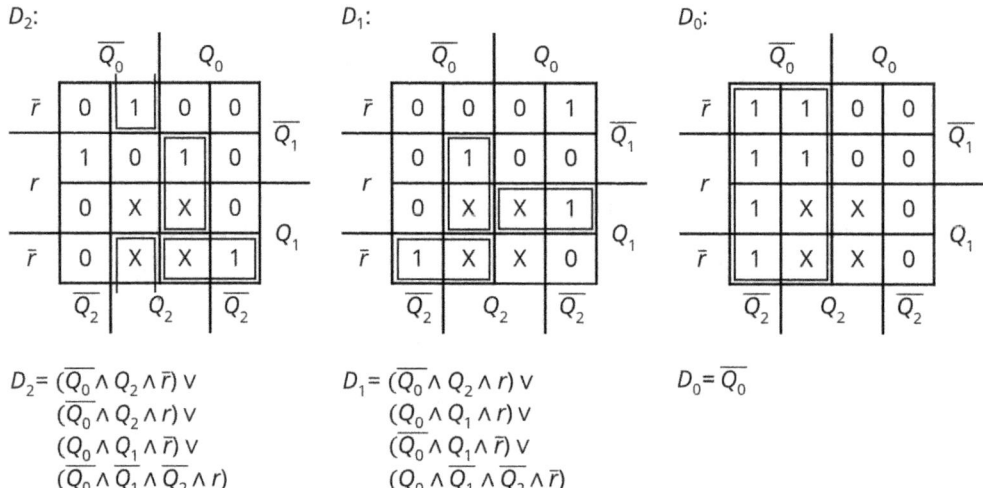

$D_2 = (\overline{Q_0} \wedge Q_2 \wedge \bar{r}) \vee$
$\quad (\overline{Q_0} \wedge Q_2 \wedge r) \vee$
$\quad (Q_0 \wedge Q_1 \wedge \bar{r}) \vee$
$\quad (\overline{Q_0} \wedge \overline{Q_1} \wedge \overline{Q_2} \wedge r)$

$D_1 = (\overline{Q_0} \wedge Q_2 \wedge r) \vee$
$\quad (Q_0 \wedge Q_1 \wedge r) \vee$
$\quad (\overline{Q_0} \wedge Q_1 \wedge \bar{r}) \vee$
$\quad (Q_0 \wedge \overline{Q_1} \wedge \overline{Q_2} \wedge \bar{r})$

$D_0 = \overline{Q_0}$

Abbildung 29.24: Entwurf der Überführungsfunktion für einen Modulo-6-Auf-/Abwärtszähler mit D-Flipflops

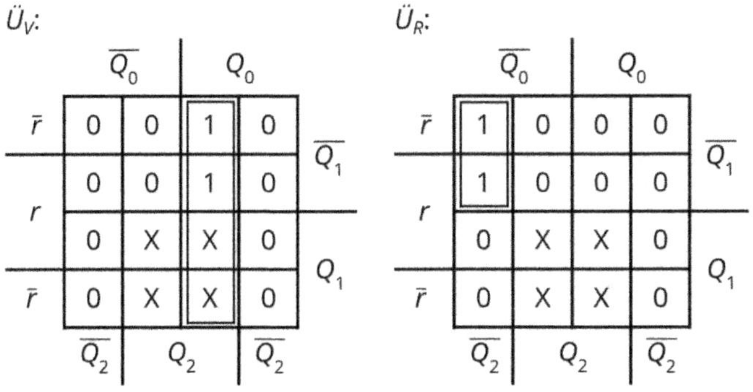

$Ü_V$:

	$\overline{Q_0}$		Q_0		
$\bar{r}$	0	0	1	0	
					$\overline{Q_1}$
r	0	0	1	0	
	0	X	X	0	
					Q_1
$\bar{r}$	0	X	X	0	
	$\overline{Q_2}$	Q_2		$\overline{Q_2}$	

$Ü_R$:

	$\overline{Q_0}$		Q_0		
$\bar{r}$	1	0	0	0	
					$\overline{Q_1}$
r	1	0	0	0	
	0	X	X	0	
					Q_1
$\bar{r}$	0	X	X	0	
	$\overline{Q_2}$	Q_2		$\overline{Q_2}$	

$Ü_V = (Q_0 \wedge Q_2)$

$Ü_R = (\overline{Q_0} \wedge \overline{Q_1} \wedge \overline{Q_2})$

Abbildung 29.25: Entwurf der Ausgabefunktion für den Übertrag eines Modulo-6-Auf-/Abwärtszählers

a) Ermittelte Überführungsfunktionen des Modulo-6-Auf-/Abwärtszählers für D-Flipflops

$D_2 = (\overline{Q_0} \wedge Q_2 \wedge \bar{r}) \vee$
$ (\overline{Q_0} \wedge Q_2 \wedge r) \vee$
$ (Q_0 \wedge Q_1 \wedge \bar{r}) \vee$
$ (\overline{Q_0} \wedge \overline{Q_1} \wedge \overline{Q_2} \wedge r)$

$D_1 = (\overline{Q_0} \wedge Q_2 \wedge r) \vee$
$ (Q_0 \wedge Q_1 \wedge r) \vee$
$ (\overline{Q_0} \wedge Q_1 \wedge \bar{r}) \vee$
$ (Q_0 \wedge \overline{Q_1} \wedge \overline{Q_2} \wedge \bar{r})$

$D_0 = \overline{Q_0}$

b) Zustandsfolgetabelle der Pseudozustände des Modulo-6-Auf-/Abwärtszählers für D-Flipflops

Nr.	Dez.	r	Q_2	Q_1	Q_0	Q_2^+	Q_1^+	Q_0^+	Dez.	Nr.	D_2	D_1	D_0
6	6	0	1	1	0	1	1	0	6	6	1	1	0
7	7	0	1	1	1	1	0	0	4	4	1	0	0
14	6	1	1	1	0	1	1	0	6	6	1	1	0
15	7	1	1	1	1	0	1	0	2	2	0	1	0

identisch wegen $D_n = Q_0^+$

c) Zustandsdiagamm Modulo-6-Auf-/Abwärtszähler mit den Pseudozuständen für D-Flipflops

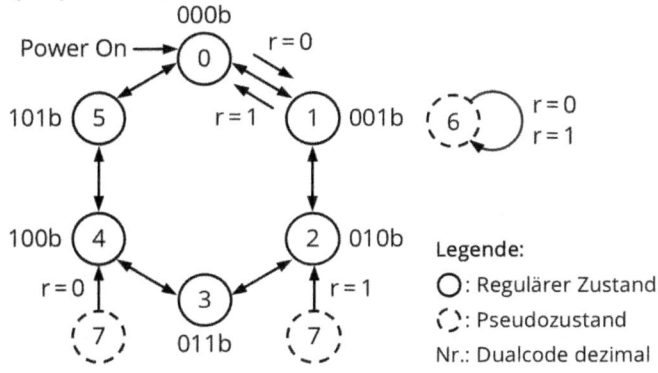

Abbildung 29.26: Untersuchung des Zählerverhaltens der Pseudozustände bei einem Modulo-6-Auf-/Abwärtszähler mit D-Flipflops

Mit der ermittelten Übergabe- und Ausgabefunktion in Abbildung 29.24 und Abbildung 29.25 kann abschließend das synchrone Schaltwerk des Modulo-6-Auf-/Abwärtszählers konstruiert werden, wie dies in Abbildung 29.27 angegeben worden ist. Dabei ist zu beachten, dass die Überträge synchron mit dem Takt arbeiten, weswegen die ermittelten Schaltfunktionen der Überträge $Ü_V$ und $Ü_R$ konjunktiv mit dem Takt verknüpft werden müssen.

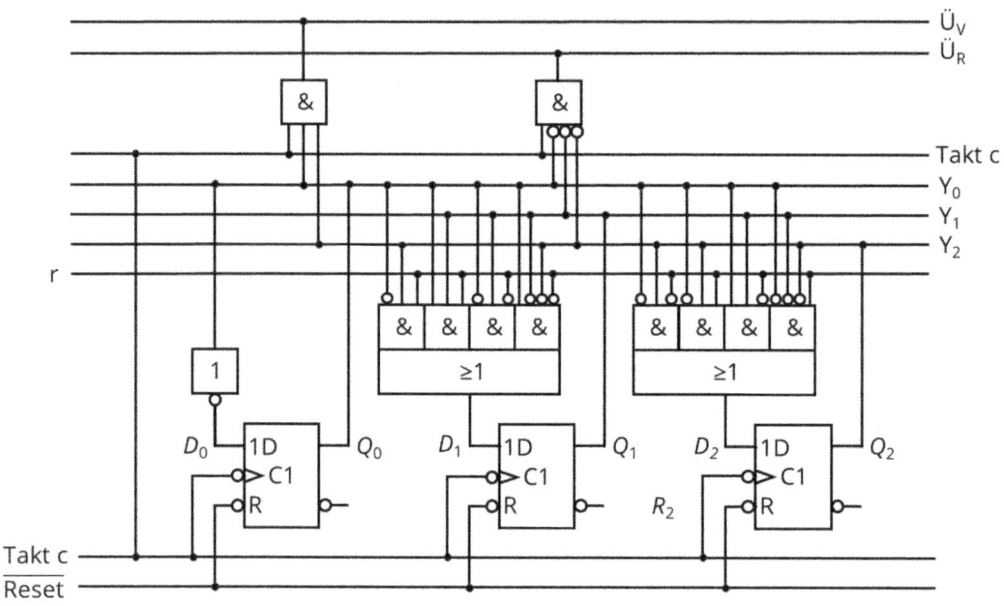

Abbildung 29.27: Synchrones Schaltwerk eines Modulo-6-Auf-/Abwärtszählers mit D-Flipflops

Beispiel für einen synchronen 4-Bit-Binärzähler (Modulo-16-Zähler) SN54ALS163

Als konkretes Beispiel ist in Abbildung 29.28 das bipolare Logik-Element SN54ALS163 in militärischer Ausführung angegeben. Dieses ist auch in anderen bipolaren Technologien und CMOS-Technologien verfügbar. Es handelt sich bei diesem Zähler um einen einflankengesteuerten synchronen binären 4-Bit-Zähler im Dualcode (Modulo-16-Zähler) mit aktiver 0/1-Taktflankensteuerung am Eingang CLK, einem Rücksetzeingang $\overline{\text{CLR}}$ und einem Ladeeingang $\overline{\text{LOAD}}$, die beide aktiv Low wirken. Mit dem Ladeeingang $\overline{\text{LOAD}}$ kann der Anfangswert des Zählers an den Ausgängen Q_A bis Q_D mit den korrespondierenden Dateneingängen A bis D geladen werden und über die konjunktiv verknüpften Freigabeeingänge $\overline{\text{ENT}}$ und $\overline{\text{ENP}}$ wird der Zähler gestartet. RC0 ist der Übertragsausgang, der aktiv High ist, wenn der höchste Zählerstand 15 (1111b) erreicht wird, um mit einer Serienerweiterung einen weiteren Zähler anzusteuern, um den Umfang des Zählers auf 8, 12, 16 Bit und so weiter zu erweitern.

Symbol SN54ALS163 :

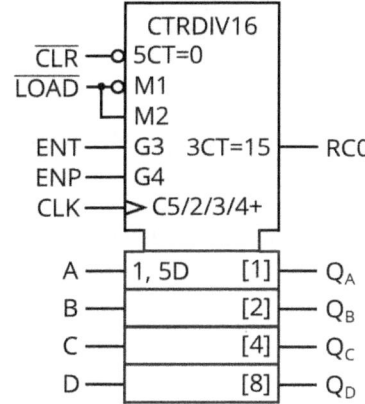

Legende:
$\overline{CLR}$: Rücksetzen Ausgänge Q_n
$\overline{LOAD}$: Laden Dateneingänge A bis D
ENT: Synchroner Freigabeeingang
ENP: Synchroner Freigabeeingang
CLK: Takteingang aktive Flanke 0/1
A bis D: Dateneingänge
RC0: Übertragsausgang
Q_n: Datenausgänge

Arbeitstabelle Zählfolge:

COUNT	Ausgänge			
	Q_D	Q_C	Q_B	Q_A
0	L	L	L	L
1	L	L	L	H
2	L	L	H	L
3	L	L	H	H
4	L	H	L	L
5	L	H	L	H
6	L	H	H	L
7	L	H	H	H
8	H	L	L	L
9	H	L	L	H
10	H	L	H	L
11	H	L	H	H
12	H	H	L	L
13	H	H	L	H
14	H	H	H	L
15	H	H	H	H

Arbeitstabelle Ansteuerung:

Eingänge					Ausgänge				Funktion
$\overline{CLR}$	$\overline{LOAD}$	ENP	ENT	CLK	Q_D	Q_C	Q_B	Q_A	
L	X	X	X	X	L	L	L	L	Rücksetzen Ausgänge
H	L	X	X	↑	A	B	C	D	Laden Daten
H	H	X	L		Keine Änderung				Kein Zählen
H	H	L	X		Keine Änderung				Kein Zählen
H	H	H	H	↑	Zählen vorwärts				Zählen
H	X	X	X	↓	Keine Änderung				Kein Zählen

Quelle: Texas Instruments, Datenblatt SDAS276A – DECEMBER 1994 – REVISED JULY 2000; Digital Logic Pocket Data Book, SCYD013B , S. 320, 2007

Abbildung 29.28: Beispiel eines synchronen 4-Bit-Binärzählers (Modulo-16-Zähler) SN54ALS163

Beispiel für einen synchronen 8-Bit-Binärzähler mit Serienerweiterung (Modulo-256-Zähler) des SN54ALS163

 Das letzte Beispiel stellt jetzt die Fortsetzung des vorangegangenen Beispiels mit dem SN54ALS163 dar. Hier wird exemplarisch die Serienerweiterung um weitere 4 Bit auf 8 Bit mit dem gleichen Logik-Element vorgenommen (Modulo-256-Zähler). In Abbildung 29.29 ist die Schaltung für den Zähler angegeben. Auf die gleiche Weise kann dieser Zähler jeweils um weitere 4 Bit mit dem Logik-Element SN54ALS163 erweitert werden.

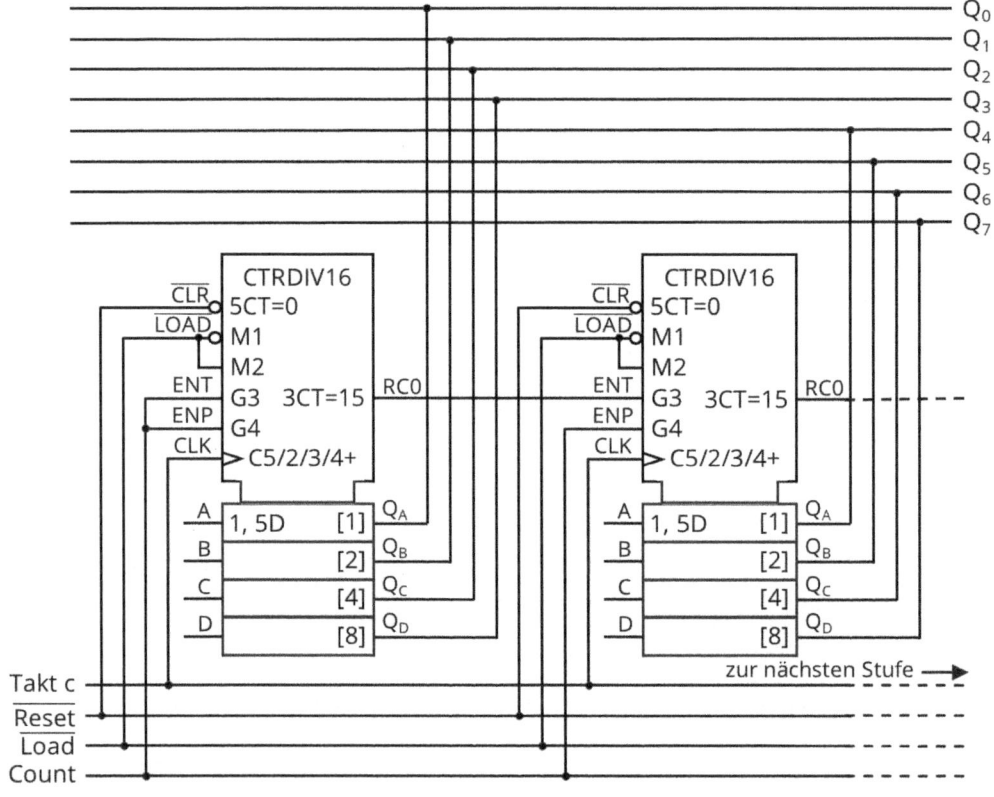

Abbildung 29.29: Bespiel eines zweistufigen synchronen 8-Bit-Binärzählers mit Serienerweiterung (Modulo-256-Zähler) des SN54ALS163

Übersicht einer Auswahl verfügbarer asynchroner und synchroner Zähler

Um Ihnen die Auswahl zu erleichtern und einen kleinen Überblick zu verschaffen, sind in Tabelle 29.3 einige *asynchrone* und in Tabelle 29.4 *synchrone Zähler* zusammengestellt.

Betriebsart	Funktionen Zähler)*)[4]						
	Anzahl Bits	Zahlensystem	Auf-/Abwärts	Sonderfunktionen	Takt		
						Datenblatt	Technologie)*)**	Kennung)*)***
Asynchron	4	D		R	↓	DECADE COUNTERS	SN54LS	90
	4	B		R	↓	4-BIT BINARY RIPPLE COUNTERS	SN54LS CD74HC	93
	4	B		R	↓	DUAL 4-BIT BINARY COUNTERS	SN54LS/HC SN74LS/LV/HC/HCT CD54HCT CD74HC	393
	10	D		R*	↑↓	DECADE COUNTERS/ DIVIDER WITH 10 DECODED OUTPUTS	CD54HC CD74HC CD4000	4017
	12	B		R	↓	12-BIT ASYN-CHRONOUS BINARY COUNTERS	SN74HC CD54HCT CD74HC CD4000	4060
	14	B		R	↓	14-BIT ASYN-CHRONOUS BINARY COUNTERS	SN54/74HC CD54/74HCT CD4000	4020

)* Texas Instruments, Digital Logic Pocket Data Book, SCYD013B, 2007 und https://www.ti.com, letzter Zugriff am 29.03.2025

)** Dies sind nur Beispiele einiger Logik-Elemente. Die meisten Logik-Elemente sind in diversen Halbleitertechnologien verfügbar. Die Low Voltage Logic »Little Logic« von Texas Instruments wurde nicht berücksichtigt. Dies kann aus der angegebenen Quelle entnommen werden.

)*** Die Kennung ist eine mehrstellige Ziffer und steht immer hinter der Technologiebezeichnung. In Kapitel 19 ist dies erklärt.

)[4] Abkürzungen zu den Funktionen: B – Binärzähler (Dualzähler); D – Dekadenzähler (Dezimalzähler); G – Gegentaktausgang; L – Laden; R – Rücksetzen (Clear); R* – Rücksetzen in einen definierten Zustand; • – Ja; ↑ – Taktflankensteuerung 0/1-Flanke; ↓ – Taktflankensteuerung 1/0-Flanke

Tabelle 29.3: Übersicht einer Auswahl verfügbarer asynchroner Zähler

Betriebsart	Funktionen Zähler)*)⁴					Datenblatt	Technologie)*)**	Kennung)*)***
	Anzahl Bits	Zahlensystem	Auf-/Abwärts	Sonderfunktionen	Takt			
Synchron	4	D		L R	↑	4-BIT DECADE COUNTERS	SN54LS/ALS/HC SN74HC/LV CD74HCT	161
	4	B		L R	↑	4-BIT BINARY COUNTERS	SN54LS/ALS/HC SN74LS/F/HC/LV CD74ACT	163
	4	B	•	L	↑	SYNCHRONOUS 4-BIT UP/DOWN COUNTERS	SN54LS/ALS/HC CD54HCT	191
	4	B	•	L R	↑	SYNCHRONOUS 4-BIT UP/DOWN COUNTERS	CD54/74HC SN54LS/ALS/HC SN74LS/HC CD54HCT	192 193
	7	D			↑	DECADE COUNTERS	CD4000	4026
	8	B		R	↓	8-BIT BINARY COUNTERS WITH OUTPUT REGISTERS	SN54LS	590
	8	B		L R	↓	8-BIT BINARY COUNTER WITH INPUT REGISTERS	SN54LS	592
	8	B	•	L R	↑	SYNCHRONOUS 8-BIT UP/DOWN COUNTERS	SN54AS SN74ALS	867 869

)* Texas Instruments, Digital Logic Pocket Data Book, SCYD013B, 2007 und https://www.ti.com, letzter Zugriff am 29.03.2025

)** Dies sind nur Beispiele einiger Logik-Elemente. Die meisten Logik-Elemente sind in diversen Halbleitertechnologien verfügbar. Die Low Voltage Logic »Little Logic« von Texas Instruments wurde nicht berücksichtigt. Dies kann aus der angegebenen Quelle entnommen werden.

)*** Die Kennung ist eine mehrstellige Ziffer und steht immer hinter der Technologiebezeichnung. In Kapitel 19 ist dies erklärt.

)⁴ Abkürzungen zu den Funktionen: B – Binärzähler (Dualzähler); D – Dekadenzähler (Dezimalzähler); G – Gegentaktausgang; L – Laden; R – Rücksetzen (Clear); • – Ja; ↑ – Taktflankensteuerung 0/1-Flanke; ↓ – Taktflankensteuerung 1/0-Flanke

Tabelle 29.4: Übersicht einer Auswahl verfügbarer synchroner Zähler

Übungen: Zähler

Übung 29.1:

Entwurf eines Modulo-7-Zählers im Dualcode mit Übertrag.

Der Zähler arbeitet aufwärts mit dem Dualcode und beginnt nach dem Einschalten beziehungsweise einem Rücksetzvorgang bei 0 (000b). Hierzu stehen Ihnen einflankengesteuerte JK-Flipflops mit positiver Taktflanke und direktem Rücksetzeingang zur Verfügung, wobei der Rücksetzeingang $\overline{\text{Reset}}$ aktiv Low wirkt. Das Übertragssignal wird bei dem höchsten Zählerstand synchron mit dem Takt c gebildet und nimmt dann den logischen Zustand 1 an.

a) Wie viele Stellen benötigt der Zähler? Geben Sie das Symbol des Zählers an.

b) Geben Sie das Symbol des Flipflops an.

c) Geben Sie das Zustandsdiagramm des Zählers an und kennzeichnen Sie die Zustände mit der Dezimal-Nr. des Dualcodes.

d) Ergänzen Sie das folgende Impulsdiagramm für die Ausgänge des Zählers.

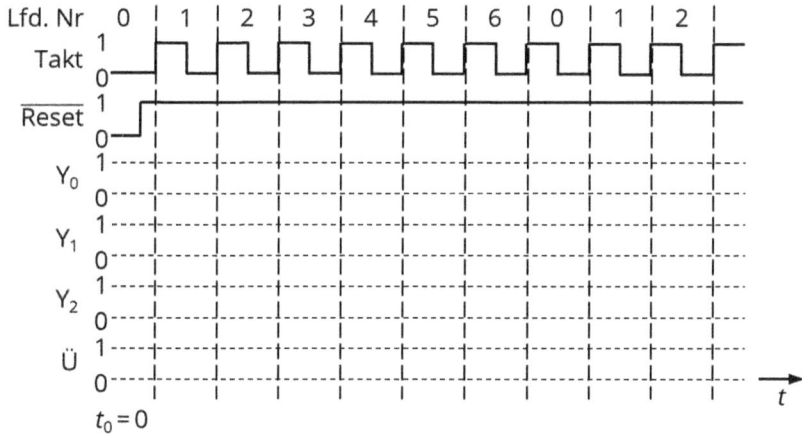

e) Geben Sie die Zustandsfolgetabelle des Schaltwerks mit den Vorbereitungseingängen der eingesetzten Flipflops und dem Übertrag an.

f) Führen Sie die Synthese für das zu entwerfende minimale Schaltwerk mittels der KV-Tafel durch und geben Sie die minimalen Schaltfunktionen der Überführungsfunktion an.

g) Entwerfen die Schaltfunktion für den Übertrag (Ausgabefunktion).

484 TEIL XIII Zähler und Schieberegister

h) Geben Sie die komplette Schaltung des Zählers an.

i) Untersuchen Sie die Pseudozustände des Zählers, geben Sie das zugehörige Zustandsdiagramm mit den Pseudozuständen an und interpretieren Sie dieses bezüglich des Zählerverhaltens.

Übung 29.2:

Entwurf eines vierstufigen Abwärts-Ringzählers mit dem XYZ-Code.

Für den in der nachfolgenden Tabelle angegebenen XYZ-Code soll ein abwärts zählender Ringzähler entworfen werden, der nach dem Einschalten durch ein Reset-Signal (aktiv Low), das bereits vorhanden ist, den höchsten Zählerstand 0100B annimmt. Die Flipflop-Ausgänge der zur Verfügung stehenden zweizustandsgesteuerten D-Flipflops mit direktem Setz- oder Rücksetzeingang sind mit Q_0 (niederwertigste Stelle) bis Q_3 (höchstwertige Stelle) zu kennzeichnen.

XYZ-Code:

Lfd. Nr.	Dez. Nr.	d	c	b	a
1	0	0	0	0	0
2	10	1	0	1	0
3	15	1	1	1	1
4	5	0	1	0	1
5	1	0	0	0	1
6	9	1	0	0	1
7	13	1	1	0	1
8	12	1	1	0	0
9	4	0	1	0	0

Legende:
Lfd. Nr.: Laufende Nummerierung
Dez. Nr.: Dezimale Nummerierung entsprechend der verwendeten Feldbelegung der KV-Tafeln

a) Geben Sie das Symbol des vierstufigen Abwärtszählers mit Zweizustandssteuerung und direktem Rücksetzeingang aktiv Low an.

b) Geben Sie das Zustandsdiagramm des Zählers an und kennzeichnen Sie die Zustände mit der Lfd. Nr. und der Dez. Nr. des XYZ-Codes.

ANMERKUNG: Die Angabe der Dez. Nr. ist für die weiteren Betrachtungen zu den Pseudozuständen erforderlich.

c) Ergänzen Sie das folgende Impulsdiagramm für die Ausgänge des Zählers.

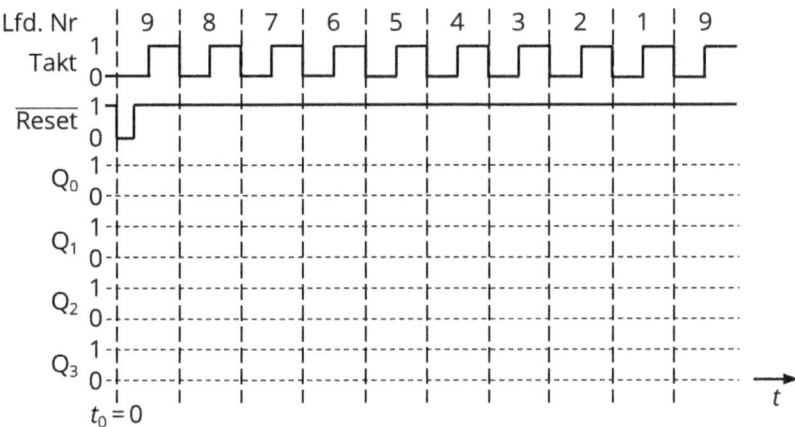

d) Geben Sie die Zustandsfolgetabelle des Schaltwerks mit den Vorbereitungseingängen der eingesetzten Flipflops an.

e) Führen Sie die Synthese für das zu entwerfende minimale Schaltwerk mittels der KV-Tafel durch und geben Sie die minimalen Schaltfunktionen der Überführungsfunktion an.

f) Geben Sie die komplette Schaltung des Schaltwerks an.

g) Untersuchen Sie die Pseudozustände des Zählers, geben Sie das zugehörige Zustandsdiagramm mit den Pseudozuständen an und interpretieren Sie dieses.

Übung 29.3:

Absolute Wegmessung mit dem Gray-Code

Zur Wegmessung eines Verfahrtischs soll der Gray-Code eingesetzt werden. Der Sensor zur Wegmessung liefert pro Längeneinheit einen positiven Impuls ausreichender Pulsdauer (Takt c) und ein Richtungssignal r. In Richtung größer werdender Entfernung vom Ausgangspunkt (Nullstellung) nimmt dieses Signal den logischen Zustand 0 an und in Richtung kleiner werdender Entfernung zum Ausgangspunkt den logischen Zustand 1.

Entwerfen Sie ein synchrones Schaltwerk zur Generierung des Gray-Codes mit zweizustandsgesteuerten D-Flipflops für die ersten drei Stellen. Das Schaltwerk beginnt nach dem Einschalten durch ein Rücksetzsignal (Reset : aktiv Low) bei 000B. Wird der höchste oder niedrigste Zählerstand erreicht, so wird dieser beibehalten. Die Ausgänge sind mit Y_0 bis Y_2 zu bezeichnen.

Die Auswertung des Zählerstands gibt die absolute Position des Verfahrtischs mit der entsprechenden Anzahl von äquidistanten Abständen beispielsweise eines Schrittmotors an. Als Beispiele für eine Anwendung können Sie sich hier einen Verfahrtisch eines Druckerkopfs oder Tisches zur Positionierung von Werkstücken vorstellen. Der Vorteil des eingesetzten Gray-Codes resultiert daraus, dass es sich um einen einschrittigen Code handelt und über eine Sensorik Positionierungsfehler erkannt und korrigiert werden können, ohne dass der Verfahrtisch in eine Referenzposition (beispielsweise Anfangsposition) gebracht werden muss.

a) Geben Sie das Symbol des Gray-Code-Auf-/Abwärtszählers mit Zweiflankensteuerung und direktem Rücksetzeingang aktiv Low sowie dem Richtungssignal r an

b) Geben Sie den dreistelligen Gray-Code als Wahrheitstabelle an.

c) Geben Sie das Zustandsdiagramm für das zu entwerfende Schaltwerk an.

d) Geben Sie die Zustandsfolgetabelle des Schaltwerks für die Überführungsfunktion an.

e) Führen Sie die Synthese für das zu entwerfende minimale Schaltwerk der Schaltfunktionen der Vorbereitungseingänge der D-Flipflops (Überführungsfunktion) aus und geben Sie die Schaltfunktionen an.

f) Geben Sie das komplette Schaltwerk für die Wegmessung mit dem Gray-Code an.

> **IN DIESEM KAPITEL**
>
> Anwendungsgebiete und Betriebsarten der Auffang- und Schieberegister
>
> Aufbau und Entwurf der Auffangregister mit Beispielen und einer Übersicht verfügbarer Logik-Elemente
>
> Aufbau und Entwurf der Schieberegister mit Beispielen und einer Übersicht verfügbarer Logik-Elemente
>
> Entwurf einfacher Zähler mit Schieberegistern
>
> Übungen zu den Registern

Kapitel 30
Auffang- und Schieberegister – Jetzt wird gefangen und geschoben, ja bitte

Betriebsart und Anwendungsgebiete der Auffang- oder Schieberegister

Zunächst gebe ich Ihnen die erforderlichen Definitionen für Register und Schieberegister, aus denen ihre Funktion und Anwendungsgebiete abgeleitet werden.

Definition nach IEV351-52-11: Ein *Register* ist ein System binärer Verknüpfungsglieder, das aus n identischen Zellen zusammengesetzt ist, deren jede einen logischen Ausgang und einen Satz gemeinsamer Steuereingänge, wie zum Beispiel »Halt«, »Rücksetzen« und so weiter hat und das zur Speicherung einer n-stelligen Binärzahl bestimmt ist.

Dies bedeutet, dass ein *Auffangregister* aus n identischen Logik-Elementen (Flipflops) mit gemeinsamen Steuereingängen besteht. Ein Verschieben von einem Logik-Element zum nächsten an das davor oder dahinter liegende Logik-Element ist nicht möglich. Die Anzahl der Stufen eines Auffangregisters kann beliebig sein.

 Definition nach IEV721-12-57: Ein *Schieberegister* ist eine Anordnung von Speicherzellen, bei der der Zustand jeder Zelle in vorgegebener Richtung an die Nachbarzelle durch Anlegen eines Verschiebeimpulses an alle Stufen des Registers weitergegeben wird.

Die Definition für ein *Schieberegister* ist eindeutig und bedeutet, dass Speicherzellen (Flipflops) hintereinandergeschaltet werden und Ausgangszustände der Speicher (Flipflops) mittels eines Verschiebungsimpulses (Takts) in beiden Richtungen (nach links oder rechts) verschoben werden können. Die Anzahl der Stufen eines Schieberegisters kann beliebig sein.

Das Grundelement der Auffang- wie Schieberegister sind Flipflops, in den meisten Fällen werden D-Flipflops in unterschiedlichen Ausführungsformen eingesetzt. Die Aufgaben der *Auffangregister* sind sehr übersichtlich, wobei die der *Schieberegister* recht vielfältig sind. Beide Registertypen werden immer *synchron* betrieben.

Das *Anwendungsgebiet eines Auffangregisters* besteht, wie der Name schon sagt, in dem Auffangen von binären Werten an den Eingängen eines digitalen Systems, um diese *synchron* für eine weitere Verarbeitung an den Ausgängen zur Verfügung zu stellen. In Abbildung 30.1 ist dies schematisch dargestellt.

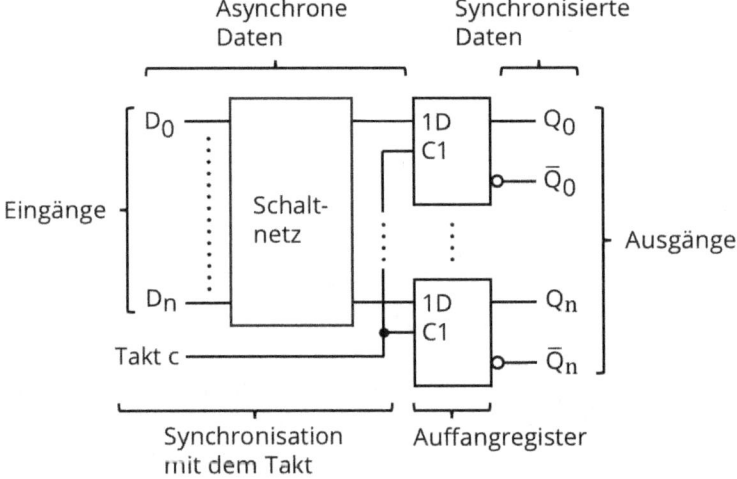

Abbildung 30.1: Anwendungsfall eines Auffangregisters

Dies tritt in praktisch allen digitalen Systemen, wie einfachen logischen Schaltungen bis hin zu komplexen Mikroprozessorsystemen, aufgrund der unterschiedlichen Signalverzögerungszeiten in diesen auf.

Die *Anwendungsgebiete der Schieberegister* sind sehr vielfältig. In Tabelle 30.1 sind beispielsweise typische Anwendungsgebiete der Schieberegister in einer offenen Liste zusammengestellt.

Anwendungsgebiet	Beschreibung
Lauflicht	Der einfachste Anwendungsfall, bei dem beispielsweise mit jedem Takt immer der benachbarte Leuchtmelder angesteuert wird und so ein zyklisches Lauflicht entsteht.
Parallel-/Serienumsetzer	Umsetzer für eine serielle Schnittstelle von parallel auf seriell. Gegenstück des Serien-/Parallelumsetzers einer seriellen Schnittstelle.
Serien-/Parallelumsetzer	Umsetzer für eine serielle Schnittstelle von seriell auf parallel. Gegenstück des Parallel-/Serienumsetzers einer seriellen Schnittstelle.
Schaltwerke	Entwurf einfacher Zähler wie beispielsweise Modulo n, Pseudo-Zufallsgeneratoren und auch zur Realisierung von einfachen Ablaufsteuerungen geeignet.
Mathematische Operationen	Einfache mathematische Operationen wie die Multiplikation und Division mit dem ganzzahligen Vielfachen von 2.
Polynomdivision)*	Mathematische Division von Polynomen im dualen Zahlensystem.
CRC-Verfahren)*	Cyclic-Redundancy-Check-Verfahren als Standardverfahren zur Fehlererkennung in Kommunikationssystemen. Beispielsweise wird das CRC32-Verfahren mit einem Generatorpolynom vom Grad 32 im Ethernet eingesetzt.

)* Dies soll hier nur als Ausblick verstanden werden und wird nicht näher ausgeführt, da mathematisch recht aufwendig und die Grundlagen wie Restklassenarithmetik hierfür nicht vorausgesetzt werden können.

Tabelle 30.1: Anwendungsgebiete von Schieberegistern

Im Folgenden möchte ich Ihnen die grundsätzliche Arbeitsweise der Register und deren Entwurf anhand von mehreren Beispielen näherbringen, wobei der Schwerpunkt wegen der Bedeutung bei den Schieberegistern gesetzt ist.

Aufbau und Entwurf der Auffangregister

Auffangregister können sehr einfach entworfen werden. Es müssen lediglich entsprechend der geforderten Anzahl n an Binärstellen n D-Flipflops hintereinandergeschaltet werden, wie dies im Beispiel in Abbildung 30.2 für ein 4-Bit-Auffangregister mit vier Stufen vorgenommen wurde. Die Anzahl an Stufen entspricht der Anzahl der Binärstellen für die jeweilige Anwendung.

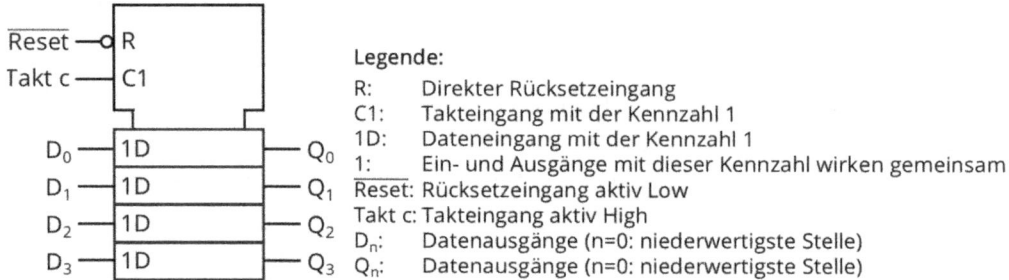
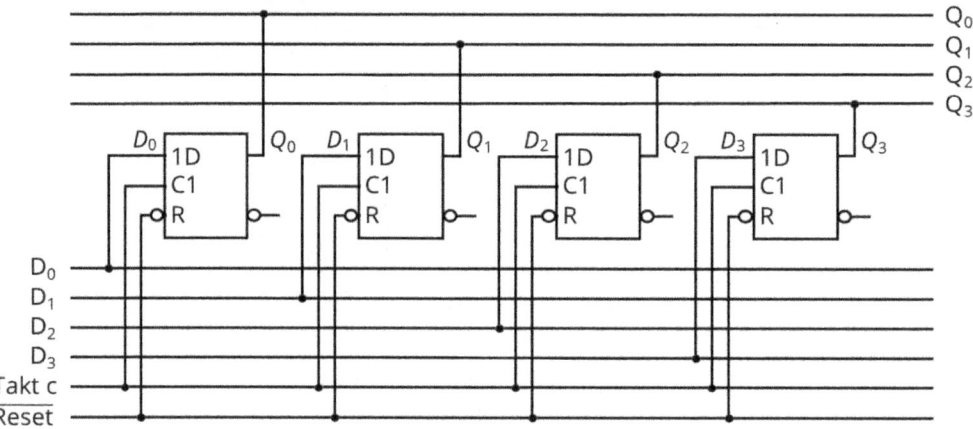

Abbildung 30.2: Symbol und Entwurf eines 4-Bit-Auffangregisters

Eingesetzt wurden für das Auffangregister in Abbildung 30.2 einflankengesteuerte D-Flipflops mit direktem Rücksetzeingängen R, die aktiv Low wirken. An den Dateneingängen liegen die asynchron anfallenden Daten D_0 bis D_3 an, die synchron mit der aktiven Flanke 0/1 von den D-Flipflops an die Ausgänge Q_0 bis Q_3 übernommen werden. Damit werden also die asynchron anfallenden Daten D_0 bis D_3 synchron an die Ausgänge Q_0 bis Q_3 weitergegeben und können für die weitere Verarbeitung genutzt werden.

Je nach Anwendungsfall können taktgesteuerte einzustandsgesteuerte, zweiflanken- oder zweizustandsgesteuerte D-Flipflops eingesetzt werden.

Beispiel für ein 8-Bit-Auffangregister SN74ALS573C

In Abbildung 30.3 ist ein Datenblattauszug des Logik-Elements SN74ALS573C angegeben. Es handelt sich dabei um ein 8-Bit-Auffangregister mit einzustandsgesteuerten D-Flipflops mit Taktsteuerung und Tri-State-Ausgängen.

KAPITEL 30 Auffang- und Schieberegister

Symbol 8-Bit-Auffangregister SN74ALS573C:

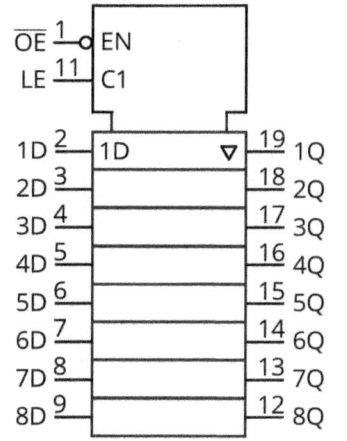

Legende:
- EN: Direkter Freigabeeingang
- C1: Takteingang mit der Kennzahl 1
- 1D: Dateneingang mit der Kennzahl 1
- 1: Ein- und Ausgänge mit dieser Kennzahl wirken gemeinsam
- ▽ Kennzeichnung Tri-State-Ausgang
- $\overline{OE}$: Freigabeeingang für die Ausgänge aktiv Low (Output Enable)
- LE: Takteingang aktiver Zustand High (Latch Enable)
- nD: Dateneingänge (n=1 bis 8)
- nQ: Datenausgänge (n=1 bis 8)

Arbeitstabelle:

Eingänge			Ausgang
$\overline{OE}$	LE	nD	nQ
L	H	H	H
L	H	L	L
L	L	X	Q_0
H	X	X	Z

Interne Logik-Elemente (1 aus 8):

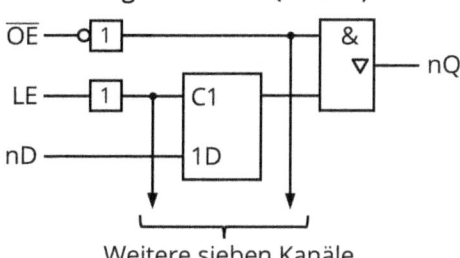

Weitere sieben Kanäle

Quelle: Texas Instruments, Datenblatt SN74ALS573C, SDAS048D, DECEMBER 1989 – REVISED JANUARY 1995

Abbildung 30.3: Beispiel 8-Bit-Auffangregister SN74ALS573C

Das Auffangregister besteht aus acht gleichen internen Logik-Elementen mit D-Flipflops mit einem Tri-State-Ausgang, wie dies in Abbildung 30.3 dargestellt ist. Über den Freigabeeingang $\overline{OE}$ aktiv Low werden die Ausgänge freigegeben. Im inaktiven Zustand High sind die Ausgänge hochohmig.

Der nichtinvertierende Buffer dient lediglich dazu, die Verzögerungszeiten der einzelnen Logik-Elemente anzugleichen. Die Arbeitsweise des Auffangregisters ist durch die nebenstehende Arbeitstabelle in Abbildung 30.3 gegeben.

Übersicht einer Auswahl verfügbarer Auffangregister

Um Ihnen die Auswahl zu erleichtern und einen kleinen Überblick zu verschaffen, sind in Tabelle 30.2 und Tabelle 30.3 einige *Auffangregister* mit D-Flipflops für 4, 8 und 16 Kanäle zusammengestellt.

Anz. Kanäle	Funktionen)*)[4]				Datenblatt	Technologie)*)**	Kennung)*)***
	Flipflop Typ	Ausgang	Sonderfkt.	Takt			
4	D	G	-	↑	4-BIT BISTABLE LATCHES	SN54LS; CD54HC/HCT	75
	D	G	-	↑↓	QUAD CLOCKED D-LATCH	CD4000	4042B
8	D	T	EN S	H	OCTAL D-TYPE LATCHES	SN54LS/ALS/F/BCT/ABT/AC/ACT/AHC/AHCT/HC/HCT/LVC/LVTH; SN74LS/ABT/HC/AHC/AHCT/AC/ACT/HCT/HCS/LV/LVC/LVTH/ALVCH; CD74AC/HC/HCT	373
	D	T	EN	H	OCTAL D-TYPE TRANSPARENT LATCHES WITH 3-STATE OUTPUTS	SN54HC/AHC/AHCT/LVC/LVTH; SN74ALS/ABT/AC/ACT/AHC/AHCT/HC/HCT/HCS/LV/LVC/LVT/LVTH; CD74HC/HCT	573

)* Texas Instruments, Digital Logic Pocket Data Book, SCYD013B, 2007 und https://www.ti.com, letzter Zugriff am 21.04.2025

)** Dies sind nur Beispiele einiger Logik-Elemente. Die meisten Logik-Elemente sind in diversen Halbleitertechnologien verfügbar. Die Low Voltage Logic »Little Logic« von Texas Instruments wurde nicht berücksichtigt. Dies kann aus der angegebenen Quelle entnommen werden.

)*** Die Kennung ist eine mehrstellige Ziffer und steht immer hinter der Technologiebezeichnung. In Kapitel 19 ist dies erklärt.

)[4] Abkürzungen zu den Funktionen: B – Bidirektional; EN – Freigabeeingang; G – Gegentaktausgang; H – Aktiv High; S – Schmitt-Trigger-Eingang; ↑/↓ – Taktflankensteuerung 0/1-/1/0-Flanke; - – nichts/nein

Tabelle 30.2: Übersicht einer Auswahl verfügbarer Auffangregister mit 4 und 8 Kanälen

Funktionen)*)[4]							
Anz. Kanäle	Flipflop Typ	Ausgang	Sonderfkt.	Takt	Datenblatt	Technologie)*)**	Kennung)*)***
8	D	T	R EN B	↑	8-BIT D-TYPE EDGE-TRIGGERED READ BACK LATCHES	SN54ALS; SN74ALS	996
16	D	T	EN	H	16-BIT D-TYPE TRANSPARENT LATCHES WITH 3-STATE OUTPUTS	SN54ABT/LVTH; SN74ABT/ACT/AVC/ AUC/LVC/LVCH/LVTH/ ALVCH	16373

)* Texas Instruments, Digital Logic Pocket Data Book, SCYD013B, 2007 und https://www.ti.com, letzter Zugriff am 21.04.2025

)** Dies sind nur Beispiele einiger Logik-Elemente. Die meisten Logik-Elemente sind in diversen Halbleitertechnologien verfügbar. Die Low Voltage Logic »Little Logic« von Texas Instruments wurde nicht berücksichtigt. Dies kann aus der angegebenen Quelle entnommen werden.

)*** Die Kennung ist eine mehrstellige Ziffer und steht immer hinter der Technologiebezeichnung. In Kapitel 19 ist dies erklärt.

)[4] Abkürzungen zu den Funktionen: B – Bidirektional; EN – Freigabeeingang; G – Gegentaktausgang; H – Aktiv High; S – Schmitt-Trigger-Eingang; ↑/↓ – Taktflankensteuerung 0/1-/1/0-Flanke; - – nichts/nein

Tabelle 30.3: Übersicht, Auswahl verfügbarer Auffangregister mit 8 und 16 Kanälen

Aufbau und Entwurf der Schieberegister

Der grundsätzliche Aufbau eines Schieberegisters besteht ebenfalls wie die Auffangregister aus n Speichern beziehungsweise Stufen. Als Speicher werden ausschließlich ein- oder zweizustandsgesteuerte D-Flipflops mit Taktsteuerung eingesetzt. In Abbildung 30.4 sind das Symbol eines 4-Bit-Schieberegisters, der interne Aufbau und das zugehörige Impulsdiagramm angegeben.

Der Unterschied zu den Auffangregistern besteht darin, dass jeweils der Ausgang Q_{n-1} des vorangegangenen D-Flipflops eines Speichers auf den Dateneingang D_n des nachfolgenden Speichers geführt wird. Der Takt wird an alle Takteingänge der D-Flipflops gelegt, sodass mit jedem aktiven Taktzustand beziehungsweise jeder aktiven Taktflanke der am nachfolgenden Dateneingang D_n anliegende Ausgang des vorangegangenen Ausgangs Q_{n-1} im Folgezustand zum Zustand Q_n^+ des nachfolgenden D-Flipflops wird. Dies geschieht fortwährend mit jedem Takt, bis die Anzahl an Stufen des Schieberegisters erreicht ist.

a) Symbol 4-Bit-Schieberegister mit zweizustandsgesteuerten D-Flipflops

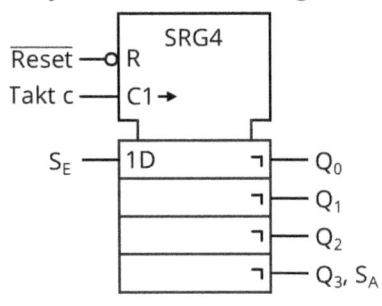

Legende:
- SRG4: Kennzeichnung Schieberegister mit 4 Stufen
- R: Direkter Rücksetzeingang
- C1: Takteingang mit Kennzahl
- 1D: Dateneingang mit der Kennzahl 1
- 1: Ein- und Ausgänge mit gleicher Kennzahl wirken gemeinsam
- →: Schieberichtung von links nach rechts
- ┐: Retardierter Ausgang
- Reset: Rücksetzeingang aktiv Low
- Takt c: Takteingang aktiver Zustand High
- S_E: Serieller Eingang
- Q_n: Datenausgänge (n=0: niederwertigste Stelle)
- S_A: Serieller Ausgang

b) Schaltung 4-Bit-Schieberegister

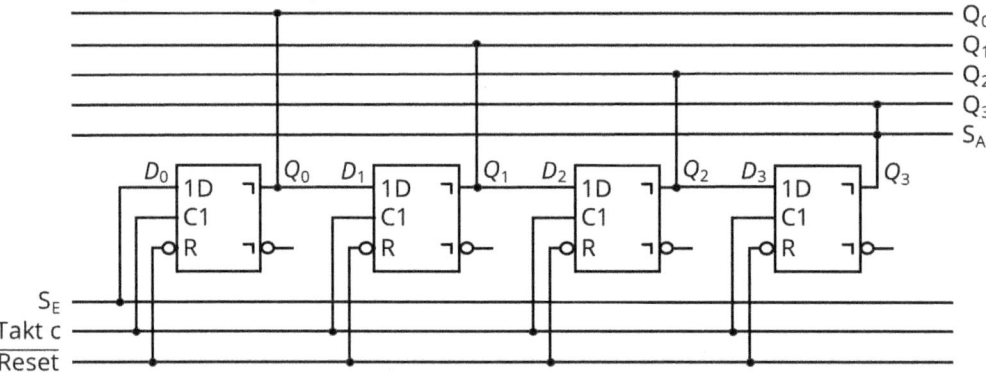

c) Impulsdiagramm 4-Bit-Schieberegister mit zweizustandsgesteuerten Flipflops

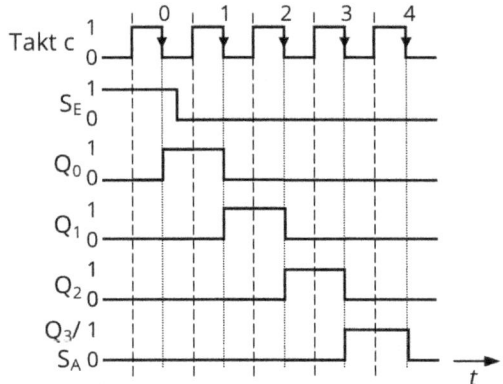

Abbildung 30.4: Symbol und Entwurf eines 4-Bit-Schieberegisters mit Impulsdiagramm

Parallel-/Serienumsetzer

Eine der häufigsten Anwendungen für Schieberegister sind serielle Schnittstellen. Praktisch jedes elektronische Gerät ist heute mit einer solchen Schnittstelle ausgestattet, sei dies, um Bedienelemente oder andere Geräte beispielsweise für Wartungszwecke anzuschließen.

 In der Regel beinhaltet das elektronische Gerät als digitales System, das intern die parallele Verarbeitung der Daten vornimmt, eine entsprechende Schnittstelle, die die parallelen Daten in serielle Daten umwandelt. Dabei handelt es sich um einen Parallel-/Serienumsetzer, wie er in Abbildung 30.5 entworfen ist.

a) Symbol n-Bit-Parallel-/Serienumsetzer mit zweizustandsgesteuerten D-Flipflops

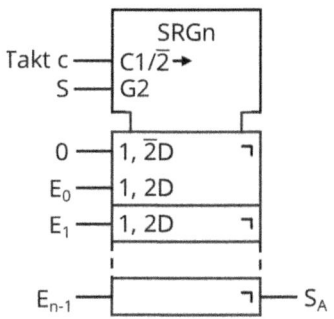

Legende:
SRGn: Kennzeichnung Schieberegister mit n Stufen
C1: Takteingang mit Kennzahl
/: Trennzeichen für einen kombinierten Ein- oder Ausgang
G2: UND-Abhängigkeit mit der Kennzahl 2
Nr.: Ein- und Ausgänge mit dieser Kennzahl wirken gemeinsam
→: Schieberichtung von links nach rechts
¬: Retardierter Ausgang
Reset: Rücksetzeingang aktiv Low
Takt c: Takteingang (aktive Flanke 1/0)
S: Steuereingang (S=0: Laden Dateneingänge; S=1: Schieben)
E_n: Dateneingänge (n=0: niederwertigste Stelle)
S_A: Serieller Ausgang

b) Entwurf der 1. Stufe eines Parallel-/Serienumsetzers mit D-Flipflops

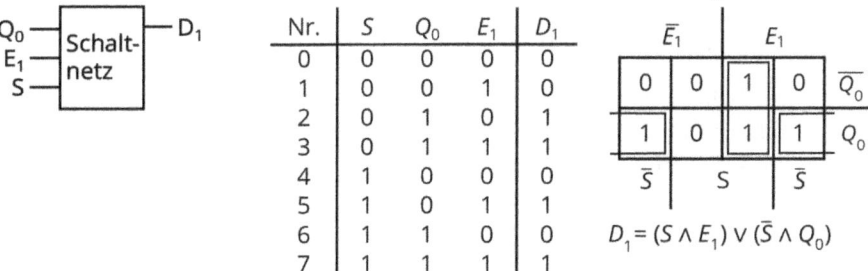

Skizze des Schaltnetzes: Wahrheitstabelle: Ermittlung der Schaltfunktion:

Nr.	S	Q_0	E_1	D_1
0	0	0	0	0
1	0	0	1	0
2	0	1	0	1
3	0	1	1	1
4	1	0	0	0
5	1	0	1	1
6	1	1	0	0
7	1	1	1	1

$D_1 = (S \wedge E_1) \vee (\overline{S} \wedge Q_0)$

c) Schaltung n-Bit-Parallel-/Serienumsetzer mit zweizustandsgesteuerten D-Flipflops

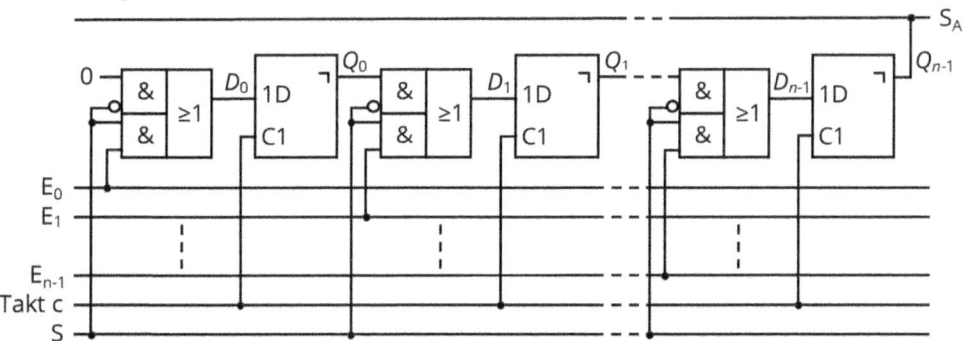

Abbildung 30.5: Entwurf eines n-Bit-Parallel-/Serienumsetzers

In Abbildung 30.5a ist das Symbol eines n-Bit-Parallel-/Serienumsetzers mit n Stufen mit zweizustandsgesteuerten D-Flipflops mit Taktsteuerung und dem Takt c, der aktiv High wirkt, dargestellt. Zusätzlich verfügt der Parallel-/Serienumsetzer über einen Steuereingang S, der aktiv High wirkt, für die Umschaltung zwischen der Datenausgabe (S = 1) der an den Dateneingängen E_0 bis E_{n-1} anliegenden Daten und dem Schieben (S = 0) der Zustände an den Ausgängen Q_n der D-Flipflops um jeweils eine Stelle pro aktivem Taktzustand.

Da alle Stufen des Parallel-/Serienumsetzers gleich aufgebaut sind, wurde in Abbildung 30.5b der Entwurf der benötigten Schaltfunktion für den Dateneingang D_1 für die 1. Stufe vorgenommen.

Mit der ermittelten Schaltfunktion ergibt sich jetzt das in Abbildung 30.5c angegebene Schaltwerk für den n-Bit-Parallel-/Serienumsetzer.

Serien-/Parallelumsetzer

Der Serien-/Parallelumsetzer ist das Gegenstück zum Parallel-Serienumsetzer einer seriellen Schnittstelle. In Abbildung 30.6 ist der Entwurf eines Serien-Parallelumsetzers angegeben.

Dort sind das Symbol eines n-Bit-Serien-/Parallelumsetzers mit n Stufen mit zweizustandsgesteuerten D-Flipflops mit Taktsteuerung und dem Takt c, der aktiv High wirkt, dargestellt. Über den Steuereingang S, der aktiv High wirkt, erfolgt die Umschaltung zwischen dem Schieben (S = 0) der Daten über den seriellen Eingang S_E und die Dateneingänge der D-Flipflops und der Datenausgabe an den Ausgängen Y_0 bis Y_{n-1} (S = 1). Da alle Stufen gleich aufgebaut sind, wurde in Abbildung 30.6b der Entwurf für die 1. Stufe des Serien-/Parallelumsetzers vorgenommen.

Mit den ermittelten Schaltfunktionen für den Dateneingang D_1, dem Ausgang Y_1 und dem Takt c_1, wobei der Takt für alle D-Flipflops identisch ist, folgt das in Abbildung 30.6c angegebene Schaltwerk für den n-Bit-Serien-/Parallelumsetzer.

a) Symbol n-Bit-Serien-/Parallelumsetzers mit zweizustandsgesteuerten D-Flipflops

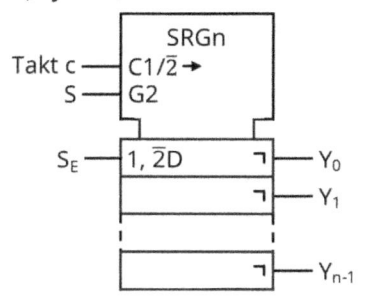

Legende:
SRGn: Kennzeichnung Schieberegister mit n Stufen
Cn: Takteingang mit der Kennzahl n
nD: Dateneingang mit der Kennzahl n
/: Trennzeichen für einen kombinierten Ein- oder Ausgang
G2: UND-Abhängigkeit mit der Kennzahl 2
Nr.: Ein- und Ausgänge mit gleicher Kennzahl wirken gemeinsam
→: Schieberichtung von links nach rechts
⊓: Retardierter Ausgang
Takt c: Takteingang (aktiver Zustand High)
S: Steuereingang (S=0: Schieben; S=1: Datenausgabe)
S_E: Serieller Eingang
Y_n: Datenausgänge (n=0: niederwertigste Stelle)

b) Entwurf der 1. Stufe eines Serien-/Parallelumsetzers mit D-Flipflops

Skizze des Schaltnetzes:

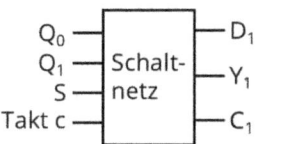

Ermittlung der Schaltfunktionen:

$D_1 = Q_0$
$Y_1 = S \wedge Q_1$
$C_1 = \bar{S} \wedge \text{Takt } c$

Legende:
Q_n: Datenausgang des D-Flipflops an der n. Stelle
S: Steuereingang (S=0: Schieben; S=1: Datenausgabe)
Takt c: Takteingang (aktiver Zustand High)
S_E: Serieller Eingang an der 0. Stelle ($S_E \triangleq D_0$)
D_n: Dateneingang D-Flipflop an der n. Stelle
Y_n: Datenausgang an der n. Stelle
C_n: Takteingang D-Flipflop an der n. Stelle

c) Schaltung n-Bit-Serien-/Parallelumsetzer mit zweizustandsgesteuerten D-Flipflops

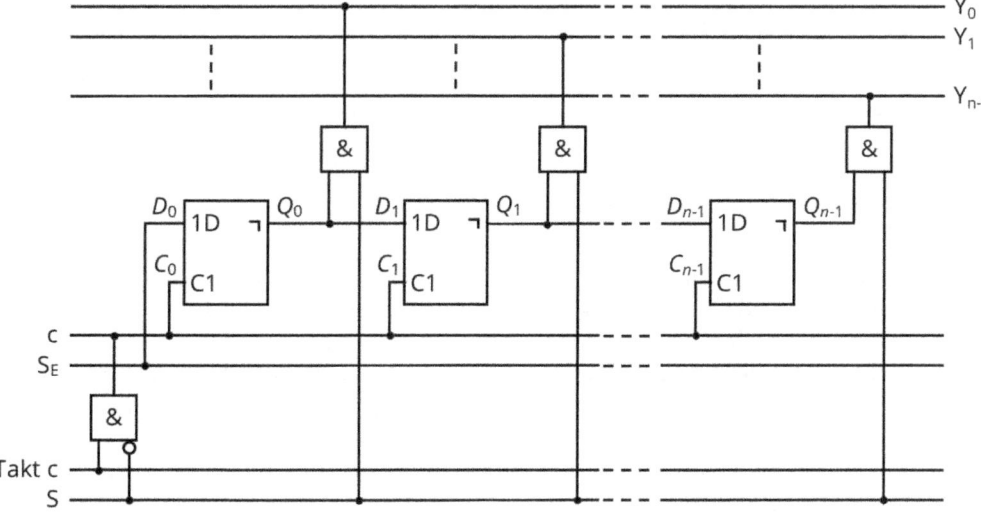

Abbildung 30.6: Entwurf eines n-Bit-Serien-/Parallelumsetzers

Entwurf einfacher Schaltwerke

Mit den Schieberegistern können auf recht einfache Weise verschiedene Funktionen realisiert werden. Dies sind

✔ *Zähler* und

✔ *Pseudo-Zufallsgeneratoren*,

deren Entwurf ich Ihnen im Folgenden vorstellen möchte.

Der Entwurf beider Gruppen basiert auf unterschiedliche Arten der Rückkopplung der Ausgänge von Serien-/Parallelumsetzern auf den seriellen Eingang. In Abbildung 30.7 ist das Grundprinzip der Rückkopplung über ein Überführungsschaltnetz dargestellt, wie es angewendet wird.

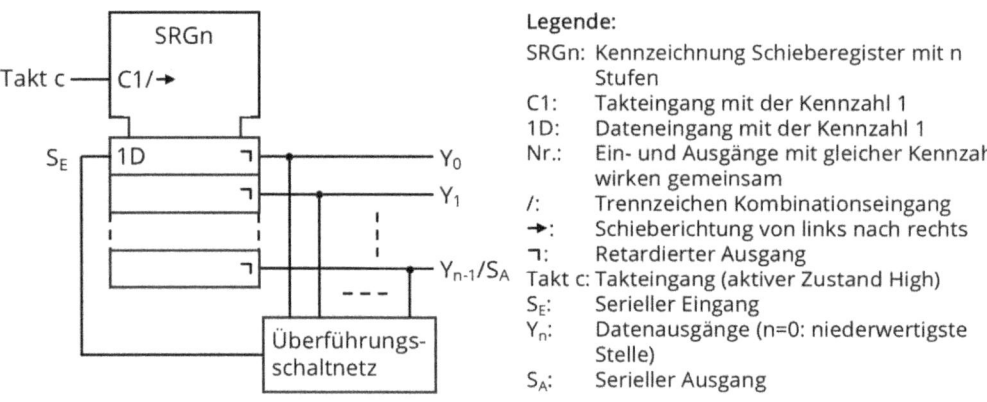

Abbildung 30.7: Allgemeine Form eines n-Bit-Schieberegisters mit Rückkopplung der Ausgänge

Johnson-Zähler nach dem Libaw-Craig-Code

Als Erstes wird ein Johnson-Zähler, der nach dem Libaw-Craig-Code entworfen wird, behandelt. Bei diesem Code handelt es sich um einen einschrittigen und nicht bewertbaren fünfstelligen Ziffernanordnungscode, mit einer speziellen 5-Bit-Darstellung einer Ziffer, wie er in Kapitel 6 behandelt wird. Der Entwurf ist denkbar einfach, da lediglich die höchstwertige Stelle der Ausgänge invertiert auf den seriellen Eingang S_E geführt werden muss, wie dies in Abbildung 30.8 vorgenommen ist. Es ergibt sich dann die in Abbildung 6.12 angegebene Zählfolge für die Ziffern 0 bis 9.

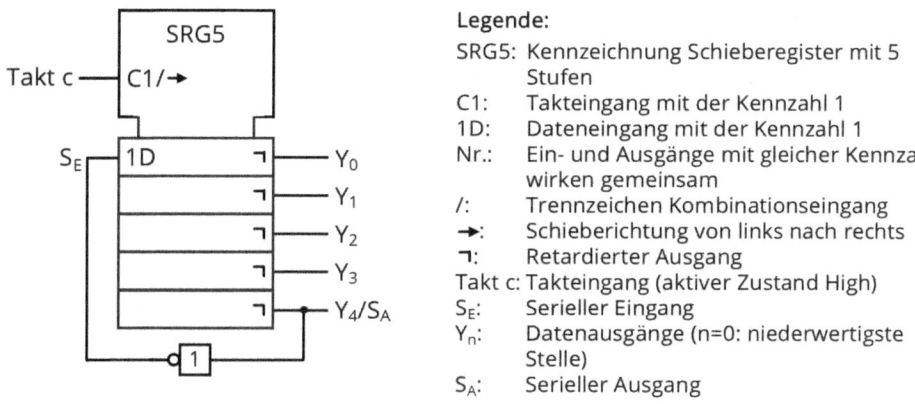

Abbildung 30.8: Johnson-Zähler nach dem Libaw-Craig-Code mit einem 5-Bit-Schieberegister

Pseudo-Zufallsgeneratoren

Pseudo-Zufallsgeneratoren werden beispielsweise für die Generierung von Testmustern für digitale Schaltungen wie auch Speichern eingesetzt, um den fehlerfreien Betrieb einer Baugruppe sicherzustellen. Diese können auch Bestandteil eines In-Circuit-Tests sein. Der In-Circuit-Test (ICT) ist ein Prüfverfahren in der Elektronikfertigung, um die korrekte Funktion elektronischer Baugruppen nachzuweisen.

Durch die weitere Möglichkeit einer antivalenten Rückführung der Ausgänge auf den seriellen Eingang S_E des Serien-/Parallelumsetzers, wie dies in Abbildung 30.9 dargestellt ist, können Pseudo-Zufallsgeneratoren unterschiedlicher Bitbreite realisiert werden.

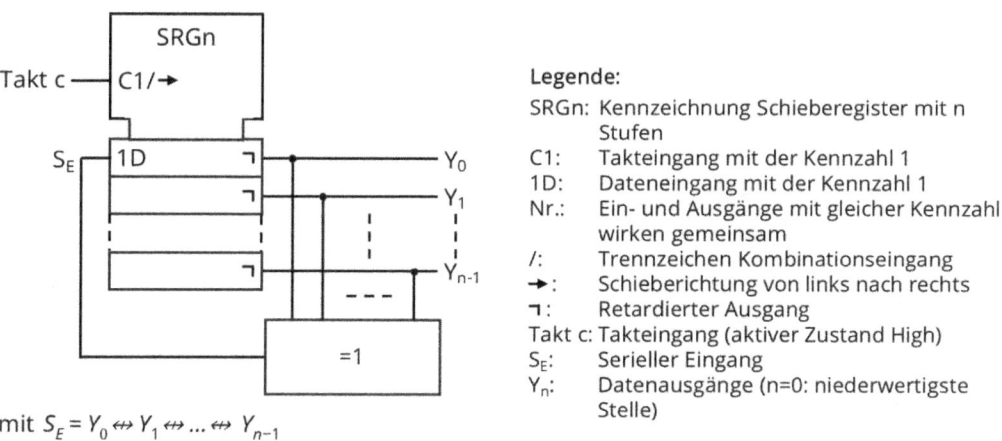

mit $S_E = Y_0 \leftrightarrow Y_1 \leftrightarrow ... \leftrightarrow Y_{n-1}$

Abbildung 30.9: n-Bit-Schieberegister mit antivalenter Überführungsfunktion

 Wird eine zufällige Zählfolge periodisch wiederholt, so wird diese als *Pseudo-Zufallsfolge* bezeichnet.

Als Beispiel ist die Vorgehensweise des Entwurfs für einen 3-Bit-Pseudo-Zufallsgenerator in Abbildung 30.10a und b mit dem Symbol und der Zählfolge angegeben. Nach dem Einschalten des Pseudo-Zufallsgenerators ist über den direkten Setzeingang S das Setzen der Ausgänge erforderlich. Es wird dann mit jedem aktiven Taktzustand die antivalente Verknüpfung der beiden höchstwertigen Stellen der Ausgänge (Y_1 und Y_2) über den seriellen Eingang SE in das Schieberegister übernommen und die weiteren Stellen werden jeweils um eine Stelle geschoben, sodass die in Abbildung 30.10b angegebene Zählfolge entsteht.

Des Weiteren wurde in Abbildung 30.10c eine Zusammenstellung der Indizes der antivalent zu verknüpfenden Ausgänge für die Bitbreiten $n = 3$ bis 12 eines Pseudo-Generators vorgenommen. Außer der binären 0 treten alle möglichen Binärkombinationen in den Zählfolgen auf. Allgemein kann mit einem n-Bit-Schieberegister eine pseudo-zufällige Bitfolge der Länge $2^n - 1$ erzeugt werden.

a) Schaltung 3-Bit-Pseudo-Zufallsgenerator

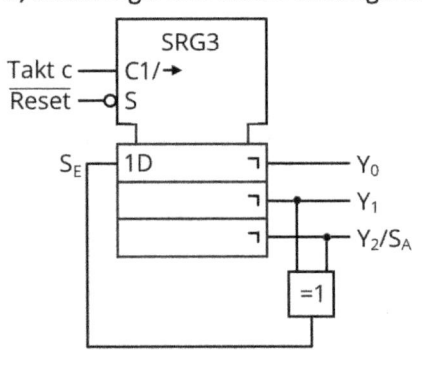

Legende:
SRGn: Kennzeichnung Schieberegister mit n Stufen
C1: Takteingang mit der Kennzahl 1
S: direkter Setzvorgang
1D: Dateneingang mit der Kennzahl 1
Nr.: Ein- und Ausgänge mit gleicher Kennzahl wirken gemeinsam
/: Trennzeichen Kombinationseingang
→: Schieberichtung von links nach rechts
⌐: Retardierter Ausgang
Takt c: Takteingang (aktiver Zustand High) S_E:
Serieller Eingang
Reset: Rücksetzeingang aktiv Low
Y_n: Datenausgänge (n=0: niederwertigste Stelle)

b) Zustandsfolgetabelle für einen 3-Bit-Pseudo-Zufallsgenerator ($n = 3$)

Takt Nr.	Y_2	Y_1	Y_0	Dez. Nr.
0	1	1	1	7
1	1	1	0	6
2	1	0	0	4
3	0	0	1	1
4	0	1	0	2
5	1	0	1	5
6	0	1	1	3
0	1	1	1	7
1	1	1	0	6
⋮	⋮	⋮	⋮	⋮

c) Indizes für die antivalente Verknüpfung der Ausgänge für n-Bit-Pseudo-Zufallsgeneratoren

n	Y_t	Y_u	Y_v	Y_w
3	1	2		
4	2	3		
5	2	4		
6	4	5		
7	3	6		
8	2	4	6	7
9	4	8		
10	6	9		
11	8	10		
12	5	7	10	11

mit $S_E = Y_t \leftrightarrow Y_u \leftrightarrow Y_v \leftrightarrow Y_w$

Quelle: Pernards, Peter; Dgitaltechnik I - Grundlagen, Entwurf, Schaltungen; 4. Auflage, Heidelberg – Hüthig; 2001: ISBN 3-7785-2815-7

Abbildung 30.10: Beispiel eines 3-Bit-Pseudo-Zufallsgenerators mit antivalenter Überführungsfunktion

Modulo-n-Zähler

Eine weitere Möglichkeit besteht darin, dass entsprechende Modulo-n-Zähler (n steht für die Anzahl der Zählstufen eines Zählers) über das Zustandsdiagramm des jeweiligen n-stufigen Schieberegisters entworfen werden können. Hierzu ist es dann erforderlich, als Überführungsfunktion ein beliebiges Schaltnetz zu entwerfen.

a) Schaltung 3-Bit-Zähler mit einem dreistufigen Schieberegister

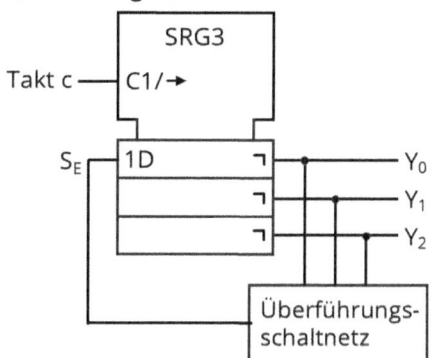

Legende:
SRG3: Kennzeichnung Schieberegister mit 3 Stufen
C1: Takteingang mit der Kennzahl 1
1D: Dateneingang mit der Kennzahl 1
Nr.: Ein- und Ausgänge mit gleicher Kennzahl wirken gemeinsam
/: Trennzeichen Kombinationseingang
→: Schieberichtung von links nach rechts
⊣: Retardierter Ausgang
Takt c: Takteingang (aktiver Zustand High)
S_E: Serieller Eingang
Y_n: Datenausgänge (n=0: niederwertigste Stelle)

b) Zustandsdiagramm eines 3-Bit-Zählers mit acht möglichen Zählstufen

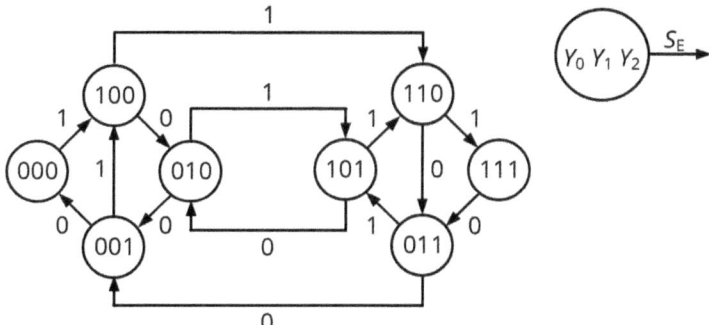

Abbildung 30.11: 3-Bit-Zähler mit einem 3-stufigen Schieberegister

In Abbildung 30.11a und b sind das Symbol und das zugehörige Zustandsdiagramm eines 3-Bit-Zählers dargestellt. In dem Zustandsdiagramm sind alle möglichen Zustandsübergänge durch die Rückkopplung der jeweils niederwertigsten Stelle Y_0 auf den seriellen Eingang S_E eingetragen. Es können jetzt Auf- und Abwärtszähler nur über die gegebenen Zustandsübergänge der gerichteten Kanten mit der entsprechenden Übergangsbedingung des seriellen Eingangs S_E entworfen werden.

 Als Beispiel ist in Abbildung 30.12 der Entwurf eines 3-Bit-Modulo-8-Zählers mit acht Zählstufen entworfen worden. Mit einem 3-Bit-Seriell-/Parallel-Schieberegister können auf diese Weise Auf- und Abwärtszähler Modulo 4, 5, 6, 7 und 8 entworfen werden.

Dazu ist in Abbildung 30.12a das aus dem Zustandsdiagramm in Abbildung 30.11b abgeleitete Zustandsdiagramm für acht Zählstufen angegeben. Die Überführungsfunktion für den seriellen Eingang S_E mit dessen Belegung in Abbildung 30.12b ergibt sich dann aus den Momentanzuständen der Ausgänge Y_0 bis Y_2. In Abbildung 30.12c ist das daraus resultierende Schaltwerk des Modulo-8-Zählers angegeben.

a) Zustandsdiagramm eines Modulo-8-Zählers mit einem dreistufigen Schieberegister

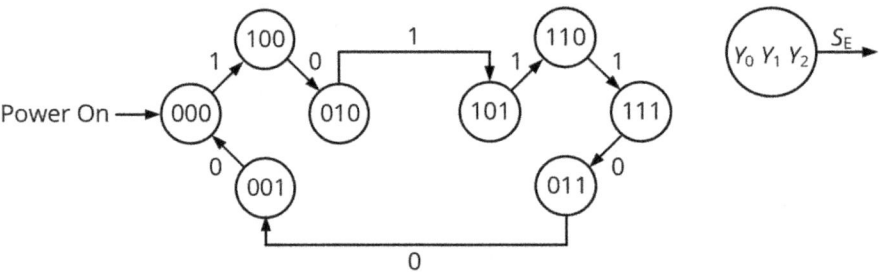

b) Entwurf der Überführungsfunktion für einen Modulo-8-Zähler

Skizze des Schaltnetzes:

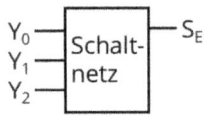

Zustandsfolgetabelle:

Dez. Nr.	Y_2	Y_1	Y_0	$S_E = Q_0^+$
0	0	0	0	1
1	0	0	1	0
2	0	1	0	1
5	1	0	1	1
3	0	1	1	1
7	1	1	1	0
6	1	1	0	0
4	1	0	0	0

Ermittlung der Schaltfunktion:

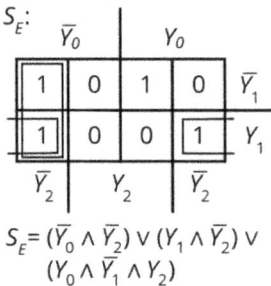

$S_E = (\overline{Y_0} \wedge \overline{Y_2}) \vee (Y_1 \wedge \overline{Y_2}) \vee (Y_0 \wedge \overline{Y_1} \wedge Y_2)$

c) Schaltung des Modulo-8-Zählers mit einem dreistufigen Schieberegister

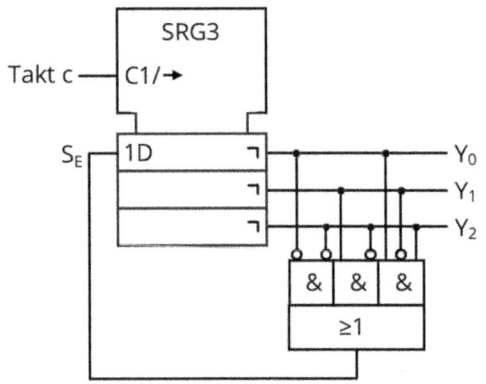

Legende:
- SRG3: Kennzeichnung Schieberegister mit 3 Stufen
- C1: Takteingang mit der Kennzahl 1
- 1D: Dateneingang mit der Kennzahl 1
- Nr.: Ein- und Ausgänge mit gleicher Kennzahl wirken gemeinsam
- /: Trennzeichen Kombinationseingang
- →: Schieberichtung von links nach rechts
- ¬: Retardierter Ausgang
- Takt c: Takteingang (aktiver Zustand High)
- S_E: Serieller Eingang
- Y_n: Datenausgänge (n=0: niederwertigste Stelle)

Quelle: Pernards, Peter; Digitaltechnik I - Grundlagen, Entwurf, Schaltungen; 4. Auflage, Heidelberg – Hüthig; 2001: ISBN 3-7785-2815-7

Abbildung 30.12: Entwurf eines Modulo-8-Zählers mit einem dreistufigen Schieberegister

Beispiel für ein 4-Bit-Schieberegister SN54LS195A

In Abbildung 30.13 ist ein Datenblattauszug des Logik-Elements SN54LS195A angegeben. Es handelt sich dabei um ein 4-Bit-Schieberegister mit einflankengesteuerten RS-Flipflops mit Gegentakt-Ausgängen. Die Funktion kann der dort angegebenen Arbeitstabelle entnommen werden. In Abbildung 30.14 ist der interne Aufbau des Schieberegisters dargestellt.

Symbol SN54LS195A:

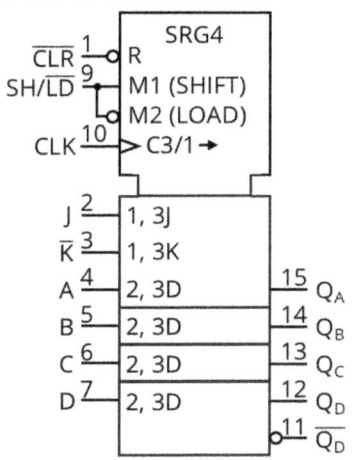

Legende Symbol:

SRG4:	Kennzeichnung Schieberegister mit 4 Stufen
R:	Direkter Rücksetzeingang
Mn:	Mode-Abhängigkeit mit der Kennzahl n
Cn:	Takteingang mit der Kennzahl n
nD:	Dateneingang mit der Kennzahl n
▷:	Taktflankensteuerung (aktive Flanke 0/1)
→:	Schieben von links nach rechts
/:	Trennzeichen Kombinationseingang
Nr.:	Ein- und Ausgänge mit gleicher Kennzahl wirken zusammen
$\overline{CLR}$:	Rücksetzen Ausgänge Q_n
SH/$\overline{LD}$:	Schieben und Laden der Dateneingänge A bis D
CLK:	Takteingang aktive Flanke 0/1
J, $\overline{K}$:	Serieller Betrieb (siehe Arbeitstabelle)
A bis D:	Dateneingänge
Q_A bis Q_D:	Datenausgänge

Arbeitstabelle:

Eingänge									Ausgänge				
			Seriell		Parallel								
$\overline{CLR}$	SH/$\overline{LD}$	CLK	J	$\overline{K}$	A	B	C	D	Q_A	Q_B	Q_C	Q_D	$\overline{Q_D}$
L	X	X	X	X	X	X	X	X	L	L	L	L	H
H	L	↑	X	X	a	b	c	d	a	b	c	d	$\overline{d}$
H	H	L	X	X	X	X	X	X	Q_{A0}	Q_{B0}	Q_{C0}	Q_{Cn}	$\overline{Q_{Cn}}$
H	H	↑	L	H	X	X	X	X	Q_{A0}	Q_{A0}	Q_{Bn}	Q_{Cn}	$\overline{Q_{Cn}}$
H	H	↑	L	L	X	X	X	X	L	Q_{An}	Q_{Bn}	Q_{Cn}	$\overline{Q_{Cn}}$
H	H	↑	H	H	X	X	X	X	H	Q_{An}	Q_{Bn}	Q_{Cn}	$\overline{Q_{Cn}}$
H	H	↑	H	L	X	X	X	X	$\overline{Q_{An}}$	Q_{An}	Q_{Bn}	Q_{Cn}	$\overline{Q_{Cn}}$

Legende Arbeitstabelle:

H/L:	Logik-Pegel High/Low
X:	Don't Care
↑:	Aktive Flanke 0/1
a bis d:	Der Logik-Pegel an den Eingängen A bis D
Q_{A0} bis Q_{D0}:	Der Logik-Pegel an den Ausgängen Q_A bis Q_D vor der Festlegung der angegebenen Eingangsbedingungen
Q_{An} bis Q_{Dn}:	Der Logik-Pegel an den Ausgängen Q_A bis Q_D vor dem letzten Übergang des Taktes

Quelle: Texas Instruments, TTL Data Book 1988, SDLD001A, S. 718, MARCH 174 – REVISED MARCH 1988

Abbildung 30.13: Beispiel 4-Bit-Schieberegister SN54LS195A

Interne Logik-Elemente SN54LS195A:

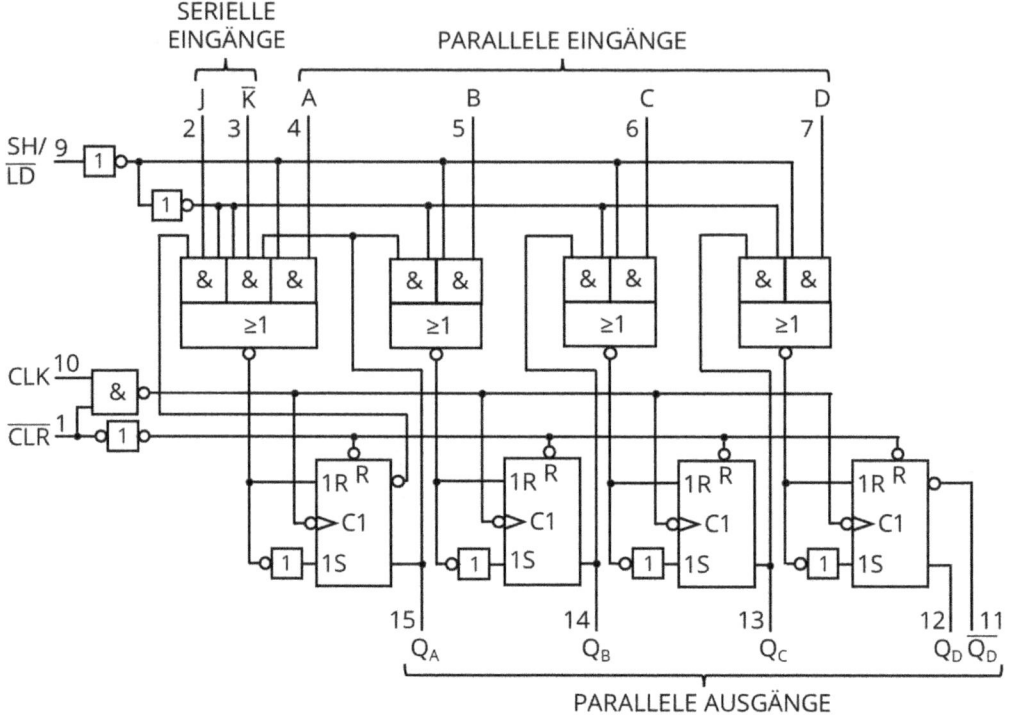

Quelle: Texas Instruments, TTL Data Book1988, SDLD001A, S. 718, MARCH 174 – REVISED MARCH 1988

Abbildung 30.14: Interner Aufbau des 4-Bit-Schieberegisters SN54LS195A

Übersicht einer Auswahl verfügbarer Schieberegister

Um Ihnen die Auswahl zu erleichtern und einen kleinen Überblick zu verschaffen, sind in Tabelle 30.4 einige *Schieberegister* mit 4, 8 und 16 Kanälen zusammengestellt.

KAPITEL 30 Auffang- und Schieberegister

Anz. Kanäle	Funktionen)*)⁴				Datenblatt	Technologie)*)**	Kennung)*)***
	Betriebsart	Ausgang	Sonderfkt.	Takt			
4	S/P P/S	G	R P R/L	↑	4-BIT UNIVERSAL BIDIREKTIONAL SHIFT REGISTERS	SN54S/LS; CD54HC	194
	S/P P/S	G	R P	↑	4-BIT PARALLEL-ACESS SHIFT REGISTERS	SN54LS	195
8	S/P	G	R	↑	8-BIT SERIAL IN/PARALLEL OUT SHIFT REGISTER	SN54LS/HC; SN74AC/ACT/HC/HCS/LV; CD54HCT; CD74AC/ACT/HC/HCT	164
	P/S	G	P	↑	8-BIT PARALLEL-LOAD SHIFT REGISTER	SN54LS/HC; SN74LS/ACAHC/AHCT/HC/HCT/HCS/LV/LVC; CD54HCT; CD74HC/HCT	165
	P/S	G	P S	↑	8-BIT PARALLEL-LOAD SHIFT REGISTER WITH SCHMITT-TRIGGER INPUTS	SN54LS/HC; SN74LS/HC/HCS/LV/LVC; CD74HC/HCT	166
	S/P	G	R S	↓	8-BIT PARALLEL- OUT SERIAL SHIFT REGISTERS WITH SCHMITT-TRIGGER INPUTS	SN74HCS	264
	P/S B	T	R R/L EN	↑	8-BIT UNIVERSAL SHIFT/STORAGE REGISTERS WITH 3-STATE OUTPUTS	SN54LS/ALS; SN74HCS; CD54HC/HCT; CD74HC	299

Funktionen)*)⁴							
Anz. Kanäle	Betriebsart	Ausgang	Sonderfkt.	Takt	Datenblatt	Technologie)*)**	Kennung)*)***
	S/P	G	R OR	↑	8-BIT SHIFT REGISTERS WITH OUTPUT REGISTERS	SN74HC/AHC/AHCT/LV	594
	S/P	T	R OR	↑	8-BIT SHIFT REGISTERS WITH 3-STATE OUTPUT REGISTERS	SN54LS/HC; SN74HC/HCS/HCT/AHC/LV; CD74HC	595
16	S/P	G	R	↓	16-BIT SHIFT REGISTERS	SN54LS	673
	P/S	G	R P	↓	16-BIT SHIFT REGISTERS	SN54LS	674

)* Texas Instruments, Digital Logic Pocket Data Book, SCYD013B, 2007 und https://www.ti.com, letzter Zugriff am 22.04.2025

)** Dies sind nur Beispiele einiger Logik-Elemente. Die meisten Logik-Elemente sind in diversen Halbleitertechnologien verfügbar. Die Low Voltage Logic »Little Logic« von Texas Instruments wurde nicht berücksichtigt. Dies kann aus der angegebenen Quelle entnommen werden.

)*** Die Kennung ist eine mehrstellige Ziffer und steht immer hinter der Technologiebezeichnung. In Kapitel 19 ist dies erklärt.

)⁴ Abkürzungen zu den Funktionen: B – Bidirektional; EN – Freigabeeingang; G – Gegentaktausgang; H – Aktiv High; L – Aktiv Low; OR – Ausgangsregister; P – Paralleles Laden; P/S – Parallel/Seriell; R – Rücksetzen (Clear); R/L – Rechts/Links Schieben; S – Schmitt-Trigger-Eingang; S/P – Seriell/Parallel; S/S – Seriell/Seriell; T – Tri-State-Ausgang; ↑/↓ – Taktflankensteuerung 0/1-/1/0-Flanke; - – nichts/nein

Tabelle 30.4: Übersicht einer Auswahl verfügbarer Schieberegister mit 4, 8 und 16 Kanälen

Übungen: Register

Übung 30.1:

Entwurf eines Modulo-5-Zählers mit einem Schieberegister.

Der Zähler wird mit dem Takt c angesteuert und beginnt nach einem Setzvorgang über einen direkten Setzeingang S, der aktiv High wirkt, mit dem binären Zählerstand 111b. Am Ende der Zählfolge beginnt der Zähler wieder von vorne. Zur Verfügung stehen dafür einflankengesteuerte D-Flipflops mit der aktiven Flanke 1/0. Der serielle Eingang soll mit S_E und die Ausgänge sollen mit Y_0 bis Y_{n-1} gekennzeichnet werden.

Zum besseren Verständnis sehen Sie sich bitte den relevanten Abschnitt »Aufbau und Entwurf der Schieberegister/Entwurf einfacher Schaltwerke/Modulo-n Zähler« in diesem Kapitel an.

a) Wie viele Stufen benötigt das Schieberegister des Zählers?

b) Geben Sie das Zustandsdiagramm für die Ausgänge Y_0 bis Y_{n-1} des Modulo-5-Zählers an.

c) Geben Sie die Zustandsfolgetabelle des Modulo-5-Zählers an.

d) Ermitteln Sie die erforderliche Schaltfunktion für das Überführungsschaltnetz in der Rückkopplung.

e) Geben Sie das normgerechte Symbol eines Schieberegisters des Zählers mit der erforderlichen Beschaltung der ermittelten Schaltfunktion unter Punkt d) an.

Übung 30.2:

Entwurf eines 4-Bit-Pseudo-Zufallsgenerators zum Erzeugen eines Testmusters für Speichertests.

Entwickeln Sie einen 4-Bit-Pseudo-Zufallsgenerator durch die antivalente Rückkopplung eines Schieberegisters auf den seriellen Eingang S_E des Schieberegisters.

Das Schieberegister verwendet zweizustandsgesteuerte D-Flipflops mit einem direkten Setzvorgang S, der aktiv Low wirkt. Der Takteingang soll mit Takt c und der Setzeingang mit $\overline{S}$ bezeichnet werden.

Verwenden Sie für den Entwurf die nachfolgende Tabelle mit den gekennzeichneten Indizes der Ausgänge des Schieberegisters und entwerfen Sie die Schaltung. Der serielle Eingang soll mit S_E und die Ausgänge des Pseudo-Zufallsgenerators sollen mit Y_0 bis Y_{n-1} gekennzeichnet werden.

Indizes für die antivalente Verknüpfung der Ausgänge für n-Bit-Pseudo-Zufallsgeneratoren:

n	Y_t	Y_u	Y_v	Y_w
3	1	2		
4	2	3		
5	2	4		
6	4	5		
7	3	6		
8	2	4	6	7
9	4	8		
10	6	9		
11	8	10		
12	5	7	10	11

mit $S_E = Y_t \leftrightarrow Y_u \leftrightarrow Y_v \leftrightarrow Y_w$

Zum besseren Verständnis sehen Sie sich bitte den relevanten Abschnitt »Aufbau und Entwurf der Schieberegister/Entwurf einfacher Schaltwerke/Pseudo-Zufallsgenerator« in diesem Kapitel an.

a) Wie viele Stufen benötigt das Schieberegister?

b) Geben Sie das normgerechte Symbol des Schieberegisters an.

c) Geben Sie die Schaltfunktion für die Überführungsfunktion an.

d) Geben Sie die Zustandsfolgetabelle für die Zählfolge an.

e) Geben Sie das normgerechte Symbol des Pseudo-Zufallsgenerators mit dem Schieberegister und der Beschaltung für die Überführungsfunktion an.

Übung 30.3:

Entwurf eines 8-Bit-Parallel-/Serienumsetzers für eine serielle Schnittstelle mit dem Logik-Element SN54LS195A.

Der Parallel-/Serienumsetzer verfügt über einen Rücksetzeingang $\overline{\text{Reset}}$, der aktiv Low wirkt. Das Schieben und Laden der Dateneingänge erfolgt über einen Steuereingang S (S = 0: Laden der Dateneingänge; S = 1: Schieben) und die Dateneingänge sollen mit D_0 bis D_7 bezeichnet werden.

a) Geben Sie die komplette normgerechte Schaltung des 8-Bit-Parallel-/Serienumsetzers mit dem SN54LS195A in Abbildung 30.13 und Abbildung 30.14 aus dem Abschnitt »Beispiel für ein 4-Bit-Schieberegister SN54LS195A« an.

Teil XIV
Der Top-Ten-Teil

Besuchen Sie uns auf www.fuer-dummies.de oder unseren Social-Media-Kanälen:

Facebook
www.facebook.com/
fuerdummies

Instagram
www.instagram.com/
furdummies

YouTube
www.youtube.com/
@dummies-mann

> **IN DIESEM TEIL ...**
>
> Regeln und Grundlagen, die unbedingt erforderlich sind.
>
> Wichtige grundlegende Arbeiten als Basis der Digitaltechnik.
>
> Bücher und weiterführende Literatur zur Digitaltechnik.
>
> Empfehlenswerte Werkzeuge für die Simulation.
>
> Interessante Quellen im Internet.
>
> Wichtige Normen und Definitionen.

Top 1: Wichtige Grundlagen, die Sie verinnerlichen sollten

Die Schaltalgebra kann für die Analyse und Synthese auf sämtliche digitale Systeme beziehungsweise digitale Schaltungen angewendet werden, seien es Schaltnetze oder auch Schaltwerke.

Kurz zusammengefasst, was Sie unbedingt wissen sollten:

- ✔ Rechenregeln der Schaltalgebra
- ✔ Verfahren zur Analyse und Synthese von digitalen Schaltungen
- ✔ Verfahren zum Entwurf von endlichen Zustandsautomaten/Zählern
- ✔ Systematik der grafischen Symbole als Sprache der Digitaltechnik
- ✔ Übersicht über Standardschaltnetze und -werke

Top 2: Wichtige grundlegende Arbeiten der Väter der Digitaltechnik

Für mich ist immer wieder die Entstehungsgeschichte der Digitaltechnik sehr interessant, deswegen sollten Sie auch folgenden kurzen Exkurs in die Vergangenheit lesen.

Die Väter der mathematischen Grundlagen der Digitaltechnik sind die Herren *Boole* und *Shannon*, und zwar bereits im 19. Jahrhundert.

Als George Boole, ein englischer Mathematiker (1815 bis 1864), ab dem Jahr 1847 versuchte, einen algebraischen Weg zu finden, um logische Problemstellungen zu lösen, entwickelte er eine komplett neue algebraische Struktur – die *Boole'sche Algebra*. Als Synonym wird auch sehr häufig die Benennung *Schaltalgebra* verwendet.

Damals konnte noch niemand ahnen, dass diese Entdeckung einmal ein Meilenstein für ein komplett neues technisches Gebiet – die Digitaltechnik – sein würde. Und dass sich aus der Boole'schen Algebra die für unseren Alltag wohl bedeutendste Errungenschaft – die Erfindung des Computers – entwickeln könnte, war damals noch undenkbar.

Möglich wurde dies, als der junge Student *Claude Elwood Shannon*, ein US-amerikanischer Mathematiker und Elektrotechniker (1916 bis 2001), 1937 im Rahmen der Bearbeitung seiner Master-Thesis die Analogie der Boole'schen Algebra zu realen Schaltkreisen erkannte und somit ein neues Anwendungsgebiet für die Boole'sche Algebra erschloss.

Einen nicht unerheblichen Anteil daran hatte *Augustus De Morgan*, ein englischer Mathematiker des 19. Jahrhunderts (1806 bis 1871), der die sehr wichtigen *De Morgan'schen Theoreme* beisteuerte. Er zählt neben George Boole und Claude Elwood Shannon zu den Mitbegründern der heutigen Boole'schen Schaltalgebra.

Top 3: Besonders zu empfehlende Literatur zur Digitaltechnik – meine Lieblingsbücher

Es gibt eine Vielzahl an Büchern und anderen Quellen der Digitaltechnik. Eines der besten Fachbücher ist nach meiner Einschätzung und deswegen besonders empfehlenswert das vom Autor Prof. Dr.-Ing. Peter Pernards. Sehr gut strukturiert und sehr gut für den Einstieg geeignet in die Welt der Digitaltechnik. Im Gegensatz zum vorliegenden Buch werden auch noch die Themen Halbleiterspeicher und in Teilen die Programmierbare Logik behandelt:

✔ Pernards, Peter: Digitalechnik I – Grundlagen, Entwurf, Schaltungen, Heidelberg, Hüthig Verlag, 4. Auflage; 2001, ISBN-10: 3-7785-2815-7 ISBN-13: 978-3-7785-2815-0

Im vorliegenden Buch wurden die Themen der Zustandsminimierung für den Entwurf von endlichen Automaten/Zählern nicht behandelt. Eine sehr detaillierte und vollständige

Behandlung des Themas Schaltwerke wird ausführlich und in besonderer Tiefe und Qualität ebenfalls von Prof. Dr.-Ing. Peter Pernards behandelt:

- ✔ Pernards, Peter: Digitalechnik II – Einführung in die Schaltwerke, Heidelberg, Hüthig Verlag, 1995, ISBN-10: 3-7785-2278-7, ISBN-13: 978-3-7785-2278-3

Top 4: Weiterführende Literatur

Weitere Fachbücher zur Digitaltechnik ohne eine Wertung in alphabetischer Reihenfolge der Autoren:

- ✔ Beuth, Klaus; Beuth, Olaf: Digitaltechnik – Vogel Fachbuch Elektronik 4, Würzburg, Vogel Verlag, 14. Auflage, 2019, ISBN-13: 978-3-8343-3299-8
- ✔ Borucki, Lorenz: Digitaltechnik, Stuttgart, Teubner, 5. Auflage, 2000, ISBN-13: 978-3-519-46415-0
- ✔ Fricke, Klaus: Digitaltechnik – Lehr- und Übungsbuch für Elektrotechniker und Informatiker, Wiesbaden, Springer Vieweg, 10. Auflage, 2009, ISBN-13: 978-3-658-40209-9, ISBN-13: 978-3-658-40210-5 (eBook)
- ✔ Lichtberger, Bernhard: Praktische Digitaltechnik, Heidelberg, Hüthig Verlag, 3. Auflage, 1997, ISBN-13: 978-3-7785-2547-0
- ✔ Lipp, Martin; Becker, Jürgen: Grundlagen der Digitaltechnik. München, Oldenbourg Verlag, 7. Auflage, 2010, ISBN-10: 3-4865-9747-7, ISBN-13: 978-3-4865-9747-9
- ✔ Morgenstern, Bodo: Elektronik 3 – Digitale Schaltungen und Systeme, Vieweg+Teubner, Wiesbaden, 2. Auflage, 1997, ISBN-13: 978-3-5281-3366-5
- ✔ Seifart, Manfred; Beikirch, Helmut: Digitale Schaltungen, Berlin, Verlag Technik, 5. Auflage, 1998, ISBN-10 3-3410-1198-6, ISBN-13: 978-3-3410-1198-0
- ✔ Siemers, Christian; Sikora, Axel: Taschenbuch Digitaltechnik. Carl Hanser Verlag, München, 4. Auflage, 2022, ISBN 978-3-446-46914-3
- ✔ Woitowitz, Roland; Urbanski, Klaus; Gehrke, Winfried: Digitaltechnik – Ein Lehr- und Übungsbuch, Springer-Verlag, Berlin Heidelberg, 6. bearbeitete Auflage, 2012, ISSN 0937-7433, ISBN 978-3-642-20871-3, e-ISBN 978-3-642-20872-0, DOI 10.1007/978-3-642-20872-0

Top 5: Ein kostenfreies Simulationswerkzeug

Ein interessantes und fast intuitiv bedienbares Werkzeug für die Simulation – nicht nur für digitale Schaltungen – ist der *Quite Universal Circuit Simulator (Qucs)* von Michael Margraf und dem Qucs Team. Für die Simulation von idealen digitalen Schaltungen gut geeignet.

Qucs ist eine freie und plattformunabhängige Software. Sie können sie unter den Bedingungen der GNU General Public License, wie sie von der Free Software Foundation veröffentlicht wurde, weiterverbreiten und/oder modifizieren entsprechend Version 2 oder (nach Ihrer Wahl) jeder späteren Version.

Bezogen werden kann Qucs unter der URL qucs.sourceforge.net (letzter Zugriff am 10.05.2025). Dort sind auch alle erforderlichen Informationen erhältlich.

Top 6: Ein Simulationswerkzeug für Profis

Ein nicht so intuitiv bedienbares Werkzeug für fast alle Belange der Modellbildung und Simulation ist MATLAB/Simulink® von The Mathworks.

Für Studierende ist eine kostenfreie Testversion erhältlich. In vielen Hochschulen ist allerdings auch eine Campuslizenz verfügbar.

Näheres zu MATLAB/Simulink® und deren Bezug ist für Deutschland verfügbar unter der URL https://de.mathworks.com/ (letzter Zugriff am 10.05.2025).

Top 7: Die wohl beste Internetquelle für Logik-Elemente

Für weiterführende Informationen und insbesondere für sämtliche Datenblätter, eine Vielzahl von Beispielen und Applikationen zu den Logik-Elementen wird die sehr umfangreiche Datenbasis unter der URL https://www.ti.com (letzter Zugriff am 10.05.2025) des Halbleiterherstellers Texas Instruments empfohlen.

Top 8: Die wichtigste Norm für grafische Symbole der Digitaltechnik

Die wohl wichtigste und umfassende Norm für die Digitaltechnik sollten Sie unbedingt beachten:

✔ Die Darstellung von grafischen Symbolen der binären Elemente in Schaltplänen entspricht »DIN EN 60617 Teil 12:1999-04, Graphische Symbole für Schaltpläne Teil 12: Binäre Elemente«. Hierbei handelt sich um eine Übersetzung der IEC 60617-12:1997. Dort finden Sie fast alles zur Digitaltechnik.

Top 9: Weitere wichtige Normen

Weitere wichtige Normen, die im Zusammenhang mit der Digitaltechnik zur Anwendung kommen, sind folgende:

- ✔ Allgemeine mathematische Zeichen und Begriffe werden nach »DIN 1302:1999-12, Allgemeine mathematische Zeichen und Begriffe« verwendet.

- ✔ Mathematische Zeichen und Symbole der Schaltalgebra werden nach »DIN 66000:1985-11, Mathematische Zeichen und Symbole der Schaltalgebra« verwendet.

- ✔ Die Darstellung von grafischen Symbolen für Symbolelemente, Kennzeichen und andere Schaltzeichen für allgemeine Anwendungen in Schaltplänen entspricht »DIN EN 60617 Teil 2:1997-08, Graphische Symbole für Schaltpläne Teil 2: Symbolelemente, Kennzeichen und andere Schaltzeichen für allgemeine Anwendungen (IEC 60617-2:1996)«.

- ✔ Die Darstellung von grafischen Symbolen für passive Bauelemente in Schaltplänen entspricht »DIN EN 60617 Teil 4:1997-08, Graphische Symbole für Schaltpläne Teil 4: Schaltzeichen für passive Bauelemente (IEC 60617-4:1996)«.

- ✔ Die Darstellung von grafischen Symbolen für Halbleiter in Schaltplänen entspricht »DIN EN 60617 Teil 5:1997-08, Graphische Symbole für Schaltpläne Teil 5: Schaltzeichen für Halbleiter und Elektronenröhren (IEC 60617-5:1996)«.

- ✔ Die Darstellung von grafischen Symbolen der analogen Elemente in Schaltungsunterlagen entspricht »DIN EN 60617 Teil 13:1994-01, Graphische Symbole für Schaltpläne Teil 13: Analoge Elemente (IEC 60617-13:1997)«.

Top 10: Definitionen zur Digitaltechnik

Grundsätzlich werden alle Definitionen, soweit vorhanden, entsprechend der deutschen Ausgabe des Internationalen Elektrotechnischen Wörterbuchs (DA-IEV) verwendet. Diese sind in Deutsch, Englisch und Französisch vorhanden.

Sie sind für die angemeldete limitierte Auflage wiedergegeben mit Genehmigung 402.023 des DIN Deutsches Institut für Normung e.V. und des VDE Verband der Elektrotechnik Elektronik Informationstechnik e.V.

 Die Originaldatenbank des Internationalen Elektrotechnischen Wörterbuchs ist kostenfrei nutzbar über www.dke.de beziehungsweise direkt unter https://www2.dke.de/de/Online-Service/DKE-IEV/Seiten/IEV-Woerterbuch.aspx (letzter Zugriff am 30.04.2025).

Ich hoffe, Sie haben mit genauso viel Enthusiasmus und Spaß das Lehr- und Übungsbuch zur Digitaltechnik gelesen, wie es mir bei der Erstellung erging. Nicht vergessen, üben ist wichtig und hilft, Dinge zu verstehen. Es war mir eine Freude, Sie auf diesem Weg zu begleiten – dafür vielen Dank und auf ein Wiedersehen!

Abbildungsverzeichnis

Abbildung 1.1: Darstellung eines analogen (a) und digitalen Signals (b)   42

Abbildung 1.2: Darstellung eines binären Signals   44

Abbildung 1.3: Abgrenzung des Fachgebiets Digitaltechnik von der Analogtechnik   46

Abbildung 2.1: Übersicht der gebräuchlichsten polyadischen Zahlensysteme und deren Schreibweisen   54

Abbildung 2.2: Algorithmus zur Zahlenumwandlung einer Dezimalzahl bei unterschiedlichen Basen   56

Abbildung 2.3: Umwandlung der Vorkommastellen einer Dezimalzahl in eine Dual- und Sedezimalzahl   57

Abbildung 2.4: Umwandlung der Nachkommastellen einer Dezimalzahl in eine Dual- und Sedezimalzahl   57

Abbildung 2.5: Umwandlung der Vorkommastellen einer Dual- und einer Sedezimalzahl in eine Dezimalzahl   59

Abbildung 2.6: Umwandlung der Nachkommastellen einer Dual- und einer Sedezimalzahl in eine Dezimalzahl   60

Abbildung 2.7: Beispiel zur Umwandlung der Zahlensysteme Dual nach Oktal und umgekehrt   62

Abbildung 2.8: Beispiel zur Umwandlung der Zahlensysteme Dual nach Sedezimal und umgekehrt   62

Abbildung 3.1: Addition natürlicher (a) und gebrochener Zahlen (b) im dezimalen und dualen Zahlensystem   66

Abbildung 3.2: Subtraktion natürlicher (a) und gebrochener Zahlen (b) im dezimalen und dualen Zahlensystem   67

Abbildung 3.3: Multiplikation natürlicher (a) und gebrochener Zahlen (b) im dezimalen und dualen Zahlensystem   67

Abbildung 3.4: Division natürlicher (a) und gebrochener Zahlen (b) im dezimalen und dualen Zahlensystem   68

Abbildung 4.1: Darstellungsmöglichkeiten für negative Zahlen   72

Abbildung 4.2: Arithmetik im Zweierkomplement am Zahlenring eines vierstelligen dualen Zahlensystems   74

Abbildung 4.3: Überträge und Überlauf bei der Addition n-stelliger Dualzahlen   75

Abbildung 4.4: Überlauf bei der Addition vierstelliger Dualzahlen   75

Abbildung 5.1: Darstellung eines vierstelligen Dualcodes mit Bewertungskriterien   84

Abbildung 6.1: Übersicht zur Unterteilung der Binärcodes mit Beispielen   88

Abbildung 6.2: Beispiel für einen bewertbaren Wortcode   89

Abbildung 6.3: Darstellung des n-stelligen Dualcodes mit Bewertungskriterien   89

Abbildung 6.4: Beispiel für einen Anordnungscode   91

Abbildung 6.5: Konstruktion und Bewertungskriterien des Gray-Codes   91

Abbildung 6.6: Prinzip eines Codelineals (a) und einer Codierscheibe (b) am Beispiel eines 4-Bit-Gray-Codes   92

Abbildung 6.7: Beispiel für einen bewertbaren Zifferncode   93

Abbildung 6.8: Darstellung des 8-4-2-1-Codes (BCD-Code) mit Bewertungskriterien   94

Abbildung 6.9: Darstellung des Aiken-Codes mit Bewertungskriterien   95

Abbildung 6.10: Darstellung des BCD-Zählcodes mit Bewertungskriterien   96

Abbildung 6.11: Beispiel für einen Ziffernanordnungscode 96

Abbildung 6.12: Darstellung des Libaw-Craig-Codes mit Bewertungskriterien 97

Abbildung 6.13: Darstellung des Stibitz-Codes (Exzess-3-Code) mit Bewertungskriterien 98

Abbildung 6.14: 7-Bit-Code nach DIN 66003 (ASCII-Code) 99

Abbildung 6.15: 8-Bit-Code nach DIN 66303 102

Abbildung 7.1: Entwicklung der Hamming-Distanz bei einem 3-stelligen Dualcode 107

Abbildung 7.2: Korrigierbarkeit eines Codes für eine ungerade Hamming-Distanz 108

Abbildung 7.3: Korrigierbarkeit eines Codes für eine gerade Hamming-Distanz 109

Abbildung 7.4: Entwicklung eines vierstelligen Codes mit einer Hamming-Distanz von 2 111

Abbildung 7.5: Codetabelle des 4-stelligen Binärcodes mit einer Hamming-Distanz des Codes von 2 112

Abbildung 7.6: Wahrheitstabelle und KV-Tafeln für 2- bis 4-stellige Binärcodes 112

Abbildung 7.7: Entwurf eines 4-stelligen Codes mit einer KV-Tafel 113

Abbildung 7.8: Paritätsbitbildung am Beispiel des 8-4-2-1-Codes 115

Abbildung 8.1: Wahrheitstabelle für zwei Variablen 121

Abbildung 9.1: Regeln für logische Verknüpfungen mit Konstanten 126

Abbildung 9.2: Regeln für logische Verknüpfungen von Variablen und Konstanten 127

Abbildung 9.3: Gesetze (Regeln) für logische Verknüpfungen von Variablen 128

Abbildung 9.4: De Morgan'sche Theoreme 129

Abbildung 9.5: Mögliche Schaltfunktionen und Sprechweisen für eine Variable in Anlehnung an DIN 66000:1985-11 131

Abbildung 9.6: Mögliche Schaltfunktionen und Sprechweisen für zwei Variablen in Anlehnung an DIN 66000:1985-11 132

Abbildung 10.1: Gegenüberstellung grafischer Symbole für Schaltpläne in alten und neuen nationalen, internationalen und amerikanischen Standards 143

Abbildung 11.1: Mögliche Minterme einer Schaltfunktion mit drei Variablen am Beispiel einer gegebenen Schaltfunktion 146

Abbildung 11.2: Mögliche Maxterme einer Schaltfunktion mit drei Variablen am Beispiel einer gegebenen Schaltfunktion 147

Abbildung 12.1: Gegebenes Schaltnetz für die Analyse zur Ermittlung der Wahrheitstabelle und der Schaltfunktion 154

Abbildung 12.2: Schrittweise Ermittlung der Wahrheitstabelle für ein gegebenes Schaltnetz 155

Abbildung 12.3: Analyse eines gegebenen Schaltnetzes durch Einführen von Teilfunktionen 156

Abbildung 13.1: Wahrheitstabelle für die Ampel einer Tiefgaragenzufahrt 163

Abbildung 13.2: Schaltnetz (Schaltung) der Zufahrtskontrolle für eine Tiefgarage 164

Abbildung 13.3: Minimierte(s) Schaltnetz (Schaltung) der Zufahrtskontrolle einer Tiefgarage 166

Abbildung 14.1: Wahrheitstabelle und KV-Tafel für 2 Variablen, a) Wahrheitstabelle, b) KV-Tafel, c) Mögliche Minterme in der KV-Tafel 171

Abbildung 14.2: Minimierung einer Schaltfunktion am Beispiel einer KV-Tafel mit 2 Variablen, a) Wahrheitstabelle, b) KV-Tafel, c) Minimierung 172

Abbildung 14.3: Beispiel für einen 4er-Vereinfachungsblock bei 2 Variablen, a) Wahrheitstabelle, b) KV-Tafel, c) Minimierung 173

Abbildung 14.4: Wahrheitstabelle und KV-Tafel für 3 Variablen, a) Wahrheitstabelle, b) KV-Tafel 173

Abbildung 14.5: Minimierung für 3 Variablen mit einem 4er- und 2er-Vereinfachungsblock, a) Wahrheitstabelle, b) KV-Tafel, c) Minimierte Schaltfunktion   174

Abbildung 14.6: Beispiele für Vereinfachungsblöcke bei 3 Variablen, a) 8er, b) 4er, c) 2er   174

Abbildung 14.7: Wahrheitstabelle und KV-Tafel für 4 Variablen, a) Wahrheitstabelle, b) KV-Tafel   175

Abbildung 14.8: Minimierung für 4 Variablen mit einem 8er-, 4er- und 2er-Vereinfachungsblock, a) Wahrheitstabelle, b) KV-Tafel, c) Minimierte Schaltfunktion   176

Abbildung 14.9: Beispiele für Vereinfachungsblöcke bei 4 Variablen, a) 16er, b) 8er, c) 4er, d) 2er   177

Abbildung 14.10: Wahrheitstabelle und KV-Tafel für 5 Variablen, a) Wahrheitstabelle, b) KV-Tafel   178

Abbildung 14.11: Beispiele für Vereinfachungsblöcke bei 5 Variablen, a) 16er und 8er, b) 4er und 2er   179

Abbildung 14.12: Wahrheitstabelle und KV-Tafel für 6 Variablen, a) Wahrheitstabelle, b) KV-Tafel   180

Abbildung 14.13: Beispiele für Vereinfachungsblöcke bei 6 Variablen, a) 16er, 8er, 4er und 2er, b) Vereinfachungsblöcke, c) Schaltfunktion   181

Abbildung 14.14: Nutzung der Redundanzen für die Schaltfunktion bei einem Beispiel mit dem BCD-Code, a) Wahrheitstabelle, b) KV-Tafel, c) minimierte Schaltfunktion   182

Abbildung 14.15: Bildung der KMF aus der DMF der negierten Schaltfunktion, a) Wahrheitstabelle, b) und d) KV-Tafel, c und e) negierte und nicht negierte Schaltfunktion   183

Abbildung 14.16: Mehrfachausgänge für eine Adressierung von Baugruppen an einem 8-Bit-Adressbus, a) Wahrheitstabelle, b) KV-Tafel, c) Schaltfunktionen   185

Abbildung 14.17: Entwurf eines Schaltnetzes ohne konforme Terme, a) Wahrheitstabelle, b) und d) KV-Tafel, c) und e) Schaltfunktion, f) Schaltnetz   186

Abbildung 14.18: Entwurf eines Schaltnetzes mit einem konformen Term, a) Wahrheitstabelle, b) und d) KV-Tafel, c) und e) Schaltfunktion, f) Schaltnetz   187

Abbildung 15.1: Beispiel einer Wahrheitstabelle für eine Schaltfunktion mit vier Variablen   195

Abbildung 15.2: Gruppenunterteilung der Minterme für das Verfahren nach Quine und McCluskey   196

Abbildung 15.3: 1. Zusammenfassung der Minterme beim Verfahren nach Quine und McCluskey   196

Abbildung 15.4: 2. Zusammenfassung der Minterme beim Verfahren nach Quine und McCluskey und Streichung von Primimplikanten. die gleiche Variablen abdecken   197

Abbildung 15.5: Primimplikantentafel   197

Abbildung 15.6: Ermittlung der Kernprimimplikanten   198

Abbildung 15.7: Implikanten der Kernprimimplikanten   198

Abbildung 16.1: Veranschaulichung logischer Zustände und Logikpegel   205

Abbildung 16.2: Grafische Grunddarstellung eines Symbols mit Kennzeichnungen   206

Abbildung 16.3: Konturen eines grafischen Symbols   207

Abbildung 16.4: Anordnungen der Konturen eines Elements (a–c) allgemein (d) für ein Schaltnetz   208

Abbildung 16.5: Anordnung eines Steuerblocks und dessen Wirkung auf Elemente   208

Abbildung 16.6: Negation an Ein- und Ausgängen   209

Abbildung 16.7: Polaritätsindikatoren an Ein- und Ausgängen   209

Abbildung 16.8: Dynamische Eingänge   210

Abbildung 16.9: Interne Verbindungen   211

Abbildung 16.10: Retardierter Ausgang   212

Abbildung 16.11: Offene Ausgänge in verschiedenen Varianten   213

Abbildung 16.12: Ausgangsschaltungen für einen offenen Emitter (a) und offenen Kollektor (b) eines NPN-Transistors   214

Abbildung 16.13: Tri-State/3-State-Ausgang   214

Abbildung 16.14: Freigabeeingang   215

Abbildung 16.15: Flipflop-Eingänge   216

Abbildung 16.16: Schieberegistereingänge   217

Abbildung 16.17: Zählereingänge   218

Abbildung 16.18: Multibit/Mehrfache Ein- und Ausgänge   219

Abbildung 16.19: Eingänge von Komparatoren   221

Abbildung 16.20: Ausgänge von Komparatoren   221

Abbildung 16.21: Ein- und Ausgänge arithmetischer Elemente Teil 1   222

Abbildung 16.22: Ein- und Ausgänge arithmetischer Elemente Teil 2   223

Abbildung 16.23: INHALTS-Ein- und -Ausgänge   224

Abbildung 16.24: Kennzeichnung und Wirkung einer UND-Abhängigkeit   226

Abbildung 16.25: Beispiel für eine UND-Abhängigkeit   226

Abbildung 16.26: Kennzeichnung und Wirkung einer ODER-Abhängigkeit   227

Abbildung 16.27: Beispiel für eine ODER-Abhängigkeit   227

Abbildung 16.28: Kennzeichnung und Wirkung einer NEGATIONS-Abhängigkeit   228

Abbildung 16.29: Beispiel für eine NEGATIONS-Abhängigkeit   228

Abbildung 16.30: Kennzeichnung und Wirkung einer VERBINDUNGS-Abhängigkeit   229

Abbildung 16.31: Beispiel für eine VERBINDUNGS-Abhängigkeit   229

Abbildung 16.32: Kennzeichnung und Wirkung einer STEUER-Abhängigkeit   230

Abbildung 16.33: Beispiele für die STEUER-Abhängigkeit bei Flipflops   230

Abbildung 16.34: Kennzeichnung und Wirkung der SETZ- und RÜCKSETZ-Abhängigkeit   231

Abbildung 16.35: Beispiele für eine SETZ- und RÜCKSETZ-Abhängigkeit   232

Abbildung 16.36: Kennzeichnung und Wirkung der FREIGABE-Abhängigkeit   232

Abbildung 16.37: Beispiele für eine FREIGABE-Abhängigkeit   233

Abbildung 16.38: Kennzeichnung und Wirkung der MODUS-Abhängigkeit   234

Abbildung 16.39: Beispiele für eine MODUS-Abhängigkeit   234

Abbildung 16.40: Kennzeichnung und Wirkung der ADRESSEN-Abhängigkeit   235

Abbildung 16.41: Beispiele für eine ADRESSEN-Abhängigkeit   236

Abbildung 16.42: Symbole für Schaltnetze   238

Abbildung 16.43: Code-Umsetzer in allgemeiner Form   239

Abbildung 16.44: Beispiele Code-Umsetzer   239

Abbildung 16.45: Multiplexer und Demultiplexer in allgemeiner Form   240

Abbildung 16.46: Beispiele für einen Multiplexer und einen Demultiplexer   241

Abbildung 16.47: Arithmetische Elemente in allgemeiner Form   242

Abbildung 16.48: Beispiele für einen Addierer und Subtrahierer   242

Abbildung 16.49: Beispiele für einen Übertragsgenerator und einen Multiplizierer   243

Abbildung 16.50: Beispiel für einen Komparator (zum Beispiel SN 74/S/LS/HC CD74HC/HCT 85)   243

Abbildung 16.51: Beispiel für eine Arithmetisch-Logische Recheneinheit (zum Beispiel SN 54/74S/LS 181)   244

Abbildung 16.52: Übersicht bistabile Elemente (Flipflops)   245

Abbildung 16.53: Beispiele für bistabile Elemente   245

Abbildung 16.54: Monostabile Elemente   246

Abbildung 16.55: Astabile Elemente Teil 1   247

Abbildung 16.56: Astabile Elemente Teil 2   248

Abbildung 16.57: Schieberegister und Zähler   249

Abbildung 16.58: Beispiele Schieberegister und Zähler   249

Abbildung 16.59: Speicher   250

Abbildung 16.60: Beispiele Speicher   251

Abbildung 16.61: Anzeigeelemente (Displays)   252

Abbildung 16.62: Beispiele Anzeigeelemente (Displays)   252

Abbildung 16.63: Bussymbole und Datenleitungen   253

Abbildung 16.64: Beispiele für Bussymbole und Datenleitungen   254

Abbildung 17.1: Symbole für Masseanschlüsse   256

Abbildung 17.2: Symbole für Verbindungen und Anschlüsse   256

Abbildung 17.3: Symbole für passive Bauelemente   257

Abbildung 17.4: Symbole für Halbleiter Teil 1   258

Abbildung 17.5: Symbole für Halbleiter Teil 2   259

Abbildung 17.6: Symbole für Schalter   259

Abbildung 18.1: Logische Zustände (Logikzustände) und Logikpegel der Logik-Elemente   265

Abbildung 18.2: Arbeitstabelle für die positive und negative Logik am Beispiel einer UND/AND-Verknüpfung   267

Abbildung 18.3: Übersicht der logischen Verknüpfungen für positive und negative Logik   267

Abbildung 18.4: Kennzeichnung der Negation logischer Zustände von Logik-Elementen   268

Abbildung 18.5: Kennzeichnung externer Logikpegel von Logik-Elementen mit einem Polaritätsindikator   268

Abbildung 18.6: Beispiel für die Anwendung des Polaritätsindikators   269

Abbildung 18.7: Zulässige Kennzeichnung eines Logik-Elements mit dem Negationssymbol und dem Polaritätsindikator   270

Abbildung 18.8: Varianten von Ausgangsschaltungen der Logik-Elemente mit Bipolartransistoren   271

Abbildung 18.9: Tri-State/3-State-Ausgänge für Bussysteme und Datenleitungen   272

Abbildung 18.10: LOW-dominantes (L-Typ) Verhalten bei der Verbindung von offenen Ausgängen von Logik-Elementen und Kennzeichnung des Ausgangs   273

Abbildung 18.11: Transistoren als Schalter für die Realisierung eines offenen Ausgangs bei einer Low-dominanten (L-Typ) Wired-Verknüpfung   273

Abbildung 18.12: Symbole für die Kennzeichnung offener Ausgänge   273

Abbildung 18.13: Bildung der Wired-AND- und Wired-OR-Verknüpfungen   274

Abbildung 18.14: Wired-AND-Verknüpfung am Beispiel zweier 1/4 NAND-Verknüpfungsglieder mit Open-Collector (zum Beispiel SN74XX03, CD74XX03) 276

Abbildung 19.1: Übersicht Halbleitertechnologien 282

Abbildung 19.2: Interne Struktur der Logik-Elemente 286

Abbildung 19.3: Interne Schaltung des Standard-TTL-Logik-Elements SN 7400 286

Abbildung 19.4: Interne Schaltung ohne Eingangsschutzbeschaltung des CMOS-Logik-Elements CD4011B 287

Abbildung 19.5: Typisches Schema für die interne Schaltung eines BICMOS-Inverter-Logik-Elements der Logikfamilie ABT 288

Abbildung 19.6: Bedeutung der Kennbuchstaben der wichtigsten Logikfamilien 290

Abbildung 19.7: Kennzeichnung der Logikfamilien Texas Instruments Teil 1 291

Abbildung 19.8: Kennzeichnung der Logikfamilien Texas Instruments Teil 2 292

Abbildung 19.9: Übersicht Logikfamilien 293

Abbildung 19.10: Übersicht einiger typischer Gehäusebauformen 294

Abbildung 20.1: Stationäre Spannungswerte der verschiedenen Logikfamilien 298

Abbildung 20.2: Übertragungskennlinien von TTL/CMOS/BICMOS-Logik-Elementen 301

Abbildung 20.3: Definitionen der maximalen Taktfrequenz, Verzögerungs- und Übergangszeiten der Logikfamilien 308

Abbildung 20.4: Vorbereitungs-/Setup- und Haltezeit/Hold Time von den Flipflops der Logikfamilien 310

Abbildung 20.5: Störspannungs- und Rauschabstände der Logikfamilien 311

Abbildung 20.6: Dynamische Störsicherheit am Beispiel von Standard 5 V TTL 313

Abbildung 20.7: Definitionen der Ein- und Ausgangsspannungen zur Kompatibilität der Logikfamilien 314

Abbildung 20.8: Treiberfähigkeit versus Verzögerungszeiten aktueller Logikfamilien 317

Abbildung 21.1: Beispiele für Code-Umsetzer 323

Abbildung 21.2: Entwurf eines individuellen 3-stelligen tabellengesteuerten Code-Umsetzers 324

Abbildung 21.3: Beispiel für einen Binär-Oktal-Code-Umsetzer/8-Kanal-Demultiplexer mit einem SN74LS138 325

Abbildung 21.4: Anwendungsbeispiel für einen BIN/OCT-Code-Umsetzer in einem Mikroprozessorsystem 326

Abbildung 22.1: Schema von Multiplexer und Demultiplexer im Zusammenspiel 332

Abbildung 22.2: Symbole für Multiplexer und Demultiplexer und deren Zusammenwirken 332

Abbildung 22.3: Entwurf eines 2-Kanal-Multiplexers 333

Abbildung 22.4: Beispiel für einen 8-Kanal-Multiplexer SN74LS151 335

Abbildung 22.5: Entwurf eines Schaltnetzes für drei Variablen mit einem 8-Kanal-Multiplexer SN74LS151 338

Abbildung 22.6: Entwurf eines Schaltnetzes für drei Variablen mit einem 4-Kanal-Multiplexer ähnlich 1/2 SN74LS153 339

Abbildung 22.7: Entwurf eines Schaltnetzes für vier Variablen mit zwei 4-Kanal-Multiplexern ähnlich SN74LS153 340

Abbildung 22.8: Entwurf eines 2-Kanal-Demultiplexers 342

Abbildung 22.9: Beispiel für einen 8-Kanal-Demultiplexer SN74LS138 343

Abbildung 23.1: Symbol und Arbeitstabelle für einen 4-Bit-Komparator 348

Abbildung 23.2: Entwurf eines 2-Bit-Komparators   349

Abbildung 23.3: Beispiel für einen kaskadierbaren 4-Bit-Komparator SN74LS85   351

Abbildung 23.4: Serienerweiterung durch Kaskadierung eines Komparators SN74LS85   352

Abbildung 23.5: Parallelerweiterung durch Kaskadierung eines Komparators SN74LS85   353

Abbildung 24.1: Symbol und Entwurf eines Halbaddierers   358

Abbildung 24.2: Symbol und Entwurf eines Volladdierers   359

Abbildung 24.3: 4-Bit-Volladdierer durch Erweiterung mit Serienübertrag (Carry Ripple)   361

Abbildung 24.4: Entwurf eines Übertragsgenerators   362

Abbildung 24.5: 4-Bit-Volladdierer mit einem Übertragsgenerator und Parallelübertrag   362

Abbildung 24.6: 4-Bit-Volladdierer SN74LS283   364

Abbildung 24.7: 4-Bit-Übertragsgenerator SN54S182   365

Abbildung 24.8: 4-Bit-Arithmetisch-Logische-Einheit (ALU) SN54LS181   366

Abbildung 25.1: Grafische Darstellung von Zuständen eines Schaltsystems   372

Abbildung 25.2: Zustandsfolgetabelle und Zustandsdiagramm als Beschreibungsmittel für Automaten   373

Abbildung 25.3: Zustandsfolgetabelle und Zustandsdiagramm als Beschreibungsmittel für Zähler (Automaten)   374

Abbildung 25.4: Struktur eines Schaltnetzes   375

Abbildung 25.5: Struktur eines Schaltwerks   375

Abbildung 25.6: Struktur Mealy-Automat   377

Abbildung 25.7: Struktur Moore-Automat   378

Abbildung 25.8: Synchroner Betrieb eines Mealy-Automaten   379

Abbildung 26.1: Symbol eines Basis-RS-Flipflops   388

Abbildung 26.2: Analyse eines Basis-RS-Flipflops   389

Abbildung 26.3: Entwurf eines Basis-RS-Flipflops mit NAND-Verknüpfungen   390

Abbildung 26.4: Anwendungsbeispiel Entprellschaltung für einen Wechsler mit Unterbrechung mit einem Basis-RS-Flipflop   391

Abbildung 26.5: Entwurf eines RS-Flipflops mit Setzvorgang   392

Abbildung 26.6: RS-Flipflops mit besonderen Eigenschaften   393

Abbildung 26.7: Entwurf eines einzustandsgesteuerten RS-Flipflops mit Taktsteuerung   394

Abbildung 26.8: Entwurf eines einzustandsgesteuerten RS-Flipflops mit Taktsteuerung und Direkteingängen   396

Abbildung 26.9: Einzustandsgesteuertes D-Flipflop mit Taktsteuerung   397

Abbildung 26.10: Anwendungsbeispiele für D-Flipflops   398

Abbildung 26.11: Kennzeichnung retardierter Ausgänge bei Flipflops mit Zwischenspeicher   400

Abbildung 26.12: Zweizustandsgesteuertes RS-Flipflop mit Taktsteuerung und Zwischenspeicher   400

Abbildung 26.13: Zweizustandsgesteuertes JK-Flipflop mit Taktsteuerung und Zwischenspeicher   402

Abbildung 26.14: Zweizustandsgesteuertes D-Flipflop mit Taktsteuerung und Zwischenspeicher   403

Abbildung 26.15: Zweizustandsgesteuertes T-Flipflop mit Taktsteuerung und Zwischenspeicher   404

Abbildung 26.16: Kennzeichnung dynamischer Eingänge   405

Abbildung 26.17: Einzustandsgesteuertes RS-Flipflop mit Taktflankensteuerung   406

Abbildung 26.18: Einzustandsgesteuertes JK-Flipflop mit Taktflankensteuerung   407

Abbildung 26.19: Einzustandsgesteuertes D-Flipflop mit Taktflankensteuerung   408

Abbildung 26.20: Einzustandsgesteuertes T-Flipflop mit Taktflankensteuerung   408

Abbildung 26.21: Zweizustandsgesteuertes RS-Flipflop mit Taktflankensteuerung und Zwischenspeicher   409

Abbildung 26.22: Zweizustandsgesteuertes JK-Flipflop mit Taktflankensteuerung und Zwischenspeicher   410

Abbildung 26.23: Zweizustandsgesteuertes D-Flipflop mit Taktflankensteuerung und Zwischenspeicher   411

Abbildung 26.24: Zweizustandsgesteuertes T-Flipflop mit Taktflankensteuerung und Zwischenspeicher   412

Abbildung 26.25: Mögliche Ausführungsformen der Flipflops   413

Abbildung 26.26: Zustandsfolge- und Synthesetabellen der Flipflops   414

Abbildung 26.27: Konvertierung eines JK-Flipflops in ein RS-Flipflop mit Rücksetzvorgang   415

Abbildung 27.1: Benennung, Funktion und Symbole für monostabile Elemente   420

Abbildung 27.2: Beispiel Präzisionstimer xx555 und vereinfachter interner Aufbau   421

Abbildung 27.3: Beispiel für ein nicht retriggerbares monostabiles Element mit dem Präzisionstimer xx555   423

Abbildung 27.4: Benennung, Funktion und Symbole für astabile Elemente   426

Abbildung 27.5: Beispiel für ein astabiles Element mit dem Präzisionstimer xx555 für ein Tastverhältnis $0 < V_T < 1$ 427

Abbildung 28.1: Geeignetes zweizustandsgesteuertes D-Flipflop mit Taktflankensteuerung und Zwischenspeicher   435

Abbildung 28.2: Definitionen der Zustände, Ereignisse/Übergangsbedingungen und Aktionen/Ausgabefunktionen   436

Abbildung 28.3: Zustandsdiagramm mit den Benennungen   437

Abbildung 28.4: Zustandsdiagramm mit den Kurzbezeichnungen   437

Abbildung 28.5: Codierung der Zustände, Ereignisse und Aktionen   438

Abbildung 28.6: Zustandsfolgetabelle mit den Benennungen   439

Abbildung 28.7: Zustandsfolgetabelle mit den Kurzbezeichnungen   439

Abbildung 28.8: Entwurf des Schaltnetzes der Überführungsfunktion   440

Abbildung 28.9: Entwurf des Schaltnetzes der Ausgabefunktion   440

Abbildung 28.10: Schaltung des Bonbonautomaten mit zweizustandsgesteuerten D-Flipflops und Taktflankensteuerung als Speicher   441

Abbildung 29.1: Zustandsfolgetabelle und Zustandsdiagramm eines Modulo-8-Zählers   454

Abbildung 29.2: Konstruktion eines asynchronen Modulo-8-Zählers mit zweizustandsgesteuerten JK-Flipflops mit Zwischenspeicher   454

Abbildung 29.3: Impulsdiagramm eines asynchronen Modulo 8-Zählers mit zweizustandsgesteuerten JK-Flipflops mit Zwischenspeicher   455

Abbildung 29.4: Beispiel für einen asynchronen binären 4-Bit-Zähler (Modulo-16-Zähler) mit einem SN74LS393   456

Abbildung 29.5: Anwendungsbeispiel eines asynchronen binären 8-Bit-Zählers durch Serienerweiterung (Modulo-256-Zähler) mit dem SN74LS393   457

Abbildung 29.6: Arbeitsweise eines Modulo-5-Zählers   459

Abbildung 29.7: Einflankengesteuertes RS-Flipflop mit negativer Taktflankensteuerung und direktem Rücksetzeingang   460

Abbildung 29.8: Entwurf der Überführungsfunktion eines Modulo-5-Zählers mit RS-Flipflops   461

Abbildung 29.9: Entwurf der Ausgabefunktion (Übertragsschaltnetz) für einen Modulo-5-Zähler   462

Abbildung 29.10: Untersuchung des Zählerverhaltens der Pseudozustände bei einem Modulo-5-Zähler mit RS-Flipflops   463

Abbildung 29.11: Synchrones Schaltwerk eines Modulo-5-Zählers mit RS-Flipflops   464

Abbildung 29.12: Entwurf der Überführungsfunktion eines Modulo-5-Zählers mit JK-Flipflops   465

Abbildung 29.13: Untersuchung des Zählerverhaltens der Pseudozustände bei einem Modulo-5-Zähler mit JK-Flipflops   466

Abbildung 29.14: Synchrones Schaltwerk eines Modulo-5-Zählers mit JK-Flipflops   467

Abbildung 29.15: Entwurf der Überführungsfunktion eines Modulo-5-Zählers mit D-Flipflops   468

Abbildung 29.16: Untersuchung des Zählerverhaltens der Pseudozustände bei einem Modulo-5-Zähler mit D-Flipflops   469

Abbildung 29.17: Synchrones Schaltwerk eines Modulo-5-Zählers mit D-Flipflops   469

Abbildung 29.18: Zustandsfolgetabelle, Zustandsdiagramm und Impulsdiagramm eines Modulo-8-Abwärtszählers   471

Abbildung 29.19: Entwurf der Überführungsfunktion eines Modulo-8-Abwärtszählers mit einflankengesteuerten JK-Flipflops mit negativer Taktflankensteuerung   472

Abbildung 29.20: Synchrones Schaltwerk eines Modulo-8-Abwärtszählers mit JK-Flipflops   473

Abbildung 29.21: Symbol, Zählfolge und Zustandsdiagramm eines Modulo-6-Auf-/Abwärtszählers mit Übertrag   474

Abbildung 29.22: Impulsdiagramm eines Modulo-6-Auf-/Abwärtszählers mit zweiflankengesteuerten Flipflops   475

Abbildung 29.23: Zustandsfolgetabelle eines Modulo-6-Auf-/Abwärtszählers mit der Belegung der Vorbereitungseingänge für D-Flipflops   476

Abbildung 29.24: Entwurf der Überführungsfunktion für einen Modulo-6-Auf-/Abwärtszähler mit D-Flipflops   476

Abbildung 29.25: Entwurf der Ausgabefunktion für den Übertrag eines Modulo-6-Auf-/Abwärtszählers   477

Abbildung 29.26: Untersuchung des Zählerverhaltens der Pseudozustände bei einem Modulo-6-Auf-/Abwärtszähler mit D-Flipflops   477

Abbildung 29.27: Synchrones Schaltwerk eines Modulo-6-Auf-/Abwärtszählers mit D-Flipflops   478

Abbildung 29.28: Beispiel eines synchronen 4-Bit-Binärzählers (Modulo-16-Zähler) SN54ALS163   479

Abbildung 29.29: Bespiel eines zweistufigen synchronen 8-Bit-Binärzählers mit Serienerweiterung (Modulo-256-Zähler) des SN54ALS163   480

Abbildung 30.1: Anwendungsfall eines Auffangregisters   488

Abbildung 30.2: Symbol und Entwurf eines 4-Bit-Auffangregisters   490

Abbildung 30.3: Beispiel 8-Bit-Auffangregister SN74ALS573C   491

Abbildung 30.4: Symbol und Entwurf eines 4-Bit-Schieberegisters mit Impulsdiagramm   494

Abbildung 30.5: Entwurf eines n-Bit-Parallel-/Serienumsetzers   495

Abbildung 30.6: Entwurf eines n-Bit-Serien-/Parallelumsetzers   497

Abbildung 30.7: Allgemeine Form eines n-Bit-Schieberegisters mit Rückkopplung der Ausgänge 498

Abbildung 30.8: Johnson-Zähler nach dem Libaw-Craig-Code mit einem 5-Bit-Schieberegister 499

Abbildung 30.9: n-Bit-Schieberegister mit antivalenter Überführungsfunktion 499

Abbildung 30.10: Beispiel eines 3-Bit-Pseudo-Zufallsgenerators mit antivalenter Überführungsfunktion 500

Abbildung 30.11: 3-Bit-Zähler mit einem 3-stufigen Schieberegister 501

Abbildung 30.12: Entwurf eines Modulo-8-Zählers mit einem dreistufigen Schieberegister 502

Abbildung 30.13: Beispiel 4-Bit-Schieberegister SN54LS195A 503

Abbildung 30.14: Interner Aufbau des 4-Bit-Schieberegisters SN54LS195A 504

Stichwortverzeichnis

3-Bit-Pseudo-
  Zufallsgenerator 500
3-Bit-Zähler 501
4-Bit-Arithmetisch-Logische-
  Einheit 365
4-Bit-Auffangregister 489
4-Bit-Schieberegister 493, 503
4-Bit-Übertragsgenerator 365
4-Bit-Volladdierer 364
7-Segment-Anzeige 45, 190
8–4–2–1-Code 94
8-Bit-Auffangregister 490
8-Bit-Code 101

A

Absorptionsgesetz 121, 128
Abtasthalteglied 45
Addition 65
Additionssystem 51
Adjunktion 123
Adressbus 184
Adressdecodierung 184
Aiken-Code 94
Alphanumerischer Code 87, 98
ALU 184, 365
Analog-Digital-Wandler 45
Analoges Signal 42
Analyse
  Schaltnetze 153
Anordnungswortcode 90
Antivalente
  Überführungsfunktion 499
Antivalenz 123, 131, 138
Anwendungsgebiet
  Auffangregister 488
  Schieberegister 489
Anzahl
  erkennbare Bit-Fehler 107
  korrigierbarer
    Bit-Fehler 109
Äquidistant 43
Äquijunktion 123
Äquivalenz 123, 131, 138
Arbeitsgeschwindigkeit 283
Arbeitstabelle 266

Arithmetic Logic Unit 184
Arithmetik
  Fallunterscheidung 76
  Überlauf 76
Arithmetisch Logische
  Einheit 184
Arithmetisch-Logische-
  Einheit 365
ASCII-Code 99
Assoziativgesetz 128
Astabiles Element 426
  Ausgangsfrequenz 428
  Beispiel Präzisionstimer
    xx555 427
  Berechnungsbeispiel 428
  freilaufend 426
  Kippglied 426
  Präzisionstimer xx555 420
  Pulsdauer 428
  Pulspause 428
  steuerbar 426
  stoppend 426
  synchron steuerbar 426
  synchron steuerbar und
    stoppend 426
  Tastverhältnis 428
  Übersicht 430
Astabiles Kippglied 384
  Multivibrator 383
Asynchroner Betrieb 378
Asynchroner Zähler 453
  4-Bit-Zähler 455
  8-Bit-Binärzähler 457
  Beispiel SN74LS393 455, 457
  Impulsdiagramm 455
  Modulo-16-Zähler 455
  Modulo-256-Zähler 457
  Modulo-8-Zähler 453
  Übersicht 481
  unerwünschte
    Zwischenzustände 455
Auffangregister 487, 489
  Anwendungsgebiet 488
  Übersicht 492
Ausgabefunktion 440
Ausgangsfrequenz 428

Ausgangspulsdauer 422
Ausgangsschaltung 270
  3-State 270
  Gegentaktausgang 270
  Offener-Kollektor 270
  Open-Collector 270
  Open-Drain 272
  Tri-State 270
Ausgangsvektor 375
Automaten
  Synthese 433
Automatenentwurf 433

B

Basis
  des Zahlensystems 52
  Zahlensystem 90
BCD-Code 94
BCD-Zählcode 95
Beispiel
  Ampel einer
    Tiefgaragenzufahrt 163
  Bonbonautomat 433
  Zufahrtskontrolle einer
    Tiefgarage 162
Beispiel Flipflops
  Auffang-Flipflop 398
  Entprellschaltung 391
  Frequenzteiler 404
  rückgekoppelte
    Systeme 398
Berechnung
  Redundanz 83
Beschreibungsmittel 371
Betrieb
  asynchroner 378
  synchroner 378
Bewertbarer Wortcode 88
Bewertbarer Ziffercode 93
Bewertbarkeit 82
Bewertungskriterien 82
BICMOS-Logik-Element 287
BICMOS-Technologie 285
Bildungsgesetz
  exponentielles 52, 54, 90
Binärcode 81, 87
Binärcodes 87

Stichwortverzeichnis

Binäre Variable 204
Binäres Signal 44
Bipolares Logik-Element 286
Bipolar-Logikfamilie 272
Bipolar-Technologie 285
Bistabiles Kippglied 384
   Flipflop 383
Bisubjunktion 123
Bit-Fehler 106
   Anzahl erkennbarer 107
   Anzahl korrigierbarer 109
   korrigierbarer 109
Boole'sche Algebra 119
Borgen 66
Borrow 66
Bussystem 272

C

Carry 65
Carry Ripple 360
CMOS-Logik-Element 287
CMOS-Logikfamilie 272
CMOS-Technologie 285
Code 81
   7-Bit-Code 99
   8-4-2-1-Code 94
   8-Bit-Code 101
   Aiken-Code 94
   alphanumerisch 87
   alphanumerischer 98
   Anordnungswortcode 90
   ASCII-Code 99
   BCD-Code 94
   BCD-Zählcode 95
   Bewertbarkeit 82
   Dualcode 89
   einschrittiger 92, 97
   Gewicht 82
   Gray-Code 91
   Hamming-Abstand 82
   Hamming-Distanz 82
   Hamming-Gewicht 82
   Johnson-Code 97
   Libaw-Craig-Code 97
   Maximaldistanz 82
   Minimaldistanz 82
   n-stelliger Dualcode 89
   numerisch 87
   Redundanz 83
   Stellenzahl 82
   Stetigkeit 83
   Stibitz-Code 97

Unicode 101
Ziffernanordnungscode 96
Zifferncode 93
Codelineal 92
Codesicherung 105
Code-Umsetzer 45, 60, 191, 321
   Anwendungsbeispiel 326
   Auswahl 327
   Binär-Oktal-Code-Umsetzer 324
   Entwurf 323
   Übersicht 327
Codewort 81
Codierscheibe 92
Codierung 438
CRC-Verfahren 489

D

Darlington-Stufe 289
Datenbus 184
Datenleitung 272
De Morgan 25
De Morgan'sches Theorem 129
Definition
   analoges Signal 42
   Anstiegszeit 306
   Arbeitstabelle 266
   Astabiles Element 426
   Astabiles Kippglied 385, 426
   asynchroner Zähler 453
   Automat 376
   Bewertbarkeit 82
   binäres Signal 44
   bistabiles Kippglied 384
   Code 81
   Code-Umsetzer 322
   Demultiplexer 341
   digitales Signal 42
   Digitaltechnik 39
   Disjunktive Normalform (DNF) 145
   dynamisch 296
   Dynamische Kenndaten 306
   Dynamische Störsicherheit 312
   Einheitslast 302
   endlicher Automat 377
   Entität 120

Externer Logikpegel 205, 265
Externer logischer Zustand 205, 265
Fall time 306
Fallzeit 306
Fan-In 303
Fan-Out 303
Gerade Parität 114
Gewicht 82
H (High) 266
Halbaddierer 358
Haltezeit 310
Hamming-Distanz HD 82
Hold time 310
Implikant 194
Implikant minimaler Länge 194
Information 39
Informationsparameter 41
Interner logischer Zustand 205, 264
Kanonische Disjunktive Normalform (kDNF) 145
Kanonische Konjunktive Normalform (kKNF) 147
Kaskadierung 350
Kernprimimplikant 194
Komparator 347
Konjunktive Normalform (KNF) 147
Konstante 120
L (Low) 266
Leistungsaufnahme 304
Logikpegel 265
Logikpegel negative Logik 266
Logikpegel Positive Logik 266
Logikzustand 265
Logischer 0-Zustand 265
Logischer 1-Zustand 265
Logischer Zustand 265
Maximaldistanz 82
Maximale Taktfrequenz 306
Maximum clock frequency 306
Maxterm 147
Minimaldistanz 82
Minterm 146

Mittlere
  Verzögerungszeit 306
Modulo-n-Zähler 453
Monostabiles Element 419
Monostabiles
  Kippglied 384, 419
Multiplexer 333
Negative Logik 266
Pegel 265
Positive Logik 265
Primimplikant 194
Propagation delay time 306
Pulsdauer 307
Pulse duration 307
Pulse pause 307
Pulspause 307
Quantisierung 43
Quantisierungsintervall
  43
Rauschspannungsabstand
  311
Redundanz 83
Register 487
Rise time 306, 307
Schaltalgebra 120
Schaltfunktion 120
Schaltnetz 40, 374
Schaltsystem 372
Schaltvariable 120
Schaltwerk 40, 375
Schieberegister 488
Setup time 310
Stationär 296
Stationäre Kenndaten 298
Stationäre
  Störsicherheit 311
Statisch 296
Stellenzahl 82
Stetigkeit 83
Störspannungsabstand
  311
Synchroner Zähler 457
Taktfrequenz 309
Ungerade Parität 114
Unit loads 302
Variable 120
Verlustleistung 304
Volladdierer 359
Volldisjunktion 147
Vollkonjunktion 145
Vorbereitungszeit 310
Wertdiskretes Signal 41

Wertkontinuierliches
  Signal 41
Zahl 51
Zahlensystem 51
Zähler 451
Zeitdiskretes Signal 42
Zeitkontinuierliches
  Signal 41
Demultiplexer 341
  16-Kanal-
    Demultiplexer 344
  2-Kanal-Demultiplexer 341
  4-Kanal-Demultiplexer 344
  8-Kanal-Demultiplexer 342
  Anwendungsfälle 345
  Entwurf 341
  Übersicht 344
Dezimaler Zahlenwert
  Betrag und Vorzeichen 71
  Einerkomplement 71
  Zweierkomplement 71
Dezimales Zahlensystem 53
D-Flipflop
  Charakteristische
    Gleichung 398
  Einflankengesteuert 407
  Einzustandsgesteuert 396
  Impulsdiagramm 398, 403,
    408, 411
  Symbol
    einflankengesteuert 407
  Symbol einzustandsgesteuert 397
  Symbol zweiflankengesteuert 410
  Symbol zweizustandsgesteuert 402
  Synthesetabelle 397
  Zustandsdiagramm 398
  Zustandsfolgetabelle 397
  Zweiflankengesteuert 410
  Zweizustandsgesteuert 402
Digitale Schaltung 40
Digitales Signal 42
Digitales System
  Digitale Schaltung 45
Digitaltechnik 39
  Nachteile 45
  Vorteile 44
Disjunktion 122, 128, 136
Disjunktive Minimalform
  194

Disjunktive Minimalform
  (DMF) 171
Disjunktive Normalform 155,
  164, 194
Disjunktive Normalform
  (DNF) 145, 171
Distributivgesetz 122, 128
Division 68
Don't-care-Term 181
Dualcode 84, 89, 90
  Konstruktion 90
Duales Zahlensystem 52
  Addition 65
  Division 68
  Multiplikation 67
  Subtraktion 66
Dualzahl
  Zweierkomplement 74
Dynamische Kenndaten
  306
  Anstiegszeit 306
  Dynamische
    Störsicherheit 312
  Fall time 306, 307
  Fallzeit 306
  Haltezeit 310
  Hold time 310
  Maximale
    Taktfrequenz 306
  Maximale
    Verzögerungszeit 309
  Maximum clock
    frequency 306
  Mittlere
    Verzögerungszeit 306
  Propagation delay time 306,
    307
  Pulsdauer 307
  Pulse duration 307
  Pulse pause 307
  Pulspause 307
  Referenzpunkt der
    Spannung 307
  Rise time 306, 307
  Setup time 310
  Verzögerungszeit 306, 307
  Voltage reference point
    307
  Vorbereitungszeit 310
Dynamische
  Störsicherheit 283

E

Eigenform 163
Einerkomplement 72
Einerkomplementbildung 73
Eingangsvektors 375
Einschrittiger Code 92, 97
Einsfunktion 131
Endlicher
    Zustandsautomat 376
Entität 120
Ereignis 435
Ersatzschaltung
    Negation 139, 141
    ODER-Verknüpfung 142
    UND-Verknüpfung 140
Exponentielles
    Bildungsgesetz 52, 54, 90
Externer Logikpegel 205
Externer logischer
    Zustand 205, 265

F

Fehlerkennung 106
Fehlerkorrektur 106
Finite State Machine
    (FSM) 376
Flipflop 383
    Anstiegszeit 386
    Basis-RS-Flipflop 387
    bistabile Kippglieder 383
    Charakteristische
        Gleichungen 413
    D-Flipflop 385, 396
    Direkteingänge 386
    Dynamische Eingänge 405
    Einflankengesteuert 244, 385, 405
    Einzustandsgesteuert 244, 385
    Fall time 386
    Fallzeit 386
    Flankengesteuert 404
    Haltezeit 386
    Hold time 386
    JK-Flipflop 385
    Konvertierung 414
    Maximale
        Taktfrequenz 386
    Maximum clock
        frequency 386
    Propagation delay time 386
    Retardierter Ausgang 399
    Rise time 386
    RS-Flipflop 385
    Setup time 386
    Synthesetabellen 413
    Taktsteuerung 386
    T-Flipflop 385
    Übersicht
        Ausführungsformen 412
    Übersicht verfügbare
        Flipflops 415
    Verzögerungszeiten 386
    Vorbereitungseingänge 386
    Vorbereitungszeit 386
    Zustandsfolgetabellen 413
    Zustandsgesteuert 387
    Zweiflankengesteuert 244, 385, 409
    Zweizustandsgesteuert 244, 385, 399
    Zwischenspeicher 386
Folgezustand 372, 441

G

Gatter 135
Gehäusebauform 290
Gerade Parität 114
Gerichtete Kante 372
Gewicht 82
Glied 135
Grafisches Symbol
    3-State-Ausgang 214
    A-Abhängigkeit 235
    Abhängigkeitsnotation 224
    Addierer 241
    Addierer mit
        Parallelübertrag 223
    ADRESSEN-
        Abhängigkeit 235
    Anschluss 256
    Antivalenz-Element 237
    Anzeigeelemente 252
    Äquivalenz-Element 237
    Arithmetische
        Elemente 222, 241
    Assoziativspeicher 250
    Astabile Elemente 246
    Ausgangsblöcke 206
    Bistabile Elemente 244
    Bussymbole 253
    C-Abhängigkeit 230
    Code-Umsetzer 239
    Codierer 239
    Datenleitungen 253
    D-Eingang 215
    Demultiplexer 240
    Diode 258
    Displays 252
    Doppelabzweig 256
    Dynamische Eingänge 210
    EEPROM 251
    Elemente 206
    EN-Abhängigkeit 232
    EPROM 251
    Exklusiv-ODER-
        Element 237
    FIFO-Speicher 250
    FLASH EEPROM 251
    Flipflop 244
    Flipflop-Eingänge 215
    FREIGABE-
        Abhängigkeit 232
    Freigabeeingang 214
    G-Abhängigkeit 226
    GLEICHHEIT 220
    GRÖSSER-ALS 220
    Halbleiter 258
    Halbleiterdiode 258
    INHALTS-Ausgang 223
    INHALTS-Eingang 223
    Interne Verbindungen 211
    Inverter mit Polaritätskenn-
        zeichnung 237
    J-Eingang 215
    K-Eingang 215
    KLEINER-ALS 220
    Komparator 220, 241
    Kondensator 257
    Konturen 206
    M-Abhängigkeit 233
    Masse 256
    Masseanschlüsse 256
    Mehrstellungsschalter 259
    MODUS-Abhängigkeit 233
    Monostabile Elemente 246
    MROM 251
    Multiplexer 240
    Multiplizierer 241, 243
    N-Abhängigkeit 227
    Negation 209
    NEGATIONS-
        Abhängigkeit 227
    NEGATIONS-Element 237
    N-Kanal JFET 258

NPN-Transistor 258
Nur-Lese-Speicher 250
ODER-Abhängigkeit 226
ODER-Element
  allgemein 237
Offene Ausgänge 212
Öffner 259
passive Bauelemente 257
P-Kanal JFET 258
PNP-Transistor 258
Polaritätsindikatoren 209
Programmierbare
  Nur-Lese-Speicher 250
PROM 250
Puffer ohne
  Verstärkung 237
R-Abhängigkeit 231
RAM 250
R-Eingang 215
Retardierter Ausgang 212
RÜCKSETZ-
  Abhängigkeit 231
S-Abhängigkeit 231
Schaltnetze 236
Schieberegister 248
Schieberegistereingänge 217
Schließer 259
Schreib-Lese-Speicher 250
S-Eingang 215
SETZ-Abhängigkeit 231
Speicher 250
Sperrschicht-Feldeffekt-
  Transistor 258
STEUER-Abhängigkeit 230
Steuerblöcke 206
Subtrahierer 241
T-Eingang 215
Tri-State-Ausgang 214
T-Verbindung 256
Übertragseinheit 241
Übertragsgenerator 241, 243
UND-Abhängigkeit 226
UND-Element
  allgemein 237
V-Abhängigkeit 226
Verbindungen und
  Anschlüsse 256
VERBINDUNGS-
  Abhängigkeit 228
Verbindungspunkt 256

Verbndung(en) 256
Volladdierer mit
  Serienübertrag 222
Widerstand 257
Wired-Verknüpfung 237
XNOR-Element 237
XOR-Element 237
Z-Abhängigkeit 228
Zahlenkomparator 220, 241, 243
Zähler 248
Gray-Code 91

H

Halbaddierer 358
Halbleitertechnologie 282
  Logikfamilien 283
Hamming-Abstand 82
Hamming-Distanz 110
  gerade 109
  ungerade 108
Hamming-Distanz des
  Codes 107
Hamming-Distanz HD 82
Hamming-Gewicht 82
High-dominant 274
H-Typ 274

I

Identität 131
IEC 101
Implikant 194
  minimaler Länge 194
Implikation 123, 131
Information 39
Informationsparameter 41
Inhibition 131
Interner logischer
  Zustand 205, 264
ISO 101

J

JK-Flipflop
  charakteristische
    Gleichung 401
  einflankengesteuert 406
  Impulsdiagramm 402, 407, 410
  Symbol
    einflankengesteuert 406
  Symbol zweiflankengesteu-
    ert 410

Symbol zweizustandsgesteu-
  ert 401
Synthesetabelle 402
Zustandsdiagramm 402
Zustandsfolgetabelle 402
Zweiflankengesteuert 410
Zweizustandsgesteuert 401
Johnson-Code 97
Johnson-Zähler 498

K

Kanonische Disjunktive
  Normalform (kDNF) 145
Kanonische Konjunktive
  Normalform (kKNF) 147
Karnaugh-Veitch-Tafel 170
Kennbuchstabe
  Logikfamilien 290
Kennzeichnung
  Logikfamilien 290
Kernprimimplikant 194
Kippglied 383
  astabiles 383
  bistabiles 383
  Flipflop 383
  Monoflop 383
  monostabiles 383
  Multivibrator 383
Kommutativgesetz 128
Komparator 347
  2-Bit-Komparator 349
  4-Bit-Komparator 348, 350
  8-Bit-Komparator 352
  9-Bit-Komparator 352
  Adressen-Komparator 354
  Anwendungsfälle 354
  Entwurf 348
  Kaskadierung 350
  Parallelerweiterung 352
  Serienerweiterung 350
  Übersicht 353
Kompatibilität
  Aus- und
    Eingangsströme 314
  Logik-Elemente 315
  Logikfamilien 313
  Spannungen 313
Konjunktion 122, 128, 136
Konjunktive Minimalform
  (KMF) 183
Konjunktive Normalform 166

Konjunktive Normalform
  (KNF) 147, 183
Konstante 120
Korrigierbarer Bit-Fehler 109
Korrigierkugel 108
KV-Tafel 112, 170
  2 Variablen 171
  3 Variablen 173
  4 Variablen 175
  5 Variablen 178
  6 Variablen 180

L

Längsparität 115
Lauflicht 489
Leistungsaufnahme 283
Libaw-Craig-Code 97, 498
Logik-Element 135, 203
  bipolares 286
  Kompatibilität 315
  SN54ALS163 478, 480
  SN54LS181 365
  SN54LS195A 503
  SN54S182 365
  SN74ACT138 326
  SN74ALS573C 491
  SN74LS138 324, 342
  SN74LS151 334, 337
  SN74LS153 338
  SN74LS283 364
  SN74LS393 455
  SN74LS85 350
  Struktur 285
Logikfamilie 282
  Kennbuchstabe 290
  Kennzeichnung 290
  Kompatibilität 313
Logikpegel 205, 264
Logik-Polarität 268
Logischer 0-Zustand 204
Logischer 1-Zustand 204
Logischer Zustand 204, 264, 265, 268
Low-dominant 274, 275
L-Typ 274

M

Maximaldistanz 82
Maxterm 147, 170
Mealy-Automat 377
Minimaldistanz 82
Minimierung 170
Minterm 146, 155, 170, 194
Modulo-8-Zähler 502
Modulo-n-Zähler 501
Momentanzustand 372, 441
Monoflop 384
Monostabiles Element 419
  Ausgangspulsdauer 422
  Beispiel Präzisionstimer xx555 422
  Berechnungsbeispiel 422
  Kippglied 419
  nachtriggerbar 419
  nicht nachtriggerbar 419
  nicht retriggerbar 419
  Präzisionstimer xx555 420
  retriggerbar 419
  Übersicht 424
Monostabiles Kippglied 384
  Monoflop 383
Moore-Automat 378
Multiplexer 333
  2-Kanal-Multiplexer 334
  4-Kanal-Multiplexer 334
  8-Kanal-Multiplexer 334
  Entwurf 333
  Entwurf von Schaltnetzen 337
  Übersicht 334
Multiplikation 67
Multivibrator 384

N

Nachkommastelle 54
NAND
  Negation 139
NAND-Verknüpfung 131, 137
Nassi-Shneiderman-Diagramm 55
n-Bit-Parallel-/Serienumsetzer 495
n-Bit-Serien-/Parallelumsetzer 496
Negation 122, 131, 137, 268
  Ersatzschaltung 139, 141
  NAND 139
  NOR 141
Negationssymbol 269
Negative Logik 205
Negierte Form 163
Nibble 53
NOR
  Negation 141
Norm
  ANSI/IEEE Std 91:1984, 142
  ANSI/IEEE Std 91a:1991 142
  DIN 40700, 142
  DIN 40900–12:1992, 136
  DIN 5473:1992–07, 123
  DIN 5474:1973–09, 123
  DIN 66000:1985–11, 122, 131, 133, 146, 148
  DIN 66303:2000–06, 101
  DIN EN 60617–12:1999–04, 136, 142, 203, 204, 224, 264, 265
  DIN EN 60617–2:1997–08, 255
  DIN EN 60617–3:1997–08, 255
  DIN EN 60617–4:1997–08, 255
  DIN EN 60617–5:1997–08, 255
  DIN EN 60617–7:1997–08, 255
  DIN EN IEC 81346–2:2020–10, 204
  IEC 617–2:1996, 255
  IEC 617–3:1996, 255
  IEC 617–4:1996, 255
  IEC 617–5:1996, 255
  IEC 617–7:1996, 255
  ISO/IEC 10646:2014, 101
  ISO/IEC 8859–1:1998, 101
  IEC 60617–12:1997, 136, 142, 203, 204
NOR-Verknüpfung 122, 131, 137
NOT 137
n-stelliger Dualcode 90
Nullfunktion 131
Numerischer Code 87

O

ODER-Normalform 164
ODER-Verknüpfung 122, 131, 136
  Ersatzschaltung 142
  mit NAND 140
  mit NOR 142
Oktales Zahlensystem 52

P

Parallel-/Serienumsetzer 489, 495
Parallelübertrag 363
Parität
  gerade 114
  ungerade 114
Paritätsbit 114
Paritätsprüfung 114
Pegel 205
Polaritätsindikator 268, 269
Polyadisches Zahlensystem 52
Polynomdivision 489
Positionssystem 52
Positive Logik 205
Potenzschreibweise 52
Präzisionstimer xx555 siehe Astabiles Element, siehe Monostabiles Element
Primimplikant 194
Primterm 194
Pseudo-Zufallsgenerator 489, 498, 499
Pseudozustand 181
Pulsdauer 428
Pulspause 428

Q

Quantisierung 43
Quantisierungsintervall 43, 45
Quantisierungswert 43, 44
Querparität 115
Quersummenprüfung 114
Quine-und-McCluskey-Verfahren 194

R

Redundanz 83, 181
  Berechnung 83
Regel
  Absorptionsgesetz 128
  Assoziativgesetz 128
  De Morgan'sches Theorem 129
  Distributivgesetz 128
  Kommutativgesetz 128
Register 487
RS-Flipflop
  Analyse 389
  Charakteristische Gleichung 390, 391
  Direkteingänge 395
  Einflankengesteuert 405
  Einzustandsgesteuert 394
  Entprellschaltung 391
  Impulsdiagramm 390, 400, 406, 409
  Irregulär Zustand 388
  mit Rücksetzvorgang 392
  mit Setzvorgang 392
  mit Zustandserhalt 392
  NAND-Schaltung 390
  Rücksetzen 388
  Setzen 388
  Speichern 388
  Symbol
    einflankengesteuert 405
  Symbol einzustandsgesteuert 395
  Symbol zweiflankengesteuert 409
  Symbol zweizustandsgesteuert 399
  Synthesetabelle 390
  Übersicht
    Eigenschaften 393
  Zustandsdiagramm 390
  Zustandsfolgetabelle 390
  zweiflankengesteuert 409
  zweizustandsgesteuert 399

S

Schaltalgebra 119, 120
Schaltfunktion 120, 154, 204, 265
Schaltkreisfamilie 282
Schaltnetz 40, 120, 374
  Analyse 153
Schaltsystem 372
Schaltung 135
  digitale 40
Schaltvariable 120
Schaltwerk 40, 120, 374, 440, 498
Schieberegister 488, 493, 504
  Anwendungsgebiet 489
  Übersicht 504
Schottky-Diode 289
Schottky-Transistor 289
Sedezimales Zahlensystem 53
Sedezimalsystem 53
Sensor 45
Serien-/Parallelumsetzer 489, 496
Serienübertrag 360
Shannon 511
Signal
  analoges 42
  binäres 44
  digitales 42
  wertdiskretes 41
  wertkontinuierliches 41
  zeitdiskretes 42
  zeitkontinuierliches 41
Signallaufzeit 283
Signalübergangszeit 283
Spannung
  Kompatibilität 313
Stationäre Kenndaten
  Ausgangsstrom H-Logikpegel 297
  Ausgangsstrom L-Logikpegel 297
  Einheitslast 302
  Fan-In 302
  Fan-Out 302
  H-Ausgangs-Logikpegel 297
  H-Eingangs-Logikpegel 297
  High-level input voltage 297
  High-level output current 297
  High-level output voltage 297
  Lagertemperatur 305
  L-Ausgangs-Logikpegel 297
  L-Eingangs-Logikpegel 297
  Leistungsaufnahme 304
  Low-level input voltage 297
  Low-level output current 297
  Low-level output voltage 297
  maximaler Ausgangsstrom 302
  maximaler Eingangsstrom 302
  Maximum input current 302
  Maximum output current 302

Stationäre Kenndaten
  Operating free-air temperature 305
  Stationäre Störsicherheit 311
  Storage temperature range 305
  Störspannungsabstand 311
  Umgebungstemperatur 305
  Unit loads 302
  Verlustleistung 304
  Versorgungsspannung 297
Stationäre Störsicherheit 283
Stellenschreibweise 52
Stellenwert 85, 90
Stellenwertsystem 52
Stellenzahl 82
Stetigkeit 83, 85
Steuerbus 184
Stibitz-Code 97
Störsicherheit 283, 310
  dynamische 283
  stationäre 283
Struktur
  Logik-Elemente 285
Subjunktion 123
Subtraktion 66
Synchron 488
Synchroner Betrieb 378
Synchroner Zähler 457
  4-Bit-Binärzähler 478
  8-Bit-Binärzähler 480
  Ausgabefunktion 462
  Beispiel SN54ALS163 478
  Entwurf mit D-Flipflops 467
  Entwurf mit JK-Flipflops 464
  Entwurf mit RS-Flipflops 458
  Modulo 8-Abwärtszähler 457
  Modulo-16-Zähler 478
  Modulo-256-Zähler 480
  Modulo-5-Zähler 458
  Modulo-6-Auf-/Abwärtszähler 473
  Modulo-n-Zähler 453
  Pseudozustände 458, 464, 466, 468, 478
  Synthese 457

Überführungsfunktion 462, 464, 467
Übersicht 481
Synthese
  Automaten 433

T

Taktflankensteuerung 441
Tastverhältnis 428
Teilfunktion 156
Temperaturmessgerät 45
  7-Segment-Anzeige 45
  Abtasthalteglied 45
  Analog-Digital-Wandler 45
  Code-Umsetzer 45
  Sensor 45
Tetrade 53
T-Flipflop
  charakteristische Gleichung 403
  Einflankengesteuert 407
  Impulsdiagramm 404, 408, 412
  Symbol einflankengesteuert 407
  Symbol taktzustandsgesteuert 403
  Symbol zweiflankengesteuert 411
  Synthesetabelle 404
  Zustandsdiagramm 404
  Zustandsfolgetabelle 404
  zweiflankengesteuert 411
  zweizustandsgesteuert 403
Treiberfähigkeit 314
TTL-Logik-Element 286

U

Überführungsfunktion 439
  antivalente 499
Übergangsbedingung 372, 435
Überlauf 75
Übersicht
  Arithmetische Logik-Elemente 363
  Auffangregister 492
  Schieberegister 504
Übertrag 65, 75
Übertragsgenerator 361
Umgebungstemperatur 305
Umkehrfunktion 146
Umwandlung

disjunktive Normalform 148
konjunktive Normalform 149
UND-Normalform 166
UND-Verknüpfung 122, 131, 136
  Ersatzschaltung 140
  mit NAND 140
  mit NOR 141
Ungerade Parität 114
Unicode 101
Unicode Transformation Format 101
UTF-16-Format 101

V

Variable 120
  negierte Form 127
  nicht negierte Form 127
Vereinfachungsblock 170
  16er 176, 178, 180
  2er 170, 171, 178, 180
  4er 170, 172, 178, 180
  8er 170, 174, 178, 180
Verknüpfung 135
Versorgungsspannung 297
Verteilungsgesetz 122
Volladdierer 359
Volldisjunktion 147
Vollkonjunktion 145
Vorkommastelle 54
Vorrangregel 133

W

Wahrheitstabelle 121, 154, 195
Wertdiskretes Signal 41
Wertigkeit 52, 85, 90
Wertkontinuierliches Signal 41
Wired-AND 277
Wired-OR 274
Wired-Verknüpfungen 273
Wortcode 88
  bewertbarer 88

X

XNOR-Verknüpfung 123, 138
XOR-Verknüpfung 123, 131, 138

Z

Zahl 51
  der Nachkommastellen 55
  der Vorkommastellen 55
  in Stellenschreibweise 52
  Stellenschreibweise 90
Zahlenring 75
Zahlensystem 51
  dezimales 53
  duales 52
  größte Zahl 74
  kleinste Zahl 74
  oktales 52
  polyadisches 52
  sedezimales 53
Zähler 451, 498
  Anwendungsgebiete 452
  asynchroner Zähler 453
  Dualcode 453
  Modulo-n-Zähler 453
  synchroner 457
  Vor- und Nachteile der Betriebsarten 452
Zählfolge
  Pseudo-Zufallsfolge 499
  zufällige 499
Zeitdiskretes Signal 42
Zeitkontinuierliches Signal 41
Ziffernanordnungscode 96
Ziffercode 93
  bewertbarer 93
Zustand 435
  externer logischer 265
  interner logischer 264
  logischer 265, 268
Zustandsdiagramm 371, 437
Zustandsfolgetabelle 371, 438
Zweierkomplement 73
  Dualzahl 74
Zweierkomplementbildung 74
Zwischenspeicher 440